“十四五”中期我国经济社会发展监测研究报告

站在中期看未来，立足当下谋发展

杨志刚　徐　策◎著

中国经济出版社
CHINA ECONOMIC PUBLISHING HOUSE
· 北 京 ·

图书在版编目（CIP）数据

“十四五”中期我国经济社会发展监测研究报告：站在中期看未来，立足当下谋发展 / 杨志刚，徐策著. --北京：中国经济出版社，2024.1

ISBN 978-7-5136-7662-5

Ⅰ. ①十… Ⅱ. ①杨… ②徐… Ⅲ. ①中国经济-经济发展-监测-研究报告-中国-2021-2025 Ⅳ. ①F124

中国国家版本馆 CIP 数据核字（2024）第 038260 号

责任编辑　姜　静　王西琨
营销编辑　王洪聪
责任印制　马小宾
封面设计　任燕飞装帧设计工作室

出版发行　中国经济出版社
印 刷 者　北京富泰印刷有限责任公司
经 销 者　各地新华书店
开　　本　787mm×1092mm　1/16
印　　张　29.25
字　　数　621 千字
版　　次　2024 年 1 月第 1 版
印　　次　2024 年 1 月第 1 次
定　　价　298.00 元
广告经营许可证　京西工商广字第 8179 号

中国经济出版社 网址 www.economyph.com 社址 北京市东城区安定门外大街 58 号 邮编 100011
本版图书如存在印装质量问题，请与本社销售中心联系调换（联系电话：010-57512564）

《“十四五”中期我国经济社会发展监测研究报告——站在中期看未来，立足当下谋发展》

课 题 组

组　　长　杨志刚　徐　策

副 组 长　伊丽娜

课题组成员　（按姓氏笔画排序）

左登基　白　杨　冯　韵
孙　蕾　肖　慧　何　赛
张浩然　赵　方　梅　怡
曹　樱　章守颖

中经网发展战略与体制改革研究小组简介

为更好服务党中央、国务院、国家发展改革委等有关部门，以及各级政府和企事业单位科学决策，并提供高质量政策咨询和智力支持，中经网依托自身专家和国内外权威专家组成的专家库，专门创建“中经网发展战略与体制改革研究小组”（简称“中经战略改革小组”）。中经战略改革小组始终坚持以习近平新时代中国特色社会主义思想为指导，立足新发展阶段，完整、准确、全面贯彻新发展理念，构建新发展格局，推动高质量发展，主要从事战略规划、宏观经济形势与宏观调控政策、体制改革等方面的研究工作。目前，已形成《决策要参》《热点政策解读系列专题报告》《中央经济工作会议系列专题报告》《政府工作报告解读系列专题报告》《“十四五”中期我国经济社会发展监测研究报告》《面向中国式现代化的中长期改革方案系列专题报告》等系列研究品牌。

前　言 | PREFACE

开展“十四五”中期我国经济社会发展监测研究，是“十四五”时期宏观经济与公共政策研究，特别是发展规划研究的重要内容。其研究对象主要是已经公开发布实施的《中华人民共和国国民经济和社会发展第十四个五年规划和 2035 年远景目标纲要》（以下简称《纲要》），其研究目的主要是为“十四五”规划实施中期评估工作提供智力支撑。2023 年 2 月 28 日，“十四五”规划实施中期评估工作启动会在国家发展改革委召开。会议以习近平新时代中国特色社会主义思想为指导，全面贯彻落实党的二十大精神，进一步统一思想、凝聚共识，研究部署“十四五”规划实施中期评估工作，为进一步落实“十四五”规划战略部署、努力完成“十四五”规划各项目标任务奠定更加坚实的基础。这标志着“十四五”规划工作进入中期评估阶段，按照历史经验，这也是“十五五”规划的起点。

从“十五”时期对五年计划开展试评估以来，这是我国第五次开展五年规划（计划）的评估工作。前四次中期评估工作，深化了各地方、各部门、各领域乃至全社会对规划评估工作的认识，积累了丰富经验，优化了评估理念、评估方法，对更好地推动规划实施工作发挥了重要作用，并为编制下一轮规划奠定了重要基础。《国务院关于加强国民经济和社会发展规划编制工作的若干意见》（国发〔2005〕33 号）提出，建立规划的评估调整机制，实行规划评估制度，适时对规划进行调整和修订。《中共中央　国务院关于统一规划体系更好发挥国家发展规划战略导向作用的意见》（中发〔2018〕44 号）强调，加强规划实施评估，健全规划动态调整和修订机制。这标志着规划评估工作已逐步成为国家发展规划工作的重要内容和必要环节，也为发展规划立法工作奠定了重要的实践基础。

“十四五”规划实施中期评估工作意义重大，是规划编制实施接续奋力的关键一环，是顺应环境形势发展变化的必然要求，是规划工作贯彻全面依法治国的应有之义。之所以说“十四五”规划实施中期评估工作意义重大，关键在于“十四五”规划是“中国式现代化建设”开局起步的第一个五年规划，“十四五”时期是跨越“中等收入陷阱”关键期，是进入以高质量发展为导向的经济社会结构深刻转型期，是百年未有之大变局不断演化的动荡变革期。无论是中美两国，还是世界政治经济格局，甚至是作为一个整体的人类，都面临着前所未有且日益严峻的挑战。规划实施后，出现两方面背景的重大变化：一是党的二十大胜利召开，中国式现代化建设正式全面展开，新一届党中央对内政外交国防、治党治国治军作出了一系列新的战略部署；二是俄乌冲突持续演变升级，全球化逆潮的表现方式更加激烈，呈现并将维持低增长、高利率、高通胀的世界经济增长态势，经历四年多新冠疫情冲击的经济系统虽然正在修复，但依然存在诸多“疤痕”，并且短期难以消弭人们对未来的担忧。这些决定了我们必须对发展的环境和形势进行重新评估和研判，并在必要时调适目标、调适战略、调适政策。通过中期评估工作，增强规划的科学性和动态性，将有利于更好地发挥国家发展规划的战略导向作用，有利于完善中长期重大战略规划制度，有利于提升国家治理能力现代化水平。

为持续跟踪研究《纲要》实施进展情况，积极探索规划评估的新理念、新技术、新方法，支撑“十四五”规划后半程的更好实施和“十五五”规划的预研工作，国家信息中心中经网专门成立课题组，历时半年时间，在深入开展调研和广泛听取意见的基础上，撰写了《“十四五”中期我国经济社会发展监测研究报告——站在中期看未来，立足当下谋发展》。本报告主要分为四篇，即总论、主要目标和指标、重点任务和重大举措、重大工程项目，重点围绕《纲要》中涉及经济、社会、文化、生态的篇章及相关专栏进行跟踪监测分析。其中，第一篇是总论，是全部研究的概要和结论；第二篇是主要目标和指标专题研究，重点对《纲要》明确提出的主要目标和指标进展进行了跟踪监测分析；第三篇是重点任务和重大举措专题研究，围绕《纲要》的14个篇章进行了跟踪监测分析，主要包括创新、现代化产业体系、新发展格局、数字中国、社会主义市场经济体制、乡村振兴、新型城镇化战略、区域协调发展、文化、美丽中国建设、高水平对外开放、国民素质和人的全面发展、民生福祉、统筹发展和安全；第四篇是重大工程项目专题研究，重点围绕102项具有战略性、基础性、引领性的重大工程项目进行跟踪监测分析。所有专题报告，基本按照“三个重大”（目标、举措、工程）的逻辑进行了展开分析，从各领域角度对未来形势进行了研判，并提出了“十四五”后半程更好地实施《纲要》的建议。本报告所引用的有关资料均为公开文献和数据，主要数据截止到2023年上半年，部分数据更新到2023年底。

本报告坚持以习近平新时代中国特色社会主义思想为指导，结合两年多来党中央、国务院及各地方、各部门的生动实践，利用先进技术手段和科学研究方法，深度解构分析了《纲要》在国家治理过程中发挥的重要作用；在深刻把握未来国际国内形势变化的基础上，提出了下一步更好地实施规划的政策举措和重要抓手；同时，也为“十五五”规划的前期研究奠定了重要基础。以此，供从事发展规划相关工作的政府部门、企事业单位、科研机构、大专院校读者参考。限于研究能力和可获取资料的范围，本报告难免有挂一漏万之处，还请各位专家指正。让我们共同推动和完善国家发展规划事业！

借此机会，向所有长期战斗在发展规划事业中的领导和同志致以崇高的敬意！

徐 策

2024年1月于北京

目　录 | CONTENTS

第一篇
总　论

第二篇
主要目标和指标

第三篇

重点任务和重大举措

第一篇

总论

“十四五”中期我国经济社会发展监测研究报告

“十四五”规划前半程极不寻常、极不平凡。《纲要》发布实施两年多来，面对复杂严峻的国际环境和艰巨繁重的国内改革发展稳定任务，以习近平同志为核心的党中央团结带领全党全国各族人民，迎难而上、砥砺前行，牢牢把握高质量发展这个首要任务，坚持稳中求进工作总基调，统筹国内国际两个大局，统筹疫情防控和经济社会发展，统筹发展和安全，有效应对一些国家不断升级的遏制打压、新冠疫情的严重冲击、国际地缘政治冲突等各种不确定难预料因素，扎实推动《纲要》实施，保持经济社会大局稳定，新发展理念引领发展迈上新台阶，构建新发展格局迈出重要步伐，推动高质量发展取得新突破，实现全面建设社会主义现代化国家新征程的良好开局①。根据我们的跟踪监测分析，总体上看，《纲要》各项目标任务进展顺利，但在实施进展中仍面临不少问题。当前，我国发展进入战略机遇和风险挑战并存、不确定难预料因素增多的时期，各种“黑天鹅”“灰犀牛”事件随时可能发生，党的二十大对经济社会发展作出新部署，对《纲要》实施提出了新要求，必须辩证认识、全面把握国内外发展大势，增强机遇意识和风险意识，坚定不移抓机遇、促发展、增实力，综合施策推进《纲要》实施，确保《纲要》各项目标任务进展顺利。

一、“十四五”中期我国经济社会发展取得的主要成就

《纲要》发布实施两年多来，主要目标和指标进展总体符合预期，重大举措重大任务进展顺利，重大工程项目扎实推进。

（一）主要目标和指标进展总体符合预期

《纲要》提出“十四五”时期要实现经济发展取得新成效、改革开放迈出新步伐、

---

① 郑栅洁：《〈中华人民共和国国民经济和社会发展第十四个五年规划和 2035 年远景目标纲要〉实施中期评估报告——2023 年 12 月 26 日在第十四届全国人民代表大会常务委员会第七次会议上》。

社会文明程度得到新提高、生态文明建设实现新进步、民生福祉达到新水平、国家治理效能得到新提升的目标，并从经济发展、创新驱动、民生福祉、绿色生态、安全保障五方面提出了 20 项主要指标。总的来看，这些目标和指标的实现情况基本达到预期进度要求，主要指标中有 16 项基本符合或快于预期，有 4 项相对滞后。

1. 4 项指标超预期完成目标，提前实现预期目标

两年多来，《纲要》提出的常住人口城镇化率、基本养老保险参保率、地表水达到或好于Ⅲ类水体比例、能源综合生产能力 4 项指标提前实现预期目标。2022 年，常住人口城镇化率达 65.22%，基本养老保险参保率为 95%，地表水达到或好于Ⅲ类水体比例达 87.9%，能源综合生产能力为 46.6 亿吨标准煤，均超预期完成目标，提前实现预期目标（见表 1）。

表 1 “十四五”时期 4 项指标提前实现预期目标

指标	2022 年	2025 年
常住人口城镇化率/%	65.22	65
基本养老保险参保率/%	95	95
地表水达到或好于Ⅲ类水体比例/%	87.9	85
能源综合生产能力/亿吨标准煤	46.6	>46

资料来源：《中华人民共和国国民经济和社会发展第十四个五年规划和 2035 年远景目标纲要》，中经网课题组。

2. 5 项指标快于预期进展，有望如期实现预期目标

两年多来，《纲要》提出的全社会研发经费投入增长、每万人口高价值发明专利拥有量、数字经济核心产业增加值占国内生产总值（Gross Domestic Product，GDP）比重、每千人口拥有执业（助理）医师数、森林覆盖率 5 项指标快于预期进度。其中，如表 2 所示，2022 年，全社会研发经费投入增长为 8.0%，高于预期目标（7%）；数字经济核心产业规模稳步增长，快于预期目标进展；每万人口高价值发明专利拥有量（9.4 件），完成五年目标值增幅（5.7 件）的 54.4%，较时间进度（40%）快 14.4 个百分点；每千人口拥有执业（助理）医师数（3.12 人）完成五年目标值增幅（0.3 人）的 73.3%，较时间进度（40%）快 33.3 个百分点；森林覆盖率达 24.02%，完成五年目标值增幅（0.9%）的 91.1%，较时间进度（40%）快 51.1 个百分点，均有望如期实现预期目标。

表 2 “十四五”时期 5 项指标快于预期进展

指标	2020 年	2022 年	2025 年
全社会研发经费投入增长/%	—	8.0	>7
每万人口高价值发明专利拥有量/件	6.3	9.4	12
数字经济核心产业增加值占 GDP 比重/%	7.8		10
每千人口拥有执业（助理）医师数/人	2.9	3.12	3.2
森林覆盖率/%	23.2	24.02	24.1

资料来源：《中华人民共和国国民经济和社会发展第十四个五年规划和 2035 年远景目标纲要》，中经网课题组。

3. 7项指标基本符合预期进展，有望如期实现预期目标

两年多来，《纲要》提出的GDP增长、全员劳动生产率增长、居民人均可支配收入增长、城镇调查失业率、劳动年龄人口平均受教育年限、人均预期寿命、粮食综合生产能力7项指标基本符合预期进展。其中，如表3所示，GDP年均增长保持在合理区间；全员劳动生产率增长（4.2%）高于GDP增长1.2个百分点；居民人均可支配收入两年年均增速（5.5%）与经济增长（5.7%）基本同步①；城镇调查失业率（5.5%）基本符合预期进展；劳动年龄人口平均受教育年限（10.93年）基本符合预期进展；人均预期寿命（78.2岁）基本符合预期进展；粮食综合生产能力（6.9亿吨）基本符合预期进展，均有望如期实现预期目标。

表3 “十四五”时期7项指标基本符合预期进展

指标	2020年	2022年	2025年
GDP增长/%	2.3	3.0	保持在合理区间
全员劳动生产率增长/%	2.5	4.2	高于GDP增长
居民人均可支配收入增长/%	2.1	2.9	与GDP增长基本同步
城镇调查失业率/%	5.2	5.5	<5.5
劳动年龄人口平均受教育年限/年	10.8	10.93	11.3
人均预期寿命/岁	77.3	78.2*	5年内累计提高1岁
粮食综合生产能力/亿吨	—	6.9	>6.5

注：*表示人均预期寿命2022年数据缺失，此处采用的是2021年数据。

资料来源：《中华人民共和国国民经济和社会发展第十四个五年规划和2035年远景目标纲要》。

4. 4项指标滞后于预期进展，实现预期目标有挑战

两年多来，《纲要》提出的每千人口拥有3岁以下婴幼儿托位数、单位GDP能源消耗降低、单位GDP二氧化碳排放降低、地级及以上城市空气质量优良天数比率4项指标滞后于预期目标时序进度。其中，如表4所示，2022年每千人口拥有3岁以下婴幼儿托位数（2.5个）距离预期目标（4.5个）还有不小差距，主要原因在于普惠性托育服务有效供给不足；2021—2022年单位GDP能源消耗和单位GDP二氧化碳排放分别累计降低2.8%和4.6%，分别为完成5年目标值降幅（13.5%、18%）的20.7%和25.6%，分别较时间进度（40%）慢19.3个和14.4个百分点，主要原因在于经济增速的降低和能源消费的增长；地级及以上城市空气质量优良天数比率（86.5%）滞后于预期进展，主要原因在于，在细颗粒物（$PM_{2.5}$）、可吸入颗粒物（PM_{10}）、臭氧（O_3）、二氧化硫（SO_2）、二氧化氮（NO_2）和一氧化碳（CO）六项指标中，臭氧平均

① 通过2021年（8.1%）和2022年（2.9%）两年的居民人均可支配收入增速平均计算得出居民人均可支配收入两年年均增速（5.5%）。

浓度 2022 年较 2021 年上升 5.8%，臭氧导致的超标天数增加了 2.1 个百分点，大气环境问题的长期性、复杂性、艰巨性仍然存在。

表 4 “十四五”时期 4 项指标滞后于预期进展

指标	2020 年	2022 年	2025 年
每千人口拥有 3 岁以下婴幼儿托位数/个	1.80	2.57	4.50
单位 GDP 能源消耗降低/%	—	2.80	5 年内累计降低 13.5%
单位 GDP 二氧化碳排放降低/%	—	4.60	5 年内累计降低 18%
地级及以上城市空气质量优良天数比率/%	87.00	86.50	87.50

资料来源：《中华人民共和国国民经济和社会发展第十四个五年规划和 2035 年远景目标纲要》。

（二）重大举措重大任务进展顺利

两年多来，《纲要》提出的创新、现代化产业体系、新发展格局、数字中国、社会主义市场经济体制、乡村振兴、新型城镇化战略、区域协调发展、文化、美丽中国建设、高水平对外开放、国民素质和人的全面发展、民生福祉、统筹发展和安全等重大举措重大任务进展顺利、成绩显著。

1. 创新驱动发展步伐加快，科技自立自强成效初显

《纲要》明确坚持创新在我国现代化建设全局中的核心地位，把科技自立自强作为国家发展的战略支撑。两年多来，创新驱动发展战略深入实施，国家战略科技力量建设迈出新步伐，企业技术创新能力稳步提升，人才创新活力激发机制不断完善，科技创新体制机制不断完善，发展新优势不断塑造。

（1）国家战略科技力量建设迈出新步伐。一是国家战略科技力量加快布局。以国家实验室为引领、全国重点实验室为支撑的实验室体系加快构建，全国重点实验室基本重组完成，已挂牌建成 9 家国家级实验室，超百家“省实验室”正式揭牌或启动筹建，126 家实验室进入“十四五”重点建设名单，新型研发机构数量超过 2400 家。国家工程研究中心、国家技术创新中心不断优化提升，国家发展改革委先后分两批对全国 349 家国家工程研究中心和国家工程实验室进行优化整合，最终 191 家获准纳入新序列。二是强化基础研究和原创性、引领性研究能力。2022 年我国研发经费投入达 30870 亿元，研发经费投入强度达到 2.55%，基础研究投入比重连续 4 年超过 6%，高被引论文数排名保持世界第二位。重点研发计划 79 个专项全面展开，国家自然科学基金 2021 年资助 13 个、2022 年资助 16 个基础科学中心项目。原始创新能力有效提升，在国际上首次实现利用二氧化碳人工合成淀粉，首次实现人体细胞发育过程“大逆转”，成功证明凯勒几何两大核心猜想。三是重大科技创新平台加快建设。北京、上海、粤港澳大湾区国际科技创新中心建设成效显著，2022 年香港—深圳—广州、北京、上海—苏州在全球科技集群中分别列第 2 位、第 3 位、第 6 位。综合性国家科学中心建设

进展顺利。77 个已布局国家重大科技基础设施建成并投运 35 个，形成一批全球领先的科技成果。四是关键核心技术攻关取得突破。在第五代移动通信（5G）和光通信、高速铁路等领域攻克一批重大关键核心技术，新一代人工智能、量子通信与量子计算机、脑科学与类脑研究、生物育种等“科技创新 2030—重大项目”取得重要进展。多项“卡脖子”技术被攻克并实现产业化，核电机组关键部件实现整机国产化，腹腔镜手术机器人、体外膜肺氧合机（Extra Corporeal Membrane Oxygenation，ECMO）、深海采矿等核心技术取得突破。战略高技术领域取得新突破，中国空间站全面建成并开启长期有人驻留时代，“天问一号”火星探测器开展中国首次地外行星环绕、着陆、巡视探测，“羲和号”实现太阳探测零的突破。“科技冬奥”保障北京冬奥会高质量办赛、高水平参赛，科研攻关为全国疫情防控取得重大决定性胜利作出重要贡献。

（2）企业技术创新能力稳步提升。一是多部门陆续出台政策激励企业加大研发投入。各类创新要素加速向企业集聚，将符合条件的行业企业研发费用加计扣除比例提升至 100%，企业研发经费投入占全社会的比重超过 77%，中央工业企业研发经费投入强度超过 3%，企业参与或牵头的国家重点研发计划占比接近 80%。全国技术合同成交额达到 4. 8 万亿元，企业贡献超过 80%的技术吸纳。截至 2022 年底，专精特新“小巨人”企业已达 9119 家，全国高新技术企业数量已达 40 万家，被纳入全国科技型中小企业信息库的企业数量达到 32. 8 万家，众创空间、孵化器等创业孵化载体超过 1. 4 万家，覆盖 95%县级以上地区。二是产业共性基础技术研发平台不断增加。截至 2022 年末，125 家机构入选产业技术基础公共服务平台名单。批复 19 家国家技术创新中心，涉及新能源汽车、集成电路、数字信息等关键产业，覆盖京津冀、长三角、粤港澳、成渝、长江中游、中原、关中平原、辽中南等城市群。成立国家高新区创新发展联盟、铁路科技创新联盟、张江元宇宙创新发展联盟等科技前沿领域共性技术创新发展联盟。三是企业创新服务体系不断完善。深交所科技成果与知识产权交易中心成立，中关村科技园、武汉东湖高新区等全国首批 10 家科技金融创新服务中心试点成立，成立北京证券交易所以聚焦服务创新型中小企业。

（3）人才创新活力激发机制不断完善。一是高水平人才队伍不断壮大。世界顶尖科技人才加速涌现，2022 年中国内地世界高被引科学家数量增长到 1169 人次。全国技能人才总量超 2 亿人，占就业人员比例超过 26%；高技能人才超过 6000 万人，占技能人才的比例达到 30%。二是科创人才培育激励机制不断完善。40 家高等院校和科研机构开展试点，央企广泛实施科研攻关“赛马制”，加大人才评价和激励力度，实行以增加知识价值为导向的分配政策，2022 年我国有效发明专利产业化率增至 36. 7%，较 2020 年增加 2 个百分点。

（4）科技创新体制机制不断完善。一是持续改革完善科技创新体制机制。组建中央科技委员会并重组了科技部，深化科技管理体制改革。社会主义市场经济条件下关键核心技术攻关新型举国体制进一步健全，探索型和任务导向型科技项目分类评价制度不断完善，赋予科研人员职务科技成果所有权或长期使用权，高等学校和科研院所薪酬制度改革、使命导向的科研院所管理改革等试点稳步开展。二是知识产权保护运用体制更加健全。加强知识产权司法保护和行政执法，国家知识产权局调整为国务院直属机构，优化管理机构，使知识产权从“保护”转向“运用”。加大力度建设国家级知识产权保护中心和快速维权中心，至2022年底已达到97家。加快构建数据基础制度，2022年办理专利侵权纠纷行政案件5.8万件，办理维权援助申请7.1万件，受理纠纷调解8.8万件。全年专利商标质押融资额达4868.8亿元，连续3年保持40%以上增长。专利合作条约（Patent Cooperation Treaty，PCT）国际专利申请量突破7万件，稳居全球第一位。三是参与国际重大科创项目。与160多个国家和地区建立科技合作关系，参与200多个国际组织和多边机制，积极参与国际热核聚变实验堆、平方公里阵列射电望远镜等国际大科学工程。

2. 现代化产业体系加快发展，实体经济根基巩固壮大

《纲要》强调要深入实施制造强国战略，构建实体经济、科技创新、现代金融、人力资源协同发展的现代产业体系。两年多来，制造业竞争优势持续增强，完整产业体系和全链条产业链更加巩固，实体经济不断壮大，战略性新兴产业持续发展，现代服务业加快发展，现代化基础设施体系加快建设并持续完善，产业向中高端稳步迈进。

（1）制造业竞争优势持续增强。一是制造业不断做强做优做大。制造业增加值占GDP比重提升至27.8%，占全球比重稳定在30%左右，制造业规模居全球首位，220多种工业产品产量世界第一。二是产业链补短板锻长板取得突出成效。产业基础再造工程全面推进。新能源、船舶等领域全产业链竞争力巩固提升。重大技术装备攻关取得新突破，腹腔镜手术机器人等高端医疗装备填补国内空白，中国首台国产体外膜肺氧合机成功研制，国产四人雪车等冰雪装备实现零的突破，中国空间站全面建成，第三艘航母“福建舰”下水。三是重点区域产业集聚化培育成效显著。建设了445个国家新型工业化产业示范基地。2022年，45个国家级集群总产值突破20万亿元，重点培育的25个先进制造业集群主导产业产值近10亿元，集聚了规上企业2.5万家。四是新质生产力加快形成。战略性新兴产业增加值年均增长15.8%，占GDP比重超过13%。新能源发电装机量、新能源汽车产销量、智能手机产量、海洋工程装备接单量等均位居全球第一；新一代移动通信、核电、光伏、高铁、互联网应用、基因测序等领域均具备世界领先的研发水平和应用能力；首批66个国家级战略性新兴产业集群已成为区域发展新引擎，数十个千亿产业集群正在加速崛起；高端产业和重大装备创新发展取得积极成效，C919大型客机投入商业运营，F级50兆瓦重型燃气轮机投产，国产核磁共振仪器实现量产，光伏电池、组件产量全球占比分别达到90.3%和84.8%。

（2）现代服务业加快发展。一是生产性服务业与制造业融合发展不断深化。2022年，信息传输、软件和信息技术服务业，金融业增加值同比分别增长9.1%和5.6%，合计拉动服务业增加值增长1.5个百分点。二是生活性服务业品质化发展不断加快。健康、养老、托育、文化、旅游、体育、物业等服务业加速发展，新消费助力消费提档升级，2022 年实物商品网上零售额占同期社会消费品零售总额的比重为 27.2%，5G 网络建设速度加快，快递业务“进村”“进厂”“出海”深入推进。

（3）现代化基础设施体系加快建设并持续完善。一是信息基础设施加快升级。5G 网络建设全球领先，截至 2023 年 8 月累计建成基站 313.8 万个，覆盖全国所有地级市城区和县城。5G、千兆光纤、移动物联网终端、互联网协议第六版（IPv6）活跃用户数分别超过 7.3 亿户、1.4 亿户、22.2 亿户、7.6 亿户。“东数西算”工程全面实施，国家算力网络加快构建，算力总规模居世界第二位。国家民用空间基础设施体系初步建成，北斗三号全球卫星导航系统开通，卫星遥感系统已具备全球观测能力。二是融合基础设施加快布局。立体智能交通体系加速构建，无人码头、自动驾驶等交通运输新形态不断涌现，北斗导航加速在交通出行、城市管理等领域深度应用，港口和高速公路智能化改造成果显著。新能源汽车充电基础设施达到 665 万台，比 2020 年增长近 3 倍。三是创新基础设施加快优化。布局建设的 77 个重大科技基础设施形成了涵盖战略导向型、应用支撑型、前瞻引领型、民生改善型的设施体系，布局建设 200 多家国家工程研究中心、1600 多家国家企业技术中心和一批国家产业创新中心。四是交通强国建设稳步推进。高速铁路营运里程、高速公路通车里程、城市轨道交通通车里程两年分别累计新增 4250 公里、1.6 万公里、2300 公里，建成了全球最大的高速铁路网、高速公路网和世界级的港口群，截至 2022 年底全国综合交通网络的总里程超过 600 万公里；网约车、网络货运、共享单车、无人配送、自动驾驶、无人机等蓬勃发展；铁路货运量、水路货物运输量分别增长 22.2%、79.6%，全国主要港口集装箱铁路水路联运量年均增速保持在 10%以上；民用运输机场新增 13 个，国家综合立体交通网主骨架空间格局基本形成。现代物流体系不断健全，“通道+枢纽+网络”的现代物流运行体系框架基本形成。“一带一路”交通互联互通网络加快形成，中欧班列已通达欧洲约 25 个国家 217 座城市，全国中欧班列累计开行突破 7.8 万列。五是现代能源体系加快建设。全力推动煤炭增产增供、电力安全稳定供应、油气增储上产，建成投产大气污染防治行动计划 12 条重点输电通道，西电东送能力提升到 3 亿千瓦，清洁能源在能源消费增量中的占比超过 60%，全年风电光伏发电新增装机 1.2 亿千瓦以上。北方地区清洁取暖率达到 70%以上，全国建成充电基础设施约 560 万台，有力保障了超过 1000 万辆电动汽车的充电需求。白鹤滩水电站全部机组投产发电，自主第三代核电机组“华龙一号”投入商业运行，全球首台 16 兆瓦超大容量海上风电机组并网发电，以沙漠、戈壁、荒漠地区为重点的大型风电光伏基地和西南水电基地建设加快推进，大规模储能、氢能等一批能源新技术研发应用不断取得新进展。六是水利基础设施建设再提速。国家水网工程加快推进，南水北调东、中线一期工程直接受益人口达 1.76 亿。建成 349 个节水型社会建设达标县（区），整治近 100 万个取水口违规取用水问题。持续推动小水电绿色发展，长江经济带小水电清理整改全面完成，3.4 万座小水电站落实生态流量。基本完成85个水美乡村试点县建设，受益村庄4778个。

3. 国内大循环主体地位更加巩固，国内国际双循环水平进一步提升

《纲要》强调要坚持扩大内需这个战略基点，加快培育完整内需体系，畅通国内大循环，促进国内国际双循环。两年多来，国内经济循环的卡点堵点不断被破除，国内国际双循环质量和水平得到提升，超大规模市场优势更加明显，以国内大循环为主体、国内国际双循环相互促进的新发展格局加快构建，内需对经济增长的贡献率由2020年的74.7%提高到2022年的82.9%，强大国内市场对全球资源要素的引力场效应不断显现。

（1）国内经济循环的卡点堵点不断被破除。一是供给体系对需求的适配性不断提升。高技术制造业、装备制造业增加值实现较快增长，传统产业数字化绿色化转型成效明显；消费品产品和服务的供给能力得到明显提升；《国民旅游休闲发展纲要（2022—2030年）》印发实施，深化家政服务业提质扩容“领跑者”行动，积极应对人口老龄化国家战略深入实施，文旅、家政、医疗、养老育幼等公共服务水平稳步提高。二是各类资源要素自主有序流动加快推进。要素市场化配置综合改革试点总体方案出台，北京、上海、广东等大数据交易市场，以及区域一体化产权市场建设成效显著；城乡融合发展政策体系不断完善，县城在城乡要素自由流动中的基础作用不断增强。三是高效顺畅的现代流通体系建设加快推进。加快建设全国统一大市场的意见出台实施，公平竞争审查制度有效实施，破除行政垄断和市场垄断成效显著；现代物流服务体系建设步伐加快；中欧班列、西部陆海新通道建设加快推进；县域商业设施和流通体系建设取得成效。

（2）国内国际双循环质量和水平得到提升。一是进出口协同发展，国际市场布局持续优化。内外贸一体化试点正式启动，首批敲定9个试点地区。外贸结构持续优化升级。货物贸易进出口总额首次突破40万亿元大关，连续6年保持世界第一位，前两年一般贸易进出口占外贸总值比重提高3.8个百分点，新能源汽车、锂电池、太阳能电池等“新三样”加速出海，国际市场份额遥遥领先。中欧班列、西部陆海新通道建设加快推进，货物通关效率进一步提升，关税总水平降至7.3%。服务业对外开放深入扩展，服务贸易稳步增长，连续9年位居世界第二。外贸新业态新模式发展加快，跨境电商进出口总额两年累计达4.03万亿元。东盟、非洲、拉丁美洲等新兴市场开拓取得积极成效。海南省已全面启动全岛封关运作准备，自贸港建设步伐加快。二是利用外资大国地位巩固，引资结构持续优化。以制造业为重点促进外资扩增量稳存量提质量，修订发布新版《鼓励外商投资产业目录（2022年版）》。2022年，我国实际使用外资以人民币计首次突破1.2万亿元，引资规模依然保持世界前列，其中制造业、高技术产业引资大幅增长；与共建“一带一路”国家经贸合作取得积极进展。

（3）超大规模市场优势更加明显。一是消费市场发展韧性强劲，消费结构优化升级。消费经受住新冠疫情冲击并呈恢复性增长态势，重新成为拉动经济增长的主动力。

2022 年，最终消费支出占 GDP 比重保持在 50%以上，社会消费品零售总额稳定在 44 万亿元，其中网上商品零售额达 12 万亿元，是全球第二大消费市场和第一大网络零售市场。2023 年前三季度，社会消费品零售总额同比增长 6.8%。具体来看，汽车、家电等传统消费潜力有效释放，新能源汽车保有量前两年年均增长 63.2%，2023 年上半年销量同比增长 44.1%，成为大宗消费新增长点；以新服务、新场景、新业态、新模式为特点的新型消费发展较快，线上线下消费深度融合发展；服务消费加快恢复，2023 年上半年服务零售额同比增长 21.5%；5 个国际消费中心城市培育建设初见成效；县域商业体系建设稳步推进，乡村消费品市场恢复较快。二是有效投资规模不断扩大，投资结构持续优化。2022 年，资本形成总额对经济增长的贡献率达 50.1%，投资规模扩大至 57.2 万亿元。其中，充分发挥政府投资引导作用，基础设施投资前两年年均增长 4.8%，2023 年上半年同比增长 7.2%，大项目带动作用增强；制造业贷款特别是中长期贷款投放力度进一步加大，固定资产投资前两年年均增长 4.9%，2023 年上半年同比增长 3.8%，制造业投资 2023 年上半年同比增长 6%；高技术产业投资增速较快，促进产业结构优化升级；进一步优化完善民间投资政策环境，基础设施民间投资、制造业民间投资 2023 年上半年分别增长 15.6%、8.4%；探索建立多层次基础设施不动产投资信托基金（Real Estate Investment Trust，REITs）市场，有效盘活存量资产。

4. 数字化发展取得明显成效，数字中国建设加快整体布局

《纲要》提出迎接数字时代，激活数据要素潜能，推进网络强国建设，加快建设数字经济、数字社会、数字政府，以数字化转型整体驱动生产方式、生活方式和治理方式变革。两年多来，数字化发展取得明显成效，网络强国战略深入实施，数字中国建设加快整体布局。其中，数字经济快速构筑竞争新优势，数字社会建设步伐提速升级，数字政府建设成效明显，数字生态发展环境持续优化，数字化发展取得明显成效。

（1）数字经济快速构筑竞争新优势。2022 年，我国数字经济规模达 50.2 万亿元，稳居世界第二，占 GDP 比重达 41.5%，数字经济成为稳增长促转型的重要引擎。数据产量达 8.1ZB，全球占比 10.5%，位居世界第二。一是关键数字技术创新应用取得重大突破。“芯片之母”EDA 完成 14 纳米以上工艺国产化，国产操作系统厂商麒麟软件生态软硬件适配数量突破 150 万套，多个国产人工智能语言大模型参数达到千亿级，“九章二号”量子计算机完成快速求解的速度比全球最快的超级计算机快 10 的 24 次方倍，全球首创开放式架构实现 615 公里光纤量子通信。二是数字产业化加快发展。2022 年，我国人工智能核心产业规模超过 4000 亿元，大数据产业规模达 1.57 万亿元，同比增长 18%，云计算市场规模约 4400 亿元，年均增速超过 30%，网络安全产业规模近 2200 亿元，增速约 13.9%。我国已成为全球电子元器件第一大生产国，产业整体规模已突破 2 万亿元，工业设备 5G 连接率超过 60%的项目占比超一半。三是产业数字化取得明显进展。2022 年，工业数字经济渗透率达到 24.0%，制造业重点领域关键工序数控化率、数字化研发设计工具普及率分别增长至 60.1%、78.3%，全国重点工业企业关键工序数控化率达到58.6%，中央工业企业关键工序数控化率达到73%，数字化研发设计工具普及率达到77%，具有影响力的工业互联网平台达到240个。农业数字经济渗透率达10.5%，农业生产信息化率超25.4%，农作物耕种收综合机械化率达到73%，农机应用北斗终端超过60万台套。服务业数字经济渗透率44.7%，全国电子商务平台交易额43.8万亿元，全国网上零售额13.8万亿元。

（2）数字社会建设步伐提速升级。一是公共服务更加智慧便捷。建成世界第一大教育教学资源库，全国中小学（含教学点）互联网接入率达100%，超过3/4学校实现无线网络覆盖。互联网医疗用户规模达3.63亿人，占网民整体的34.0%，远程医疗服务超过2670万人。全民艺术普及资源总库数字资源量达1258TB，有线数字电视实际用户1.90亿人。二是城乡发展更加智能高效。智慧城市试点数量超过800个，有110座城市达到千兆城市建设标准。累计部署117个数字乡村试点，建设9个农业物联网示范省、100个数字农业试点项目，认定210个全国农业农村信息化示范基地，累计建设运营益农信息设施46.7万个，提供各类服务9.8亿人次。三是人民美好数字生活新图景逐步清晰。全国96.68%的办税缴费事项实现“非接触式”办理。截至2023年6月，我国短视频用户规模首次突破10亿人，网络支付用户规模达9.43亿人，线上办公用户规模达5.07亿人，互联网医疗用户规模达3.64亿人，在线旅行预订用户规模达4.53亿人。

（3）数字政府建设成效明显。一是公共数据开放共享取得积极进展。建成全国一体化政务数据共享枢纽，已建设26个省级政务数据平台、257个市级政务数据平台、355个县级政务数据平台。二是政务信息化共建共用水平提升。国家电子政务外网已实现县级以上行政区域100%覆盖，乡镇覆盖率达到96.1%。截至2022年底，国家政务服务平台已归集汇聚32个地区和26个国务院部门900余种电子证照，目录信息达56.72亿条，累计提供电子证照共享应用服务79亿次。电子政务“在线服务”指数排名保持全球领先水平。三是数字政务发展水平快速提升。政务服务事项网上可办率达到90%以上，90.5%的省级行政许可事项实现网上受理和“最多跑一次”。

（4）数字生态发展环境持续优化。一是数据要素市场规则初步建立。“数据二十条”创造性提出数据资源持有权、数据加工使用权、数据产品经营权“三权分置”的数据产权制度框架，逐步探索建立更为便捷且安全的跨境数据流动管理体系。二是政策保障环境更加规范有序。组建国家数据局强化统筹，负责协调推进数据基础制度建设。制定出台网络领域立法140余部，构建与数字经济发展相适应的政策法规体系。三是网络安全保护能力持续提升。通过制定《国家安全法》《网络安全法》《数据安全法》等法律，系统构建网络安全法律制度。四是网络空间命运共同体有序形成。与17个国家签署“数字丝绸之路”合作谅解备忘录，与30个国家建立“丝路电商”双边合作机制。主持的国际标准已超过800项，其中数字人、端边云协同、数字视网膜、疫苗防控数字化等领域的国际标准均为全球首创。

5. 全面深化改革迈出新步伐，社会主义市场经济体制不断完善

《纲要》提出要充分发挥市场在资源配置中的决定性作用，更好发挥政府作用，推动有效市场和有为政府更好结合。两年多来，重点领域和关键环节改革有序推进，各类经营主体的创造力和竞争力不断增强，高标准市场体系建设进一步健全，发展动能不断积蓄。

（1）坚持“两个毫不动摇”，各类经营主体的创造力和竞争力不断增强。一是国有经济布局优化和结构调整取得明显成效。国企改革 3 年行动任务顺利完成，中央企业战略性新兴产业加快发展，国有企业充分发挥引领带动经济高质量发展的中坚力量。二是中国特色现代企业制度更加成熟定型。推动加强党的领导组织化、制度化、具体化，董事会制度体系基本形成，混合所有制改革步伐更加稳慎深化，任期制和契约化管理签约工作主体目标完成。三是国资监管体制进一步健全。监管职责定位进一步明晰，监督方式持续优化，深化国有资本投资、运营公司改革，全国国资国企在线监管系统建设全面推进。四是民营企业发展环境进一步优化。中央编办正式批复在国家发展改革委内部设立民营经济发展局，出台《中共中央　国务院关于促进民营经济发展壮大的意见》《促进个体工商户发展条例》等文件，央地持续为民营经济发展营造良好环境，针对性支持力度不断加大。前两年新增经营主体 5795 万户。五是民营企业高质量发展扎实推进。政策加大企业创新发展支持力度，中小企业专精特新发展取得积极成效。

（2）构建全国统一大市场，高标准市场体系建设进一步健全。一是全面完善产权制度。产权市场交易额再创新高，《中华人民共和国民法典》（以下简称《民法典》）实施已取得实实在在的成效，法治化营商环境建设持续推进，数据、知识、环境等领域的产权制度建设不断加强。二是加快建设全国统一大市场。《中共中央　国务院关于加快建设全国统一大市场的意见》对建设全国统一大市场进行了顶层设计。市场准入负面清单制度稳步实施，清单管理措施比制度建立之初压减 64%，将行政许可事项全部纳入清单管理。三是土地、劳动力、技术、数据、资本、能源等要素市场化配置稳步推进。推动要素市场化配置改革，改革土地利用计划管理方式。2020 年以来，自然资源部改革土地利用计划管理方式，坚持土地要素跟着项目走，加大存量用地盘活的力度。高标准人力资源市场体系加快建设，试行以经常居住地登记户口制度。技术要素加速向生产力转化，着力完善科技创新资源配置方式。探索建立数据要素流通规则，加快推动构建全国数据要素统一大市场。多层次资本市场体系不断健全，北京证券交易所顺利开市、平稳运行，股票发行注册制全面实行，沪深交易所分别正式发布退市新规，常态化退市机制逐步建立。全面放开燃煤发电上网电价并取消工商业目录销售电价制度，建立电网市场化代理购电制度，推动工商业用户进入市场。完善重要民生商品价格调控机制。四是公平竞争审查制度有效实施。常态化反垄断监管不断完善，着力维护全国统一大市场和公平竞争，反不正当竞争法正在进行第三次修改，

石油天然气体制、电力体制、铁路行业市场化等改革积极推进。五是社会信用体系建设取得积极进展。社会信用法律法规和标准体系不断健全，信用信息共享水平大幅提升，全面推动信用建设与城市发展深度融合，政府机构失信问题专项治理工作持续推进。

(3) 深化财政金融体制改革，加快构建现代财税金融体制。一是现代财政制度框架基本确立。预算管理制度逐步健全，纵深推进中央与地方财政事权和支出责任划分改革，省以下财政体制改革加速，完善财政转移支付体系。二是税收制度改革不断深化。优化税种结构，完善税收制度，综合与分类相结合的个人所得税制度成功建立，企业所得税制度深度优化，增值税制度逐步完善，房地产税被纳入立法规划，税务部门深化税收征管改革取得明显成效。三是金融改革发展稳定，各项工作稳步推进。加大对实体经济的有效支持力度，完善货币供应调控机制，把好货币供给总闸门，建立存款利率市场化调整机制。深化国有商业银行改革，股票发行注册制改革全面落地，保障和维护国债市场安全平稳运行。实施并完善存款保险制度，监管体系更加完善。

(4) 加强政府自身建设，提升治理效能。一是宏观经济治理能力持续提升。党和国家机构职能进一步优化，《党和国家机构改革方案》印发，金融管理体制、科技管理体制、社会管理体制、数据管理体制、知识产权管理体制等不断完善。宏观调控政策体系进一步完善，加强政策跨周期设计、逆周期调节，强化宏观政策统筹协调，增强财政宏观调控效能，突出做好稳增长、稳就业、稳物价工作，组织开展新出台政策与宏观政策取向一致性评估，政策协同效应明显增强。积极的财政政策加力增效，减税降费成效明显。稳健的货币政策灵活适度，对绿色发展、科技创新、普惠金融的支持力度进一步加大。二是简政放权、放管结合、优化服务改革不断深化，营商环境明显改善。简政放权优化服务，营商环境进一步优化，服务国家重大战略的市场准入特别措施相继出台，开展“证照分离”改革。三是基本形成以信用为基础的新型监管和治理机制。政务服务“一网通办”能力显著提升，加大相关行业的监管和处罚力度，扎实推进市场监管综合行政执法改革，“打假治敲”专项行动持续深入推进。

6. 农业农村现代化建设迈上新台阶，全面推进乡村振兴实现良好开局

《纲要》提出要走中国特色社会主义乡村振兴道路，全面实施乡村振兴战略，强化以工补农、以城带乡，推动形成工农互促、城乡互补、协调发展、共同繁荣的新型工农城乡关系，加快农业农村现代化。两年多来，巩固拓展脱贫攻坚成果同乡村振兴有效衔接，农业农村发展呈现新气象。

(1) 农业质量效益不断提高。一是粮食生产实现了“十九连丰”。总产量连续 8 年保持在 0.65 万亿公斤以上。口粮自给率在 100%以上，谷物自给率在 95%以上，人均粮食占有量大概 480 公斤，高于国际公认的 400 公斤粮食安全线，实现“谷物基本自给、口粮绝对安全”。二是“藏粮于地、藏粮于技”战略深入落实。确保18亿亩[①]耕地名副其实，确保永久基本农田重点用于粮食生产，高标准农田原则上全部用于粮食生产。新增高标准农田2.47亿亩，累计建成10亿亩以上，国家黑土地保护工程扎实推进。种业振兴行动深入实施，农作物自主选育品种面积占比超过95%。三是农业科技和装备支撑更加有力。农业科技进步贡献率由60.7%提高到62.4%，农作物耕种收综合机械化率达到73%。自主培育的3个白羽肉鸡品种打破国外种源垄断，市场占有率超过20%；两把基因编辑“剪刀”（CRISPR-Cas12i、CRISPR-Cas12j）加快研发应用；大型大马力农机装备实现国内无级变速拖拉机从无到有的突破。

（2）乡村建设行动扎实推进。一是乡村基础设施和公共服务水平逐步提升。所有具备条件的建制村全部实现通硬化路，全面实现村村通宽带，农村光纤平均下载速率超过100Mbps，农村网民规模达3.09亿人，农村互联网普及率为55.9%。行政村基础金融服务、乡镇保险服务基本实现全覆盖。二是宜居宜业和美乡村建设成效显著。全国农村卫生厕所普及率超过73%，消除2200余个较大面积农村黑臭水体，生活垃圾进行收运处理的自然村比例达91%。农村自来水普及率达87%，新改建农村公路36万公里，北方农村地区清洁取暖率超过62%，累计实施农村危房改造和农房抗震改造约100万户。

（3）农业农村重点改革任务稳步推进。农业适度规模经营有序推进，新型农业经营主体加快发展，农业社会化服务覆盖小农户超过9100万户。土地流转管理服务机制逐步健全，农村土地征收、集体经营性建设用地入市、宅基地制度改革3项试点已取得重要成果。第二轮土地承包到期后再延长30年试点基本实现省级全覆盖。

（4）脱贫攻坚成果持续巩固拓展。一是防止返贫动态监测和精准帮扶工作机制不断健全。出台实施30多项过渡期衔接政策，健全防止返贫动态监测和精准帮扶机制，约65%的监测对象已消除返贫风险，没有发生规模性返贫问题。二是继续推动脱贫地区特色产业可持续发展。全国每个脱贫县都培育了2~3个特色主导产业，近3/4的脱贫人口与新型经营主体建立紧密利益联结关系，脱贫人口人均纯收入达到14342元，较2020年增长33.5%。三是推广以工代赈方式，带动低收入人口就地就近就业。2022年，全国有22个省份在45个国家重大工程项目中实施了以工代赈，吸纳当地民众务工就业20.7万人，人均增收1.4万元。四是做好易地扶贫搬迁后续帮扶工作。截至2022年底，全国易地扶贫搬迁民众中有劳动力503.91万人，其中475.98万人实现就业，就业率约94.46%，有劳动力的搬迁家庭全部实现至少1人就业目标，并配套了教育、医疗、体育、养老等基础设施。

7. 新型城镇化战略纵深推进，城镇化发展质量不断提升

《纲要》提出要坚持走中国特色新型城镇化道路，深入推进以人为核心的新型城镇

---

① 1亩≈666.7平方米。——编者注

化战略，以城市群、都市圈为依托促进大中小城市和小城镇协调联动、特色化发展，使更多人民群众享有更高品质的城市生活。两年多来，城镇化水平和质量稳步提升，城镇化空间布局持续优化，城市品质实现提档升级。

（1）城镇化水平和质量稳步提升。户籍制度改革持续深化，城区常住人口 300 万以下城市基本取消落户限制，新增 2910 万农业转移人口在城镇落户，城镇基本公共服务对非户籍常住人口覆盖范围持续扩大。要素市场化配置综合改革试点总体方案正式出台，在全国开展劳动力要素市场化配置改革试点。完善财政转移支付与农业转移人口市民化挂钩相关政策，加大对农业转移人口落户规模大、新增落户多、基本公共服务成本高地区的支持力度。健全农户“三权”市场化退出机制和配套政策，农村承包土地经营权、集体经营性建设用地使用权、集体资产收益权等抵押质押贷款业务不断拓展。

（2）城镇化空间布局持续优化。城市群主体形态更加巩固，都市圈建设步伐加快，7 个都市圈发展规划相继获得批复，《成渝地区双城经济圈建设规划纲要》出台实施，推动超大特大城市加快转变发展方式。以县城为重要载体的城镇化建设深入实施，县城补短板强弱项建设提速，120 个县及县级市新型城镇化建设示范工作稳步推进，20 个县城产业转型升级示范园区的“十四五”建设方案先后印发实施。城乡融合发展体制机制和政策体系进一步健全，城镇基础设施和公共服务持续向乡村延伸覆盖，城乡居民收入比降至 2. 45。

（3）城市品质实现提档升级。城市公共卫生、防洪排涝、风险防控等领域补短板工作扎实推进，2021—2022 年新开工改造城镇老旧小区 108099 个，出台《关于在超大特大城市积极稳步推进城中村改造的指导意见》《关于积极稳步推进超大特大城市“平急两用”公共基础设施建设的指导意见》。城市治理现代化迈出新步伐，全面启动国家、省、市三级城市运行管理服务平台体系建设，开展完整社区建设试点，推进资源服务平台下沉，打通服务群众“最后一公里”。住房保障和住房市场“两个体系”不断完善，印发《关于加快发展保障性租赁住房的意见》，首次从国家层面明确住房保障体系的顶层设计。2021—2022 年，全国建设筹集保障性租赁住房约 360 万套（间），确保租房公募 REITs 落地。

8. 区域协调发展扎实推进，发展的平衡性协同性不断增强

《纲要》提出要深入实施区域重大战略、区域协调发展战略、主体功能区战略，坚持走中国特色新型城镇化道路。两年多来，国土空间开发保护格局不断优化，区域重大战略深入实施，区域协调发展取得新成效，海洋强国建设加快推进，区域协调发展体制机制不断健全，优势互补、高质量发展的区域经济布局和国土空间支撑体系加快形成。

（1）国土空间开发保护格局不断优化。“多规合一”国土空间规划体系基本建立，全国国土空间规划纲要印发实施，“三区三线”全面划定并分类明确管控要求，省、市

县、乡镇国土空间规划陆续编制出台，用地用海等自然资源要素保障的政策力度加大。城市群、都市圈、中心城市成为区域强劲发展的动力核，城市化地区稳住经济大盘的关键性作用充分发挥，三大空间格局加快形成。重要功能性区域关键作用更加明显，农产品主产区维护国家粮食安全的能力不断增强，重点生态功能区生态环境质量进一步改善，能源资源富集区的能源安全支撑作用加强，新一轮找矿突破战略行动取得阶段性成果，边疆地区产业结构持续优化，边境地区向高质量发展迈进。

（2）区域重大战略深入实施。京津冀协同发展水平不断提升，雄安新区建设取得重大阶段性成果，疏解北京非首都功能初见成效，城市副中心加快高质量发展，京津冀三地基础设施一体化发展加快，产业协同水平不断提升。长江经济带绿色高质量发展有力推进，生态环境突出问题整改、污染治理“4+1”工程成效明显，干流全线连续3年达到Ⅱ类水质，“十年禁渔”进展良好，长江生态屏障进一步筑牢。粤港澳大湾区设施联通和规则衔接不断深化，大湾区国际科技创新中心建设成效显著，横琴、前海、南沙、河套等重大合作平台建设深入推进。长三角基础设施、生态环境、公共服务等重点领域一体化水平明显提升，科创与产业融合发展积极推进，长三角生态绿色一体化发展示范区建设成效显著，G60科创走廊、沿沪宁产业创新带协同发力的创新空间布局不断优化。黄河流域生态保护和高质量发展先行区加快建设，《黄河流域生态保护和高质量发展规划纲要》《支持宁夏建设黄河流域生态保护和高质量发展先行区实施方案》等重要文件印发实施，流域生态环境质量持续提升，干流全线实现Ⅱ类水质，黄河国家文化公园青海、甘肃、内蒙古、河南、山东段建设正有序推进。

（3）区域协调发展取得新成效。西部地区发展协调性持续提升，西部陆海新通道铁海联运效能进一步释放；东北地区维护国家粮食安全“压舱石”地位持续巩固，2022年东北地区粮食总产量占全国的20.87%；中部地区电子信息、新能源等战略性新兴产业集群快速发展，《中共中央 国务院关于新时代推动中部地区高质量发展的意见》的印发为中部发展指明方向；东部地区创新示范带动作用持续发挥，为其他地区提供更多可复制可推广经验。区域发展差距稳步缩小，东部与西部地区人均GDP之比由2020年的1.67缩小至2022年的1.64。特殊类型地区的振兴发展取得新进展，新时代革命老区持续推进振兴发展，资源型地区和老工业城市转型深入推进，边境地区经济发展水平稳步提升。生态保护补偿和区域间对口帮扶等区域协调发展体制机制持续优化，到2021年底，全国共建立了13个跨省流域生态保护补偿机制。

（4）海洋强国建设加快推进。2022年，我国海洋生产总值94628亿元，同比增长1.9%，占国内生产总值的比重为7.8%。现代海洋产业体系加快构建，海洋生态环境持续改善，美丽海湾建设全面有序推进，我国在全球海洋治理中彰显“大国担当”。

9. 社会主义先进文化加快发展，提升国家文化软实力取得积极进展

《纲要》提出要坚持马克思主义在意识形态领域的指导地位，坚定文化自信，坚持以社会主义核心价值观引领文化建设，围绕举旗帜、聚民心、育新人、兴文化、展形

象的使命任务，促进满足人民文化需求和增强人民精神力量相统一，推进社会主义文化强国建设。两年来，文化强国建设扎实推进，文化事业和文化产业繁荣发展，公共文化服务水平持续改善，优质公共文化服务覆盖城乡基层，现代文化产业体系加快完善。文物保护利用和文化遗产保护传承全面加强，国家文化公园建设高标准推进，重点古籍系统性保护整理出版。国际传播效能持续提升，提升国家文化软实力取得积极进展。

（1）公民文明素养和社会文明程度持续提升。一是理想信念教育常态化制度化建设取得成效，社会舆论主旋律更加强劲。习近平新时代中国特色社会主义思想学习教育深入开展，中国特色社会主义和中国梦宣传教育持续开展，弘扬社会主义核心价值观的法律政策体系加快完善。中国共产党历史展览馆、中国国家版本馆建成并对公众开放。二是中国特色哲学社会科学加快发展。全国重点马克思主义学院建设取得进展，马克思主义理论一级学科建设持续加强，习近平新时代中国特色社会主义思想的学理化阐释、学术化表达、系统化构建持续深化。三是文物保护利用和文化遗产保护传承全面加强。文化遗产资源家底逐步摸清，非物质文化遗产系统性保护取得突破，国家文化公园建设高标准推进，重点古籍系统性保护整理出版，流失海外文物追索返还工作成果丰硕。四是公民道德建设和文明创建工程深入开展。社会舆论主旋律更加强劲，公民文明素养和社会文明程度持续提升。先进典型模范评选工作稳步实施，群众性精神文明创建活动逐步深化，文明行为促进条例的实施提高了群众文明素质，未成年人思想道德建设迈上新台阶。五是网络文明建设取得新成效。顶层设计逐步完善，网上宣传走深走实，网络文化不断繁荣，道德建设持续拓展，网络生态明显优化。

（2）文化事业繁荣发展。一是优秀文化作品的创作生产传播逐步加强。新时代艺术创作体系初步构建，《伟大征程》《奋斗吧　中华儿女》《我们的四十年》等重大文艺演出成功举办，文艺生态更加积极向上。二是优质公共文化服务覆盖城乡基层。从国家到村（社区）的六级公共文化服务网络加快构建，文化惠民工程创新开展，智慧广电工程进展迅速，“书香中国”建设全面开花。三是中华文化影响力显著提升。全方位、多层次、宽领域的对外文化和旅游交流合作格局逐步建立，截至 2023 年 6 月底，中国在 44 个国家设立 46 家海外中国文化中心，其中共建国家 32 个；在 18 个国家设立 20 个旅游办事处，其中共建国家 8 个。中国已与 144 个共建国家签署文化和旅游领域合作文件，国际传播效能持续提升。2022 年，人民日报 39 个海外分社向国外主流媒体推送覆盖 13 个语种的 3000 余件优质新闻产品，在 1000 多家外媒落地 3.5 万次。成功举办国际重大赛事。我国先后成功举办北京冬奥会、冬残奥会，成都大运会和杭州亚运会、亚残运会，以体育为场域构建人类命运共同体赋予了中华优秀传统文化新的时代内涵，生动展现了以文明交流超越文明隔阂、文明互鉴超越文明冲突、文明共存超越文明优越的巨大潜力。

（3）文化产业繁荣发展。一是优质文化产品供给水平持续提升。5G、大数据、增强现实/虚拟（Augmented Reality/Virtual Reality，AR/VR）、人工智能、超高清等数字技术在文化和旅游行业广泛应用，优质公共文化服务覆盖城乡基层。线上演播、数字艺术、沉浸式体验等新业态发展迅速，《大鱼海棠》《舞上春》等一批具有鲜明中华文化特色的数字文化精品不断涌现。高清超高清电视加快转化，虚拟数字人提升电视制播效率。网络文学提质升级，2022 年网络文学市场规模 389.3 亿元，同比实现了 8.8% 的高速增长。二是对外文化贸易实现大发展。文化贸易规模再上新台阶。2022 年，我国对外文化贸易额超过 2200 亿美元，同比增长约 11%。游戏、影视剧在国际市场异军突起。2022 年，中国游戏在美德英等国市场占有率均超 20%，《万国觉醒》《绝地救生》《原神》等爆款频出。网络文学国际影响力快速提升，16 部中国网文被大英图书馆收录，网文出海遍及全球超过 200 个国家和地区，海外网文访问用户规模达到 9.01 亿人。三是文化产业发展进一步提质升级。文化产业已成为经济增长的新动能和新引擎，2022 年文化企业实现营业收入 121805 亿元，同比增长 0.9%。国家文化产业园区布局逐步完善。截至 2023 年 3 月底，全国已有国家级文化产业示范园区 34 家。四是文化和旅游融合逐步深入。“文旅+”新业态层出不穷，2022 年露营经济核心市场规模达到 1134.7 亿元，同比增长 51.8%；带动市场规模 5816.1 亿元，同比增长 52.6%。文旅优质产品供给持续增加，2022 年新评定国家 5A 级旅游景区 12 家，国家级旅游度假区 15 家、旅游休闲街区 54 家、滑雪旅游度假地 12 家，推出全国红色旅游融合发展试点单位 10 家、首批国家工业旅游示范基地 53 家、国家旅游科技示范园区 12 家、第四批全国乡村旅游重点村镇 298 个。文化创意、非遗工坊、乡村旅游持续赋能乡村振兴。截至 2022 年底，各地共建设非遗工坊 2500 余家，覆盖 450 余个脱贫县和 85 个国家乡村振兴重点帮扶县。五是文化体制改革不断加码。文化市场综合执法改革深入开展，国有文艺院团改革稳步推进，未成年人网络保护法律法规加速完善。

10. 绿色低碳发展扎实推进，生态文明建设取得新进展

《纲要》提出要实施可持续发展战略，构建生态文明体系，推动经济社会发展全面绿色转型，建设美丽中国。两年多来，生态系统质量和稳定性持续提升，污染防治攻坚战向纵深推进，环境质量改善成果不断巩固，碳达峰碳中和工作积极稳妥推进，绿色、循环、低碳发展迈出坚实步伐。

（1）生态系统质量和稳定性持续提升。一是生态安全屏障不断加固。全国省、市、县三级国土空间总体规划已经全部编制完成，全国计划编制的 350 个市级总体规划和 2220 个县级总体规划中超过 90%已上报审批机关，且过半数已完成审查程序。截至 2023 年 12 月，已有青海、贵州、浙江、广西、内蒙古、吉林、河北、安徽、湖南、福建、山东、山西、江西、海南、宁夏、广东、江苏等省级国土空间规划获得批复。全国划定生态保护红线面积不低于 315 万平方公里，将生态功能极重要、生态极脆弱，以及具有潜在重要生态价值的区域划入生态保护红线，完成造林 11936 万亩、种草改良 9421 万亩、治理沙化土地 5699 万亩，草原超载状况逐步扭转，水土流失面积减少超过3.9万平方公里，水土保持率提高到72.26%，荒漠化土地和沙化土地面积连续10余年保持“双减少”。坚持山水林田湖草沙一体化保护和系统治理。截至2023年10月，择优选拔了27个项目纳入中央财政支持范围，正积极有序推进。河湖生态治理保护深入实施，完成整河治理108条，完成水土流失治理面积6.3万平方公里，建设全国水土保持高质量发展先行区5个，创建国家水土保持示范区102个。二是初步建立新型自然保护地体系。以国家公园为主体的自然保护地体系加快建立，生物多样性保护全面加强。《国家公园等自然保护地建设和野生动植物保护重大工程建设规划（2021—2035年）》正式印发，正式设立第一批国家公园，设立了海南长臂猿、藏羚羊、东北虎豹、亚洲象、穿山甲等研究中心。三是初步建成符合国情的生态保护补偿制度体系。建立用水权、用能权、排污权、碳排放权初始分配和交易制度，开展全国碳排放权交易市场建设和绿色电力交易试点建设，重点领域生态保护补偿机制细化实化，在19个省份、15个流域（河段）建立起跨省流域横向生态保护补偿机制。

（2）环境质量改善成果不断巩固。一是污染防治攻坚迈上新台阶。大气多污染物协同治理和区域联防联控深入推进，全国地级及以上城市细颗粒物（$PM_{2.5}$）2022年平均浓度降低到29微克/立方米，首次降低到30微克/立方米以内，实现近10年来连续下降，氮氧化物排放总量、挥发性有机物排放总量分别下降8.5%、6.8%。重点流域水生态环境保护力度持续加大，化学需氧量和氨氮排放总量分别降低3.9%、9.7%，城市污泥无害化处理率达到99.4%，地级及以上城市黑臭水体基本消除，全国近岸海域优良水质面积比例达81.9%，重点流域水质进一步改善。土壤污染风险防控和修复力度不断加大，全国受污染耕地安全利用率稳定在90%以上。噪声污染防治行动启动实施。二是持续提升城乡环境基础设施建设水平。固体废物和新污染物治理继续加强，构建集污水、垃圾、固体废物、危险废物、医疗废物处理处置设施和监测监管能力于一身的环境基础设施体系。截至2022年，全国新增污水处理设施超过1500座，污水管网约30万公里，垃圾焚烧处理厂超过500座，危险废物处置能力达到1.6亿吨/年。三是依法防范化解各类风险。组织开展“绿盾2022”自然保护地强化监督，不断加大生态保护监管力度。全面排查生态环境领域各类风险隐患，2022年调度处置各类突发环境事件43起，推进危险废物专项整治三年行动和废弃危险化学品等危险废物风险集中治理，完成全国1万余座尾矿库环境风险排查。严格核与辐射安全监管，完成核与辐射安全隐患排查三年行动。四是应对气候变化成效显著。建立起碳达峰碳中和“1+N”政策体系、制定中长期温室气体排放控制战略、推进全国碳排放权交易市场建设、编制实施国家适应气候变化战略，大力发展绿色低碳产业，推进工业领域提质增效，加快提升建筑能效水平。五是持续完善环境治理体系。《“十四五”生态环境标准工作方案》印发，发布80项国家生态环境标准。不断深化排污许可制改革，积极构建以排污许可制为核心的固定污染源监管制度体系。截至2023年9月，我国已将352.5万个固定污染源纳入排污许可管理范围。

（3）绿色低碳转型步伐加快。一是资源节约集约利用持续推进。重点领域、行业和产品设备节能降碳更新改造加快推进。“十四五”时期前两年，煤电“三改联动”改造规模合计超过4.85亿千瓦，其中节能降碳改造1.52亿千瓦；钢铁全流程超低排放改造1.34亿吨。国家节水行动持续实施，《国家节水行动方案》确定的2022年节点主要目标全面完成，全国单位GDP用水量下降7.6%。强化土地节约集约利用，2022年处置批而未供土地和闲置土地461万亩。提高矿产资源节约集约利用水平，共建设1100多家国家级绿色矿山，创建50家绿色矿业发展示范区。认定和发布全国首批258个自然资源节约集约示范县（市）。二是循环经济加快发展。废弃物循环利用体系加快构建，确定北京等60座城市为废旧物资循环利用体系建设重点城市。《关于加快推动工业资源综合利用的实施方案》提出工业固废综合利用提质增效、再生资源高效循环利用、工业资源综合利用能力提升三大工程，再生资源已成为工业生产的重要原材料。三是绿色低碳循环发展的经济体系加快构建。非化石能源发电装机容量历史性超过化石能源，非化石能源占能源消费总量比重提高至17.5%。2022年，天然气、水电、核电、风电、太阳能发电等清洁能源消费量占能源消费总量的比重上升0.4个百分点。构建绿色交通运输体系，2022年铁路、水路货运量合计占比较2020年提高0.57个百分点。持续完善重点领域绿色发展标准体系，累计制修订绿色发展有关标准3000余项。四是依法推进绿色低碳高质量发展。加快重大投资项目环评审批，推动生态保护红线、环境质量底线、资源利用上线和生态环境准入清单（“三线一单”）生态环境分区管控落实落地。生态环境部等出台《减污降碳协同增效实施方案》。全国碳排放权交易市场平稳运行。绿色金融加快发展。2022年末，我国本外币绿色贷款余额同比增长38.5%，高于各项贷款增速28.1个百分点。绿色产业成为推动经济增长的新生力量。

11. 对外开放水平不断提升，互利共赢局面持续拓展

《纲要》提出要坚持实施更大范围、更宽领域、更深层次对外开放，推动构建人类命运共同体。两年多来，高水平对外开放持续扩大，更高水平开放型经济新体制加快打造，制度型开放进一步拓展，高质量共建“一带一路”走深走实，参与全球治理体系改革和建设取得新成效，互利共赢局面持续拓展。

（1）高水平对外开放持续扩大。一是稳步拓展制度型开放。贸易投资自由化、便利化水平持续提升，新版鼓励外商投资产业目录修订发布。外商投资准入前国民待遇加负面清单管理制度不断健全，全跨境服务贸易负面清单管理制度建立健全。金融领域开放推进，人民币国际化水平不断提升，2022年跨境收付金额达42万亿元，创历史新高，在特别提款权（Special Drawing Right，SDR）货币篮子中的权重上调至12.28%，居世界第三位。外汇储备规模保持基本稳定并稳居世界第一。国家服务业扩大开放综合试点示范拓展到11个省市，国务院印发《支持北京深化国家服务业扩大开放综合示范区建设工作方案》，推动北京持续推进创新、探索服务业扩大开放，标志着服务业扩大开放进入新阶段。二是对外开放平台功能提升。自由贸易试验布局逐步完善，在有条件的自由贸易试验区和自由贸易港试点对接国际高标准经贸规则，海南自由贸易港建设扎实推进，多次成功举办中外贸易展会，举办规模、签约金额屡创新高。三是区域开放布局逐步优化。西部地区开放水平不断提升，广西建设面向东盟的开放合作高地，云南建设面向南亚、东南亚和环印度洋地区开放的辐射中心取得进展。四是开放安全保障体系逐步健全。首次使用“不可靠实体清单”制度进行制裁，建立健全全口径外债监管体系。

（2）高质量共建“一带一路”走深走实。一是加强发展战略和政策对接。稳步推进战略、规划、机制对接，加强政策、规则、标准联通，成功举办第三届“一带一路”国际合作高峰论坛，已累计与150多个国家、30多个国际组织签署230多份共建“一带一路”合作文件。二是基础设施互联互通深入推进。重大合作项目建设获得成果，“丝路海运”持续扩容，“空中丝绸之路”进展较快，“一带一路”空间信息走廊建设提速。中欧班列“十四五”以来累计开行近4万列，通达欧洲25个国家的217座城市，西部陆海新通道铁海联运班列快速增长，雅万高铁、中老铁路全线开通运营。三是深化经贸投资务实合作。“丝路电商”朋友圈不断扩大，“一带一路”建设风险防控和安全保障体系完善，多元化投融资体系持续健全，2022年对“一带一路”共建国家投资占整体对外投资比重上升到18.9%。四是架设文明互学互鉴桥梁。公共卫生、数字经济、绿色发展、科技教育、文化艺术等领域的人文合作深化，共建“一带一路”科技创新行动计划推进实施。

（3）参与全球治理体系改革和建设取得新成效。一是多双边经贸合作务实开展。《区域全面经济伙伴关系协定》（Regional Comprehensive Economic Partnership，RCEP）生效实施，建设性参与亚太经济合作组织（Asia-Pacific Economic Cooperation，APEC）、金砖国家等机制治理合作。二是构建高标准自由贸易区网络。初步构建面向全球的自贸协定网络，自由贸易区布局优化、建设水平持续提升。三是积极营造良好外部环境。以中国特色大国元首外交为引领，提出全球发展倡议、全球安全倡议、全球文明倡议，为维护世界和平与安宁、促进可持续发展、完善全球治理体系提供了中国方案，作出了中国贡献。全球发展伙伴关系进一步巩固，向发展中国家特别是最不发达国家提供力所能及的帮助，全力支持全球抗疫事业。

12. 国民素质不断提升，促进人的全面发展能力取得明显成效

《纲要》把提升国民素质放在突出重要位置，构建高质量的教育体系和全方位全周期的健康体系，优化人口结构，拓展人口质量红利，提升人力资本水平和人的全面发展能力。两年多来，教育体系质量稳步提高，健康中国战略深入推进，积极应对人口老龄化国家战略实施，国民素质和人的全面发展能力不断提升。

（1）教育体系质量稳步提高。一是基本公共教育从基本均衡走向优质均衡。持续改善农村义务教育薄弱环节，进一步减轻义务教育阶段学生作业负担和校外培训负担

（“双减”）工作取得阶段性进展。2022 年，学前教育毛入园率、九年义务教育巩固率、高中阶段教育毛入学率、高等教育毛入学率分别提高到 89.7%、95.5%、91.6%、59.6%，135 个义务教育优质均衡先行创建县（市、区、旗）率先攻坚。二是职业教育适应性持续增强。全国职业学校共开设 1300 多个专业，基本覆盖国民经济各领域。三是高等教育整体水平进入世界第一方阵。世界一流大学和一流学科建设接续推进，建成世界最大规模教育体系，高等教育在学总人数超过 4430 万人。

（2）健康中国战略深入推进。一是公共卫生体系持续做大做强。坚持人民至上、生命至上，取得新冠疫情防控重大决定性胜利，最大限度保护了人民生命安全和身体健康。国家医学中心、国家区域医疗中心加快建设，县级医院设施条件和服务能力稳步提升，优质医疗资源扩容下沉、区域布局更加均衡。截至 2022 年底，全国有基层医疗卫生机构 98 万个。二是医药卫生体制改革持续深化。集中带量采购进入常态化制度化阶段。国家基本药物目录品种增加到 685 种，基本医疗保险参保人数超过 13.6 亿人，居民个人卫生支出占卫生总费用比例降至 27.7%。三是全民医保制度进一步健全。分级诊疗体系更趋完善，门诊费用跨省直接结算实现县域可及，全国统一医保信息平台全面建成。长期护理保险制度试点覆盖 2 亿多人。四是中医药传承创新取得进展。中医药健康服务能力持续提升。五是体育强国建设亮点纷呈。我国经常参与体育锻炼的人数已超过 4 亿人。居民健康水平持续提高，主要健康指标居中高收入国家前列。

（3）积极应对人口老龄化国家战略实施。一是优生优育水平不断提升。三孩生育政策及配套支持措施出台并实施。2022 年，全国出生人口 956 万人，其中二孩占比为 38.9%、三孩及以上占比为 15.0%，出生人口性别比为 111.1，逐步趋于正常水平。二是托育服务行业发展迅猛。2022 年，全国托育服务机构总数 7.57 万家，每千人口托位数 2.57 个。三是养老事业和产业取得多项突破。社区和居家养老服务提质扩容。截至 2022 年末，全国共有养老机构 4.0 万个，养老机构护理型床位占比提高到 56.4%，全国共有 24 个省（区、市）出台养老机构等级评定管理办法。

13. 坚持在发展中保障和改善民生，人民生活品质稳步提高

《纲要》提出要加强普惠性、基础性、兜底性民生建设，提升人力资本水平和人的全面发展能力，让发展成果更多更公平惠及全体人民。两年多来，公共服务质量和水平不断提升，稳就业取得积极成效，收入分配格局更加优化，社会保障水平逐步提高，妇女、儿童、残疾人权益保障稳步提升，促进共同富裕迈出坚实步伐，社会治理能力和水平不断提高，人民群众获得感幸福感安全感不断增强。

（1）基本公共服务的均等化水平不断提高。2022 年我国教育、社会保障和就业、卫生健康、文化体育与传媒、住房保障五大类基本公共服务支出占一般公共预算支出的比重分别为 15.5%、14%、7.8%、6.4%和 2.9%，合计占比达到 46%以上。

（2）稳就业取得积极成效。不断强化就业优先政策，出台一系列减负稳岗扩就业政策措施。实施提升就业服务质量工程，城镇调查失业率基本控制在 5.5%左右，全国

城镇两年半累计新增就业3153万人。多措并举促进高校毕业生、退役军人、农民工等重点群体就业创业，灵活就业、新就业形态服务和保障制度加快构建。

（3）收入分配格局更加优化。2022年的人均工资性收入、人均经营净收入占可支配收入的比重较2020年分别提高0.1个、0.2个百分点。2022年，城镇和农村居民人均可支配收入比2020年分别提高9.1%、14.3%。中等收入群体的规模超过4亿人，税收、社保、转移支付等收入再分配制度进一步完善。

（4）社会保障水平逐步提高。社会保险覆盖面进一步扩大。截至2023年6月底，全国基本养老、失业、工伤保险参保人数分别达到10.57亿人、2.4亿人、2.94亿人。企业职工基本养老保险全国统筹制度正式实施。生育保险扩大受保人群覆盖面，保障内容增多。

（5）妇女、儿童、残疾人权益保障稳步提升。促进男女平等和妇女全面发展取得阶段性成效，未成年人福利与保护体系更加完善，新时代家庭建设展现出文明新风尚，残疾人教育和就业渠道持续拓展。

（6）社会治理能力和水平不断提高。共建共治共享的社会治理制度进一步健全，城乡社区精准化精细化服务管理能力明显提升。基层社会治理基础进一步夯实，推动社会治理和服务重心下移工作进展顺利，多元共治开创基层治理新局面。

14. 坚持统筹发展和安全，国家经济安全保障能力持续提升

《纲要》强调坚持总体国家安全观，防范和化解影响我国现代化进程的各种风险。两年多来，安全发展贯穿国家发展各领域和全过程，国家安全体系和能力建设不断完善，粮食、能源资源、金融等领域安全保障工作取得积极成效，公共安全保障能力全面提高，社会稳定和安全得到维护，统筹发展和安全的基础更加坚实。

（1）国家安全体系和能力建设不断完善。集中统一、高效权威的国家安全领导体制不断完善，进一步从制度上强化了党对国家安全工作的绝对领导。国家安全法治体系、战略体系、政策体系、人才体系和运行机制持续健全，重要领域的国家安全立法、制度、政策不断完善。国家安全宣传教育不断加强，全民国家安全意识持续增强。国家安全风险研判、防控协同、防范化解机制不断健全，网络安全保障体系和能力建设全面加强。

（2）国家经济安全保障持续强化。一是巩固提升粮食安全保障能力。粮食安全党政同责全面落实。牢牢守住18亿亩耕地红线，连续两年实现耕地总量净增加，新建改造一批大型灌区，粮食产量稳定在6.5亿吨以上，连续两年创历史新高。更高层次、更高质量、更有效率、更可持续的国家粮食安全保障体系加快构建。中央储备粮管理体制持续完善，粮食减损节约取得积极进展，农业国际合作走向新高度。二是着力保障能源资源安全水平。能源产供储销体系不断完善，能源稳定供应和风险管控能力进一步加强。煤炭兜底保障能力不断提升，大力推进石油、天然气增储上产，抽水蓄能装机容量累计增长超过45%，电力系统灵活调节能力稳步提升，迎峰度夏、迎峰度冬

等重点时段的能源供应总体平稳。三是稳妥有序防范化解金融风险。扎实推进城市商业银行、农村信用社改革化险，果断依法处置部分地方村镇银行风险，“影子银行”风险持续收敛。平稳处置一批大型企业债务风险事件，稳妥化解不法金融集团风险。P2P网贷平台全部退出经营，存量风险持续化解。研究制订并实施一揽子化解地方债务风险方案。积极做好受困房企风险处置，加大保交楼力度。

（3）公共安全保障能力全面提高。一是安全生产水平不断提升。安全生产责任制得到落实，危险化学品、矿山、建筑施工、交通等重点领域安全问题得到整治，企业安全生产标准化持续动态达标。二是食品药品安全得到严格监管。食品药品安全监管制度、法律法规和标准体系得到改进和完善，食品全链条质量安全监管得到加强，建立包括食品安全管理体系、危害分析与关键控制点（Hazard Analysis Critical Control Point，HACCP）体系和有机产品等在内的10种国家推行的认证制度。药品安全风险管控力度显著加大，构建药品和疫苗全生命周期管理机制。三是生物安全风险防控持续加强。国家生物数据中心体系初步建立，生物资源目录不断完善，生物安全领域国际合作更加积极。四是应急管理水平全面提高。跨区域、跨流域灾害事故应急协同联动不断强化，国家综合性消防救援队伍加强建设，航空应急救援体系与能力得到加强，应急指挥信息和综合监测预警网络体系正在构建，极端条件应急救援通信保障能力得到加强，巨灾保险制度基本形成。2022年，各类生产安全事故死亡人数比2020年下降23.5%。

（4）社会稳定和安全得到维护。一是人民调解、行政调解、司法调解联动工作体系持续健全。信访制度得到进一步优化，社会矛盾风险防控协同机制不断完善，社会心理服务体系和危机干预机制持续健全。二是社会治安防控体系得到优化。扫黑除恶进一步深化，执法司法权力运行监督和制约机制不断完善，国门安全防控体系不断加强，国际执法安全务实合作不断深化。平安中国建设成效明显，2022年起诉暴力犯罪人数为近20年来最低。

（三）重大工程项目扎实推进

《纲要》围绕重点领域战略任务提出了102项重大工程项目。两年多来，坚持项目跟着规划走、资金等要素跟着项目走，102项重大工程项目统筹推进机制不断完善，各有关部门各地方扎实推动各项工作，明确责任分工，建立任务台账，加强调度监测，强化要素保障。截至2023年底，102项重大工程项目中，96项进展符合预期，6项基本符合预期，有力支撑了相关领域战略任务落实。

1. 关键领域自主可控能力提升，科技创新实力不断增强

（1）关键领域技术攻关取得新突破。人工智能、集成电路、临床医学与健康等领域实现部分自主可控和国产化替代。量子信息、脑科学与类脑研究、基因与生物育种等前沿领域打破多个世界纪录。深空深地深海和极地探测领域完成多个重大项目，“天

问一号”成功着陆并开启火星探测之旅，综合性太阳探测卫星“夸父一号”发射成功，“海斗一号”连续万米深潜与科考应用成功。

（2）多项重大科技基础设施投入使用。哈工大空间环境地面模拟装置、高效低碳燃气轮机试验装置等部分国家重大科技基础设施项目已竣工验收或投入使用。未来网络试验设施实现全球首个广域确定性网络系统重大突破。综合极端条件实验装置全面转入试运行。

2. 四大领域制造业竞争优势凸显，基础设施支撑能力持续增强

（1）制造业核心竞争力得到有效提升。高端新材料研发应用取得突破，C919 开启常态化商业运行，CJ1000A 发动机试飞成功，首批 36 个增材制造典型应用场景名单公布，北斗进入规模化应用、产业化发展快车道，新能源汽车半固态电池实现大规模量产，多项设备研发制造填补了国内空白。

（2）现代交通运输网络不断健全。酒额铁路酒东段、大瑞铁路大理至保山段、天津北疆港区 C 段集装箱码头、鄂州专业性货运机场 4 个项目已完工。川藏铁路伊宁至阿克苏、若羌至罗布泊铁路、日喀则至吉隆铁路、和田至日喀则铁路、上海经宁波至合浦沿海高铁、西部陆海新通道黄桶至百色、黔桂增建二线铁路、中卫经平凉至庆阳铁路、洋山港区小洋山北侧集装箱码头 9 个项目前期工作均如期推进。

（3）重大低碳清洁能源项目建设稳步推进。金沙江上游苏洼龙水电站 4 台机组、下游白鹤滩水电站 16 台机组全部投产发电。渤中 A、B 两个场址共 90 万千瓦海上风电场实现全容量并网发电，成为我国“十四五”时期重点建设五大海上风电基地最大规模全容量并网发电项目。“华龙一号”示范工程全面建成投运。石岛湾高温气冷堆核电站示范工程实现并网发电。山东海阳核电“核能+光伏”项目投运。闽粤联网工程投运。新型储能展开示范探索。中俄东线天然气管道南段多段投产。

（4）多项水利工程取得积极进展。广东珠三角水资源配置工程顺利实现全线通水。引江济淮一期工程安徽段已开启试调水。黄河下游“十四五”防洪工程、淮河入海水道二期工程、吴淞江整治工程开工建设。浙江朱溪、福建霍口、西藏拉洛、重庆观景口等一批大型供水水库建设加快推进。

3. 农业基础不断夯实，农村人居环境大幅改善

（1）农业综合生产能力增强。新增高标准农田 2.47 亿亩，累计建成 10 亿亩以上。2021—2022 年，我国累计认定 258 个县（市、区）为率先基本实现主要农作物生产全程机械化示范县。国家农作物种质资源库新库建成并试运行。首批 72 个国家级农作物种质资源库（圃）名单公布。中央财政累计投入 15 亿元，在长江、黄河流域建设 65 个农业面源污染综合治理示范县。新增 24 个国家骨干冷链物流基地。

（2）乡村宜居宜业水平提升。农村自来水普及率达到 87%，“吃水难”问题历史性地得到解决。地处偏远、经济欠发达等其他地区农村改厕工作有序推进。农村生活

垃圾和污水处理设施建设加快，90%以上的自然村生活垃圾得到收运处理，95%的村庄开展了清洁行动。

4. 补短板提升城市品质，城镇化向高质量发展转变

城镇综合承载能力增强。南京、福州、成都、长株潭、西安、重庆、武汉都市圈交通一体化建设加快推进，宁句城际通车运营，成都都市圈环线高速公路全线贯通。城镇老旧小区改造年度任务超额完成。遴选两批共 45 个城市启动海绵城市示范工作，城市应对洪涝灾害的弹性和韧性明显提高。全国城市社区综合服务设施覆盖率已达 100%。

5. 边境基础设施和公共服务体系建设取得新突破，边民生产生活条件持续改善

边境地区振兴发展步伐不断加快。边境城镇水电路气热网等设施持续改善，污水、垃圾处理设施基本普及。中老铁路、布伦口至红其拉甫公路、巴里坤至老爷庙公路、二连浩特至赛汉塔拉段改扩建公路等项目已开通运营。集安至桓仁高速公路于 2023 年 9 月末建成通车。新疆塔什库尔干机场、西藏日喀则定日机场、西藏山南隆子机场已正式通航。绥芬河机场完成例行校验和监视性校验飞行工作。满洲里站国际货场扩能改造工程完工。磨憨、河口、瑞丽 3 个智慧口岸项目建设启动。

6. 文化产品和公共文化服务供给不断丰富，社会主义文化强国建设深入推进

精神文化产品供给质量明显提升。习近平新时代中国特色社会主义思想系列理论读物、党史通俗读物陆续出版。江西汉代海昏侯国、河南仰韶村、石峁 3 个考古遗址公园入选国家考古遗址公园。中国共产党历史展览馆、中国工艺美术馆、中国非物质文化遗产馆开馆，中国第二历史档案馆新馆竣工。《复兴文库》出版发行。国家文化大数据体系建设的 33 项团体标准发布，已建成国家文化大数据体系 11 个省域中心和 6 个区域中心，11 家文化机构成为国家文化大数据标识基地。《永乐大典》高清影像数据库及《国家珍贵古籍名录》知识库在国家图书馆发布。

7. 山水林田湖草沙系统治理全面推进，生态环境质量持续改善

（1）重要生态系统保护和修复工程加快实施。国家发展改革委、自然资源部出台《全国重要生态系统保护和修复重大工程总体规划（2021—2035 年）》，编制青藏高原、黄河、长江等 9 个专项规划，形成了“1+9”规划体系。在青藏高原生态屏障区、黄河重点生态区、长江重点生态区，东北森林带、北方防沙带、南方丘陵山地带、海岸带的“三区四带”，44 个山水林田湖草沙系统保护修复工程完成修复治理面积 350 多万公顷。2022 年，完成造林 383 万公顷、种草改良 321.4 万公顷、治理沙化石漠化土地 184.73 万公顷。实施“蓝色海湾”整治行动、海岸带保护修复、红树林保护修复、渤海综合治理攻坚战等海洋生态保护修复重点工程。

（2）环境保护和资源节约利用水平提升。全国共 2.07 亿吨粗钢产能完成全流程超低排放改造并公示，4.8 亿吨粗钢产能已完成烧结球团脱硫脱硝、料场封闭等重点工程

改造。地级及以上城市建成区黑臭水体基本消除。确定40个大宗固体废弃物综合利用示范基地和60家大宗固体废弃物综合利用骨干企业。确定北京等60个城市为废旧物资循环利用体系建设重点城市。

8. 教育医疗养老托育提质扩容显成效，民生保障水平和质量持续提升

（1）民生保障更多更公平惠及人民群众。各地通过新建改扩建等方式新增城镇义务教育学位500余万个。遴选确定了135个县区开展义务教育优质均衡发展先行创建工作。新增15所部属和东部高水平大学对口支援13所西部高校。中国疾病预防控制中心二期工程项目开工建设。基本实现社区卫生服务中心和乡镇卫生院中医馆全覆盖。约1.2亿65岁及以上的老年人在城乡社区接受了健康管理服务。深圳率先发布全国首个儿童友好城市建设地方标准。

（2）持续优化服务关爱特殊群体。截至2022年底，全国已竣工的各级残疾人综合服务设施、康复设施、托养服务设施分别达到2263个、1200个、1076个。儿童福利机构持续向优转型。金民工程全国流浪乞讨人员救助管理信息系统启用。殡葬法律法规体系已初步形成，殡葬设施和设备进一步完善。

9. 粮食、能源安全发展能力加快提升，经济安全保障进一步强化

粮食、能源供应保障能力不断增强。全国标准粮食仓房完好，仓容达到近7亿吨，粮食储备设施技术水平有效提升。武汉、泸州、盐城等一批国家粮食物流核心枢纽加速建设。重点盆地油气勘探开发登上新高度。陕西榆林、山西晋北、新疆准东煤制油气战略基地规划研究加快。深圳成为全国首个基本建成坚强局部电网城市。辽宁、福建、山西等地建成电力应急指挥系统。新一轮找矿突破战略行动进入实施阶段。

总体上看，两年多来，面对新冠疫情对经济社会发展造成的重大冲击，面对国际局势急剧变化，以习近平同志为核心的党中央团结带领全国人民，成功应对各种困难和风险挑战，稳住了经济社会发展全局，《纲要》的实施实现了“时间过半、任务过半”，这为全面完成“十四五”规划目标任务、实现全面建设社会主义现代化国家良好开局奠定了坚实基础。这些成就的取得，是以习近平同志为核心的党中央举旗定向、领航掌舵的结果，是习近平新时代中国特色社会主义思想立根铸魂、科学指引的结果，是各地区各部门锐意进取、真抓实干的结果，是全党全国各族人民团结奋进、顽强拼搏的结果。成绩来之不易，需要倍加珍惜。

二、“十四五”中期我国经济社会发展仍存在的主要问题

“十四五”规划实施以来，《纲要》的主要目标进展总体符合预期，重大目标重大举措重大工程进展顺利、成绩显著，但在发展过程中仍存在一些问题，需要引起关注。

（一）科技创新能力较弱，人才体制机制仍需进一步完善

《纲要》实施进程中，创新驱动发展在战略科技力量建设、企业创新能力建设、人

才团队建设、科创成果转化机制等方面仍有诸多不足。

1. 战略科技力量建设暴露出一些问题

部分地方存在科技项目过分依赖有限资源、重复建设等现象。比如，将争办实验室、创新中心作为政绩体现和促进地方经济发展的手段，争相邀请院士挂帅，实际效果不佳。科技力量仍主要集中于应用领域。对于“卡脖子”技术等战略“短板”的补齐支撑不足。吸纳人才机制建设不足。部分地区不重视本地青年人才培育，存在“挖东墙补西墙”现象。治理机制有待完善。国家实验室在科研团队遴选、经费支持方式、考核与评价等方面尚无相应的法律法规保障。自主创新能力仍然不强。特别是基础研究比较薄弱，关键核心技术受制于人的局面没有根本改变，制约着产业链供应链的安全稳定和升级发展。

2. 企业创新能力仍然较弱

科技企业实力与欧美同行仍有较大差距。我国在 2022 年全球企业研发投入排行榜前 20 名中仅有 3 家企业，而美国有 10 家企业。企业创新基础研究含量较低。科技企业侧重技术的市场应用和体积庞大的系统再造行业，不侧重基础性科技研发和高精尖行业。中小企业科技创新环境仍有待改善。科技型中小企业难以获得资本投入，也较难参与国家科研项目研发，不利于产学研协同。

3. 人才团队建设仍存在一定障碍

青年科学家、基础科研工作者的人才激励方式仍存在结构性问题。学者科研经费、职称评定、薪资待遇分配机制仍不利于需要长期“坐冷板凳”潜心钻研的基础性学科研究人员以及尚未出成果的青年科学家发展。对国内外优秀科研人才的吸引力仍然不够。科研环境、薪酬待遇制度不完善以及缺乏先进科研装备导致科研人才流失，国际人才吸引力不足，进而制约我国在关键领域的科研进程。“四唯”“五唯”情况在学术界依然存在。一方面，高校及科研单位缺乏量化可执行的科研人才评价标准，“破”易“立”难使得实质性的“破”难以推行；另一方面，很多地方科研单位有形资源或无形资源申报评价权重仍然依靠各种奖项及人才称号支撑。

4. 科创成果转化机制仍需进一步完善

科创成果转化环境仍需要优化。科研单位发明专利产业化率为 13.3%，而高校发明专利产业化率仅为 3.9%，专利数量虽多但转化率较低。科技成果转化链条存在“卡点”。例如，财政资金形成的科技成果所有权如何处置尚未明确规定，国有科研院所参与成果应用转化等市场主体活动方面的独立自主权仍然不够，科技成果转化在从样机到小规模应用测试阶段仍有堵点。

（二）现代产业体系调整升级存在挑战，新型基础设施建设有难度

《纲要》实施进程中，现代化产业体系建设存在工业基础能力依然薄弱，产业链不

强、不安全的问题仍较为突出，战略性新兴产业市场竞争力、经济效益、集群国际竞争力有待提升，生产性服务业与制造业融合发展的范围不够广、程度不够深、水平不够高，新型基础设施建设的某些环节和领域还不足以满足国家发展和安全保障要求等问题。

1. 工业基础能力依然薄弱

基础环节存在一些关键短板。我国的关键基础材料有32%仍为空白，52%依赖进口，在高档数控机床、机器人、集成电路，以及专用设备、飞机和航空发动机、高性能医疗器械等领域与主要制造强国差距明显。支撑平台和生态亟待优化。一些领域或重要方向的设施布局仍为空白，设施体系的完整性、总体规模、技术水平等还有较大提升空间，人才、数据、资金等产业基础要素存在供给瓶颈。体制机制制约较为突出。基础领域长效支持政策不足，关键共性技术供给机制有待完善，产学研协同发展机制不畅。

2. 产业链不强、不安全的问题仍较为突出

产业附加值不高，创新力、控制力不强。以价值链中低端为主的产业格局尚未得到根本性改变，在不少重要的高附加值产品上尚未取得系统性重大突破，隐形冠军企业数量与美日德等制造强国相比仍有较大差距。不少产业面临“卡脖子”风险。产业链供应链尚存在部分领域核心基础零部件、关键技术和设备、关键基础材料严重依赖进口，质量技术基础不扎实、共性技术创新体系缺失等问题。

3. 战略性新兴产业市场竞争力、经济效益、集群国际竞争力有待提升

行业企业间发展不平衡，协同融合创新效率不高，市场竞争力有待提升。重点行业、龙头企业对产业链创新链的引领带动作用不足，缺乏对关联行业、产业链上下游的整合协调能力，生态链条不够完整顺畅。中小企业融合转型面临“转型是找死，不转是等死”的困境。新模式新业态应用潜能未真正发挥，经济效益未能充分释放。我国制造业还存在“信息孤岛”相互割裂、数据无法开放共享、精准决策能力不足、个性化服务相对欠缺等问题。产业集群的国际竞争力有待提升。培育建设中的集群仍以加工制造等价值链低端环节为主，产业进入壁垒不高，价值链高端环节和高素质劳动力缺乏等问题仍然比较明显。同时，知识产权保护和竞争应对能力不足，特别是国际专利布局不完善等问题日趋严重，导致创新研发等价值链高端环节相对不足。

4. 生产性服务业与制造业融合发展的范围不够广、程度不够深、水平不够高

从范围角度看，尽管我国一些行业龙头、骨干企业在融合发展上初见成效，但量大面广的中小企业鲜有突破，装备制造、家电等行业的融合发展起步较早，其他行业则相对滞后。从程度角度看，一些企业虽然已经开展设计、采购、建造、系统集成等总承包业务，但提供优质、高效整体解决方案的能力还不强，存在核心技术缺乏、品牌影响力弱、服务增值带来的营业收入占比不高等问题。从水平角度看，一些领域的

融合发展主要是沿袭或模仿发达国家、跨国企业的既有模式，创新性和灵活性不够，难以适应新的客户需求和市场形势变化。

5. 新型基础设施建设的某些环节和领域还不足以满足国家发展和安全保障要求

技术水平存在一定差距。我国在新型基础设施领域的全球原创性技术仍然较少，高端芯片、操作系统、基础软件、数据库管理系统等核心技术主要依赖进口。重建设轻运营。一些新型基础设施虽然建起来了却没有大规模应用场景，基础设施建设与现实应用存在一定脱节。区域发展不平衡。经济发达地区尤其是城市与经济发展水平相对落后地区之间的新型基础设施发展不平衡，前者建设速度快，后者建设速度慢，影响了新型基础设施整体网络效益的发挥。传统基础设施数字化改造速度偏慢，其投入、相关专用性技术研发投入相对不足。新型基础设施建设存在制度障碍。现有的新型基础设施法律、政策和技术标准体系缺少明确的规定和规范，造成建设过程中存在不少堵点。

（三）国内大循环支撑能力不足，外循环发展动力减弱

《纲要》实施进程中，新发展格局建设中存在国内大循环供给约束堵点仍在、外循环发展动力减弱、内需潜力未完全释放等问题。

1. 国内大循环支撑能力不足，供给约束堵点仍在

供给体系仍不适应需求结构变化。我国制造业产业结构不平衡、高级化程度不够，低端无效供给过剩与高端有效供给不足并存，难以适应消费需求提档升级的要求。要素市场不少体制性弊端有待克服，包括市场分割和隐性障碍仍时有出现、生产要素价格扭曲现象依旧存在、要素内外循环水平有待提高、要素垄断行为依然多发、要素市场治理效能亟待提高等。流通体系现代化程度不高，表现在物流体系标准化程度不高、物流网络分布不均衡、农村地区物流基础设施建设滞后、国际化流通企业缺乏、流通领域融资难融资贵等方面。

2. 外部环境日趋严峻复杂，外循环发展动力减弱

全球经济增速放缓，出口增速减缓。由于通胀高企、发达经济体激进收紧货币政策，以及不确定性增加，全球经济复苏步伐放缓，出口对经济的拉动作用减弱。外资企业加速落实“中国+1”战略①，对我国吸引外资造成负面影响。美国对华“脱钩断链”和新冠疫情冲击全球产业，加速推动外资企业落实“中国+1”战略。同时，部分国内配套供应商面临在海外建立“备份”的要求，加剧了供应链整体外移风险。外贸发展环境仍有待优化，存在内外贸规则和制度体系衔接不畅、市场渠道缺乏、人才不足、知识产权纠纷、转型成本较高等问题。市场化、法治化、国际化一流营商环境建

① “中国+1”战略：部分西方国家的跨国公司为了所谓的供应链安全，在中国投资运营的同时，在中国之外寻找新的制造基地作为“备份”，以“降低对华依赖”。

设仍需加力。服务领域对外开放步伐相对缓慢，外资企业在自贸试验区面临“准入不准营”的困局，金融开放措施落地不够，人才等要素跨境流动便利度有待提升，保持国际循环畅通面临挑战。

3. 内需潜力未完全释放，对双循环拉动作用有限

总需求不足仍是当前经济运行面临的突出矛盾。一方面，扩大消费面临不少制约因素。我国经济增速放缓，就业市场不景气和收入不稳定性增加，导致居民边际消费倾向下降、消费意愿不足，加之社会保障体系不完善，居民抗风险能力不足，使得居民普遍倾向节俭，不敢轻易消费。此外，县乡消费市场建设相对滞后，大型城市消费增长动能不足也制约消费的扩大。另一方面，投资增长后劲不足。房地产已进入下行周期，基建投资回报率持续下行，两大领域投资增长动能不足，而在事关经济社会高质量发展的关键领域投资仍显不足。

（四）数字中国建设任重道远，数字化发展要素保障不足

《纲要》实施进程中，数字中国建设在数字经济、数字社会、数字政府和数字生态领域仍有诸多挑战。

1. 数字经济发展仍存在诸多问题

数字经济发展规模与欧美等发达国家仍有一定差距。当前，我国数字经济规模约为7.1万亿美元，占GDP的比重刚达到40%，远低于欧美等发达国家水平。关键领域创新能力仍然存在不足。2021年，我国信息技术领域PCT国际发明专利申请量仅为1.2万件，仅占全球的20.4%，创新质量有待提高。数字产业发展不均衡。数字企业主要集中在一、二线大城市，数字产业结构仍面临“重硬件建设、轻软件升级”“重产业应用、轻研发创新”。产业数字化转型仍需走深走实。2021年，我国数字经济对第一、第二、第三产业的渗透率分别为10%、22%、43%，距离发达国家水平仍有20%左右的较大差距。

2. 数字社会建设还存在不小差距

全民数字素养和技能有待提升。截至2022年12月，我国仅有40.7%的网民初步掌握数字化初级技能，非网民规模仍高达3.44亿人，尤其在农村地区和老年群体中“数字鸿沟”现象依然存在。城乡区域发展不均衡制约数字中国公平效率。区域互联网普及率仍然差距较大，截至2022年12月，城镇互联网普及率达83.1%，农村地区仅为61.9%，东部地区千兆及以上固定互联网宽带接入用户数远高于中西部。

3. 数字政府建设仍存在一些突出短板

顶层设计不足，体制机制不够健全。部分政务部门未明确政务数据统筹管理机构，未建立有效的运行管理机制；基层仍存在数据重复采集、多次录入和系统连通不畅等问题，影响政务数据统筹管理和高效共享。供需对接不够充分，标准规范体系不健全。

政务数据跨部门、跨层级、跨地区融合仍存在壁垒，部分地方和部门对标准规范实施推广、应用绩效评估等重视不足，一些标准规范形同虚设。支撑应用水平亟待提升，数据返还难，掣肘仍在。政务云平台建设与管理不协同，政务云资源使用率不高，缺乏一体化运营机制；“数据返还难”制约了地方经济调节、市场监管、社会治理、公共服务、生态环保等领域的数字化创新应用。网络安全保障体系还有不少突出短板。安全泄露、违规使用等问题时有发生，政务数据质量问题较为突出，数据完整性、准确性、时效性亟待提升。

4. 数字生态发展环境仍面临诸多挑战

数据基础制度和要素市场探索处于起步阶段，权利归属难以界定，估值定价缺乏依据，流通规则尚不完善，流通技术仍未成熟，产权制度及市场流通等难题仍有待破解。数字人才缺口亟待填补。当前，我国数字人才缺口为2500万~3000万人，且缺口仍在持续放大。同时，数字技能类人才评价体系、数字职业标准和评价规范、数字领域职业技能等级与专业技术职称衔接、数字人才跨领域跨部门跨区域一体化配置等体制机制仍有待完善。就业冲击问题引发警惕。世界经济论坛2023年5月发布的数据显示，未来几年，因人工智能（Artificial Intelligence，AI）和经济增长放缓等因素，全球就业形势将受到严重冲击，未来5年全球将减少1400万个工作岗位，相当于全球就业岗位净减少2%。

（五）市场主体生存发展面临的困难和挑战增多，重点领域改革还有不少硬骨头

《纲要》实施进程中，社会主义市场经济体制建设存在市场主体生存发展面临的困难和挑战增多、市场体系建设仍存在一些短板、相关的财税金融体制已经不能够满足经济和社会发展的需求、政府职能与经济社会发展需要和人民群众的期待相比仍有不小差距等问题。

1. 我国市场主体生存发展面临的困难和挑战增多

国企改革仍需补短板、强弱项，国有经济布局结构需进一步优化调整，国有企业产权不清晰，部分企业前置事项清单在不同层级、不同类型企业的精准性有待提升，国有企业存在内部经营机制问题，部分国有企业回报水平相对低下、企业创新能力不强等问题仍在。支持民营经济的政策措施落实仍不完全到位，体制机制改革、监管执法还存在一些短期波动。民营企业在要素获取、市场准入、产权保护、公平竞争等方面仍面临诸多制约。

2. 市场体系建设仍存在一些短板

高标准市场体系还不健全，行业壁垒、地方保护和区域分割、低水平恶性竞争仍不同程度存在。市场体系基础制度有待进一步完善。产权和知识产权保护力度有待增

强，市场主体所需的准入、竞争、退出、监管等基础制度有待完善，市场竞争需进一步公平有序，社会信用法律法规和标准体系需健全完善。要素市场发展相对滞后。有关数据产权、流通交易、收益分配、安全治理等领域的制度规则有待健全，要素流动体制机制障碍亟待消除。市场环境和质量需进一步优化。行业壁垒、地方保护和区域分割、低水平恶性竞争仍不同程度存在。监管效能仍需进一步提升。社会信用体系建设中还存在诸多操作层面具体制度缺失的问题。

3. 相关的财税金融体制已经不能够满足经济和社会发展的需求

现代财政制度还存在一些问题。我国财政收支矛盾依然突出，财政收入增长的同时，重点支出刚性增加、民生短板保障需要继续加强。当前，预算绩效管理理念不够深入，预算体制透明度需进一步提高。权责清晰、财力协调、区域均衡的中央和地方财政关系有待进一步健全，政府间财政关系不顺畅导致转移支付结构不合理。现行税收制度与构建高水平的有效市场和高水平的有为政府目标相比，还存在一些不足。我国金融业仍然面临一些不确定性、不稳定性因素。房地产风险、地方债风险、市场异常波动风险、外部冲击等都不容忽视，我国部分中小金融机构风险仍值得关注。资本市场基础制度和功能尚不完善。

4. 政府职能与经济社会发展需要和人民群众的期待相比仍有不小差距

经济治理效能仍需加强。宏观经济治理的精准性、系统性、开放性需不断提升。营商环境与市场主体期待还有差距，市场化、法治化、国际化一流营商环境建设仍需加力。监管能力现代化水平有待进一步提升。现阶段还存在监管机制有待进一步完善、配套制度尚不健全、监管能力有短板等情况。

（六）耕地保护和质量建设仍面临压力，农业农村建设还有很大改善空间

《纲要》实施进程中，乡村全面振兴存在耕地保护和质量建设仍面临压力、农业科技装备水平仍然相对滞后、农村一二三产业有机融合度仍然较低、农村人居环境条件和公共服务设施建设还有很大改善空间、城乡发展不平衡不充分问题依然存在等问题。

1. 耕地保护和质量建设仍面临压力

耕地保护压力日益加大，耕地和永久基本农田“非农化”“非粮化”问题仍然突出。高标准农田建设仍需进一步强化机制保障，需要进一步明确永久基本农田改造建设工作方案。农田灌溉水利设施建设仍有明显薄弱环节，我国40%的大型灌区、50%~60%的中小型灌区、50%的小型农田水利工程设施配套不到位，农田水利工程建设和管理存在“责权利不明，建管用脱离”现象。

2. 农业科技装备水平仍然相对滞后

现代种业发展仍存在一些短板弱项和隐患，实现种质资源应保尽保压力较大，种业原始创新能力不足问题依然存在。现代农机装备制造能力和水平仍有待提升，典型

丘陵山区县农作物综合机械化率低于50%，大型大马力智能农机和丘陵山区小型适用农机“一大一小”两个方面短板明显，许多产业关键环节“无机可用”“无好机用”问题突出。

3. 农村一二三产业有机融合度仍然较低

农村三产融合发展总体层次仍然较低，农业仍处于为其他产业提供要素和产品阶段，产业间互动融合程度较低，产业链条延伸不足，产品转化能力不足、附加值低。人才、技术等关键要素供给仍然缺乏，农业科技创新成果转化不足。新型农业经营主体发展迟缓，总体实力还不是很强。同时，经营主体间的利益联系仍然较为松散，合作形式也比较单一。

4. 农村人居环境条件、公共服务设施建设还有很大改善空间

有超过1/3的自然村（组）不通硬化路，约1/5的行政村不通快递，约15%的农户没用上自来水，超过四成农户没用上互联网，农村厕所、垃圾污水处理、村容村貌等人居环境条件还需持续改善。

5. 城乡发展不平衡不充分问题依然存在

县城承载力仍有待提升，在基础教育、公共卫生、市政设施、人居环境和产业配套等方面仍存在不少短板弱项，与地级及以上城市城区相比存在很大差距。城乡之间要素流动仍存在体制机制障碍。土地、人才、资金等要素仍然更多地呈现向城市“单向”流动的态势，城乡发展不平衡、乡村内在潜力难以充分发挥仍是现实问题。

（七）城乡融合发展面临诸多障碍，宜居城市建设水平总体不高

《纲要》实施进程中，实施新型城镇化战略存在农业转移人口市民化进程滞后、城镇化空间布局有短板、宜居城市建设水平总体不高等问题。

1. 农业转移人口市民化进程滞后

农民工融入城市能力待加强，就业难度大。农民工大多从事技术要求较低的工作，时有发生同工不同酬现象。劳动密集型产业正加快推进机械化、智能化升级，科技的发展对于简单重复的劳动实现快速替代。居住证制度落实层面尚有差距，城镇基本公共服务尚未覆盖全部常住人口。农业转移人口在就业安居、子女教育、医疗卫生、社会保障等方面难以享受与城镇居民同等的待遇和权利。县域农业转移人口市民化成本分担机制不健全。农业转移人口市民化成本分担主体不清、支出责任不明等现象依然存在。县域人口市民化带来的公共支出负担压力较大。

2. 城镇化空间布局有短板

各地城镇化发展水平不均衡，城镇化率呈东高西低态势。城镇化率高的城市主要分布在东部沿海地区，中西部地区城镇化进程慢。一些城市规模偏大，城市空间分布和规模结构不合理问题较突出。城市单体规模摊大饼式扩张，造成城市空间分布和规

模结构不合理，与资源环境承载能力不匹配，加剧城市拥挤的同时会进一步加大城乡差距，不利于新型城镇化高质量发展。县域城镇化水平和质量不高。县城建设面临公共设施短板弱项较多、发展用地需求难满足、建设资金供给不足、项目谋划设计不足等问题。

3. 宜居城市建设水平总体不高

老旧城区更新改造难度较大。老旧城区在发展和更新改造过程中，面临施工扰民、文物保护、产业功能布局不合理、房屋危旧程度高、需与其他城区协调一致等问题。超大特大城市“城市病”突出，城市治理难题待破解。随着城市人口规模越来越大，生态环境恶化、城市空间布局不合理、职住分离率高、公共交通拥堵、资源短缺、公共服务不完善、城市居民老龄化严重等问题越来越突出，城市管理难度大，面临重大公共突发事件时城市的应对能力不强。住房租赁市场有待进一步完善。各地对租赁的供给及管理不规范，政策执行效果有待提高。租赁权益，特别是在子女教育、社区认同感等方面，与买房相比差距较大。长租公寓在资本运作上的乱象不止。

（八）区域发展依然存在不平衡不协调的问题，海洋经济高质量发展程度不高

《纲要》实施进程中，区域协调发展存在国土空间开发保护面临堵点、区域重大战略引领带动作用有待加强、四大板块发展不协调因素依然存在、海洋经济高质量发展仍面临诸多挑战等问题。

1. 国土空间开发保护面临堵点

一些地方难以把握好开发与保护的平衡度，都市圈、城市群快速发展或对周边城市形成“虹吸效应”，部分中小城市资源禀赋贫乏、产业结构单一、产业基础薄弱，仍有扩容提质的空间。重要功能性区域的安全保障任务日益艰巨，新型工业化、城镇化深入推进，使耕地面积面临挤压挑战，水土流失、面源污染、土壤有机质减少和生态环境破坏等问题更为突出。

2. 区域重大战略引领带动作用有待加强

京津冀产业辐射带动能力不足，全产业链协同发展过程中缺乏优势主导产业，产业链协作关系完整性不足，未能发挥优势产业的对外辐射带动作用。长江经济带产业结构“偏重”“偏化”，产业发展模式及岸线资源利用比较粗放；港口利用率较低，沿江综合交通体系有待完善，部分地区的产业布局与资源配置发生错位且存在同质化现象。粤港澳大湾区城市间的互动协同力不强，港澳对珠三角的经济带动作用和产业升级引领作用减弱，三地互补合作有所减少。长三角地区间产业协同分工特色不明晰，各地发展的重点相似度非常高。同质化布局可能导致低水平重复和产能过剩，无法形成整体的产业竞争力和效率。长江、黄河流域生态保护形势严峻。

3. 四大板块发展不协调因素依然存在

南北区域发展差距依然很大，偏重工业生产的北方经济份额不断收缩，而偏重服

务业的南方经济份额快速增加。区域间的基础设施共建共享水平有待提升。尤其是在城市内部的市区与郊区县之间、地级市之间更是如此，互联互通的水平很低且基础设施运营网络往往互不相容和各自独立。区域基本公共服务均等化难度较大，基本公共服务一体化遇到诸多体制障碍，很难实现“跨省通办”或“漫游享受”，这就给人口自由流动带来很大的障碍。

4. 海洋经济高质量发展仍面临诸多挑战

海洋工程建筑业、海洋船舶业、海洋化工业等新兴海洋产业规模体量小、占比低，海水淡化等海洋关键技术创新不足，核心研发设计能力不强，我国海水淡化总产能达186万吨/日，但由于缺少相应的政策支持，产能利用不到一半，闲置现象突出。海洋生态治理成效不稳固，局部海域生态环境问题仍然比较突出，陆海统筹的生态环境治理体系和治理能力建设仍然需要加强，社会资本参与海洋生态修复机制尚未有效形成，海洋专业人才依然短缺。

（九）传统文化保护力度不够，现代文化产业体系建设仍存诸多短板

《纲要》实施进程中，推进社会主义文化强国建设存在传统文化保护和传承领域仍然短板突出、公共文化服务均等化程度依然较低、现代文化产业体系建设仍存在诸多短板等问题。

1. 传统文化保护和传承领域仍存短板

国家考古遗址公园尚未构成完整体系，传统文化传承保护工作仍需加码。目前的55家国家考古遗址公园与我国源远流长的历史和丰富的文化遗产数量相比，还不足以构成完整体系，很多类型还存在缺项或稍显单薄。重要古籍散佚海外，保护工作仍需跟进。比如，《永乐大典》散佚严重，仅存400余册，不足4%，包括嘉靖副本、仿抄本、传抄本和照片，其中嘉靖副本411册。《永乐大典》高清影像数据库显示，中国地区现存261册，仍有198册散佚海外，仍需进一步跟进回归和再造工作。不文明事件仍时有发生，公民文明素质仍需提升。不文明旅游、不文明停车、天价彩礼、婚丧大操大办等事件仍经常登上热点新闻，引发公众广泛关注。网络文明乱象仍然存在。从目前状况看，网络水军仍然存在且猖獗，涉及操纵信息、刷量控评、恶意营销等活动。

2. 公共文化服务均等化程度依然较低

区域、城乡、群体间的公共文化服务水平差距依然明显。比如，广西等中西部省份公共文化基础设施建设、经费保障、人才队伍和服务水平等方面尚未达到全国平均水平。农村公共文化服务总量供给增加，但与城市相比仍有差距。不同地区、不同收入群体间的公共文化服务差距较大。公共文化服务数字化整体水平仍相对较低。受资源和技术的影响，东部发达地区数字化公共服务发展较好，中西部欠发达地区则相对

薄弱，上述地区数字化基础设施、人才等领域均存在较大短板，直接影响了公共文化服务数字化整体水平。我国文化软实力仍有待进一步提升。近年来，我国“文化走出去”取得有目共睹的成绩，但也暴露出一些问题，如价值观差异带来的文化冲突愈加明显、辐射范围广的自主国家传播渠道有待拓宽等。当前，我国国际话语权与综合国力还不相匹配，维护国家文化安全和提升中华文化影响力的任务更加艰巨，建构富有中华文化底蕴的中国话语权、提升文化软实力势在必行。

3. 现代文化产业体系建设仍存诸多短板

我国文化发展同经济、社会发展和人民日益增长的精神文化需求还不完全适应。突出表现在文化创新创造能力还不够强，优秀文化产品和服务还不够多，一些文化作品不能够正确引领社会思想，一味借鉴西方文化和西方套路的作品较多。文化资源尚未充分利用，文化体制改革过程中仍存在痛点。文化资源的开发与利用还很不够，许多文化资源还处于闲置状态，文化事业对社会的积极促进作用还很有限，文化管理还不能适应经济社会发展。文旅项目服务能力尚需提升，出境游供应链仍需时间恢复。一些旅游项目的承载能力和服务接待能力不高，面对集中释放的出游需求难以保障游客体验。随着出境团队游重启，机票、签证、目的地接待公司等出境游供应链仍待恢复。文旅市场乱象抬头，亟须加强治理。当前，“不合理低价游”、导游辱骂游客、强迫购物等现象有所抬头，严重干扰正常市场秩序。

（十）生态环境保护任务依然艰巨，绿色低碳发展道阻且长

《纲要》实施进程中，推动绿色发展仍面临生态环境持续改善的难度明显加大、生态保护压力依然较大、绿色低碳发展道路依然漫长且任务艰巨等问题。

1. 生态环境持续改善的难度明显加大

我国草原生态系统整体仍较脆弱，中度和重度退化面积占比仍然较高，部分河道、湿地、湖泊生态功能降低或丧失，部分流域水生态系统仍较脆弱，噪声扰民时有发生，我国生态系统质量功能问题突出。与此同时，生态补偿机制仍有制度框架不完善、执行不到位等多个痛点难点亟待解决。

2. 生态保护压力依然较大

生态环境稳中向好的基础还不稳固。污染物和碳排放总量仍居高位，全国还有近1/3的城市空气质量不达标，水生态失衡问题较为严重，部分地区土壤污染持续累积，农村生活污水无序排放问题突出。生态环境保护结构性压力依然较大。我国还处于工业化、城镇化深入发展阶段，产业结构调整和能源转型发展任重道远，统筹发展与保护的难度不断加大，优化调整产业布局结构、构建新发展格局任重而道远。我国环境基础设施提级扩能迫在眉睫。我国进入高质量发展阶段，更注重内涵提升式转变，不少地区环境基础设施缺口较大，如污水收集管网覆盖不足，部分基础设施超期服役，

垃圾处理设施缺乏，一些地方黑臭水体治理还存在覆盖范围不全、措施不够精准有效、长效机制不完善等问题，蓝绿生态空间有限，等等。面向2035年美丽中国建设目标，对照减污降碳协同增效、深入打好污染防治攻坚战的要求，我国环境治理体系建设仍然任重道远。

3. 绿色低碳发展道路依然漫长且任务艰巨

我国资源节约集约利用水平还有巨大提升空间。我国人均资源量少、后备资源不足的国情没有改变，无论是土地、矿产，还是海洋资源，都难以承载高消耗、粗放型的发展，节约集约利用水平还有巨大提升空间。我国能源产出率与发达国家相比仍存在明显差距。与其他国家相比，我国经济增长的能源投入代价仍明显偏高。同时，我国地区之间能源产出率差距较大，最发达省份与最不发达省份之间相差8倍以上。未来一段时期，我国产业结构偏重、能源结构偏煤、资源利用效率不高的状况实现根本改变还需要一个过程，能源消费总量仍将保持刚性增长，煤炭在能源保供中还需发挥兜底作用，污染物和二氧化碳减排任重道远。我国在迈向中等发达国家水平的过程中，人均GDP的提高仍将不可避免地带来能源的消耗和排放。叠加我国能源消费的人均水平与发达国家相比有差距等因素，我国能源消费在今后一个比较长的时期内，还将保持刚性的增长，节能降耗面临新的考验。

（十一）建设更高水平开放型经济新体制仍有不足，“一带一路”持续高质量发展有待提高

《纲要》实施进程中，高水平对外开放存在建设更高水平开放型经济新体制仍有不足，“一带一路”持续高质量发展仍有不足，参与全球治理的深度、广度不够等问题。

1. 建设更高水平开放型经济新体制仍有不足

制度型开放程度不足。以《中华人民共和国外商投资法》为基础的法律和配套制度还不完善，自由贸易试验区的制度开放探索仍需深入，我国产品标准体系水平尚显不足。中、西部地区开放程度不足。由于历史、区位、政策等多种因素存在，我国中、西部地区的开放水平较低。商务部数据显示，2022年，我国中、西部地区实际使用外资金额分别为137.8亿美元、109亿美元，全国占比分别为7.3%、5.8%，远低于东部地区86.9%的占比。金融体系风险上升，对金融业扩大开放形成阻碍。近期，金融系统性风险上升的问题较为普遍，防范系统性金融风险爆发成为我国政府面临的重要挑战之一，而金融系统的相对稳定是扩大金融业对外开放的关键一环。粮食、资源、供应链安全保障能力不足。当前粮食、能源对外依存度过高，资源掌控能力、大宗商品市场定价权、大宗商品运输能力均有所不足。人民币国际化程度仍显不足。人民币在全球支付占比较低，价值波动较大。

2. “一带一路”持续高质量发展仍有不足

促进产能合作的体制机制和支持服务体系不健全。长期以来，我国对企业进行

海外投资采取比较谨慎的态度，行政审批程序过于复杂，缺乏效率和透明度，在投资审批、外汇管理等方面存在诸多制约。与国外制度环境和技术标准不兼容，主要是因为欧美工业技术标准大行其道，特别是在电力、石油炼化、交通运输及其他基础设施建设领域，我国企业提供的优质产品和服务难以进入市场。信息服务平台等服务体系欠缺。“一带一路”建设涉及的国家政府、行业组织、企业等项目参与方众多，各种资源未能有效整合。企业国际化能力不足成为重要短板。跨国产能合作涉及各国法律、汇率、财会制度等各种复杂因素，这对企业的人才队伍建设提出更高要求。

3. 参与全球治理的深度、广度不够

参与时间滞后。中国于1971年恢复联合国合法席位，1991年加入亚太经合组织，2001年加入世贸组织，加入重要国际组织的时间远晚于欧美经济体。参与数量有限。中国背景的国际性社会组织数量过少，联合国社会和经济事务部数据库统计数据显示，截至2022年底，有6155家社会组织具有咨商地位，其中中国背景的有86家，占比仅为1.40%。参与程度不深，话语权有限。长期以来，中国在既定的治理体系框架内是“被动参与者”，缺少规则制定权和议程决定权。

（十二）教育医疗服务还有较大提升空间，“一老一小”保障制度仍有完善空间

《纲要》实施进程中，提升国民素质和人的全面发展存在优质教育资源依然“供不应求”、公共卫生体系短板明显、“一老一小”保障制度仍有完善空间等问题。

1. 优质教育资源依然“供不应求”

义务教育仍有提质增效空间。“双减”实施一年多来，学校教学质量与效能提升有限且不均衡，学校课后服务基本满足需要，但实施效果不够明显，“应教尽教”在农村及大范围基础薄弱学校尚未达到要求，“学足学好”难以得到学生和家长的认可。我国职业技能人才供给尚不能满足需求。技能人才总量仍然不足，特别是结构不优、素质不高问题比较突出，技能劳动者仅占就业人口总量的26%左右，高技能人才仅占技能人才总量的30%左右，与德国、日本等制造强国相比，仍有较大差距。高校原始创新潜能尚未得到充分释放。我国高校已经聚集了一批科学研究领军人物，但在数量和质量上与国外一流大学相比仍有较大差距，尤其是世界级领军人物匮乏；基础科学研究短板依然突出，数学、物理、化学等基础学科仍是薄弱环节；高校科技成果转化的服务平台尚不健全。教育发展不平衡不充分问题仍然存在。中西部高校占全国高校总数的半数以上，从办学经费投入上看，全国普通高校生均教育事业费支出为2.1万元，其中东部地区2.3万元，中西部地区1.6万元。从科技创新能力看，在校均专利出售金额方面，东部地区高校是中西部地区的约3倍；在校均技术转让实际收入方面，东部地区高校是中西部地区的约4倍。

2. 公共卫生体系短板明显

医防融合不够紧密。优质、高效的整合型卫生服务体系需要同时承担预防和治疗两项最为重要且相辅相成的职能。然而长期以来我国的卫生体系一直存在重医疗轻预防、重硬件投入轻人才保障等现象。医疗质量管理有待优化。医院部分科室对医疗质量制度落实不到位，导致质量缺陷重复出现。部分管理者管理方法简单，只重视对考评指标终末质量的检查评估，忽略对医疗质量的全程监控。“互联网+”医疗体系仍需健全。各地之间互联网购药医保支付未完全打通，对于老年人、身体不便者、慢病患者等重点特殊人群，购药时效性和药品安全性难以保障，且对药品种类仍有一些特定限制。互联网药品监管难度大，易出现处方真假难辨、药品质量不合格、骗保等一系列问题。

3. “一老一小”保障制度仍有完善空间

在老龄化加剧及失能老人增多的背景下，我国老年人长期护理问题日益突出。根据全国老龄委公布的数据，2020 年，我国 60 岁以上失能老人超过 4200 万人，约占老年人总数的 16.6%。《中国养老服务蓝皮书（2012—2021）》预计，到 2030 年我国失能老人总数还将大幅上升。我国护理市场尚不成熟，社会养老保障体系、老年人护理医疗、资金储备等方面尚未做好应对。生育支持体系有待健全。现有职工生育保险制度难以有效保障女性生育经济和职业发展损失，婴幼儿照护服务投入难以有效解决“没人带”的难题，辅助生殖技术服务保障难以有效解决“生不出”的难题，这些都是生育体系政策亟待完善的地方。

（十三）民生领域发展不平衡不充分情况依然存在，稳就业面临较大挑战

《纲要》实施进程中，增进民生福祉存在城乡、区域、群体之间基本公共服务差异问题突出，稳就业工作面临总量压力、结构性矛盾、重点群体就业难的挑战，居民收入增速呈现放缓迹象、中等收入群体抗风险能力减弱，距离建成多层次社会保障体系还有差距，对弱势群体的保障和关爱工作还存在短板弱项，基层治理效能尚未充分释放等问题。

1. 城乡、区域、群体之间基本公共服务差异问题依然不可忽略

公共服务供给不平衡不充分问题仍然突出，公共服务供给不足和资源部分错配并存，资源配置机制不完全适应人口分布、流动趋势和社会结构变化。区域间、城乡间的基本公共服务水平差距仍然较大，乡村基本公共服务依然薄弱。例如，2021 年，城市每千人口执业（助理）医师数是乡村的 2.1 倍，城市每千人注册护士是乡村的 2.6 倍。再如，中西部地区基本公共服务能力相对不足，在教育经费投入、学校标准化建设、教师队伍专业化水平等方面均相对不足。非基本公共服务供给不足特别是优质公共服务总体短缺，养老、育幼等普惠性公共服务供需矛盾比较突出，工薪劳动者享

受到的基本公共服务大大优于其他社会成员。

2. 总量压力、结构性矛盾、重点群体就业难依然是稳就业工作面临的挑战

就业总量压力和结构性问题仍不容忽视。“十四五”期间16~59岁劳动年龄人口仍将保持在8.5亿人以上，超过欧洲人口的总和。劳动力供给和需求存在错位，招工难与就业难并存的结构性就业矛盾成为就业领域的主要矛盾。青年、农民工等重点群体就业压力较大，16~24岁青年人口将达到1.4亿人左右，其中每年高校毕业生总量超过千万，青年失业率仍处在高位。

3. 居民收入增速呈现放缓迹象，中等收入群体抗风险能力减弱

2022年，居民可支配收入实际增速2.9%，低于GDP增速0.1个百分点，居民收入增速连续5年低于经济增速；中等收入群体是居民负债增加的主要群体，住房、教育、医疗等刚性支出在中等收入群体负债结构中占比日益剧增，抗风险能力减弱。

4. 距离建成多层次社会保障体系还有差距

多层次、多支柱养老保险发展缓慢。第一支柱是基本养老保险且“一支独大”，覆盖范围超过10亿人，但支付压力逐渐增大。第二、第三支柱养老保险发展缓慢。截至2020年，企业年金只覆盖了2700多万人，企业覆盖率不到0.5%，职工覆盖率不到10%，在三支柱中占比31.4%。第三支柱税延型商业养老保险试点还刚刚起步，保费收入只有4亿元，相比美国第三支柱资产10万亿美元还存在差距。农民工和灵活就业人员等弱势群体的“应保尽保”有待加强。受户籍地、身份限制，以上弱势群体的可选参保项目少、保障不全，还面临转移接续困难、一人存在多个社保关系等难题，不利于其参保缴费，增加了农民工和灵活就业人员的经济负担。

5. 对弱势群体的保障和关爱工作还存在短板弱项

女性就业环境和权益保障有待优化。求职招聘中的性别歧视时有发生，就业歧视由显性转向隐性。社会托幼设施严重缺乏，社会化养老服务供给不足、费用高，很多女性因育幼和养老被迫退出职场。新业态女性从业者、超龄女性劳动者职业伤害保障不足。儿童事业发展仍然不平衡不充分。2021年，农村婴儿死亡率是城市的1.8倍，西部地区是东部地区的2.2倍；农村5岁以下儿童死亡率是城市的2.1倍，西部地区是东部地区的2.2倍。同时，我国儿童保健服务网络特别是基层儿童保健服务网络有待加强。残疾人数量众多、特性突出，仍需要社会特别关照。截至2022年，我国各类残疾人总数已达8500万人，盲人数量约为830万人，每年新增盲人数量已经达到40万人以上。同时，残疾人公共服务总量不足、分布不均衡、质量效益不高，残疾人就学就医、康复照护、无障碍等多样化需求没有得到满足。

6. 基层治理效能尚未充分释放

基层治理的统筹协调有待加强。基层治理涉及领域广、参与部门多，中央层面没

有建立健全基层治理领导协调机制，相关部门政策、资源统筹协调不到位。基层治理法治保障尚不健全。部分地方的乡镇（街道）、村（社区）组织在基层治理中的职责权限划分不清，有的部门随意向基层摊派任务，管理权下沉异化为转嫁责任。基层信息化技术应用滞后。基层信息系统建设多层多样，但统合规划尚有不足，功能交叉、重复建设、标准不一问题突出，“数据烟囱”“信息孤岛”导致数据不共享、难交换、不归集。有些智慧社区应用场景脱离基层和群众实际需要，存在“基层不想用、群众不愿用”的问题。

（十四）非传统安全体系仍需完善，国家经济安全保障需求加大

《纲要》实施进程中，统筹发展和安全存在非传统安全体系仍需完善、部分重点领域风险隐患仍然较多等问题。

1. 非传统安全体系仍需完善

我国在文化安全、科技安全、能源安全、粮食安全、环境安全等常见的非传统安全领域，极地、深海、太空、海外利益保护，以及人工智能等新型国家安全领域均需要进一步加强立法。而且，现有的非传统安全法律体系存在效力低、内容少、约束力低的问题。

2. 部分重点领域风险隐患仍然较多

粮食安全保障能力仍然不足。部分地区耕地存在“非农化”“非粮化”问题，高标准农田建设仍有不足，农业科技水平，特别是种业科技水平仍然不强，部分作物种子仍需大量进口，大豆等部分作物严重依赖进口，种业研发在科研设备上也面临“卡脖子”问题。能源安全风险依然存在。我国能源外采率仍然较高，能源进口通道集中度高，风险评估与安全保障力度不足，替代能源发展不足。金融安全仍面临着多重挑战。防范跨境金融风险传播的能力不足、认识不够、储备有限，防范新型金融风险的能力不足，金融领域数据安全、隐私保护、跨境治理等方面的建设仍需完善，兼顾安全和发展。房地产风险、金融风险、地方债务风险深度关联。

（十五）重大工程项目推进中面临的困难和问题

《纲要》实施进程中，由于地方政府出资能力下降、民间资本参与重点建设任务存在难点堵点、部分项目前期工作不扎实、部分领域项目面临供应链断裂风险等，部分重大工程项目建设进度一定程度上受到影响。

1. 地方政府出资能力下降，地方融资平台融资能力受限

当前地方财政压力加大，或威胁到重大工程项目的资金保障。受新冠疫情冲击、大规模留抵退税等因素影响，财政收支矛盾加剧，2022 年近九成省份财政平衡率较 2021 年回落。此外，由于房地产市场较为低迷，土地市场遇冷，政府性基金收入出现大幅下降。财政部数据显示，2023 年 1—11 月，地方政府性基金预算本级收入 48179

亿元，同比下降 14.4%，其中，国有土地使用权出让收入 42031 亿元，同比下降 17.9%。由于 2023 年地方财政收入增幅下滑较多，各地普遍反映财政收支矛盾突出，落实配套资金困难。有些公共投资项目安排中地方配套资金比例过大，超出了地方财政的承受能力。农村基础设施建设基本靠国家补助及地方财政资金，随着小城镇、农村各项事业的快速发展，建设资金短缺压力日益加大。

2. 民间资本参与重点建设任务存在难点堵点

国家重大工程和补短板项目参与难度较高。这些项目普遍具有较强的公益性，投资回收周期相对较长、收益水平相对较低，对民间资本的吸引力有限。在基础设施领域，部分项目建设内容多、施工难度大、运营管理要求高，民营企业缺乏相关经验。民间资本参与便利度有待进一步提高。一些项目相关信息不够透明公开，民间资本对如何参与投资缺乏了解，对如何通过市场化机制退出顾虑较多，对能否获得长期稳定回报信心不足。一些民营企业反映，有些项目预期收益较好，也愿意积极参与，但在市场进入方面还存在一些有形或无形的壁垒。民间资本参与意愿和能力存在不足。受全球经济形势和新冠疫情影响，部分民营企业效益下降、现金流紧张、再投资能力不足，面临融资难融资贵问题，参与国家重大工程和补短板项目的意愿较低。

3. 要素保障不到位导致项目难以动工或进展缓慢

在坚守耕地红线目标背景下，用地需求与土地供给之间的矛盾进一步凸显。部分项目受用地影响进展缓慢，不能按建设工期顺利完工。部分项目受用地条件的限制，一直难以动工。例如，我国已建成高标准农田 10 亿亩，剩余未建设耕地大部分分布在丘陵山区，建设难度增大。区域政策标准不一，征地拆迁困难影响项目推进。例如，上白石水利枢纽工程建设征地移民涉及闽浙两省 3 个县（市）、6 个乡镇、21 个行政村，由于闽浙两省在移民安置工作中执行的政策标准有区别，移民诉求各不相同，各种制约因素比较多，造成移民安置规划大纲编制协调难度大，报审工作迟迟未能完成。资金渠道单一、资金投入不足影响项目建设进度。例如，各地居家适老化改造和残疾人家庭无障碍设施改造任务完成进度不均衡，突出问题为资金保障不足。我国适老化改造和残疾人家庭无障碍设施改造的资金来源缺少具体实施细则，致使一些改造项目难以很好地落实。

4. 关键核心技术"卡脖子"形势更加严峻，相关领域项目面临供应链断裂风险

外部环境日趋严峻，以美国为代表的西方国家在科技领域对我国实行立体式、全方位遏制封锁，科研工具、关键零部件及原材料的缺失将导致部分重大工程项目无法取得预期进展。部分产业链存在严重的"卡脖子"短板，包括集成电路产业的光刻机、通信装备产业的高端芯片、轨道交通装备产业的轴承和运行控制系统、电力装备产业的燃气轮机热部件，以及飞机、汽车等行业的设计和仿真软件等，这些产业基础能力弱，部分领域核心关键技术受制于人，存在被"卡脖子"的隐患。自中美经贸摩擦以

来，美国加速扩大对华出口管制清单，打压遏制我国具有核心竞争力的企业，截至2023年6月，被列入“实体清单”和“未核实清单”的中国实体数量已达800家，集中在光电技术、机械制造、电子、激光、化学、计算机、生物技术检测等高新技术领域。2023年10月，美国监管部门进一步加强针对人工智能芯片的出口管制规定，计划阻止英伟达等公司向我国出口先进的AI芯片，“芯片禁令”持续升级。

三、新时代新征程我国经济社会发展面临的新形势新要求

当前，中华民族伟大复兴进入关键时期。党的二十大报告指出，我国发展进入战略机遇和风险挑战并存、不确定难预料因素增多的时期，各种“黑天鹅”“灰犀牛”事件随时可能发生。世界百年未有之大变局带来前所未有的不确定性和复杂性，新一轮科技革命和产业变革深入发展，内生增长动力不足导致跨越“中等收入陷阱”风险加大、安全发展形势更加紧迫，必须辩证认识、全面把握国内外发展大势，增强机遇意识和风险意识，坚定不移抓机遇、促发展、增实力，同时做好应对各类风险挑战的充分准备。

（一）世界百年未有之大变局加速演进，我国发展的国际环境日趋严峻复杂

当今世界变乱交织，百年变局加速演进，全球政治经济形势依然动荡不安，乌克兰危机长期化，巴以冲突进一步加剧了地缘政治紧张局势。全球经济的增长总体放缓，主要经济体延续加息进程，全球流动性收紧、利率中枢维持高位，国际金融市场动荡加剧，全球产业链面临的政策不确定性提升，全球范围内政治分裂及军事冲突使我国难以置身事外。外部环境动荡不安，复杂性、严峻性、不确定性上升。

1. 全球经济增长总体放缓

由于新冠疫情冲击的“长尾效应”仍存在，全球经济内生增长动能明显减弱。特别是随着前期刺激政策退出，流动性收紧累积效应逐步显现，投资消费和贸易进出口明显走弱，世界经济面临较大下行压力。国际货币基金组织（International Monetary Fund，IMF）数据显示，2024年全球经济实际增速将进一步放缓至2.9%，其中发达经济体和新兴市场经济体的增长率分别为1.4%和4.0%。经济合作与发展组织预测，2024年全球经济增速将放缓至2.7%；惠誉认为2024年全球经济增速将大幅下降至2.1%；花旗银行预测2024年全球经济增速将放缓至2%以下。从平均水平看，预期2024年全球经济平均增长2.5%。未来5年至10年，世界经济潜在增长率将大幅下降，回归“低增速，高风险”的平庸期。

2. 全球金融风险不断加剧

以2022年3月美联储加息为标志启动的这一轮西方主要中央银行强力紧缩货币政策，其“抑通胀”收效不及预期，不仅导致西方国家和其他很多经济体消费价格居高

不下，居民生活水平“体感”糟糕，而且进一步损害了西方国家制造业发展根基，导致西方国家金融业、房地产等资产市场风险频发，债务市场风险急剧上升。特别是美国政府赤字、债务、债务还本付息规模急剧膨胀，蕴藏着可能危及整个国际金融体系根基的爆炸性风险。同时，这种持续时间和强度均超过普遍预期的“暴力加息”，在新兴市场引发的资本外逃、货币贬值、通货膨胀等冲击也相应大大超过了预期。

3. 全球产业链面临的政策不确定性提升

全球非美经济体的相对影响力不断提升，使得全球的政治格局进入重构期。在这一背景下，大国间的竞争加剧，全球产业链面临的政策不确定性提升，新冠疫情和乌克兰危机等地缘政治因素则进一步增加了人们对全球产业链稳定性的担忧。安全因素在全球产业链布局中的重要性逐渐凸显，跨国企业在兼顾效率和安全的逻辑下调整全球产业布局，全球产业链重构的步伐明显加快，其也将在今后较长的一段时期对我国的贸易和投资格局产生深刻的影响。

4. 全球化逆潮的表现方式更加激烈

随着保护主义、逆全球化思潮明显上升，风起云涌的逆全球化运动进一步造成了各国民粹主义和极端政治倾向抬头，鼓吹贸易保护和排斥移民的声浪不绝于耳，国家间经济“脱钩”和全球产业链断裂迹象显露，越来越多的国家表现出强烈的内顾倾向、低迷的国际合作意愿和越发极端的单边主义行为，部分发达经济体实施贸易保护政策，推动全球贸易规则体系重构，建立排他性保护性强的区域贸易协定，新兴经济体则面临更高贸易投资规则门槛。未来一个时期，国际经贸规则主导权之争将更趋激烈。随着中美经贸摩擦持续演化升级，美国全面启动对华战略打压，和中国之间的科技摩擦、贸易摩擦、经济摩擦、媒体摩擦、舆论摩擦、网络摩擦、信息摩擦和意识形态摩擦都在不断加剧，大国竞争愈演愈烈。

5. 全球范围内政治分裂及军事冲突使我国难以置身事外

随着地缘政治竞争加剧，大国关系逐渐恶化，世界进入新的动荡变革期。北约扩张、乌克兰危机、英国脱欧、中美经贸摩擦以及一些国家不遵守国际公约、国际准则，联合国等多边国际机构被一些国家操控或其职能弱化等政治分裂现象，必然引发国际秩序的和平赤字、发展赤字和治理赤字。伴随着大国关系深刻调整，传统安全风险明显上升，恐怖主义、气候变化、重大传染性疾病、网络安全等非传统性安全风险持续蔓延，传统安全和非传统安全因素相互交织，国际安全风险点增多，中国政治经济社会稳定面临新考验。

（二）新一轮科技革命和产业变革深入发展，给统筹发展和安全带来新的挑战

回顾此前三次技术革命，新技术的发展和应用是推动工业、产业乃至社会发生重大变革的根本动力，大国崛起也都是抓住了技术和产业革命的历史机遇。当前我们正

处在以人工智能、区块链、大数据等新一代信息技术引领的第四次技术革命中，新一轮科技革命和产业变革催生的前沿技术和颠覆性技术突破将深刻影响人类的生产生活方式，重塑全球创新版图和经济结构，改变国际竞争格局和产业分工格局，我国发展既迎来新的战略机遇，也面临不少现实制约。

1. 颠覆性技术和前沿技术不断取得新突破，统筹发展和安全成为新的科技和产业发展命题

一方面，信息、生命、制造、能源、材料等前沿技术和颠覆性技术获得群体性突破，统筹发展和安全成为新的科技和产业发展命题。新一轮科技革命和产业变革深入发展，人工智能、大数据、信息通信等新一代信息技术正处于重要突破关口，基因组学、合成生物学、脑科学、干细胞等领域技术取得突破性进展，新能源、空间、海洋等技术创新更加密集，量子信息、工业互联网、机器人、新材料等重大基础研究和引领性原创成果不断涌现，呈现群体性突破态势，科学与技术之间、技术与技术之间的边界日益模糊，多领域技术交叉融合创新层出不穷。人工智能与生物技术的融合及广泛应用缩短了抗体设计和药物生产周期，引领生物医药不断创新。清洁能源和深海深空等前沿技术进步有可能改变国际能源资源版图和安全格局，各国在应用新科技革命成果推进发展的同时对产业安全、国家安全的关注度提升。另一方面，数字化智能化技术成为颠覆性技术和重大前沿技术突破的重要方向，全球高端制造竞争更加激烈。随着人工智能、互联网和智能制造技术的发展，带来设计制造一体化发展，会缩短全球产业链供应链长度，弱化发展中国家低成本制造优势，有可能诱发制造业回流发达国家，推动全球化产业链供应链向本土化、区域化、分散化、扁平化方向发展。与此同时，智能制造使制造业不再依赖简单劳动，有可能改变制造环节的技术经济属性，使得部分劳动密集型环节成为资本技术密集型环节，提高了制造环节的价值创造能力，提升了制造环节的利润空间，使得各国纷纷加大智能制造投入，全球高端制造竞争更为激烈。

2. 科学、技术与产业联系更加紧密，场景创新、数据驱动在新一轮科技革命和产业变革中的作用日益凸显

在科技自立自强背景下，国家战略性工程、重大科技基础设施等场景建设有助于加速创新链和产业链对接，在重大项目攻关过程中倒逼技术迭代和升级，产生影响世界的新技术、新产品，正成为探索“无人区”前沿技术突破和颠覆性技术创新的重要途径，对于新赛道新领域产业创新和科技型企业实现爆发式增长具有重要促进作用。同时，数据作为高端要素的地位将更加突出，数字和智能技术的快速发展有望从根本上改变现有生产函数、拓展生产可能性边界，形成新的产业链和价值链。新一轮科技革命和产业变革带来跨领域交叉融合，组织方式和模式加快创新，将带来人类生产和生活方式重大变革，政府产业治理方式也亟须调整。

3. 全球范围内科技竞争日趋激烈，科技创新生态发生重大变化

全球前沿科技发展竞争激烈，主要发达国家纷纷强化重大前沿技术部署，极地和空天资源争夺加剧，国防技术研发应用受到青睐。2022 年 3 月，美国参议院通过《2022 年美国竞争法》，批准 1600 亿美元用于量子、人工智能、纳米等前沿技术研究。2022 年 4 月，日本发布《AI 战略 2022》和《量子未来社会愿景（草案）》，明确在金融、医疗、运输、航空等整个社会经济体系中引进量子技术，提高生产效率和安全性。美国将中国定义成“唯一既有意图也越来越有能力重塑国际秩序的竞争对手”，围绕 5G、6G、人工智能、量子、半导体、卫星互联网、月球、深空、清洁能源等战略领域，采取了一系列限制中国尖端技术和先进制造能力发展、阻断科技交流和遏制经贸联系的做法，企图构建排华科技生态体系，加剧中美科技“脱钩”，使得全球科技创新生态发生重大变化。

（三）内生增长动力不足，成功跨越“中等收入陷阱”需克服更多挑战

2022 年，我国人均 GDP 为 12741 美元，逼近世界银行划定的 1.32 万美元的高收入经济体门槛，我国进入跨越“中等收入陷阱”的关键时期。受内外部冲击共振叠加“疫情疤痕”效应影响，我国经济内生增长动力不足，未来成功跨越“中等收入陷阱”需克服更多挑战。

1. 保持较快经济增长速度难度加大

从近三年来看，受有效需求不足、部分行业产能过剩、社会预期偏弱、风险隐患仍然较多，国内大循环存在堵点以及一系列超预期因素影响，我国经济的年均增速是 4.5%，与原来预计的 5.5%①有很大差距。同时，2022 年人民币较美元平均贬值 8.8%左右，显示跨越高收入国家门槛值并没有缩小，反而有所扩大。根据中国人民大学中国宏观经济论坛（China Macroeconomic Forum，CMF）对于未来几年两种路径的测算，如果出现低增速路径，中国经济在 2027 年将难以跨越“中等收入陷阱”②。因此，要平稳跨越“中等收入陷阱”与基本实现社会主义现代化，需要调整经济发展的模式和动能，大幅度提升中国经济增长的全要素生产率的贡献率。

2. 结构转型呈现新的阶段性特征

国际经验表明，一个经济体要向发达的高收入国家行列迈进，其经济结构和社会结构指标要达到两个“70%”和两个“60%”，分别是消费率在 70%以上，人口城市化

---

① 按照《纲要》目标，在 2035 年初步实现社会主义现代化，GDP 总量和人均 GDP 要较 2020 年再翻一番，要求在“十四五”期间平均经济增速达到 5.5%左右。

② 刘元春，《未来五年是全面建设社会主义现代化国家开局起步的关键时期》。

率70%以上，服务业比重60%以上，中产阶级自我认同率60%以上①。长期以来，我国经济发展主要依赖房地产投资和出口贸易，受工业化、城镇化、信息化、市场化、国际化的“老五化”推动，但目前情形发生了根本变化。房地产行业拐点初现，存量住房的消化压力很大，平稳健康发展面临压力；受新冠疫情冲击、乌克兰危机、全球经济衰退以及更深层次的国际产业链价值链重构等因素影响，出口贸易也萎靡不振，国内经济进入结构转换和动能转换的“双转换期”。在我国经济由高速增长阶段转向高质量发展阶段的过程中，“新五化”应运而生：由消费升级、分层与下沉带来的中产化；由科技创新与产业现代化驱动的数智化；由“双碳”目标倒逼结构调整要求的减碳化；由城镇化与乡村振兴并举形成的城乡一体化；与人口转型释放人力资本红利相伴随的老龄化。“新五化”已经逐步替代“老五化”成为新时代中国经济高质量发展的主引擎和新动能。在这个“双转换期”，总需求不足的挑战将更加尖锐，结构转型压力加大，必须通过包括体制机制创新、政策机制创新、科技创新在内的全方位创新，更好地激发国内微观主体的发展活力和增长能力，进一步改善资源的市场化配置效率，实现结构转型来成功跨越“中等收入陷阱”。

3. 向以中等收入群体为主的橄榄型社会转变难度加大

扩大中等收入群体成为推动共同富裕的应有之义，也是促进高质量发展的重要路径、跨越“中等收入陷阱”的有效措施。党的二十大报告明确提出“坚持多劳多得，鼓励勤劳致富，促进机会公平，增加低收入者收入，扩大中等收入群体”，并将“中等收入群体比重明显提高”列为2035年基本实现社会主义现代化的目标之一。我国中等收入家庭人口占总人口的比重为30%，提升空间较大，但新形势下加快扩大中等收入群体难度加大。我国潜在经济增长率可能持续承压，影响收入持续增长。相较以前的高速增长，我国经济增速逐步放缓，将进一步影响收入的持续快速增长，也将给中低收入群体增收带来较大挑战。当前分配更偏向资本要素，以劳动报酬为主的中产阶级受到挤压。我国中等收入者的财产性收入占比在10%以下（发达国家该项收入占比均超过20%），分享发展带来资本红利的基础更加薄弱，如何保障中等收入群体公平分配成为未来的重要挑战。就业缺口增大，冲击中等收入群体增长基础。中等收入群体中城镇人口占比超过80%，城镇新增就业是中等收入群体增加的主要来源。但未来就业压力将持续增大，就业缺口将冲击中等收入群体的稳定增长。工资增长空间收窄，减缓中等收入群体增长动力。随着未来劳动力成本过高，工资增长空间逐步收窄，增长动力将逐步减缓。抗风险能力脆弱，中等收入边缘人群滑落风险上升。中等收入群体中产业工人与个体经营户占比超过50%，这部分人就业相对不稳定，一旦遭受重大疫

---

① 具体为经济结构转型要从投资拉动、外需导向，生产型结构向内需导向，消费型结构转换；产业结构要实现从以工业为主向以服务业为主，由中低端制造向中高端制造迈进，要素结构向集约、节约转化；社会结构要实现人口结构向市民化转型，人群结构要向以中等收入群体为主的橄榄型社会转变；政治结构要从过去的纵向社会管理结构向扁平化社会治理结构转化。

情灾害、经济大幅波动等外部冲击，将出现收入阶层的滑落。例如，在新冠疫情影响下，约有5000万农民工与近4000万个体经营户的就业受到冲击。中国居民收入调查（CHIPS）与中国家庭动态跟踪调查（CFPS）数据显示，我国受雇城镇农民工参保率不足30%（三险）。此外，人工智能快速发展，机器换人的步伐将进一步加快，经过智能化改造的生产车间劳动力需求将减少70%左右，随着物联网、无人驾驶、智能学习等技术的发展，吸纳劳动力最多的服务业也将产生大规模机器换人现象。被机器替代的劳动力主要集中于中等收入标准线边缘与低收入人群，这部分劳动者受教育程度低、知识结构陈旧、劳动技能单一，难以从事专业水平更高的新兴行业，将被固化在低收入群体。

（四）部分重点领域风险隐患仍然较多，安全发展形势愈加紧迫

在外部不确定因素日益增多的形势下，粮食、能源、产业链供应链、金融、文化等重点领域的风险仍不容小觑。未来一段时期，我国内外部环境更为复杂严峻，统筹发展和安全的难度明显加大，必须提升风险意识和应对能力。

1. 粮食安全重要性凸显，面临风险挑战明显增多

未来一段时期，随着我国粮食持续增产的难度越来越大，国际粮食供应链风险加大，气候变化、极端天气频发，粮食安全面临的风险挑战明显增多。我国粮食持续增产的难度越来越大。未来我国粮食等基础农产品稳定供给，在现有技术条件下越来越接近资源约束的极限。城市化推进与耕地保护之间的矛盾依然突出，长期大量使用化肥、农药，导致我国耕地板结化、土壤酸化、耕地退化加重；种业研发水平总体上落后于发达国家，在转基因、基因编辑、合成生物等新技术上，面临核心专利“卡脖子”问题；国产农机具中低端产品产能过剩、同质化严重，可靠性适应性亟待提升，部分关键核心技术、重要零部件、材料受制于人，制造工艺、重大装备等与发达国家还有较大差距，研发能力和产品性能还不能很好地满足农业生产需要。国际粮食供应链风险加大。我国部分农产品对外依赖程度仍然较高。比如，大豆对外依存度高达85%左右，食糖、菜籽油分别为35%、37%左右，玉米也达到10%左右，需要警惕粮食进口供应渠道受阻风险。气候变化、极端天气频发挑战突出。近年来，全球极端天气日益频发。2023年5月，世界气象组织（World Meteorological Organization，WMO）发文指出，2023年太平洋地区出现厄尔尼诺气候现象的可能性越来越大，预计将带来高温和极端天气。洪灾以及旱灾将进一步影响粮食安全问题。国家气候中心判断，2023年全国气候年景总体偏差，极端天气气候事件总体呈现多发强发态势。气候变化可能导致中国极端气象灾害事件增多，灾害异常性和不可预见性加大，给农业生产带来的挑战也越来越大。

2. 能源安全在经济社会发展全局中的重要性日益凸显

未来一段时期，全球气候变化形势日趋严峻，二氧化碳排放在波动中逐渐增长。世界能源供需版图深度调整，国际环境错综复杂，能源市场的不稳定性、不确定性明

显增强。欧盟“碳关税”的实施将对我国的出口贸易产生影响。2022 年 12 月 13 日，欧盟的“碳关税”正式亮相，而我国是欧盟最大的贸易伙伴国，欧盟“碳关税”的实施必将对我国的出口贸易产生影响。国际环境的严峻复杂程度增加了能源供给的不稳定性。新冠疫情使全球能源行业投资放缓，全球能源生产和供应的不确定性骤增，产业链供应链多环节受阻，国际合作开展困难，由于中国油气资源对外依存度高、进口渠道单一，供应链不稳定对国内能源转型造成严重影响，能源安全问题凸显。俄乌冲突导致的石油、天然气等大宗能源商品价格上涨，加剧了全球能源市场震荡和全球通货膨胀风险，对国内外能源供应和贸易格局产生显著影响，保安全在短期内超过了促转型的要求。我国利用海外矿产资源的挑战增多。长期以来，欧、美、日等发达经济体已完成全球资源战略布局，其大型矿业公司掌握了世界上多数优质资源。而我国企业全球资源战略布局起步较晚，掌控的海外矿产资源多数复杂难处理或处于特殊环境条件之下。近年来，全球矿业领域出现资源民族主义倾向，主要矿产资源国家越来越重视战略资源，纷纷推出战略矿产和（或）关键矿产目录，并通过税费等多种手段加强战略资源管控和安全供应。可以预见，未来各国对矿产资源尤其是战略资源的争夺将更加激烈，我国企业利用国际资源将面临更大挑战。

3. 产业链供应链的配置面临从效率到安全的转变

在逆全球化和全球地缘政治风险上升的背景下，受新冠疫情大流行冲击，世界各国产业链都受到不同程度的影响。各国都看到了全球供应链的脆弱性，全球产业链的配置面临从效率到安全的转变。各国纷纷把产业链供应链安全置于更加优先的位置，实行“内顾”政策，产业链供应链出现了本土化、区域化趋势，叠加西方国家推行的脱钩战略，对我国产业链供应链安全稳定形成新的挑战。党的二十大报告明确提出，要着力提升产业链供应链韧性和安全水平。必须把发展的战略基点和自主权牢牢掌握在自己手上，既坚持改革开放不动摇，又坚持独立自主、自力更生发展自己，加快构建新发展格局。

4. 地方政府债务风险、房地产风险、金融风险发生的概率增加

当前，我国经济正处于从高速增长转向高质量发展的阶段，很多在经济高速发展过程中积累的风险随着经济增速的降低逐渐水落石出，是风险易发高发期，房地产风险、金融风险、地方债务风险深度关联。地方政府债务风险持续扩张。截至 2022 年末，我国地方政府债务攀升至 60 多万亿元，在当前经济下行压力加剧、实体经济增速放缓的新形势下，地方政府面临的信用风险、债务风险在不断增加。与此同时，当前不断扩张的地方政府隐性债务成为影响我国经济发展的风险隐患，特别是在人口老龄化背景下，地方政府社会保障等刚性支出压力加剧，增加了政府的还债负担，政府隐性债务风险上升。除此之外，在财政分权与晋升激励下，税收竞争成为地方政府不断扩大债务规模的内生动力，通过地方政府融资平台、土地抵押融资、滥用政府和社会

资本合作（Public-Private-Partnership，PPP）模式等多种方式规避监管，致使隐性债务迅速扩张，不仅影响了国家对政府债务的整体把控和管理质效，还在很大程度上增加了系统性金融风险爆发的隐患。房地产市场形势依然严峻。新冠疫情因素叠加多项调控政策密集落地，导致房企流动性风险加速催化了行业债务风险爆发，最终形成了房企信用弱化与房地产市场下行相互交织、相互影响的局面，房地产行业面临多重风险及信心危机。房企资金平衡能力面临空前考验，流动性承压加剧了债务风险的释放及蔓延。一旦房地产市场“泡沫破裂”，一方面，对金融市场将造成不可预计的冲击和风险，这一冲击不仅涉及房地产市场，还会波及供应链上游的原材料企业和下游的购买方消费者，辐射链条较长。另一方面，房地产行业持续低迷直接制约了房企拿地意愿和购地需求，加剧了财政紧张，或推升地方政府债务风险。此外，当前房地产市场持续低迷，其中面临的最突出问题是信心不足，行业在螺旋式下行中信心危机逐步酝酿。金融领域新的风险还在积累。一方面，影子银行风险、外部冲击风险、互联网金融风险等隐患依然存在。美元作为核心储备货币带来的外部冲击风险仍在，受美联储及多国央行高频次加息、市场预期不稳等影响，我国金融市场股市下行、资本流出、汇率贬值等压力增大。房地产企业和金融机构相互渗透，使经济增长、财政收入、银行资产及利润对房地产业形成高度依赖。传统金融风险与互联网金融背景下新型金融风险相互交叉、同步出现从而产生共振效应。另一方面，互联网金融衍生出新的风险。数字经济背景下，互联网与金融的融合程度不断提升，在增加了金融服务便捷度和普惠性的同时，也催生出了一系列影响金融安全和稳定的新风险和新因素，例如数据风险、技术性风险、信誉风险、大数据应用风险等，而这些风险又会被互联网进一步传播、扩散，形成系统性金融风险。人民币国际化进一步加速，金融摩擦、货币摩擦一触即发。随着人民币国际化与美元霸权冲突日益明显，中美之间金融摩擦、货币摩擦爆发风险显著上升，但我国对此准备明显不足，如尚未开展金融领域全行业的压力测试、对美金融制裁能力缺失等。

5. 全球文化竞争日趋激烈，我国维护意识形态安全和文化安全面临新的挑战

近年来，国际竞争已经从“武力竞争”转为“经济竞争”“文化竞争”，从某种意义上说，各国胜负将取决于文化领域。我国意识形态领域面临诸多挑战，筑牢主流意识形态安全屏障的任务艰巨繁重。首先，发展不平衡不充分与人们多元价值诉求之间存在突出矛盾。随着社会日益发展、经济体制变革逐渐深化，原有社会关系、利益格局发生调整、变化，不同社会群体、不同收入阶层、不同发展区域的人们，都更加注重关心和维护自己所属社会群体的利益和感受。利益主体多元化、矛盾成因多元化、利益诉求多元化和价值评判多元化将在一定程度上对我国主流意识形态产生冲击。其次，随着我国的崛起和走向世界舞台的中央，负责任大国形象不断彰显，但是一些西方国家认为中国的复兴是对资本主义社会的威胁。一些西方国家已悄然把原来军事领域的“认知域作战”应用于意识形态领域，开展对人们心理和精神上的争夺。最后，

网络已是当前意识形态斗争的最前沿。一些西方国家以公共外交为掩护，利用国内的互联网平台宣传本国的政策主张和意识形态，以争取我国舆论的理解、认同和支持，手段极其隐蔽。当前，国内外形势正在发生深刻复杂变化，文化和思想领域的交流交融交锋无处不在，特别是互联网的快速迭代和普遍应用加大了文化治理的难度，同时也给维护国家文化安全带来了全新挑战。截至 2023 年 6 月，我国整体网民规模达 10.79 亿人，较 2022 年 12 月增长 1109 万人，互联网普及率达 76.4%。需要注意的是，我国未成年网民规模不断扩大，2022 年未成年网民规模已突破 1.93 亿人。2018—2022 年，未成年人互联网普及率从 93.7%增长到 97.2%，基本达到饱和状态。网络空间的文化安全问题虽隐蔽但非常突出，尤其是青少年作为网络文化的参与者、推动者，在吸收网络正能量的同时，也受到各种各样负能量的干扰，网络正越来越深入影响着青少年的文化认同，影响着国家文化安全。此前，我国文化产业凭借微信、抖音等网站或软件积极走向世界，形成了“文化出海，技术护航”的积极效应，但在以美国为首的西方国家意识形态“铁幕”下，互联网的壁垒日趋森严。其中，TikTok（抖音短视频国际版）被迫出让美国市场份额，美国国会或将禁止中国抖音海外版。预计未来，我国文化“出海”难度或将增大。

6. 国家安全面临新的形势，大国对抗角力的领域不断拓展

新时代，我国国家安全面临的形势严峻程度显著增加，外部压力持续加大。经济逆全球化发展，地缘政治形势更趋复杂。美国引导西方国家与我国“脱钩断链”，在贸易、科技、金融、文化、认知、舆论等多个方面摩擦不断。北约东扩，推动“亚太北约化”，在日本设立联络处，对我国领海安全、贸易航路造成威胁，并在中国台湾、南海、朝韩等问题上不断制造矛盾，挑战我国底线。西方国家试图扶持印度取代我国在全球产业链中的位置，在促进印度经济发展的同时，也使得印度的军事实力不断膨胀，对我国南疆构成威胁。与此同时，科技进步发展带来新的战争形态。无人机、星链系统、高超音速武器、人工智能等新技术不断应用到军事领域，近地轨道也正在成为未来各国军事竞争的焦点。随着基因技术不断进步，人为制造病毒作为生物武器的可能性也在增加。在对外开放日益深化的大背景下，影响国家安全的国内外因素相互交织、相互渗透、相互作用、相互加强，都将对原有国家安全格局造成新的冲击，需要我国与时俱进推进国家安全体系和能力现代化。

四、“十四五”后半程更好实施《纲要》的政策建议

党的二十大科学描绘了在新的历史条件下全面建设社会主义现代化国家、全面推进中华民族伟大复兴的宏伟蓝图，全面部署了未来五年乃至更长时期党和国家事业发展的目标任务和大政方针。深入推进《纲要》实施，必须坚持以习近平新时代中国特色社会主义思想为指引，深入贯彻党的二十大和二十届二中全会精神，牢牢把握中国

式现代化的科学内涵和本质要求，坚持稳中求进工作总基调，完整、准确、全面贯彻新发展理念，加快构建新发展格局，着力推动高质量发展，统筹发展和安全，把稳定经济增长放在更加突出重要的位置，着力释放内需潜力、提升创新能力、培育发展动力，着力深化改革开放、稳定社会预期、提振发展信心，更加注重宏观政策多重目标的动态平衡和协同联动，找准战略任务和战略要点，进一步统筹落实好中国式现代化战略任务和重大举措，以钉钉子精神持续抓好“十四五”规划《纲要》各项目标任务落实，为全面建设社会主义现代化国家开好局、起好步①。

（一）强化要素保障，进一步推动102项重大工程项目落地见效

坚持“项目跟着规划走，资金、要素跟着项目走”，积极探索建立重大项目资源要素保障机制，引导财政和金融资金精准投向102项重大工程项目，在用地用海用能环评等方面给予倾斜支持，推动重大项目建设提速提质提效。完善项目全流程监测机制，防范重大金融风险。提高自然资源要素的节约集约利用效率，促进重大工程项目迈向绿色化、低碳化。继续加强基础研究，集中力量进行原创性引领性科技攻关，聚焦集成电路、通信设备、智能硬件等重点领域，加快锻造长板、补齐短板，提升关键软硬件技术创新和供给能力，缓解关键技术“卡脖子”难题。以重大工程项目为牵引，推动创新链产业链人才链深度融合。优化提升投资环境，吸引更多民间投资参与重大工程项目建设，进一步推动102项重大工程项目落地见效，确保完成“十四五”预期目标。

（二）全面对标高质量发展要求，努力完成主要目标指标

根据《纲要》主要指标进展情况分类施策，对进度提前完成、快于预期、基本符合预期的16项指标，要继续巩固扩大既有成效，防止回落或反弹。对滞后于进度的4项指标，要优化调整政策，加大攻坚力度，尽最大努力推动完成规划目标。其中，对单位GDP能源消耗降低、单位GDP二氧化碳排放降低等约束性指标，要深入实施能源绿色低碳转型和节能降碳增效行动，进一步完善能耗及碳排放强度管控政策，坚决遏制高耗能、高排放、低水平项目盲目上马，严格合理地控制煤炭消费总量，推进煤炭清洁高效利用及相关技术研发，大力推动重点领域节能降碳改造，加快节能降碳先进技术研发和推广应用，开展低碳零碳负碳重大项目示范，大力发展循环经济，全面提高资源综合利用效率；对于地级及以上城市空气质量优良天数比率指标，要持续打好蓝天保卫战，加快实施主要污染物重点减排工程，继续推进“减煤、汰后、控车、治污和抑尘”五大路径，扎实推进产业、能源、交通绿色低碳转型，强化面源污染治理，加强源头防控，加快形成绿色低碳生产生活方式，提高治污科学性精准性；对每千人口拥有3岁以下婴幼儿托位数指标，要统筹0~6岁育幼服务资源配置，加大现有政策

① 郑栅洁：《〈中华人民共和国国民经济和社会发展第十四个五年规划和2035年远景目标纲要〉实施中期评估报告——2023年12月26日在第十四届全国人民代表大会常务委员会第七次会议上》。

落实力度，完善规划、土地、住房、财政、投融资、人才等方面的支持政策，引导社会力量参与建设和运营，实施普惠托育专项行动，大力发展质量有保障、价格可承受、安全、方便、可及的普惠性托育服务，多渠道扩大普惠性托位供给，继续优化细化托育服务行业标准体系，推动托育服务走向标准化、规范化。同时，要对标对表党的二十大提出的新目标新部署新要求，坚持发展第一要务，调整部分指标为推进中国式现代化新征程提供科学指引。以增加“双碳”指标为转型举措，加快原料用能、新增可再生能源、碳排放统计核算步伐，为科学评估考核单位 GDP 能源消耗降低、单位 GDP 二氧化碳排放降低工作进展提供必要的数据依据，同时增加碳排放总量和强度等指标考量，引导能源清洁低碳高效利用和产业绿色转型；以增加安全指标为保障手段，在粮食安全、能源安全的基础上，增加产业链供应链安全、数据安全等指标考核，有效防范化解风险；以增加中国式现代化相关指标作为引领，可以将基础研究经费投入占研发经费投入比重、营商环境便利度、每万人拥有公共文化设施建筑面积、公共服务支出占财政支出比重、资源循环利用率、经常参加体育锻炼人数比例等体现现代化的指标纳入“十四五”后期或者“十五五”规划《纲要》经济社会发展主要指标体系，有效发挥中国式现代化指标的引领作用。

（三）着力打好关键核心技术攻坚战，加快推进高水平科技自立自强

深入实施创新驱动发展战略，发挥新型举国体制优势，全力推进重点领域和战略性产品核心技术攻关。发挥党中央对科技工作统一领导的体制优势，加强顶层设计与统筹，把握科技发展趋势和国家战略需求，加强对科技国家战略、科技任务和重大科研项目的提前规划，强化基础研究前瞻性、战略性、系统性布局。加快推进“科技创新 2030—重大项目”实施。集聚力量进行原创性引领性科技攻关，坚决打赢关键核心技术攻坚战。稳步推进国家实验室建设，提高大科学装置使用效率，完善大科学装置管理机制，系统提升重大科技基础设施对基础研究、重点领域的服务支撑能力，加强开放共享，组织多设施、多科研单位形成一体化团队协同创新。强化基础研究前瞻性、战略性、系统性布局，在可能发生突破性进展的领域，加强原理性探索、概念性设计或关键部件研制等预研工作，支持重点学科、新兴学科、冷门学科和薄弱学科发展，推动学科交叉融合和跨学科研究。稳步增加财政资金用于基础研究经费支出，建立和完善竞争性支持与稳定支持相结合的基础研究投入机制，提高应用研究经费支出效益。优化国家科技计划基础研究支持体系，完善基础研究项目组织、申报、评审和决策机制，实施差异化分类管理和国际国内同行评议，组织开展面向重大科学问题的协同攻关，鼓励自由探索式研究和非共识创新研究。优化科研经费使用、管理方式和科技评价制度，推行基础研究领域经费“包干制”，进一步放宽基础研究科研成果评价周期。深化评价体制机制的改革，为原创性成果的产生营造良好的环境。完善基础研究人才差异化评价和长周期支持机制，构建符合基础研究规律和人才成长规律的评价体系，

特别是对青年科学家、基础科研工作者、国外来华学者的研发经费和薪资待遇加大财政支持保障力度。健全科技成果转化机制，赋予科研人员职务科技成果所有权或长期使用权，提高科研人员收益分配比例。赋予科技领军人才更大的人财物支配权和技术路线选择权，加强科研费用使用的评价和监督工作，对科研费用的使用要进行科学、审慎的评估规划。处理好新型举国体制与市场机制的关系，既要充分发挥新型举国体制在关键核心技术攻关中的作用，也要突出市场在科技创新中的基础作用。强化企业创新主体地位，出台实施推动创新链产业链资金链人才链深度融合的政策举措，支持专精特新企业发展，完善国有资金投入创新的考核机制，加大高校、科研院所的科技资源向企业特别是民营企业开放力度，健全知识产权保护制度体系。搭建企业引才和“产学研”共建交流平台，鼓励企业与科学家开展合作攻关。减轻企业科技创新风险，加大支持企业承担或参与国家和地方重大科技专项、重点研发计划等项目的扶持力度，在享受研发费用加计扣除方面给予特殊优惠政策。优化使用首台（套）产品、重点新材料首批次保险补偿等机制。加快建设国家战略人才力量，完善国家重点领域紧缺人才、职业早期青年人才培养机制，深化人才管理和使用制度改革，充分发挥科研人员创新潜力，制定具有国际竞争力的创新人才吸引政策。加大各类人才计划对基础研究人才支持力度，培养使用战略科学家，支持青年科技人才挑大梁、担重任，不断壮大科技领军人才队伍和一流创新团队。营造开放包容的优质工作生活环境，建立以信任和包容为基础的科技创新人才工作制度。优化基础学科教育体系，发挥高校特别是“双一流”高校基础研究人才培养主力军作用，加强国家急需高层次人才培养，源源不断地造就规模宏大的基础研究后备力量。

（四）着力推进新型工业化，加快建设现代化产业体系

坚持把发展经济着力点放在实体经济上，推动制造业高端化、智能化、绿色化发展，加快建设制造强国。加快结构体系升级、技术路径创新、发展模式优化，把制造业的短板补齐、长板锻长，促进制造业实现质的有效提升和量的合理增长。提升产业链供应链韧性和安全水平，深入实施产业基础再造工程和重大技术装备攻关工程，加快补齐基础零部件及元器件、基础软件、基础材料、基础工艺和产业技术基础等瓶颈短板，推进制造业补链强链，强化资源、技术、装备支撑，加强国际产业安全合作，推动产业链供应链多元化，形成具有更强创新力和更高附加值、更安全可靠的产业链供应链。推动钢铁、有色、石化化工、建材、轻工、纺织、中药等传统行业加快改造升级，提升在全球产业分工中的地位和竞争力。推动制造业“智改数转网联”，深化智能制造试点示范，推进开源体系建设。巩固轨道交通装备、船舶与海洋工程装备、电力装备、新能源汽车、太阳能光伏、通信设备、动力电池等优势产业领先地位。以智能制造为主攻方向，推进信息化和工业化深度融合，大力发展科技含量高、市场竞争力强、带动作用大、经济效益好的战略性新兴产业。推动战略性新兴产业融合集群发

展，构建新一代信息技术、智能（网联）汽车、新能源、新材料、高端装备、航空航天、生物医药及高端医疗装备、安全应急装备等一批新的增长引擎，加快推进北斗规模应用。前瞻谋划布局一批未来产业，加快形成新质生产力。加强顶层设计和前瞻谋划，着眼人类未来生产生活情景，积极塑造未来技术应用场景，培育孵化一批未来产业，努力抢占科技革命和产业变革制高点。大力发展生产性服务业，推动现代服务业同先进制造业、现代农业深度融合。充分发挥现代服务业对产业结构升级优化的关键作用，以现代服务业推进现代农业产业链加速升级。加快发展数字经济，促进数字经济和实体经济深度融合，制订实施制造业数字化转型“1+N”行动方案，深入实施智能制造工程，加快工业“智改数转”，培育发展数字产业集群。深入实施绿色制造工程。配套实施工业碳达峰推进工程、重点区域绿色转型升级工程、工业节能与能效提升工程、资源高效利用促进工程、工业节水增效工程、重点行业清洁生产改造工程、绿色产品和节能环保装备供给工程、绿色低碳技术推广应用工程等。

（五）着力扩大国内需求，加快构建新发展格局

要更好地统筹扩大内需和深化供给侧结构性改革，增强国内大循环动力和可靠性。发挥好消费在扩大内需中的主动力作用，把恢复和扩大消费摆在优先位置，稳定汽车、家电等大宗消费，巩固重点领域消费基础，在供给、需求和制度层面促进服务消费，促进城市消费扩容提质和乡村消费健康发展。优化就业、收入分配和消费全链条良性循环促进机制，增强消费能力，改善消费条件，释放消费潜力。以提高居民收入在国民收入分配中的比重、劳动报酬在初次分配中的比重为导向，加快推进收入分配制度改革，持续提高低收入群体收入，着力扩大中等收入群体，并有效缩小居民收入分配差距和改善收入增长预期，从根本上夯实扩大消费需求的基础。大力拓展有效投资空间。在市场准入、要素获取、公平执法、权益保护等方面落实一批举措，激发民间投资活力，更好地发挥政府投资带动作用，围绕国家重大战略、促进产业结构升级等重点领域，加大对未来产业发展、传统产业转型、新型基础设施、关键核心技术攻关等领域的投资支持力度，培育发展新动能。依托投资项目在线审批监管平台，搭建全国统一的向民间资本推介的项目平台，动态发布项目推介、支持政策等信息，鼓励民间资本参与国家重大工程和补短板项目、重点产业链供应链项目等建设。打破城乡区域壁垒，加快建设全国统一大市场。推进高水平对外开放，增强国内外大循环的动力和活力。

（六）加快数字化发展，推进数字中国建设

集中力量推进关键核心技术攻关，加大集成电路、新型显示、关键软件、人工智能、大数据、云计算等重点领域核心技术创新力度，提升基础软硬件、核心电子元器件、关键基础材料和智能制造装备的供给水平，牢牢掌握数字经济发展自主权。适度超前部署数字基础设施建设，持续推动 5G 网络规模化部署和融合应用，加快建设空间信息基础设施，推进“东数西算”工程，建设完善全国一体化大数据中心体系，筑牢数字经济发展根基。加快构建数据基础制度体系，从数据产权、流通交易、收益分配、安全治理4个方面入手，加快建立数据产权制度，开展数据资产计价研究，建立数据要素按价值贡献参与分配机制。大力推动数字产业创新发展，引导通信设备、核心电子元器件、互联网、关键软件等数字产业提质增效，促进人工智能、大数据、云计算、物联网等新兴数字产业发展壮大，支持平台企业不断提升国际化发展水平，打造具有国际竞争力的产业体系。加快深化产业数字化转型，推动数字经济与先进制造业、现代服务业深度融合，推动信息化和新型工业化融合走深向实，深化"5G+工业互联网"融合发展，创新发展智慧农业，释放数字对经济发展的放大、叠加、倍增作用。发展高效协同的数字政务，提高"互联网+政务服务"效能，加快推进"一件事一次办"，持续提升数字公共服务水平。打造自信繁荣的数字文化，深入实施国家文化数字化战略，扩大公共文化资源数据的开放共享，引导各类平台和广大网民创作生产积极健康、向上向善的网络文化产品，推动文化数字化高质量发展。持续提升数字公共服务水平，推进教育教学、体育健身、医疗健康、文化服务等领域数字化，强化就业、社保、养老、托育、助残等重点民生领域社会服务供需对接，加快弥合"数字鸿沟"，不断满足人民美好生活需要。不断完善数字经济治理体系，推动数字经济规范健康持续发展。全面加强网络安全和数据安全保护，完善数据分类分级保护制度，规范数据全生命周期管理，加强数据跨境流动安全管理，推动数据安全产业发展，筑牢数字安全屏障。积极参与数字经济国际合作，积极推进加入《数字经济伙伴关系协定》（Digital Economy Partnership Agreement，DEPA），开展双多边数字经济治理合作，加快贸易数字化发展，大力发展跨境电商，推动"数字丝绸之路"走深走实，推动构建网络空间命运共同体。

（七）着力深化市场化改革，推进宏观经济治理体系和治理能力现代化

坚持社会主义市场经济改革方向，推动有效市场和有为政府更好地结合。坚持"两个毫不动摇"，实施国有企业改革深化提升行动，加快推进国有经济布局优化和结构调整，健全以管资本为主的国资管理体制，加快完善中国特色国有企业现代公司治理，更大限度按市场化机制运营；加快清理废止涉企不平等对待法律法规政策，破除市场准入壁垒，破除制约民营企业公平参与市场竞争的制度障碍，完善市场准入制度；完善拖欠账款常态化预防清理机制和融资支持政策，着力破解制约民间投资堵点；健全政府与民营企业常态化沟通交流机制，进一步提高行政效率和公信力，加强制度建设，最大程度调动民营企业的积极性和主动性，加强反垄断和反不正当竞争。深化要素市场化改革，完善要素市场化配置机制，深化重要能源资源价格机制改革。深化"放管服"改革，深入推进市场化法治化国际化一流营商环境。进一步理顺中央与地方，以及省以下政府间财政关系，健全与中国式现代化相适应的现代财政制度，健全基本公共服务保障制度。围绕建设金融强国目标，深化金融市场改革，坚持把金融服

务实体经济作为根本宗旨，健全资本市场功能，维护金融市场稳定运行，提升金融服务实体经济质量和效率。推进宏观经济治理体系和治理能力现代化。强化宏观政策统筹协调，推进监管能力现代化。

（八）确保粮食安全，全面推进乡村振兴

从增产和减损两端发力，全方位夯实粮食安全根基。实施新一轮千亿斤粮食产能提升行动，逐步将永久基本农田全部建成高标准农田，继续加大政策支持力度，多渠道强化资金保障，改善农业生产条件，增强农田防灾抗灾减灾能力。强化农业科技和装备支撑，深入实施种业振兴行动，持续加力推进农机装备补短板工作。研究编制盐碱地综合利用总体规划和专项实施方案，分区分类开展盐碱耕地治理改良，因地制宜利用盐碱地，向各类盐碱地资源要食物。继续深化农村土地制度改革，扎实做好承包期再延长 30 年工作，稳慎推进农村宅基地制度改革试点，盘活农村闲置宅基地、农房，深化农村集体经营性建设用地入市试点，保障乡村发展空间，完善土地增值收益分配机制，让广大农民在改革中分享更多成果。要坚持农业农村优先发展，统筹推进新型城镇化战略和乡村振兴战略，完善城乡要素平等交换、双向流动和公共资源合理配置的体制机制和政策体系，进一步深化农村改革，着力破除城乡二元结构，促进城市资源要素有序向乡村流动，增强农业农村发展活力。学习运用“千万工程”经验，以县域为基本单元深入推进城乡融合发展，发挥县城连接城市、服务乡村作用，增强对乡村的辐射带动能力，促进县城基础设施和公共服务向乡村延伸覆盖，强化县城与邻近城市发展的衔接配合。协同推进乡村产业、人才、文化、生态、组织振兴，推动农业全面升级、农村全面进步、农民全面发展。持续做好巩固拓展脱贫攻坚成果，牢牢守住不发生规模性返贫底线。

（九）稳步推进以人为核心的新型城镇化，打造宜居韧性智慧城市

加快推进农业转移人口市民化，进一步深化户籍制度改革，完善城镇基本公共服务提供机制，加强对农业转移人口的劳动技能培训，增加农业转移人口城市住房供给，加快推进保障性住房建设、城中村改造，提高农业转移人口的居住品质。因地制宜补齐县城短板弱项，建立健全省以下财政转移支付与农业转移人口市民化挂钩机制，更好地满足农民到县城就业安家需求和县城居民生产生活需要，着力提升潜力地区城镇化水平。培育发展一批现代化都市圈，以城市群、都市圈为依托构建大中小城市协调发展格局，强化中心城市和城市群的引领带动作用，促进大中小城市和城市群协调发展，深入推进以县城为重要载体的城镇化建设。打造宜居韧性智慧城市，优化智慧城市相关产品和服务供给，加快部署数字信息基础设施，建设数字孪生城市、智慧社区，丰富交通出行、设施管理与维护、安全监测、社区服务等智慧应用场景，加强数据安全管理和风险防范。推进智慧城市建设和城市高质量发展，推进城市生产生活方式绿色低碳转型。更好地支持刚性和改善性住房需求，加快推进保障性住房建设、“平急两用”公共基础设施建设、城中村改造“三大工程”，推动建立房地产业发展新模式。

（十）构建国土空间开发保护新格局，推动区域协调发展

严格“三区三线”管控，推动国土空间规划落地见效。推动区域协调发展战略、区域重大战略、主体功能区战略等深度融合。健全主体功能区制度，优化国土空间发展格局。继续深入实施区域重大战略，增强高质量发展动力。深入推进京津冀协同发展，持续推动标志性疏解项目在雄安新区落地建设；深入推进粤港澳大湾区建设，加快粤港澳大湾区重大合作平台建设，促进香港、澳门更好地融入国家发展大局；深入推进长三角一体化发展，推进长三角轨道互联互通和港口资源整合，提高长三角地区配置全球资源要素能力和辐射带动全国发展能力，加快上海“五个中心”建设；推动成渝地区双城经济圈建设，更好地在西部地区现代化建设中发挥引领示范作用；深入推进长江经济带发展，加强跨省域跨区域的产业协作，持续解决生态环境突出问题；持续推进黄河流域生态保护和高质量发展，增强保护和治理的系统性、整体性、协同性，从根本上提升黄河流域生态环境质量。继续促进四大板块协调发展，形成彰显优势、合理分工的区域经济布局，推动西部大开发、东北全面振兴、中部地区崛起、东部率先发展取得新突破，支持特殊类型地区发展，支持革命老区、民族地区加快发展，加强边疆地区建设，推进兴边富民、稳边固边。深入实施主体功能区战略，引导产业合理布局，严格落实“三区三线”空间管控要求，系统解决农业、生态、城镇功能空间的矛盾冲突，促进城乡融合发展。打造有竞争力的现代海洋产业体系，提升海洋经济治理效能。破除区域要素流动壁垒，加快建设全国统一大市场。以共同富裕为导向，提高区域发展的平衡性、协调性、包容性。

（十一）建设具有强大凝聚力和引领力的社会主义意识形态，繁荣发展文化事业和文化产业

加强思想宣传和社会主义先进文化建设，维护意识形态安全和文化安全。加强社会主义精神文明建设，提高全社会文明程度。健全现代文化产业体系和市场体系，加快推进文化和旅游行业恢复发展，及时更新支持文化和旅游发展政策，更好地满足人民精神文化生活新期待。健全现代公共文化服务体系，进一步改善人民生活品质。加强文化遗产系统性保护利用，推动中华优秀传统文化创造性转化、创新性发展。全面深化文化领域体制机制改革，进一步解放和发展文化生产力。加强人文交流、文明互鉴，增强中华文明传播力影响力。传承发展中华优秀传统文化，扎实推进中华民族现代文明和社会主义文化强国建设。

（十二）着力加强污染治理和碳排放管控，巩固拓展生态环境质量向好势头

以更高标准打好蓝天、碧水、净土保卫战，深化重点区域大气污染联防联控，加强大气多污染物协同控制和区域协同治理，统筹水资源、水环境、水生态治理，开展土壤污染源头防控行动，推动土壤环境质量巩固提升，强化固体废物和新污染物治理。加大生态系统保护力度，统筹山水林田湖草沙一体化保护和系统治理，加强荒漠化综合防治和推进“三北”等重点生态工程建设，完善生态安全屏障体系，加快实施全国重要生态系统保护和修复重大工程，科学开展大规模国土绿化行动，严格落实自然保护地、生态保护红线监管制度，加快推进我国自然保护地体系现代化建设，推进以国家公园为主体的自然保护地体系建设，推行草原森林河流湖泊湿地休养生息，提升生态系统多样性、稳定性、持续性。逐步健全生态系统碳汇技术、标准、市场和政策体系，持续巩固提升生态系统碳汇能力。加快发展方式绿色转型，统筹推进产业结构、能源结构、交通运输结构调整优化，推进各类资源节约集约利用。坚定不移地履行碳达峰碳中和承诺，坚持自主行动，科学调整优化政策举措，坚持降碳、减污、扩绿、增长协同推进，推动能耗双控逐步转向碳排放双控，加快规划建设新型能源体系，加快发展非化石能源，加快实施可再生能源替代行动，更高水平更高质量做好节能工作，持续巩固提升生态系统碳汇能力。

（十三）加快建设更高水平开放型经济新体制，开拓合作共赢新局面

加快建设更高水平开放型经济新体制，深度对接《全面与进步跨太平洋伙伴关系协定》（Comprehensive and Progressive Agreement for Trans-Pacific Partnership，CPTPP）、DEPA 等高标准国际经贸规则，积极发挥自贸试验区和自由贸易港“压力测试实验室”的作用，为率先对标 CPTPP 和 DEPA 高水平经贸规则开展高水平压力测试，推动投资、贸易、金融、创新等领域与国际规则更高水平对接。深入开展对接国际高标准经贸规则扩大制度型开放试点，统筹推进自贸区、海南自贸港、沿边重点开发开放试验区、边境经济合作区、跨境经济合作区、内陆开放型经济试验区等各类开放平台建设，制定出台全国版和自由贸易试验区版跨境服务贸易负面清单，充分发挥其制度型开放先行先试和引领作用。持续优化外资外企营商环境，进一步放宽外资准入限制，完善外商投资准入负面清单管理制度。全面取消制造业领域外资准入限制措施，推进服务业领域扩大开放，扩大数字产品等的市场准入，更大力度、更加有效吸引和利用外商投资。深入实施自由贸易试验区提升战略，稳步推进海南自由贸易港建设。扩大面向全球的高标准自由贸易区网络，聚焦 RCEP 新开放领域，围绕服务贸易、投资、原产地规则等领域的开放承诺，加快推动与 RCEP 成员国构建相互促进、互利共赢的产业链供应链体系。实施支持高质量共建“一带一路”八项行动，优先加强与共建“一带一路”国家在规则、制度和标准上的对接与协调，提升共建“一带一路”国家的认可度与参与度。维护多元稳定的国际经济格局和经贸关系，同国际社会一道努力推进落实全球发展倡议、全球安全倡议、全球文明倡议，推动全球治理体系朝着更加公正合理的方向发展。通过有序推动人民币国际化、谨慎稳健推进资本项目开放、推进汇率市场化改革来提升人民币计价功能，构建更加友好的投融资环境来完善人民币国际化机制，加快数字人民币推广进程，助推人民币国际化，推动由贸易结算带动人民币国际化进程，充分预计新时期中美金融摩擦、货币摩擦风险，持续强化国内金融机构的国际化水平以及应对国际金融风险冲击能力，将优质金融机构作为在金融摩擦、货币摩擦中反击的中坚力量，提升我国反制水平。

（十四）提供更好的教育、医疗和养老托育保障，促进人口全面发展

实施积极应对人口老龄化国家战略，推进基本养老服务体系建设，助力老年人“老有所安”。完善生育支持政策体系，降低生育、养育、教育成本，加快推动托育服务发展，构建生育友好型的社会环境。更快更好地建设高质量教育体系，加快建设教育强国，促进义务教育优质均衡发展和城乡一体化。进一步深化医药卫生体制改革，构筑更加强大的医疗卫生体系。继续推进优质医疗资源扩容和区域均衡布局，提高基层防病治病和健康管理能力。

（十五）着力推进公共服务扩面提质，进一步兜牢基本民生底线

着力推进公共服务扩面提质，提高公共服务水平，增强均衡性和可及性。全面落实《国家基本公共服务标准（2023 年版）》，加强重点领域基本公共服务标准化工程建设，有序推动基本公共服务由户籍人口向常住人口扩展，试点推进城市社区嵌入式服务设施建设。落实落细就业优先政策，把稳就业提高到战略高度通盘考虑，健全就业促进机制，加快构建高质量充分就业工作体系，完善高校毕业生、退役军人、农民工等重点群体就业支持体系，强化公共就业服务，支持多种形式的灵活就业，高度重视包括灵活就业人员在内的全体劳动者权益保护，优化稳岗帮扶救助政策，提升劳动者就业技能，推动解决结构性就业矛盾，防止出现规模性失业。促进中等收入群体扩容提质，坚持多劳多得，鼓励勤劳致富，促进机会公平，增加低收入者收入，扩大中等收入群体。着力完善共同富裕导向的收入分配制度，深入推进浙江高质量发展建设共同富裕示范区。健全覆盖全面、统筹城乡、公平统一、安全规范、可持续的多层次社会保障体系，积极稳妥推进基本医疗保险、失业保险、工伤保险省级统筹，扩大新就业形态劳动者、灵活就业人员、农民工等重点群体社会保险覆盖面，稳妥实施企业职工基本养老保险全国统筹制度，确保资金调拨顺畅和养老金按时足额发放，适时适度提高城乡居民养老保险待遇。健全分层分类的社会救助体系，筑牢特殊困难群体的权益保障“关爱网”。坚持和发展新时代“枫桥经验”“浦江经验”，加强基层治理体系和治理能力现代化建设。

（十六）着力筑牢国家经济金融安全屏障，防范化解重点领域风险

全方位夯实粮食安全根基，落实“藏粮于地”，严守 18 亿亩耕地红线，逐步将永久基本农田全部建成高标准农田，除了修路建渠，更应该注重土壤的肥力改造和适配作物、种植流程的优化。深入实施种业振兴行动，实施新一轮千亿斤粮食产能提升行动和全国盐碱地综合利用总体规划，加快构建多元化食物供给体系，坚持“藏粮于技”，加强良种选育，提高种子自给率。加强永久基本农田的保护和改造，持续抓好高标准农田建设，大力实施种业振兴行动，提升农机装备研发和应用水平；优化农业生产结构和区域布局，严格耕地保护和粮食安全责任制考核，提高重点作物的自给率水平；加强收储调控，在更高水平上实现粮食供需动态平衡；开展节粮减损行动，促进粮食节约和营养健康等。更好地统筹能源安全与低碳转型，全面构建风、光、水、核等清洁能源供应体系，发展水电、核电、风电、光伏、生物质能、地热等非化石能源，加强能源产供储销体系建设，加快规划建设新型能源体系，统筹推进大型风电光伏基地、支撑性调节性电源和电力输送通道建设，积极安全有序发展核电，大力提升油气勘探开发力度，超前谋划编制油气中长期增储上产行动计划，推进油气进口多元化，优化调整五大煤炭供应保障基地规模，有序释放煤炭先进产能，充分发挥煤炭的压舱石作用和煤电的基础性调节性作用，推进能源安全监测预警能力建设，建立健全煤炭、油气、电力供需等预警机制。不断提升战略性资源供应保障能力，增强产业链供应链韧性和安全水平。全面加强金融监管，统筹化解房地产、地方债务、中小金融机构等风险，依法将所有金融活动全部纳入监管。加强国家金融监督管理总局建设，加强信息共享和跨部门协调，建立起有效的监管合作机制，加大对金融机构治理结构、内控制度和资本充足性等方面的监管力度。建立健全国有金融控股集团公司治理及国有资产运营管理制度，完善金融机构的法人治理结构，规范大股东行为，强化责任义务。加强对会计师事务所、律师事务所、证券公司等上市中介机构的行为监管能力，完善市场禁入规则。促进金融与房地产良性循环，健全房地产企业主体监管制度和资金监管，建立防范化解地方债务风险长效机制，牢牢守住不发生系统性金融风险的底线。建立健全数据安全治理体系，提高数据安全保障能力。实施自然灾害应急能力提升工程，扎实开展安全生产治本攻坚三年行动。坚持以防为主、防抗救相结合，坚持常态减灾和非常态救灾相统一，建立高效科学的自然灾害防治体系。加强国家区域应急力量建设，提高防灾减灾救灾和重大突发公共事件处置保障能力。构筑与更高水平开放相匹配的监管和风险防控体系。健全共建共治共享的社会治理制度，提升社会治理效能，加强矛盾风险源头防范化解。

第二篇

主要目标和指标

第一章　经济社会发展主要目标指标进展总体符合预期

《纲要》提出，“十四五”时期要实现经济发展取得新成效、改革开放迈出新步伐、社会文明程度得到新提高、生态文明建设实现新进步、民生福祉达到新水平、国家治理效能得到新提升的目标，并从经济发展、创新驱动、民生福祉、绿色生态、安全保障五方面提出了20项主要指标。按照“时间与进展基本一致，适度超前”的原则，对《纲要》主要指标是否达到预期进展进行监测研究。结果显示，这些目标和指标的实现情况基本达到预期进度要求，主要指标中16项基本符合或快于预期，4项相对滞后。4项指标提前实现，分别是常住人口城镇化率、基本养老保险参保率、地表水达到或好于Ⅲ类水体比例、能源综合生产能力；5项指标快于预期，分别是全社会研发经费投入增长、每万人口高价值发明专利拥有量、数字经济核心产业增加值占GDP比重、每千人口拥有执业（助理）医师数、森林覆盖率；7项指标基本符合预期，分别是GDP增长、全员劳动生产率增长、居民人均可支配收入增长、城镇调查失业率、劳动年龄人口平均受教育年限、人均预期寿命、粮食综合生产能力；4项指标滞后于预期，分别是单位GDP能源消耗降低、单位GDP二氧化碳排放降低、地级及以上城市空气质量优良天数比率、每千人口拥有3岁以下婴幼儿托位数，需要给予高度关注。“十四五”中后期，建议从“坚定不移贯彻新发展理念，补齐不符合规划《纲要》进展的主要指标短板”和“对标对表党的二十大提出的新目标新部署新要求，调整部分指标为中国式现代化指引方向”两方面发力，为顺利实现“十四五”规划《纲要》主要目标和开启中国式现代化新征程奠定坚实基础。

一、经济发展总体平稳，有望如期实现预期目标

经济发展类指标中，常住人口城镇化率提前实现预期目标，GDP增长、全员劳动生产率增长基本符合预期进展，均有望如期实现预期目标。

（一）GDP 年均增长保持在合理区间，有望如期实现预期目标

2021 年，我国 GDP 总量为 1149237 亿元，同比增长 8.4%，2022 年，GDP 达到 1210207 亿元，同比增长 3.0%。2023 年 GDP 为 1260582 亿元，比上年增长 5.2%。2021—2023 年 GDP 平均增速为 5.5%，高于“十四五”期间年均 5%~5.5%的潜在经济增长率水平①，为推动经济实现量的合理增长奠定了坚实基础。据测算，2023—2025 年，我国 GDP 年均增速将达到 5.3%左右，“十四五”期间 GDP 年均增速预计达到 5.5%左右，与“十四五”潜在经济增长率基本一致②，将如期实现《纲要》提出的“保持在合理区间、各年度视情提出”的预期目标。

（二）全员劳动生产率增长高于 GDP 增长，有望如期实现预期目标

2021 年的全员劳动生产率为 146838 元/（人·年），比上年提高 9.0%，高出当年 GDP 增速 0.3 个百分点，2022 年的全员劳动生产率为 152977 元/（人·年），比上年提高 4.2%，高出当年 GDP 增速 1.2 个百分点③。2021—2022 年的全员劳动生产率平均增速为 6.45%，高于同期 GDP 年均增速 0.75 个百分点，符合《纲要》提出的“全员劳动生产率增长高于 GDP 增长”的预期目标，为推动经济实现质的有效提升奠定了坚实基础。在习近平新时代中国特色社会主义思想指引下，高质量发展扎实推动，代表宏观效率的全员劳动生产率加快提升，预计 2023—2025 年的全员劳动生产率增长将高于 GDP 增长，能如期实现预期目标。

（三）常住人口城镇化率超预期完成目标，提前实现预期目标

2021 年末，我国城镇常住人口达到 91425 万人，常住人口城镇化率达到 64.72%，比 2020 年末提高 0.83 个百分点。2022 年末，我国城镇常住人口达到 92071 万人，城镇化率达到 65.22%，比 2021 年末提高 0.50 个百分点，提前实现《纲要》提出的 65%预期目标。国家信息中心课题组根据经济社会发展、人口总量和年龄结构变化等趋势，充分考虑 2030 年碳达峰影响和要求，采用经验曲线法、经济模型法和联合国城乡人口比增长率法对我国城镇化趋势进行预测，综合考虑三种方法的预测结果得出，2025 年我国城镇化率将达到 67%左右。

二、创新驱动发展成效明显，有望如期实现预期目标

创新驱动类指标中，全社会研发经费投入增长、每万人口高价值发明专利拥有量、数字经济核心产业增加值占 GDP 比重均快于《纲要》预期进展，有望提前实现预期目标。

---

① “十四五”规划《纲要》制定前，国家发展改革委形成了 300 多份研究报告，研究一致认为，“十四五”时期潜在增长率能保持在 5%和 5.5%之间，https：//www.chinanews.com.cn/cj/2021/05-14/9477577.shtml。

② 国家信息中心课题组，《“十四五”规划纲要主要指标进展评估》。

③ 国家统计局，《中华人民共和国 2022 年国民经济和社会发展统计公报》，https：//www.stats.gov.cn/sj/zxfb/202302/t20230228_1919011.html？jump=true。

（一）全社会研发经费投入增长快于预期进展，有望如期实现预期目标

2021 年，我国全社会研究与试验发展（Research and Development，R&D）经费投入达 27864 亿元，比上年增长 14.2%，按不变价计算，R&D 经费增长 9.4%，高于《纲要》提出的“年均增长不低于 7%（不变价）”的预期目标。2022 年，R&D 经费投入达到 30870 亿元，比上年增长 10.4%，按不变价计算，R&D 经费增长 8.0%，亦高于《纲要》提出的预期目标。2021—2022 年，我国全社会研发经费投入平均增速为 8.7%，高于《纲要》预期目标约 1.7 个百分点，快于预期进展。随着创新驱动发展战略的深入实施，科技创新对经济社会发展的驱动作用日益增强，预计 2023—2025 年，我国 R&D 经费投入继续保持较快增长，有望如期实现预期目标。

（二）每万人口高价值发明专利拥有量快于预期进展，有望如期实现预期目标

我国知识产权创造质量不断提升，2022 年，每万人口高价值发明专利拥有量达到 9.4 件，较 2020 年提高 3.1 件，完成《纲要》预期目标值增幅（5.7 件）的 54.4%，较时间进度（40%）快 14.4 个百分点。在高质量发展引领下，科技成果质量明显提升，我国高价值发明专利审查周期压减至 13 个月①，为知识产权高质量创造提供了有力支撑。按照“十四五”前半期的速度估计，每万人口高价值发明专利拥有量有望如期实现预期目标。

（三）数字经济核心产业增加值占 GDP 比重快于预期进展，有望如期实现预期目标

数字经济核心产业②规模稳步增长，2022 年，我国电子信息制造业实现营业收入 15.4 万亿元，软件业务收入达到 10.8 万亿元，工业互联网核心产业规模超 1.2 万亿元③，数字经济核心产业增加值占 GDP 比重稳步提升，快于《纲要》预期目标进展。党的二十大报告中指出，“加快发展数字经济，促进数字经济和实体经济深度融合”，为数字经济发展指明了方向。数字经济发展速度之快、辐射范围之广、影响程度之深前所未有，正在成为重组全球要素资源、重塑全球经济结构、改变全球竞争格局的关键力量，引领中国经济增长和社会发展的重要力量，数字经济核心产业增加值占 GDP 比重有望如期实现预期目标。

三、民生福祉不断增进，但婴幼儿托育服务需加力保障

民生福祉类指标中，基本养老保险参保率提前实现预期目标；每千人口拥有执业

---

① 新华网，《我国高价值发明专利审查周期压减至 13.3 个月》，http://web.csettn.com/index.php?m=content&c=index&a=show&catid=29&id=4978。

② 国家发展改革委，《“十四五”规划〈纲要〉主要指标之 6 | 数字经济核心产业增加值占 GDP 比重》，https://www.ndrc.gov.cn/fggz/fzzlgh/gjfzgh/202112/t20211225_1309653.html。

③ 国家互联网信息办公室，《数字中国发展报告（2022 年）》，https://baijiahao.baidu.com/s?id=1766652443254275923&wfr=spider&for=pc。

（助理）医师数快于预期进展，有望如期实现预期目标；居民人均可支配收入增长、城镇调查失业率、劳动年龄人口平均受教育年限、人均预期寿命基本符合预期进展，有望如期实现预期目标；每千人口拥有3岁以下婴幼儿托位数滞后于预期进展，未来需加力保障婴幼儿托育服务。

（一）居民人均可支配收入增长与GDP增长基本同步，有望如期实现预期目标

2021年，全国居民人均可支配收入35128元，比上年名义增长9.1%，扣除价格因素，实际增长8.1%，略低于GDP增长8.4%的水平。2022年，全国居民人均可支配收入36883元，比上年名义增长5.0%，扣除价格因素后实际增长2.9%①，略低于GDP增长3.0%的水平。两年平均来看，全国居民人均可支配收入年均增速（5.5%）与经济增长（5.7%）基本同步，基本符合预期目标。随着健全工资合理增长机制、完善按要素分配政策制度、多渠道增加居民财产性收入、多措并举促进农民增收、加大转移支付调节力度等各项促进增收措施的落地见效，预计2023—2025年，全国居民人均可支配收入增长与经济增长有望基本同步，能如期实现预期目标。

（二）城镇调查失业率基本符合预期进展，有望如期实现预期目标

2021年末全国城镇调查失业率为5.1%，低于5.5%左右的宏观调控目标。2022年末全国城镇调查失业率为5.5%②，基本符合预期目标。党的二十大报告中指出，“实施就业优先战略”。随着就业优先政策的不断强化，减负稳岗扩就业组合拳深入实施，各项政策措施落实落细，2023—2025年的城镇调查失业率有望低于预期控制目标，能如期实现预期目标。

（三）劳动年龄人口平均受教育年限基本符合预期进展，有望如期实现预期目标

2022年，我国16~59岁劳动年龄人口平均受教育年限达到10.93年③，基本符合《纲要》预期目标。党的二十大将教育作为全面建设社会主义现代化国家的基础性、战略性支撑进行系统谋划，极具战略意义和深远影响。随着高中教育普及水平进一步提高、高等教育在学规模进一步扩大、特殊教育体系进一步完善、民办教育结构进一步优化，我国16~59岁劳动年龄人口平均受教育年限将稳步提升，有望如期实现预期目标。

---

① 国家统计局，《中华人民共和国2022年国民经济和社会发展统计公报》，https://www.stats.gov.cn/sj/zxfb/202302/t20230228_1919011.html?jump=true。

② 同上。

③ 国家统计局，《我国劳动力资源依然丰富　人才红利逐步显现》，https://baijiahao.baidu.com/s?id=1755326188084238084&wfr=spider&for=pc。

（四）每千人口拥有执业（助理）医师数快于预期进展，有望如期实现预期目标

医疗卫生人才队伍建设取得长足发展，2022 年每千人口拥有执业（助理）医师数 3.12 人[①]，比 2020 年提高 0.22 人，完成 5 年目标值增幅（0.3 人）的 73.3%，较时间进度（40%）快 33.3 个百分点，远远好于预期进展。党的二十大报告强调，推进健康中国建设，发展壮大医疗卫生队伍。按照“十四五”前半期的速度估计，每千人口拥有执业（助理）医师数将在 2023 年实现《纲要》提出的 3.2 人目标，有望如期实现预期目标。

（五）基本养老保险参保率已超预期完成目标，提前实现预期目标

基本养老服务水平稳步提高，截至 2022 年底，全国基本养老保险参保人数达到 10.5 亿人，相比 2020 年增加 5437 万人，基本养老保险参保率[②]达到 95%左右，提前实现预期目标。党的二十大报告明确提出要完善基本养老保险全国统筹制度，发展多层次、多支柱养老保险体系，预计 2023—2025 年的养老保险覆盖面将迅速提升，按照“十四五”前半期的速度估计，2025 年基本养老保险参保率将超过 99%，远高于《纲要》预期目标。

（六）每千人口拥有 3 岁以下婴幼儿托位数滞后于预期进展，实现预期目标有挑战

截至 2022 年底，我国每千人口拥有 3 岁以下婴幼儿托位数约为 2.5 个[③]，相比 2020 年仅增加 0.7 个，距离《纲要》提出的目标（4.5 个）还有不小差距。主要原因在于普惠性托育服务有效供给不足。国家卫健委调查数据显示，我国 3 岁以下婴幼儿人数超 3200 万，每年新增 1000 万左右。城市中超过 1/3 比例的家庭有托育需求，在发达地区和一线城市这种需求更加强烈，但现有托育机构入托率仅为 6%左右，托位供给存在较大缺口[④]。以北京为例，2022 年，北京市 76%的有 0~3 岁儿童婴幼儿的家庭有入托需求，但实际只提供了 6%~7%的托位，缺口依然很大。另外，公办托育机构较为缺乏，普惠机构覆盖率低，民办机构仍是托育服务的主体，社会创办托育机构的积极性不足。家庭养育依然是社会主流的育儿方式，尤其我国隔代养育现象普遍存在，总体反映我国托育服务尚处于起步阶段。党的二十大报告提出，优化人口发展战略，建

---

① 国家发展改革委，《“十四五”规划〈纲要〉主要指标之 10丨每千人口拥有执业（助理）医师数》，https://www.ndrc.gov.cn/fggz/fzzlgh/gjfzgh/202112/t20211225_1309657.html。

② 国家发展改革委，《“十四五”规划〈纲要〉主要指标之 11丨基本养老保险参保率》，https://www.ndrc.gov.cn/fggz/fzzlgh/gjfzgh/202112/t20211225_1309658.html。

③ 央视网，《让“幼有所养” 国家加大对各类托育服务机构支持力度》，https://baijiahao.baidu.com/s?id=1766019777077863108&wfr=spider&for=pc。

④ 新华网，《普惠托育，缓解带娃焦虑》，https://baijiahao.baidu.com/s?id=1762115045235818510&wfr=spider&for=pc。

立生育支持政策体系，降低生育、养育、教育成本。托育服务是落实积极生育支持政策的关键配套措施。2023 年 3 月，国家卫生健康委、国家发展改革委遴选出 33 个城市作为第一批全国婴幼儿照护服务示范城市，探索“幼有所育”的新路径，预计“十四五”后半期托育服务供给将进一步扩大，为实现每千人拥有 4.5 个托位数的目标提供支撑。2023—2025 年，托育服务体系建设步伐将加快推进，以如期实现预期目标。

（七）人均预期寿命基本符合预期进展，有望如期实现预期目标

2021 年，我国居民人均预期寿命为 78.2 岁，相比 2020 年提高 0.27 岁[①]，预计 2022 年将继续增加，基本符合预期进度。按照“十四五”前半期的速度估计，2025 年有望实现人均预期寿命在 2020 年基础上继续提高 1 岁左右的目标。

四、绿色生态可持续发展能力增强，但能源、碳排放、空气质量指标滞后

绿色生态类指标中，地表水达到或好于Ⅲ类水体比例提前实现预期目标；森林覆盖率快于预期进展，有望如期实现预期目标；单位 GDP 能源消耗降低、单位 GDP 二氧化碳排放降低、地级及以上城市空气质量优良天数比率滞后于预期进展，未来实现预期目标有挑战。

（一）单位 GDP 能源消耗降低，滞后于预期进展，实现预期目标有挑战

2021 年能源消费总量 52.4 亿吨标准煤，比上年增长 5.2%，单位 GDP 能源消耗降低 2.7%。2022 年能源消费总量 54.1 亿吨标准煤，比上年增长 2.9%，单位 GDP 能源消耗降低 0.1%[②]，2021—2022 年单位 GDP 能源消耗累计降低 2.8%，完成 5 年目标值降幅（13.5%）的 20.7%，较时间进度（40%）慢 19.3 个百分点，远低于《纲要》预期目标。单位 GDP 能源消耗降速放缓主因有二：一是经济增速降低，2022 年中国经济增速为 3%，不及 2021 年经济增速 8.1%的一半。以单位生产总值能耗为例，其计算方式为能源消费总量（吨标准煤）除以国内生产总值（万元），因此也会受到国内经济增长放缓的直接影响。二是能源消费的增长，尤其是煤炭消费的增长较快。经国家统计局初步核算，2022 年全国能源消费总量 54.1 亿吨标准煤，比上年增长 2.9%。其中，煤炭消费量增长 4.3%。综合来看，煤炭消费量占能源消费总量的 56.2%，比上年上升 0.3 个百分点。随着经济运行整体好转，能源消费需求仍将持续增长，预计 2025 年能

---

① 国家卫生健康委员会《2021 年我国卫生健康事业发展统计公报》，https：//baijiahao. baidu. com/s？id = 1738130812806690896&wfr = spider&for = pc。

② 国家统计局，《中华人民共和国 2022 年国民经济和社会发展统计公报》，https：//www. stats. gov. cn/sj/zxfb/202302/t20230228_1919011. html？jump = true。

源消费总量将达到60亿吨标准煤，“十四五”期间单位GDP能源消耗降低幅度约9%左右[①]，希望进一步引导提高能源利用效率，以能耗约束倒逼产业结构转型和发展动能转换，如期实现《纲要》提出的13.5%预期目标。

（二）单位GDP二氧化碳排放降低滞后于预期进展，实现预期目标有挑战

2021年、2022年单位GDP二氧化碳排放分别降低3.8%和0.8%[②]，两年累计降低4.6%，完成5年目标值降幅（18%）的25.6%，较时间进度（40%）慢14.4个百分点，远低于《纲要》预期目标。主要原因在于经济增速的降低和能源消费的增长，尤其是煤炭消费的增长。煤炭开发利用过程中产生的碳排放是我国碳排放的主要来源，约占全国碳排放总量的60%，因此全国煤炭开采和消费的增长也使得二氧化碳的排放量随之波动。2022年煤炭消费量增长4.3%，导致单位GDP二氧化碳排放降速放缓。随着“双碳”工作的扎实推进，清洁能源替代、发展方式绿色转型步伐加快，预计“十四五”期间单位GDP二氧化碳排放降低幅度在15%左右[③]，希望继续通过实施二氧化碳排放达峰行动计划，深入推进能源、工业、建筑、交通等领域的低碳清洁化转型，严格控制化石能源特别是煤炭消费，大力发展非化石能源，引导能源清洁低碳高效利用和产业绿色转型，确保如期实现《纲要》提出的18%的预期目标，确保2030年前实现碳排放达峰。

（三）地级及以上城市空气质量优良天数比率滞后于预期进展，实现预期目标有挑战

2021年，全国地级及以上城市空气质量优良天数比率为87.5%，同比上升0.5个百分点[④]，空气质量持续向好。2022年，全国地级及以上城市空气质量优良天数比率为86.5%[⑤]，滞后于预期进展。2022年空气质量优良天数比率整体下降的主要原因在于，细颗粒物（$PM_{2.5}$）、可吸入颗粒物（PM_{10}）、臭氧（O_3）、二氧化硫（SO_2）、二氧化氮（NO_2）和一氧化碳（CO）6项指标中，臭氧平均浓度较2021年上升5.8%，臭氧导致的超标天数增加了2.1个百分点。我国大气环境形势依然严峻，部分地区秋冬季$PM_{2.5}$污染突出，大气环境问题的长期性、复杂性、艰巨性仍然存在，空气质量与保护人民身体健康的要求、与美丽中国建设目标仍有较大差距。未来要以京津冀及周边、长三角、汾渭平原等重点区域为主战场，大力推进挥发性有机物、氮氧化物等多污染

---

① 国家信息中心，《“十四五”规划纲要主要指标进展评估》。

② 国家统计局，《中华人民共和国2022年国民经济和社会发展统计公报》，https：//www.stats.gov.cn/sj/zxfb/202302/t20230228_1919011.html? jump=true。

③ 同上。

④ 生态环境部，《2021中国生态环境状况公报》，https：//www.gov.cn/xinwen/2022-05/27/content_5692520.htm。

⑤ 生态环境厅，《国务院关于2022年度环境状况和环境保护目标完成情况的报告》，http：//ee.xizang.gov.cn/xwzx/hbdt/202305/t20230506_353835.html。

物协同减排，持续降低细颗粒物浓度。要采取综合措施，加快消除重污染天气，守护好美丽蓝天，确保如期实现《纲要》提出的87.5%预期目标。

（四）地表水达到或好于Ⅲ类水体比例已超预期完成目标，提前实现预期目标

我国地表水环境质量持续改善，2021年地表水达到或好于Ⅲ类水体比例为84.9%，接近《纲要》目标，2022年地表水达到或好于Ⅲ类水体比例达87.9%[①]，业已实现《纲要》提出的85%的预期目标。随着碧水保卫战向纵深推进，水生态环境质量将持续改善，预计2025年地表水达到或好于Ⅲ类水体比例将超过90%。

（五）森林覆盖率快于预期进展，有望如期实现预期目标

“十四五”以来，我国统筹推进山水林田湖草沙系统治理，科学开展大规模国土绿化行动，成效明显。2022年，我国森林面积为2.31亿公顷，森林覆盖率达24.02%[②]，完成5年目标值增幅（0.9%）的91.1%，较时间进度（40%）快51.1个百分点，快于《纲要》预期进展。随着大规模国土绿化行动持续开展，美丽中国绿色底图不断厚植，预计2025年之前森林覆盖率就将超过24.1%，有望如期实现预期目标。

五、安全保障能力不断提升，有望如期实现预期目标

安全保障类指标中，能源综合生产能力快于预期进展，已提前实现预期目标；粮食综合生产能力基本符合预期进展，有望如期实现预期目标。

（一）粮食综合生产能力基本符合预期进展，有望如期实现预期目标

2021年全年粮食产量6.8285亿吨，比上年增加1336万吨，增产2.0%。2022年粮食产量6.8653亿吨，比上年增加368万吨，增产0.5%，连续8年稳定在6.5亿吨以上。2021—2022年均符合“十四五”规划《纲要》提出的粮食综合生产能力需达到6.5亿吨以上的预期目标。党中央、国务院高度重视粮食生产，各地区、各部门严格落实粮食安全党政同责，持续加大对粮食生产的支持力度，预计2023—2025年粮食产量稳定增长，2025年有望连续11年稳定在6.5亿吨以上，如期实现“十四五”规划《纲要》提出的粮食综合生产能力需达到6.5亿吨以上的预期目标。

（二）能源综合生产能力超预期完成目标，提前实现预期目标

2021年能源保供力度不断加大，生活生产用能总体得到保障。一次能源生产总量

---

① 国家统计局，《中华人民共和国2022年国民经济和社会发展统计公报》，https://www.stats.gov.cn/sj/zxfb/202302/t20230228_1919011.html?jump=true。

② 全国绿化委员会办公室，《2022年中国国土绿化状况公报》，https://www.forestry.gov.cn/c/xby/sjjs/394575.jhtml。

达到43.3亿吨标准煤，比上年增长6.2%[①]；发电量85342.5亿千瓦时，增长9.7%。2022年规模以上工业煤油气电等主要能源产品生产均保持增长，能源供应保障能力稳步提升，一次能源生产总量达到46.6亿吨标准煤，比上年增长9.2%[②]，能源自给率保持在80%以上[③]，提前实现《纲要》预期目标。随着煤炭“压舱石”作用和煤电基础性调节性作用充分发挥、油气勘探开发的力度大幅提升，国内能源生产保障能力将大幅增强，预计2025年国内能源综合生产能力仍可达到46亿吨标准煤以上。

“十四五”时期经济社会发展主要指标进展如表5所示。

表5 “十四五”时期经济社会发展主要指标进展

类别	主要指标	是否符合预期目标进展				能否如期实现目标
		慢于预期	符合预期	快于预期	超额预期	
经济发展	GDP增长/%		√			如期
	全员劳动生产率增长/%		√			如期
	常住人口城镇化率/%				√	已完成
创新驱动	全社会研发经费投入增长/%			√		如期
	每万人口高价值发明专利拥有量/件			√		如期
	数字经济核心产业增加值占GDP比重/%			√		如期
民生福祉	居民人均可支配收入增长/%		√			如期
	城镇调查失业率/%		√			如期
	劳动年龄人口平均受教育年限/年		√			如期
	每千人口拥有执业（助理）医师数/人			√		如期
	基本养老保险参保率/%				√	已完成
	每千人口拥有3岁以下婴幼儿托位数/个	√				有挑战
	人均预期寿命/岁		√			如期
绿色生态	单位GDP能源消耗降低/%	√				有挑战
	单位GDP二氧化碳排放降低/%	√				有挑战
	地级及以上城市空气质量优良天数比率/%	√				有挑战
	地表水达到或好于Ⅲ类水体比例/%				√	已完成
	森林覆盖率/%			√		如期
安全保障	粮食综合生产能力/亿吨		√			如期
	能源综合生产能力/亿吨标准煤				√	已完成

资料来源：《中华人民共和国国民经济和社会发展第十四个五年规划和2035年远景目标纲要》，中经网课题组整理。

① 自然资源部，《中国矿产资源报告2022》，http://app.m.mnr.gov.cn/sj/sjfw/kc_19263/zgkczybg/202209/P020230417517898935425.pdf。

② 国家统计局，《中华人民共和国2022年国民经济和社会发展统计公报》，https://www.stats.gov.cn/sj/zxfb/202302/t20230228_1919011.html?jump=true。

③ 经济日报，《我国能源自主保障能力保持在80%以上》，https://www.nea.gov.cn/2022-07/29/c_1310647946.htm。

六、“十四五”期间全力推进主要目标任务有序落实的政策建议

党的二十大报告指出，未来五年是全面建设社会主义现代化国家开局起步的关键时期。“十四五”中后期，要全面把握“十四五”时期经济社会发展目标要求，坚定不移贯彻新发展理念，根据《纲要》主要指标进展情况分类施策，对进度提前完成、快于预期、基本符合预期的16项指标，要继续巩固扩大既有成效，防止回落或反弹。对滞后于进度的4项指标，要优化调整政策，加大攻坚力度，尽最大努力推动完成规划目标。同时，对标对表党的二十大提出的新目标新部署新要求，调整部分指标为中国式现代化指引方向，为顺利实现《纲要》主要目标和开启中国式现代化新征程奠定坚实基础。

（一）坚定不移贯彻新发展理念，补齐不符合《纲要》进展的主要指标短板

从《纲要》主要指标实施进展结果来看，每千人口拥有3岁以下婴幼儿托位数、单位GDP能源消耗降低、单位GDP二氧化碳排放降低、地级及以上城市空气质量优良天数比率等指标滞后于预期进展，亟须切实采取有力措施，加快补齐短板弱项，全力确保如期实现预期目标。一是大力发展普惠托育服务，不断满足人民群众日益增长的托育服务新需求。要统筹0~6岁育幼服务资源配置，完善规划、土地、住房、财政、投融资、人才等方面的支持政策，引导社会力量参与建设和运营，实施普惠托育专项行动，大力发展质量有保障、价格可承受、安全、方便、可及的普惠性托育服务，多渠道扩大普惠性托位供给。满足不同家庭多样化的托育需求，探索发展规模较小、灵活性较高、适配性较强的家庭托育点等新型托育服务模式。继续优化细化托育服务行业标准体系，包括从业人员准入、日常管理、监督监管等方面，推动托育服务走向标准化、规范化。二是深入实施能源绿色低碳转型和节能降碳增效行动。要进一步完善能耗及碳排放强度管控政策，坚决遏制高耗能、高排放、低水平项目盲目上马，严格合理控制煤炭消费总量，大力推动重点领域节能降碳改造，加快实施主要污染物重点减排工程，提高治污科学性精准性。推进煤炭清洁高效利用及相关技术研发，大力推进煤电“三改联动”。加快节能降碳先进技术研发和推广应用，开展低碳零碳负碳重大项目示范，组织开展绿色低碳试点城市建设。大力发展循环经济，全面提高资源综合利用效率，推动减污降碳协同增效，充分发挥节能降碳增效对实现碳达峰的关键作用。三是持续打好蓝天保卫战，以空气质量持续改善推动经济高质量发展。继续推进“减煤、汰后、控车、治污和抑尘”五大路径，以改善空气质量为核心，以降低细颗粒物（$PM_{2.5}$）浓度为主线，大力推动氮氧化物和挥发性有机物（VOCs）减排；开展区域协同治理，突出精准、科学、依法治污，完善大气环境管理体系，提升污染防治能力；远近结合研究谋划大气污染防治路径，扎实推进产业、能源、交通绿色低碳转型，强化面源污染治理，加强源头防控，加快形成绿色低碳生产生活方式，实现环境效益、经济效益和社会效益多赢。

（二）对标对表党的二十大提出的新目标新部署新要求，调整部分指标为中国式现代化指引方向

党的二十大报告擘画出全面建成社会主义现代化强国的宏伟蓝图，对全面建成社会主义现代化强国作出“分两步走”的战略安排，围绕经济、创新、民主、法治、文化、民生、生态、安全、国防、统一、外交、党建12个方面提出了新目标、作出了新部署、明确了新要求。亟须对标对表党的二十大提出的新目标新部署新要求，坚持发展为第一要务，调整部分指标为推进中国式现代化新征程提供科学指引。一是增加“双碳”指标作为转型。党的二十大报告中提出“积极稳妥推进碳达峰碳中和”“完善碳排放统计核算制度”等重要要求，为推进碳达峰碳中和工作提供了根本遵循。建议加快原料用能、新增可再生能源、碳排放统计核算步伐，为科学评估考核单位GDP能源消耗降低、单位GDP二氧化碳排放降低工作进展提供必要的数据依据。同时，党的二十大报告中提出“完善能源消耗总量和强度调控，重点控制化石能源消费，逐步转向碳排放总量和强度‘双控’制度”，建议将单位GDP能源消耗降低指标从“十四五”后期或者“十五五”规划《纲要》经济社会发展主要指标体系中删除，增加碳排放总量和强度等指标，引导能源清洁低碳高效利用和产业绿色转型。二是增加安全指标作为保障。党二十大报告首次单列章节详细阐述安全问题，“统筹发展与安全”被提到前所未有的高度，明确“国家安全”事关“民族复兴的根基”。建议在粮食安全、能源安全的基础上，增加产业链供应链安全、数据安全等指标，有效防范化解风险挑战，为全面建设社会主义现代化国家提供有力保障。三是增加中国式现代化相关指标作为引领。党的二十大报告阐明了中国式现代化的丰富内涵，强调了中国式现代化的本质要求和重要特征。建议将基础研究经费投入占研发经费投入比重、营商环境便利度、每万人拥有公共文化设施建筑面积、公共服务支出占财政支出比重、资源循环利用率、经常参加体育锻炼人数比例等体现现代化的指标纳入“十四五”后期或者“十五五”规划《纲要》经济社会发展主要指标体系，有效发挥中国式现代化指标的引领作用。

第三篇

重点任务和重大举措

第二章 坚持创新驱动发展，全面塑造发展新优势

《纲要》明确，坚持创新在我国现代化建设全局中的核心地位，把科技自立自强作为国家发展的战略支撑。《纲要》提出，全社会研发经费投入年平均增长要大于 7%，每万人口高价值发明专利拥有量要提高到 12 件，并就强化国家战略科技力量、提升企业技术创新能力、激发人才创新活力、完善科技创新体制机制四方面作出部署，设置"专栏 2"确定 7 个科技前沿领域的攻关工程，设置"专栏 3"提出四大类科技基础设施重大工程。科技部制定《"十四五"国家科技创新规划》《国家中长期科学和技术发展规划（2021—2035）》回应细化《纲要》内容。各省、市、区也制定各地方科技创新规划，落实《纲要》内容。重大目标方面，《纲要》提出以来，我国全社会研发经费支出年均增长 12.5%，每万人口高价值发明专利拥有量较 2021 年提升 3.1 件，基础研究经费投入强度达到 6.32%，创新驱动发展战略深入实施，发展新优势不断塑造。重大举措方面，国家战略科技力量加快布局，国家实验室体系、国际科技创新中心等重大科技创新平台加快建设，完成制定《基础研究十年规划》，强化了国家战略科技力量。多项激励企业加大研发投入政策出台，企业创新服务体系不断完善，企业技术创新能力稳步提升，各类创新要素加速向企业集聚。科技创新体制机制不断完善，社会主义市场经济条件下关键核心技术攻关新型举国体制进一步健全，探索型和任务导向型科技项目分类评价制度不断完善，激发人才创新活力机制不断完善，高水平人才队伍不断壮大，科创人才培育激励机制不断完善。成立中央科技委员会，重组科技部，国家知识产权局将调整为国务院直属机构，科技创新体制机制不断完善。积极参与国际重大科创项目，促进科技高水平开放合作。重大工程方面，关键核心技术攻关取得突破，多项"卡脖子"技术被攻克并实现产业化，战略高技术领域取得新突破。科技前沿领域重点工程取得多项进展，科技基础设施建设加快步伐，部分已投入使用。但也要看到，我国基础研究领域仍然薄弱，战略科技力量建设中也凸显出一些问题，企业创新能力仍然不足，科创人才团队建设仍存在一定障碍，科技创新体制机制仍不完善，不少关键技术"卡脖子"情况依然严重，缺乏世界领先、独创独有重大科技基础设施；同时，随着中美经贸摩擦不断升级，美国加大科技封锁力度，科学发展进入大

科学时代，科技创新成为大国博弈的主战场，中国式现代化和经济高质量发展也对科技创新提出新要求。下一步着眼于实施好《纲要》，必须落实好党的二十大报告要求，进一步完善科技创新体系，加快实施创新驱动发展战略，深入实施人才强国战略。

一、重大目标：创新驱动发展战略规划目标正在逐步实现

《纲要》提出，“十四五”期间，创新驱动发展战略深入实施，发展新优势不断塑造，全社会研发经费投入年平均增长要大于7%，每万人口高价值发明专利拥有量要提高到12件。截至2022年底，“十四五”期间我国全社会研发投入年平均增长达到12.5%，已经完成规划《纲要》要求；每万人口高价值发明专利拥有量提高到9.4件，符合序时进度预期；基础研究经费支出占研发经费比重提高到6.32%，“十四五”期间基础研究经费投入占研发经费投入比重保持在6%以上。

1. 科研投入规模迈上新台阶

如图1所示，2022年全社会研发经费支出首次突破3万亿元①，研发投入强度首次突破2.5%，全社会研发经费投入年平均增长达到12.5%。引用排名前千分之一的世界热点论文占全球总量的41.7%，高被引论文占27.3%，高被引论文数保持世界第二位。我国全球创新指数排名上升至第11位，成功进入创新型国家行列，开启了实现高水平科技自立自强、建设科技强国的新阶段。

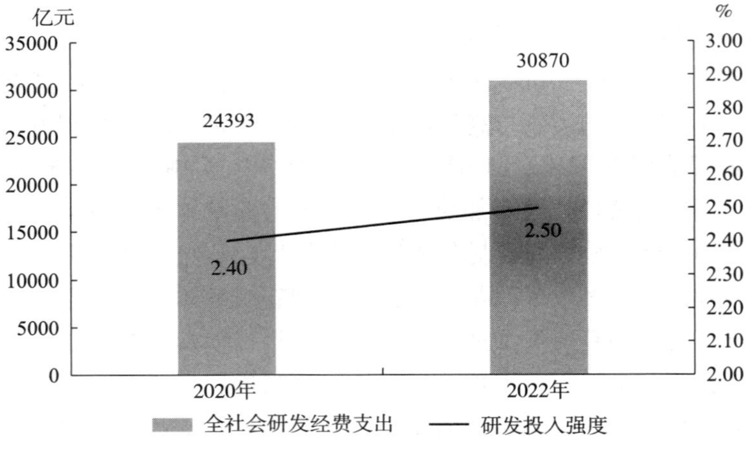

图1 全社会研发经费支出变化

资料来源：科技部，作者绘制。

2. 高价值发明专利拥有量不断增加，符合序时进度预期

2022年，每万人口高价值发明专利拥有量提高到9.4件②，较2020年的6.3件提

---

① 国务院新闻办公室，2023年2月24日“权威部门话开局”系列主题新闻发布会上，科技部部长王志刚讲话，https://www.gov.cn/xinwen/2023-02/24/content_5743191.htm?eqid=9bf09ea0000019e70000000464677737。

② 国务院新闻办公室，2022年知识产权相关工作情况新闻发布会上，国家知识产权局战略规划司司长葛树讲话，https://baijiahao.baidu.com/s?id=1755169152407734339&wfr=spider&for=pc。

升 3.1 件，按序时进度可完成《纲要》规划目标（见图 2）。

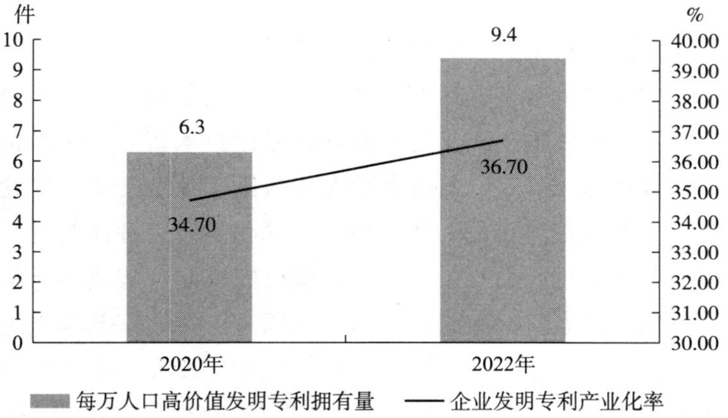

图 2　高价值发明专利拥有量变化

资料来源：科技部，作者绘制。

3. 基础研究投入比重逐渐提高，但距离目标仍有差距

2022 年，我国基础研究经费占研发经费比重为 6.57%[①]（见图 3），“十四五”期间基础研究经费投入占研发经费投入比重保持在 6%以上。原始创新能力有效提升，在国际上首次实现利用二氧化碳人工合成淀粉，首次实现人体细胞发育过程“大逆转”，成功证明凯勒几何两大核心猜想。

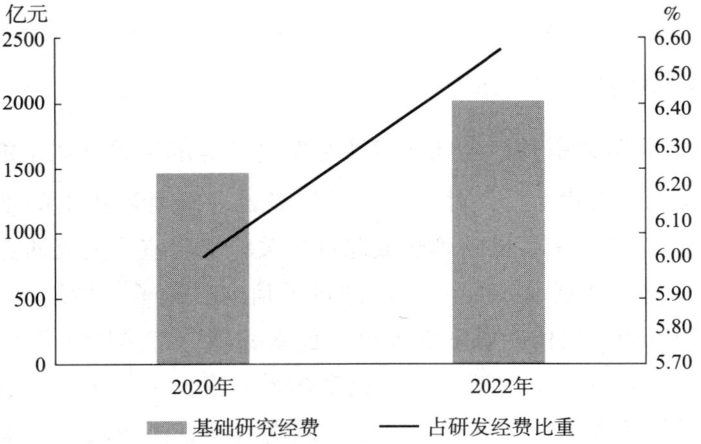

图 3　基础研究经费比重变化

资料来源：科技部，作者绘制。

---

① 国家创新调查制度实施 10 周年工作座谈会公布我国创新调查制度监测评价结果，https：//www.gov.cn/xinwen/2023-02/22/content_5742661.htm。

二、重大举措：强化国家科创能力举措不断出台和实施

《纲要》提出，要强化国家战略科技力量，整合优化科技资源配置，加强原创性引领性科技攻关，持之以恒加强基础研究，建设重大科技创新平台；要提升企业技术创新能力，激励企业加大研发投入，支持产业共性基础技术研发，完善企业创新服务体系；要激发人才创新活力，培养造就高水平人才队伍，激励人才更好发挥作用，优化创新创业创造生态；要完善科技创新体制机制，深化科技管理体制改革，健全知识产权保护运用体制，积极促进科技开放合作。我国已完成制订战略性科学计划，国家战略科技力量加快布局。国家实验室组建运行，全国重点实验室基本重组完成，新型研发机构数量超过 2400 家。北京、上海、粤港澳大湾区国际科技创新中心建设成效显著，综合性国家科学中心建设进展顺利。多部门陆续出台政策激励企业加大研发投入，企业创新服务体系不断完善，企业技术创新能力稳步提升。各类创新要素加速向企业集聚。高水平人才队伍不断壮大，科创人才培育激励机制不断完善。科技创新体制机制不断完善，组建中央科技委员会并重组了科技部，进行科技体制机制改革，加大知识产权保护力度，加大高水平对外科技开放力度。社会主义市场经济条件下关键核心技术攻关新型举国体制进一步健全，探索型和任务导向型科技项目分类评价制度不断完善，赋予科研人员职务科技成果所有权或长期使用权、高等学校和科研院所薪酬制度改革、使命导向的科研院所管理改革等试点稳步开展。但是，我们也应该看到，在战略科技力量建设、企业创新能力建设、人才团队建设、科创成果转化、科创领域财政投入等方面仍有诸多不足。

（一）国家战略科技力量加快布局

1. 以国家实验室为引领、全国重点实验室为支撑的实验室体系加快构建

一是国家实验室组建运行，对“十四五”规划《纲要》提出的重大创新领域实现全覆盖。截至 2022 年末，已挂牌建成北京中关村实验室、上海浦江实验室等 9 家国家级实验室，覆盖规划《纲要》提出的量子信息、光子与微纳电子、网络通信、人工智能、生物医药、现代能源系统等重大创新领域。二是国家重点实验室体系基本重组完成。编制完成重组国家重点实验室体系方案，中山大学、浙江大学、西南大学、西安电子科技大学、大连理工大学、东南大学、江西农业大学等一批高校完成全国重点实验室重组。三是各地积极创建“省实验室”。超百家“省实验室”正式揭牌或启动筹建，其中有超过 50% 依托高校筹建。浙江、江西、山东、河南、湖北、广东、云南、内蒙古、广西 9 省（自治区）明确“十四五”期间实验室规划建设数量及研究方向，126 家实验室进入“十四五”重点建设名单。各类新型研发机构数量超过 2400 家。

2. 多部门发文促进国家工程研究中心、国家技术创新中心优化整合，促进规范化、制度化

国家发展改革委印发《国家工程研究中心评价工作指南（试行）》，科技部、财政部印发《国家技术创新中心建设运行管理办法（暂行）》。国家发展改革委先后分两批对全国349家国家工程研究中心和国家工程实验室进行优化整合，最终191家获准被纳入新序列。

3. 完成制订战略性科学计划，强化基础研究和原创性、引领性研究能力

在制订实施战略性科学计划方面，2022年中共中央办公厅、国务院办公厅印发《基础研究十年规划》，重点研发计划79个专项全面展开。在重点布局基础学科研究中心方面，国家自然科学基金2021年资助13个、2022年资助16个基础科学中心项目。在加大基础研究财政投入力度、优化支出结构方面，2022年，我国基础研究经费支出为1951亿元①，比2020年增长32.99%。深圳市在全国率先以立法形式固定财政对基础研究的投入，江苏省支持顶尖科学家自主确定研究方向、安排经费使用，每年支持1000名以上青年科学家探索基础科学和前沿技术，广东省试点科研经费“负面清单+包干制”改革；“新基石研究员项目”等一批公益性基础研究资助项目设立。在建立健全符合科学规律的评价体系和激励机制方面，中共中央办公厅、国务院办公厅印发《关于完善科技激励机制的意见》，科技部、中国科学院、自然科学基金委等五部门开展减轻青年科研人员负担专项行动。

4. 重大科技创新平台加快建设

北京、上海、粤港澳大湾区国际科技创新中心建设成效显著，综合性国家科学中心建设进展顺利，香港—深圳—广州、北京、上海—苏州分列全球科技集群第二位、第三位、第六位。武汉、成都、南京、杭州、济南、青岛、西安、沈阳、兰州等多地提出创建综合性国家科学中心或科技创新中心。20个国家科学数据中心、31个国家生物种质和实验材料资源库、167个国家野外科学观测研究站构成了基础条件平台体系，13.3万套大型科学仪器和85个重大科研基础设施被纳入开放共享网络②，国家科研论文和科技信息高端交流平台于2022年底正式上线。

但是，我国战略科技力量建设中也显现出一些较为突出的问题。一是部分地方科技项目存在过度争夺有限资源，重复建设的情况。一些地方将争办实验室、创新中心当成政绩体现和促进地方经济发展的手段，争相邀请院士挂帅，实际研究工作开展效果不佳，不利于国家实验室建设的科学化和系统化。二是科技力量仍主要集中于应用领域。正式获批组建的国家实验室涉及的领域主要是我国在世界上具有优势的科技领

---

① 国务院新闻办公室，2023年2月24日“权威部门话开局”系列主题新闻发布会上，科技部部长王志刚讲话，https：//www.gov.cn/xinwen/2023-02/24/content_5743191.htm？eqid=9bf09ea0000019e70000000464677737。

② 2022年12月30日全国科技工作会议披露，http：//edu.people.com.cn/n1/2022/1231/c1006-32597546.html。

域，对于“卡脖子”技术等战略短板的补齐支撑不足，不利于关键核心技术的突破。三是吸纳人才机制建设不足。一些地区仍不重视本地青年人才培育，同质化竞争激烈，对国家整体科技发展产生不利影响。四是治理机制有待完善。国家实验室在科研团队遴选、经费支持方式、考核与评价等方面尚无相应的法律法规保障。

（二）提升企业技术创新能力力度持续加大

1. 多部门陆续出台政策激励企业加大研发投入，企业技术创新能力稳步提升

支持政策方面，科技部、财政部出台《企业技术创新能力提升行动方案（2022—2023 年）》，财政部出台《企业投入基础研究税收优惠政策》，将符合条件的行业企业研发费用加计扣除比例提升至 100%。工信部出台《优质中小企业梯度培育管理暂行办法》并公布 4 批专精特新“小巨人”名单，至 2022 年底专精特新“小巨人”企业已达 9119 家①。成果方面，企业研发经费投入占全社会比重超过 77%，接近 2.4 万亿元，较 2020 年的 1.89 万亿元增长 25%②。中央工业企业研发投入强度超过 3%，突破 1 万亿元③。全国高新技术企业数量已达 40 万家，研发投入占到全国企业的 70%，其中 762 家企业进入 2022 年全球企业研发投入 2500 强，19 家企业（包括台湾地区 3 家）进入百强名单④，企业参与或牵头的国家重点研发计划占比接近 80%。被纳入全国科技型中小企业信息库的企业数量达到 32.8 万家，众创空间、孵化器等创业孵化载体超过 1.4 万家，覆盖 95% 县级以上地区。

2. 产业共性基础技术研发平台不断增加，企业创新服务体系不断完善，各类创新要素加速向企业集聚

支持共性技术研发方面，截至 2022 年末，工信部累计公布 4 批产业技术基础公共服务平台名单，已有 125 家机构入选。批复 19 家国家技术创新中心，其中综合类 3 家、领域类 16 家，有 6 家为中央企业牵头设立，涉及新能源汽车、集成电路、数字信息等关键产业，覆盖京津冀、长三角、粤港澳、成渝、长江中游、中原、关中平原、辽中南等城市群。国家高新区创新发展联盟、铁路科技创新联盟、张江元宇宙创新发展联盟等科技前沿领域共性技术创新发展联盟纷纷成立，有力促进企业共性技术研发。完善企业创新服务体系方面，科技部印发《“十四五”技术要素市场专项规划》，不断深化技术要素市场化配置改革。深交所科技成果与知识产权交易中心成立，深圳发行首单科技创新主题知识产权资产证券化产品，为 12 家企业融资共计 2.06 亿元。中关村科

① 国家工信部：《专精特新中小企业发展报告（2022 年）》。

② 中国科技部、国家统计局于 2023 年 2 月 20 日举办国家创新调查制度实施 10 周年工作座谈会上披露，https://baijiahao.baidu.com/s?id=1758427787819359262&wfr=spider&for=pc。

③ 国务院新闻办公室，2023 年 2 月 23 日“权威部门话开局”系列主题新闻发布会上，国资委主任张玉卓讲话，https://baijiahao.baidu.com/s?id=1758589912588905329&wfr=spider&for=pc。

④ 国务院新闻办公室，2023 年 2 月 24 日“权威部门话开局”系列主题新闻发布会上，科技部部长王志刚讲话，https://www.gov.cn/xinwen/2023-02/24/content_5743191.htm?eqid=9bf09ea0000019e70000000464677737。

技园、武汉东湖高新区等试点全国首批 10 家科技金融创新服务中心。证监会成立北京证券交易所，聚焦服务创新型中小企业。全国技术合同成交额达 4.8 万亿元，企业贡献了超过 80%的技术吸纳。产业要素招商方面，苏州、无锡等城市正围绕前沿科技领域和产业发展实际，打造产业科技创新高地、产业创新集群，通过“政策+人才+技术+载体+资本+服务”六位一体的科技招商模式，形成全产业链的企业服务链条，为企业营造创新环境。

但是，我国企业创新能力仍然较弱。一是科技企业实力与欧美同行仍有较大差距。2022 年全球企业研发投入排行榜前 20 位中，美国有 10 家，我国仅有 3 家，其中我国研发投入最高的华为排名较 2020 年从第二位下降至第四位，体现出我国企业创新能力受到西方国家科技封锁政策的严重压制。二是企业创新基础研究含量较低。美国科技企业侧重基础性科技研发和高精尖行业，我国科技企业侧重技术的市场应用和体积庞大的系统再造行业。三是中小企业科技创新环境仍有待改善。科技型中小企业难以获得资本投入，极易倒在早期阶段。大量中小企业难以参与国家科研项目研发，导致产学研脱节，中小企业技术水平难以提升，而大量研究成果又被束之高阁。

（三）激发人才创新活力机制不断完善

1. 多项人才政策出台，高水平人才队伍不断壮大

加强人才队伍培养方面，中共中央办公厅、国务院办公厅印发《关于加强新时代高技能人才队伍建设的意见》，教育部等六部门出台《关于进一步加强基础学科拔尖学生培养工作的意见》，加强基础学科拔尖学生培养，壮大高水平工程师和高技能人才队伍。实行更加开放的人才政策方面，《外国人来华工作许可制度》全面实施，构建具有国际竞争力的人才制度环境。在成果方面，2021 年我国研发人员总量超过 600 万人，稳居世界首位。2022 年中国内地世界高被引科学家数量增长到 1169 人次[①]，世界顶尖科技人才加速涌现。中国科学院院士宋尔卫获 2022 年世界科学院医学科学奖，中国科学家胡海岚获颁 2022 年世界杰出女科学家奖。全国技能人才总量超 2 亿人，占就业人员比例超过 26%；高技能人才超过 6000 万人，占技能人才的比例达到 30%[②]。

2. 科创人才培育激励机制不断完善

完善人才评价和激励机制方面，中央深改委审议通过《关于深化院士制度改革的若干意见》，科技部等 9 部门印发《赋予科研人员职务科技成果所有权或长期使用权试点实施方案》，选择 40 家高等院校和科研机构开展试点，央企广泛实施科研攻关“赛马制”，加大人才评价和激励力度，实行以增加知识价值为导向的分配政策。为科研人

---

① 2022 年 12 月 30 日全国科技工作会议披露，http：//edu.people.com.cn/n1/2022/1231/c1006-32597546.html。

② 2022 年 6 月 2 日中华全国总工会召开新闻发布会披露，http：//www.scio.gov.cn/xwfb/qtxwfb/202209/t20220916_326532.html。

员松绑方面，科技部、财政部等五部门联合出台《关于开展减轻青年科研人员负担专项行动的通知》，部署减负行动3.0，保证青年科研人员科研时间。完善科研人员职务发明成果权益分享机制方面，全国人民代表大会完成修订《中华人民共和国促进科技成果转化法》，中共中央办公厅、国务院办公厅印发《关于完善科技激励机制的意见》。在成果方面，《纲要》实施以来发明专利产业化率整体呈稳步上升态势，2022年，我国有效发明专利产业化率增至36.7%，较2020年增加2个百分点。

但是，当前科创人才团队建设仍存在一定障碍。一是青年科学家、基础科研工作者的人才激励方式仍存在结构性问题。在顶尖学者待遇方面，我国已经与欧美国家处于同一水平，科研人员的薪酬收入平均水平居全行业前三位，但我国青年科学家、基础科研工作者的待遇与欧美国家相比仍有一定差距，不利于需要长期“坐冷板凳”潜心钻研的基础性学科研究人员以及尚未出成果的青年科学家发展。二是对国内外优秀科研人才的吸引力仍然不够。华裔科学家在美国科学界具有举足轻重的地位，在美国12万科学家中华人约有3万人，在美国拿到博士学位的中国人工智能研究员中，只有约10%的人员回国发展。科研环境、薪酬待遇制度不完善以及缺乏先进科研装备仍是当前我国科研人才流失、国际吸引力不足的主要原因，进而制约我国在关键领域的科研进程。三是“四唯”“五唯”在学术界依然存在。一方面，高校及科研单位缺乏量化可执行的科研人才评价标准，“破”易“立”难使得实质性的“破”难以推行；另一方面，很多地方科研单位有形资源或无形资源申报评价权重仍然依靠各种奖项及人才称号支撑。

（四）持续改革完善科技创新体制机制

社会主义市场经济条件下关键核心技术攻关新型举国体制进一步健全，探索型和任务导向型科技项目分类评价制度不断完善，赋予科研人员职务科技成果所有权或长期使用权、高等学校和科研院所薪酬制度改革、使命导向的科研院所管理改革等试点稳步开展。

1. 多项政策出台，深化科技管理体制改革

科技管理职能转变方面，2023年十四届全国人大一次会议后，我国组建中央科技委员会并重组了科技部，提升了对科技创新力量的统筹能力，更有效地推动健全新型举国体制。改革重大科技项目立项和组织管理方式方面，国务院提出《关于改革完善中央财政科研经费管理的若干意见》，为创新“松绑”，赋予科研人员更大的经费管理自主权。科技部出台《科技体制改革三年攻坚方案（2021—2023年）》就构建关键核心技术攻关高效组织体系、提升资源配置效率、深化科技激励机制作出了安排部署。建立健全科研机构现代院所制度方面，科技部、中央编办、财政部、人社部四部门联合印发《关于部分科研院所试点使命导向管理改革的通知》，聚焦重大基础性、战略性、前瞻性科研领域，选择部分院所开展使命导向的管理改革试点。

2. 多手段合力健全知识产权保护运用体制，知识产权保护运用体制更加健全

加强知识产权司法保护和行政执法方面，国务院出台《“十四五”国家知识产权保护和运用规划》《知识产权强国建设纲要（2021—2035年）》，描绘出我国加快建设知识产权强国的宏伟蓝图。国家知识产权局调整为国务院直属机构，优化管理机构，使知识产权从保护转向运用。构建知识产权保护运用公共服务平台方面，国家知识产权局正式开通线上专利业务办理系统，并加大力度建设国家级知识产权保护中心和快速维权中心，至2022年底已达到97家。国家专利导航综合服务平台正式启动，为产业搭建专利导航服务供需两端匹配撮合的枢纽桥梁。数据产权保护运用方面，中共中央、国务院印发《中共中央　国务院关于构建数据基础制度更好发挥数据要素作用的意见》，加快构建数据基础制度。在成果方面，2022年办理专利侵权纠纷行政案件5.8万件，办理维权援助申请7.1万件，受理纠纷调解8.8万件。全年专利商标质押融资额达4868.8亿元，连续3年保持40%以上增长①。PCT国际专利申请量突破7万件，稳居全球第一。

3. 积极促进科技开放合作，参与国际重大科创项目

融入全球创新网络方面，我国高质量举办中俄科技创新年，已与161个国家和地区建立科技合作关系，签署116项政府间科技合作协议，与有关国家建立十大创新对话机制，与非洲、东盟、拉美等建立七大科技伙伴计划。推进全球疫情防控和公共卫生等领域国际科技合作方面，“新冠肺炎治疗国际学术交流会”中国·美国·欧洲专场顺利举办，为助力全球抗击新冠疫情提供中国智慧和中国方案。主动设计和牵头发起国际大科学计划和大科学工程方面，我国在金砖国家、清洁能源部长级会议、亚太经合组织科技创新伙伴关系等机制中发起科技创新议题，正式成为平方公里阵列天文台成员国，参与国际热核聚变实验堆计划、平方公里阵列射电望远镜等国际大科学计划和工程取得重要成果。加大国家科技计划对外开放力度方面，自然科学基金委员会资助了一批与德国研究联合会、瑞士国家科学基金会、比利时弗兰德研究基金会、韩国国家研究基金会和埃及科学研究技术院等机构的国际合作交流研究项目。

但是，科技创新体制机制仍需进一步完善。

一是科创成果转化环境仍需要优化。虽然“十四五”期间我国已经通过立法改革，在法律方面对科技成果转化已经没有明显的制度障碍，但是高校及科研单位发明专利产业化率仍然不理想。科研单位发明专利产业化率为13.3%，而高校发明专利产业化

---

① 2023年4月24日，国务院新闻办公室新闻发布会，国家知识产权局局长申长雨、国家知识产权局副局长胡文辉、中央宣传部版权管理局局长王志成介绍2022年中国知识产权发展状况，https://www.gov.cn/lianbo/2023-04/24/content_5753009.htm。

率仅为3.9%①。一方面，专利数量虽多但质量堪忧。由于专利往往与政府专利补贴、资助和奖励政策以及职称评定、聘期考核、绩效奖励等挂钩，科研单位及高校以获得专利为目标而非使用专利创造经济价值。另一方面，科技成果转化链条存在“卡点”，如对于财政资金形成的科技成果所有权如何处置尚未明确规定，关于国有科研院所与跟投相关的指导文件尚未出台；高校、科研机构专家在项目研究方案制订、技术路线选择、科研经费管理、团队人员选聘、科研岗位设置、职称评审、绩效考评、薪酬福利及参与成果应用转化等市场主体活动方面的独立自主权仍然不够；缺乏实施专利产业化的高端专业人才、资金、设备和场地，科技成果转化在从样机到小规模应用测试阶段困难重重，制约科研人员创新创造的动力，也影响高校及科研单位研究成果的转化效率。

二是科技创新领域财政投入有效性还需提高。一些地方政府对科技研发和实践应用基本规律认识不够充分，造成一定的科研资金浪费，也产生“劣币驱逐良币”效应，使真正需要支持的科技创业项目难以孵化。芯片、区块链、元宇宙概念等热点领域均出现过资本炒作乱象。科研资源投入评价机制仍不够完善，导致科研资源向青年学者、创新方向探索的倾斜力度仍然不够，新技术、新理念萌芽生长缓慢，不利于基础科研领域的自由探索。

三、重大工程：关键领域及科研基础设施建设取得诸多进展

《纲要》设置“专栏2”，提出了在人工智能、量子信息、集成电路、脑科学与类脑研究、基因与生物育种、临床医学与健康、深空深地深海和极地探测7个科技前沿领域的攻关工程；设置“专栏3”，在战略导向型、应用支撑型、前瞻引领型、民生改善型4类国家重大科技基础设施等方面提出若干项重大工程。《纲要》实施以来，我国在科技前沿领域取得诸多成就，整体科技创新水平处于世界前列，一批重大科技基础设施正在建设或已完成建设，但是关键技术“卡脖子”情况依然严重，前沿领域研发原创性仍然不足，科研工具、关键零部件及原材料仍高度依赖进口，仍缺乏世界领先的重大科技基础设施。

（一）关键领域核心技术攻关取得多项进展

一系列重大项目及关键领域核心技术攻关取得进展。在集成电路、临床医学与健康等国外优势领域打破了国外垄断，实现部分自主可控和国产化替代，关键核心技术攻关取得突破。在5G和光通信、高速铁路等领域攻克一批重大关键核心技术。在前沿领域创造多个世界第一，处于世界先进水平，新一代人工智能、量子通信与量子计算机、脑科学与类脑研究、生物育种等“科技创新2030—重大项目”取得重要进展。多

① 国家知识产权局：《2022年中国专利调查报告》。

项“卡脖子”技术被攻克并实现产业化，核电机组关键部件实现整机国产化，腹腔镜手术机器人、体外膜肺氧合机、深海采矿等核心技术取得突破。战略高技术领域取得新突破，在深空深地深海和极地探测领域完成多个重大项目，打破多项世界纪录。中国空间站全面建成并开启长期有人驻留时代，“天问一号”火星探测器开展中国首次地外行星环绕、着陆、巡视探测，“羲和号”实现太阳探测零的突破（见表6）。

表6 “十四五”中期主要成果

研究领域	“十四五”中期主要成果
人工智能	国内制成首款基于Chiplet（芯粒）技术的AI芯片“启明930”，OpenXLab、天枢3.0等人工智能开源算法平台上线，文心一言、通义千问等语言大模型陆续问世
集成电路	国产集成电路设计工具已能够完整支持28nm及以上成熟工艺，DSP芯片项目、动态存储芯片项目、制造EDA、CMOS图像传感器、碳化硅金属氧化物半导体场效应晶体管、NAND Flash芯片及存储器等项目均打破了国外垄断，实现自主可控和国产化替代
临床医学与健康	发现新冠病毒逃逸抗病毒药物机制，国产新冠病毒mRNA、重组腺病毒、鼻喷流感病毒载体等新型新冠疫苗研发成功，具有自主知识产权的新冠病毒中和抗体联合治疗药物和新冠口服药阿兹夫定也获批上市，国产首台自主知识产权碳离子治疗系统投入临床应用
量子信息	首次在实验上实现了模式匹配量子密钥分发，在超导量子和光量子两个物理体系上构建量子计算原型机“祖冲之二号”和“九章二号”，利用量子精密测量技术实现新玻色子的超灵敏观测约束。176比特“祖冲之号”量子计算云平台上线投入使用
脑科学与类脑研究	率先重构了小鼠前额叶皮层的6357个单神经元全脑投射图谱，并成功揭示了载脂蛋白E导致阿尔茨海默病的全新机制
基因与生物育种	发现玉米和水稻增产关键基因，在实验室实现人工合成淀粉，培育出可栽种一次、多季收割的多年生水稻品种
深空深地深海和极地探测	“夸父一号”先进天基太阳天文台在酒泉卫星发射中心发射升空，“羲和号”实现太阳探测零的突破，“天问一号”开启火星之旅，“神舟十三号”与“天和”核心舱成功对接，我国迄今运载能力最大固体运载火箭“力箭一号”首飞成功，“海斗一号”全海深潜水器打破多项世界纪录、“深海勇士”号成功布设海底原位科学实验站，我国最大深海装备综合试验船“北调996”首航
油气勘探开发	“深海一号”实现1500米超深水油气田开发能力

尽管两年多来科技攻关步伐明显加快，部分领域取得重大突破，但当前我国自主创新能力仍然不强，特别是基础研究比较薄弱，关键核心技术受制于人的局面没有根本改变，制约着产业链供应链安全稳定和升级发展。一是重点前沿领域研发原创性仍然不足，高价值专利数仍然较少。在人工智能、集成电路等关键前沿领域，我国仍处于“补短板”和“跟随模仿”阶段。虽然我国人工智能专利的年申请数量已经是美国的3倍，学术会议出版物世界第一，但专利受理数仅为美国的1/4，学术会议文献被引用数仅为美国的1/2。我国大部分科技企业更愿意采取稳妥技术路线尽快实现技术的商业价值，而在基础研究领域积累不够，使得ChatGPT等一系列具有重大颠覆意义的人工智能科研成果往往是在美国取得突破后，我国科技企业才在近似技术路径上追赶。

二是科研工具、关键零部件及原材料仍高度依赖进口。Matlab、COMSOL 等关键科研软件仍无法完全实现国产替代，各大院校及科研机构高度依赖的 A100、H100、MI250 芯片被美国政府禁令“卡脖子”。科研软件被禁用使得科研团队即使有成果也难以在国际发表，重要实验原材料依赖进口导致科研成本较高，国产替代产品性能指标与进口产品还有一定差距。这些科研工具、关键零部件及原材料的缺失严重阻碍一些项目的科研进展。

（二）科技基础设施建设取得不小进展

重大科技基础设施加快建设。哈工大空间环境地面模拟装置、高效低碳燃气轮机试验装置等部分国家重大科技基础设施项目已竣工验收或投入使用，空间环境地基综合监测网子午工程二期、上海硬 X 射线自由电子激光装置项目等正在建设（见表 7）。

表 7 重大科技基础设施项目建设情况

类型	设施	已建成	建设中
战略导向型	空间环境地基监测网		子午工程二期初步建成，将在 2024 年完成验收及与一期工程融合
	高精度地基授时系统		西安高精度地基授时系统运控中心项目已开工建设
	大型低速风洞	大型连续式跨声速风洞 FL-62、8 米级低速风洞 FL-10 已投入使用	
	海底科学观测网	国家海底科学观测网监测与数据中心已于 2020 年封顶	
	空间环境地面模拟装置	哈工大空间环境地面模拟装置已基本建成	
	聚变堆主机关键系统综合研究设施	聚变堆主机关键系统综合研究设施 CRAFT 园区正式交付启用	
应用支撑型	高能同步辐射光源		怀柔 HEPS 储存环隧道设备安装工作正式启动
	高效低碳燃气轮机试验装置	高效低碳燃气轮机试验装置首套试验台位在江苏省连云港市顺利点火	
	超重力离心模拟与实验装置		预计 2024 年建成
	加速器驱动嬗变研究装置		加速器驱动嬗变研究装置（CiADS）于 2021 年 7 月正式启动建设，已取得阶段性进展
	未来网络实验设施	2021 年 10 月，CENI 首次面向全国公开征集创新实验需求，标志着设施的大门正式面向全社会打开	

续表

类型	设施	已建成	建设中
前瞻引领型	硬X射线自由电子激光装置		上海硬X射线自由电子激光装置项目4号工作井至5号工作井区间东线盾构顺利进洞。至此，该项目1号至5号工作井隧道全线贯通
	高海拔宇宙射线观测站	高海拔宇宙线观测站拉索（LHAASO）已在银河系内发现大量超高能宇宙加速器，并记录到能量达1.4拍（拍=千万亿）电子伏（eV）的伽马光子	
	综合极端条件实验装置	“综合极端条件实验装置”试运行，低温方面搭建的系统现已对外开放	
	极深地下低辐射本底前沿物理实验设施		已于2020年正式开工建设，预计2024年投入运行
	精密重力测量研究设施	精密重力测量国家重大科技基础设施24个装置及11个系统性能验收方案全部通过专家评审	
	强流重离子加速器装置		强流重离子加速器装置（HIAF）项目完成了磁合金高频、超导磁铁、全储能电源、极高真空薄壁真空室等系统核心关键技术样机及首台套设备测试，部分设备批量加工接近尾声
民生改善型	转化医学研究设施	转化医学国家重大科技基础设施（北京协和）转化医学综合楼启用仪式	
	多模态跨尺度生物医学成像设施	多模态跨尺度生物医学成像设施项目工程在北京怀柔科学城竣工	
	模式动物表型与遗传研究设施	模式动物表型与遗传研究设施“天蓬工程”在涿州竣工验收	
	地震科学实验场		已完成野外站点踏勘、地形图测绘、地灾风险和压覆矿产评估调查、用地手续办理、工程勘察等工作
	地球系统数值模拟器	中国“地球系统数值模拟装置”通过国家验收正式开放运行	

但是，我国仍缺乏具备原创科学思想和科学设计、世界领先甚至独创独有的重大科技基础设施。科技基础设施建设与西方发达国家相比仍然不足，一些关键技术来源于国外，性能指标也存在差距，制约了关键领域科研进展，特别是基础科研领域。

四、新时期实施创新驱动发展战略面临的新形势新要求

“十四五”期间，国际形势迅速变化，中美在科技方面的竞争逐渐多于合作，美国政府加大对科研领域的政策干预力度，意图锁死我国科研以保持其科技霸权。未来一段时期，世界新一轮科技革命和产业变革孕育重大突破，一些国家对我国技术封锁局面难以改变，必须加快突破关键核心技术，实现高水平科技自立自强，避免技术和产业被锁定在中低端。经济高质量发展也对创新驱动发展战略提出了新的要求，我国需要走在创新型国家前列，以更高水平的科技自立自强实现中国式现代化。

（一）中美关系将处于长期的竞争与博弈状态

一是中美摩擦持续演化升级。“十四五”期间，中国崛起与美国霸权主义之间的根本矛盾使得中美竞争和摩擦持续升温，呈现多点爆发、打击精准化、冲突常态化、竞争复杂化的特点。美国总统拜登上任后称中国为“最严峻的竞争者”，对美国的繁荣、安全和民主价值观构成挑战，将中国视为其在科技竞争领域的头号竞争对手，强调通过战略、经济、外交、科技等手段同中国开展竞争，扼杀我国发展势头。

二是美国在科技领域对我国实行立体式、全方位遏制封锁。第一，通过立法加大对科技管制力度，出台《2021 年美国创新和竞争法案》和《美国 2022 年芯片和科学法案》，在人工智能与机器学习、高性能计算、半导体、量子信息科学与技术等十大关键技术领域加大对我国的封锁力度，特别是在芯片领域，逼迫企业选边站队，限制企业在中国的投资发展；第二，阻碍我国获取先进芯片技术，对中国半导体产业的短板进行打击，禁止荷兰 ASML 公司向我国出口先进光刻机，对先进芯片计算机辅助电子设计工具等技术实施出口管制；第三，不遗余力地锁死我国原始创新能力，通过列入出口管制“实体清单”、禁售关键芯片、封锁科研软件等方式，阻碍我国算力提升进而阻碍我国在人工智能、高端芯片、云计算等领域的发展以及基础学科的研究；第四，施压日本、韩国等盟友国家及我国台湾地区共同封锁我国大陆科研，阻碍我国科创领域对外合作；第五，加大人才争抢力度，发布新计划吸引专攻科学、技术、工程和数学专业的国际学生以及压制我国高层次人才回流。

三是美国科技封锁也迫使我国抛弃幻想，实现科技自强。面对美国的封锁，我国从政府、科研院所到企业从困难中认识到不能对西方国家政策风向、“科技无国界”和“拿来主义”抱有幻想，必须加快科技自立自强步伐，解决外国“卡脖子”问题，特别是意识到基础研究的重要性。同时，美国的单方面“断供”也为国产替代产品让出国内市场，给我国自研产品的发展壮大创造机遇。

（二）新一轮科技革命正在重构世界格局

一是新一轮科技革命和产业变革突飞猛进，带来前所未有的机遇和挑战。科学发展进入大科学时代，基础研究组织化程度越来越高，学科交叉融合不断发展，科学研究范式发生深刻变革，科学技术和经济社会发展加速渗透融合，基础研究转化周期明显缩短，国际科技竞争向基础前沿移动。前沿技术呈现多点突破态势，正在形成多技术群相互支撑、齐头并进的链式变革。科技创新呈现多元深度融合特征，“人—机—物”三元融合加快，物理世界、数字世界、生物世界的界限越发模糊。颠覆性创新呈现几何级渗透扩散，以革命性方式对传统产业产生“归零效应”，科技创新日益呈现高度复杂性和不确定性。当前，在科创方面的政策失误造成的不利影响将远大于先前任何时期、任何领域的失误。

二是一批颠覆性技术即将突破，科技创新成为大国博弈的主战场。世界主要国家都在前瞻部署未来科技与未来产业，试图抢占新领域新赛道发展先机。我国越来越多的重要领域接近或者处于世界科技前沿，通过持续开展原创性引领性科技攻关，部分“卡脖子”问题也会迎刃而解。人工智能、量子信息、可控核聚变、脑科学等领域近年来新进展不断，其中任何一个领域的颠覆性技术突破都将对全人类社会经济发展产生重大冲击。ChatGPT的出现和快速发展预示着人工智能超越人类智力的“奇点”即将到来，一方面将带来生产力的巨大提升，另一方面也可能对就业、社会伦理和安全等问题带来重大影响和冲击。这些前沿方向的突破也将深刻地导致大国竞争力量的变化，而我国科技发展将逐渐进入并行、领跑阶段，必然受到西方国家的封锁、阻碍、迟滞，可能使我国科技及经济水平再次与西方国家拉开距离。

（三）中国式现代化和经济高质量发展提出新要求

一是科技创新在中国式现代化建设全局中居于核心地位。党的二十大报告提出，到2035年，我国应实现高水平科技自立自强，进入创新型国家前列，对创新驱动发展战略的实施提出了更高的要求。报告同时指出，教育、科技、人才是全面建设社会主义现代化国家的基础性、战略性支撑。我们能不能如期全面建成社会主义现代化强国，关键看科技自立自强。只有将科技命脉牢牢掌握在自己手中，才能够保障我国发展的独立性、自主性、安全性，催生更多新技术新产业新模式新业态，以科技创新的主动赢得国家发展的主动。

二是加快实现高水平科技自立自强，是推动高质量发展的必由之路。“十四五”期间，经济下行压力加大，内部单纯依靠增加要素数量驱动经济增长的“外延型”经济增长方式已经无法满足我国的需求，加之外部中美脱钩、产业转移等问题，使我国必须通过加快构建新发展格局，着力推动高质量发展。在激烈的国际竞争中，我国开辟发展新领域新赛道、塑造发展新动能新优势必须依靠科技创新，推动经济高质量发展，必须进行产业转型升级，而实施创新驱动发展战略，加快实现高水平自立自强，是进行产业转型升级的必要条件。唯有推进以科技创新为核心的全面创新，高质量发展、高效能治理才能水到渠成，进而创造出高品质生活。

五、“十四五”期间进一步实施好创新驱动发展战略的政策建议

全面贯彻落实党的二十大精神，完善科技创新体系，坚持创新在我国现代化建设全局中的核心地位。加快实施创新驱动发展战略，加快实现高水平科技自立自强。深入实施人才强国战略，培养造就大批德才兼备的高素质人才。一是健全新型举国体制，强化国家战略科技力量，优化配置创新资源；二是强化基础领域研究，集中力量解决外国“卡脖子”问题；三是实现科教兴国战略、人才强国战略、创新驱动发展战略有效联动；四是强化企业创新主体地位，打造创新创造的生力军；五是进一步扩大国际科技交流合作，加强国际化科研环境建设。

（一）健全新型举国体制，强化国家战略科技力量，优化配置创新资源

一是发挥新型举国体制优势，全力推进重点领域和战略性产品核心技术攻关。十四届全国人大一次会议后，我国组建中央科技委员会，加强了党对科技工作的集中统一领导，有助于构建协同攻关的组织运行机制，高效配置科技力量和创新资源，强化跨领域跨学科协同攻关，形成关键核心技术攻关强大合力。重组科技部将优化其职能，专注为国家提供科技战略和科技政策的主业，聚焦国家基础研究和应用基础研究。要坚持“四个面向”，坚持目标导向和自由探索“两条腿走路”，加强顶层设计与统筹，把握科技发展趋势和国家战略需求，加强对国家战略科技任务和重大科研项目的提前规划，强化基础研究前瞻性、战略性、系统性布局。加大研发经费投入力度，特别是保证基础研究的科研经费持续加大，统筹布局战略科技力量，协调更多资源投入科技创新，支持重点学科、新兴学科、冷门学科和薄弱学科发展，推动学科交叉融合和跨学科研究。处理好新型举国体制与市场机制的关系，既要充分发挥新型举国体制在关键核心技术攻关中的作用，也要突出市场在科技创新中的基础作用。

二是加快推进“科技创新 2030—重大项目”实施，稳步推进国家实验室建设，提高大科学装置使用效率。要加大对重大科技基础设施规划建设及大科学装置的投入力度。完善大科学装置管理机制，加强顶层设计和设施预先研究的前瞻布局，加快制定科学、合理的大科学装置布局规划，将国家的战略需求、科技规划与科研机构的自身发展相结合。深化评价体制机制的改革，为原创性成果的产生营造良好的环境。在可能发生突破性进展的领域，加强原理性探索、概念性设计或关键部件研制等预研工作。要系统提升重大科技基础设施对基础研究、重点领域的服务支撑能力。一方面，要加强开放共享，做好设施升级和实验新方法、实验新技术的创新，提高设施本身的运行服务能力；另一方面，组织多设施、多科研单位形成一体化团队协同创新，加快对重大瓶颈科学问题的攻关和对基础科学理论的验证。大科学装置工程建设及运行期间，

国家和省级层面应分别给予持续稳定的经费支持，创新人员经费保障机制，解决建设运营期间人员等方面的经费问题。

三是进一步深化科技体制改革，形成支持全面创新的基础制度。要健全符合科研规律的科技管理体制和政策体系，从体制上增强科技创新和应急应变能力。加快把集中力量办大事的制度优势转化为创新发展新动能。发挥新型举国体制优势，坚持问题导向，聚焦重大科研、勇于战略创新，建立快速响应的数字化管理体制和高效能科技创新统筹协调机制，强化科技创新政策的整体协同和有效衔接，把我国超大规模市场优势与国家重大战略需求紧密结合起来，加强跨区域、跨部门、跨学科整合创新资源，提高科研投入产出效率，催生更多新技术新产业，提升国家创新体系整体效能。构建更加符合科技创新发展规律的现代化科技管理方式，把转变政府职能作为科技管理体制改革的重要任务，形成更加适应科技进步和技术创新的管理方式，加强产学研融合和开放式创新，引导企业加大前瞻性和应用性基础研究投入，加强知识产权法治保障，加速科研成果产业化。健全科技成果转化机制，探索赋予科研人员职务科技成果所有权或长期使用权，提高科研人员收益分配比例。

（二）强化基础领域研究，集中力量解决外国“卡脖子”问题

一是集聚力量进行原创性引领性科技攻关，坚决打赢关键核心技术攻坚战。要充分发挥体制优势，综合运用多种手段，尊重科学规律、经济规律和市场规律，加大对重点领域的科研攻关力度，强化科研攻关规划，对基础科学和“卡脖子”技术、科技仪器设备、操作系统和基础软件、零部件及原材料等方面加大投入力度，集中力量，发挥优势，实现重点突破，确保未来关键工具、产品不断供，争取能“互卡脖子”，以尽快走出受制于人的困境。

二是加快实施一批具有战略性全局性前瞻性的国家重大科技项目，增强自主创新能力。持续加大对人工智能、集成电路、量子信息、脑科学与类脑研究、基因与生物育种、临床医学与健康、深空深地深海和极地探测等前沿领域国家重大科技项目的支持力度。发挥新型举国体制优势，充分调动各方积极性，协同攻克关键技术。

三是强化基础研究前瞻性、战略性、系统性布局，稳步增加财政资金用于基础研究经费支出。要优化国家科技计划基础研究支持体系，建立完善竞争性支持和稳定性支持相结合的基础研究投入机制，提高应用研究经费支出效益。完善基础研究项目组织、申报、评审和决策机制，实施差异化分类管理和国际国内同行评议，组织开展面向重大科学问题的协同攻关，鼓励自由探索式研究和非共识创新研究。

四是提升科技投入效能，深化财政科技经费分配使用机制改革，激发创新活力。优化科研经费使用、管理方式和科技评价制度，推行基础研究领域经费“包干制”，进一步放宽基础研究科研成果评价周期。一方面，要赋予科技领军人才更大的人财物支配权和技术路线选择权；另一方面，要加强科研费用使用的评价和监督工作，对科研

费用的使用要进行科学、审慎的评估规划，组织进行公正、专业、多元的评审，确保项目设置的科学性，特别需要加强经费使用事中、事后监督。优化专家评审决策机制，确保评审专家的公正性。改进和优化科研资助的方式与形式，精准立项，提高科研经费利用质效，把有限的资源用在关键领域。

（三）实现科教兴国战略、人才强国战略、创新驱动发展战略有效联动

一是加快建设国家战略人才力量，完善国家重点领域紧缺人才、职业早期青年人才培养机制。实施更加积极、开放、有效的人才政策，完善人才战略布局。要加大各类人才计划对基础研究人才的支持力度，培养使用战略科学家，支持青年科技人才挑大梁、担重任，不断壮大科技领军人才队伍和一流创新团队。在基础研究领域要抱定久久为功的信念，保持长期稳定的经费投入，积极支持试错，切忌急于求成。要加强科研学风作风建设，引导科技人员摒弃浮夸、祛除浮躁，坐住坐稳“冷板凳”。完善基础研究人才差异化评价和长周期支持机制，构建符合基础研究规律和人才成长规律的评价体系，特别是对青年科学家、基础科研工作者、国外来华学者的研发经费和薪资待遇加大财政支持保障力度。

二是深化人才管理和使用制度改革，充分发挥科研人员创新潜力，制定具有国际竞争力的创新人才吸引政策。加快建设世界重要人才中心和创新高地。构建与国际规则接轨的境外科技人才创新创业环境，鼓励国际科技组织来华设立研究机构。营造开放包容的优质工作生活环境，建立以信任和包容为基础的科技创新人才工作制度，简化科研项目的过程管理。全球招聘科研人才，畅通科技人才签证、永久居留渠道。

三是加快建设国家战略人才力量。坚持走基础研究人才自主培养之路，深入实施“中学生英才计划”“强基计划”“基础学科拔尖学生培养计划”，优化基础学科教育体系，发挥高校特别是“双一流”高校基础研究人才培养主力军作用，加强国家急需高层次人才培养，源源不断地造就规模宏大的基础研究后备力量。

（四）强化企业创新主体地位，打造创新创造的生力军

一是强化企业创新主体地位，出台实施推动创新链产业链资金链人才链深度融合的政策举措，支持专精特新企业发展，完善国有资金投入创新的考核机制，加大高校、科研院所的科技资源向企业特别是民营企业开放力度，健全知识产权保护制度体系。优化使用首台（套）产品、重点新材料首批次保险补偿等机制。搭建企业引才和“产学研”共建交流平台，鼓励企业与科学家开展合作攻关。建设能够提供专业发明评估、质量管理、市场分析、商业推广、交易估值、谈判签约等系列服务的高水平科技成果转化服务机构，形成技术和资本对接的桥梁。强化引导与保障，组织公益性科技创业培训，补足科学家创业认知盲区，优化创新创业政策及法律体系，完善企业与科学家合作的工作机制。

二是营造有利于科技型中小微企业成长的良好环境。减轻企业科技创新风险，加

大支持企业承担或参与国家和地方重大科技专项、重点研发计划等项目的扶持额度，在享受研发费用加计扣除方面给予特殊优惠政策。加大土地、金融等要素供给，通过设立成果转化基金等方式助力企业科技成果转化，引导资本投入科技创新。扩大企业科技规划参与度，吸收科技企业专家参与科技规划制定、计划指南编制、政策方案论证以及项目评审、预算评估、结题验收等环节，扩大企业在科技创新领域的影响力。

（五）进一步扩大国际科技交流合作，加强国际化科研环境建设

加强开放共享，促进高水平国际科技合作。面对西方国家的封锁，我国比以往任何时候都更需要国际合作和开放共享。要构筑国际基础研究合作平台，努力拓展合作范围、方式和渠道，争取国际支持。设立面向全球的科学研究基金，围绕重大科技基础设施的建设和运行，主动设计和牵头发起国际大科学计划和大科学工程，拓展和深化中外联合科研。前瞻谋划和深度参与全球科技治理，参加或发起设立国际科技组织，支持国内高校、科研院所、科技组织同国际对接。要努力增进国际科技界开放、信任、合作，以更多重大原始创新和关键核心技术突破为人类文明进步作出新的更大贡献，并有效维护我国的科技安全。

第三章　加快发展现代产业体系，巩固壮大实体经济根基

发展现代产业体系，推动经济体系优化升级，既是建设现代化经济体系、推动经济高质量发展的必然要求，也是重塑我国产业竞争新优势、构建新发展格局的重要举措。《纲要》提出，坚持把发展经济着力点放在实体经济上，加快推进制造强国、质量强国建设，促进先进制造业和现代服务业深度融合，强化基础设施支撑引领作用，构建实体经济、科技创新、现代金融、人力资源协同发展的现代产业体系。两年多来，党中央、国务院及有关部委陆续印发《“十四五”数字经济发展规划》《“十四五”现代能源体系规划》《“十四五”生物经济发展规划》《国家公路网规划》《“十四五”现代流通体系建设规划》《“十四五”智能制造发展规划》等重磅文件，各地政府积极制定本地区产业规划文件并加以落实，同时推动重大工程建设。经过两年多努力，我国现代化产业体系建设取得积极成效。

从重大目标看，战略性新兴产业持续快速发展，规模质量齐升；能源绿色低碳转型持续推进，非化石能源消费比重显著提高；能源综合生产能力满足规划目标序时进度；数字基础设施规模能级大幅提升。

从重大举措看，我国坚持把发展经济着力点放在实体经济上，推动制造业高端化、智能化、绿色化发展，加快建设制造强国；深入实施工业强基工程和产业基础再造工程，产业链供应链韧性和安全水平不断提升；积极培育先导性和支柱性产业，推动战略性新兴产业融合化、集群化、生态化发展；前瞻谋划布局一批未来产业，加快形成新质生产力；优质高效、结构优化、竞争力强的服务产业新体系加快构建；系统完备、高效实用、智能绿色、安全可靠的现代化基础设施体系加快建设。

从重大工程看，制造业核心竞争力、交通强国建设重点工程、现代能源体系建设工程、国家水网骨干工程均扎实有序推进，预计能如期完成。

但同时也要看到，我国工业基础能力依然薄弱；产业链不稳、不强、不安全的问题仍较为突出；制造业仍面临补短板和防止过快转移的双重挑战；新兴产业市场竞争力、经济效益、集群国际竞争力有待提升；生产性服务业与制造业融合发展的范围不够广、程度不够深、水平不够高；生活性服务业有效供给不足、便利共享不够、质量标准不高等痛点问题仍待解决；现代服务业开放程度、质量等短板问题亟待破解；新型基础设施建设某些环节和领域还不足以满足国家发展和安全保障要求；交通强国建

设仍存在发展不平衡、不充分、不协调的问题；面临能源安全风险多元化和能源转型成本持续增高等挑战；防洪、供水、生态文明基础设施建设等方面还存在薄弱环节。

展望“十四五”后半期，世界百年未有之大变局加速演进，新一轮科技革命和产业变革深入发展，全球产业结构和布局深度调整，大国竞争和博弈日益加剧，世界进入新的动荡变革期，这些形势对我国进一步实施规划提出了挑战和要求。

根据新的发展形势要求，着眼于推动更好地实施规划，建议做好以下工作：一是推进产业基础能力高级化、产业链现代化，提高产业链韧性和战略性资源保障能力；二是推动战略性新兴产业融合集群发展，打造引领高质量发展强大动力源；三是构建优质高效的服务业新体系，推动现代服务业同先进制造业、现代农业深度融合；四是加快发展数字经济，推进数字经济和实体经济深度融合发展；五是加快构建现代化基础设施体系，夯实经济高质量发展之基；六是优化产业生态，推动创新链产业链资金链人才链深度融合。

一、重大目标：战略性新兴产业、非化石能源消费目标进展顺利，数字基础设施规模能级大幅提升

《纲要》提出，“十四五”期间，我国战略性新兴产业增加值占 GDP 比重超过 17%，非化石能源占能源消费总量比重提高到 20%左右，能源综合生产能力超过 46 亿吨标准煤。从实施情况看，战略性新兴产业有望如期实现预期目标；非化石能源消费量占能源消费总量的比重有望如期实现预期目标；能源综合生产能力满足规划目标序时进度；数字基础设施规模能级大幅提升。

（一）战略性新兴产业持续快速发展，规模质量齐升

产业发展规模实现持续快速增长。2021 年，我国战略性新兴产业增加值 15.3 万亿元，占 GDP 比重为 13.4%，比 2020 年提高 1.7 个百分点，高技术制造业增加值同比增长 7.4%，增速比 2020 年加快 0.3 个百分点[①]。部分产业、企业的实力、竞争力和影响力明显提升。我国新能源发电装机量、新能源汽车产销量、智能手机产量、海洋工程装备接单量等均位居全球第一；新一代移动通信、核电、光伏、高铁、互联网应用、基因测序等领域均具备世界领先的研发水平和应用能力。全球独角兽企业中，中国企业总数达到 356 家，位列全球第二。2021 年高新技术产品出口交货值 9795.8 亿美元，较 2020 年增加了 2028.80 亿美元，同比增长 26.12%。[②] 一批新的增长引擎正加速培育。空天海洋领域的新型飞行器及航天器、新一代作业平台和空天一体化观测系统，信息网络领域的量子通信和泛在安全物联网，生命科学领域的合成生物和再生医学技

---

① 国家发展改革委《战略性新兴产业十年成就回顾》，https：//www.ndrc.gov.cn/wsdwhfz/202302/t20230221_1349104_ext.html。

② 同上。

术，核技术等领域的新一代核电装备和小型核动力系统、民用核分析与成像等，新能源领域的氢能产业链，都将成为未来发展的增长点。

（二）能源绿色低碳转型持续推进，非化石能源消费比重显著提高

“十四五”以来，我国高度重视能源低碳发展，积极推进能源消费、供给、技术、体制革命，各地区、各部门围绕能源绿色低碳发展制定了一系列政策措施，推动太阳能、风能、水能、生物质能、地热能等清洁能源的开发利用取得了明显成效。2022 年，非化石能源发电装机容量 12.7 亿千瓦，同比增长 13.8%，占总装机比重上升至 49.6%；非化石能源消费量占能源消费总量的比重为 17.5%，比“十三五”末提高 1.6 个百分点；清洁能源产业形成全球领先优势，光伏、风电关键零部件占全球市场份额为 70%，能源转型向纵深推进①。

（三）能源综合生产能力满足规划目标序时进度

2022 年煤炭产量达到 45.6 亿吨②，较 2020 年增加 6 亿吨，原油产量 2.04 亿吨，天然气产量 2201 亿立方米③，满足 2022 年全国能源生产总量达到 44.1 亿吨标准煤目标。2023 年全国能源生产总量达到 47.5 亿吨标准煤左右，可满足《纲要》提出的 46 亿吨目标。

（四）数字基础设施规模能级大幅提升

截至 2023 年 8 月底，累计建成开通 5G 基站 313.8 万个，5G 用户达 5.61 亿，覆盖全国所有地级市城区和县城，全球占比均超过 60%。全国 110 个城市达到千兆城市建设标准，千兆光网具备覆盖超过 5 亿户家庭能力。移动物联网终端用户数达到 18.45 亿户，成为全球主要经济体中首个实现“物超人”的国家。5G、千兆光纤、移动物联网终端、互联网协议第六版（IPv6）活跃用户数分别超过 7.3 亿户、1.4 亿户、22.2 亿户、7.6 亿户。国家算力网络加快构建，“东数西算”工程全面实施，算力总规模居世界第二位。

二、重大举措：制造强国加快推进，先进制造业和现代服务业深度融合，新质生产力加快形成，基础设施支撑引领作用不断强化

《纲要》提出四项重大举措：一是深入实施制造强国战略；二是发展壮大战略性新兴产业；三是促进服务业繁荣发展；四是建设现代化基础设施体系。经过两年发展，

---

① 国家统计局，《中华人民共和国 2022 年国民经济和社会发展统计公报》，https://www.stats.gov.cn/sj/sjjd/202302/t20230228_1919011.html。

② 《中国煤炭工业协会：2022 年中国煤炭工业经济运行报告》，https://finance.sina.com.cn/tech/roll/2023-07-21/doc-imzckraz8746625.shtml。

③ 国家能源局，《2022 年我国原油产量 2.04 亿吨　今年将继续推动油气增产增供》，http://www.nea.gov.cn/2023-02/10/c_1310696633.htm。

我国制造业高质量发展，新质生产力加快形成，服务产业新体系构建、现代化基础设施体系建设取得阶段性成果。但也要看到，我国工业基础能力依然薄弱；产业链不稳、不强、不安全的问题仍较为突出；制造业仍面临补短板和防止过快转移的双重挑战；新兴产业在全球中高端市场占有率较低，关键核心技术仍受制于人；生产性服务业与制造业融合发展的范围不够广、程度不够深、水平不够高；生活性服务业有效供给不足、便利共享不够、质量标准不高等痛点问题仍待解决；新型基础设施建设某些环节和领域还不足以满足国家发展和安全保障要求。

（一）深入实施制造强国战略，推动制造业高质量发展

1. 部分基础领域追赶步伐不断加快，工业基础能力依然薄弱

一是实施工业强基工程和产业基础再造工程，产业基础能力稳步提升。轨道交通、电力装备、航空航天用铝合金、高性能纤维及复合材料等一批关键的基础产品和材料实现规模化应用，基础产品的可靠性、一致性和稳定性明显提升。二是高端产业和重大技术装备创新发展攻关取得积极成效。C919 大型客机投入商业运营，F 级 50 兆瓦重型燃气轮机投产，国产核心共振仪器实现量产，光伏电池、组件产量全球占比分别达到 90.3%和 84.8%。三是产业基础支撑体系不断健全。截至 2022 年底，我国已布局建设了动力电池、增材制造等 22 个国家级制造业创新中心和硅基混合集成等 2 个国家和地方共建制造业创新中心，推动建设 200 多个省级制造业创新中心，支持建设了 125 个产业技术基础公共服务平台、29 个新材料的重点平台①。

但同时也要看到，我国基础原材料、核心制造装备、基础工艺、工业软件等核心工业的基础能力还很薄弱，在研发、制造、质量、服务等方面与发达国家还存在一定差距，制约产业国际竞争能力提升。一是基础环节存在一些关键短板。我国在高档数控机床、机器人、集成电路及专用设备、飞机和航空发动机、高性能医疗器械等领域与主要制造强国差距明显。我国的关键基础材料有 32%仍为空白，有 52%依赖进口。二是支撑平台和生态亟待优化。我国重大科技基础设施发展水平与先进科技强国相比存在较大差距，与创新驱动发展战略需求也还有较大距离，一些领域或重要方向的设施布局仍为空白，设施体系的完整性、总体规模、技术水平等都还有较大提升空间。人才、数据、资金等产业基础要素存在供给瓶颈。三是体制机制制约较为突出。基础领域长效支持政策不足，关键共性技术供给机制有待完善，产学研协同发展机制不畅。

2. 产业链供应链韧性和安全水平不断提升，产业链不稳、不强、不安全的问题仍较为突出

一是多措并举增强产业链供应链的核心竞争力，研发投入强度持续增加。2022 年，

---

① 中共中央宣传部举行党的十八大以来工业和信息化发展成就发布会，http：//www.scio.gov.cn/xwfbh/xwbfbh/wqfbh/47673/48356/index.htm。

我国基础研究经费支出为 1951 亿元，比上年增长 7.4%，占研发经费比重为 6.32%，连续 4 年保持 6%以上的水平，为我国原始创新能力不断提升发挥了积极作用[①]；我国累计培育专精特新中小企业 9.8 万多家、专精特新“小巨人”企业 1.2 万家、制造业单项冠军企业 1200 家[②]；重点研发计划 79 个专项全面展开，在系列关键核心领域取得重大技术突破。二是应急产品生产保障能力增强。2022 年 1—10 月，全国采矿业固定资产投资同比增长 8.1%，增速较 2021 年同期提高了 3.1 个百分点，比全国固定资产投资高 2.3 个百分点[③]。矿产品生产总体平稳，2022 年，除粗钢、水泥等与基础设施建设相关的矿产品产量出现减少外，其他主要矿产品生产继续保持增长。新冠疫苗、药物等重点医疗物资供应保障有力有效。三是重点区域产业集聚化培育成效显著，重大生产力布局优化。依托优势开发区、产业园区建设了 445 个国家新型工业化产业示范基地，涵盖装备制造、原材料、电子信息、软件和信息服务等重点行业和领域，创造了全国近三成工业增加值、三成以上进出口额，规模以上工业企业利润总额占全国比重近 45%，成为引领带动区域产业差异化、特色化发展的优质载体。重点培育的 25 个先进制造业集群主导产业产值近 10 亿元，集聚了规上企业 2.5 万家。2022 年上半年，25 个集群完成产值 6.2 万亿元，较上年同期增长 6.1%，成为引领带动区域制造业高质量发展、提升产业竞争力的重要力量[④]。“东数西算”工程全面启动，西部地区数据产业迎来发展新机遇。

但同时也要看到，在全球产业链重构和大国博弈的背景下，我国产业链不稳、不强、不安全的问题仍较为突出。一是产业附加值不高，创新力、控制力不强。尽管近年来我国产业升级稳步推进，但以价值链中低端为主的格局尚未得到根本性改变。以机床行业为例，我国机床行业规模居世界第一位，但高档数控机床仍主要依赖进口，关键零部件主要来自德国、日本相关企业。在不少重要的高附加值产品上，我国还没有系统性重大突破，很多高附加值产品的全球份额还比较低。尽管近年来我国隐形冠军企业数量有了明显增加，但与美日德等制造强国相比仍有比较大的差距。二是不少产业面临“卡脖子”风险。当前，我国产业链供应链尚存在部分领域核心基础零部件、关键技术和设备、关键基础材料严重依赖进口，质量技术基础不扎实、共性技术创新体系缺失等问题。受新冠疫情冲击和乌克兰危机的影响，欧美同盟“向心力”增强，联手对外加大技术和物资封锁。以美国为代表的发达国家提出“再工业化”战略，影

---

① 国新办新闻发布会，《深入实施创新驱动发展战略，加快建设科技强国》，https：//www.most.gov.cn/xwzx/twzb/fbh23022401/twzbwzsl/202302/t20230224_184732.html。

② 中国政府网，《我国已培育专精特新中小企业 9.8 万家》，https：//www.gov.cn/lianbo/bumen/202307/content_6894429.htm。

③ 《2022 年中国矿产资源形势回顾与展望》，http：//zrzy.hebei.gov.cn/heb/gongk/gkml/kjxx/kjfz/10847567628557893632.html。

④ 工业和信息化部举行“新时代工业和信息化发展”系列新闻发布会，https：//baijiahao.baidu.com/s?id=1744806212053662806&wfr=spider&for=pc。

响到我国产业链供应链的完整性和可控性。

3. 制造业不断做强做优做大，仍面临补短板和防止过快转移双重挑战

一是坚持把发展经济着力点放在实体经济上，制造业高端化、智能化、绿色化发展步伐加快。工业互联网已经全面融入45个国民经济大类，具有影响力的工业互联网平台超过240家。工业绿色低碳转型稳步推进，2022年规模以上工业单位增加值能耗同比增长3.6%；高技术制造业增加值同比增长7.4%，高于制造业增加值增速4.4个百分点。新产品产量保持高速增长，特别是新能源汽车连续8年保持全球第一，产销同比分别增长96.9%和93.4%。[①] 二是先进制造业集群提质升级步伐明显加快。2022年，45个国家级集群总产值突破20万亿元[②]，在稳定工业经济发展、提高制造业核心竞争力、推动制造业高质量发展方面发挥了关键作用。三是工业品质不断迈向中高端。实施增品种、提品质、创品牌的“三品”专项行动，功能化的纤维、生物基的纤维等产品走进千家万户，智能终端、智能家电等不仅满足国内多样化需求，还畅销海外；家电、制鞋等领域与国际标准的一致性程度达到95%以上，我国有超过四成产品的产量居世界第一位。

虽然我国制造业转型升级取得较大成效，但仍面临补短板和防止过快转移的双重挑战。一是面对消费升级和社会需求层次的提升，产业结构不合理、低端产能过剩等制造业发展的现实与之明显不相匹配，高端产业发展和高质量产品供给存在不平衡不充分问题。二是尽管我国在智能制造和工业互联网领域取得显著成效，但不同地区、不同类型企业的推动情况仍有很大差异，大量产业仍需要持续推进信息化、智能化、数字化改造，推动生产方式变革，为产业赋能，进而提高企业生产效率。三是当前我国制造业规模已经全球领先，但制造业整体仍处于全球价值链中低端水平，产品和服务质量不高，国内市场和生产主体的良性循环尚未完全形成，产业链整体水平发展不平衡不充分。四是2023年我国制造业增长比2022年有较大回升，但转移到国外的先进生产能力和创新能力，仍将是我国制造业的重大损失。

（二）培育发展战略性新兴产业和未来产业，加快形成新质生产力

1. 新兴产业体系新支柱不断构筑，市场竞争力、经济效益、集群国际竞争力有待提升

“十四五”以来，我国战略性新兴产业发展起步良好，呈现出发展势头良好、创新驱动作用增强、质量效益明显提升、集群发展态势逐步显现等新趋势新特点。

一是新兴产业规模占比不断扩大。2021年，战略性新兴产业增加值占GDP比重为

---

① 国务院新闻办公室《2022年工业和信息化发展情况》新闻发布会，http://www.scio.gov.cn/xwfbh/xwbfbh/wqfbh/49421/49502/index.htm。

② 《人民日报》头版关注：《45个国家级集群产值超20万亿元》，https://finance.sina.com.cn/jjxw/2023-04-02/doc-imynxsvn3648238.shtml?cref=cj。

13.4%，比上年提高1.7个百分点，其中，规模以上工业战略性新兴产业增加值比上年增长16.8%，比规模以上工业增加值增速快7.2个百分点；高技术制造业增加值比上年增长18.2%，比规模以上工业增加值增速快8.6个百分点，占规模以上工业增加值的比重达15.1%。① 二是部分产业、企业的实力、竞争力和影响力明显提升。我国新能源汽车产销量、新能源发电装机量、船舶与海洋工程装备国际市场份额等稳居全球第一位。新一代移动通信、核电、光伏、高铁、互联网应用、基因测序等领域也均具备世界领先的研发水平和应用能力。2022年世界500强榜单中，中国的战略性新兴产业企业有35家。在最新评出的全球独角兽企业中，中国企业总数达到356家，位列全球第二。三是融合集群基础不断夯实。我国战略性新兴产业初步形成以长三角、环渤海、珠三角以及长江中上游等四大产业集聚区的发展格局，首批66个国家级战略性新兴产业集群已成为区域发展新引擎，数十个千亿产业集群正在加速崛起。截至2022年第二季度，我国两化融合指数大幅提升。全国工业企业关键工序数控化率、数字化研发设计工具普及率分别达到55.7%、75.1%。②

然而，整体来看，我国战略性新兴产业市场竞争力、经济效益、集群国际竞争力有待提升。一是行业企业间发展不平衡，协同融合创新效率不高，市场竞争力有待提升。重点行业、龙头企业对产业链创新链引领带动作用不足，缺乏对关联行业、产业链上下游的整合协调能力，生态链条不够完整顺畅。中小企业往往由于企业规模较小、研发资金欠缺、自主研发能力不足，高技术含量、高附加值、竞争力强的产品相对较少，融合转型面临“两难”困境。二是新模式新业态应用潜能未真正发挥，经济效益未能充分释放。当前，面对激增的新型消费需求与流量洪峰，我国制造业依然存在“信息孤岛”相互割裂、数据无法开放共享、精准决策能力不足、个性化服务相对欠缺等问题。2021年，全国开展服务型制造的企业比例为28.6%，实现个性化定制的企业比例仅10.0%，新模式新业态的应用尚有巨大市场空间。③ 三是产业集群的国际竞争力有待提升。从全球价值链看，培育建设中的集群仍以加工制造等价值链低端环节为主，产业进入壁垒不高，价值链高端环节和高素质劳动力缺乏等问题仍然比较明显。主要体现在国际标准话语权和议价能力不足，导致企业产品或服务频繁遭遇国际技术壁垒。同时，知识产权保护和竞争应对能力不足。核心专利积累不足，特别是国际专利布局不完善等问题日趋严重，导致创新研发等价值链高端环节相对不足。

2. 一批未来产业加快前瞻性布局，抢占制造业发展制高点

从发展方向看，2022年11月，科技部、教育部批复10家产业科技园作为未来产

① 国家发展改革委，《战略性新兴产业十年成就回顾》，https://www.ndrc.gov.cn/wsdwhfz/202302/t20230221_1349104_ext.html。

② 国务院关于数字经济发展情况的报告，http://dmxxg.gxzf.gov.cn/xxfb/dtyw/t13548811.shtml。

③ 国新办就促进工业和信息化平稳运行和提质升级有关情况举行发布会，https://www.sohu.com/a/526083545_121134737。

业科技园建设试点。2022年以来，北京、上海、浙江、深圳等省市积极布局新赛道，山西、深圳等地出台了专项规划，杭州、九江等城市制定了指导意见，进一步规范和推动未来产业发展。从产业布局看，各省“十四五”规划中，提到最多的均为量子信息、人工智能，其次是生物制造、生命健康等。北京围绕国际科技创新中心建设，超前布局量子计算、未来网络、超材料等新兴产业；上海聚焦光子芯片与器件、类脑智能等领域，布局一批代表前沿科技和产业变革方向的先导产业；合肥利用同步辐射光源等国家重大科技基础设施，推动超导、等离子体推进、先进激光等技术转化和工程化，同时发挥量子通信、量子计算、量子精密测量等研发领先优势，支持量子科技产业化发展；广州重点布局3D打印、尖端生命科学、区块链、量子通信等未来产业，强化前瞻研究和部署；深圳提出未来产业梯次接续发展思路，规划在5年至10年内将合成生物、区块链、细胞与基因、空天技术等发展成为战略性新兴产业，在10年至15年内将脑科学与类脑智能、深地深海、可见光通信与光计算、量子信息等发展成为战略性新兴产业。从创新机构和平台布局看，主要围绕智能、低碳、健康等前沿方向优化。北京在量子信息、生命科学等方向建设北京量子信息科学研究院、北京脑科学与类脑研究中心等新型研发机构；南京面向未来网络、区块链、量子科技、脑科学等方向布局近20家研发机构，推动未来技术产业化；湖北省集中布局建设了区块链、氢能、双碳等6家前瞻性科技创新平台；沈阳开展未来产业孵化培育专项行动，在智能机器人、智能制造系统集成、通用航空等领域，加快建设定位明确、功能明确、运作规范的孵化器、加速器等各类创新创业服务平台。从场景示范看，主要面向生产、生活、城市等应用领域展开。成都市围绕智能生产、智能生活、智慧城市三大领域，面向全球持续发布1000个新场景；南京市聚焦未来网络、元宇宙、量子通信等领域，发布优质场景15个；青岛市相继认定两批创新应用实验室和场景应用实验室，通过“给场景、搭平台、试政策”赋能未来产业发展。

但同时也要看到，未来产业国际竞争提前进入白热化阶段，产业政策面临激烈国际竞争。由于未来产业发展存在较大的技术不确定性，前瞻性的产业政策部署成为抢占先发优势的关键着力点，主要发达经济体已纷纷出台未来产业专项政策。我国尚未出台有关未来产业的专项指导意见，针对尚属于前期研发阶段的政策相对空白。有15个省份在各地“十四五”规划中明确提及未来产业发展方向，其中10个省份都将“量子信息”或“量子科技”作为主要方向，未来存在重复布局和低端建设的风险。

（三）优质高效、结构优化、竞争力强的服务产业新体系加快构建

1. 生产性服务业与制造业融合发展不断推进，但融合发展的范围不够广、程度不够深、水平不够高

一是生产性服务业新动能引领作用凸显。2022年，服务业增加值同比增长2.3%。服务业增加值占国内生产总值比重为52.8%。其中，信息传输、软件和信息技术服务

业，金融业增加值同比分别增长 9.1%和 5.6%，合计拉动服务业增加值增长 1.5 个百分点，有力支撑服务业经济恢复。2022 年，高技术服务业固定资产投资比上年增长 12.1%，高于全部服务业固定资产投资 9.1 个百分点；高技术服务业实际使用外资同比增长 28.3%；规模以上高技术服务业、科技服务业和战略性新兴服务业企业营业收入同比分别增长 8.0%、7.5%和 5.9%，分别快于规模以上服务业企业增速 4.1 个、3.6 个和 2.0 个百分点。① 二是聚焦增强全产业链优势，现代物流发展水平不断提高，助力市场保供和产业链供应链稳定。2022 年，我国快递业务量累计完成 1005.8 亿件，连续两年超过千亿件，同比增长 2.1%；快递业务收入累计完成 10566.7 亿元，同比增长 2.3%。② 稳步推进国家物流枢纽、国家骨干冷链物流基地、国家级示范物流园区等重大物流基础设施网络建设，系统整合存量物流资源，推动构建“通道+枢纽+网络”现代物流运行体系，提高现代物流规模化、网络化、组织化、集约化发展水平。已累计发布 4 批共 95 个国家物流枢纽、2 批共 41 个国家骨干冷链物流基地、3 批共 78 个国家级示范物流园区建设名单。无人机、无人车、自动化分拨中心等智慧物流新模式新业态不断涌现，物流业逐渐摆脱同质化、低成本竞争。我国海外仓布局持续优化，数量超过 2000 个，面积超过 1600 万平方米。三是与制造业融合推进有力。2022 年 1—11 月，规模以上供应链管理服务企业营业收入同比增长 26.9%，增速快于规模以上服务业企业 23.0 个百分点；工业软件产品收入同比增长 14.2%，占软件产品收入的比重达 9.3%。③

近年来，我国先进制造业和现代服务业融合程度持续加深，但融合发展的范围不够广、程度不够深、水平不够高。从范围看，尽管我国一些行业龙头、骨干企业在融合发展上初见成效，但量大面广的中小企业鲜有突破，装备制造、家电等行业的融合发展起步较早，其他行业则相对滞后。从程度看，一些企业已经开展设计、采购、建造、系统集成等总承包业务，但提供优质、高效整体解决方案的能力还不强，存在核心技术缺乏、品牌影响力弱、服务增值带来的营业收入占比不高等问题。从水平看，一些领域融合发展主要是沿袭或模仿发达国家、跨国企业的既有模式，创新性和灵活性不够，难以适应新的客户需求和市场形势变化。

2. 生活性服务业品质化发展不断加快，有效供给不足、便利共享不够、质量标准不高等痛点问题仍待解决

一是幸福产业加速发展，绘就人民美好生活“新画卷”。2022 年，全国规模以上

① 国家统计局，《李锁强：服务业延续恢复发展态势》，http：//www.stats.gov.cn/xxgk/jd/sjjd2020/202301/t20230118_1892282.html。

② 国家发展改革委，《2022 年全国快递服务企业业务量》，https：//www.ndrc.gov.cn/fggz/jjmy/ltyfz/202301/t20230130_1347673.html。

③ 同上。

文化及相关产业企业实现营业收入121805亿元，比上年增长0.9%①。2022年末养老机构4.0万个，养老服务床位822.3万张②。2021年，全国体育服务业增加值8576亿元，占体育产业增加值比重达70%③。二是新消费助力消费提档升级。2022年，实物商品网上零售额比上年增长6.2%，占同期社会消费品零售总额的比重为27.2%，比上年提高2.7个百分点④。5G网络建设速度加快，截至2023年6月，全国移动互联网累计流量1423亿GB，同比增长14.6%⑤。快递业务"进村""进厂""出海"深入推进，2023年1—8月，完成快递业务量1009.6亿件，同比增长13.1%⑥。

但同时也要看到，有效供给不足、便利共享不够、质量标准不高、人才支撑不强、营商环境不优、政策落地不到位等问题依然是生活性服务业要更好地发展必须解决的痛点难点。特别是在新冠疫情影响下，生活性服务业成为受冲击较为严重的领域，众多小微企业和个体工商户面临经营困难，亟须加大纾困帮扶力度。同时，产业结构调整、数字经济发展和消费升级等对生活性服务业发展提出了更高要求，需要生活性服务业更好地发挥有效扩大内需、增进民生福祉、促进社会和谐、服务构建新发展格局的重要作用。

3. 现代服务业领域改革开放力度不断加大，开放程度、质量等短板问题亟待破解

一是服务贸易保持较快增长。2022年，我国服务进出口总额59801.9亿元，同比增长12.9%。其中，服务出口额28522.4亿元，增长12.1%；服务进口额31279.5亿元，增长13.5%。2022年，知识密集型服务进出口额25068.5亿元，增长7.8%；旅行服务总体呈现恢复态势，全年旅行服务进出口额8559.8亿元，增长8.4%。⑦二是服务业利用外资持续增加。2022年前11个月，我国实际利用外资金额11560.9亿元，其中服务业实际使用外资金额8426.1亿元⑧。三是服务业综合改革试点先行先试，开放创新成果凸显。我国已分3批次设立服务业扩大开放综合试点。北京、天津、上海、海

① 中国政府网，《2022年全国规模以上文化及相关产业企业营业收入增长0.9%》，https://m.gmw.cn/baijia/2023-01/31/36334421.html。

② 中国政府网，《中华人民共和国2022年国民经济和社会发展统计公报》，https://www.gov.cn/xinwen/2023-02/28/content_5743623.htm。

③ 国家统计局，《2021年全国体育产业总规模与增加值数据公告》，http://www.stats.gov.cn/sj/zxfb/202302/t20230203_1901698.html。

④ 商务部，《2022年实物商品网上零售额同比增长6.2% 直播电商数据亮眼》，https://economy.gmw.cn/2023-02/02/content_36340971.htm。

⑤ 《中国互联网络发展状况统计报告》，https://baijiahao.baidu.com/s?id=1775480521035613453&wfr=spider&for=pc。

⑥ 国家邮政局，《2023年1—8月邮政行业运行情况》，https://www.spb.gov.cn/gjyzj/c100015/c100016/202309/d3650646cfa946d49f5adfd0eb9c575d.shtml。

⑦ 商务部，《2022年我国服务贸易保持较快增长》，http://sapporo.mofcom.gov.cn/article/jmxw/202302/20230203381779.shtml。

⑧ 《商务部：今年前11个月我国实际使用外资同比增长9.9%》，https://baijiahao.baidu.com/s?id=1753059689654626957&wfr=spider&for=pc。

南、重庆5省市先后实施了科技、文化、电信等11个行业领域的60多项开放措施，成效显现。2022年1—11月，5个省市服务业吸收外资476.9亿美元，占全国的36.8%，同比增长10.2%①。

不过，我国服务业开放发展还存在一些短板和不足，科技研发、金融服务、信息服务等发展相对滞后；服务业劳动生产率偏低、开放程度不高、行业发展有较大差异；很多服务业国际竞争水平不高，无法满足国内日益增长的高质量服务业需求；服务业领域边境内壁垒较高，部分服务业领域存在垄断行为；医疗、教育、信息、健康、文化等生活性服务尚不能满足居民消费升级的需要。

（四）系统完备、高效实用、智能绿色、安全可靠的现代化基础设施体系加快建设

1. 新型基础设施建设取得明显成效，某些环节和领域仍不足以满足国家发展和安全保障要求

“十四五”以来，一批新型基础设施建设工程加快实施，信息基础设施、融合基础设施、创新基础设施建设成效显著，其创新驱动“乘数效应”、维持产业链供应链稳定“压舱石作用”和数据“赋能作用”凸显，深度植入和赋能我国经济社会高质量发展。

一是信息基础设施加快升级，数字经济“新底座”进一步夯实。我国已建成全球规模最大、技术领先的网络基础设施，固定宽带网络规模全球最大，千兆光网具备覆盖超5亿户家庭能力，实现“村村通宽带”“县县通5G”“市市通千兆”。“东数西算”带动算力基础设施加速发展，全国一体化大数据中心体系完成总体布局，8个国家算力枢纽节点启动建设，2022年国家数据中心集群新开工数据中心项目近70个，新建数据中心规模约150万标准机架。国家民用空间基础设施体系初步建成，北斗三号全球卫星导航系统开通，卫星遥感系统已形成全球观测能力。

二是融合基础设施加快布局，高质量发展“新支撑”进一步拓展。立体智能交通体系加速构建，无人码头、自动驾驶等交通运输新形态不断涌现，北斗导航加速在交通出行、城市管理等领域的深度应用，电子客票全面普及，港口和高速公路智能化改造成果显著，人民群众出行体验大幅提升。全国工业互联网网络、平台、安全和标识解析体系建成并稳定运行，累计标识注册量突破2000亿个，日解析量1.2亿次。电子商务、远程医疗、线上教育等民生设施加速构建，国家智慧教育平台加快建设。

三是创新基础设施加快优化，高水平自立自强“新优势”进一步扩大。创新基础设施体系加快优化完善，布局建设的77个重大科技基础设施形成了涵盖战略导向型、应用支撑型、前瞻引领型、民生改善型的设施体系，其中33个建成投用，部分设施迈

---

① 中国政府网，《扩大开放综合试点增至11个，服务业开放风帆正劲》，https://www.gov.cn/xinwen/2023-02/12/content_5741212.htm? eqid=82332d7d000ea9ed0000000464622ccc。

入全球第一方阵，成为突破科技前沿、支撑核心技术攻关、解决重大科技问题的国家战略科技力量。同时，以企业为主体的创新能力建设持续强化，重点领域布局建设了200多个国家工程研究中心、1600多个国家企业技术中心和一批国家产业创新中心，有力支撑关键核心技术和产业共性技术突破。

尽管我国新型基础设施建设取得很大进展，但基础设施的某些环节和领域还不足以满足国家发展和安全保障要求，依然存在不少堵点难点。

一是技术水平存在一定差距。我国在新型基础设施领域的全球原创性技术仍然较少，高端芯片、操作系统、基础软件、数据库管理系统等核心技术主要依赖进口，面临“卡脖子”风险和信息安全隐患。

二是重建设轻运营。国家和地方政府高度重视新型基础设施建设，但是一些新型基础设施虽然建起来了却没有大规模应用场景，基础设施建设与现实应用存在一定脱节，既没有对经济发展产生显著促进作用，也没能发挥本身的经济效益。由于数字技术进步速度快、固定资产折旧率高，如果迟迟不能创造经济价值就会造成投资的浪费。

三是区域发展不平衡。经济发达地区尤其是城市与经济发展水平相对落后地区之间的新型基础设施发展不平衡，前者建设速度快，后者建设速度慢，影响了新型基础设施整体网络效益的发挥。同时，新型基础设施的布局没有与各地区的资源禀赋有效匹配，例如数据中心大多建设在东部土地、能源等资源比较紧张的地区，发展空间受到很大限制。

四是传统基础设施数字化改造速度偏慢。云计算、大数据、5G等新型数字化基础设施的建设更受重视，而传统基础设施数字化改造的投入、相关专用性技术研发投入相对不足。

五是新型基础设施建设存在制度障碍。新型基础设施是新生事物，现有的法律、政策和技术标准体系常常缺少明确的规定和规范，造成建设过程中存在不少堵点。

2. 交通强国建设疾步向前，仍然存在发展不平衡、不充分、不协调的问题

“十四五”以来，我国交通运输事业取得了历史性成就、发生了历史性变革，部分领域交通运输现代化水平已跻身世界先进行列，正阔步迈向交通强国。

一是国家综合立体交通网主骨架空间格局基本形成。建成了全球最大的高速铁路网、全球最大的高速公路网和世界级的港口群。截至2022年底，全国综合交通网络的总里程超过600万公里，包括铁路运营里程15.49万公里，其中高铁里程4.2万公里；公路通车里程535.48万公里，其中高速公路通车里程17.73万公里；港口拥有生产性码头泊位2.1万个，其中万吨级以上的泊位有2751个；全国内河航道的通航里程12.8万公里，其中可以通千吨级以上船舶的三级及以上航道有1.5万公里；民用颁证机场达到254个；全国共有53个城市开通了城市轨道交通，运营总里程9584公里；在农村公路方面，实现了具备条件的乡镇和建制村全部通硬化路、通客车。邮政方面实现了

“乡乡设所、村村通邮”。[①]

二是综合运输服务能力不断提升。出行服务质量不断改善，物流保通保畅持续强化，交通运输新业态快速发展，各种方式的客货周转量、邮政快递业务量主要指标都居世界前列。2022 年，全国营业性客运量达到 55.9 亿人次，全国营业性货运量达到 506 亿吨，港口的吞吐量达到 156.8 亿吨，集装箱吞吐量超过 3 亿标准集装箱。一些与民生相关的数据显示，高速公路 9 座以下小客车出行量超过 171 亿人次，网约车日均订单量超过 2000 万单，共享单车日均订单量超过 3300 万单。另外，快递业务量一年超过 1100 多亿件，平均每天超过 3 亿件。[②]

三是充分发挥交通运输基础性、先导性、战略性作用。完成了“具备条件的乡镇和建制村通硬化路、通客车”的兜底性目标任务，助力打赢脱贫攻坚战和乡村振兴战略实施。2022 年，全国农村公路完成固定资产投资 4733 亿元，同比增长 15.6%，新建改建农村公路超过了 18 万公里，改造农村危桥 10589 座，完成农村公路安全生命防护工程 13.5 万公里。[③] 深入推进城市群都市圈交通一体化发展，“十四五”以来，国家发展改革委先后印发《长江三角洲地区多层次轨道交通规划》《成渝地区双城经济圈多层次轨道交通规划》等，系统谋划相关区域轨道交通发展目标和任务，为推进轨道上的城市群都市圈建设、支撑区域一体化发展提供宏观指导。各地加快推进重点项目建设，多条轨道交通线路开工建设，并围绕市域（郊）铁路等探索创新发展模式和路径，以交通运输发展为串接，推进城市群都市圈协同发展，提高城市发展承载力，优化各类资源要素配置效率，强化中小城市发展对接联动作用。交通固定资产投资持续高位运行，2022 年完成投资超过 3.8 万亿元，同比增长超过 6%，再创历史新高，在服务稳定经济大盘、做好稳增长工作中发挥了重要作用。新冠疫情期间，在统筹做好疫情防控基础上，全力加强物流保通保畅，中欧班列、远洋货轮、货运航班昼夜穿梭，保障了产业链供应链安全稳定畅通。

四是以现代交通运输体系服务国家高质量发展。科技创新支撑交通运输事业实现跨越式发展，交通基础设施建造技术跻身世界前列，“复兴号”高铁、C919 大飞机等大国重器制造水平不断攀升。交通运输率先成为信息技术应用主战场，网约车、网络货运、共享单车、无人配送、自动驾驶、无人机等蓬勃发展。交通运输绿色低碳转型深入推进，铁路货运量、水路货物运输量分别增长了 22.2%、79.6%，全国主要港口集装箱铁路水路联运量年均增速保持在 10%以上，运输结构调整成效显著。[④]

---

① 《2022 年交通运输行业发展统计公报》《中国统计年鉴 2023》，https://www.gov.cn/lianbo/bumen/202306/content_6887539.htm。

② 《交通运输部有关负责人谈如何加快建设交通强国》《中国统计年鉴 2023》，http://www.tibet.cn/cn/instant/domestic/202302/t20230224_7367163.html。

③ 交通运输部，《2022 年全国农村公路完成固定资产投资 4733 亿元，同比增长了 15.6%》，https://baijiahao.baidu.com/s?id=1758612233459495041&wfr=spider&for=pc。

④ 求是网，《加快建设交通强国》，http://www.qstheory.cn/dukan/hqwg/2022-12/10/c_1129198097.htm。

五是“一带一路”交通互联互通网络加快形成。随着“一带一路”倡议的推动，中欧班列成为国家的重要载体和抓手，而集结中心的建设也成为中欧班列高质量发展的重要举措。已经在郑州、重庆、成都、西安、乌鲁木齐、济南、沈阳7个中欧班列枢纽节点城市开展中欧班列集结中心示范工程建设。截至2023年9月底，中欧班列已通达欧洲约25个国家217个城市，全国中欧班列累计开行突破7.8万列。[①] 截至2023年9月底，我国出口“一带一路”合作国家及RCEP（《区域全面经济伙伴关系协定》，Regional Comprehensive Economic Partnership）区域业务量达7909.8万件，同比增长51.6%；业务收入38.2亿元，同比增长24.2%；服务中国制造业“出海”、中国品牌“出海”客户3.3万个，支撑贸易额预计超过127.4亿元。[②] 交通运输“走出去”步伐不断加快，中老铁路、中巴经济走廊“两大”公路、中俄黑河公路桥等建成通车。

但是，对标世界先进水平，与支撑全面建设社会主义现代化国家和满足人民美好生活需要的新要求相比，我国交通运输仍然存在发展不平衡、不充分、不协调的问题。一是综合交通网络布局有待完善。西部地区交通覆盖仍需加强，重点城市群、都市圈的城际和市域（郊）铁路存在较明显短板，部分农村地区、边境地区交通通达深度仍需提升、条件有待改善。二是各种运输方式衔接协同有待强化。资源要素集约利用、共建共享水平不高。旅客联程运输发展滞后，部分综合客运枢纽换乘不便、换乘设施不完善。多式联运货运量和沿海港口铁水联运占比较低，铁路与港口等大型货运枢纽之间仍存在“邻而不接”“接而不畅”等问题。三是交通运输转型发展任务艰巨。定制化、个性化、专业化运输服务产品供给与快速增长的需求不匹配。智能交通技术应用深度和广度有待拓展，部分关键核心产品和技术自主创新能力不强。交通运输安全形势仍然严峻，产业链供应链保障能力还需加强。交通运输污染控制和减排难度不断加大，实现碳达峰、碳中和目标面临较大挑战。四是交通运输重点领域改革亟待深化。综合交通运输管理体制机制有待健全完善。部分领域市场定价、准入退出机制还不完善，各种运输方式间、区域间隐性壁垒仍然存在。交通运输平台经济等新业态新模式监管能力仍待提高。

3. 现代能源体系加快构建，仍面临科技竞争激烈、能源安全风险多元化和能源转型成本持续增高等挑战

一是持续增加高质量有效供给。“十四五”以来，全国能源行业锚定目标、攻坚克难，扎实做好“六稳”“六保”工作，各项稳增长措施靠前发力、加快落地，确保市场供应安全稳定。全力推动煤炭增产增供，核准煤矿项目22处，建设规模8000万吨/年，全国新增煤炭产能超3亿吨/年，总产量约44.5亿吨，同比增长8%。全力保障电

---

① 《国家发展改革委：将加快完善中欧班列政府间合作机制统筹解决各环节“卡点”“堵点”》，http://finance.people.com.cn/n1/2023/1010/c1004-40092426.html。

② 《做好互联互通的桥梁和纽带——中国邮政服务共建“一带一路”高质量发展综述》，http://www.chinapost.com.cn/html1/report/23101/808-1.htm。

力安全稳定供应，布局建设了一批支撑性调节性电源，多措并举纾解煤电企业困难，煤电非计划停运和出力受阻占比降至历史低位。全力推动油气增储上产，油气产量超额完成“七年行动计划”阶段性目标，原油产量重回2亿吨，天然气产量超过2170亿立方米，连续6年增产超百亿立方米，产供储销体系弹性韧性进一步提升。①

二是全面落实“双碳”目标任务。“十四五”以来，我国从发布《关于完善能源绿色低碳转型体制机制和政策措施的意见》与能源领域碳达峰系列政策协同实施，形成政策合力，成体系地推进能源绿色低碳转型，到《关于促进新时代新能源高质量发展的实施方案》明确7个方面21项举措，加快构建清洁低碳、安全高效的能源体系……一系列政策出台节奏加快，推动能源行业在安全发展中促进绿色转型、在绿色转型中实现更大发展。我国建成投产大气污染防治行动计划12条重点输电通道，西电东送能力提升到3亿千瓦，清洁能源在能源消费增量中的占比超过60%；以年均不到3%的能源消费增长支撑了年均超过6%的国民经济增长，为促进生态文明建设提供了更加绿色低碳的能源保障；2021年10月我国可再生能源装机突破10亿千瓦大关后，2022年新增装机1.4亿千瓦，总装机突破12亿千瓦，预计到2025年可再生能源占能源消费总量的比重将达到18%左右；以沙漠、戈壁、荒漠地区为重点的大型风电光伏基地建设扎实推进，第一批基地50个项目、9705万千瓦已全部开工，第二批、第三批基地项目陆续推进，全年风电光伏发电新增装机1.2亿千瓦以上，创历史新高。②

三是民生领域高品质用能服务持续提升。2022年，北方地区清洁取暖率达到70%以上，超额完成规划目标，对改善空气质量的贡献率超过30%。全国建成充电基础设施约560万台，是2020年的3倍以上，有力保障了超过1000万辆电动汽车的充电需求。全面供应国ⅥB标准车用汽油，成品油质量达到国际先进水平。③

四是能源创新发展动能进一步增强。自主三代核电“华龙一号”示范工程建成投运，单机容量全球第一的白鹤滩水电站全面建成投产，大规模储能、氢能等一批能源新技术研发应用不断取得新进展。全国统一电力市场体系加快构建，2022年市场化交易电量占全社会用电量比重超过60%，比2020年提高20个百分点。④

同时也要看到，在当前国际形势深刻复杂演变和“双碳”目标等因素影响下，我国能源发展仍面临能源转型存在技术短板、新型电力系统建设任务艰巨、能源安全风险多元化、能源供应和转型成本持续增高等问题。一是能源科技竞争日益加剧，我国能源转型存在技术短板。我国能源领域的一些核心设备和关键零部件主要依靠进口，一些核心技术仍掌握在美国、日本、德国等发达国家手中，在能源细分产业的多个环

---

① 《2022年中国能源高质量发展回眸》，https：//www.cpnn.com.cn/news/nytt/202301/t20230103_1576546_wap.html。

② 同上。

③ 同上。

④ 同上。

节仍存在“卡脖子”技术问题。“十四五”时期，从实现“双碳”目标的要求来看，我国在电力基础设施网络安全、智能电网、先进核电、智慧矿山、煤炭清洁利用和新能源核心技术研发等重点领域仍存在薄弱环节，在氢能产业链关键技术和装备、天然气上游勘探开发、现代煤化工（技术、装备和催化剂）等方面需要加强技术攻关，解决技术短板问题。二是新型电力系统建设任务艰巨。“十四五”时期，我国新能源发电装机规模将保持增长，“三北”地区大规模风光基地、西南地区水电基地和东部沿海地区海上风电基地将大规模入网，迫切需要加快电力系统灵活性和智能性改造，加快推动储能技术的发展与商业化应用，消除可再生能源并网发电对电力系统稳定性和安全性构成的隐患，构建新型电力系统。我国新型电力系统在技术成熟度和商业运用成本方面面临一些难题。三是能源安全风险呈现多样化。“十四五”时期，油气发展仍面临对外依存度有所升高、储备和调峰能力不足等问题。我国储气能力约为年消费量的5.7%，远低于12%~15%的世界平均水平。“十四五”时期，煤炭、石油、天然气仍是我国的主体能源，其中，石油、天然气由于对外依存度较高而存在传统性安全风险；风电和光伏发电的不稳定和电力网络性特征，使其存在有别于传统能源安全的风险，这些风险更加具有不确定性和隐蔽性。风险的多样性使得我国能源安全面临较大的挑战。四是原材料价格高企，能源供应和转型成本增加。在“双碳”目标的政策导向下，全球正在加快推进能源低碳转型，风能、太阳能等新能源需求大幅增长，供应紧张的局面将会长期存在。煤炭和石油也进入涨价的快车道。在能源生产成本升高的情况下，能源行业发展的经济效益有所下降，在能源转型过程中能源价格上涨趋势会较为明显，同时能源转型的难度和市场选择的余地也有所增加。对于能源需求规模巨大的中国，在以煤为主体能源的基础上推进能源低碳转型，实现“双碳”目标承诺，不仅需要承担上涨的能源供应成本，还需要承担可再生能源大规模上网的技术成本、经济成本和制度成本。

4. 水利基础设施建设再提速，防洪、供水、生态文明建设等方面还存在薄弱环节

“十四五”以来，举全系统全行业之力，采取超常规力度、超常规举措，全面加快水利基础设施建设。2022年完成水利建设投资10893亿元，比2021年增长43.8%，历史性地迈上万亿元台阶。

一是水旱灾害防御夺取重大胜利。“十四五”以来，我国极端天气事件频发，洪水、干旱、咸潮交叠并发，历史罕见，防御形势极其复杂，防御挑战极其严峻。各级水利部门逐流域逐区域逐工程研究推进防御工作。有效抵御主要江河洪水，成功实现黄河等北方河流防凌汛安全。面对长江流域最严重的长时间气象水文干旱，科学调度以三峡水库为核心的长江上游梯级水库群、洞庭湖湘资沅澧“四水”和鄱阳湖赣抚信饶修“五河”干支流水库群，共75座大中型水库协同配合，累计为下游补水62亿立方米，保障了人民群众饮水安全和1.83亿亩秋粮作物灌溉用水需求，大旱之年实现供水无虞、粮食丰收。迎战长江口历史罕见咸潮入侵，果断实施抗咸潮保供水专项行动，精准时机，提前调度三峡等水库远程向长江口补水，加大引江济太力度，迅速打通太湖—河网—水库通道，有力保障了上海供水安全。

二是水资源节约管理持续强化。深入实施国家节水行动，节水技术标准体系加快完善。建立“十四五”用水总量和强度双控指标体系，严格用水定额和计划管理，严格节水评价，核减取用水量 22 亿立方米。推进黄河流域深度节水控水，黄河流域和京津冀地区年用水量 1 万立方米及以上工业和服务业单位实现计划用水管理全覆盖。实施合同节水管理项目 151 个，建成 349 个节水型社会建设达标县（区），建设节水型灌区 182 处，确定 78 个再生水利用配置试点城市，遴选公布 30 项水效领跑者用水产品和 78 家重点用水企业、园区水效领跑者。累计批复 77 条跨省江河、351 条跨地市江河水量分配方案，确定 17 个省份地下水管控指标。实施取用水管理专项整治行动“回头看”，整治近 100 万个取水口违规取用水问题。42 条跨省江河实施水资源统一调度。加快取用水监测计量体系建设，5 万亩以上大中型灌区渠首取水实现在线计量。

三是河湖生态治理保护深入实施。强化河湖生态流量（水位）管理，确定全国 171 条跨省河湖、415 条省内重点河湖生态流量目标。开展幸福河湖建设，推进福建木兰溪、吉林查干湖、安徽巢湖等一批河湖治理和生态修复。以流域为单元推进中小河流治理，完成整河治理 108 条。开展水土保持遥感监管，加快实施水土保持重点工程，完成水土流失治理面积 6.3 万平方公里，建设全国水土保持高质量发展先行区 5 个，创建国家水土保持示范 102 个。持续推动小水电绿色发展，长江经济带小水电清理整改全面完成，3.4 万座小水电站落实生态流量。基本完成 85 个水美乡村试点县建设，受益村庄 4778 个。新增 20 个国家水利风景区。黄河实现连续 23 年不断流，太湖连续 14 年实现确保饮用水安全和不发生大面积水质黑臭目标，黑河东居延海实现连续 18 年不干涸。

在充分肯定成绩的同时，也应清醒地看到，水利工作还存在问题和差距：防洪排涝减灾体系仍不健全不完善，病险水库除险加固任务依然繁重，蓄滞洪区建设管理相对滞后，面广量大的中小河流和山洪灾害系统治理不够；国家水网总体格局尚未形成，水资源统筹调配能力不高，水利工程互联互通和协同融合不够；部分地区河道断流、湖泊萎缩等问题依然存在，地下水基础研究、监测评估、回补技术等仍较薄弱，维护河湖生命健康任重道远；数字孪生水利建设处于起步阶段，水利工程体系数字化、网络化、智能化水平亟待提升；部分行业、地区水资源利用效率仍需提高，节水政策供给还需加大；“两手发力”存在短板，水利对社会资本吸引力不足，现代化管理体制机制尚不健全，水利法治体系有待进一步完善；全面从严治党责任还需进一步压实，大规模水利建设中的腐败风险需要高度警惕；等等。

三、重大工程：一批重大标志性创新成果引领制造业核心竞争力不断提升，重大交通、水利工程有序推进

国家“十四五”规划《纲要》分别在深入实施制造强国、建设现代化基础设施体系两项重大举措中提出四项重大工程：包括“专栏 4”制造业核心竞争力提升，旨在推动制造业高质量发展；“专栏 5”交通强国建设工程，有效带动“十四五”交通运输发展规划落地实施；“专栏 6”现代能源体系建设工程，致力建设清洁低碳、安全高效的能源体系，提高能源供给保障能力；“专栏 7”国家水网骨干工程，致力提升水资源优化配置和水旱灾害防御能力。经过两年的努力，我国制造业核心竞争力不断提升，交通强国建设重点工程加快落地，现代能源体系建设工程加快构建，国家水网骨干工程扎实推进。但也要看到，我国先进高端材料研发和高技术装备发展水平与国际先进水平仍存在一定差距。

（一）制造业核心竞争力不断提升

一是高端新材料创新能力不断提升，一系列核心技术取得重大突破。在碳纤维复合材料方面，我国已经突破了 T300 级和 T700 级军用高性能碳纤维研制与应用系列关键技术，基本满足了国防安全等的迫切需求，在碳纤维工程化及产业化关键技术、装备等方面取得较好进展。在高温合金方面，我国已形成研发应用体系，研制出 200 多个牌号的合金及其零部件，高温合金技术授权专利年均增长 30%，研发单位和生产企业的装备水平已进入国际先进行列。先进半导体材料方面，直径 200 毫米以下硅材料已具备产业规模，掌握了满足 65~90nm 线宽集成电路用 300mm 硅片制备技术和无位错 450mm 硅单晶实验室制备技术。

二是重点领域重大技术装备取得新突破。由我国自主研发的世界领先新型复兴号高速综合检测列车上线运行。系列化中国标准地铁列车研制及试验项目通过验收。我国自主研发设计、代表世界大型液化天然气（Liquified Natural Gas，LNG）运输船领域最高技术水平的第五代“长恒系列”17.4 万立方米 LNG 运输船启动实船建造。“深海一号”超深水大气田完成远程遥控生产改造与调试工作，成为世界首个具备远程遥控生产能力的超大型深水半潜式生产储油平台。国产大飞机 C919 全球首架机正式交付中国东航，我国大飞机事业迈入规模化系列化发展新征程。中国 ARJ21 飞机交付百架，迎来批量化生产规模化运营系列化发展。

三是北斗进入规模化应用、产业化发展快车道。全国已有超过 790 万辆道路营运车辆、4.7 万多艘船舶、4 万多辆邮政快递干线车辆应用北斗系统，近 8000 台各种型号北斗终端在铁路领域被应用推广；北斗自动驾驶系统农机超过 10 万台，覆盖深耕、插秧、播种、植保、收获、秸秆处理和烘干等各个环节；2587 处水库应用北斗短报文通信服务水文监测，650 处变形滑坡体设置了北斗监测站点；搭载国产北斗高精度定位芯片的共享单车投放量已突破 500 万辆，覆盖全国 450 余座城市；基于北斗高精度的车

道级导航功能，已在8个城市成功试点，并逐步向全国普及，某导航地图调用的北斗卫星日定位量超3000亿次，北斗在国内导航地图领域已实现主用地位；支持北斗短报文通信功能的手机已发布，成为全球首款直联卫星的智能手机。北斗系统正全力赋能各行各业，成为推动经济社会发展的时空基石和重要引擎。

四是新能源汽车关键技术和智能驾驶相关领域逐步建立起竞争优势。我国新能源汽车关键组件部件水平得到大幅提升。量产动力电池单体能量密度达到300瓦时/公斤，处于国际领先水平；驱动电机的峰值功率密度超过4.8千瓦/公斤，最高转速达到1.6万转/分钟。智能网联汽车关键技术研发处于全球并跑阶段，已经形成较为完善的智能网联汽车技术链，自动驾驶系统集成、智能座舱、激光雷达、C-V2X等关键技术自主研发均取得突破。

然而，毋庸置疑的是，与国际先进水平相比，我国在先进高端材料研发和生产方面差距甚大，关键高端材料远未实现自主供给，“大而不强，大而不优”的问题十分突出。我国在前沿新材料引领带动方面，自主创新能力仍显不足，跟踪模仿较多，原始创新不足，转化率较低。超大规模集成电路生产装备、高端工业母机、航空发动机与重型燃气轮机、民用飞机、精密仪器仪表、高性能医疗器械6类高技术装备与世界先进水平仍然差距巨大。

（二）交通强国建设重点工程加快落地

一是中欧班列通道口岸改造不断推进，沿线口岸能力大幅提升。中欧班列沿线国家加强既有口岸能力扩建，开辟新口岸，不断提升国际联运能力，满足日益增长的中欧班列运输需求。中国对阿拉山口等五大边境铁路口岸设施设备开展系统性挖潜扩能，“十四五”以来，霍尔果斯站场区内新增货物换装线1对，新增、延长到发线10条，班列运输组织能力提升30%以上；阿拉山口站稳步推进环保改造工程，预计投入使用后，每日将增加5列以上散堆装货物接运能力；二连站宽准轨接发列车线路由18条增加至30条，口岸出境列车由日均7列提升至8列、入境列车由日均14列提升至17列，出入境列车接发能力显著提升。与此同时，积极协调境外铁路同步提升基础设施能力，实现境内外通道能力稳步提升，中欧班列西、中、东通道日均运量较扩能改造前分别增长了20.7%、15.2%、41.3%。

二是沿线枢纽节点功能持续增强。我国积极推动郑州、重庆、成都、西安、乌鲁木齐等中欧班列集结中心示范工程建设，在运输组织、货源组织、金融和信息服务等方面先行先试，打造服务优、效率高、成本低的现代物流枢纽，促进中欧班列开行由“点对点”向“枢纽对枢纽”转变，2022年，上述五大集结中心共开行中欧班列8800列，占中欧班列开行总数的53%。① 波兰SPEDCONT铁路场站成为境外物流集散枢纽，

① 中国政府网，《10年累计开行7.7万列，运送货物731万标准箱》，https://www.gov.cn/govweb/yaowen/liebiao/202310/content_6907295.htm。

终点到达罗兹的中欧班列货物可快速分拨到西欧各个国家。德国在汉诺威铁路物流枢纽建设了专门用于集装箱列车作业的编组站，中欧班列在西欧地区的集散和转运能力明显提升。荷兰依托鹿特丹港、蒂尔堡等重要物流枢纽与中国多地中欧班列平台公司建立了密切的合作关系。

三是京津冀、长三角、粤港澳大湾区轨道交通网基本形成，“轨道上的京津冀”主骨架基本成形。铁路方面，京唐、京滨城际铁路、京张高铁、京哈高铁京承段等建成通车，津保、津秦铁路直通河北，北京朝阳站、北京丰台站、清河站已投入使用。截至2022年末，京津冀区域营运性铁路总里程达10848公里。公路方面，京昆、京礼、津石、大兴国际机场高速等一大批高速公路建成通车，国家高速网的首都放射线路段全部打通。京津冀区域高速公路总里程达10585.5公里。“轨道上的长三角”加速奔跑，长三角区域内“半小时至3小时高铁交通圈”已形成。长三角地区铁路网运营里程达到13749.7公里，其中高铁里程超过6700公里，占全国1/6。高铁与城际铁路、市域铁路、城市轨道“四网合一”的节点布局正有序推进。其中，作为国家中长期铁路网规划“八纵八横”中沿江通道的骨干线路——北沿江高铁江苏段正式开工建设，将成为长江以北沿江城市与南京都市圈、上海都市圈快速直达的重要通道；安徽的巢马城际铁路全线首联悬臂连续梁顺利合龙，安徽连通上海等长三角城市将迎来高铁新通道；杭温铁路最大跨度系杆拱桥顺利合龙，连接浙江南北的走廊即将建成；继虹桥枢纽之后，上海又将推动上海东站综合交通枢纽建设，该项目着眼于打造国际开放门户枢纽新标杆，承接国家沿海通道的重要功能。“轨道上的大湾区”加快建设，助力全面构建一体化湾区交通网络。湾区综合轨道网络带动城市群聚合。深江、深汕铁路加快建设，打通东西对外铁路通道，使得粤港澳大湾区各个城市从“物理”到“心理”上的距离无限拉近，未来将形成强劲的城市群功能聚合作用。其中，深江铁路将增强深圳与粤西片区的高速直达联系，以及珠江两岸城市群间的铁路联系，使深圳、广州城市之间的融通更加高效；深汕铁路将畅通国家沿海高铁通道，实现大湾区与长三角、海西经济带的高速联系以及深圳至深汕特别合作区间高速、高频的铁路联系。“深圳都市圈”跨市通勤便利化。开通运营的穗深城际铁路已成为沟通深圳、广州、东莞三市的快速轨道交通通道。2023年，大湾区城际铁路建设进入“快车道”。除了此前已经开工的线路外，穗莞深城际机前段、穗莞深城际前皇段、深大城际、深惠城际和大鹏支线5条城际铁路相继启动建设。此外，随着深港全面恢复正常通关，深港轨道衔接也持续深化。港深西部铁路（洪水桥至前海）项目进展不断，首阶段研究工作已完成，次阶段研究工作于2023年展开，预计将于2024年完成。

四是全球首个“智慧零碳”码头跑出天津港提质增效“加速度”。天津北疆港区C段集装箱码头自2021年10月17日投产运营以来，码头单桥作业效率提升40%以上，外集卡平均滞场时间压缩至8.6分钟；设备平均综合单耗下降30%以上，居于行业领先水平；“风光储荷一体化”智慧绿色能源系统并网后，已供电2077万千瓦时，实现生产全过程“碳中和”。

（三）现代能源体系建设工程加快构建

1. 大型清洁能源基地建设稳步推进

一是陆上清洁能源基地建设持续推进。金沙江上下游均新添大型水电站，2022 年 11 月 30 日，金沙江上游苏洼龙水电站最后一台机组正式投产发电。至此，苏洼龙水电站 4 台机组共 120 万千瓦全部投产，水电站年均发电量约 55 亿千瓦时，金沙江上游清洁能源基地建设取得重大标志性进展。12 月 20 日，金沙江下游第二级电站、装机规模全球第二大的水电站——白鹤滩水电站最后一台百万千瓦机组投产发电。至此，白鹤滩水电站 16 台百万千瓦水轮发电机组全部投产发电，电站总装机容量 1600 万千瓦，年均发电量 624.43 亿千瓦时，仅次于三峡工程。雅砻江流域中游龙头水库电站——两河口水电站全部投产发电。2022 年 3 月 18 日，雅砻江两河口水电站 6 台机组全部投产发电，年发电量 110 亿千瓦时。这是我国第一高土石坝水电站，也是我国海拔最高的百万千瓦级水电站。两河口与锦屏、二滩、白鹤滩、乌东德、三峡等工程共同作用，能有效控制长江上游的洪水，保障中下游防洪安全。通过发挥两河口多年调节水库的作用，在枯水期增加下泄流量，可改善金沙江及长江部分航道的枯水期航运条件，提升长江航道航运的安全性和通航能力。黄河上游清洁能源基地水电建设加快。2022 年 12 月 27 日，黄河羊曲水电站镶嵌混凝土面板堆石坝顺利填筑至 2600 米高程，提前 10 天完成年度计划节点目标任务，为实现 2024 年首台机组发电目标奠定了坚实基础。截至 2022 年 6 月底，海南州、海西州清洁能源装机规模分别达到 1985 万千瓦、1164 万千瓦，两个千万千瓦级可再生能源基地初步建成。黄河几字湾推进综合能源示范区建设。宁夏风光等新能源开发成效明显，截至 2022 年，宁夏新能源装机规模达到 3041 万千瓦，新能源装机占自治区统调电力总装机比重突破 50%。内蒙古全力推动新能源开发和全产业链建设，将加快推进第一批 2020 万千瓦、第二批 1188 万千瓦大型风电光伏基地项目建成并网，推动第三批 1170 万千瓦大型风电光伏基地项目开工建设。河西走廊持续推进特大型新能源基地建设。甘肃已建成酒泉千万千瓦级风电基地，张掖、金昌、武威、酒泉 4 个百万千瓦级光伏发电基地及通渭百万千瓦级风电基地，全省新能源装机达 3350 万千瓦，占全省总装机的 50.7%，新能源装机占比位居全国第三，新能源年累计发电量达 502 亿千瓦时，发电量占比 28%，位居全国第二。2022 年末，国家发展改革委、国家能源局批复同意甘肃上报的腾格里沙漠河西能源基地、巴丹吉林沙漠酒泉新能源基地实施方案。新疆重点推进 3 个千万千瓦级新能源基地及清洁能源供应保障区建设。新疆围绕国家“三基地一通道”定位，加快煤电油气风光储一体化示范。建设准东千万千瓦级新能源基地、哈密北千万千瓦级新能源基地和南疆环塔里木千万千瓦级清洁能源供应保障区 3 个国家新能源基地。建成阜康 120 万千瓦抽水蓄能电站，推进哈密 120 万千瓦抽水蓄能电站、南疆四地州光伏侧储能等调峰设施建设，促进可再生能源规模稳定增长。冀北以张家口市可再生能源示范区建设为契机大力发展风光发电。2022 年，河北新安排的新能源项目规模接近 5000 万千瓦，超过了“十三五”期间新增装机量总和。截至 2022 年 8 月底，全省风光电总装机 6109.6 万千瓦，居全国第一位。截至 2022 年末，冀北并网新能源装机占比 70.5%，新能源已成为冀北地区电网的装机主体和电量主体。冀北电力交易平台的新能源交易电量累计突破 100 亿千瓦时。松辽打造“陆上风光三峡”等多个新能源基地。吉林省正打造以白城、松原和四平等 3 个市、11 个县（市、区）为主的吉林省西部国家级清洁能源基地。黑龙江省正推进大庆可再生能源综合应用示范区建设和哈尔滨、佳木斯等地区新能源基地建设。辽宁省正在辽西北铁岭、朝阳、阜新等地区结合工矿废弃土地修复、乡村振兴及光伏治沙开展新能源项目建设。

二是海上风电基地加速建设。2021 年 11 月 20 日，国内首个中外合资海上风电项目——国家能源集团国华投资江苏东台海上风电项目实现全容量并网发电。该项目总装机容量为 50 万千瓦，总投资约 80 亿元。2021 年 12 月 16 日，亚洲最大海上风电场——江苏如东海上风电场实现全容量并网投产，760 台风机年上网电量可满足近 400 万户家庭使用。2021 年 12 月 5 日，阳江沙扒海上风电项目实现全容量并网投产。作为广东省重点建设项目和金砖国家新开发银行贷款在粤落地的首个项目，该项目完成了国内首个植入嵌岩三桩导管架风机基础，为解决海上风电场嵌岩难题提供了可靠的解决方案，也为国内外海上风电场嵌岩施工提供了经验借鉴。2022 年 10 月 29 日，海上风电平价时代全国首个核准项目并网发电，渤中海上风电 A 场址项目首批机组顺利实现并网，发出了海上风电平价时代全国首个核准项目第一度绿电。12 月 30 日，随着渤中 B 场址最后一台风电机组并网发电，渤中 A、B 两个场址共 900 兆瓦海上风电场实现全容量并网发电，成为我国“十四五”重点建设五大海上风电基地最大规模全容量并网发电项目。渤中 A、B 两个场址项目海上风电实现了在同一年度规划、核准、开工、全容量并网发电，这在国内尚属首次，创下了海上风电开发建设史上又一纪录。

2. 核电项目加速落地

一是三代核电项目不断落地。2021 年 1 月 30 日，“华龙一号”全球首堆中核集团福清核电 5 号机组投入商业运行。从此，我国核电技术水平和综合实力跻身世界第一方阵，成为继美国、法国、俄罗斯等国家之后真正掌握三代核电技术的国家。2022 年 3 月 25 日，“华龙一号”示范工程第 2 台机组——中核集团福清核电 6 号机组正式具备商运条件。至此，“华龙一号”示范工程全面建成投运。2022 年 4 月 18 日，“华龙一号”全球第四台、海外第二台机组——巴基斯坦卡拉奇 K3 机组通过临时验收，标志着“华龙一号”海外首个工程两台机组在巴基斯坦全面建成投产。“国和一号”示范工程位于山东省荣成市石岛湾核电厂址，一期规划建设 2 台“国和一号”机组，机组单机发电功率 153.4 万千瓦，设计寿命 60 年，投产后年发电量约 215 亿千瓦时，项目总投资 553 亿元，建设工期 56 个月。“国和一号”示范工程取得了积极进展，正按计划稳步推进。

二是高温气冷堆建设取得突破，模块式小型堆示范落地。2021 年 12 月 20 日，全球首座球床模块式高温气冷堆核电站——石岛湾高温气冷堆核电站示范工程首次并网发电，这是全球首个并网发电的第四代高温气冷堆核电项目，标志着我国成为世界少数几个掌握第四代核能技术的国家之一。高温气冷堆具有固有安全性好、发电效率高、环境适应性强、多模块灵活组合等特点，在核能发电、热电冷联产及高温工艺热应用等领域商业化应用前景广阔。2022 年 12 月 9 日，国家科技重大专项——华能石岛湾高温气冷堆示范工程反应堆达到初始满功率，检验了高温气冷堆“两堆带一机”模式下运行控制能力，为今后商业化运行打下基础。

三是核能综合利用示范多地展开。2022 年 4 月，山东海阳核电“核能+光伏”项目正式投运，成为继“国和一号+”智慧核能综合利用示范项目之后，山东能源行业探索创新核能与可再生能源耦合、推进多能互补、放大“核能+”协同效应又一生动实践。海阳核电“核能+光伏”项目立足核能发电，积极盘活核电厂空余土地资源，科学布局分布式光伏发电，装机容量 1009 千瓦，年发电量约 126 万千瓦时。通过就地逆变、集中并网，实现光伏发电自发自用、就地消纳，相比市政用电，每年有效替代标准煤 414 吨。

3. 电力外送通道加快建设

一是输电通道建设加快推进。2022 年 7 月 1 日，白鹤滩—江苏±800 千伏特高压直流工程竣工投产。该工程建成后，可有力保障白鹤滩水电站大规模外送，促进四川资源优势转化为经济优势，助力西部经济崛起。工程每年可增送四川丰期富余水电 40 亿千瓦时至 60 亿千瓦时，大幅提高水电利用效率。2022 年 12 月 30 日，白鹤滩—浙江±800 千伏特高压直流输电工程竣工投产，标志着白鹤滩水电站电力外送通道工程全部竣工投产，该工程每年可向华东输电超 600 亿千瓦时。

二是闽粤联网工程正式投运。2022 年 9 月 30 日，由国家电网和南方电网共同投资建设的国家“十四五”发展规划重点电力项目——闽粤联网工程正式投运，福建、广东两省电网首次实现互联互通。该工程将对提升闽粤两省电力余缺互济、促进能源资源优化配置、保障电力安全可靠供应发挥重要作用。

4. 新型储能展开示范探索

截至 2022 年底，全国已投运新型储能项目装机规模达 870 万千瓦，平均储能时长约 2. 1 小时，比 2021 年底增长 110%以上。分省域来看，截至 2022 年底，累计装机规模排名前 5 位的省份分别为：山东 155 万千瓦、宁夏 90 万千瓦、广东 71 万千瓦、湖南 63 万千瓦、内蒙古 59 万千瓦。电化学储能方面，2022 年 9 月 20 日，全国单体容量最大用户侧储能项目——蓝思科技（东莞）有限公司用户侧智慧用能项目投产。该项目储能总容量为 53 兆瓦/105 兆瓦时，平均每天移峰填谷约 10 万千瓦时，是全国单体容量最大的用户侧磷酸铁锂电化学储能项目。该项目配套建设 5. 9 兆瓦光伏，平均每天发电约1.6万千瓦时，是南方电网最大的光储一体化用户项目。压缩空气储能方面，2022年9月30日，世界单机规模最大、国际首套百兆瓦先进压缩空气储能国家示范项目在河北张家口顺利并网发电。该示范项目总规模100兆瓦/400兆瓦时，核心装备自主化率100%，每年可发电1.32亿千瓦时以上，能够在用电高峰为约5万户用户提供电力保障，是世界单机规模最大、效率最高的新型压缩空气储能电站。飞轮储能方面，2022年8月25日，全球首个“二氧化碳+飞轮储能”示范项目竣工。该项目是全球单机功率最大、储能容量最大的二氧化碳储能项目，储能规模10兆瓦/20兆瓦时，能在2小时内存满2万千瓦时的电量。

5. 油气储运能力持续提升

一是中俄东线天然气管道南段多段投产。中俄东线在我国境内部分北起黑龙江黑河、南至上海，是我国四大油气战略通道的重要组成部分。全线按照北段、中段、南段分段建设。北段（黑龙江黑河—吉林长岭）于2019年12月2日率先投产通气。2020年12月3日，中俄东线天然气管道中段（吉林长岭—河北永清）正式投产运营。2022年9月16日，中俄东线天然气管道河北安平至山东泰安段正式投产。2022年12月7日，中俄东线天然气管道泰安至泰兴段正式投产。至此，我国东部能源通道全面贯通，由北向南的中俄东线天然气管道与由西向东的西气东输管道系统在江苏泰兴正式联通，来自西伯利亚的清洁能源全面供应长三角地区。中俄东线天然气管道自投产以来，已累计向国内输送天然气超300亿立方米，日输气量提升到6100万立方米，大幅提升了东北、华北及华东地区天然气保供能力。2023年输气量为227亿立方米。

二是石油储备工程建设持续推进。2022年第二季度，国家石油储备三期工程海南儋州地下水封洞库项目部分工程招标结果公示；安庆国储石油基地有限责任公司安庆国家石油储备地下水封洞库工程建设项目安全条件评价报告公布，拟建设总容积500万立方米地下水封原油洞库，包括其配套的储运设施及公用工程设施。2022年12月，湖北煤炭地质物探测量队承接了国家石油储备四期工程济源地下水封洞库可研勘探、浙江舟山国储岙山洞库可研勘探两个地下水封洞勘探项目。国家石油储备四期工程济源地下水封洞库可研勘探项目位于河南省济源市，主要采用浅层地震和高密度电阻率法相结合的方式，查明工作区内构造发育情况，为洞库选址及下一步建设提供依据。后续选址完成后，可通过建设大型地下水储油洞库，解决当地石油仓储设施紧缺的问题，同时促进当地经济的发展。

三是地下储气库建设加快推进。2022年2月28日，国家管网文23储气库一期项目建设正式完成。文23储气库设计总库容103亿立方米，工作气量40亿立方米，是我国中东部地区库容最大、工作气量最高、调峰能力最强的地下储气库。2022年5月23日，随着双台子储气库国产注气系统试运投产成功，中国石油辽河储气库群整体注气能力提升至3000万立方米/日，成为国内注气能力最大的储气库群。

（四）国家水网骨干工程扎实推进

一是三项重大引调水工程进展顺利。广东珠三角水资源配置工程是保障粤港澳大湾区供水安全、支撑区域经济社会高质量发展的重大水利基础设施。近年来，工程建设持续推进，带动上下游更多投资与就业，持续助力“六稳”“六保”。该工程已累计完成投资 207 亿元，于 2023 年 10 月全面贯通并实现通水。引江济淮工程（河南段）是河南体量最大的在建水利工程，主要建设内容为清水河、鹿辛运河 2 条河道治理，鹿邑至柘城段等 3 条管道建设，后陈楼调蓄水库等 4 个水库和试量泵站等 5 个泵站建设，现已基本完成，正在进行堤顶道路铺设和泵站设备安装调试。完成总投资 69.42 亿元，占初设批复总投资的 94.09%。陕西引汉济渭工程是陕西历史上规模最大、影响深远的跨流域水资源配置工程，地跨长江、黄河两大流域，由黄金峡水利枢纽、三河口水利枢纽和秦岭输水隧洞三大部分组成，其中秦岭输水隧洞 98 公里全线贯通；三河口水利枢纽已全面完工，实现蓄水并网发电；黄金峡水利枢纽大坝浇筑到顶，并实现下闸蓄水。

二是供水灌溉工程建设跑出加速度。建设了浙江朱溪、福建霍口、西藏拉洛、重庆观景口等一批大型供水水库，以及内蒙古绰勒下游、海南红岭、吉林松原等大型灌区，加快推进已有灌区续建配套和现代化改造，全国农田有效灌溉面积增加 1 亿亩。全国水利工程年供水能力已达到 8900 亿立方米，通过综合采取“蓄、引、提、调”等措施，可确保城乡供水安全，最大程度减轻干旱损失。

三是河流治理不断加强。黄河下游“十四五”防洪工程、淮河入海水道二期工程、吴淞江整治工程开工建设，长江干流江西崩岸治理工程等有序推进。中央预算内投资下达 276.11 亿元支持主要支流治理，涉及 139 条河流、540 个项目。中央财政安排 213.4 亿元开展中小河流治理，涉及 1466 条河流、1822 个项目、12013 公里。

四、新时代新征程加快建设现代化产业体系面临的新形势

面对内外部不确定性风险和冲击，我国现代化产业建设韧性强、发展潜力大，长期向好的基本面没有改变。但同时也要看到，当前世界百年未有之大变局加速演进，新一轮科技革命和产业变革深入发展，全球产业结构和布局深度调整，大国竞争和博弈日益加剧，世界进入新的动荡变革期。我国现代化产业体系建设面临新的形势和挑战。

（一）全球产业链供应链重构调整，我国产业链供应链韧性和安全水平面临新的外部风险和内部挑战

党的二十大报告明确提出，要着力提升产业链供应链韧性和安全水平。2023 年中央经济工作会议提出，产业政策要发展和安全并举，围绕制造业重点产业链，找准关

键核心技术和零部件薄弱环节，集中优质资源合力攻关，保证产业体系自主可控和安全可靠，确保国民经济循环畅通。这明确了提升产业链供应链韧性和安全水平是实现高质量发展的重要路径和着力点。

近年来，世界大变局加速演进，受地缘政治冲突、全球通胀高企等一系列事件冲击影响，我国产业链供应链韧性和安全水平面临新的外部风险和内部挑战。

一是欧美等经济体陆续实施产业链供应链体系分散化布局战略，全球产业竞争愈加激烈，加快中国产业转移趋势。首先，美国在产业政策方面持续做出激进的表现，遏制中国产业链供应链发展的意图愈加明显。拜登政府自上台以来，延续了在经济和产业等领域重振美国、对中国等新兴国家加以掣肘和围堵的战略思路，聚焦高科技产业与战略性产业的选择性“脱钩”政策。例如，2022 年 8 月，美国总统拜登签署《芯片和科学法案》，意图提高美国对全球芯片供应链的控制能力，阻止先进芯片产能对华投资。其次，欧盟、日本通过产业政策稳固和提高国家产业竞争力，推动构建自主可控、安全稳定的产业链供应链。欧盟委员会陆续出台以《欧洲新工业战略》《芯片法案》等为代表的多份政策文件，意图提升欧盟整体竞争力和在世界新秩序下的领导地位。日本高度重视关键性产业回迁本土，陆续推出《半导体数字产业战略》《经济安全保障推进法》等产业政策，意图在全球产业链供应链重构浪潮中打造“内强外韧”的产业体系，提高国内供应链竞争力。最后，以越南为代表的东南亚国家依靠资源、劳动力等比较优势，开始在中低端制造业发力，积极承接国际产业转移，使得我国劳动密集型和中低端制造业产业面临不可小觑的“分流”压力。事实上，最近几年一些跨国企业正在陆续关停开设在中国的加工工厂，转而在越南、泰国等国家设厂，比如微软计划关停诺基亚东莞工厂，并将部分设备转移到越南河内，英特尔、耐克、阿迪达斯、奥林巴斯、佳能、LG、索尼等知名企业也纷纷在东南亚和印度开设新厂。

二是美国推行“小院高墙”战略，联合盟友打造“去中国化”的产业链供应链体系，精准围堵中国的意图愈加明显。首先，美国已明确将我国定位为“竞争对手”，加快推动构建以美国为主导、旨在遏制中国的产业链同盟体系。2021 年 6 月，拜登和 G7 其他六国领导人共同宣布推出意在对抗中国“一带一路”倡议的“重建更美好世界”计划，旨在满足发展中经济体 40 多万亿美元的基础设施建设需求。2022 年 3 月，美国提出与韩国、中国台湾、日本组成所谓“芯片四方联盟”的构想，以加强芯片产业合作，抗衡中国大陆。2022 年 9 月，由美国号召启动的“印太经济框架”首轮面对面部长级会议正式举行，该框架的地缘对抗意图极其明显，旨在通过煽动印太地区各国与我国产业链供应链的“选择性脱钩”来限制我国的产业发展。其次，欧盟各国积极谋划产业链领域的全面合作计划，以加强供应链同盟和合作伙伴关系，并减少对中国产业链供应链的依赖。2021 年 6 月，欧盟与美国发布《欧盟—美国峰会声明》，提出欧盟与美国将建立平衡全球半导体产业链的伙伴关系。2022 年 10 月，欧盟各国首脑在欧盟峰会上重点讨论了如何降低对中国的经济依赖问题。最后，以日本为代表的亚太地区部分经济体积极谋划和深度参与产业链同盟体系，围堵我国高端制造产业的发展。2022 年 3 月以来，日本、韩国多次表态，将认真研究是否参与由美国主导的“芯片四方联盟”。该联盟的主要目的在于联合盟友封锁我国芯片产业的发展，切断与我国相关产业链供应链的正常联系。此外，2022 年 7 月，美国和日本将强化供应链的相关合作内容纳入联合文件，同时计划共同研究新一代半导体，并最早于 2025 年在日本国内建立量产体制。

三是全国统一大市场建设仍存在堵点、卡点。近年来，全国统一大市场建设工作取得了重要进展，但在实践中仍存在一些妨碍全国统一大市场建设的堵点、卡点，如市场分割与地方保护问题仍然存在，要素和资源市场建设尚不完善等。这给加快建设全国统一大市场带来了一定阻碍，进而干扰了我国产业链供应链体系的畅通运行。

四是市场主体创新动力不强，产业链与创新链的协同效应有待激发。当前，我国中小企业等市场主体创新动力不强的问题依然存在，且创新能力存在多重短板。与此同时，产业链供应链上中下游对接以及大中小微企业之间的业务协作、资源共享和系统集成效率不足，不利于形成良好的产业链知识技术流动机制，致使产业链供应链面临整体自主创新水平不高、部分环节关键技术缺失等问题。

（二）数实融合成为现代化产业体系建设演进的重要趋势

党的二十大报告提出，加快发展数字经济，促进数字经济和实体经济深度融合，打造具有国际竞争力的数字产业集群。2023 年中央经济工作会议提出，要大力发展数字经济，提升常态化监管水平，支持平台企业在引领发展、创造就业、国际竞争中大显身手。

在经济发展新形势下，促进数字经济和实体经济深度融合，是顺应科技革命浪潮、契合国家战略需求的必然之举，也是实体经济实现高质量发展的关键所在。当前，我国数字经济发展正转向深化应用、规范发展、普惠共享的新阶段，将进一步助推现代化产业体系建设，提高产业体系科技含量，改善产业发展的不平衡不充分问题，强化安全体系建设。现阶段，数字经济赋能实体经济仍面临诸多考验：一是数字经济与实体经济的融合程度有待提升。数字经济与实体经济的融合主要集中在第三产业，与农业、制造业的融合程度还比较低，传统产业数字化发展不平衡不充分问题依然存在。当前我国工业互联网平台发展还处于起步阶段，联通产业链、优化要素配置的能力还没有充分显现。二是需高度警惕平台垄断。随着数字经济的崛起，数据价值随数据量的增加而提升，各类数字平台企业快速发展，在提升经济效率、促进就业的同时，也会带来新的风险。部分领域的头部企业以其雄厚的财力以及占据的数据优势和技术手段，发起收购和兼并。三是开放共享与安全保护矛盾凸显。随着数字经济与经济社会发展的深度融合，技术创新以及经济高质量发展都更加需要数据的开放共享，但数据资源治理与监管体系仍不够完善，数据泄露、侵犯隐私、过度收集数据等问题，对安全发展构成极大威胁。四是数字人才短缺。从人才结构看，数据价值应用、AI 等领域数字人才缺口较大，数字人才培育供给侧和产业需求侧在结构、质量、水平上未能完全匹配，一些高校培养的单一性专业人才已经不能完全满足数字化转型发展的需要。

（三）能源安全在经济社会发展全局中的重要性日益凸显

2023 年中央经济工作会议强调，加强重要能源、矿产资源国内勘探开发和增储上产，加快规划建设新型能源体系，提升国家战略物资储备保障能力。

未来一段时间，全球气候变化形势日趋严峻，二氧化碳排放在波动中逐渐增长。世界能源供需版图深度调整，国际环境错综复杂，能源市场的不稳定性、不确定性明显增加。一是欧盟“碳关税”的实施将对我国的出口贸易产生影响。2022 年 12 月 13 日，欧盟理事会和欧洲议会就欧盟碳边境调整机制和欧盟碳排放交易系统达成协议，欧盟的“碳关税”正式亮相。我国是欧盟最大的贸易伙伴国，欧盟“碳关税”的实施必将对我国的出口贸易产生影响。二是国际环境的严峻复杂增加了能源供给的不稳定性。新冠疫情使全球能源行业投资放缓，全球能源生产和供应的不确定性骤增，产业链供应链多环节受阻，国际合作开展困难，由于中国油气资源对外依存度高、进口渠道单一，供应链不稳定对国内能源转型造成严重影响，能源安全问题凸显。俄乌冲突导致的石油、天然气等大宗能源商品价格上涨，加剧了全球能源市场震荡和全球通货膨胀风险，对国内外能源供应和贸易格局产生显著影响，保安全在短期内超过了促转型的要求。三是我国利用海外矿产资源的挑战增多。我国是矿产资源消费大国，也是进口大国，尤其是黑色、有色矿石进口规模大、对外依存度高，进口来源主要集中为澳大利亚、巴西、南非等国，潜在风险较大。长期以来，欧盟、美国、日本等发达经济体已完成全球资源战略布局，其大型矿业公司掌握了世界上多数优质资源。而我国企业全球资源战略布局起步较晚，掌控的海外矿产资源多数复杂难处理或处于特殊环境条件之下。近年来，全球矿业领域出现资源民族主义倾向，主要矿产资源国家越来越重视战略资源，纷纷推出战略矿产和（或）关键矿产目录，并通过税费等多种手段加强战略资源管控和安全供应。例如，巴西对矿业管理体制进行大刀阔斧改革，撤销矿产开发管理司，成立负责矿业监管的国家矿产局；提高矿业权利金，将税基从净销售额改为销售总收入，并按照价格变化实行浮动税率；建立战略矿产目录。刚果(金)、赞比亚等非洲国家均不同程度上调了矿产的权利金税率。印度尼西亚宣布自 2020 年 1 月 1 日起，全面禁止镍矿出口。可以预见，未来各国对矿产资源尤其是战略资源的争夺将更加激烈，我国企业利用国际资源将面临更大挑战。四是低碳转型已成发展大势，碳达峰如期实现压力增大。“十四五”期间是我国实现 2030 年前“碳达峰”、2060 年“碳中和”目标的关键 5 年。中国仍处于城镇化和工业化还未彻底完成阶段，要提前实现“双碳”目标，需要付出巨大的努力。在推进城镇化和工业化进程的过程中，能源消费总量的增长是必然趋势。我国工业用能占终端能源消费的比例仍高于60%，而钢铁、煤炭、化工、建材等高能耗行业的比重偏高，且高能耗、高污染、低能效的发展模式还没有从根本上实现转变，要如期实现“碳达峰”目标，我国势必在“十四五”期间完成能源低碳化转型和产业结构低碳化调整的同时，建立和完善符合高质量发展标准的绿色低碳循环现代经济体系，在约束条件增多收紧情况下，实施多目标均衡的战略，因此挑战和压力倍增。

五、“十四五”期间加快推动现代化产业体系建设的政策建议

建设现代化产业体系，是党中央从全面建设社会主义现代化国家的高度作出的重大战略部署。党的二十大报告提出，要坚持把发展经济的着力点放在实体经济上，推进新型工业化，加快建设制造强国、质量强国、航天强国、交通强国、网络强国、数字中国。根据新的发展形势要求，进入“十四五”后半期，一是推进产业基础能力高级化、产业链现代化，提高产业链韧性和战略性资源保障能力；二是推动战略性新兴产业融合集群发展，打造引领高质量发展强大动力源；三是构建优质高效的服务业新体系，推动现代服务业同先进制造业、现代农业深度融合；四是加快发展数字经济，推进数字经济和实体经济深度融合发展；五是加快构建现代化基础设施体系，夯实经济高质量发展之基；六是优化产业生态，推动创新链产业链资金链人才链深度融合，确保“十四五”各项目标和任务如期实现。

（一）推进产业基础能力高级化、产业链现代化，提高产业链韧性和战略性资源保障能力

习近平总书记在中央财经委员会第五次会议上指出，要充分发挥集中力量办大事的制度优势和超大规模的市场优势，打好产业基础高级化、产业链现代化的攻坚战。党的二十大报告要求，实施产业基础再造工程和重大技术装备攻关工程，支持专精特新企业发展，推动制造业高端化、智能化、绿色化发展。巩固优势产业领先地位，在关系安全发展的领域加快补齐短板，提升战略性资源供应保障能力。

推动产业基础高级化和产业链现代化，是破解我国产业基础能力不足和部分领域瓶颈制约、提升产业链水平的必由之路，必须打造具有更强创新力、更高附加值、更安全可靠的现代化产业链，更好地支撑现代产业体系建设。下一步，要推进产业基础高级化、产业链现代化，坚持自主可控、安全高效，分行业做好供应链战略设计和精准施策，推动全产业链优化升级。一是加快实施产业基础再造工程，加快补齐基础零部件及元器件、基础软件、基础材料、基础工艺和产业技术基础等瓶颈短板，启动一批产业化工程化攻关项目。二是推进制造业补链强链，强化资源、技术、装备支撑，推动制造业高端化、智能化、绿色化发展。三是立足产业规模优势、配套优势和部分领域先发优势，巩固提升高铁、电力装备、新能源、船舶等领域全产业链竞争优势，从符合未来产业变革方向的整机产品入手打造战略性全局性产业链。四是加快培育产

业生态主导企业，提升产业链的控制力和主导能力，鼓励企业专业化发展，加快培育专精特新“小巨人”企业和制造业单项冠军企业。五是优化区域产业链布局，引导产业链关键环节留在国内，强化中西部和东北地区承接产业转移能力建设。六是强化技术安全评估，加强国际产业安全合作，推动产业链供应链多元化，形成具有更强创新力、更高附加值、更安全可靠的产业链供应链。

（二）推动战略性新兴产业融合集群发展，打造引领高质量发展强大动力源

党的二十大报告要求，推动战略性新兴产业融合集群发展，构建新一代信息技术、人工智能、生物技术、新能源、新材料、高端装备、绿色环保等一批新的增长引擎。下一步，一是推动两化深度融合，大力发展科技含量高、市场竞争力强、带动作用大、经济效益好的战略性新兴产业。加快推进实施《“十四五”信息化和工业化深度融合发展规划》部署的“76441”① 五项主要任务。提升战略性新兴产业与传统产业融合发展水平，充分挖掘战略性新兴产业与传统产业优势互补、资源转移、市场共享等融合互动支点，以技术、数据、管理等要素深度赋能传统产业转型升级，以资本、市场、用户等优势支持战略性新兴产业发展壮大，把战略性新兴产业培育成为现代农业、先进制造业、现代服务业发展壮大的新增长极，促进数字经济、低碳产业与实体经济深度融合。推进产业链创新链深度融合，发挥重大创新平台引领产业发展作用，推进科研成果转化交易平台建设，缩短从技术创新到产业孵化生态闭环，构建“技术创新+产业培育”双链驱动式生态。二是打造一批具有国际竞争力的先进产业集群，构建一批各具特色、优势互补、结构合理的新增长引擎。加快建设 100 个左右的特色产业集群，培育更多国家级战略性新兴产业基地，合理谋划优化战略性新兴产业集群空间布局，有序推进东中西部产业转移和错位发展，引导各地开展试点示范、模式提炼、经验互鉴，激发市场和社会资本活力，探索发展跨越物理边界的“虚拟”产业园区和产业集群，加快产业资源虚拟化集聚、平台化运营和网络化协同，构建虚实结合的产业数字化新生态，加快构建实体经济、科技创新、现代金融、人力资源协同发展的现代产业体系，形成“链式整合、园区支撑、集群带动、协同发展”的新格局。健全完善集群进入退出及动态考评机制，建立健全产业集群统计监测体系，做好产业集群发展的跟踪分析、监督检查和两化评估。三是前瞻谋划一批未来产业，加快形成新质生产力。加强顶层设计和前瞻谋划，着眼人类未来生产生活情景，积极塑造未来技术应用场景，培育孵化一批未来产业，努力抢占科技革命和产业变革制高点。健全重大科技攻关新型举国体制，采取重大工程联合攻关、“揭榜挂帅”等方式，精准实施“卡脖子”攻

---

① “76441”，即培育融合发展新型智能产品、数字化管理、平台化设计、智能化制造、网络化协同、个性化定制、服务化延伸“七个模式”，探索推进原材料、装备制造、消费品、电子信息、绿色制造、安全生产“六大行业领域”数字化转型升级，夯实建设新型信息基础设施、提升关键核心技术支撑能力、推动工业大数据创新发展、完善两化深度融合标准体系等“四大基础”，激发培育生态聚合型平台企业、打造示范引领型骨干企业、壮大“专精特新”中小企业、发展专业化系统解决方案提供商等“四类企业”活力，培育打造“一个跨界融合发展新生态”。

关计划，加快实施重大技术装备攻关工程，找准并开展关键共性技术、前沿引领技术、现代工程技术和颠覆性技术的多路径探索和交叉融合，提升我国新兴产业产业链关键环节、关键领域、关键产品安全保障能力。

（三）构建优质高效的服务业新体系，推动现代服务业同先进制造业、现代农业深度融合

党的二十大报告要求，构建优质高效的服务业新体系，推动现代服务业同先进制造业、现代农业深度融合。下一步，一要充分发挥现代服务业对产业结构升级优化的关键作用。以5G、人工智能、虚拟现实、物联网、云平台等科技为核心，结合先进制造业企业核心诉求，加快提升科技研发、产品设计、专利申请等方面的服务保障专业化水平，解决制造业企业后顾之忧，以外部交易降低企业内部成本，使企业能够更加专注主业。二要发挥现代金融业对先进制造业的支撑作用，引金融活水实现对制造业的“精准滴灌”。金融是现代经济的核心，发展先进制造业，前期投入大、风险水平高、成果转化难，需要在传统银行信贷之外大力发展直接融资体系，深入挖掘风险投资（Venture Capital，VC）、私募股权（Private Equity，PE）等资本在“募投管退”4个方面的潜力，进一步推动金融业供给侧结构性改革，更好以开放为手段，利用国内国际两个市场的资金助力先进制造业尽早脱离幼稚期，加速迈入成熟期。三要发挥好数字经济的强大驱动作用，释放数字化叠加倍增效应。利用互联网技术对制造业实施全方位、全角度、全链条、全周期的改造，不断夯实融合发展的基础。支持数字经济与平台经济发展壮大，深度融入产业集群，形成融数据采集、清洗、分析、挖掘、标注、储存、交易为一体的供应链，催生出新业态与新模式。四要以现代服务业推进现代农业产业链加速升级。现代农业仅依赖于传统种植养殖无法有效弥补成本，更无法谈及经济效益，需要大力培育专门服务农业农民的现代化服务机构或企业，以种植大户和龙头企业为引领，延伸产业链长度，实现产业链升级，改变过去单一的产品结构，建立以基础产品为保障、高附加值产品为支撑的产品体系。五要依托现代物流，推进农产品产地仓储保险冷链物流基础设施建设，加速实现农产品运输流转，深化与外部市场沟通。依托电子商务，对标消费者对绿色、安全、健康食品的需求，深入挖掘市场潜力，带动农产品价值实现。六要立足乡村生态、资源、环境、民宿等资源优势，依托文化产业和旅游业，打造乡村名片，培育具有乡土特征和乡土风情的产品产业。

（四）加快发展数字经济，推动数字经济和实体经济深度融合发展

习近平总书记在中央政治局第三十四次集体学习时指出，要推动数字经济和实体经济融合发展，把握数字化、网络化、智能化方向，推动制造业、服务业、农业等产业数字化，利用互联网新技术对传统产业进行全方位、全链条的改造，提高全要素生产率，发挥数字技术对经济发展的放大、叠加、倍增作用。党的二十大报告要求，加快发展数字经济，促进数字经济和实体经济深度融合，打造具有国际竞争力的数字产

业集群。《“十四五”数字经济发展规划》提出，要以数据为关键要素，以数字技术与实体经济深度融合为主线，协同推进数字产业化和产业数字化，赋能传统产业转型升级，培育新产业新业态新模式，不断做强做优做大我国数字经济。在现代化新征程中，应把握数字化发展新机遇，以数字经济与实体经济深度融合为主线，拓展实体经济发展新空间。一是加快推动数字技术产业化，实现实体经济扩容。要以壮大数字经济为依托，在新发展阶段赋予实体经济新内涵，不断扩充和完善产业链体系，加速产品和服务迭代，不断满足人民群众对美好生活的需要。二是加快推动数字技术扩散融合，实现实体经济升级提质。继续发挥数字技术新优势，积极改造传统产业，使传统产业在数字技术赋能下实现结构优化升级、焕发新活力。也要看到，实体经济的持续增长和升级，也为数字经济发展不断创造新的应用场景，提供持续增长的市场空间，成为数字经济发展的强大牵引力，从而形成数字经济与实体经济融合发展的双赢局面。

（五）加快构建现代化基础设施体系，夯实经济高质量发展之基

习近平总书记在中央财经委员第十一次会议上强调，基础设施是经济社会发展的重要支撑，要统筹发展和安全，优化基础设施布局、结构、功能和发展模式，构建现代化基础设施体系，为全面建设社会主义现代化国家打下坚实基础。党的二十大报告指出，优化基础设施布局、结构、功能和系统集成，构建现代化基础设施体系。下一步，一是加快建设新型基础设施。围绕强化数字转型、智能升级、融合创新支撑，布局建设信息基础设施、融合基础设施、创新基础设施等新型基础设施。二是加快建设交通强国。按照交通强国建设要求，推动全方位转型发展，构建安全、便捷、高效、绿色、经济的现代化综合交通运输体系。三是构建现代能源体系。坚持控煤、稳油、增气，大力发展非化石能源，同步提升电力系统调节能力，构建清洁低碳、安全高效的能源体系。四是实施国家水网工程。以全国江河湖泊水系为基础、输排水工程为通道、控制性调蓄工程为节点、智慧化调控为手段，加快构建国家水网，统筹解决水资源、水生态、水环境、水灾害问题，在更高水平上保障水安全。

（六）优化产业生态，推动创新链产业链资金链人才链深度融合

党的二十大报告提出，加快实施创新驱动发展战略，强化企业科技创新主体地位，发挥科技型骨干企业引领支撑作用，营造有利于科技型中小微企业成长的良好环境，推动创新链产业链资金链人才链深度融合。为此，要充分发挥技术创新市场导向机制作用，加快破除制约多链融合的体制机制障碍，推动金融体系更好地支持科技创新，促进科技、产业、金融良性循环。一是以“产业链”为主线，探索建立多主体融通创新生态。以需求为导向，围绕产业链部署创新链，对产业链上下游关键核心技术进行攻关，促进创新链、产业链精准对接。依托区域产业集群构建多链融合创新生态，聚焦金融服务科技创新和产业创新的短板弱项，完善金融支持创新体系，调动企业创新积极性，提升产业技术创新能力，推动产业升级。更好地发挥有为政府的统筹协调和引导作用，更好地发挥有效市场在配置资源中的决定性作用，形成多主体协同创新、集聚发展模式。二是以“创新链”为抓手，推动创新要素集聚发展。支持区域科技领军企业牵头，联合行业上下游中小微企业和高校院所，组建一批推动产业链、供应链、创新链协同发展的创新联合体，组建由政府、企业、高校院所共同参与的新型研发机构和产业创新联盟，健全运行管理机制，聚集产业链、创新链、资金链优势资源，推动形成多链融合发展格局。鼓励引导企业兼并重组，实现产业纵向整合、横向聚合、规模化发展，培育壮大一批创新型产业集群，提升区域经济能级和竞争力。三是以“资金链”为纽带，促进多链融合精准对接。优化财政资金投入方式，发挥“种子资源”引导作用，与社会资本共同成立创业投资基金或产业发展基金，按照“利益共享、风险共担”原则，通过互相参股、联合投资等方式为研发和创新提供融资功能。拓宽科技创新融资渠道，提升多层次资本市场直接融资功能。支持金融和投资机构设立科技支行、科技担保、科技保险等科技金融专营机构，鼓励融资性担保公司为初创期和成长期科技型中小企业提供融资担保服务。

第四章　形成强大国内市场，构建新发展格局

构建新发展格局，推动高质量发展，是我国立足经济社会发展全局、统筹国内国际两个大局，掌握未来发展主动权的长远之策。《纲要》要求加快构建以国内大循环为主体、国内国际双循环相互促进的新发展格局，并提出畅通国内大循环、促进国内国际双循环、加快培育完整内需体系三项重大举措。两年多来，各地区各部门深入学习贯彻落实《纲要》精神，构建新发展格局扎实推进，取得积极成效。国务院和有关部门先后印发实施了《要素市场化配置综合改革试点总体方案》《关于加快建设全国统一大市场的意见》《扩大内需战略规划纲要（2022—2035年）》《"十四五"扩大内需战略实施方案》《"十四五"现代流通体系建设规划》等文件，各地区及时制定出台规划实施方案，推动各项工作落地见效。在畅通国内大循环方面，供给体系对需求的适配性不断提升，促进各类资源要素自主有序流动，现代流通体系建设加快推进；在促进国内国际双循环方面，进出口协同发展，双向投资水平稳步提升；在培育内需体系方面，促消费稳投资政策显效发力，消费需求稳定增长，投资规模不断扩大，投资结构持续优化。

展望"十四五"后半期，在国内外多重压力下，加快构建新发展格局面临新形势新挑战：一是经济高质量发展面临内需不足、外需收缩的双重压力；二是国内大循环面临城乡和区域之间的多维堵点；三是关键生产要素被阻断风险加大，威胁产业链供应链安全稳定，全面建成新发展格局任重道远。习近平总书记在2023年中央政治局集体学习时强调，要坚持问题导向和系统观念，着力破除制约加快构建新发展格局的主要矛盾和问题，全面深化改革，推进实践创新、制度创新，不断扬优势、补短板、强弱项。

根据新的发展形势要求，着眼于更好地推动规划实施，建议做好以下工作：一是加快建设现代化产业体系，通过高质量供给创造有效需求；二是着力扩大国内需求，加快培育完整内需体系；三是打破城乡区域壁垒，加快建设全国统一大市场；四是推进高水平对外开放，增强国内外大循环的动力和活力，确保"十四五"规划各项任务如期实现。

一、加快构建新发展格局，推动经济实现量质齐升

加快构建以国内大循环为主体、国内国际双循环相互促进的新发展格局，是把握未来发展主动权的战略性布局和先手棋，是新发展阶段要着力推动完成的重大历史任

务，也是贯彻新发展理念的重大举措。《纲要》提出三项重大举措：一要畅通国内大循环，提升供给体系适配性，促进资源要素顺畅流动，强化流通体系支撑作用，完善促进国内大循环的政策体系；二要促进国内国际双循环，推动进出口协同发展，提高国际双向投资水平；三要加快培育完整内需体系，全面促进消费，拓展投资空间。近两年，我国一方面牢牢抓住深化供给侧结构性改革这个战略方向，畅通国民经济循环的梗阻和堵点，另一方面紧紧扭住扩大内需这个战略基点，加快培育完整内需体系，构建新发展格局取得扎实成效。但也要看到，当前“双循环”发展面临内循环支撑能力不足、外循环发展动力减弱的双重挑战。

（一）打通国民经济各环节堵点，畅通国内大循环

国内大循环是新发展格局的主体，对于形成内生发展动能、掌握发展主动权意义重大。近两年，我国供给体系对需求的适配性不断提升，要素市场化配置改革取得重要进展，现代流通体系建设加速推进，促进国民经济稳定恢复和良性循环。但也要看到，畅通国内大循环依然面临诸多堵点，供给体系仍不适应需求结构变化，低端无效供给过剩与高端有效供给不足并存；要素市场还不完善，不少体制性弊端有待克服；流通体系现代化程度不高，仍然存在许多薄弱环节。

1. 供给体系对需求的适配性不断提升

一是产业结构持续优化，高端制造业增长较快。2023 年 11 月，装备制造业增加值同比增长 9.8%，增速高于全部规上工业平均水平 3.2 个百分点，对全部规上工业增长贡献率达 50.7%；高技术制造业增加值同比增长 6.2%，拉动全部规上工业增长 1.0 个百分点；高技术产品产量保持较快增长，电子工业专用设备、碳纤维复合材料、服务机器人、集成电路等产品产量分别同比增长 149.5%、50.2%、33.3%、27.9%①。2022 年，45 个国家级先进制造业产业集群产值超 20 万亿元。二是消费品产品和服务的供给能力得到明显提升。在增品种、提品质、创品牌的“三品”专项行动中，一大批创新升级的轻工消费品不断涌现，很好地满足了人民美好生活需要。例如，国产冰箱、空调、洗衣机等家用电器已迈入世界中高端行列。智能锁具、环保灶具、节水马桶等产品深受消费者认可。个性化、定制化、智能化家具快速发展。据中国品牌建设促进会等发布的“2022 中国品牌价值评价信息”显示，茅台、格力品牌价值超过千亿元，五粮液、农夫山泉、洋河、泸州老窖、方太厨具、老板电器等品牌价值超过百亿元。三是文旅、家政、医疗、养老育幼等公共服务水平稳步提高。2022 年，《国民旅游休闲发展纲要（2022—2030 年）》印发实施，推动露营旅游休闲健康有序发展，乡村旅游产品供给不断丰富。深化家政服务业提质扩容“领跑者”行动，推动家政进社区。积极应对人口老龄化国家战略深入实施，支持社会力量发展普惠托育服务，推进基本养老

---

① 国家统计局，《国家统计局工业司统计师孙晓解读 11 月份工业生产数据》，https://www.stats.gov.cn/sj/sjjd/202312/t20231215_1945592.html。

服务体系建设，扩大普惠性养老服务供给。完善老年人健康支撑体系，深入推进医养结合。

2. 各类资源要素自主有序流动加快推进

一是要素市场化配置综合改革试点总体方案出台。2022 年 1 月，国务院办公厅印发《要素市场化配置综合改革试点总体方案》，明确未来我国土地、劳动力、资本、技术、数据要素制度改革方向。其中，数据要素市场化配置改革进展明显，大数据交易市场建设取得重大进展。北京国际大数据交易所于 2021 年 3 月成立，采用“数据可用不可见，用途可控可计量”新型交易范式，并成立了全国首个国际数据交易联盟；上海数据交易所于 2021 年 11 月成立，首提“数商”新业态，涵盖数据交易主体、数据合规咨询、质量评估、资产评估、交付等多个领域；广州数据交易所、深圳数据交易所在 2022 年相继挂牌成立，2022 年累计交易额超过 17 亿元①。二是各地积极探索跨区域一体化协同发展的模式，推动实现产权交易市场的全国大统一。北京产权交易所、天津产权交易中心和河北产权市场已携手组建京津冀产权市场发展联盟。上海联合产权交易所、江苏产权交易所、浙江产权交易所、安徽省产权交易中心等 29 家产权交易机构组建了长三角产权交易共同市场。山东产权交易中心联合沿黄省（区）要素交易机构，共同发起成立了黄河流域要素市场联盟。广东省交易控股集团等共同探索构建粤港澳大湾区产权交易资本市场。重庆联合产权交易所与西南联合产权交易所合作建立了川渝产权共同市场。黑龙江交易集团、沈阳联合产权交易所集团、吉林长春产权交易中心、大连产权交易所组建了东北区域产权交易机构联盟。据中国产权协会统计，2022 年产权市场 5 大类业务交易额合计 22.5 万亿元，年交易额再创历史新高。三是推进以县城为重要载体的城镇化建设，发挥其在城乡要素自由流动中的基础作用。2022 年 5 月，中共中央办公厅、国务院办公厅印发《关于推进以县城为重要载体的城镇化建设的意见》，推动在人口、资金、土地等重点领域的体制机制改革，激发以县城为重要载体的城镇化建设的要素活力。随后，国家发展改革委发布《“十四五”新型城镇化实施方案》强调“以县域为基本单元、以国家城乡融合发展试验区为突破口，促进城乡要素自由流动和公共资源合理配置，逐步健全城乡融合发展体制机制和政策体系”，并提出稳步推进农村土地制度改革、开拓乡村建设多元化融资渠道、引导城市人才入乡发展等具体措施；住房和城乡建设部、国家开发银行印发《关于推进开发性金融支持县域生活垃圾污水处理设施建设的通知》，明确开发性金融支持县域生活垃圾收运处理设施建设和运行；人力资源社会保障部等 9 部门印发《关于开展县域农民工市民化质量提升行动的通知》，着力促进县域农民工高质量稳定就业和技能水平提升。金融支持县城建设成果明显，2023 年第三季度末，农村（县及县以下）贷款余额 46.6 万亿元，同比增长 15.4%，高于各项贷款增速 4.5 个百分点；前三季度增加 5.66 万亿元，

---

① 光明日报，《粤港澳大湾区高质量发展加速推进》，https：//news.gmw.cn/2023-07/18/content_36702413.htm。

同比多增 1.28 万亿元[①]。

3. 高效顺畅的现代流通体系建设加快推进

一是加快建设全国统一大市场的意见出台实施，公平竞争审查制度有效实施，破除行政垄断和市场垄断成效显著[②]。2022 年 4 月，中共中央、国务院发布《关于加快建设全国统一大市场的意见》，从强化市场基础制度规则统一、推进市场设施高标准联通、打造统一的要素和资源市场、推进商品和服务市场高水平统一、推进市场监管公平统一、进一步规范不当市场竞争和市场干预行为 6 个方面明确加快建设全国统一大市场的重点任务。2022 年 5 月，市场监管总局组织在天津、吉林、上海等九省（市）开展公平竞争审查信息化建设、举报处理、重大政策措施会审、公平竞争指数 4 项试点，涵盖公平竞争审查实施的全链条全环节。二是顶层设计出炉，加快现代物流体系建设。2022 年《“十四五”现代流通体系建设规划》《“十四五”现代物流发展规划》相继出炉，对现代流通体系、现代物流体系建设作出一系列创新性、前瞻性、可操作性战略部署；交通运输部会同国家标准委制定《交通运输智慧物流标准体系建设指南》，围绕加快建设交通强国和建设现代物流体系需要，系统构建交通运输领域智慧物流标准体系框架。三是引导商贸流通企业转型升级，推动县域商业高质量发展。2022 年 4 月，财政部等发布《关于支持实施县域商业建设行动的通知》，明确于 2022—2025 年支持实施县域商业建设行动，加快补齐县域商业基础设施短板，完善县乡村三级物流配送体系。在政策支持下，县域商业设施和流通体系建设稳步推进。2022 年，全国建设改造县城综合商贸服务中心 983 个、乡镇“大集”和商贸中心 3941 个；建设县级物流配送中心 506 个、乡镇快递物流站点 650 个[③]。

4. 宏观政策协同发力，共促国内大循环

一是加大积极财政政策实施力度。完善税费支持政策，2023 年前 11 个月，全国新增减税降费及退税缓费 18125.09 亿元，降低经营主体税费负担；管好用好专项债券资金，推动一批交通、水利、能源等利当前惠长远的重大项目建设；强化重点领域投入保障，推动制造业高质量发展，大力支持科技创新；全力支持防汛救灾，增发 1 万亿元国债，专项用于支持灾后恢复重建和提升防灾减灾救灾能力[④]。二是稳健的货币政策灵活适度。综合运用多种货币政策工具，保持流动性合理充裕，2023 年以来两次下调金融机构存款准备金率累计 0.5 个百分点，释放长期流动性货币超过 1 万亿元。运用结

---

① 中国人民银行，《2023 年三季度金融机构贷款投向统计报告》，http：//www.pbc.gov.cn/goutongjiaoliu/113456/113469/5117163/index.html。

② 《关于 2022 年国民经济和社会发展计划执行情况与 2023 年国民经济和社会发展计划草案的报告》，https：//www.gov.cn/xinwen/2023-03/15/content_5746959.htm。

③ 国务院新闻办公室，“权威部门话开局”系列主题新闻发布会介绍“坚定信心，奋发有为，推动商务高质量发展迈出新步伐”有关情况，http：//topic.mofcom.gov.cn/article/syxwfb/202303/20230303394394.shtml。

④ 财政部，《全国财政工作会议在北京召开》，http：//www.mof.gov.cn/zhengwuxinxi/caizhengxinwen/202312/t20231222_3923684.htm。

构性货币政策工具，继续加大对制造业、普惠金融、科技创新、基础设施建设等国民经济重点领域和薄弱环节的支持。2023 年 9 月末，制造业中长期贷款余额、基础设施业中长期贷款余额、“专精特新”中小企业贷款余额、普惠小微贷款余额同比分别增长 38.2%、15.1%、18.6%、24.1%，比各项贷款增速分别高 27.3 个、4.2 个、7.7 个、13.2 个百分点；贷款市场报价利率改革成效显著，2023 年 9 月，企业新发放贷款加权平均利率为 3.85%，比上年同期低 14 个基点，社会融资成本明显下降；推动降低存量首套房贷利率政策落地，2023 年 9 月末，存量住房贷款加权平均利率为 4.29%，比上月末低 42 个基点，有效减轻居民利息负担，改善消费者预期，增强消费能力和消费信心[①]。三是产业政策向以基础能力建设和激励创新为核心的普惠性、功能性转型，政策工具更加多样化。其中包括扎实推进产业基础再造工程、重大技术装备攻关工程、国家战略性新兴产业集群发展工程；加快推动重点行业转型升级，深入实施智能制造、绿色制造；深入推进先进制造业和现代服务业融合发展试点，加快提升制造服务业专业化服务能力；大力培育“专精特新”中小企业，推动大中小企业融通发展。

此外，构建国内大循环依然面临诸多堵点。一是供给体系仍不适应需求结构变化，低端无效供给过剩与高端有效供给不足并存。城乡居民收入不断增加，居民消费加速升级，但我国制造业产业结构不平衡、高级化程度不够，一些领域“大而不强”“大而不优”问题仍然存在，不少传统和低端领域的供给和产能过剩，很多新兴和高品质的需求则供不应求，难以适应消费需求提档升级的矛盾日益凸显。二是要素市场还不完善，不少体制性弊端有待克服。我国统一要素市场建设过程中，有待克服的体制性弊端包括：市场分割和隐性障碍仍时有出现、生产要素价格扭曲现象依旧存在、要素内外循环水平有待提高、要素垄断行为依然多发、要素市场治理效能亟待提高等，这些都阻碍了要素自由流动和有效配置，妨碍了要素市场向更高水平、更高质量和更加现代化的方向发展。三是流通体系现代化程度不高，仍然存在薄弱环节。从物流体系看，各种运输方式融合衔接不够顺畅，多式联运还不发达。物流体系标准化程度不高，物流网络分布不均衡，农村地区物流基础设施建设滞后。从商贸体系看，缺少国际水准的大型流通企业，实体商店等传统商贸面临巨大转型压力。从社会支撑体系看，信用体系建设亟待加强，市场诚信不足增加交易成本、制约流通效率。从金融服务体系看，流通领域融资难融资贵问题尚待解决。

（二）用好两个市场两种资源，促进国内国际双循环

良性互动、相互促进的国内国际双循环对于优化资源配置、提高发展质量具有关键作用。近两年，我国坚定不移地扩大高水平对外开放，对外贸易规模稳定增长，结构持续优化，贸易大国地位更加巩固。同时，与共建“一带一路”国家的双向投资迈

---

① 中国人民银行，《2023 年三季度金融统计数据新闻发布会文字实录》，http://www.scio.gov.cn/xwfb/bwxwfb/gbwfbh/rmyx/202312/t20231205_820857.html。

上新台阶，国际影响力明显增强。但也要看到，我国促进国内国际双循环存在发展难点，表现在内外贸一体化发展面临诸多障碍、外需对经济的支撑作用减弱、外资企业外迁隐忧凸显等方面，亟须构建更加开放的国内国际双循环，进一步保障产业链供应链安全稳定、高效畅通。

1. 进出口协同发展，国际市场布局优化

一是内外贸一体化发展取得进展。2022 年 1 月，国务院办公厅印发《关于促进内外贸一体化发展的意见》，要求提升市场主体内外贸一体化经营能力，激发内生发展动力。2022 年 5 月，商务部等 14 部门发布《关于开展内外贸一体化试点的通知》，决定在部分地区率先开展内外贸一体化试点。2023 年 1 月，商务部等 14 部门研究确定了内外贸一体化试点地区名单。二是贸易规模迈上新台阶，贸易结构持续优化升级。2022 年，我国进出口总值首次突破 40 万亿元大关，连续 6 年保持世界第一货物贸易国地位①。2023 年前 11 个月，我国进出口总值 37.96 万亿元，同比持平；11 月，我国进出口总值 3.7 万亿元，同比增长 1.2%，进出口总值连续 2 个月同比增长②。2023 年前 11 个月，我国一般贸易进出口 24.58 万亿元，占我国外贸总值的 64.8%，比上年同期提升 1 个百分点。2023 年第三季度，锂电池、电动载人汽车、太阳能电池“新三样”产品出口值连续 14 个季度保持了两位数增长③，国际市场份额遥遥领先，成为拉动我国外贸增长的新增长点。三是优化国际物流通道，推动中欧班列、西部陆海新通道建设。10 年来，中欧班列累计开行 7.7 万列，运送货物 731 万标准箱，货值超 3400 亿美元，通达欧洲 25 个国家的 217 个城市，成为国际经贸合作的重要桥梁④。截至 2023 年 10 月 26 日，西部陆海新通道铁海联运班列货物发送量突破 70 万标准箱，同比增幅 14.8%。铁海联运班列货物运输品类达 980 多种，运输范围辐射我国 18 个省区市的 69 个城市、138 个铁路站点，通达全球 120 个国家和地区的 473 个港口⑤。货物通关效率进一步提升，自 2023 年 7 月 1 日起我国关税总水平降至 7.3%，低于 9.8%的“入世”承诺⑥。四是服务业对外开放深入扩展，服务贸易发展水平不断提升。近两年，从海南自贸港跨境服务贸易负面清单到全国版跨境服务贸易负面清单，从国家服务贸易创新

---

① 国务院新闻办公室，《国新办举行 2022 年全年进出口情况新闻发布会图文实录》，http：//www. scio. gov. cn/xwfbh/xwbfbh/wqfbh/49421/49446/wz49449/Document/1735262/1735262. htm。

② 海关总署，《今年前 11 个月我国进出口持平 11 月份同比增长 1.2%》，http：//www. customs. gov. cn/customs/xwfb34/302425/5548876/index. html。

③ 国务院新闻办公室，《国新办举行前三季度进出口情况新闻发布会图文实录》，http：//www. scio. gov. cn/live/2023/32764/tw/。

④ 中国网，《“一带一路”10 周年丨共享十年发展成果助力世界经济发展》，https：//baijiahao. baidu. com/s? id=1777454585065737574&wfr=spider&for=pc。

⑤ 中国青年网，《西部陆海新通道铁海联运班列货物发送量突破 70 万标箱》，https：//baijiahao. baidu. com/s? id=1780951659158030206&wfr=spider&for=pc。

⑥ 外交部，《互尊互信谋发展，求同存异话共赢——驻汉堡总领事丛武在国庆 74 周年招待会上的致辞》，http：//switzerlandemb. fmprc. gov. cn/zwbd_673032/wjzs/202309/t20230928_11152588. shtml。

发展试点到启动建设国家服务贸易创新发展示范区，服务贸易对外贸增长贡献度逐步提高，成为外贸转型升级的重要支撑。2022 年，我国服务进出口总额近 6 万亿元，同比增长 12.9%，规模创历史新高，连续 9 年居全球第二位，仅次于美国[①]。2023 年前 10 个月，我国服务进出口总额 53445 亿元，同比增长 8.7%。其中，知识密集型服务进出口 22308 亿元，同比增长 8.9%，占服务进出口总额的比重达 41.74%[②]。五是市场采购、跨境电商等外贸新业态新模式发展加快。2022 年 10 月、11 月，《国务院关于同意在廊坊等 33 个城市和地区设立跨境电子商务综合试验区的批复》《海关总署关于扩大市场采购贸易方式试点的公告》接连印发，外贸新业态先行先试“试验田”不断扩大。2023 年前 9 个月，我国跨境电商进出口额达 1.7 万亿元，同比增长 14.4%，占同期货物贸易进出口额的 5.5%；我国跨境电商的贸易伙伴已经覆盖全球，是全球跨境电商生态链最为完善的国家之一[③]。六是深耕传统市场、开拓新兴市场取得积极成效。2023 年前 11 个月，我国对东盟、欧盟、美国贸易总值分别为 5.8 万亿元、5.03 万亿元、4.26 万亿元，分别占我国外贸总值的 15.3%、13.2%、11.2%。同期，我国对“一带一路”共建国家合计进出口 17.65 万亿元，增长 2.6%，高于整体外贸增速。七是海南自由贸易港建设稳步推进，助力我国构筑对外开放新格局。2023 年，海南全岛封关运作准备已全面启动，主要包括 64 项工作任务、31 项建设项目（口岸建设、海关查验设备等）和 27 项压力测试，确保 2023 年具备封关硬件条件、2024 年完成封关各项准备、2025 年底前全岛封关运作[④]。海南封关运作之后，将发挥国内国际要素资源聚集整合的平台作用，吸引集聚更多国内外的高端优质资源、资金、人才、项目，为我国经济高质量发展提供助力；同时，还将探索建立中国特色自由贸易港政策和制度体系，形成一批可复制可推广制度，为推动我国更高水平制度型开放探索新路径、积累新经验。

2. 国际双向投资水平稳步提升，境内外产业布局优化

一是我国实际使用外资稳定增长，引资结构持续优化。近两年，我国以制造业为重点促进外资扩增量稳存量提质量，修订发布新版鼓励外商投资产业目录。2023 年前 11 个月，我国新设立外商投资企业 48078 家，同比增长 36.2%；实际使用外资金额 10403.3 亿元人民币，同比下降 10.0%。从行业看，制造业实际使用外资金额 2941.7 亿元人民币，同比下降 2.1%，其中高技术制造业实际使用外资增长 1.8%。高

---

① 中国发展网，《中国服务进出口总额连续 9 年全球第二》，https://baijiahao.baidu.com/s?id=1775074976552240795&wfr=spider&for=pc。

② 证券日报，《前 10 个月我国服务进出口总额同比增长 8.7%》，http://finance.ce.cn/stock/gsgdbd/202312/02/t20231202_38814547.shtml?ivk_sa=1023197a。

③ 新华社，《我国跨境电商贸易伙伴已覆盖全球》，https://www.gov.cn/lianbo/bumen/202310/content_6911399.htm。

④ “蓬勃兴起正当时——海南全面深化改革开放五年来进展成效”首场新闻发布会，http://en.hainan.gov.cn/hainan/szfxwfbh/202303/f6ff1dda05764232a9aeb670673e4958.shtml。

技术产业引资3866.5亿元人民币，占实际使用外资金额比重为37.2%，较2022年全年提升1.1个百分点[①]。2023年3月以来，西班牙、马来西亚、新加坡、法国、巴西等多个国家和地区领导人密集来访，并与我国签署多项经贸合作协议，重大外资标志性项目有望集中落地，为我国稳住外资基本盘注入强劲动能。二是我国对外投资平稳发展，对共建“一带一路”国家投资合作稳步推进。2023年前11个月，我国对外非金融类直接投资8145.4亿元人民币，同比增长18.4%（折合1156.8亿美元，同比增长12.7%）；对外承包工程完成营业额9552.2亿元人民币，同比增长6.9%；新签合同额12513.8亿元人民币，同比下降4.5%。“一带一路”倡议提出十周年来，我国与共建“一带一路”国家经贸合作取得显著成效。截至2022年末，我国已与150个国家、32个国际组织签署200多份共建“一带一路”合作文件；我国已与16个国家签署“数字丝绸之路”建设合作谅解备忘录，与15个国家签署数字经济、绿色发展领域投资合作备忘录，共建一批“一带一路”联合实验室[②]。2023年前11个月，我国企业在“一带一路”共建国家非金融类直接投资2011.7亿元人民币，同比增长26.8%，占同期总额的25%；在“一带一路”共建国家承包工程完成营业额7848.9亿元人民币，新签合同额10412.7亿元人民币，分别占同期总额的82%和83%。截至2022年底，我国企业在共建“一带一路”国家建设的境外经贸合作区累计投资达571.3亿美元，为当地创造了42.1万个就业岗位[③]。

但也要看到，促进国内国际双循环存在发展难点。一是全球经济增速放缓，出口增速减弱。由于通胀高企、发达经济体激进收紧货币政策以及不确定性增加，全球经济复苏步伐放缓，无论是发达经济体还是发展中经济体都面临着经济衰退的风险。2023年10月，IMF在《世界经济展望报告》中预计，全球经济增速将从2022年的3.5%放缓至2023年的3.0%，远低于全球经济在2000—2021年期间的平均水平3.6%；2024年全球经济将增长2.9%，较上一期预测值下调0.1个百分点。其中，发达经济体的增速将从2022年的2.6%降至2023年的1.5%和2024年的1.4%[④]。全球经济复苏乏力，特别是我国主要贸易伙伴——欧盟和美国经济增速放缓，外需走弱将拖累出口。二是外资企业加速落实“中国+1”战略，对我国吸引外资造成负面影响。美国对华“脱钩断链”和新冠疫情冲击全球产业，加速推动外资企业落实“中国+1”战略。继苹果公司之后，美国第三大电脑商戴尔公司也宣布要逐步将供应链移出中国。近年来，

---

① 证券日报，《商务部：我国对外非金融类直接投资前11个月同比增长18.4%》，http://www.ce.cn/xwzx/gnsz/gdxw/202312/22/t20231222_38839038.shtml。

② 《关于2022年国民经济和社会发展计划执行情况与2023年国民经济和社会发展计划草案的报告》，https://www.gov.cn/xinwen/2023-03/15/content_5746959.htm? eqid=a82d81ec00075e000000000564574939&wd=&eqid=8c5ef9a900005e0e000000036477fba3。

③ 国务院新闻办公室“权威部门话开局”系列主题新闻发布会介绍“坚定信心，奋发有为，推动商务高质量发展迈出新步伐”有关情况，http://topic.mofcom.gov.cn/article/syxwfb/202303/20230303394394.shtml。

④ 第一财经，《IMF：预计2023年全球经济增速为3.0%，低于历史平均水平，分化依旧严重》，https://export.shobserver.com/baijiahao/html/665340.html。

日资、韩资等外资企业也加速推进“中国+1”战略，东南亚的越南、柬埔寨、泰国和印尼，南美的墨西哥都成为在华外资企业生产基地转移的热门目的地。更为严重的是，部分作为外资企业供应链上的国内配套供应商，面临着在海外建立“备份”的要求，进一步加剧了供应链整体外移的风险。三是外贸发展环境仍有待优化。近年来，内外贸一体化支持政策接连出台，极大提升了外贸企业开拓国内市场、内贸企业拓展海外市场的积极性，内外贸市场对接活跃，融合加速，但在推进过程中面临诸多瓶颈，内外贸规则和制度体系衔接不畅、市场渠道缺乏、人才不足、知识产权纠纷、转型成本较高等问题仍然存在，一定程度上制约了内外贸一体化的深入推进。市场化法治化国际化一流营商环境建设仍需加力。四是服务领域对外开放步伐相对缓慢。虽然依托自贸试验区、海南自由贸易港、服务业扩大开放综合试点、服务贸易创新发展试点等平台载体开展差异化探索，我国服务业制度型开放形成了诸多适用范围广、针对性强的经验与案例，但整体来看，我国服务业领域的开放度还相对不足，外资企业在自贸试验区面临“准入不准营”的困局，金融开放措施落地不够，人才等要素跨境流动便利度有待提升。

（三）以消费和投资为抓手，加快培育完整内需体系

扩大内需是构建新发展格局的战略基点。面对经济运行中出现的超预期因素冲击，我国出台一系列促消费稳投资政策，特别是制定实施《扩大内需战略规划纲要（2022—2035年）》《“十四五”扩大内需战略实施方案》，聚焦重点领域，进一步激发国内需求潜力，内需对经济增长的贡献率由2020年的74.7%提高到2022年的82.9%。但也要看到，扩大内需仍面临不少制约，促进消费需要解决居民边际消费倾向下降、县乡消费市场建设相对滞后、大型城市消费带动作用减弱等问题；扩大投资则需要解决关键领域补短板不足、房地产投资增长乏力、基建投资增长动能减弱等问题。

1. 促消费政策显效发力，消费需求稳定增长

一是促消费政策显效发力，消费市场继续保持恢复态势。近两年来，受疫情多发频发影响，消费恢复压力明显，但在促消费政策显效发力下，消费市场保持恢复态势，对经济发展起到重要支撑作用。我国完善促进消费的政策体系，制定出台进一步释放消费潜力促进消费持续恢复的意见，综合施策释放消费潜力。2022年，最终消费支出超过60万亿元，占GDP的比重保持在50%以上，对经济增长贡献率为32.8%，拉动GDP增长1.0个百分点①。2022年，社会消费品零售总额稳定在44万亿元左右，其中实物商品网上零售额达到12万亿元。我国仍然是全球第二大消费市场和第一大网络零

① 《国家统计局国民经济核算司司长赵同录：经济发展提量增质整体运行韧性彰显》，http://www.stats.gov.cn/sj/sjjd/202302/t20230202_1896735.html。

售市场，超大规模市场优势依然明显①。2023 年前三季度，社会消费品零售总额同比增长 6.8%。2023 年前 11 个月，社会消费品零售总额同比增长 7.2%②。二是汽车、家电等传统消费潜力有效释放。我国阶段性对符合条件的乘用车减半征收车辆购置税，延续实施免征新能源汽车购置税政策。大力发展绿色消费，印发促进绿色消费实施方案，系统设计促进绿色消费的制度政策体系，推进新能源汽车、绿色智能家电、绿色建材下乡活动。其中，新能源汽车保有量前两年年均增长 63.2%，2023 年上半年销量同比增长 44.1%，2023 年前 11 个月销量同比增长 36.7%③，成为大宗消费新增长点。三是以新服务、新场景、新业态、新模式为特点的新型消费发展较快。近两年来，文化娱乐、休闲旅游、教育培训、健康养生等服务消费逐步成为新的消费热点；以潮流夜市、露营经济、后备厢集市、音乐角市集等为代表的新型消费场景加速涌现；网络购物、直播电商、即时零售等线上消费新业态新模式持续发展。2023 年前 11 个月，全国网上零售额 139571 亿元，同比增长 11.0%。其中，实物商品网上零售额 117709 亿元，同比增长 8.3%，占社会消费品零售总额的比重达 27.5%。四是服务消费加快恢复，发挥引领消费复苏的龙头作用。随着疫情防控平稳转段和促消费政策落地显效，集聚性、接触性服务消费得到较快释放。2023 年上半年，服务零售额同比增长 21.5%。2023 年 1—11 月服务零售额同比增长 19.5%，高于社会消费品零售总额 12.3 个百分点。五是推进国际消费中心城市培育和建设。2021 年 7 月，商务部确定在北京、上海、天津、重庆、广州五大城市率先开展国际消费中心城市的培育建设。一年来，5 个城市加强顶层设计、总体规划，稳步推进，初见成效。上海已经成为“首店经济”的标杆，北京 22 个传统商圈完成了升级改造，天津金街、佛罗伦萨小镇迭代升级，广州“以展兴市”汇聚消费新动能，重庆着力培育夜间经济，打响了“不夜重庆”的品牌。六是坚持城乡融合发展，促进县域消费提质扩容。2022 年以来，商务部等 12 部门印发《关于提振大宗消费重点消费促进释放农村消费潜力若干措施的通知》，国务院发布《“十四五”推进农业农村现代化规划》，提出扩大农村消费的具体举措。随着政策措施的落地见效，县乡商业基础设施逐步完善，乡村市场销售增速快于城镇。2023 年前 11 个月，乡村消费品零售额 57526 亿元，同比增长 7.9%，增幅高于城镇消费品零售额 0.8 个百分点。

2. 有效投资规模不断扩大，投资结构持续优化

一是政策效应持续显现，投资规模不断扩大。近两年，各地区各部门扎实推进重

---

① 央广网，《2022 年我国社会消费品零售总额稳定在 44 万亿元左右　网上零售逆势增长》，https://baijiahao.baidu.com/s?id=1755443334147078000&wfr=spider&for=pc。

② 国家统计局，《2023 年 11 月份社会消费品零售总额增长 10.1%》，https://www.stats.gov.cn/sj/zxfb/202312/t20231215_1945575.html。

③ 中国青年报，《新能源汽车 11 月产销量首次双超百万辆》，http://news.cnr.cn/kuaixun/20231221/t20231221_526529003.shtml。

大项目开工建设，加大重点领域补短板、强弱项力度，加快地方政府专项债券发行使用速度，创新使用政策性、开发性金融工具，固定资产投资保持稳定增长。2022 年，资本形成总额对经济增长的贡献率达 50.1%[①]；投资规模继续扩大，达 57.2 万亿元，比上年增长 5.1%，增速比上年提高 0.2 个百分点[②]。2023 年前 11 个月，我国固定资产投资（不含农户）460814 亿元，同比增长 2.9%[③]。二是基建、民生领域投资成效显著，大项目投资带动作用增强。近两年，我国创新投融资体制机制，预算内投资引导和撬动社会投资成倍增加，增加地方政府专项债额度，创新设立政策性开发性金融工具，推进“十四五”规划 102 项重大工程实施，加快补齐基础设施、民生保障等领域短板。2022 年，我国基础设施投资比上年增长 9.4%；社会领域投资比上年增长 10.9%。2022 年，计划总投资亿元及以上项目投资比上年增长 12.3%，增速比上年提高 5.4 个百分点；拉动全部固定资产投资增长 6.2 个百分点，比上年提高 2.8 个百分点[④]。2023 年上半年，基础设施投资同比增长 7.2%。2023 年前 11 个月，基础设施投资同比增长 5.8%。三是投资结构持续优化，促进产业结构优化升级。为了顺应经济升级发展需要，我国出台专项再贷款、财政贴息等政策，支持重点领域设备更新改造，推动扩大制造业中长期贷款投放，促进制造业投资较快增长。2023 年上半年，制造业投资同比增长 6%。2023 年前 11 个月，制造业投资同比增长 6.3%，增速比全部固定资产投资高 3.4 个百分点；高技术产业投资同比增长 10.5%，增速比全部固定资产投资高 7.6 个百分点，其中高技术制造业和高技术服务业投资分别增长 10.5%、10.6%[⑤]，有力推动我国产业转型升级。四是进一步优化完善民间投资政策环境，激发民间投资积极性。2022 年，国家发展改革委印发《关于进一步完善政策环境加大力度支持民间投资发展的意见》，从支持民间投资参与重大项目、深化“放管服”改革、加强民间投资融资支持等方面提出了 21 条具体措施，着力激发民间投资活力。2023 年上半年，除房地产开发以外的民间投资同比增长 9.4%，基础设施民间投资增长 15.6%，制造业民间投资增长 8.4%，呈现出较强的投资信心和投资动力[⑥]。五是有效盘活存量资产，促进存量资产和新增投资良性循环。2022 年 5 月，《国务院办公厅关于进一步盘活存量资产扩大有效投资的意见》发布，要求“建立健全扩募机制，探索建立多层次基础设施

---

① 《国家统计局国民经济核算司司长赵同录：经济发展提量增质　整体运行韧性彰显》，http：//www.stats.gov.cn/xxgk/jd/sjjd2020/202301/t20230118_1892278.html。

② 《国家统计局局长就 2022 年全年国民经济运行情况答记者问》，http：//www.stats.gov.cn/sj/sjjd/202302/t20230202_1896734.html。

③ 国家统计局，《2023 年 1—11 月份全国固定资产投资增长 2.9%》，https：//www.stats.gov.cn/sj/zxfb/202312/t20231215_1945573.html。

④ 《国家统计局固定资产投资统计司司长翟善清：政策效应持续显现　投资保持平稳增长》，http：//www.stats.gov.cn/xxgk/jd/sjjd2020/202301/t20230118_1892283.html。

⑤ 国家统计局，《8 月份国民经济恢复向好》，http：//www.stats.gov.cn/sj/zxfb/202309/t20230915_1942848.html。

⑥ 澎湃新闻，《国家发改委：民间投资增长确实承受较大压力，但投资结构持续优化》，https：//baijiahao.baidu.com/s？id=1772268008472306773&wfr=spider&for=pc。

REITs 市场”。截至 2022 年，已累计发行上市基础设施领域不动产投资信托基金（REITs）试点项目 24 个，总发行规模超过 780 亿元①。

但也要看到，扩大内需仍面临不少制约。消费方面：一是居民人均收入增速放缓，边际消费倾向下降。受国内外各种不确定性因素影响，我国经济增速或将放缓，就业市场不景气和收入不稳定性增加，导致居民边际消费倾向下降、消费意愿不足。数据显示，2017 年至 2021 年 5 年间，我国消费者信心指数（CCI）一直保持在 120 点左右的高点，但 2022 年 CCI 降至不足 100 点②。与此同时，我国社会保障体系还不够完善，面对就业、养老、医疗等方面的顾虑，居民抗风险能力不足，避险心理明显强化，使得居民普遍倾向节俭，不敢轻易消费。二是消费下沉趋势明显，但县乡消费市场建设相对滞后。由于一、二线城市的消费结构已相对成熟和稳定，消费扩容和升级空间尚待进一步挖掘，而三、四线城市的消费体系整体尚待成长和发展，居民的消费升级需求相比大城市可能更为突出。但当前，县乡消费市场建设仍然相对滞后，各级商场、市场、集市等传统购物场所仍有较大完善空间。三是大型城市消费增长乏力、带动作用减弱。近两年，大型城市消费带动能力明显下降，2022 年位居全国前十的大型城市消费增长六降四升，上升态势缓慢，大型城市特别是上海、北京、广州、天津、重庆 5 个国际消费中心试点城市均受到较大影响③，这对全国消费的带动作用，包括中高端消费和服务消费实现的影响十分巨大。

投资方面：一是事关经济社会高质量发展的关键领域投资仍显不足。当前，我国关键核心技术和零部件还存在薄弱环节，高精尖产品的性能与世界领先水平存在差距；实现碳中和目标需要大量的绿色低碳投资，但我国绿色投融资仍存在巨大资金缺口；地缘政治风险加剧，粮食、能源资源安全问题突出，国家战略物资储备保障能力有待提升；区域间、城乡间发展不平衡问题仍然突出，中西部地区、农村和边远地区公共设施的可获得性还有待加强。二是房地产已进入下行周期，投资增长乏力。近两年土地大规模缩量、企业资金压力大、可售库存规模较高等因素拖累新开工规模，2023 年房地产新开工面积或继续下降。新开工缩量、土地购置费继续下行也将制约开发投资额恢复，“保交楼”政策持续发力下，竣工面积有望逐渐改善，进而对开发投资形成支撑，但 2023 年房地产开发投资额仍面临下行压力。三是基建投资回报率持续下行，增长动能减弱。2022 年基建投资增长接近 10%，虽对“稳增长”起到关键作用，但回报率已持续下降。有统计数据显示，地方政府城投平台的投资回报率从 2011 年的 3.1%

---

① 《关于 2022 年国民经济和社会发展计划执行情况与 2023 年国民经济和社会发展计划草案的报告》，https：//www. gov. cn/xinwen/2023-03/15/content_5746959. htm？ eqid = a82d81ec00075e00000000564574939&wd = &eqid = 8c5ef9a900005e0e000000036477fba3。

② 中国质量报，《多向发力提振消费信心》，https：//www. cqn. com. cn/zt/content/2023-03/15/content_8918629. htm。

③ 《国务院发展研究中心市场经济研究所所长王微：以消费为主导扩大内需有助经济企稳回升》，https：//baijiahao. baidu. com/s？ id = 1760574377108142187&wfr = spider&for = pc。

大幅降至2020年的1.3%①。基建投资面临找好项目越来越难、投资回报率越来越低、现金流产生越来越难的问题。

二、加快构建新发展格局面临的新形势新挑战

经过改革开放45年的持续快速发展，我国拥有世界最完整的工业体系、强大的生产能力、完善的配套能力，又拥有包括4亿多中等收入群体在内的14亿多人口形成的超大规模内需市场，这是我们应对风险挑战的坚强保障和底气所在。但在国内外多重压力下，加快构建新发展格局仍然面临着需求收缩、城乡区域间多维堵点、全球经济供需失衡等问题，全面建成新发展格局任重道远。

（一）经济高质量发展面临内需不足、外需收缩的双重压力

当前，内需不足与外需收缩出现叠加，“三驾马车”都处在爬坡过坎的关键期。一是消费增速疲软。受疫情冲击，居民收入增速放缓，尤其是作为消费升级和消费规模扩大主力群体的中低收入群体，收入增长明显滞后，消费能力提升受限。2022年居民可支配收入实际增速2.9%，较GDP增速慢0.1个百分点，居民收入增速连续5年低于经济增速②。同时，收入分配差距阻碍内部消费的提升。国家统计局发布的全国居民可支配收入的五等分分组数据显示，高低收入组的差距从2013年的1078倍缩小至2021年的1030倍，收入差距有所下降但仍然较大，限制了消费水平的提高和内部需求的扩大。二是投资增长动能不足。在连续数年超大规模的基建高潮后，随着国内交通、水利、电力、通信、能源、城市基础设施等大型工程纷纷完工投产，再加上“房住不炒”政策踩紧了房地产业的刹车，基建和房地产投资增幅下降明显。而且，近两年经济下行压力大，地方政府土地出让收入大幅减少，在严控地方政府债务和严格问责压力下，不少地方政府财力吃紧，地方政府促投资可能有心无力。三是外需收缩压力显现。全球经济复苏进展缓慢，经贸活动持续低迷，对我国外贸的拉动作用减弱。2023年11月，Markit全球制造业PMI为49.3%，连续15个月处于收缩区间。

（二）国内大循环面临城乡和区域之间的多维堵点

近年来，我国城乡融合和区域协调发展取得巨大成就，但从构建国内大循环的要求看，依然面临着多维堵点，亟待破解其背后的体制机制矛盾，畅通城乡之间和区域之间的大循环。一方面，区域间产业协调融合不够，地方保护制约国内大循环。长期以来，地方政府竞争模式导致地区间产业同质化严重，差异化不足，缺乏合作基础。

---

① 《中泰证券首席经济学家李迅雷：经济转型光靠发展高科技远远不够》，https://baijiahao.baidu.com/s?id=1733966663843211763&wfr=spider&for=pc。

② 中国经济时报，《以促进消费为着力点充分挖掘内需潜力》，https://baijiahao.baidu.com/s?id=1761628402024105572&wfr=spider&for=pc。

现阶段，地区间融合发展水平尚未达到城市群融合发展和建立全国统一大市场的要求，区域协调发展的结构性障碍亟待破除。此外，地方保护主义和贸易壁垒不利于一体化要素市场、消费市场建设，导致国内大循环难以畅通。另一方面，多层面二元结构阻碍要素市场改革，影响了统一大市场建设。我国仍在社会、城乡、要素所有权等层面存在二元结构现象，导致要素流动不畅、供需结构矛盾突出、资源配置错位。特别是在城镇化进程中，受制于户籍制度，以及相关公共服务与户籍的捆绑机制，农民工难以享受与城市居民同等的公共服务，其自身及后代的就业、教育不平等问题依然突出。

（三）关键生产要素被阻断风险加大，威胁产业链供应链安全稳定

当前，百年未有之大变局加速演进，世界进入新的动荡变革期，外部发展不确定性明显增加，原有的全球经济供需循环链条受到干扰甚至被阻断的风险加大，加之产业链供应链具有网络化的特点，单点冲击将迅速扩散，对整个生产网络带来放大化的风险。现阶段，原材料、劳动力以及核心技术已成为影响我国产业链供应链安全稳定的核心要素。一是我国产业链供应链现代化水平不高，基础零部件、基础工艺、关键基础材料制约着我国经济循环中供给质量的提升。特别是，近年来中美经贸摩擦和欧美国家的技术封锁进一步放大了我国在关键技术环节的劣势，产业安全和供应链稳定面临严重威胁。二是受到新冠疫情的冲击，大宗原材料价格和航运费用飞速上涨，我国的石油、铜、铝资源较为匮乏，资源的高对外依存度引发社会广泛关注，且缺失的定价话语权与庞大的市场需求不相匹配，容易造成短期供给冲击。三是人口老龄化程度的不断加深使得长期推动经济发展的人口红利逐步消散，用工成本上涨、劳动力市场结构性失衡以及高技能劳动力的缺乏是市场面临的劳动力供给冲击。

三、“十四五”期间加快构建新发展格局的政策建议

加快构建新发展格局，是立足实现第二个百年奋斗目标、统筹发展和安全作出的战略决策，是把握未来发展主动权的战略部署。《纲要》提出，坚持扩大内需这个战略基点，加快培育完整内需体系，把实施扩大内需战略同深化供给侧结构性改革有机结合起来，以创新驱动、高质量供给引领和创造新需求，加快构建以国内大循环为主体、国内国际双循环相互促进的新发展格局。根据新的发展形势要求，进入“十四五”后半期，一是加快建设现代化产业体系，通过高质量供给创造有效需求；二是着力扩大国内需求，加快培育完整内需体系；三是打破城乡区域壁垒，加快建设全国统一大市场；四是推进高水平对外开放，增强国内外大循环的动力和活力，确保“十四五”规划各项任务如期实现。

（一）加快建设现代化产业体系，通过高质量供给创造有效需求

习近平总书记在中共中央政治局第三次集体学习时指出，新发展格局以现代化产

业体系为基础，经济循环畅通需要各产业有序链接、高效畅通。下一步，一是着力解决关键技术“卡脖子”问题，提升产业链供应链安全水平。对于产业链供应链安全稳定所需的技术创新，应坚持自立自强的原则，提高关键技术环节的国产化比例，逐渐改变技术的追随者和标准的遵守者这一现状。针对产业薄弱环节和核心技术领域，通过实施关键核心技术攻关工程，增强我国产业发展基础能力。二是推动产业结构转型升级，把实体经济做实做强做优。面向需求结构变化和供给侧结构性改革，顺应新一轮科技革命和产业变革趋势，通过强化科技自立自强，加快发展新产业新产品，积极促进传统产业改造提升，持续推动生产性服务业向高端延伸，着力加强标准质量和品牌建设，以创新驱动、高质量供给引领和创造新需求，推动供需在更高水平上实现良性循环，满足国内消费升级需求。三是着力发展产业集群，锻造产业链优势。加强产业链供应链生态建设，聚焦优势产业、新兴产业、数字经济等重点领域全产业链和产业生命周期，依托产业链龙头企业需求培育壮大关键零部件加工等配套产业，着力打造更有竞争力的产业集群。以发展产业集群强化产业链、创新链、资金链、人才链上下协同、内外协同，逐渐提高全球产业链话语权。

（二）着力扩大国内需求，加快培育完整内需体系

2023 年政府工作报告将“着力扩大国内需求”作为 2023 年经济工作的首要任务。习近平总书记在中共中央政治局第二次集体学习时指出，坚决贯彻落实扩大内需战略规划纲要，尽快形成完整内需体系。下一步，一是扩大内需要将恢复和扩大消费摆在优先位置。一方面，稳定汽车、家电、家居、装修等大宗消费，巩固重点领域消费基础；在供给、需求和制度层面发力，鼓励服务消费新模式新业态发展，助力消费结构升级；以推进国际或区域性国际消费中心城市、商旅文体消费集聚区和城市一刻钟便民生活圈建设为重点，促进城市消费扩容提质；以县域消费为切入点，通过促进农村耐用消费品升级换代、提升农产品供给质量、优化农村生活服务供给和增强县域文旅服务功能等方式，促进乡村消费健康发展；优化就业、收入分配和消费全链条良性循环促进机制，增强消费能力，改善消费条件，释放消费潜力。另一方面，以提高居民收入在国民收入分配中的比重、劳动报酬在初次分配中的比重为导向，加快推进收入分配制度改革，持续提高低收入群体收入，着力扩大中等收入群体，并有效缩小居民收入分配差距和改善收入增长预期，从根本上夯实扩大消费需求的基础。二是优化投资结构，拓展有效投资空间。在市场准入、要素获取、公平执法、权益保护等方面落实一批举措，激发民间投资活力。更好地发挥政府投资带动作用，围绕国家重大战略、促进产业结构升级等重点领域，加大对未来产业发展、传统产业转型、新型基础设施、关键核心技术攻关等领域的投资支持力度，培育发展新动能。依托投资项目在线审批监管平台，搭建全国统一的向民间资本推介项目平台，动态发布项目推介、支持政策等信息，鼓励民间资本参与国家重大工程和补短板项目、重点产业链供应链项目等建

设。积极探索建立重大项目资源要素保障机制，引导财政和金融资金精准投向 102 项重大工程项目，在用地用海用能环评等方面给予倾斜支持，推进重大项目尽快形成实物工作量。

（三）打破城乡区域壁垒，加快建设全国统一大市场

习近平总书记在中共中央政治局第二次集体学习时指出，要全面推进城乡、区域协调发展，提高国内大循环的覆盖面；打消区域壁垒，真正形成全国统一大市场。下一步，一是加快城乡融合。深化农业农村改革，加快破除城乡区域壁垒，加快要素双向流动，促进城乡基本公共服务普惠共享、基础设施互联互通，实现城乡要素循环、产业循环、市场循环，提升乡村发展力和城市带动力，让城乡居民共享现代化发展成果。二是深化区域合作。推动城市化地区、农产品主产区、生态功能区三大空间格局发挥各自比较优势，提供优势产品。健全区域战略统筹、市场一体化发展等机制，优化区域分工，深化区域合作，更好地促进发达地区和欠发达地区、东中西部和东北地区共同发展。三是健全区域协调发展机制。调整完善区域政策体系，深入实施区域协调发展战略，深入实施京津冀协同发展、长江经济带发展、粤港澳大湾区建设、长三角一体化发展、黄河流域生态保护和高质量发展等区域重大战略，深入实施主体功能区战略、以人为核心的新型城镇化战略，优化重大生产力布局，构建优势互补、高质量发展的区域经济布局和国土空间体系。

（四）推进高水平对外开放，增强国内外大循环的动力和活力

党的二十大报告提出，依托我国超大规模市场优势，以国内大循环吸引全球资源要素，增强国内国际两个市场两种资源联动效应，提升贸易投资合作质量和水平。习近平总书记在中共中央政治局第二次集体学习时指出，要进一步深化改革开放，增强国内外大循环的动力和活力。下一步，一是推动外贸外资稳中提质，提升开放发展质量。外贸方面，推动货物贸易优化升级，协调推进新业态新模式创新发展，扩大优质产品进口。创新服务贸易发展机制，建立健全跨境服务贸易负面清单管理制度，建设国家服务贸易创新发展示范区。加快发展数字贸易，建设国家数字服务出口基地，打造数字贸易示范区，提升贸易数字化水平。外资方面，合理缩减外资准入负面清单，实施好新版鼓励外商投资产业目录，吸引更多外资投向先进制造、节能环保、数字经济、研发等领域，落实好《外商投资法》，依法保护外商投资权益。二是要加快构建高水平对外开放新格局。在搭建高水平开放合作新高地方面，赋予自贸试验区更大改革自主权，发挥其联通国内国际双循环的纽带作用；以国家重大战略为依托，发挥国家级高新经济技术开发区、国家重点开发区、边境经济合作区、跨境经济合作区对外开放的重要载体作用，增强对全球高端和创新性生产要素的吸引和集聚，为构建新发展格局打造更加广阔的空间。在打造高水平开放合作新平台方面，通过推动共建“一带一路”、大力培育世界级跨国公司，为世界贡献更多的国际公共产品，搭建更加开放的

合作平台，进一步增强国际公共产品的溢出效应。在拓宽高水平开放合作新领域方面，深化和拓展各个领域的国际合作，加强金融领域、服务业领域、技术密集产业对外开放，扩大人才资源对外开放，促进各个领域协调开放，形成构建新发展格局的协同效应。三是以制度型开放加快世界经济深度融合。一方面，加快建立与国际通行规则有效衔接的制度体系，打通双循环的痛点堵点。加快构建面向全球的高标准自由贸易区网络，对标国际高标准的供需、价格和竞争机制，以规则、规制、管理、标准等制度型开放作为支撑，促进商品、要素与服务在全球实现自由流动和最优配置，提升对外贸易投资合作自由化便利化。另一方面，加快建设统一开放、竞争有序的市场体系，营造具有一流国际竞争力的营商环境。筑牢高水平社会主义市场经济体制基础，构建激发市场潜力、释放市场活力的体制机制，推动对外贸易、对外投资及行政管理体制等方面的改革与创新；建立市场准入畅通、市场开放有序、市场竞争充分、市场秩序规范的现代市场体系，为投资贸易自由化便利化营造良好营商环境。

第五章　加快数字化发展，建设数字中国

建设数字中国是数字时代推进中国式现代化的重要引擎，是构筑国家竞争新优势的有力支撑。《纲要》指出，迎接数字时代，激活数据要素潜能，推进网络强国建设，加快建设数字经济、数字社会、数字政府，以数字化转型整体驱动生产方式、生活方式和治理方式变革。两年多来，党中央、国务院及有关部门已印发了《数字中国建设整体布局规划》《“十四五”数字经济发展规划》《“十四五”国家信息化规划》《关于构建数据基础制度　更好发挥数据要素作用的意见》（简称“数据要素二十条”）及《“十四五”智能制造发展规划》《“十四五”信息化和工业化深度融合发展规划》《“十四五”软件和信息技术服务业发展规划》《“十四五”大数据产业发展规划》等文件，新一轮机构改革组建了国家数据局。各地区各部门深入学习贯彻落实国家《纲要》精神，积极加快数字化发展，建设数字中国。

经过两年多努力，我国数字中国建设取得积极成效：从重大目标看，数字经济核心产业增加值占 GDP 比重提升速度快于预期，有望如期实现预期目标，数字中国建设主要指标达到预期要求，并有望适度超前完成规划目标；从重大举措看，数字经济快速构筑竞争新优势，数字社会建设步伐提速升级，数字政府建设水平不断提升，数字生态发展环境持续优化；从重大工程看，数字经济重点产业取得多项突破性进展，数字化应用场景深度赋能千行百业。在此过程中也存在一些问题，如关键领域创新能力不足、传统产业数字化发展相对较慢、“数字鸿沟”亟待弥合、数字经济治理体系还需完善等。

展望“十四五”后半期，新一轮科技革命和产业变革深入发展，数字中国建设的内外部环境正在发生深刻变化，更趋复杂严峻和不确定。一方面，错综复杂的国际环境带来新矛盾新挑战，包括全球数字规则博弈升级、数字科技竞争加剧、数字经济产业链供应链分工合作受阻等。另一方面，中国式现代化和高质量发展带来新特征新要求，包括实现高质量发展亟须加快做强做优做大数字经济、实现社会治理现代化亟须加快发展高效协同的数字政务、建设文化强国亟须加快打造自信繁荣的数字文化、满足人民美好生活需要亟须加快构建普惠便捷的数字社会、实现人与自然和谐共生亟须加快建设绿色智慧的数字生态文明等。当前及未来一段时期，加快数字化发展、建设数字中国面临着新的机遇和挑战，亟须抢抓数字经济发展机遇，增强经济社会高质量发展动能。

根据新的发展形势要求，着眼于推动更好地实施规划，建议下一步做好以下工作：

一是集中力量推进关键核心技术攻关，牢牢掌握数字经济发展自主权；二是适度超前部署数字基础设施建设，筑牢数字经济发展根基；三是大力推动数字产业创新发展，打造具有国际竞争力的产业体系；四是加快深化产业数字化转型，释放数字对经济发展的放大、叠加、倍增作用；五是持续提升数字公共服务水平，不断满足人民美好生活需要；六是不断完善数字经济治理体系，推动数字经济规范健康持续发展；七是全面加强网络安全和数据安全保护，筑牢数字安全屏障；八是积极参与数字经济国际合作，推动构建网络空间命运共同体。

一、重大目标：数字中国建设稳步推进

《纲要》提出，到2025年，我国数字经济核心产业增加值占GDP比重提升到10%以上。加快5G网络规模化部署，用户普及率提高到56%，推广升级千兆光纤网络。两年多来，数字经济核心产业增加值占GDP比重提升速度快于预期，数字基础设施适度超前于预期进度。按照推进进度，规划部署的数字中国建设主要指标达到预期要求，并有望适度超前完成规划目标。

（一）数字经济发展符合预期进展

据国家网信办数据，2022年，我国数字经济规模达到50.2万亿元，稳居世界第二，占GDP比重达到41.5%，数字经济成为稳增长促转型的重要引擎①。从数据资源看，2022年，我国数据产量达8.1ZB，同比增长22.7%，全球占比10.5%，位居世界第二，数据存储量达724.5EB，同比增长21.1%，全球占比达14.4%②，数据资源体系加快建设。从重点产业来看，据工信部数据，2022年电子信息制造业实现营业收入15.4万亿元③，软件业务收入首次超过10万亿元达到10.8万亿元④，电信业务收入累计完成1.58万亿元⑤，规模以上互联网企业完成互联网业务收入1.46万亿元⑥。从重点城市来看，数字经济核心产业成为经济发展重要引擎。如北京2022年数字经济核心产业增加值为9958亿元，占GDP比重达23.9%⑦；深圳数字经济核心产业增加值占

---

① 国家网信办，《数字中国发展报告（2022）》，http：//www.cac.gov.cn/2023-05/22/c_1686402318492248.htm。

② 同上。

③ 工信部运行监测协调局，《2022年电子信息制造业运行情况》，https：//www.miit.gov.cn/gxsj/tjfx/dzxx/art/2023/art_68cf6347b7d44170bcd70eedd658eebe.html。

④ 工信部运行监测协调局，《2022年软件和信息技术服务业统计公报》，https：//www.miit.gov.cn/gxsj/tjfx/rjy/art/2023/art_77b5e552aacc47e3a682c4527a4fab7f.html。

⑤ 工信部运行监测协调局，《2022年通信业统计公报》，https：//www.miit.gov.cn/gxsj/tjfx/txy/art/2023/art_77b586a554e64763ab2c2888dcf0b9e3.html。

⑥ 工信部运行监测协调局，《2022年互联网和相关服务业运行情况》，https：//www.miit.gov.cn/gxsj/tjfx/hlw/art/2023/art_40202ca145fe4d34a5ca4cf2f5dfc91e.html。

⑦ 国家统计局北京调查总队，《北京市2022年国民经济和社会发展统计公报》，https：//www.beijing.gov.cn/zhengce/zhengcefagui/202303/t20230321_2941262.html。

GDP 比重达 30%以上[①]；杭州数字经济核心产业增加值 5076 亿元，占 GDP 比重达 27.1%[②]。从发展动能来看，数字经济创新活力不断提升。据国家市场监督管理总局数据，截至 2022 年 6 月，我国登记在册数字核心产业企业达 509.5 万家，占全部企业的比重突破 10%[③]。据国家知识产权局数据，2022 年，数字经济核心产业发明专利授权量为 32.5 万件，占同期全社会发明专利授权量的比重约 40%[④]。

2016—2021 年中国数字经济规模及占 GDP 比重如图 4 所示。

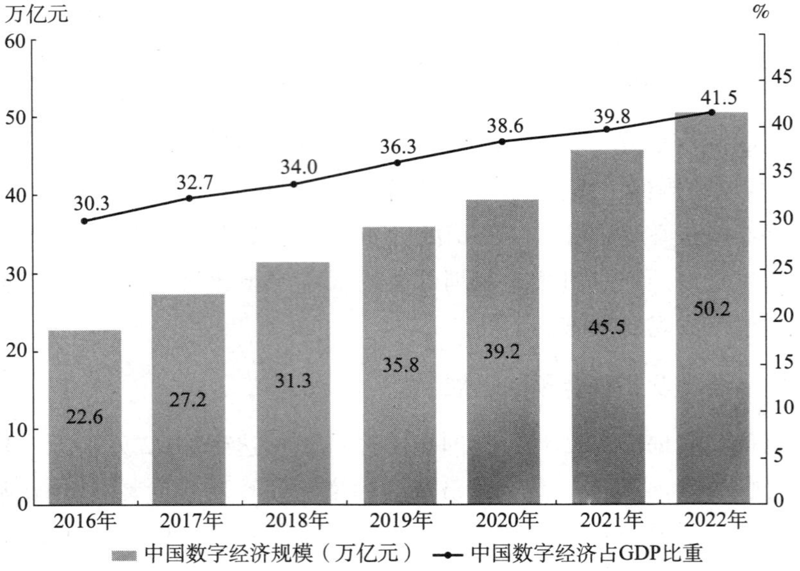

图 4　2016—2021 年中国数字经济规模及占 GDP 比重

资料来源：作者根据中国信息通信研究院数据绘制。

（二）数字基础设施适度超前于预期进度

我国已建成全球规模最大、技术领先的移动通信网络。一是信息通信网络建设规模全球领先。据工信部数据，截至 2023 年 8 月末，5G 基站总数达 313.8 万个，占移动基站总数的 27.5%，占全球比例超 60%，实现“县县通 5G”“村村通宽带”。全国光缆线路总长度达 6196 万公里[⑤]。联合国调查数据显示，2022 年，中国电信基础设施指数

① 新华社，《数字经济正成为深圳高质量发展新引擎》，https：//baijiahao. baidu. com/s？ id=1759180469731960331&wfr=spider&for=pc。

② 杭州市发展和改革委，《关于杭州市 2022 年国民经济和社会发展计划执行情况与 2023 年国民经济和社会发展计划草案的报告》，http：//www. hangzhou. gov. cn/art/2023/3/15/art_1229721132_7629. html。

③ 人民日报，《市场主体结构持续优化　创新赋能产业发展》，https：//www. samr. gov. cn/xw/mtjj/202210/t20221017_350830. html。

④ 国新办，2022 年知识产权工作新闻发布会，http：//www. scio. gov. cn/xwfbh/xwbfbh/wqfbh/49421/49470/index. htm。

⑤ 工信部运行监测协调局，《2023 年 1—8 月通信业经济运行情况》，https：//www. miit. gov. cn/gxsj/tjfx/txy/art/2023/art_1c55b48c50a8422484721b4d627ba23b. html。

全球排名从 2012 年的第 88 位大幅提升到第 47 位①。二是信息通信服务能力大幅提升。截至 2023 年 6 月，我国网民规模达 10.79 亿人，互联网普及率达 76.4%，IPv6 活跃用户数达 7.67 亿户，全国 110 个城市达到千兆城市建设标准，千兆光网具备覆盖超过 5 亿户家庭能力。移动物联网终端用户数超过 20.5 亿户，成为全球主要经济体中首个实现“物超人”的国家。②。2023 年 8 月末，具备千兆网络服务能力的 10G PON 端口数达 2144 万个，3 家基础电信企业的移动电话用户总数达 17.14 亿户，其中，5G 移动电话用户达 7.14 亿户，占移动电话用户的 41.7%，移动互联网用户数增加到 15.01 亿户③。三是算力基础设施达到世界领先水平。“东数西算”工程全面启动，截至 2023 年 8 月，“东数西算”工程的 8 个国家算力枢纽节点建设已全部开工，超过 30 个城市启动了相关工作，“数据+算力”全国在用数据中心超过 760 万标准机架，近 5 年来年均增速超过 30%，在用数据中心算力总规模超 197EFLOPS，位居世界第二④，带动全国新增投资超过 4000 亿元，“东数西算”工程从系统布局进入全面建设阶段⑤。

2017—2022 年移动电话基站发展情况如图 5 所示。

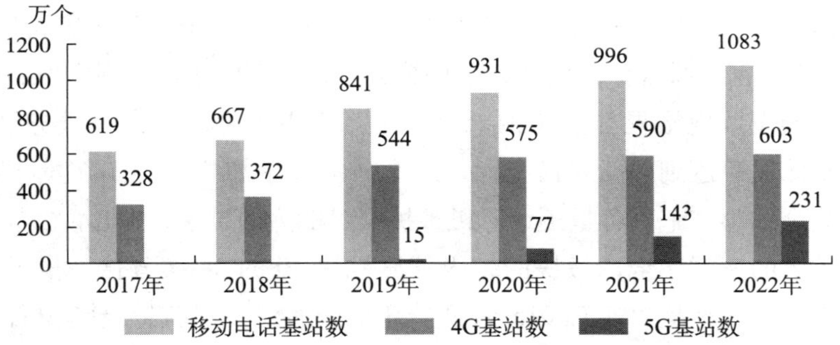

图 5　2017—2022 年移动电话基站发展情况

资料来源：工业和信息化部。

二、重大举措：初步建成数字中国发展格局，释放发展新活力

《纲要》共提出了 4 项重大举措，分别为打造数字经济新优势、加快数字社会建设步伐、提高数字政府建设水平、营造良好数字生态。经过两年多发展，我国数字经济

---

① 联合国经济和社会事务部，《2022 联合国电子政务调查报告》，https：//dzzw.ccps.gov.cn/xiazai/2022dzzw.pdf。

② 中国互联网络信息中心，第 51 次《中国互联网络发展状况统计报告》，https：//www.cnnic.net.cn/NMediaFile/2023/0322/MAIN16794576367190GBA2HA1KQ.pdf。

③ 工信部运行监测协调局，《2023 年 1—8 月通信业经济运行情况》，https：//www.miit.gov.cn/gxsj/tjfx/txy/art/2023/art_1c55b48c50a8422484721b4d627ba23b.html。

④ 新华社，《全国在用数据中心机架总规模超过 760 万标准机架》，https：//baijiahao.baidu.com/s? id=1774631505325914160&wfr=spider&for=pc。

⑤ 何立峰，《国务院关于数字经济发展情况的报告》，http：//www.npc.gov.cn/npc/c30834/202211/dd847f6232c94c73a8b59526d61b4728.shtml。

快速构筑竞争新优势，数字社会建设步伐提速升级，数字政府建设水平不断提升，数字生态发展环境持续优化，同时也面临数字技术与产业应用受制于人、数字社会建设仍无法满足人民美好生活需求、数字政府建设便捷惠民效率仍需提升、数字生态面临诸多不确定性等问题。

（一）数字经济快速构筑竞争新优势

1. 关键数字技术创新应用取得重大突破

一是关键领域研发突破与迭代应用取得成效。我国企业在高端芯片、应用算法、开源框架等关键核心技术上已取得重要突破，“芯片之母”EDA 完成 14 纳米以上工艺国产化，国产操作系统厂商麒麟软件生态软硬件适配数量突破 150 万套，服务器操作系统欧拉累计商业装机量超 300 万套，高性能算法推理引擎构建了 67 万个模型，中国 10 亿参数规模以上的 AI 大模型已发布 79 个[①]。二是核心技术一体化研发持续强化。2022 年，我国信息领域相关 PCT 国际专利申请近 3.2 万件，全球占比达 37%，数字经济核心产业发明专利授权量达 33.5 万件，同比增长 17.5%[②]。国资委发布中央企业科技创新成果推荐目录，推荐核心数字技术成果达 150 多项。中央企业建成 700 多个国家级研发平台、7 个创新联合体，成立数字科技类公司近 500 家。我国企业自主研发的下一代通用处理器设计规格提升至 7 纳米以下工艺水平。中国公有云服务（IaaS/PaaS/SaaS）市场整体规模达到 165.8 亿美元。三是前沿技术加快布局。在量子计算技术领域，我国成为全球第三个具备量子计算机整机交付能力的国家，“九章二号”量子计算机完成快速求解的速度比全球最快的超级计算机快 10 的 24 次方倍。量子通信技术领域，我国首创开放式架构，实现 615 公里光纤量子通信，刷新纪录实现百兆比特率量子密钥分发，并将国际成码率纪录提升 1 个数量级，实现模式匹配量子密钥分发并在 300 公里和 400 公里距离上将成码率提升 3 个数量级。神经芯片技术领域，我国发布首台亿级神经元类脑计算机，科研机构在二值化神经网络宏级存内计算芯片设计领域取得进展。脱氧核糖核酸（Deoxyribo Nucleic Acid，DNA）存储技术领域，中国推出世界首块既能存数据也能存 DNA 的蚕丝硬盘，科研团队成功将“止于至善”存入一段 DNA 序列。开源社区方面，我国在人工智能、区块链、物联网等新兴领域形成一批自主底层软硬件平台和开源社区。

2. 数字产业化规模稳步提升

一是新兴数字产业持续壮大。2022 年，我国人工智能核心产业规模达到 5080 亿元，企业数量 4227 家。大数据产业规模达 1.57 万亿元，同比增长 18%[③]。云计算市场

---

① 科技部新一代人工智能发展研究中心，《中国人工智能大模型地图研究报告》。

② 国家网信办，《数字中国发展报告（2022）》，http://www.cac.gov.cn/2023-05/22/c_1686402318492248.htm。

③ 工信部，2023 年中国国际大数据产业博览会新闻发布会，http://dsj.guizhou.gov.cn/jdhy/xwfbh/202302/t20230220_78260250.html。

规模约4550亿元，较2021年增长40.91%①。网络安全产业规模近2200亿元，增速约13.9%。中国厂商领跑全球通信设备市场。我国已成为全球电子元器件第一大生产国，形成世界上产销规模最大、门类较为齐全、产业链基本完整的电子元器件工业体系，产业整体规模已突破2万亿元，电声器件、磁性材料元件、光电线缆等多个门类电子元器件的产量全球第一②。集成电路全行业销售额首次突破万亿元，2018—2021年复合增长率为17%，是同期全球增速的3倍多③，2022年集成电路设计收入2797亿元④。二是基于5G的应用场景和产业生态不断拓展。全国“5G+工业互联网”在建项目超4000个，覆盖41个国民经济大类，“5G全连接工厂”种子项目中，工业设备5G连接率超过60%的项目占比超一半⑤。地方政府已自发组织建设20余个省级“5G+工业互联网”融合应用先导区。三是共享经济、平台经济步入健康发展轨道。有关数据显示，以微信、抖音、快手、京东、淘宝、美团、饿了么等为代表的平台企业，在经济社会发展全局中的地位和作用日益凸显，净创造就业岗位约2.4亿个，为当年约27%的中国适龄劳动人口提供就业机会⑥。同时，平台经济专项整改已接近尾声，14家平台企业金融业务专项整改基本完成。据国家信息中心数据，2022年共享经济市场交易规模约38320亿元，同比增长约3.9%（见表8）⑦。

表8　2021—2022年我国共享经济概况

领域	共享经济交易额		
	2021年/亿元	2022年/亿元	2022年同比增速/%
交通出行	2344	2012	-14.2
共享住宿	152	115	-24.3
知识技能	4540	4806	5.9
生活服务	17118	18548	8.4
共享医疗	147	159	8.2
共享办公	212	132	-37.7
生产能力	12368	12548	1.5
总计	36881	38320	3.9

资料来源：国家信息中心分享经济研究中心。

---

① 中国信通院，《云计算白皮书（2023年）》。

② 国务院新闻办公室，“新时代工业和信息化发展”系列发布会（第九场），http://www.scio.gov.cn/xwfbh/gbwxwfbh/xwfbh/gyhxxhb/Document/1730855/1730855.htm。

③ 同上。

④ 工信部，《2022年软件和信息技术服务业统计公报》。

⑤ 中国信通院，《2022中国“5G+工业互联网”发展成效评估报告》。

⑥ 国家发展和改革委就业司，《数字经济研究报告：我国平台企业创造就业约2.4亿》，https://www.ndrc.gov.cn/fggz/jyysr/jysrsbxf/202302/t20230228_1350402_ext.html。

⑦ 国家信息中心，《中国共享经济发展报告（2022）》。

3. 产业数字化转型释放发展动能

一是“上云用数赋智”行动加快实施。国家发展改革委、中央网信办印发《关于推进“上云用数赋智”行动培育新经济发展实施方案》，各地加快推进数据赋能全产业链协同转型，央地协同发展之势初步形成。截至2022年6月，全国累计上云用云企业超过390万家[①]。二是信息化和新型工业化融合走深向实。2022年，工业数字经济渗透率达到24.0%，重点工业企业关键工序数控化率达到58.6%，数字化研发设计工具普及率达到77%，重点工业互联网平台连接设备超过8100万台（套），工业互联网核心产业规模超1.2万亿元，全面融入45个国民经济大类，具有影响力的工业互联网平台达到240个，25个国家先进制造业集群中六成以上主导方向是数字经济。我国已建成2100多个高水平的数字化车间和智能工厂，其中有209个是示范标杆工厂，改造前后对比，产品研发周期缩短了20.7%，生产效率提升了34.8%，产品不良率降低了27.4%，碳排放减少了21.2%。2022年，中央工业企业关键工序数控化率达到73%[②]。三是服务业数字化水平显著提高。截至2022年12月，服务业数字经济渗透率44.7%，全国电子商务平台交易额43.8万亿元，全国网上零售额13.8万亿元，实物商品网上零售额占社会消费品零售总额的比重已达27.2%，创历史新高。跨境电商进出口规模突破2万亿元[③]。电子商务、移动支付规模全球领先，网约车、网上外卖、数字文化、智慧旅游等市场规模不断扩大。四是农业数字化转型稳步推进。2022年，农业数字经济渗透率达10.5%，农业生产信息化率超25.4%，农作物耕种收综合机械化率达到73%，农机应用北斗终端超过60万台套，全国农产品网络零售额达5313.8亿元。五是数字企业创新发展动能不断增强。截至2022年，我国市值排名前100的互联网企业总研发投入达3384亿元，同比增长9.1%。科创板、创业板已上市战略性新兴产业企业中，数字领域相关企业占比分别接近40%和35%[④]。

2020—2022年实物商品网上零售额及增速如图6所示。

但也要看到，对标《纲要》要求，我国数字经济发展仍存在诸多问题。一是数字经济与欧美发达国家等仍有一定差距。从总量看，2021年，美国数字经济规模已接近15.3万亿美元，而中国约为7.1万亿美元，不到美国的一半；从占比看，德国、英国、美国的数字经济在国民经济中居主导地位，占国内生产总值比重超过60%，而我国数字经济占GDP的比重刚达到40%，仍有20%左右的巨大差距。二是关键领域创新能力仍然存在不足，产业链供应链受制于人的局面尚未根本改变，重大基础理论、核心关

---

① 人民邮电报，《数字北京建设暨2023北京互联网大会召开》。

② 国务院新闻办公室，“权威部门话开局”系列主题新闻发布会，http://www.scio.gov.cn/xwfbh/xwbfbh/wqfbh/49421/49637/index.htm。

③ 国家统计局，《中华人民共和国2022年国民经济和社会发展统计公报》，http://www.stats.gov.cn/sj/zxfb/202302/t20230228_1919011.html。

④ 国家网信办，《数字中国发展报告（2022）》，http://www.cac.gov.cn/2023-05/22/c_1686402318492248.htm。

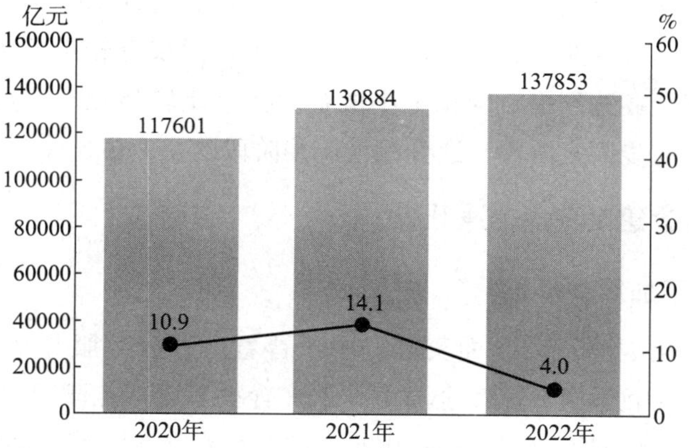

图 6　2020—2022 年实物商品网上零售额及增速

资料来源：作者根据国家统计局数据绘制。

键技术和前沿技术领域创新积累不足，精密传感器、集成电路、工业软件、操作系统等基础数字产品和服务严重依赖进口，需加快重大原创科技成果研发。根据《数字中国发展报告（2021 年）》，2021 年我国信息技术领域 PCT 国际专利申请量超过 3 万件，占全球总量的 33.3%，但其中发明专利申请量仅为 1.2 万件，占全球总量的 20.4%，创新质量有待提高①。三是数字产业发展不均衡，数字企业主要集中于一、二线大城市。截至 2022 年 12 月，我国境内外互联网上市企业中，工商注册地位于北京、上海、深圳、杭州、广州等 5 座城市的企业数量占比高达 79.2%，其他城市合计仅占 20.8%②。不同行业、不同区域、不同群体间数字鸿沟未有效弥合，甚至有进一步扩大趋势。同时，数字产业结构仍面临“重硬件建设、轻软件升级”“重产业应用、轻研发创新”、产业链价值链各环节资源分配不均衡等突出问题。四是产业数字化转型仍需向深向实。从三大产业数字化水平看，2022 年，我国数字经济对一、二、三产业的渗透率分别为 10.5%、24.0%、44.7%，对比英国数字经济对第一产业渗透率超过 30%，德国、韩国等国家数字经济对第二产业渗透率超过 40%，英国、德国、美国等国家数字经济对第三产业渗透率超过 60%，距离发达国家仍有 20%左右的较大差距③。从重点产业数字化转型水平看，2021 年数据显示，计算机、通信和其他电子设备制造业，仪器仪表，汽车，家具，医药，电气机械等行业数字化转型平均水平位居前列，而纺织、化纤、木材加工、金属冶炼等行业数字化水平较低④。从不同类型企业数字化转型进度看，部分企业数字化转型存在“不愿转”“不敢转”“不会转”的困境，国有企业数字化转型面临业务结构复杂、传统利益障碍、价值效益不明显等问题。赛迪研究显示，

---

① 国家网信办，《数字中国发展报告（2021 年）》。
② 中国互联网络信息中心，第 51 次《中国互联网络发展状况统计报告》。
③ 中国信通院，《2022 全球数字经济白皮书》。
④ 中国电子技术标准化研究院，《中小企业数字化转型分析报告（2021）》。

达到领域级及以上的国有企业综合效益比其他国有企业高约10%，达到平台级及以上的国有企业比其他国有企业综合效益高出50%以上，但仅有较少的国有企业达到领域级，几乎没有国有企业达到平台级；中小微企业数字化转型相对滞后，仍有79%的中小企业处于转型的初步探索阶段，达到深度应用阶段的企业占比仅为9%。

（二）数字社会建设步伐提速升级

1. 公共服务更加智慧便捷

一是教育数字化战略行动全面实施。国家智慧教育公共服务平台正式上线启动，建成世界第一大教育教学资源库，全国中小学（含教学点）互联网接入率达100%，超过3/4的学校实现无线网络覆盖，国家中小学智慧教育平台资源总量达4.4万条，高校上线慕课数量超过6.45万门，注册用户4.24亿户，学习人数达10.88亿人次①。二是数字健康让人民群众有更多获得感。截至2023年6月，我国互联网医疗用户规模达3.64亿户（见图7），占网民整体的33.8%，全国设置超过3000家互联网医院，开展互联网诊疗服务超过2590万人次，远程医疗服务县区覆盖率达100%②。1.65万家基层中医馆接入中医馆健康19信息平台。全国统一的医保信息平台全面建成，接入约40万家定点医疗机构和40万家定点零售药店，有效覆盖全体参保人。国家医保服务平台实名用户达2.8亿个，涵盖100余项服务功能③。三是全国智慧图书馆体系和公共文化云建设加快推进。截至2022年底，全民艺术普及资源总库数字资源量已达到1258TB，新型公共文化空间不断涌现，国家公共文化云和200多个地方性公共文化云平台服务功能不断完善。全民阅读、艺术普及数字化服务能力显著提升，我国数字阅读用户达到5.3亿户。全国重点网络文学企业作品超过3000万部，网文出海吸引约1.5亿用户④。有线数字电视实际用户1.90亿户⑤。四是智慧法院让公平正义永不缺席。建成全业务网上办理、全流程依法公开、全方位智能服务的智慧法院。智慧法院服务能力覆盖100%高院、中院和97%基层法院，全国法院电子诉讼占比从2021年的24%提升至2022年的28%，全国统一司法区块链平台累计完成28.9亿条数据上链存证固证，率先出台人民法院在线诉讼、在线调解、在线运行“三大规则”⑥。新冠疫情防控以来，全国法院网上立案2996万件、开庭504万场、证据交换819万件次、异地执行593万件次、接访15万件次⑦。

---

① 教育部，《2022年全国教育事业发展基本情况》，http：//www.moe.gov.cn/fbh/live/2023/55167/。

② 中国互联网络信息中心，第52次《中国互联网络发展状况统计报告》。

③ 国家网信办，《数字中国发展报告（2022）》。

④ 同③。

⑤ 国家统计局，《中华人民共和国2022年国民经济和社会发展统计公报》，http：//www.stats.gov.cn/sj/zxfb/202302/t20230228_1919011.html。

⑥ 同③。

⑦ 周强，《2023年最高人民法院工作报告》。

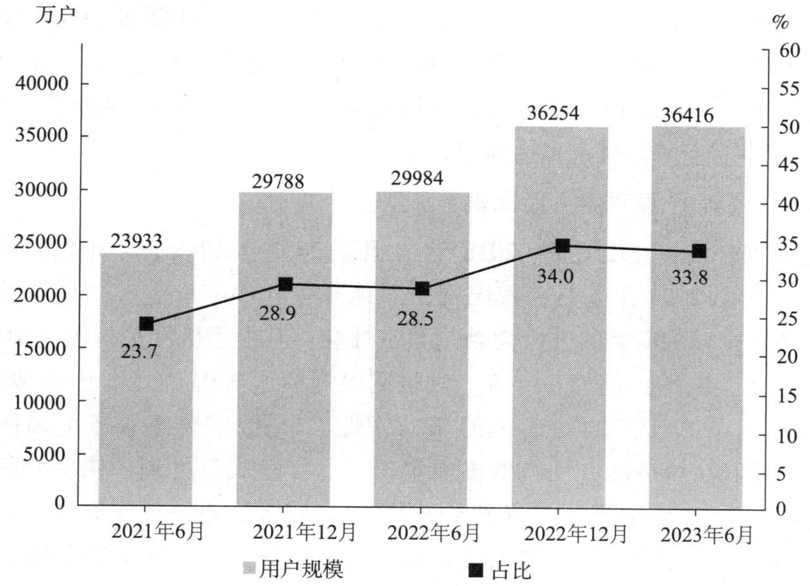

图 7　2021 年 6 月至 2023 年 6 月互联网医疗用户规模及占比

资料来源：中国互联网络信息中心。

2. 城乡发展更加智能高效

一是新型智慧城市建设取得积极进展。我国智慧城市试点数量已经超过 800 个，占全球智慧城市数量的比重约 50%。新型城市基础设施建设试点在 21 个市（区）稳步推进。全国有 110 个城市达到千兆城市建设标准，我国正成为全球最大的智慧城市建设实施国。截至 2023 年 6 月，我国城镇网民规模为 7.77 亿人，占网民整体的 72.1%；城镇地区互联网普及率为 85.1%①。城市信息模型平台和运行管理服务平台建设稳步推进，全国国土空间规划数字化监管平台基本建成，数字孪生流域、水网、水利工程加快建设，智慧交通、应急、广电等建设成效显著。联合国对 86 项指标的综合分析显示，2022 年，中国上海在全球 193 个城市中排名第十位，城市数字化服务达到国际领先水平②。二是数字乡村建设加快推进。截至 2023 年 6 月，我国农村网民规模为 3.01 亿人，占网民整体的 27.9%，农村互联网普及率达到 60.5%③。截至 2022 年底，全国农村宽带用户总数达 1.76 亿户，行政村通宽带比例达到 100%，通光纤、通 4G 比例均超过 99%，基本实现农村城市“同网同速”④。党务、村务、财务“三务”在线公开率超过 70%，利用信息化手段开展服务的村级综合服务站点共 48.3 万个，行政村覆盖率达到 86.0%。全国农村网络零售额达 2.17 万亿元。农村地区在线教育和互联网医疗用户数量分别为 6787 万人和 6875 万人，普及率分别为 22.5% 和 22.8%。农村网民

---

① 中国互联网络信息中心，第 52 次《中国互联网络发展状况统计报告》。

② 联合国经济和社会事务部，《2022 联合国电子政务调查报告》。

③ 同①。

④ 中央网信办等，《中国数字乡村发展报告（2022 年）》。

群体短视频使用率已超过城镇网民0.3个百分点[①]。全国累计部署117个数字乡村试点，建设9个农业物联网示范省、100个数字农业试点项目，认定210个全国农业农村信息化示范基地，累计建设运营益农信息设施46.7万个，提供各类服务9.8亿人次。2021年，全国数字乡村发展水平达到39.1%[②]。

3. 绘就人民美好数字生活新图景

一是互联网普及率稳步增长。2018年12月至2022年12月城乡地区互联网普及率如图8所示。截至2023年6月，我国网民总体规模达10.79亿人，互联网普及率达76.4%，形成了全球最庞大的生机勃勃的数字社会。其中手机网民规模为10.76亿人，网民中使用手机上网的比例为99.8%。农村网民规模达3.01亿人，占整体的27.9%，城镇网民规模达7.77亿人，占整体的72.1%[③]。二是数字普惠服务更加便捷。截至2022年底，全国96.68%的办税缴费事项实现“非接触式”办理，住房公积金小程序服务1.64亿缴存人，社会保障卡持卡人数达13.63亿人，电子社保卡领用人数达6.19亿人。互联网应用适老化及无障碍改造成效显现。调查显示，网站和手机App适老化及无障碍改造复检合格率分别达到98%、87%。三是融入美好生活多元场景。截至2023年6月，我国即时通信用户规模达10.47亿户，占网民整体的97.1%；短视频用户规模突破10亿户，达到10.26亿户，占网民整体的95.2%；网络支付用户规模达9.43亿户，占网民整体的87.5%；线上办公用户规模达5.07亿户，占网民整体的47.1%；互联网医疗用户规模达3.64亿户，占网民整体的33.8%；在线旅行预订用户规模达4.54亿户，占网民整体的42.1%[④]。

也应看到，对标“十四五”规划任务要求，数字社会建设还存在一些问题，距离满足人民群众美好数字生活新需求仍有不小差距。一是全民数字素养和技能有待提升。2018年12月至2022年12月网民规模和互联网普及率如图9所示。截至2023年6月，我国非网民规模仍高达3.33亿人[⑤]，以农村地区和老年群体为主，使用技能缺乏、文化程度限制、设备不足和年龄因素是非网民不上网的主要原因。特别是重点群体、特殊群体“数字鸿沟”仍然存在。据统计，我国现有60岁以上老年人2.64亿人、残障人士超过8500万人。其中，近1.4亿老年人仍在使用功能机或者使用智能手机但不会上网，1700万名视障人士和超2700万名听障人士在获取数字资源、使用数字工具等方面存在诸多障碍[⑥]。二是城乡区域发展不均衡制约数字中国公平效率，我国数字经济发展总体呈现自东向西、自城市向农村逐级减弱的特征。从城乡差距看，城乡互联网普及率差距仍然较大。截至2023年6月，城镇地区互联网普及率达85.1%，农村地区互

① 中国互联网络信息中心，第52次《中国互联网络发展状况统计报告》。

② 中央网信办等，《中国数字乡村发展报告（2022年）》。

③ 同①。

④ 同①。

⑤ 同①。

⑥ 中国互联网络信息中心，第51次《中国互联网络发展状况统计报告》。

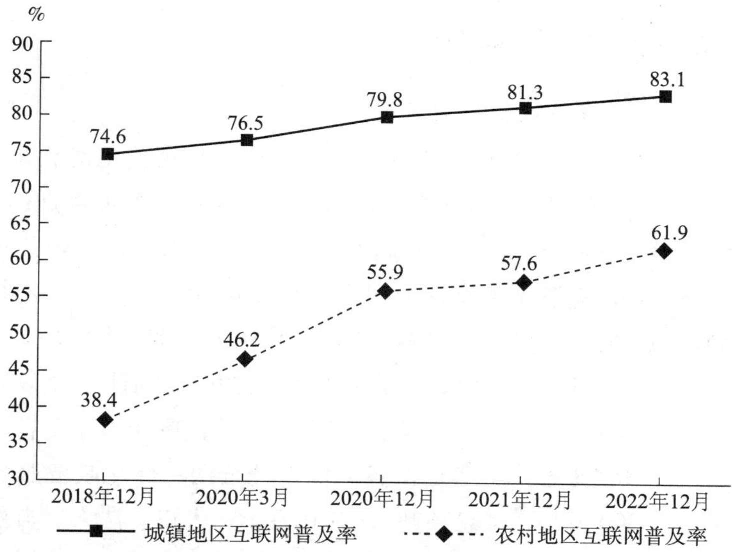

图 8　2018 年 12 月至 2022 年 12 月城乡地区互联网普及率

资料来源：中国互联网络信息中心。

联网普及率为 60.5%，城乡地区互联网普及率仍有超过 20%的差距[①]。从区域发展看，东部地区千兆及以上固定互联网宽带接入用户远高于中西部地区。截至 2022 年底，东部、中部、西部和东北地区 100Mbps 及以上速率固定互联网宽带接入用户分别为 23359 万户、14072 万户、14690 万户和 3259 万户[②]。

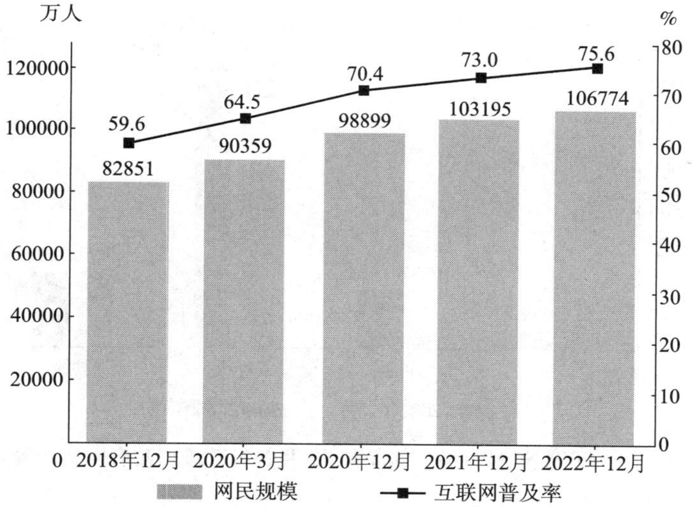

图 9　2018 年 12 月至 2022 年 12 月网民规模和互联网普及率

资料来源：中国互联网络信息中心。

① 中国互联网络信息中心，第 52 次《中国互联网络发展状况统计报告》。

② 工信部运行监测协调局，《2022 年通信业统计公报》，https：//www.miit.gov.cn/gxsj/tjfx/txy/art/2023/art_77b586a554e64763ab2c2888dcf0b9e3.html。

（三）数字政府建设水平不断提升

1. 公共数据开放共享取得积极进展

2020 年以来，《国务院关于加快推进政务服务标准化规范化便利化的指导意见》《国务院关于加强数字政府建设的指导意见》《全国一体化政务大数据体系建设指南》《国务院办公厅关于建立健全政务数据共享协调机制加快推进数据有序共享的意见》等政策文件陆续发布，初步完善了数字政府建设的制度设计。一是国家公共数据资源体系初步健全。如图 10 所示，截至 2022 年 12 月，我国共有政府网站 13946 个，其中，中国政府网 1 个，国务院部门及其内设、垂直管理机构共有政府网站 539 个；省级及以下行政单位共有政府网站 13406 个①。截至 2022 年 9 月，覆盖国家、省、市、县等层级的政务数据目录体系初步形成，各地区各部门依托全国一体化政务服务平台汇聚编制政务数据目录超过 300 万条，信息项超过 2000 万个。人口、法人、自然资源、经济等基础库初步建成②。二是公共数据开放平台提质扩容。我国已建成全国一体化政务数据共享枢纽，已接入各级政务部门 5951 个，发布 53 个国务院部门的各类数据资源 1.35 万个，累计支撑全国共享调用超过 4000 亿次。截至 2022 年 9 月，全国已建设 26 个省级政务数据平台、257 个市级政务数据平台、355 个县级政务数据平台③。截至 2022 年底，全国一体化政务服务平台实名注册用户超过 10 亿户，国家政务服务平台总使用量超过 850 亿人次，已初步实现地方部门 500 万余项政策服务事项和 1 万多项高频应用的标准化服务，大批高频政务服务事项实现“一网通办”“跨省通办”④。

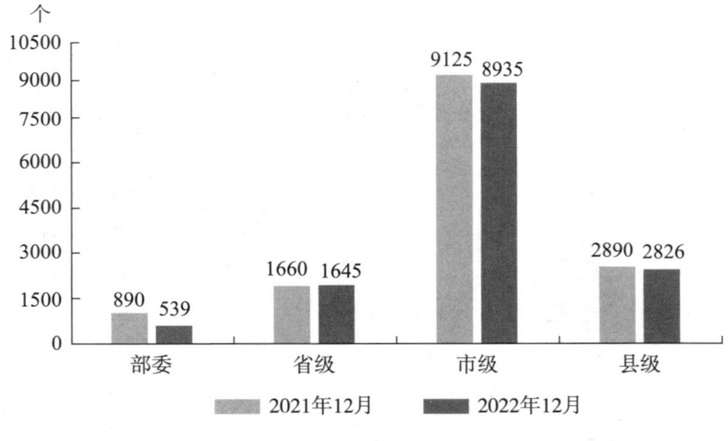

图 10　2021 年 12 月和 2022 年 12 月各行政级别政府网站数量

资料来源：开普云。

---

① 中国互联网络信息中心，第 51 次《中国互联网络发展状况统计报告》。

② 国务院办公厅，《全国一体化大数据建设指南》，http：//www. gov. cfy zhengce/conteer/2022-10/28/content_5722322. htm。

③ 同上。

④ 国家网信办，《数字中国发展报告（2022）》，https//www. cac. gov. cn/2023-05/22/c_1686402318492248. htm。

2. 政务信息化共建共用水平提升

一是政务数据基础设施基本建成。全国31个省（区、市）和新疆生产建设兵团云基础设施基本建成，超过70%的地级市建设了政务云平台，政务信息系统逐步迁移上云，初步形成集约化建设格局[①]。二是国家电子政务网络持续完善。国家电子政务外网已实现县级以上行政区域100%覆盖，乡镇覆盖率达到96.1%[②]。全国人大代表工作信息化平台正式开通，汇集办理议案建议群组超2万个，推动提升人大代表履职工作和沟通效率。全国各级政协以信息化赋能委员履职，省级政协普遍开发履职应用程序，积极开展网络议政、远程协商。中央纪委国家监委机关推动基层小微权力“监督一点通”信息平台建设完善，已覆盖16个省份836个县（市、区），累计办结群众投诉68.7万件。智慧法院服务能力覆盖100%高院、中院和97%基层法院，全国法院电子诉讼占比从2021年的24%提升至2022年的28%，全国统一司法区块链平台累计完成28.9亿条数据上链存证固证。全国检察机关数字检察工作正式启动，全年提供律师互联网阅卷服务超7万次，同比增长159%。数字技术有力支撑群众信访办理，7日内程序性回复基本达到100%[③]。三是电子证照支撑地方部门平台高效办事。国家平台为地方部门平台提供电子证照共享服务79.5亿次，身份认证核验服务67.4亿次。截至2022年底，国家政务服务平台已归集汇聚32个地区和26个国务院部门900余种电子证照，目录信息达56.72亿条，累计提供电子证照共享应用服务79亿次[④]。

3. 数字政务发展水平快速提升

一是电子政务发展总体水平大幅提升。联合国调查显示，2022年，中国电子政务发展指数再创新高，排名从2012年的第78位上升至第43位，进入全球前列，稳居“非常高”水平，是自报告发布以来的最高水平，中国成为全球增幅最高的国家之一。其中，作为衡量国家电子政务发展水平核心指标的在线服务指数为0.8876，继续保持“非常高”水平[⑤]。二是在线服务水平跃居全球前列。截至2022年12月，我国在线政务服务用户规模达9.26亿户，占网民整体的86.7%[⑥]。全国一体化政务服务平台基本建成，截至2022年12月，实名注册用户超10亿户，在线政务服务用户规模达9.26亿户。政务服务事项网上可办率达到90%以上，90.5%的省级行政许可事项实现网上受理和“最多跑一次”[⑦]。政务服务“一网通办”加速推进，全国96.68%的办税缴费事

---

① 国务院办公厅，《全国一体化政务大数据体系建设指南》，http://www.gov.cn/zhengce/content/2022-10/28/content_5722322.htm。

② 同上。

③ 国家网信办，《数字中国发展报告（2022）》，http://www.cac.gov.cn/2023-05/22/c_1686402318492248.htm。

④ 中国互联网络信息中心，第51次《中国互联网络发展状况统计报告》。

⑤ 联合国经济和社会事务部，《2022联合国电子政务调查报告》。

⑥ 同④。

⑦ 同④。

项实现“非接触式”办理，全面数字化电子发票试点稳步推进，电子发票服务平台用户数量突破千万级①。联合国调查显示，2022 年，中国在线服务指数达到 0. 8876，跃居全球第九位，稳居世界第一梯队。2021 年，全国 6 类涉农政务服务事项综合在线办事率达 68. 2%②。

与此同时，对标《纲要》任务要求，数字政府建设仍存在一些突出问题，主要表现为：一是顶层设计不足，体制机制不够健全。国家层面已明确建立政务数据共享协调机制，但部分政务部门未明确政务数据统筹管理机构，未建立有效的运行管理机制。各级政务部门既受上级主管部门业务指导，又归属于本地政府管理，政务数据管理权责需进一步厘清，协调机制需进一步理顺。基层仍存在数据重复采集、多次录入和系统联通不畅等问题，影响政务数据统筹管理和高效共享。二是供需对接不够充分，数据壁垒痼疾难除。政务数据跨部门、跨层级、跨地区融合仍存在壁垒，导致政务数据资源存在底数不清，数据目录不完整、不规范，数据来源不一等问题，亟须进一步加强政务数据目录规范化管理。数据需求不明确、共享制度不完备、供给不积极、供需不匹配、共享不充分、异议处理机制不完善、综合应用效能不高等问题较为突出。三是支撑应用水平亟待提升，“数据返还难”掣肘问题仍存在。政务云平台建设与管理不协同，政务云资源使用率不高，缺乏一体化运营机制。政务数据质量问题较为突出，数据完整性、准确性、时效性亟待提升。“数据返还难”制约了地方经济调节、市场监管、社会治理、公共服务、生态环保等领域数字化创新应用。四是标准规范体系不健全，推广应用水平有待提升。政务数据缺乏统一有效的标准化支撑，在数据开发利用时，需要投入大量人力财力对数据进行清洗、比对，大幅增加运营成本。部分地区和部门对标准规范实施推广、应用绩效评估等重视不足，一些标准规范形同虚设。五是网络安全保障体系还有不少突出短板。政务数据共享面临合规性、分散性、新业态风险等挑战，安全泄露、违规使用等问题时有发生，政务数据质量问题较为突出，数据完整性、准确性、时效性亟待提升。

（四）数字生态发展环境持续优化

1. 数据要素市场规则初步建立

一是数据基础制度和标准规范逐步建立。中共中央、国务院印发《关于构建数据基础制度　更好发挥数据要素作用的意见》，从数据产权、流通交易、收益分配、安全治理等方面，初步构建了数据基础制度体系的“四梁八柱”。二是数据交易平台和市场主体加快培育。截至 2022 年底，全国已成立 48 家数据交易机构③，仍有 8 家正在筹建

---

① 何立峰，《关于数字经济发展情况的报告》，https：//www. ndrc. gov. cn/fzggw/wld/hlf/lddt/202211/t20221116_1341446_ext. html。

② 联合国经济和社会事务部，《2022 联合国电子政务调查报告》。

③ 国家网信办，《数字中国发展报告（2022）》，http：//www. cac. gov. cn/2023-05/22/c_1686402318492248. htm。

中。三是加强涉及国家利益、商业秘密、个人隐私的数据保护。2021 年制定《中华人民共和国个人信息保护法》，细化完善个人信息保护原则和个人信息处理规则。《民法典》完善电子合同订立和履行规则，将数据和网络虚拟财产纳入法律保护范围。在网络知识产权保护方面，针对涉及专利、集成电路布图设计、技术秘密、计算机软件等专业技术性较强的案件，探索引入技术调查官制度。2022 年，全国受理网络违法和不良信息举报约 1.72 亿件（见图 11），清理违法和不良信息 5430 余万条①。四是完善适用于大数据环境的数据分类分级保护制度。《中华人民共和国数据安全法》明确建立健全数据分类分级保护。《中共中央　国务院关于构建数据基础制度更好发挥数据要素作用的意见》（“数据二十条”）创造性地提出数据资源持有权、数据加工使用权、数据产品经营权“三权分置”的数据产权制度框架，建立公共数据、企业数据、个人数据的分类分级确权授权制度，为构建多层次、多元化和场内场外相结合的数据要素市场体系奠定了坚实的制度基础。五是数据跨境安全制度保障持续完善。我国已发布《数据出境安全评估办法》《个人信息出境标准合同规定》，监管部门针对滴滴、运满满、货车帮、BOSS 直聘等境外上市的平台企业开展了合规性审查。在坚守安全底线的基础上，北京、上海、粤港澳、海南、重庆等分别从制度、机制、硬件、试点区域、行业和国际合作等层面，逐步探索建立更为便捷且安全的跨境数据流动管理体系，推动跨境数据安全有序流动。表 9 为我国部分相关政策。

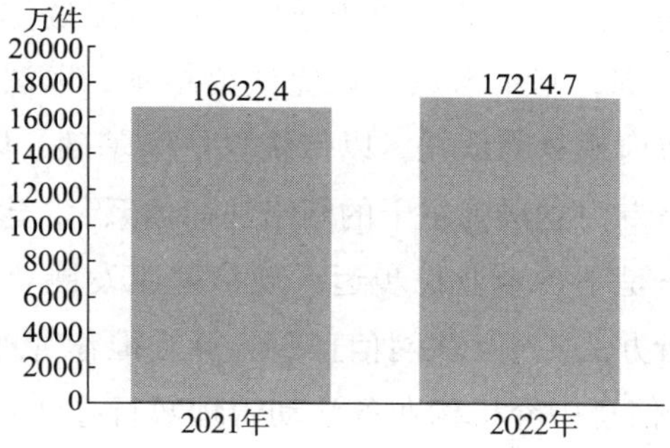

图 11　2021 年和 2022 年全国各级网络举报部门受理举报数量

资料来源：中央网信办违法和不良信息举报中心。

表 9　我国数据跨境安全相关政策（部分）

效力层级	法规名称	时效性	颁布时间
法律	《中华人民共和国网络安全法》	现行有效	2017 年 6 月 1 日
	《中华人民共和国数据安全法》	现行有效	2021 年 9 月 1 日
	《中华人民共和国个人信息保护法》	现行有效	2021 年 11 月 1 日

① 中央网信办举报中心，《2022 年全国受理网络违法和不良信息举报 1.72 亿件》，https：//www.12377.cn/wxxx/2023/3fd99940_web.html。

续表

效力层级	法规名称	时效性	颁布时间
行政法规	《关键信息基础设施保护条例》	现行有效	2021 年 9 月 1 日
	《网络数据安全管理条例》	征求意见	2021 年 11 月 14 日
部门规章/部门规范文件	《数据安全管理办法》	征求意见	2019 年 5 月 28 日
	《个人信息和重要数据出境安全评估办法》	自 2022 年 9 月 1 日起施行	2017 年 7 月 14 日
	《个人信息出境安全评估办法》	征求意见	2019 年 6 月 13 日
	《个人信息出境标准合同办法》	自 2023 年 6 月 1 日起施行	2023 年 2 月 22 日
	《数据出境安全评估申报指南（第 1 版）》	2022 年 9 月 1 日生效	2022 年 7 月 7 日
标准/行业指南	《信息安全技术　数据出境安全评估指南》	征求意见	2017 年 8 月 30 日
	《网络安全标准　个人信息跨境处理活动认证技术规范》	征求意见	2022 年 4 月 29 日

资料来源：中经网整理。

2. 政策保障环境更加规范有序

一是组建国家数据局强化统筹工作，负责协调推进数据基础制度建设，统筹数据资源整合共享和开发利用，统筹推进数字中国、数字经济、数字社会规划和建设等，组织机构不断完善。二是与数字经济发展相适应的政策法规体系逐步完善。中国制定出台网络领域立法 140 余部，基本形成了以宪法为根本，以法律、行政法规、部门规章和地方性法规、地方政府规章为依托，以传统立法为基础，以网络内容建设与管理、网络安全和信息化等网络专门立法为主干的网络法律体系①。建立数字经济部际联席会议等跨部门协调机制。三是平台企业稳步迈入规范健康发展轨道。出台《网络预约出租汽车经营服务管理暂行办法》《互联网信息服务算法推荐管理规定》《区块链信息服务管理规定》《网络借贷信息中介机构业务活动管理暂行办法》《在线旅游经营服务管理暂行规定》等，规范网约车、算法、区块链、互联网金融、在线旅游等新技术新业态，支持平台企业创新发展、增强国际竞争力。制定《网络交易监督管理办法》《国务院反垄断委员会关于平台经济领域的反垄断指南》，修改《中华人民共和国反垄断法》，依法依规加强互联网平台经济监管，打击垄断和不正当竞争行为。2020 年至 2022 年上半年，依法审查涉及平台经营者集中申报案件 56 件，依法查处涉及平台企业未依法申报违法实施经营者集中案件 159 件②。从 2022 年 1 月九部门出台《关于推动平台经济规范健康持续发展的若干意见》，到 2022 年 4 月 29 日召开的中央政治局会议，到 2022 年 12 月召开的中央经济工作会议，再到 2023 年全国两会，一系列重大部署明确

① 国新办，《新时代的中国网络法治建设》，http：//www. gov. cn/zhengce/2023-03/16/content_5747005. htm。
② 同上。

了平台企业监管政策回调风向，支持平台经济规范健康发展成为政策主基调。表 10 为部分中国网络立法。

表 10 中国网络立法（部分）

类型	案例
法律	《中华人民共和国电子商务法》《中华人民共和国电子签名法》《中华人民共和国网络安全法》《中华人民共和国数据安全法》《中华人民共和国个人信息保护法》《中华人民共和国反电信网络诈骗法》
行政法规	《计算机信息系统安全保护条例》《计算机软件保护条例》《互联网信息服务管理办法》《电信条例》《外商投资电信企业管理规定》《信息网络传播权保护条例》《关键信息基础设施安全保护条例》
部门规章	《儿童个人信息网络保护规定》《互联网域名管理办法》《网络交易监督管理办法》《互联网新闻信息服务管理规定》《网络信息内容生态治理规定》《互联网信息服务算法推荐管理规定》
地方性法规	《广东省数字经济促进条例》《浙江省数字经济促进条例》《河北省信息化条例》《贵州省政府数据共享开放条例》《上海市数据条例》
地方政府规章	《广东省公共数据管理办法》《安徽省政务数据资源管理办法》《江西省计算机信息系统安全保护办法》《杭州市网络交易管理暂行办法》
合计	140 余部

资料来源：国家网信办，《新时代网络法治白皮书》。

3. 网络安全保护能力持续提升

一是国家网络安全法律法规和制度标准逐渐健全。通过制定《中华人民共和国国家安全法》《中华人民共和国网络安全法》《中华人民共和国数据安全法》等法律，系统构建网络安全法律制度。《网络安全审查办法》修订出台，《互联网信息服务深度合成管理规定》《移动互联网应用程序信息服务管理规定》陆续实施，网络安全的教育、技术、产业等加快发展。二是关键信息基础设施保护体系建立健全。2021 年制定《关键信息基础设施安全保护条例》，明确关键信息基础设施范围和保护工作原则目标，完善关键信息基础设施认定机制。基本建成国家、省、企业三级联动的工业互联网安全技术监测服务体系。三是网络安全防护能力持续增强。建立网络安全监测预警和信息通报工作机制，持续加强网络安全态势感知、监测预警和应急处置能力。2022 年，我国网络安全产业规模预计近 2170 亿元，同比增长 13.9%。[①] 四是网络安全宣传教育和人才培养再上新台阶。充分利用中国普法“一网两微一端”，加强智慧普法平台建设。通过全国青少年普法网参与宪法在线学习人次超过 83 亿。截至 2022 年 6 月，中国网络法治研究机构超过 90 家，超 500 所本科和高职院校开设网络与信息安全相关专业[②]。2022 年通信和互联网领域相关专业毕业生人数达 159 万人，占毕业生总数的 15%，在全部 19 个分行业中位列第一。[③]

---

① 国家网信办，《数字中国发展报告（2022）》，http：//www.cac.gov.cn/2023-05/22/c_1686402318492248.htm。

② 国务院新闻办公室，《新时代的中国网络法治建设》，http：//www.gov.cn/zhengce/2023-03/16/content_5747005.htm。

③ 同①。

4. 网络空间命运共同体有序形成

一是网络空间国际交流与合作加快推进。我国倡导提出《二十国集团数字创新合作行动计划》，发起《携手构建网络空间命运共同体行动倡议》《“一带一路”数字经济国际合作倡议》《金砖国家数字经济伙伴关系框架》《金砖国家制造业数字化转型合作倡议》等，发布《携手构建网络空间命运共同体》白皮书，正式成立了世界互联网大会国际组织等。截至 2022 年底，我国已与 17 个国家签署“数字丝绸之路”合作谅解备忘录，与 30 个国家建立“丝路电商”双边合作机制①。二是多边、民主、透明的全球互联网治理体系加快构建。推动发起《二十国集团数字经济发展与合作倡议》《全球数据安全倡议》等多个倡议、宣言，创造性提出网络主权原则，倡导《联合国宪章》确立的主权平等原则适用于网络空间，贡献了中国智慧和中国方案。2022 年世界互联网大会国际组织正式成立，会员已覆盖 6 大洲 20 余个国家，包括 100 余家机构、组织、企业及个人。三是参与国际规则和数字技术标准制定的话语权持续增强。积极推进加入《全面与进步跨太平洋伙伴关系协定》和 DEPA，参与数字经济领域高标准规则制定。伴随数字科技与产业经济快速发展，我国积极推进中外标准互认、中国标准与国际标准体系兼容，深度参与国际电信联盟（International Telecommunication Union，ITU）、国际标准化组织（International Organization for Standardization，ISO）、国际电工委员会（International Electrotechnical Commission，IEC）等国际标准组织的标准研制，积极参与第三代合作伙伴计划（3rd Generation Partnership Project，3GPP）等全球知名标准化组织活动，在自动驾驶、大数据、工业互联网、智慧城市和 5G 卫星通信等方面，牵头推动多个数字领域国际标准通过立项审议或正式发布②。我国主持的国际标准已超过 800 项，其中数字人、端边云协同、数字视网膜、疫苗防控数字化等领域的国际标准均为全球首创。四是各国共享数字时代红利目标稳步实现。累计建设 34 条跨境陆缆和多条国际海缆，在非洲 20 多个国家实施“万村通”项目。五是全球网络安全保障合作机制建设有序推进。构建保护数据要素、处置网络安全事件、打击网络犯罪的国际协调合作机制。2022 年 3 月至 6 月，在国际刑警组织框架下，与其他 75 个成员国共同参与“曙光行动”，逮捕犯罪嫌疑人 2000 余名，拦截非法资金 5000 余万美元，有效打击电信网络诈骗，维护全球网络安全秩序③。

与此同时，对标《纲要》任务要求，我国数字生态发展仍面临诸多挑战，主要表现在：一是我国数据基础制度和要素市场探索处于起步阶段，权利归属难以界定，估值定价缺乏依据，流通规则尚不完善，流通技术仍未成熟，产权制度及市场流通等难题仍有待破解。二是全球数字治理面临多元挑战。当前全球数字治理面临的形势较为

---

① 博鳌亚洲论坛，《亚洲数字经济报告（2023）》。

② 国家网信办，《数字中国发展报告（2022）》。

③ 国务院新闻办公室，《新时代的中国网络法治建设》，http：//www.gov.cn/zhengce/2023-03/16/content_5747005.htm。

复杂，既存在国际组织和国际社会通过多边机制构建的正式规则、非正式规则和监管标准等，也存在以 G20、G7 为代表的国家集团形成的由少数国家控制的数字治理模式和机制，数字治理的范围由传统的数字平台和数据流动扩大到人工智能、电子商务、区块链、加密资产、数字隐私等领域，全球数字治理问题成为全球治理面临的重大考验。三是数字科技加速应用引发各界对于科技伦理的担忧，以人工智能为代表的数字技术，在人脸识别、自动驾驶、智慧教育等领域，引发各界对于数据泄露、电车难题、算法偏见等一系列科技伦理问题的担忧。四是数字人才缺口亟待填补。当前，我国数字人才缺口为 2500 万~3000 万人，且缺口仍在持续放大①。同时，数字技能类人才评价体系、数字职业标准和评价规范、数字领域职业技能等级与专业技术职称衔接、数字人才跨领域跨部门跨区域一体化配置等体制机制仍有待完善。五是就业冲击问题引发警惕。世界经济论坛 2023 年 5 月发布的数据显示，未来几年受 AI 和经济增长放缓等因素影响，全球就业形势将受到严重冲击，未来 5 年全球将减少 1400 万个工作岗位，相当于全球就业岗位净减少 2%。

三、重大工程：数字化发展结下累累硕果，激活发展新动能

《纲要》在数字经济重点产业和数字化应用场景等方面部署建设若干项重大工程。其中，“专栏 8”部署云计算、大数据、物联网、工业互联网、区块链、人工智能、虚拟现实和增强现实等 7 个数字经济重点产业，旨在加快推动数字产业化进程；“专栏 9”聚焦智能交通、智慧能源、智能制造、智慧农业及水利、智慧教育、智慧医疗、智慧文旅、智慧社区、智慧家居、智慧政务 10 个重点数字化应用场景，旨在提升产业数字化转型水平。经过两年多发展，数字经济重点产业取得多项突破性进展，数字化应用场景深度赋能千行百业，正在形成数字化发展“双轮驱动”的良好态势。但也要看到数字经济重点产业和数字化应用场景仍存在一些问题亟待破解，如部分领域行业应用仍处于初级阶段，市场规则等问题有待破解，部分领域行业应用水平参差不齐，阶梯状发展特点明显；数字化应用场景整体统筹偏弱，部分领域尚停留在部署阶段，重大标志性落地成果还需加力落实；等等。

（一）数字经济重点产业取得多项突破性进展

1. 云计算产业快速迭代

工信部数据显示，云计算产业年均增速超过 30%，全球市场占比 14. 6%②。据中国信通院数据，2022 年，我国云计算市场规模达到 4550 元③。一是云操作系统加快迭代

① 中国社会科学文献出版社等，《产业数字人才研究与发展报告（2023）》。

② 国务院新闻办公室，“新时代工业和信息化发展”系列发布会（第九场），http：//www. scio. gov. cn/xwfbh/gbwxwfbh/xwfbh/gyhxxhb/Document/1730855/1730855. htm。

③ 中国信通院，《云计算白皮书（2023 年）》。

升级。国产操作系统开源社区 OpenCloudOS 发布首个全自研社区 9.0 版本，在操作系统发行版的全链路均实现自主可控。二是超大规模分布式存储、弹性计算等技术创新升级。中科曙光自主研发的分布式存储系统 ParaStor 拥有国内规模最大单一存储系统（300P），已在山西、陕西、重庆等多地部署。阿里神龙计算架构覆盖通用计算、异构计算以及高性能计算等多种计算场景，实现对计算能力、行业和计算位置的全覆盖。科技部数据显示，我国高性能计算一直在国际上处于领先水平，先后 10 次排名世界第一，3 次获得“戈登·贝尔奖”①。三是云服务产业培育壮大。截至 2021 年，我国公有云市场规模增至 2181 亿元，其中，IaaS 市场规模 1614.7 亿元，占总体市场比重约3/4；PaaS 市场规模 196 亿元，增速最快；SaaS 市场约 370.4 亿元。私有云市场规模 1048 亿元②。

2. 大数据产业细化提升

2021 年底出台《“十四五”大数据产业发展规划》，大数据产业顶层设计持续优化。国内形成八大大数据综合试验区，“东数西算”工程的 8 个国家算力枢纽节点、10 个数据中心集群建设已全部开工，东部、中部、西部、东北“四大板块”形成协同发展之势。一是技术细分领域逐步细化。经过多年的发展，大数据内部逐渐细化，形成了数据存储与计算、数据管理、数据流通、数据应用、数据安全五大核心领域。其中，数据流通领域已初步探索出机构与机构间点对点的流通路径，数据安全领域相关法律法规发布后，数据安全得到快速发展。二是全生命周期产业体系逐渐成形。数据采集、标注、存储、传输、管理、应用等全生命周期管理机制正在形成。三是大数据标准体系逐步完善。国家标准信息查询系统显示，我国已出台《信息技术　大数据　数据资源规划》等 25 项国家标准，《大数据核心产品基准研究报告（2023 版）》等一批新标准护航行业发展。

3. 物联网生态快速成长

一是传感器、网络切片、高精度定位等技术创新加快演进。OneOS 物联网操作系统、Wi-Fi6 全无线高可靠医疗物联网解决方案、高可靠单片总线物联网 SOC 芯片关键技术及应用、中兴通讯数字星云平台、5G_V2X 环境下的智能驾驶技术研究及应用、基于海量接入跨域计算技术的 5G 连接管理研究与应用、分布式物联网操作系统 CTwingOS 技术创新与工程应用、基于百度天工 AIoT 技术的能碳数智化平台、基于全面感知的 AIoT 智慧制造方案、基于边缘计算架构的能源物联网平台 AI 算法技术等案例形成示范引领效应。二是协同发展云服务与边缘计算服务。中国移动、中国联通、华为云、阿里云、腾讯云等云服务和边缘计算服务平台建成投入使用，覆盖经济社会民生

① 国务院新闻办公室，第六届数字中国建设峰会新闻发布会，http://www.scio.gov.cn/xwfbh/xwbfbh/wqfbh/49421/49749/index.htm。

② 中国信通院，《云计算白皮书（2022 年）》。

多个场景。三是车联网、医疗物联网、家居物联网产业快速成长。我国已初步形成封闭测试场和开放道路组成的智能网联汽车道路测试验证体系，先后建立 17 个国家级智能网联汽车测试示范区，发放道路测试与示范应用牌照 900 余张。我国已确定 987 个"5G+医疗健康"试点项目，推出以"5G+急诊救治""5G+远程诊断""5G+远程治疗""5G 加重症监护"为代表的典型应用场景。

4. 工业互联网平台赋能国民经济

一是自主可控的标识解析体系、标准体系、安全管理体系初步形成。截至 2022 年底，我国标识解析体系"5+2"国家顶级节点全面建成，注册总量已经超过两千亿，主动标识载体部署超过 1400 万枚。我国已发布工业互联网安全标准体系，包括 3 个类别、16 个细分领域以及 76 个具体方向，已出台《工业互联网　总体网络架构》等国家标准 3 项、《工业互联网　时间敏感网络需求及场景》等行业标准 5 项。国家工业互联网安全监测与态势感知平台的监测范围已经覆盖汽车、电子、航空、钢铁等 14 个重要的工业领域。二是工业软件研发应用效果良好。截至 2022 年底，全国面向特定行业、特定场景的工业 App 数量突破 65 万个，发布 2022 年工业软件优秀产品 69 款。三是具有国际影响力的工业互联网平台体系基本形成。培育较大型的工业互联网平台超过 150 家，服务工业企业超过 160 万家，重点平台连接设备超过 8100 万台（套），平台化设计、数字化管理、智能化制造、网络化协同、个性化定制、服务化延伸等新模式新业态蓬勃发展。四是"工业互联网+智能制造"产业生态逐步完善。"5G+工业互联网"在建项目超 4000 个，覆盖 22 个重点行业，共遴选"国家新型工业化产业示范基地+工业互联网平台赋能数字化转型提升试点项目"23 个。

5. 区块链生态更加合规可控

一是区块链技术创新取得突破。国内开源区块链项目占比明显提升，打破国外厂商一家独大的局面。区块链专利申请数量全球占比超过 84%①。二是以联盟链为重点领域的应用方案不断涌现。截至 2022 年 11 月，国内已涌现出星火联网、超级链开放网络、至信链开放联盟链、蚂蚁开放联盟链、BSN 开放联盟链、众享链网、智臻链开放联盟网络、旺链 VoneBaaS 等 10 余种产品服务。全国首个数字产权区块链平台——"数字产权链"已在成都上线。三是监管机制持续完善。截至 2022 年 9 月，已有 29 个省份出台涉及区块链产业政策共 319 份。经国家标准信息查询，我国已出台《区块链密码应用技术要求》等 5 项行业标准。

6. 人工智能赛道快速崛起

2023 年 4 月，国家网信办发布《生成式人工智能服务管理办法（征求意见稿）》，这是我国首个生成式人工智能监管文件，有力护航人工智能产业健康发展。科技部新

---

① 国务院新闻办公室，"新时代工业和信息化发展"系列发布会（第九场），http://www.scio.gov.cn/xwfbh/gbwxwfbh/xwfbh/gyhxxhb/Document/1730855/1730855.htm。

一代人工智能发展研究中心发布的《中国人工智能大模型地图研究报告》显示，从全球已发布的大模型分布来看，中国和美国大幅领先，超过全球总数的80%①。一是重点行业人工智能数据集稳步增长。我国科技企业积极构建AI开放数据生态、共享共建数据集，企业开放数据平台逐步增多。二是算法推理训练场景更加多元。中国企业推出首个自主研发、功能丰富、开源开放的产业级深度学习平台百度飞桨，截至2022年12月，已汇聚535万开发者，服务20万家企事业单位，基于飞桨构建了67万个模型。三是智能产品设计与制造“多点开花”。2022年，我国计算机视觉产品市场规模达到830亿元，占整个人工智能行业的42.4%，增势强劲；智能语音应用规模约为90亿元，未来5年年均增长率约为21.6%；机器学习应用规模约为237亿元，金融领域机器学习产业规模占比为37.5%，工业领域产业规模占比为12.1%；知识图谱产业规模约为68亿元，NLP产业规模约为87亿元。四是通用化和行业性人工智能开放平台建设提速。科技部成立人工智能规划推进办公室，启动实施新一代人工智能重大科技项目，“国家新一代人工智能开放创新平台”重点支持15家企业深耕发展，2023年3月，启动“人工智能驱动的科学研究”专项部署工作。百度文心一言、阿里通用M6、腾讯混元、华为盘古、中国科学院自动化所研发的紫东太初等通用人工智能大模型先后投入应用，积极抢占新一轮技术竞争核心领域。数据显示，中国10亿参数规模以上的大模型已发布79个，已有半数以上大模型开源，高校/科研机构是开源主力②。

7. 虚拟现实和增强现实产业取得突破

2022年11月，五部委印发《虚拟现实与行业应用融合发展行动计划》，部署虚拟现实与行业应用融合发展的阶段目标与五大重点任务。预计到2026年，我国虚拟现实产业总体规模将超3500亿元，虚拟现实终端销量超2500万台。一是技术创新平台助力产业升级。国家虚拟现实创新中心正式揭牌并投入运营，逐步构建覆盖虚拟现实全产业链的产业创新生态。国产厂商自主创新能力显著提升，国内厂商逐渐从低端代工向芯片、显示器件研发制造等产业链重要环节延伸。二是设备和开发工具软件、行业解决方案加快布局。网络架构、3D建模、算法等通用型技术短板得到缓解。三是以元宇宙、数字人、VR/AR等为代表的虚拟现实产业布局快速推进。上海、北京、广州等40余个省市已发布120余项元宇宙扶持政策，元宇宙产业在游戏、社交、虚拟会议等场景应用火爆。

同时也应看到，数字经济重点产业应用仍然面临不少问题与挑战。主要表现在，一是部分领域行业应用仍处于初级阶段，市场规则等问题有待破解。如大数据领域，大部分企业数据管理仍处于起步阶段，数据应用领域仅部分核心业务被数据浅度赋能，

---

① 解放日报，《中国大模型数量居全球第二》，https://www.jfdaily.com/staticsg/res/html/journal/detail.html?date=2023-05-29&id=353597&page=03。

② 同上。

数据权属、定价、市场规则等关键性问题仍有待破解。工业互联网安全体系建设正处于初级阶段，尚未形成良性发展的工业互联网安全生态体系，行业标准体系距离76个的目标仍有较大差距，且相关标准落地实效仍有待观察。二是部分领域行业应用水平参差不齐，阶梯状发展特点明显。如云计算领域，位于第一梯级的互联网和信息服务业已基本实现云计算的深化应用；位于第二梯级的金融、政务、交通等行业云化改造能力持续加深；位于第三梯级的能源、医疗、工业等行业的核心系统云化改造程度有待提升。

（二）数字化应用场景深度赋能千行百业

1. 智能交通提升交通运维效率

一是自动驾驶和车路协同的出行服务更加完善。分两批推出智慧城市基础设施与智能网联汽车协同发展“双智试点城市”16个，国内首条中心城区自动驾驶开放测试道路在上海启用。二是公路智能管理、交通信号联动、公交优先通行控制系统加快布局。国内通车运营的首条车路协同、隧道智能综合诱导、北斗卫星和5G信号全覆盖的山区高速公路延崇高速河北段建成通车。“数字交通车载智能终端技术改造”项目在湖南完成并向市民开放运营。三是智能交通多元场景快速突破。智能铁路方面，世界上第一条按照智能化理念设计的高铁——京张高速铁路建成通车，取得了多项重大技术突破，并成为2022年北京冬奥会重要交通保障设施。我国第一条全过程、全专业运用BIM技术设计的智能高铁——京雄城际铁路全线开通运营，应用物联网、云计算、大数据等前沿科技智能化设计达70余项。智慧港口方面，厦门港5G无人集卡、天津港“5G+L4级自动驾驶”的“少人、无人”智慧港口等多个项目形成引领示范效应。数字航道方面，长江干线数字航道综合服务平台建设工程于2022年3月通过竣工验收，标志着长江数字航道基本构架搭建完成。智慧停车方面，北京、南京、杭州等地陆续开展智慧停车“停在这里”试点。

2. 智慧能源激活能源增长势能

一是能源智能化升级蹄疾步稳。煤矿智能化升级稳步推进，据初步统计，全国有近400处煤矿正在开展智能化建设，总投资规模超过1000亿元，投资完成率近50%。油气田智能化升级取得成效，中国海上首个智能油田项目——秦皇岛32-6智能油田完成一期投产并启动二期建设，2022年度累增油3000吨，节省直接费用高达200余万元。电厂智能化升级形成引领，世界上规模最大的铅碳储能电站——湖州综合智慧零碳电厂“和平共储”项目加快建设，可满足8万户居民一天的普通用电。二是用能信息广泛采集、能效在线分析加快推进。2022年以来，全国签约建设67个能耗在线监测系统项目。三是源网荷储互动、多能协同互补、用能需求智能调控目标加快实现。我国已在17个省份开展绿色电力试点交易。虚拟电厂应用加快推进，截至2023年3月底，上海市市级平台已接入12家虚拟电厂。

3. 智能制造快速赋能制造业转型升级

一是设备联网、生产环节数字化连接和供应链协同响应提速。我国已建成2100多个高水平的数字化车间和智能工厂，运营管理类、生产制造类和运维服务类工业App合计占比超过64%。二是生产数据贯通化、制造柔性化、产品个性化、管理智能化试点取得成效。湖南推出首批385个制造业数字化转型重点项目，总投资超146亿元。宁夏2022年完成新兴产业工业项目240个，智能化改造项目150个，重大节能技改项目110多个。贵州推动产业数字化形成307个标杆项目、3262个示范项目，带动6043家企业开展融合改造，全省大数据与实体经济深度融合指数达到41.1。

4. 智慧农业及水利建设加快布局

一是大田作物精准播种、精准施肥施药、精准收获逐步推广。农业农村部发布63项农机推广鉴定大纲。植保无人机现已成为全国通用类农业机械中的植保机械。二是设施园艺、畜禽水产养殖智能化应用取得成效。我国启动实施数字农业建设试点项目，加快建设15个分品种创新分中心和2个分区域创新分中心。三是智慧水利体系建设有序推进。我国已建设全国水利信息点43万个，全国5186条有防洪任务的中小河流实现了水文监测全覆盖，11万个国家报汛站雨量水情监测信息收集传输时间由过去的小时级缩短到分钟级。水利一张图汇集了55类1600万个水利对象，并实现动态管理和在线更新。四是以流域为单元的水情测报和智能调度能力稳步提升。流域洪水“空天地”一体化监测系统有序推进，全国七大江河数字孪生流域建设方案编制完成，94项数字孪生流域和数字孪生水利工程先行先试工作启动实施。

5. 智慧教育加快实现质效双升

一是社会化高质量在线课程资源被纳入公共教学体系取得成效。国家智慧教育公共服务平台上线，平台访问总量超过67亿次，现已成为世界最大的教育资源库。二是优质教育资源在线辐射农村和边远地区薄弱学校能力增强。国家智慧教育公共服务平台汇集4.4万条优质在线资源，支撑了中国近2亿中小学生的线上学习，为全国1300余万名教师开展专题研修，让远在边疆、身处农村的孩子和大城市的孩子“同上一堂课”。三是场景式、体验式学习和智能化教育管理评价体系创新升级。推出基于“学分银行”的学分互认机制，已有41家机构的316个学习成果进入国家开放大学学分银行成果目录清单。国家开放大学学分银行已为社会成员建立账户920万个，累计存储学习成果7.8万人次。

6. 智慧医疗民生服务能力持续提升

一是健康数据库建设目标和措施完善。2022年11月，国家卫健委、国家中医药局、国家疾控局联合发布《“十四五”全民健康信息化规划》，明确到2025年，初步建成全民健康信息平台支撑保障体系，基本实现公立医疗卫生机构与全民健康信息平台联通全覆盖。二是医疗卫生机构数据共享机制加快建设。2023年3月，中共中央办公厅、国务院办公厅印发《关于进一步完善医疗卫生服务体系的意见》，提出加强健康医疗大数据共享交换与保障体系建设。三是远程医疗服务推广取得成效。据国家网信办统计，截至2022年底，全国远程医疗服务超过2670万人次。四是医学影像辅助判读、临床辅助诊断等应用更加多样。国内企业创新推出人工智能辅助诊断医疗器械软件、人工智能肺结节诊治系统等创新应用，AI医学影像已进入商业化阶段。五是对医疗机构和医疗行为的智慧监管能力稳步提升。2022年3月，全国统一的医保信息平台全面建成，平均结算响应时间约0.8秒，性能平均提升3~5倍，日结算约1800万人次。系统有效接入约40万家定点医疗机构和40万家定点零售药店，覆盖全国所有参保人，彻底结束了系统分割、区域封闭的历史。

7. 智慧文旅让游客体验升级

一是景区、博物馆等线上数字化体验产品更加多样。如上海推出首批21家数字景区，国家图书馆“中华古籍资源库”收录了10万部孤本古籍。二是景区监测设施和大数据平台多地落地。如五台山智慧景区加快建设“一个中心、四个平台、二十五个子系统”，梵净山管理局大数据监控中心搭建梵净山大数据综合管理平台，全天24小时不间断地进行数据监测与传输。三是沉浸式体验、虚拟展厅、高清直播等新型文旅服务不断涌现。如上海推出“建筑可阅读”计划，并将其升级到以“数字转型”为特征的3.0版，已有2400余处历史建筑有了专属二维码。

8. 智慧社区让居民更有获得感

一是政务服务平台、社区感知设施和家庭终端联通稳步推进。山东、浙江、湖南、江西等多个省份已公布2023年智慧社区建设“计划清单”。二是智能预警、应急救援救护和智慧养老等社区惠民服务更有温度。如合肥市启动市级政府投资公益性项目暨3年滚动投资计划，加快建成8个智慧社区、50个智慧小区，推进智慧平安小区向“三无”小区、城中村覆盖。三是无人物流配送体系试点推进。如北京市高级别自动驾驶示范区工作办公室颁发首批无人配送车车辆编码，在国内首次对无人配送车辆赋予合法路权，京东、美团、新石器等无人配送车已在经开区“持证上岗”。

9. 智慧家居让居民生活更便捷

一是感应控制、语音控制、远程控制等技术手段应用创新取得成果。北京昌平区、上海临港新区等19个地区加快数字家庭试点建设。如美的集团推出第一款移动式空气净化消毒机“净击者”，实现全屋3D环绕立体恒温暖风。二是多元场景催化多个“蓝海市场”。智能家电使用频率最高达19.6%，市场规模稳步增长。智能照明市场5年复合年均增长率达24.6%。智能音箱市场销售额将达134.7亿元。扫地机器人销售规模将达131.3亿元。

10. 智慧政务“让数据多跑路，让居民少跑路”

一是政务服务“一网通办”逐步实现。全国一体化政务数据共享枢纽已接入各级政务部门 5951 个，发布 53 个国务院部门的各类数据资源 1.35 万个，累计支撑全国共享调用超过 4000 亿次。二是电子政务成效显著。国家政务服务平台统一电子证照系统，已汇聚地方部门电子证照近 900 种，提供电子证照共享服务 50 亿余次。三是政务服务“好差评”评价收效良好。省级政府和重点城市一体化政务服务能力（政务服务“好差评”）第三方评估报告显示，北京、上海、江苏、浙江、广东、贵州等地区持续保持全国领先水平，发挥了很好的引领和示范作用。河北实施政务服务“好差评”制度两年多，完成差评整改 3800 多件，评价重实效服务得到提升。

同时也应该看到，数字化应用场景建设进入全面推进、集中发力阶段，仍有不少问题有待破解。一是数字化应用场景整体统筹偏弱，重大项目建设和核心技术突破仍然偏少，亟须强化国家层面统一调度，加快推进生产数据贯通化、制造柔性化、产品个性化、管理智能化。二是部分领域尚停留在部署阶段，重大标志性落地成果还需加力落实。如能源数字化智能化转型仍处于起步阶段，国家能源局于 2023 年 3 月底印发《关于加快推进能源数字化智能化发展的若干意见》，我国以虚拟电厂、微网为代表的配电网数字化改造正式迈入加速起步期，亟须加大各方政策支持力度。

四、加快数字化发展、建设数字中国面临的新形势新挑战

习近平总书记在十九届中央政治局第三十四次集体学习时的重要讲话中指出，数字经济正在成为重组全球要素资源、重塑全球经济结构、改变全球竞争格局的关键力量。当今世界，百年未有之大变局演进加速，世界处于动荡变革期，数字技术的不断创新发展和应用，正在深刻影响着全球经济、政治、文化、社会和生态等各个领域，对全球竞争力和合作格局进行重构。数字中国建设的内外部环境正在发生深刻变化，更趋复杂严峻和不确定。一方面，错综复杂的国际环境带来新矛盾新挑战，包括全球数字规则博弈升级、数字科技竞争加剧、数字经济产业链供应链分工合作受阻等。另一方面，中国式现代化和高质量发展带来新特征新要求，包括实现高质量发展亟须加快做强做优做大数字经济、满足人民美好生活需要亟须加快构建普惠便捷的数字社会、实现社会治理现代化亟须加快发展高效协同的数字政务、建设文化强国亟须加快打造自信繁荣的数字文化、实现人与自然和谐共生亟须加快建设绿色智慧的数字生态文明等。当前及未来一段时期，加快数字化发展、建设数字中国面临着新的机遇和挑战，亟须抢抓数字经济发展机遇，增强经济社会高质量发展动能。

（一）从国际看，错综复杂的国际形势带来新矛盾新挑战

1. 数字经济成为重塑全球经济格局的主引擎

一是数字经济在全球经济中的占比持续提升。新一轮科技革命和产业变革以网络化、数字化和智能化为标志，数字经济成为全球经济增长的动力引擎和活力源泉。从全球经济整体占比看，据中国信通院测算，2021 年，47 个经济体数字经济增加值规模

为38.1亿美元，占GDP的比重为45.0%[1]，几乎占据了全球经济的“半壁江山”。从全球三大产业渗透率看，全球47个经济体第三、第二和第一产业数字经济增加值占行业增加值的比重分别达到45.3%、24.3%和8.6%，同比分别提升1.3个、0.8个和0.6个百分点[2]。从数字经济发展水平与区域经济水平关联看，2021年，发达国家数字经济占GDP的比重高达55.7%，发展中国家数字经济占GDP的比重为29.8%，差距较上年稍有扩大。高收入国家数字经济占GDP的比重为52%，中高收入国家数字经济占GDP的比重为34.4%，低收入国家数字经济占GDP的比重仅为18.5%。整体来说，经济越发达、收入水平越高的国家，数字经济占国民经济的比重越高。[3] 二是数字经济加速改变全球经济力量对比格局。与主要发达国家相比，新兴市场国家数字经济发展仍有较大空间。然而，凭借数字经济基数较小、人口红利释放、消费市场持续壮大等因素，新兴经济体国家数字经济正加快实现“弯道超车”。据测算，2021年，发展中国家、中高收入国家和中低收入国家数字经济同比增速均超过20%。其中，发展中国家数字经济同比增长22.3%，高于同期发达国家数字经济增速9.1个百分点。中高收入国家数字经济同比增速高达23.2%，高于同期中低收入国家数字经济增速0.6个百分点，高于同期高收入国家数字经济增速9.9个百分点[4]。数字经济的快速成长，正在进一步发挥新一轮科技革命和产业变革对新兴经济体的推波助澜作用，新兴经济体和发展中国家板块整体崛起。据预测，到2035年，原来意义上的新兴经济体和发展中国家会成为世界经济增长的主导力量，其GDP将占到全球经济总量的70%左右。世界银行预测，届时排在世界前10位的经济体中将有7个是现在的新兴经济体和发展中国家[5]。特别是中国作为全球新兴经济体的代表，数字经济发展日新月异，助力实现14.2亿中国人的现代化，正在系统改变人类现代化的格局。三是数字经济改变原有的全球产业分工体系。从要素结构看，传统全球产业分工合作体系围绕具体的物质产品构建，以土地、劳动力、资本、技术为基础生产要素，主体是围绕制造品及其相关服务的价值链。如今，全球工业经济加速向数字经济和智能经济转型升级，数据作为关键生产要素的价值日益凸显，科技成为全球经济发展、产业链价值链分工的核心推动力，深入渗透经济社会各领域全过程，呈现出日益显著的乘数效应，驱动新产业、新业态、新模式蓬勃发展，数字跨境流动更为普遍，数字产品和服务日益成为主体，人类社会进入以数字化生产力为主要标志的全新历史阶段。从产业链分工看，原有的经济全球化进程是资本全球逐利和科技进步的必然结果，全球产业供应链拆分为不同环节并散布在不同地区进行模块化生产，各国基于各自比较优势确定国际分工位置，由于遵循扩

---

① 中国信通院，《全球数字经济白皮书2022》。
② 同上。
③ 同上。
④ 同上。
⑤ 陈文玲，《世界大势：把握新时代变化的脉搏》，中共中央党校出版社2021年6月版。

大市场、深化分工、发挥优势的客观规律，国际贸易是几乎所有参与者都从中获益的正和博弈。数字经济时代，全球化与碎片化呈现并存的趋势。一方面，数字经济本身呈现高度全球化特征，一些重要的先进产业如半导体产业，就是国际分工与合作的结果。埃森哲认为，全球协作是半导体行业获得成功的关键所在，有39个国家直接参与其供应链环节，34个国家为其提供市场支持，包括光刻设备、蚀刻和清洁工具、镀膜设备和生产制造装置，还有12个国家直接参与晶片设计，25个国家从事产品测试和包装制造①。另一方面，伴随全球经济进入下行通道，国际前沿科技和产业竞争日趋激烈，少数西方国家人为实施“脱钩”政策，全球供应链、产业链、创新链、要素链、价值链等分工体系不确定性陡然增加，迫使全球产业分工合作与竞争陷入零和博弈困局的危险日益增加。这一背景下必须认识到，我国数字经济关键领域核心技术创新能力不足，核心产业依然处在全球产业链价值链中低端环节，数字产业的市场稳定性受到冲击和挑战，必须加快构建一个产业链条完善、核心技术自主可控、安全保障有力的数字基础设施体系，牢牢掌握数字经济发展主动权，在日趋激烈的国际竞争中把握主动、赢得未来。

2. 数字科技创新成为各国竞争的主战场

科技是国家强盛之基，创新是民族进步之魂。当前，新一轮科技革命和产业变革深入发展，数字技术作为其核心驱动力，正在深刻影响着全球竞争与合作格局。一是数字科技创新引领新一轮科技革命和产业变革的方向和路径。科技创新是现代化产业发展的核心，科技地位决定了一个国家的全球经济地位和未来竞争优势。历次科技革命的实践证明，科学技术作为第一生产力，创新作为第一动力，有力促进各种新理念、新方法、新工具的涌现和应用，为人类认识和改造世界提供了更强大的支撑和驱动力。当前及未来一段时期，在以数字科技创新为支撑的新一轮科技革命浪潮中，颠覆性技术、新兴技术不断突破，相互关联的“技术族群”大规模涌现，数据成为一种关键性生产要素全面嵌入经济体系中，以革命性的速度产业化、商业化，并大规模向各个产业渗透扩散，引发生产方式、组织模式、商业模式等一系列变化，并最终导致整个社会制度结构的变迁。伴随新技术、新业态、新产业变革加快，旧的经济形态、旧的产业业态和旧的发展动能正在被新经济、新动能、新技术、新业态、新商业模式所替代，生产方式由传统的大批量、标准化逐渐被数字经济时代智能化、个性化定制所取代，促进设计、工艺、装备、管理、服务全面升级，全球互联网、物联网、人工智能、大数据、云计算、云服务、计算机超算、机器人、3D打印等数字技术创新，将成为具有颠覆性的革命，不仅将颠覆人类的生产方式，还将颠覆人们的生活方式乃至生命方式。二是数字科技创新改变全球创新力量格局。当前，在全球竞争激烈并代表未来科技发展趋势的高科技领域，发展中国家及其企业发挥着越来越重要的影响。从国家和区域

① 埃森哲，《半导体生态系统的全球化与复杂性》。

分布看，《全球创新指数 2022》显示，数字时代创新浪潮建立在超级计算、人工智能和自动化基础之上，即将对所有部门（包括服务业）的生产力产生充分的影响，并将帮助在所有基础科学领域实现科学突破①。从排名看，全球创新指数（GII）排名前 15 位发生了一些关键变化，中国排名超过法国上升到第 11 位；中国、土耳其和印度等新兴经济体巩固了全球创新强国的地位，土耳其（第 37 位）和印度（第 40 位）首次进入前 40 名；东南亚、东亚和大洋洲（SEAO）缩小了与北美和欧洲的差距；一些发展中经济体在创新方面的表现高于预期，新晋级的印度尼西亚、乌兹别克斯坦和巴基斯坦等 26 个国家的创新表现超出了发展水平②。从企业力量分布看，联合国贸发会议对全球高科技公司分布的研究显示，全球主要高科技公司集中于美国，但位于中国、印度和南非等发展中国家的高科技公司也占有重要地位，其市值规模居于全球领先位置③。从创新集群分布看，世界知识产权组织数据显示，中国现在拥有 22 个全球顶级科技集群，与美国数量相同，世界排名前五位的全球顶级科技集群中，中国拥有深圳—香港—广州和北京两个席位④。三是世界主要国家都在加紧布局数字科技发展，力图打造未来竞争新优势，一批颠覆性技术即将突破，科技创新成为大国博弈的主战场，也成为大国经济的压舱石。近两年来，各主要经济体纷纷制定战略规划、加大研发投入、吸引科研人才，围绕数字科技的全球科技竞争空前激烈。美国出台《美国创新与竞争法案》等一系列法案，确保美国在人工智能、自动驾驶和 5G 等领域的领先地位，2022 年出台《芯片与科学法案》，计划提供高达 2800 亿美元用于补贴半导体、人工智能、量子计算、机器人等各领域的制造和研发，2023 年发布美国国家半导体技术中心（National Semiconductor Technology Center，NSTC）战略、关键和新兴技术的国家标准战略，确保巩固并强化全球数字科技霸权；欧盟发布《2030 年数字罗盘》，计划到 2030 年，75%的欧洲企业已使用云计算、大数据和人工智能，2022 年更是密集出台《数字权利和原则宣言》《数字市场法案》《数字服务法案》《网络韧性法案》《AI 责任指令》《人工智能法案》《芯片法案》《加密市场法案》等多部数字科技规范及促进法案，加快建立安全、高性能和可持续的数字基础设施和治理体系；英国更新《英国数字战略》，将投资超 300 亿英镑加快宽带部署，计划 2025 年实现 85%以上千兆覆盖率，2030 年实现 99%以上千兆覆盖率，并发布《国家量子战略》布局未来十年具体行动计划，公布《科学技术框架》确定人工智能、未来通信等 5 项关键技术组合，利用超 3.7 亿英镑新政府基金推动基础设施、投资和技能发展；德国更新了“数字化战略”，强调人工智能的主导作用并致力于开发 6G 技术的潜能，在《联邦政府数据战略》中提

① 世界知识产权组织，《全球创新指数 2022》，https：//www.globalinnovationindex.org/userfiles/file/reportpdf/GII_2022_ZH-ExSum_WEB.pdf。

② 同上。

③ 中国宏观经济研究院对外经济研究所，《经济全球化的中长期变化特征》，国家发展改革委官网，https：//www.ndrc.gov.cn/xxgk/jd/wsdwhfz/202005/t20200514_1228113.html。

④ 同①。

出使德国成为欧洲数据共享和创新应用的领导者，制定未来研究与创新战略，布置6个方向重点任务，发展数字技术和保护德国技术主权；法国发布《电子工业战略》，并启动“电子2030”计划，旨在提高本土电子元器件制造能力和电子工业的领先地位；爱尔兰2022年出台《数字爱尔兰框架》，提出瞄准新的增长机会和新兴领域，如量子计算、人工智能、区块链、物联网、5G、云计算、联网自动驾驶汽车和大数据；加拿大在《数字宪章实施法》中提出出台《人工智能和数据法案》，加强人工智能系统开发和部署，2023年初发布《国家量子战略》，旨在持续保持其在量子技术领域的世界领先地位；澳大利亚发布《2022年数字经济战略更新》，确定在技术投资促进计划、量子商业化中心、5G创新、改革支付系统等方面的新行动；新西兰颁布《新西兰产业数字化转型计划》，部署通过国家数字孪生项目投资建设可信的数据获取平台；韩国发布《国家战略技术培育方案》，先后实施“K半导体”战略、“2030年二次电池产业（K-电池）发展战略”、“全球技术霸权竞争下韩国技术保护战略”、“2030未来汽车产业发展战略”等十二大前沿科技重大战略，于2022年出台《半导体特别法》对半导体领域给予重点支持，并发布“未来半导体技术路线图”绘制未来10年半导体技术发展蓝图；日本制定“半导体战略”“量子未来产业打造战略”等重大国家战略，并连续出台6期《科技创新基本计划》，强化5G、超级计算机、量子技术等重点领域的研发；马来西亚2021年推出10年数字经济蓝图——“数字马来西亚”，次年7月启动马来西亚数字计划（MD），重点关注数字旅游、数字贸易、数字农业、数字金融等9个领域。作为世界第二大经济体，我们必须深刻认识到，关键核心技术是国之重器，能否把发展数字经济自主权牢牢掌握在自己手中，关系到能否抓住新一轮科技革命和产业变革机遇，赢得未来发展和国际竞争的主动权，必须大力推进数字科技创新，牵住自主创新这个“牛鼻子”，提高数字技术基础研发能力，打好关键核心技术攻坚战。

3. 数字规则竞争成为大国博弈的主阵地

大数据、互联网、元宇宙等数字技术打破了国家与区域、现实与虚拟的界限，改变了社会行为体和国家间行为的时空、内容、组织方式等，也改变了大国竞争的地理模式，影响了全球竞争力和合作格局的演变和调整，催生了新的国际关系形态和模式，大国竞争与博弈逐渐从现实空间向数字空间扩展。一是规则主导权对于数字经济发展的决定性意义日渐凸显。随着数字化时代的到来，国与国之间的竞争焦点逐步从能源、土地、市场等传统资源的争夺转向以信息、数据、科技等为主体的“数字主权”的竞争，背后反映出数据、算法、技术等新型生产要素日趋重要的战略价值。以数据为例，据国际数据公司（International Data Corporation，IDC）数据，2021年，全球数据总量达到84.5ZB，预计到2026年，全球结构化与非结构化数据总量将达到221.2ZB，海量数据已涵盖全球政治经济社会生活方方面面，如何掌握、分析和利用数据，对数字化时代的经济、军事、安全等具有关键作用。对于全球力量格局转换中的大国来说，数据等新型生产要素既意味着赢得战略竞争新优势的机遇，又可能成为被对手拉开差距的挑战，因而是极其重要的基础性、战略性资源。未来全球数字治理中，开放与封闭、安全与发展、自由与法治等要素之间的张力乃至博弈将呈现不断加深之势。二是技术主权竞争成为大国博弈核心焦点。在数字治理领域，全球尚未形成统一的国际规则和各国相互协调的治理体系。美国和欧盟各自主导了全球最主要的两大数字治理体系，中国、日本、俄罗斯、印度、加拿大、澳大利亚、韩国等主要国家在数字治理方面也逐渐形成了自己的特色。其中，美国数字治理的核心是数字市场的自由开放，相继提出“全球公域”“互联网自由”“网络空间负责任国家行为”等治理理念以及“多利益攸关方”“未来互联网联盟”等治理主体，强调数据自由流动，反对各种形式的贸易壁垒，特别提出了“谁拥有数据谁就拥有数据控制权”的原则，通过立法赋予美国执法机构“长臂管辖权”，即可以调取美国企业在境外服务器上存储的用户数据，这极大增强了美国对跨境数据的控制权。欧盟更强调统一市场建设，颁布《一般通用数据保护条例》等高标准法律法规，对数字活动强化监管，通过个人数据隐私保护、征收数字税等方式，强调人权保护优先，加快在网络空间“战略自主”布局，相继提出“技术主权”和“数据主权”等观念，形成抗衡美国数字进攻的制度壁垒，力图与中美争夺“技术主权”和国际规则制定权。日本力图推动与美欧数字治理模式的对接，形成兼容型的数字治理模式，推动“基于信任的跨境数据流动”（DFFT），力图打造美欧日“数字流通圈”。俄罗斯将加快“主权互联网”建设上升为“国家意志”，相继实施《主权互联网法》《国家安全战略》，提出要构建国家信息安全防线，防止其他国家使用互联网技术对俄罗斯实施网络攻击、情报窃取、基础设施破坏等。然而，世界主要国家和地区基于数字经济与贸易发展水平、治理模式、文化理念，甚至意识形态的差异，提出一系列彼此冲突的治理方案，导致全球数字贸易规则内在困境越发凸显，特别是主要大国围绕数字产业链的稳定性、数字技术的掌控、数字主权的维护、数据安全与跨境流动、个人隐私保护等领域的交锋日趋激烈，“治理赤字”呈现加剧趋势，全球竞争加速由技术之争向规则之争纵深发展。三是技术问题“政治化”加剧数据治理权之争。一段时间以来，一些大国出于战略竞争考量，刻意放大技术依赖的国家安全风险，将技术问题“政治化”，通过炒作战略对手技术威胁、限制技术出口和投资等方式实施技术遏制。例如，在美国战略施压下，欧盟对5G技术认知趋向安全泛化立场，其发布的5G网络安全指南就明确指出，应将被认定为高风险的供应商从欧盟关键和敏感的数字资产中排除出去。而事实上，在技术发展领域秉持零和博弈思维，只会进一步催生“竞争焦虑”，使得大国在技术与产业中的竞争态势更为激烈。与此同时，全球单边主义、保护主义、霸权主义、强权政治对世界和平与发展的威胁急剧上升，数据跨境流动、数字主权与数字安全等全球治理新问题愈加突出，网络基础资源与数字服务等成为网络空间博弈的重要战场。局部地区的地缘冲突正在推动全球数字化发展的思路格局发生深刻变化，国际竞争越来越体现为理念、制度、规则之争，各国对数字领域国际规则的关注日益提升。四是数字鸿沟加剧全球发展的不平衡，全球数字经济治理相对滞后。一方面，数字经济在部分国家繁荣发展，人工智能软件和高速网络随时可用，给人们的学习、生活与工作带来巨大便利；另一方面，在一些落后国家和地区，民众尚未广泛享受到数字经济带来的福利。据世界银行评估，世界上还有20亿人口不具备上网条件，教育、就业、生活等状况基本处于数字经济兴起前的经济形态①。世界发展本来就不平衡，数字经济发展上的差异又加剧了这种不平衡。我国作为全球第二大数字经济体，应积极参与全球数字治理规则制定，推动形成数字经济国际治理新机制，加快探索全球数字治理规则的“中国方案”，为构建网络空间命运共同体提供更多“中国智慧”。

（二）从国内看，中国式现代化对数字中国建设提出新任务新要求

党的二十大报告作出“加快建设网络强国、数字中国”“加快发展数字经济”的重大战略部署。以中国式现代化为引领，着眼“五位一体”总体布局，数字中国建设面临诸多新任务、新要求，亟须探索出一条具有中国特色的高质量数字化发展道路，为推进中国式现代化作出更大贡献。

1. 实现高质量发展亟须加快做强做优做大数字经济

一是实现高质量发展亟须寻找新的增长点。当前，中国经济已由高速增长阶段转向高质量发展阶段。区别于中高速发展阶段，要素配置方式效率越来越低，资源环境承载能力濒临上限，土地、人力、资本的边际产出正在下降，所以从传统发展方式转向高质量发展，要保持住经济增速，就需要新的增长点。特别是当前及未来一段时期，我国经济有效需求不足、供需结构性矛盾与社会预期偏弱等“三重压力”虽将趋缓但仍将长期持续，传统生产要素面临土地约束趋紧、资金投入产出率不高、劳动力结构性失衡等严峻挑战，亟须挖掘增长新动能、新模式、新引擎。二是数字化生产为高质量发展提供强大动能。数字经济具有高创新性、强渗透性、广覆盖性，数字化转型剔除了很多人为因素，有利于破除企业内部科层制度，打破束缚创新的制度藩篱，以技术创新的方法实现改革，直接带动从研发、设计、运输、推销到售后服务等产业链各个环节的数字生产者服务快速增长，从而提升要素配置效率，降低要素配置成本和经济社会活动的交易成本，提高社会经济运行效率。实践证明，数字化渗透率越高、产业数字化转型越好，代表社会生产效率越高，正成为推动经济动力变革、效率变革、质量变革的重要力量，成为构建现代化经济体系的重要引擎。从消费看，2023年第一季度，最终消费对经济增长贡献率达66.6%，实物商品网上零售额占社会消费品零售总额的比重为24.2%，数字经济赋能消费提质扩容。从投资看，2022年，投资对经济增长的贡献率达50.1%，其中高技术产业投资增速高于全国投资13.8个百分点，数字经济成为投资增长新引擎。从外贸看，2022年货物与服务净出口对GDP的增长贡献率

---

① 世界银行，《2021年世界发展报告》（英文版）。

达到 17.1%，可数字化交付的服务贸易规模达到 2.5 万亿元，跨境电商进出口规模达到 2.1 万亿元，数字经济成为外贸增长中的新增长点。从就业看，据机构预测，到 2035 年，中国整体数字经济规模接近 16 万亿美元，总就业容量 4.15 亿，对经济社会高质量发展的引擎作用将持续释放。三是我国数字经济"大而不强、快而不优"困局待破解。突出表现在关键领域创新能力不足、传统产业数字化发展相对较慢、区域发展不均衡现象较为显著等，在全球价值链体系中的竞争力不足。其中，"不强"主要是指质量不高，技术优势不突出，关键领域的创新能力也不足。数据显示，2022 年 1 月至 10 月，财新数字经济指数平均值为 450，同比大幅下降 17.9%，低于 2019 年同期水平。这些问题的存在，与内外部市场萎缩、产业数字化转型力度不够存在关联。为此，做强做优数字经济更具有重要的现实意义。

2. 实现社会治理现代化亟须加快发展高效协同的数字政务

一是我国面临日益复杂的社会治理环境。中国式现代化是人口规模巨大的现代化。当前及未来一段时间，我国人口结构发生重大变化、中等收入群体日益壮大、需求层次类型日益多元等特征仍将持续，城乡之间、地区之间、不同社会群体之间的发展差距逐渐增大，2022 年基尼系数达到 0.47[①]，阶层裂痕呈扩大态势，发展的公平性包容性正面临严峻挑战。同时，城镇化和大规模人口流动也带来了教育、医疗、住房等大量异地办事需求，社会事务产生的各类问题在网络舆论中表现得越来越突出和复杂，进一步增加了政府的治理难度。二是数字技术可以提供更加智能便利的管理方案。数字技术广泛应用于政府管理，推进政府治理流程优化、模式创新和履职能力提升，推动数字治理在复杂的网络空间治理和社会基层治理中发挥着协同高效的作用，成为推进国家治理体系和治理能力现代化的有力支撑。实践证明，利用数字技术加快政府职能转变，推动政府治理转型，能够更好地满足公众对政务服务越来越高的需求，政府治理方式获得极大拓展和创新，数字应用将促进民生服务、企业发展、灾害预测、应急管理等领域更加高效运转。如优化营商环境方面，省级行政许可事项实现网上受理和"最多跑一次"的比例达到 82.13%，全国一半以上行政许可事项平均承诺时限压缩超过 40%。三是政府数字化转型已迈入攻坚期和深水区。随着数字化进程的加快推进，诸多新难题新挑战逐渐凸显，政府治理理念转变不到位，各地区、各部门、各层级之间仍具有较高的数据壁垒，政务数据安全问题日益严峻，政务服务区域发展不均衡等问题日益突出。例如，一些地方政府在建设政务服务平台时，秉持"政府本位"治理理念，忽略人民群众的真正需求，从而产生了大量形式主义问题，如政务 App 在运行过程中变味走样，"一事一端""空壳应用""过度留痕"等问题层出不穷，进而导致应用过多过杂，实际使用率低，用户黏性差，服务效率低。为此，2022 年 6 月，国务院印发《关于加强数字政府建设的指导意见》，部署开创数字政府建设新局面。这就要

---

① 世界银行，《基尼（GINI）系数》，https：//data.worldbank.org.cn/indicator/si.pov.gini。

求我们必须主动顺应经济社会数字化转型趋势，充分释放数字化发展红利，进一步加大力度，改革突破，创新发展，全面开创数字政府建设新局面。

3. 建设文化强国亟须加快打造自信繁荣的数字文化

一是数字文化是中国式现代化的重要战略支撑。中国式现代化是物质文明和精神文明相协调的现代化。建设文化强国是全面建成社会主义现代化强国的重要战略任务。数字技术快速发展，带来文化的生产、传播、消费方式发生深刻改变，催生文化产业结构性变革，数字文化产业新模式、新业态更加丰富，文化产业的产业链、生态链、价值链更为完备，数字文化产业逐渐赶超传统文化产业成为最大的经济社会效益增长点，一跃上升至主导地位。文化数字化成为建设文化强国的重要抓手，也成为文化治理模式创新的重要举措，电子图书馆、数字博物馆、智慧旅游、数字化公共文化服务平台等应用场景创新提升了人民群众的文化体验感和获得感。二是文化数字化在国家重大战略中的部署层级持续提升。党的二十大报告着眼社会主义文化强国建设目标，就“实施国家文化数字化战略”作出重要部署，为打造自信繁荣的数字文化提供了重要遵循。中办、国办印发《关于推进实施国家文化数字化战略的意见》，加速夯实社会主义文化强国建设的“数字基石”。总体来看，文化科技融合催生的文化数字化、智能化、现代化，是“十四五”文化产业发展的重点领域，其应用领域将涉及但不仅限于文化新业态、数字文化体验、文化数据资源体系建设、数据共享机制建设以及智能化行业监管与治理等。三是打造自信繁荣的数字文化的时代紧迫性进一步增强。当前及未来一段时期，面对迥异于传统文化样式的数字空间，需要用新的眼光和新的逻辑语言，提取具有历史传承价值的中华文化元素、符号和标识，进一步增强和扩大高水平数字文化内容的生产和供给，拓宽数字文化应用场景和传播渠道，创造更丰富、更优质、更多样的文化资源、文化体验，消解文化供给与文化需求的结构性错位，打造全新的文化场景、文化载体、文化业态，打造自信繁荣的数字文化。

4. 满足人民美好生活需要亟须加快构建普惠便捷的数字社会

一是社会发展面临一系列复杂现实问题。现代化的本质是人的现代化，人的现代化建立在人民群众对美好生活的需要不断得到满足、人的全面发展持续推进的基础之上。中国特色社会主义进入新时代，我国社会主要矛盾已经转化为人民日益增长的美好生活需要和不平衡不充分的发展之间的矛盾。伴随人口增长进入拐点，区域及城乡发展不协调不均衡现象加剧，农村基本公共服务均等化需求不断增长，社会发展正面临一系列全球性普遍问题，如失业、老龄化、贫困与不平等，这些日益复杂且不断变化的问题加剧了社会平稳运行的脆弱性。二是数字化为解决社会化问题提供解决方案。数字技术的广泛应用，消弭了人力资源和物理空间的高成本，带来了资源优化配置、生产效率提升和社会进步，在补足教育、医疗、就业等社会公共服务短板和助力乡村振兴建设方面正在发挥重要作用，将不同区域、不同群体都纳入覆盖范围，满足了疫情条件下的互联网就医、线上教育、普惠金融等需求，教育、就业、社保、医疗、养老、居住、婚育、出行等与群众生活密切相关的异地办事需求实现无缝接续，加快形成全龄、友好、包容、均衡、可及的社会公共服务体系，有助于维护社会公平正义，解决发展不平衡不充分和人民群众急难愁盼问题，推动人的全面发展。三是数字社会内部风险增加。在数字化时代，维护个人信息数据安全是实现人民美好生活的题中之意，而我国仍处于数字时代初期，个人信息安全一直缺乏制度保障，个人数据大规模泄露、滥用、倒卖赢利、“大数据杀熟”等痼疾长期难除，直接威胁到用户的个体隐私、人格尊严、财产安全甚至是人身安全，网络安全、数据安全、重大传染性疾病等非传统安全威胁叠加蔓延，我国发展所面临的内部稳定风险的复杂程度空前上升。我们必须以解决人民群众急难愁盼问题为宗旨，统筹好发展和安全，持续推进网络空间治理，夯实数字社会建设的法治基石，深入优化数字社会环境，确保数字技术和生产生活的结合始终朝着造福社会、造福人民的方向发展。

5. 实现人与自然和谐共生亟须加快建设绿色智慧的数字生态文明

一是数字生态文明是中国式现代化的题中之意。中国式现代化是人与自然和谐共生的现代化。数字化和绿色化是当今世界发展的两大趋势，两者相互融合、相互促进，以数字化促进绿色化，推动经济社会发展全面绿色转型，将产生“1+1>2”的整体效应。“十四五”及未来一段时期，我国生态文明建设将处于以降碳为重点战略方向，推动减污降碳协同增效、促进经济社会发展全面绿色转型、实现生态环境质量改善由量变到质变的关键时期，亟须将数字化手段与生态文明建设深度融合，加强生态环境数据共享和利用，创新推进生态环境智慧治理，推动形成绿色低碳的生产方式和生活方式，促进人与自然和谐共生发展。二是数字化是实现“双碳”目标释放生态价值的有效路径。实现“双碳”目标，从根本上必须依靠科技创新，其中数字技术发挥着极其重要的作用。数字技术可实现对能源生产、储存、运输、调节、消费等环节的远程监控、动态监测、精准预报，从而进行生产智能调峰、能耗功率管理，提升智能化水平等，助力能源结构绿色低碳转型。同时，数字技术和各行业生产技术升级的融合，有利于协调推进高效生产和节能减排，助力工业、交通、建筑、农业等高碳排放产业的节能减排，加快钢铁、建材、化工等传统高耗能、高排放部门以及制造、营销、物流、回收等环节的智能化、清洁化、节能化改造。据预测，到2030年，各行业受益于数字技术减少的碳排放量将达到121亿吨。三是数字生态文明建设更具现实紧迫性。当下，我国仍处于数字生态建设起步期，生态环境数字化基础能力薄弱，生态环境数据资源体系还不够健全，产业结构偏重、能源结构偏煤、能源效率偏低的状况还有待改变。数字产业能耗也在快速增长，例如全国数据中心耗电总量约占全国用电总量的1.5%，绿色转型发展需求迫切。必须以高质量发展为主题，以“双化”协同转型工作为抓手，以数字化引领绿色化、以绿色化带动数字化，加快实现绿色低碳转型，构建智慧高效的生态环境数字化信息化体系，为碳达峰碳中和目标实现提供强大支撑，赋能生态治理创新，构建开放、透明、共治、共享的生态治理体系，构建数字时代的生态文明新格局。

五、加快数字化发展，确保数字中国建设目标稳步实现

习近平总书记在二十届中央政治局第二次集体学习时强调，要继续把发展经济的着力点放在实体经济上，扎实推进新型工业化，加快建设制造强国、质量强国、网络强国、数字中国，打造具有国际竞争力的数字产业集群。伴随“十四五”进入后半程，我国已加快转向高质量发展新阶段，人才、资金、数据等各类要素将加速向数字经济领域集聚，制度优势显著，治理效能提升，经济长期向好，物质基础雄厚，人力资源丰富，市场空间广阔，发展韧性强劲，社会大局稳定，数字中国建设具有多方优势和条件。面向未来，我们要按照党的二十大新要求，统筹落实数字中国整体布局规划、“数据要素二十条”、“十四五”数字经济发展规划等，牢牢抓住数字技术发展主动权，精准对标、接续推进，集中力量推进关键核心技术攻关，适度超前部署数字基础设施建设，大力推动数字产业创新发展，加快深化产业数字化转型，持续提升数字公共服务水平，不断完善数字经济治理体系，全面加强网络安全和数据安全保护，积极参与数字经济国际合作，全力确保《纲要》各项目标任务稳步实现。

（一）集中力量推进关键核心技术攻关，牢牢掌握数字经济发展自主权

习近平总书记在十九届中央政治局第三十四次集体学习时强调，要牵住数字关键核心技术自主创新这个“牛鼻子”，发挥我国社会主义制度优势、新型举国体制优势、超大规模市场优势，提高数字技术基础研发能力，打好关键核心技术攻坚战，尽快实现高水平自立自强，把发展数字经济自主权牢牢掌握在自己手中。关键核心技术是要不来、买不来、讨不来的，必须靠自主创新。只有把关键核心技术掌握在自己手中，才能从根本上保障国家经济安全、国防安全和其他安全。为此，一要以国家战略需求为导向，瞄准全球数字技术基础前沿领域和关键核心技术重大问题，积聚力量进行原创性引领性数字技术攻关。二要以重点领域突破为抓手，加大集成电路、新型显示、关键软件、人工智能、大数据、云计算等重点领域核心技术创新力度。着力提升基础软硬件、核心电子元器件、关键基础材料和智能制造装备的供给水平，加快锻造长板、补齐短板。三要打造原创技术策源地，强化原创技术供给，建设新型创新主体，培育创新生态体系。四要推动数字技术成果转化。以数字技术与各领域融合应用为导向，优化创新成果快速转化机制，打造安全可靠、系统完备的产业发展生态。五要完善全方位数字人才保障体系。积极开发数字技能类新职业，推进数字技能类人才评价体系，探索推动数字领域职业技能等级与专业技术职称有效衔接，建立完善关键核心技术事业单位人才特殊调配机制。

（二）适度超前部署数字基础设施建设，打通数字中国发展大动脉

习近平总书记在十九届中央政治局第三十四次集体学习时强调，要加快新型基础设施建设，加强战略布局，加快建设高速泛在、天地一体、云网融合、智能敏捷、绿色低碳、安全可控的智能化综合性数字信息基础设施，打通经济社会发展的信息“大动脉”。适度超前部署新型基础设施建设，全面推进产业化、规模化应用，方能推动数字经济不断迈上新台阶，为经济社会高质量发展提供坚实支撑。为此，一要完善信息通信网络建设。深入实施新型基础设施建设专项，持续推动5G网络规模化部署和融合应用，积极培育垂直行业应用场景，建设面向重点区域和重点行业的人工智能基础设施，优化IPv6性能和服务能力。二要加快建设空间信息基础设施。系统推进北斗产业化重大工程，推进构建民商统筹、集约高效的卫星遥感系统，加强民用遥感卫星应用，建设高低协同的卫星通信系统，推动卫星互联网加快发展。三要统筹布局绿色智能的数据与算力基础设施。推进“东数西算”工程，建设完善全国一体化大数据中心体系，加快国家绿色数据中心建设。促进东西部算力高效互补和协同联动，引导通用数据中心、超算中心、智能计算中心、边缘数据中心等合理梯次布局。四要全面发展融合基础设施。整体提升应用基础设施水平，加强工业互联网新型基础设施建设，推动车联网部署应用，加快交通、能源、民生、文化、环境等领域基础设施数字化改造。

（三）更好地发挥数据要素作用，畅通数据资源大循环

习近平总书记在十九届中央政治局第二次集体学习时指出，“要构建以数据为关键要素的数字经济”，并在主持召开中央全面深化改革委员会第二十六次会议时指出，要维护国家数据安全，保护个人信息和商业秘密。促进数据高效流通使用、赋能实体经济，统筹推进数据产权、流通交易、收益分配、安全治理，加快构建数据基础制度体系。相关重要讲话深刻揭示了统筹发展和安全、更好地发挥数据要素作用的实践路径和重要抓手。数据基础制度建设事关国家发展和安全大局，加快构建数据基础制度体系是更好地发挥数据要素作用的根本保障。为此，一要加快构建国家数据管理体制机制。落实好国务院机构改革方案，发挥好国家数据局协调推进数据基础制度建设，统筹数据资源整合共享和开发利用，统筹推进数字中国、数字经济、数字社会规划和建设等功能，健全各级数据统筹管理机构。二要推动公共数据汇聚利用。建设公共卫生、科技、教育等重要领域国家数据资源库。三要释放商业数据价值潜能。落实好“数据二十条”等重大制度安排，从数据产权、流通交易、收益分配、安全治理4个方面，加快构建数据基础制度体系，加快建立数据产权制度，开展数据资产计价研究，建立数据要素按价值贡献参与分配机制。

（四）大力推动数字产业创新发展，打造具有国际竞争力的产业体系

习近平总书记在中共中央政治局第三十四次集体学习时强调，要聚焦战略前沿和

制高点领域，立足重大技术突破和重大发展需求，增强产业链关键环节竞争力，完善重点产业供应链体系，加速产品和服务迭代。数字产业的质量和规模是数字经济核心竞争力的集中体现。为此，一要加快关键核心技术和前沿重点领域创新。聚焦人工智能、物联网、先进计算等重点领域，打好关键核心技术攻坚战，培育一批掌握关键核心技术、具有国际竞争力的生态主导型企业。二要加强面向多元化应用场景的技术融合和产品创新，提升产业链关键环节竞争力，保障产业链供应链稳定。不断培育壮大云计算、大数据、区块链、工业软件等数字产业，探索建设中国特色的开源生态。三要推动数字产业集群化发展，高质量建设中国软件名城、名园，提升软件产业集聚度，打造世界级数字经济产业集群。四要充分激发市场活力，支持互联网企业不断加强技术创新，提升核心竞争力，鼓励平台企业依托市场、技术、数据等优势，赋能实体经济，支持平台企业不断提升国际化发展水平。

（五）加快深化产业数字化转型，释放数字对经济发展的放大、叠加、倍增作用

习近平总书记在十九届中央政治局第三十四次集体学习时强调，要把握数字化、网络化、智能化方向，推动制造业、服务业、农业等产业数字化，利用互联网新技术对传统产业进行全方位、全链条的改造，提高全要素生产率，发挥数字技术对经济发展的放大、叠加、倍增作用。加快推进传统产业升级是建设现代化产业体系的重要内容，是提升数字生产力、激活发展新动能、建设现代化经济体系的有效抓手。为此，一要推动信息化和工业化融合继续走深向实。加快装备数字化发展，组织专项工程，打造标杆企业，发挥数字协同平台等公共服务平台以及龙头骨干企业的赋能作用，带动中小企业数字化改造，提升“上云用数赋智”水平。推动新一代信息技术与制造业融合发展，实施制造业数字化转型发展行动、工业互联网创新发展战略、智能制造工程，深化“5G+工业互联网”融合发展，推动建设5G全连接工厂，加快培育“专精特新”企业和制造业单项冠军企业，建立工业互联网安全分类分级管理制度，完善公共服务体系，丰富解决方案供给，加快提升工业大数据价值。组织实施数字化绿色化协同转型发展行动计划，推动数字产业绿色低碳发展，加快数字技术赋能行业绿色化转型。二要加快农业数字化转型提质升级。推进“三农”综合信息服务，创新发展智慧农业，提升农业数字化水平。三要全面助力现代服务业发展。大力发展数字商务，持续推进“数商兴农”，创新发展数字内容，培育新兴文化业态，加快商贸、物流、金融等服务业数字化，促进一、二、三产业融合发展。培育转型支撑服务生态，布局数字化转型促进中心，降低数字化转型门槛。

（六）发展高效协同的数字政务，持续提升数字公共服务水平

习近平总书记在中央全面深化改革委员会第二十五次会议上强调，要全面贯彻网络强国战略，把数字技术广泛应用于政府管理服务，推动政府数字化、智能化运行，为推进国家治理体系和治理能力现代化提供有力支撑。数字政府和数字社会建设是提升人民群众获得感、幸福感、安全感的重要保障。为此，一要加快制度规则创新，完善与数字政务建设相适应的规章制度。推动公共数据汇聚利用，建设重要领域国家数据资源库，加快建立数据产权制度；完善法律法规体系，加强立法统筹协调，研究制定数字领域立法规划，及时按程序调整不适应数字化发展的法律制度；构建技术标准体系，编制数字化标准工作指南，加快制定和修订各行业数字化转型、产业交叉融合发展等应用标准。二要推动政务信息化共建共用。持续提高“互联网+政务服务”效能，强化政务数据共享和业务协同，提升政务服务标准化、规范化、便利化水平。强化数字化能力建设，促进信息系统网络互联互通、数据按需共享、业务高效协同。三要提升数字化服务水平，加快推进“一件事一次办”，推进线上线下融合，加强和规范政务移动互联网应用程序管理。

（七）打造自信繁荣的数字文化，推动文化数字化高质量发展

习近平总书记在中国文联第十一次全国代表大会、中国作协第十次全国代表大会开幕会上强调，要正确运用新的技术、新的手段，激发创意灵感、丰富文化内涵、表达思想情感，使文艺创作呈现更有内涵、更有潜力的新境界。当前，数字文化消费展现旺盛需求，如何在新形势下推动文化数字化高质量发展成为重要课题。为此，一要大力发展网络文化，加强优质网络文化产品供给，引导各类平台和广大网民创作生产积极健康、向上向善的网络文化产品。支持数字文化企业、平台企业对文化服务供给端和消费端进行数字赋能，鼓励文化机构运用大数据、人工智能等技术满足公众多样化的需求，提供更高质量的个性化的优秀文化产品和服务。二要推进文化数字化发展，深入实施国家文化数字化战略，建设国家文化大数据体系，形成中华文化数据库。促进公共文化资源数据的开放共享，鼓励数字文化企业、平台企业参与公共文化资源数据的开发利用，扩大高水平数字文化内容的生产和供给，拓宽数字文化应用场景和传播渠道。三要提升数字文化服务能力，打造若干综合性数字文化展示平台，加快发展新型文化企业、文化业态、文化消费模式。推进城乡一体化的数字文化建设，推动优质数字文化资源向偏远地区、农村地区和特殊人群辐射和延伸，以数字技术弥合区域、城乡、群体之间的文化鸿沟，不断增强数字文化发展的包容性。

（八）构建普惠便捷的数字社会，不断满足人民美好生活需要

习近平总书记在主持召开网络安全和信息化工作座谈会时强调，要适应人民期待和需求，加快信息化服务普及，降低应用成本，为老百姓提供用得上、用得起、用得好的信息服务，让亿万人民在共享互联网发展成果上有更多获得感。随着数字中国建设的深入展开，数字技术正引领和推动着经济发展、社会治理、百姓生活等方方面面的变革。为此，一要深化“互联网+社会服务”，推进教育教学、体育健身、医疗健康、文化服务等领域数字化，提高公共服务资源数字化供给和网络化服务水平。二要强化

就业、社保、养老、托育、助残等重点民生领域社会服务供需对接，加快完善全国统一的社会保险公共服务平台，提升服务资源配置效率和共享水平。三要加快弥合“数字鸿沟”，加大适老化智能终端供给，加快推动信息无障碍建设，运用数字技术为弱势群体生活、就业、学习等增加便利。四要统筹推进智慧城市和数字乡村融合发展，大力推进新型城市基础设施建设，加快智能设施和公共服务向乡村延伸覆盖，推进城乡要素双向自由流动，形成以城带乡、共建共享的数字城乡融合发展格局。

（九）建设绿色智慧的数字生态文明，系统破解经济发展与生态保护协调难题

2012 年，党的十八大首次把生态文明建设摆到中国特色社会主义事业“五位一体”总体布局的战略位置，系统破解经济发展与生态保护协调难题。信息时代新的“赶考”之路上，数字生态文明建设成为一道必答题。为此，一要加快推动生态环境智慧治理，加快构建智慧高效的生态环境信息化体系，运用数字技术推动山水林田湖草沙一体化保护和系统治理，完善自然资源三维立体“一张图”和国土空间基础信息平台，构建以数字孪生流域为核心的智慧水利体系。二要加快数字化绿色化协同转型。一方面，加强数字基础设施绿色化改造升级，促进绿色低碳新技术和节能设备广泛使用；另一方面，加强绿色低碳相关产业向智慧化、数字化转型，服务“双碳”战略引领行业高质量发展。三要倡导绿色智慧生活方式。推进公共绿色出行、绿色消费的数字化应用、个人数字碳账本、碳普惠平台等创新方式。

（十）不断完善数字治理体系，推动数字经济规范健康持续发展

习近平总书记在十九届中央政治局第三十四次集体学习时强调，要完善数字经济治理体系，健全法律法规和政策制度，完善体制机制，提高我国数字经济治理体系和治理能力现代化水平。数字经济治理体系是推进数字经济持续健康发展的有力保障。为此，一要完善数字中国建设体制机制。强化部门协同，依托数字经济部际联席会议等机制，加快组建国家数据局，加强各项政策协调。二要加快出台数据要素基础制度及配套政策，推进公共数据、企业数据、个人数据分类分级确权授权使用，构建数据产权、流通交易、收益分配、安全治理制度规则，统筹推进全国数据要素市场体系。三要完善数字经济发展的市场制度体系，持续深化对数字经济发展规律的研究，统筹发展和安全，规范投资审查流程和办法，细化反垄断执法标准，加强灵活就业和新就业形态劳动者权益保障，增强市场主体活力。四要支持和引导平台经济规范健康持续发展，完成平台经济专项整改，实施常态化监管，集中推出一批“绿灯”投资案例。五是完善数字经济统计监测，积极开展数字经济统计核算与分析，完善数字经济统计方法制度，及时反映数字经济发展态势。

（十一）全面加强网络安全和数据安全保护，筑牢数字安全屏障

习近平总书记在中央网络安全和信息化领导小组第一次会议上强调，网络安全和信息化是一体之两翼、驱动之双轮，必须统一谋划、统一部署、统一推进、统一实施。没有网络安全就没有国家安全，就没有经济社会稳定运行，广大人民群众利益也难以得到保障。为此，一要提升网络安全保障能力，贯彻国家网络安全、数据安全等法律法规，落实网络安全等级保护、关键信息基础设施安全保护等制度要求，强化网络、数据等安全保障体系建设，健全网络应急事件预警通报和应急处置机制，强化网络安全技术措施同步规划、同步建设、同步使用，推动网络安全产业高质量发展，增强网络安全防护能力。二要建立健全数据安全治理体系，完善数据分类分级保护制度，规范数据全生命周期管理，加强数据跨境流动安全管理，推动数据安全产业发展，加强个人信息保护，提升数据安全保障水平，提升防诈反诈技防水平，完善长效治理机制。三要强化数字经济安全风险综合研判，防范各类风险叠加可能引发的经济风险、技术风险和社会稳定问题。

（十二）积极参与数字领域国际合作，推动构建网络空间命运共同体

习近平总书记在十九届中央政治局第三十四次集体学习时强调，要密切观察、主动作为，主动参与国际组织数字经济议题谈判，开展双多边数字治理合作，维护和完善多边数字经济治理机制，及时提出中国方案，发出中国声音。全球数字技术和产业发展深度交融，积极参与数字经济国际合作是促进高水平开放的重要路径。为此，一要推进全球发展倡议，落实全球发展高层对话会数字经济领域成果，在联合国贸发会议、金砖国家、上合组织、东盟等多边和区域框架下开展数字经济交流合作。二要主动参与多边机制和国际组织数字经济议题谈判，积极推进加入 DEPA，在世界贸易组织（World Trade Organization，WTO）、RCEP 等框架下推动电子商务规则构建，开展双多边数字经济治理合作，构建良好国际环境。三要加快贸易数字化发展，大力发展跨境电商，继续加强跨境电商综试区建设，打造跨境电商产业链和生态圈。四要务实推进数字经济交流合作，推动“数字丝绸之路”走深走实，拓展“丝路电商”全球布局。五要鼓励数字经济企业“走出去”，提升国际化运营能力，高质量开展智慧城市、电子商务、移动支付等领域合作。

第六章　全面深化改革，构建高水平社会主义市场经济体制

《纲要》把建设高标准市场体系放在十分突出的位置，并对加快完善社会主义市场经济体制作出周密细致的改革部署。《纲要》提出四项重大举措。一是激发各类市场主体活力，二是建设高标准市场体系，三是建立现代财税金融体制，四是提升政府经济治理能力。两年多来，我国持续深化改革扩大开放，发展活力和内生动力不断激发，坚持社会主义市场经济改革方向，重点领域和关键环节改革全面推进，我国社会主义市场经济体制不断完善，为实现高质量发展提供强有力的制度保障。但加快构建高水平社会主义市场经济体制仍面临一些问题。当前，我国发展进入战略机遇和风险挑战并存、不确定难预料因素增多的时期，各种“黑天鹅”“灰犀牛”事件随时可能发生。新时代新征程，加快构建高水平社会主义市场经济体制需坚持中国特色社会主义道路的改革总方向，遵循改革的基本原则，把握完善和发展中国特色社会主义制度、推进国家治理体系和治理能力现代化的改革总目标，聚焦全面建设社会主义现代化国家中的重大问题，不折不扣地把改革任务落到实处。根据新的发展形势要求，要着眼推动更好地实施国家“十四五”规划，进入“十四五”后半期，建议做好以下工作：一是以提高国有企业核心竞争力和增强核心功能为重点，深化国资国企改革；二是促进民营经济发展壮大；三是加快建设全国统一大市场，建设高标准市场体系；四是深入推进现代财税金融体制改革；五是推进宏观经济治理体系和治理能力现代化。

一、社会主义市场经济体制不断完善，为实现高质量发展提供强有力的制度保障

构建高水平社会主义市场经济体制，是我国社会主义基本经济制度在新时代自我完善和发展的逻辑必然，是构建新发展格局的基础支撑和内在要求，是推动高质量发展的基本需要，是我国引领新一轮科技革命和产业变革的根本保障，是我国形成主场全球化开放新格局的重要基础。《纲要》把建设高标准市场体系放在十分突出的位置，并对加快完善社会主义市场经济体制作出周密细致的改革部署。《纲要》提出四项重大举措。一是激发各类市场主体活力，加快国有经济布局优化和结构调整，推动国有企业完善中国特色现代企业制度，健全管资本为主的国有资产监管体制，优化民营企业发展环境，促进民营企业高质量发展。二是建设高标准市场体系，全面完善产权制度，

推进要素市场化配置改革，强化竞争政策基础地位，健全社会信用体系。三是建立现代财税金融体制，加快建立现代财政制度，完善现代税收制度，深化金融供给侧结构性改革。四是提升政府经济治理能力，完善宏观经济治理，构建一流营商环境，推进监管能力现代化。两年多来，我国持续深化改革扩大开放，发展活力和内生动力不断激发，坚持社会主义市场经济改革方向，重点领域和关键环节改革全面推进。

（一）坚持“两个毫不动摇”，各类经营主体创造力和竞争力不断增强

习近平总书记多次强调，坚持“两个毫不动摇”的重要方针，强调鼓励、支持、引导非公有制经济继续发展壮大。两年来，我国坚持和完善社会主义基本经济制度，切实落实“两个毫不动摇”，完成国企改革三年行动任务，健全现代企业制度，推动国企聚焦主责主业优化重组、提质增效。促进民营企业健康发展，破除各种隐性壁垒，一视同仁给予政策支持，提振民间投资信心。完善产权保护制度，保护企业家合法权益，弘扬企业家精神。

1. 国有经济布局优化和结构调整取得明显成效

国企改革三年行动任务顺利完成，国有经济布局优化和结构调整取得明显成效。一是以“进退整合”为着力点加大专业化整合力度。国企改革三年行动以来，一批重大战略性重组和专业化整合项目成功实施，先后完成中国电科与中国普天等 4 组 7 家中央企业战略性重组，新组建和接收中国星网等 8 家中央企业。2022 年，中央企业新设和战略性重组稳步推进，在矿产资源、钢铁等重要领域，通过重组整合推动中央企业规模实力有效增强，如组建了中国矿产资源集团，中国宝武钢铁集团有限公司与中国中钢集团有限公司重组，中国南水北调集团 2022 年底正式划转国资委管理。专业化整合迈上了新的台阶，国务院国资委数据显示，2022 年共有 37 家中央企业 25 组专业化整合项目分两批开展集中签约，如中储粮集团和中粮集团开展股权合作，中国石油与通用技术集团、航天科技与华润集团的医疗资源实施专业化整合，中国稀土集团与有研集团深化稀土产研资源专业化整合，中国航材集团与海南省国资委开展通航产业专业化整合。国有企业综合实力达到全球同行业领先水平，国务院国资委数据显示，发电、航运、船舶等行业中中央企业主要效率指标达到世界一流水平，46 家国务院国资委监管的中央企业进入 2023 年《财富》世界 500 强榜单。2022 年，中央企业实现营业收入 39. 6 万亿元，同比增长 9. 1%；实现利润总额 2. 6 万亿元，同比增长 6. 2%。中央企业涉及国家安全、国民经济命脉和国计民生领域营业收入占比超 70%。着力打造现代产业链链长，提升重点产业链的韧性和安全水平。实施现代产业链链长行动计划，先后分两批遴选 16 家“链长”企业，主动在重要行业、关键领域进行布局，形成以十大工程类别、30 项重点任务为核心的产业链建设履职工作指引，以链带面、织链成网。2022 年，16 家“链长”企业完成强链补链项目投资 1300 多亿元，解决 270 余个产业链难点。中央企业围绕产业转型升级，解决“锻长板”问题 100 余项，推出新技术新

产品260余项。二是中央企业战略性新兴产业加快发展。在深化传统产业转型上，国资国企扩大设备更新投资，加大技改力度，全面提升工艺技术、产品质量和本质安全水平，推动传统产业向技术先进、产品高端升级。同时，以智能制造为主攻方向，开展数字化转型。国务院国资委数据显示，中央企业70%以上搭建了高水平工业互联网平台，40%以上设立了人工智能技术研发机构，推动柔性生产、实时制造等先进生产方式落地。持续加大新兴产业布局。中央企业战略性新兴产业投资保持高位水平，3年来中央企业在战略性新兴产业领域年均投资增速超过20%。新能源汽车、通信电子制造等领域保持两位数增速。新一代信息技术、新能源、高端装备制造业等领域投资完成额占全部战略性新兴产业投资的80%。突出绿色发展推动企业转型升级，提升高质量发展的成色。大力推进钢铁、有色、建材、石化等行业企业的节能降碳改造，电网企业开展绿电交易试点，电力企业积极参与碳减排市场机制建设，建材企业打造玻璃生产零排放示范线，引领行业绿色低碳转型。中央企业聚焦重大工程建设，如国家管网的西气东输四线工程、中广核陆丰核电项目全面开工，我国规模最大液化天然气储备基地中海油盐城绿能港项目、国家电网白鹤滩—江苏特高压工程等项目竣工投产。三是国有企业充分发挥引领带动经济高质量发展的中坚力量。数字化智能化水平持续提高。国务院国资委于2022年11月6日发布的《中央企业高质量发展报告（2022）》显示，中央企业加快推动数字化转型，建成了以航天云网、中电互联为代表的60多个工业互联网平台，2/3左右中央企业设立专业数字产业公司，5G通信网络、大数据中心等新型基础设施建设明显提速，核心电子元器件、核心工业软件等领域取得一系列重大技术突破，数字化转型赋能高质量发展成绩突出。如，南方电网以“电力+算力”支撑绿色能源供给体系；国家能源集团瞄准“智慧+能源”生产，建成世界首套8.8米超大采高智能工作面、世界首座智能煤矿地面集中控制中心，9家煤矿入选国家示范智能化煤矿。取得一批世界级科技成果、打造一批高水平创新平台、集聚一批高层次科研人才彰显创新实力。《中央企业高质量发展报告（2022）》显示，中央企业承担了一批国家重大科技项目。2021年，44家中央企业共获得国家技术发明奖和国家科技进步奖106项。从北斗组网、“天问”探火等大国重器，到疫苗研制、智能制造、智慧城市等民生福祉，都取得了具有世界领先水平的重大创新成果和新的历史性成就。中央企业深化创新载体建设，截至2021年底，中央企业拥有国内研发机构5327个，其中国家重点实验室91个、国家技术创新中心4个、国家工程技术研究中心97个，分布在各个重点行业，在实验试验、检测实验等方面自主创新能力明显提高，为实现高水平科技自立自强提供重要支撑。中央企业落实人才强企战略，持续推进科研人才培养和队伍建设，培养和凝聚了一支科研能力强、创新意识突出的高素质科技人才队伍。《中央企业高质量发展报告（2023）》显示，2022年研发投入首次突破1万亿元，同比增长9.8%，工业企业研发投入强度超过3%，科技创新驱动力进一步增强。2022年累计建成国家级研发平台764个，拥有全国重点实验室91个。中央企业拥有专职研发人员

104.5万人，占全国的1/5，两院院士231名，占全国的1/7，有力支撑我国世界重要人才中心稳步建设。

2. 中国特色现代企业制度更加成熟定型

一是推动加强党的领导组织化、制度化、具体化。中共中央办公厅于2021年5月印发《关于中央企业在完善公司治理中加强党的领导的意见》，明确中央企业党委（党组）公司重大问题决策前置研究的17个重大事项。加快形成权责法定、权责透明、协调运转、有效制衡的治理机制，国有企业党组织的法定地位更加巩固。《中央企业高质量发展报告（2022）》显示，截至2022年上半年，中央企业集团层面全面完成“党建入章”，全面落实党委（党组）书记、董事长“一肩挑”，全部中央企业集团及重要子企业制定了党委（党组）前置研究讨论重大经营管理事项清单。二是董事会制度体系基本形成。国务院国资委于2021年9月印发《中央企业董事会工作规则（试行）》，围绕把加强党的领导和完善公司治理统一起来，对进一步加强中央企业董事会建设提出要求、作出规定。国务院办公厅于2023年4月印发《关于上市公司独立董事制度改革的意见》，指导推进央企控股上市公司董事会建设。国有企业全面完成公司制改制，3.8万家国有企业实现董事会应建尽建，权责法定、权责透明、协调运转、有效制衡的治理机制加快形成。1.3万家中央企业子企业已建立董事会，实现中央企业各层级董事会应建尽建，1.2万家中央企业子企业实现外部董事占多数。中央企业子企业建立董事会向经理层授权管理制度的比例达到97.4%。三是混合所有制改革步伐更加稳慎深化。中央企业牢牢把握混合所有制改革正确方向，按照完善治理、强化激励、突出主业、提高效率的总体要求，根据不同子企业的功能定位，在充分论证混合所有制改革必要性和可行性的基础上，“一企一策”制定方案，成熟一个推进一个。《中央企业高质量发展报告（2023）》显示，2020年以来，中央企业累计引入各类社会资本超过9000亿元。截至2022年底，中央企业各级子企业中混合所有制企业户数占比超过70%。四是任期制和契约化管理签约工作主体目标完成。中央企业持续推动劳动、人事、分配三项制度改革走实走深，全面推行经理层成员任期制和契约化管理，管理人员竞聘上岗、末等调整、不胜任退出等机制正在积极落实。《中央企业高质量发展报告（2023）》显示，与2020年底相比，开展任期制和契约化管理的中央企业和地方各级子企业比例从23%左右提升至99.6%以上，覆盖全国超8万家企业、22万人；中央企业新进员工公开招聘比例由2020年底的88.9%上升到2022年底的99.9%以上。管理人员竞争上岗比例上升至57%，末等调整和不胜任退出的管理人员达到3.8万人，占比约6.9%。

3. 国资监管体制进一步健全

一是监管职责定位进一步明晰。全面履行监管职责，形成“三统一、三结合”的国资监管职能体系，动态完善监管权力和责任清单，国务院国资委和各省级国资委权责清单制定和分类授权放权工作全面完成。二是监督方式持续优化。以国资委规章形式印发《中央企业合规管理办法》，出台《中央企业法律纠纷案件管理办法》，进一步完善依法治企顶层制度设计。建立中央企业首席合规官制度，开展“合规管理强化年”活动，组织中央企业全面开展合规风险和违法违规问题排查，进一步提升中央企业合规管理水平。三是深化国有资本投资、运营公司改革。国务院国资委于 2022 年 6 月印发的《关于国有资本投资公司改革有关事项的通知》明确指出，中国宝武、国投、招商局集团、华润集团和中国建材 5 家企业正式转为国有资本投资公司。另外，航空工业集团、国家电投、国家能源集团、国机集团、中铝集团、中国远洋海运、中粮集团、中国五矿、通用技术集团、中交集团、保利集团和中广核等 12 家企业继续深化试点。四是全国国资国企在线监管系统建设全面推进。推动建立中央、省、市三级国资监管机构上下联动的工作机制，持续深化政企分开、政资分开，加快推动经营性国有资产集中统一监管，建成全国国资国企在线监管系统，实现履职事项全覆盖。五是经营性国有资产集中统一监管取得积极进展。2023 年 4 月，国务院国资委党委委员、副主任翁杰明表示，经过全国各级国资委的共同努力，省级、地市级国资委集中统一监管比例超过 99%。

4. 民营企业发展环境进一步优化

一是中央编办正式批复在国家发展改革委内部设立民营经济发展局。2023 年 7 月，《中共中央　国务院关于促进民营经济发展壮大的意见》公开发布，从持续优化民营经济发展环境，到加大对民营经济政策支持力度，共提出 8 个方面 31 条具体举措。结合当前民营经济发展面临的形势和民营经济工作状况，2023 年 9 月，中央编办正式批复在国家发展改革委内部设立民营经济发展局，作为促进民营经济发展壮大的专门工作机构，加强相关领域政策统筹协调，推动各项重大举措早落地、见实效。《促进个体工商户发展条例》自 2022 年 11 月 1 日起正式施行，进一步明确了个体工商户的法律地位。二是央地持续为民营经济发展营造良好环境。2021 年 10 月，国家发展改革委印发《关于推广地方支持民营企业改革发展典型做法的通知》，向全国推广青岛、温州、泉州等 8 个地方 72 条支持民营企业改革发展的典型做法。2022 年 5 月，国务院印发《扎实稳住经济的一揽子政策措施》，从财政政策、货币金融政策、稳投资促消费政策等 6 个方面推出 33 项措施，为民营企业送去“及时雨”。2023 年 9 月，市场监管总局印发《市场监管部门促进民营经济发展的若干举措》，从持续优化民营经济发展环境、加大对民营经济政策支持力度、强化民营经济发展法治保障、推动民营经济实现高质量发展等 5 个方面提出 22 条具体措施。在地方层面，陕西出台《大力服务民营经济高质量发展十条措施》，广州市工业和信息化局发布《广州市民营经济促进条例（草案征求意见稿）》，河北省印发《河北省 2023 年民营经济发展工作要点》等。三是破除各种隐性壁垒，促进民营企业健康发展。进一步深化“放管服”改革，推进行政许可实施规范化标准化，加快完善营商环境法规政策体系。进一步提升服务效能，加快推进“互联网+政务服务”普及应用，全面落实政务服务“好差评”制度。完善以市场主体和社会公众满意度为导向的营商环境评价体系，着力为中小企业发展营造更高水平的市场化、法治化、国际化营商环境。四是“两支箭”持续呵护民营企业。第一支箭——信贷支持。中国人民银行对商业银行的宏观审慎评估（Macro Prudential Assessment，MPA）中新增专项指标，鼓励金融机构增加民营企业信贷投放，并通过货币信贷政策工具为金融机构提供长期、成本适度的信贷资金。截至2023年9月末，全国支农再贷款余额为5991亿元，支小再贷款余额为15655亿元，普惠小微贷款余额同比增长24.1%至28.7万亿元。第二支箭——民营企业债券融资支持工具。2022年10月召开的国务院常务会议决定，设立民营企业债券融资支持工具，由中国人民银行运用再贷款提供部分初始资金，由专业机构进行市场化运作，通过出售信用风险缓释工具、担保增信等多种方式，为经营正常、流动性遇到暂时困难的民营企业发展提供增信支持。民企债券融资支持工具已经开始试点运作。《2023年第二季度中国货币政策执行报告》显示，自2022年11月扩容以来，累计为民营企业发行284亿元债券提供支持。五是针对性支持力度不断加大。2023年初，国务院促进中小企业发展工作领导小组办公室印发《助力中小微企业稳增长调结构强能力若干措施》，共提出15项具体举措，推动中小微企业实现高质量发展。2023年3月，国务院常务会议决定，延续和优化实施部分阶段性税费优惠政策，其中，支持小微企业是重要组成部分。国家税务总局数据显示，2022年全年，小微企业和个体工商户新增减税降费及退税缓税缓费超1.7万亿元，占总规模的比重约四成；近八成个体工商户在2022年无须缴纳税款。2023年上半年，包括小微企业和个体工商户在内的民营经济纳税人、缴费人新增减税降费及退税缓费7049亿元，占比76%。不少地方也针对小微企业和个体工商户，推出了配套的税收优惠措施和服务，如贵州出台《充分发挥税收职能作用助力新时代民营经济发展若干措施》。政策持续为民营经济发展营造良好环境，2022年和2021年合计新增经营主体5795万户。具体来看，《中华人民共和国2022年国民经济和社会发展统计公报》和《中华人民共和国2021年国民经济和社会发展统计公报》数据显示，2022年全年和2021年全年分别新登记市场主体2908万户和2887万户。

5. 民营企业高质量发展扎实推进

一是加大创新发展支持力度。2022年8月，科技部、财政部联合印发的《企业技术创新能力提升行动方案（2022—2023年）》提出，“健全民营企业获得创新资源的公平性和便利性措施，形成各类企业‘创新不问出身’的政策环境”。2022年11月，国家发展改革委发布《关于进一步完善政策环境加大力度支持民间投资发展的意见》，提出“支持民营企业承担国家重大科技战略任务”“鼓励民营企业立足我国产业规模优势、配套优势和部分领域先发优势，积极加大先进制造业投资，持续提升核心竞争力”等举措。实施好大中小企业融通创新专项行动，推动大中小企业建立协同技术研发与产业化的合作机制，服务更多中小企业开展融通创新、实现精益创业。中小企业专精特新发展取得积极成效，2023年12月21日召开的全国工业和信息化工作会议指出，我国累计培育“小巨人”企业1.2万家、专精特新中小企业10.3万家，遴选中小企业特色产业集群100个。截至11月底，专精特新中小企业数量占A股上市企业的32.9%；2023年新上市企业中超过70%为专精特新中小企业。二是大力弘扬企业家精神。民营企业进入油气进出口、铁路、核电等领域，2022年1月，首条民间资本控股的杭台高铁（杭绍台铁路）建成通车。2022年2月，中央全面深化改革委员会第二十四次会议审议通过的《关于加快建设世界一流企业的指导意见》明确提出，“支持引导行业领军企业和掌握关键核心技术的专精特新企业深化改革、强化创新，加大培育力度”。

（二）构建全国统一大市场，高标准市场体系进一步健全

建设全国统一大市场是构建新发展格局的基础支撑和内在要求。2021年1月，中共中央办公厅、国务院办公厅印发了《建设高标准市场体系行动方案》。2022年4月发布的《中共中央　国务院关于加快建设全国统一大市场的意见》对建设全国统一大市场进行了顶层设计。两年多来，高标准市场体系行动方案落地实施，全国统一大市场建设稳步进行，公平竞争审查制度有效实施，破除行政垄断和市场垄断成效显著。

1. 全面完善产权制度

一是产权市场交易额再创新高。我国产权市场业务范围已由传统的国有资产交易扩展至资产股权类、金融资产类、自然资源类、环境权类和阳光采购类五大类业务。中国企业国有产权交易机构协会发布数据显示，2022年我国产权市场五大类业务交易额合计22.5万亿元，年度交易额再创历史新高。二是《民法典》实施已取得实实在在的成效。《民法典》自2021年1月1日实施后，上海、江苏等地陆续出台了居住权登记的具体办法，开始探索居住权登记。《民法典》实施后短短5个月时间，上海办理居住权登记近200件。此外，《民法典》正式施行，对法治政府建设起到了积极作用。三是法治化营商环境建设持续推进。最高人民法院自2021年10月起，开始为期两年的审级职能定位改革试点工作，推动大量纠纷在基层高效、快捷、实质性化解。2022年最高人民法院受理案件18547件，审结13785件。在2021年11月召开的党的十九届六中全会上，“依法纠正冤错案件”写入党的第三个历史决议——《中共中央关于党的百年奋斗重大成就和历史经验的决议》。四是数据、知识、环境等领域产权制度建设不断加强。2022年，中共中央、国务院印发《关于构建数据基础制度更好发挥数据要素作用的意见》，指出要建立数据产权制度。2021年，中共中央、国务院印发《知识产权强国建设纲要（2021—2035年）》，国务院印发《“十四五”国家知识产权保护和运用规划》，提出要研究构建数据知识产权保护规则。2021年，中共中央办公厅、国务院办公厅印发《关于深化生态保护补偿制度改革的意见》，提出建立用水权、排污权、碳排放权初始分配制度。五是加快建设全国统一大市场。《中共中央　国务院关于加快建设全国统一大市场的意见》从强化市场基础制度规则统一、推进市场设施高标准联通、打造统一的要素和资源市场、推进商品和服务市场高水平统一、推进市场监管公平统一、

进一步规范不当市场竞争和市场干预行为等方面明确重点任务，旨在持续推动国内市场高效畅通和规模拓展，加快营造稳定公平透明可预期的营商环境，进一步降低市场交易成本，促进科技创新和产业升级，培育参与国际竞争合作新优势。2023 年 5 月 19 日，国务院常务会议研究了落实建设全国统一大市场部署总体工作方案和近期举措。国务院办公厅在 2023 年 9 月和 11 月先后两次组织的推动经济持续回升向好督查调研、推动高质量发展综合督查中，均将全国统一大市场建设作为重点内容。六是市场准入负面清单制度稳步实施。2022 年 3 月，国家发展改革委、商务部联合发布《市场准入负面清单（2022 年版）》，分为禁止和许可两类，共计 117 项，相比《市场准入负面清单（2020 版）》减少 6 项，市场准入得到进一步放开。2023 年《政府工作报告》指出，清单管理措施比制度建立之初压减 64%，将行政许可事项全部纳入清单管理。

2. 土地、劳动力、资本、技术、能源等要素市场化配置稳步推进

2022 年 1 月，国务院办公厅印发《要素市场化配置综合改革试点总体方案》，推动要素市场化配置改革向纵深发展。一是改革土地利用计划管理方式。农村宅基地制度改革试点稳慎推进，农村集体经营性建设用地入市试点工作不断深化。2020 年 9 月，中央农办、农业农村部召开深化农村宅基地制度改革试点电视电话会议，在 104 个县（市、区）和 3 个地级市启动新一轮农村宅基地制度改革试点。新一轮改革试点重点围绕宅基地所有权、资格权、使用权“三权分置”，在完善宅基地集体所有权行使机制、探索农户资格权保障机制、探索使用权流转制度、探索使用权抵押制度、探索自愿有偿退出机制等方面开展改革试点。各试点地区均制定了具体实施方案，试点工作正稳步有序推进。2022 年 1 月，自然资源部印发《关于加快完成集体土地所有权确权登记成果更新汇交的通知》，提出健全集体土地所有权确权登记成果更新和应用机制，集体经营性建设用地入市前，应依法完成集体土地所有权确权登记。2022 年 9 月 6 日召开的中央全面深化改革委员会第二十七次会议审议通过了《关于深化农村集体经营性建设用地入市试点工作的指导意见》，强调推进农村集体经营性建设用地与国有建设用地同等入市、同权同价，在城乡统一的建设用地市场中交易，适用相同规则，接受市场监管。2020 年以来，自然资源部改革土地利用计划管理方式，在依据规划严格控制总量和空间布局的前提下，继续坚持土地要素跟着项目走，以真实有效的项目落地作为配置计划指标的依据，切实保障有效投资用地需求。二是高标准人力资源市场体系加快建设。2022 年 7 月 12 日，国家发展改革委发布《“十四五”新型城镇化实施方案》，明确放开放宽除个别超大城市外的落户限制，试行以经常居住地登记户口制度。2021 年 6 月，人力资源社会保障部印发《人力资源和社会保障事业发展“十四五”规划》，着力推动实现更加充分更高质量就业、健全多层次社会保障体系、激发人才创新活力、深化企事业工资收入分配制度改革、构建和谐劳动关系、提高基本公共服务能力和质量等。三是技术要素加速向生产力转化。2022 年 1 月，国务院发布《要素市场化配置综合改革试点总体方案》，在技术要素方面提出要向现实生产力转化。着力完善科技创新资源配置方式，探索对重大战略项目、重点产业链和创新链实施创新资源协同配置，构建项目、平台、人才、资金等全要素一体化配置的创新服务体系，强化企业创新主体地位。广东、浙江等省积极推进技术要素市场化配置改革行动方案。四是探索建立数据要素流通规则。2022 年 12 月，中共中央、国务院印发《关于构建数据基础制度更好发挥数据要素作用的意见》，不断深化数据要素市场化配置综合改革，加快推动构建全国数据要素统一大市场。2023 年 4 月，数据要素市场化配置综合改革研究院编制的《数据要素市场化配置综合改革白皮书（2023 年）》指出，当前省级行政区梯队分布较为均衡，市级行政区改革进展呈现明显的长尾分布。北京、广东、浙江、上海、深圳等省份作为“头雁”已处于数据要素市场化配置综合改革全面深化期；在数据基础制度建设、数据要素市场培育、数据要素安全治理等关键领域，涌现出德阳、温州、徐州、大理、郑州等一批改革先锋城市，创新成效显著。五是多层次资本市场体系不断健全。2023 年 2 月，中国证监会及交易所等发布全面实行股票发行注册制制度规则，自发布之日起施行。这标志着注册制的制度安排基本定型，全面实行股票发行注册制正式实施。深交所主板和中小板合并顺利实施，设立北京证券交易所和广州期货交易所。2020 年 12 月 31 日，沪深交易所分别正式发布退市新规，并于发布之日起实施，常态化退市机制逐步建立。六是全面放开燃煤发电上网电价并取消工商业目录销售电价制度。2021 年，深化煤电上网电价市场化改革，全面放开煤电上网电价，同时取消已实行 70 多年的工商业目录销售电价制度，建立电网市场化代理购电制度，推动工商业用户都进入市场；2022 年，进一步完善煤炭市场价格形成机制，明确价格合理区间并强化区间调控，引导煤炭价格在合理区间运行，构建起煤价、上网电价、用户电价“三价联动”的市场化机制，破解了多年难以解决的“煤电顶牛”难题，在能源价格改革方面实现了里程碑式突破。七是完善重要民生商品价格调控机制。2021 年 2 月，中央全面深化改革委员会第十八次会议审议通过了《关于完善重要民生商品价格调控机制的意见》，强调要完善重要民生商品价格调控机制，定期调度并指导各地建立健全重要民生商品价格调控机制。

3. 公平竞争审查制度有效实施

一是常态化反垄断监管不断完善。国家市场监管总局修订出台一系列规定，包括《制止滥用行政权力排除、限制竞争行为规定》《禁止垄断协议规定》《禁止滥用市场支配地位行为规定》《经营者集中审查规定》等。2022 年市场监管工作总结：全年共查办滥用行政权力排除、限制竞争案件 73 件；查处垄断协议、滥用市场支配地位案件 29 件，罚没金额 7.35 亿元；审结经营者集中申报案件 794 件，公开处罚 32 起未依法申报案件；查办各类不正当竞争案件 9069 件，罚没金额约 6.2 亿元，有力维护了市场公平竞争秩序。二是着力维护全国统一大市场和公平竞争。2021 年 6 月，经国务院同意，市场监管总局、国家发展改革委、财政部、商务部、司法部发布了《公平竞争审查制度实施细则》。三是反不正当竞争法正在进行第三次修改。2022 年 11 月 22 日，市场监管总局发布《中华人民共和国反不正当竞争法（修订草案征求意见稿）》公开征求意见。四是石油天然气体制、电力体制、铁路行业市场化等改革积极推进。2022年12月，中共中央、国务院印发《扩大内需战略规划纲要（2022—2035年）》，指出推进能源、铁路、电信、公用事业等行业竞争性环节市场化改革。2022年，国家发展改革委、国家能源局联合印发《关于加快建设全国统一电力市场体系的指导意见》，标志着电力市场化改革新篇章开启。2022年，中国首条民营控股高铁——杭台高铁正式开通运营，铁路市场化改革再迈一步。2021年，中央人民政府网站发布《关于同意在北京市暂时调整实施有关行政法规和经国务院批准的部门规章规定的批复》，三项增值电信业务调整了外资股比限制，降低了外商投资电信业务领域的门槛。

4. 社会信用体系建设取得积极进展

一是社会信用法律法规和标准体系不断健全。中共中央办公厅、国务院办公厅印发的《关于推进社会信用体系建设高质量发展促进形成新发展格局的意见》《扩大内需战略规划纲要（2022—2035年）》提出完善社会信用体系。《中共中央　国务院关于加快建设全国统一大市场的意见》提出健全统一的社会信用制度。国家发展改革委、人民银行印发《全国公共信用信息基础目录（2022年版）》和《全国失信惩戒措施基础清单（2022年版）》。国家发展改革委、人民银行会同社会信用体系建设部际联席会议成员单位和其他有关部门（单位）研究起草《中华人民共和国社会信用体系建设法（向社会公开征求意见稿）》。国家发展改革委发布《失信行为纠正后的信用信息修复管理办法（试行）》。二是信用信息共享水平大幅提升。国家发展改革委表示，截至2022年12月，依托全国信用信息共享平台这个“总枢纽”，联通46个部门和所有省份，归集1.6亿个市场主体的信用信息超730亿条，网站日查询量突破2亿次，“信用中国”网站作为政府褒扬诚信、惩戒失信的“总窗口”，持续发挥作用。三是全面推动信用建设与城市发展深度融合。国家发展改革委、人民银行已先后评选出了4批共130个社会信用体系建设示范城市（区）。四是政府机构失信问题专项治理工作持续推进。自2023年5月1日起正式实施的《失信行为纠正后的信用信息修复管理办法（试行）》，明确条件、规范程序、强调协同联动，为构建高效便捷的信用信息修复制度夯实了基础。中共中央、国务院印发《法治政府建设实施纲要（2021—2025年）》，提出建立健全政府失信责任追究制度，加大失信惩戒力度。

（三）深化财政金融体制改革，加快构建现代财税金融体制

建立现代财税金融体制，是推动高质量发展的内在需要，是推进国家治理体系和治理能力现代化的重大任务，是构建新发展格局的重要内容。面对经济运行中出现的超预期因素冲击，两年多来，我国持续推进现代财税体制改革，提升财政管理效能，激发发展活力，更好地发挥财政在国家治理中的基础和重要支柱作用。

1. 现代财政制度框架基本确立

一是预算管理制度逐步健全。2021 年 4 月，国务院印发《关于进一步深化预算管理制度改革的意见》，预算管理水平再上新台阶。预算编制严格执行“资金跟着项目走”“先有项目后排预算”“项目优先排序”等理念。预算执行中，财政部门主动作为、应变克难，加强经济形势和财政收支分析研判，强化财政资源统筹，全年全国预算执行情况和经济发展状况基本匹配。预算管理一体化系统基本覆盖县级及以上行政区划，中央及全国 36 个省、自治区、直辖市、计划单列市和新疆生产建设兵团已建设应用财政预算管理一体化系统。二是纵深推进中央与地方财政事权和支出责任划分改革。深入落实已出台的医疗卫生、交通运输、自然资源等领域中央与地方财政事权和支出责任划分改革方案，进一步明确中央与地方职责范围。三是省以下财政体制改革加速。2022 年 6 月，国务院办公厅印发《关于进一步推进省以下财政体制改革的指导意见》，对推进省以下财政体制改革提出了一系列重要政策措施。四是完善财政转移支付体系。中央对地方转移支付规模大幅增加，中央财政通过优化支出结构、增加特殊上缴收入、安排一次性转移支付等方式，加大对地方的财力支持。《国务院关于 2022 年中央决算的报告》显示，2022 年全年中央对地方转移支付规模 9. 69 万亿元，增加 1. 4 万亿元，同比增长 16. 9%。资金分配时，向困难地区和欠发达地区倾斜，为地方特别是县区全面落实退税减税降费政策、保障基层财政平稳运行提供财力支持。完善常态化财政资金直达机制，进一步扩大范围，直达资金规模为 4. 1 万亿元，超过中央对地方转移支付的四成。

2. 税收制度改革不断深化

一是优化税种结构，完善税收制度。2022 年，提请全国人大常委会审议关税法草案、增值税法草案，预备提请全国人大常委会审议消费税法草案。2022 年 12 月底公布《中华人民共和国增值税法（草案）》。《中华人民共和国印花税法》自 2022 年 7 月 1 日起施行。2022 年 10 月，财政部、海关总署、税务总局印发《关于对电子烟征收消费税的公告》，明确指出将电子烟纳入消费税征收范围。二是综合与分类相结合的个人所得税制度成功建立。2022 年 3 月，《国务院关于设立 3 岁以下婴幼儿照护个人所得税专项附加扣除的通知》出台，将 3 岁以下婴幼儿子女照护费用纳入专项附加扣除，让广大纳税人进一步享受红利。2022 年 11 月 4 日，财政部、税务总局发布《关于个人养老金有关个人所得税政策的公告》，明确在北京、上海、广州、武汉等 36 个先行城市和地区对个人养老金实施递延纳税优惠政策。2022 年 9 月 30 日，《财政部　税务总局关于支持居民换购住房有关个人所得税政策的公告》《国家税务总局关于支持居民换购住房个人所得税政策有关征管事项的公告》发布，明确提出 2022 年 10 月 1 日至 2023 年 12 月 31 日，对出售自有住房并在现住房出售后 1 年内在市场重新购买住房的纳税人，对其出售现住房已缴纳的个人所得税予以退税优惠。2023 年 8 月，国务院发布《关于提高个人所得税有关专项附加扣除标准的通知》，3岁以下婴幼儿照护、子女教育以及赡养老人3项专项附加扣除标准在原有基础上均提高了1000元。三是企业所得税制度深度优化。2021年，研发费用加计扣除政策“两度升级”。制造业企业研发费用加计扣除比例由75%提高到100%；自2021年10月起，企业预缴企业所得税时，可提前对前三季度研发费用进行加计扣除。2022年初，将科技型中小企业研发费用加计扣除比例提高至100%。之后根据形势发展变化，进一步对高新技术企业在2022年第四季度购置设备的支出，允许当年一次性税前全额扣除并100%加计扣除；在2022年第四季度，对现行按75%比例税前加计扣除研发费用的行业，统一提高扣除比例到100%；对企业出资科研机构等基础研究支出，允许税前全额扣除并加计扣除。四是增值税制度逐步完善。2021年，结合疫情防控各阶段特点和需要，分批次密集出台多项扶持政策，并扩大部分先进制造业全额退还增量留抵税额政策范围。2022年，进一步加大普惠性增值税优惠政策支持力度，特别是实施大规模增值税留抵退税。五是房地产税纳入立法规划。2021年10月，第十三届全国人民代表大会常务委员会第三十一次会议通过《全国人民代表大会常务委员会关于授权国务院在部分地区开展房地产税改革试点工作的决定》，授权国务院在部分地区开展房地产税改革试点工作。2023年4月25日，自然资源部部长王广华在全国自然资源和不动产确权登记工作会议上宣布，我国全面实现不动产统一登记。这意味着经过10年努力，从分散到统一，从城市房屋到农村宅基地，从不动产到自然资源，覆盖所有国土空间，涵盖所有不动产物权的不动产统一登记制度全面建立。据悉，不动产登记法已经面向社会公开征求意见。国家、省、市、县四级联通的不动产登记信息平台平稳运行，不动产登记数据库覆盖全国、实时更新。六是税务部门深化税收征管改革取得明显成效。2022年新增19个“非接触式”办税缴费事项，已实现96%的税费事项、99%的纳税申报网上办理。推广跨省异地电子缴税，已覆盖全国所有省份，2022年办理跨省异地电子缴税575亿元。此外，国家税务总局2022年将8个事项13项涉税费资料纳入容缺办理范围，制定取消报送和改留存备查两类涉税费资料清单，进一步精简34项报送资料。

3. 金融改革发展稳定各项工作稳步推进

一是加大对实体经济的有效支持。两年多来，央行用好普惠小微贷款支持工具，增加支农支小再贷款，优化监管考核，推动普惠小微贷款明显增长、信用贷款和首贷户比重继续提升。《2023年第三季度中国货币政策执行报告》显示，2023年9月末，金融机构本外币贷款余额为239.5万亿元，同比增长10.2%。贷款加权平均利率持续处于历史低位。2023年9月，1年期和5年期以上LPR分别为3.45%和4.20%，分别较2022年12月下降0.2个百分点和0.1个百分点。2023年9月，一般贷款加权平均利率为4.51%，同比下降0.14个百分点。二是完善货币供应调控机制，把好货币供给总闸门。2023年9月末，广义货币供应量（M2）余额同比增长10.3%；2022年末，广义货币供应量余额同比增长11.8%；2021年末，广义货币供应量同比增长9.0%，有力支持了宏观经济运行在合理区间。统筹推进实物人民币全生命周期管理和数字人民币研发试点，持续提升安全保卫管理水平，各项工作取得积极进展。三是建立存款利率市场化调整机制。2021 年 6 月，中国人民银行指导市场利率定价自律机制，优化存款利率自律上限形成方式，由存款基准利率浮动倍数改为加点确定，消除了存款利率上限的杠杆效应，优化了定期存款利率期限结构。2023 年 12 月，工商银行、农业银行、建设银行、中国银行、交通银行、邮储银行、招商银行、中信银行、浦发银行、兴业银行、光大银行等主要银行主动下调部分期限存款挂牌利率并同步下调了内部利率授权上限。这是继 2022 年 9 月以来，主要银行根据自身经营需要和市场供求状况，第四次主动调整存款挂牌利率。四是深化国有商业银行改革。完全化解了历史上承担的国有商业银行和农村信用社等 14486 亿元金融改革成本。运用市场化法治化方式，精准处置一批大型企业集团风险，平稳化解高风险中小金融机构风险，大型金融机构健康发展，金融体系稳健运行，守住了不发生系统性风险的底线。五是保障维护国债市场安全平稳运行。明确政府债券托管管理要求，重申政府债券实行集中统一、一级托管、底层穿透的托管制度。建立国债市场境外投资者持债监测机制，科学设置监测指标，为国债市场有序对外开放保驾护航。充分发挥国债期货跨部委协调机制的牵头作用，研究推动外资银行入市，丰富国债期货投资者结构，强化市场风险对冲功能。六是实施并完善存款保险制度。截至 2022 年 9 月末，全国共有 4015 家投保机构，存款保险 50 万元偿付限额能够为 99. 3%的存款人提供全额保障。截至 2022 年末，存款保险基金存款余额 549. 4 亿元。七是监管体系更加完善。2023 年 3 月公布的《国务院关于提请审议国务院机构改革方案的议案》提出，将组建国家金融监督管理总局；深化地方金融监管体制改革；中国证券监督管理委员会调整为国务院直属机构。金融监管迈入“一行一局一会”时代，意味着监管体系更加完善。完善系统重要性金融机构监管框架。2020 年 12 月，根据人民银行、原银保监会联合发布的《系统重要性银行评估办法》，20 家银行入选 2023 年系统重要性银行。2023 年 10 月，中国人民银行、国家金融监督管理总局发布《系统重要性保险公司评估办法》。不断健全金融风险监测、评估、预警体系。2020 年底以来，按季对央行金融机构评级，对 1~7 级的银行开展风险监测预警，及时识别苗头性风险并采取措施促使大部分银行异常指标回归至行业正常水平。连续 11 年开展压力测试，覆盖约 4000 家银行业金融机构。

（四）加强政府自身建设，提升治理效能

《中共中央关于全面深化改革若干重大问题的决定》指出，科学的宏观调控，有效的政府治理，是发挥社会主义市场经济体制优势的内在要求。两年多来，我国持续推进政府职能转变，推进政府依法履职和社会治理创新，保持社会大局稳定。加强法治政府建设，使经济社会活动更好地在法治轨道上运行。坚持依法行政、大道为公，严格规范公正文明执法。

1. 宏观经济治理能力持续提升

一是党和国家机构职能进一步优化。2023 年 3 月，中共中央、国务院印发《党和国家机构改革方案》，加强科学技术、金融监管、数据管理、乡村振兴、知识产权、老龄工作等重点领域的机构职责优化和调整，转变政府职能，加快建设法治政府。组建中央金融工作委员会、中央科技委员会、中央社会工作、中央港澳工作办公室，不断完善金融管理体制、科技管理体制、社会管理体制、数据管理体制、知识产权管理体制等。二是围绕市场主体需求精准施策，着力稳住宏观经济大盘。对小微企业和个体工商户扶持力度进一步加大。对小规模纳税人阶段性免征增值税。将“六税两费”减免适用范围扩大至小微企业和个体工商户。促进企业有效转型升级。高新技术企业在 2022 年第四季度购置设备、器具允许在税前 100%加计扣除。将科技型中小企业研发费用加计扣除比例提高至 100%。特殊困难行业帮扶政策不断优化。对公交等公共交通运输服务以及为居民提供必需生活物资快递收派服务免征增值税。暂停航空运输和铁路运输企业预缴增值税一年。三是加大宏观调控力度。2022 年 4 月 29 日召开的中共中央政治局会议在为经济工作把舵定调时，强调指出“要加大宏观政策调节力度，扎实稳住经济”。一系列宏观调控政策及时出台，着力推动经济回归正常运行的轨道。出台实施稳经济一揽子政策和接续措施，部署稳住经济大盘工作，加强对地方落实政策的督导服务，支持各地挖掘政策潜力，支持经济大省勇挑大梁，突出稳增长稳就业稳物价，推动经济企稳回升。四是增强财政宏观调控效能，突出做好稳增长、稳就业、稳物价工作。《2022 年中国财政政策执行情况报告》显示，2022 年，社会保障和就业、教育、卫生健康、交通运输、科学技术支出分别增长 8.1%、5.5%、17.8%、5.3%、3.8%。五是探索新时代统计现代化改革。2021 年 12 月 21 日，国家统计局发布《“十四五”时期统计现代化改革规划》。2022 年 4 月，国家统计局研究制订了《支持浙江省推进高质量发展建设共同富裕示范区统计重点改革的行动方案》，支持浙江省结合实际全方面开展统计制度方法改革创新试点。六是减税降费成效明显。《2022 年中国财政政策执行情况报告》指出，2022 年大规模增值税留抵退税政策扩围加力提速，上半年即大头落地，接连打出小规模纳税人免征增值税、阶段性缓缴社会保险费、缓缴部分行政事业性收费和保证金、减征部分乘用车购置税等一揽子政策“组合拳”，2022 年全年新增减税降费和退税缓税缓费超 4.2 万亿元，其中增值税留抵退税约 2.46 万亿元，力度是近年来最大的。加快地方政府专项债券发行使用，依法盘活用好专项债务限额空间 5000 多亿元，带动扩大有效投资。七是防范化解重大风险，牢牢守住不发生系统性风险底线。防范化解地方政府债务风险，合理测算分地区债务限额，控制高风险地区新增地方政府债务限额规模。坚决遏制隐性债务增量，稳妥有序化解隐性债务存量，对新增隐性债务及隐性债务化解不实行为，发现一起、查处一起、问责一起。妥善应对金融风险隐患。围绕国有金融企业收支管理、资产安全、主体责任等重点领域和薄弱环节，完善国有金融企业财务监管制度，规范国有金融企业财务行为，维护国有金融资本权益。

稳妥推进专项债券高质量补充中小银行资本。健全金融稳定保障体系，协同推动金融稳定法，配合设立金融稳定保障基金，支持做好高风险金融机构风险处置相关工作。

2. 简政放权、放管结合、优化服务改革不断深化，营商环境明显改善

一是简政放权优化服务。2022 年 9 月，国务院办公厅印发《关于进一步优化营商环境降低市场主体制度性交易成本的意见》。多年来取消和下放行政许可事项 1000 多项，中央政府层面核准投资项目压减 90%以上，工业产品生产许可证从 60 类减少到 10 类，工程建设项目全流程审批时间压缩到不超过 120 个工作日。我国营商环境全球排名提升。二是服务国家重大战略的市场准入特别措施相继出台。按照党中央、国务院关于以服务业为重点开展放宽市场准入试点的要求，2021 年以来，国家发展改革委会同有关部门先后出台海南自由贸易港和深圳中国特色社会主义先行示范区放宽准入的特别措施，在科技创新、医药健康、教育文化、交通运输、种业发展、商业航天、新能源基础设施等领域推出了一批具有较高含金量的政策举措，对于服务国家重大战略、在全国率先破局相关领域改革，具有突破性意义。市场准入效能评估稳步开展。指导福建、云南、宁夏等 10 个省份试点开展市场准入效能评估，为清单落实提供有力抓手。建立违背市场准入负面清单案例归集和通报制度，按照“一案一核查，一案一通报”原则，按季度归集通报典型案例，纳入全国城市信用状况动态监测并向社会公布，有效推动各地方对照查摆，积极排查破除了一批市场准入的壁垒问题。《促进个体工商户发展条例》自 2022 年 11 月 1 日起施行。《中华人民共和国市场主体登记管理条例》自 2022 年 3 月 1 日起正式实施。2022 年底企业数量超过 5200 万家、个体工商户超过 1.1 亿个，市场主体总量超过 1.6 亿个，是十年前的 3 倍，发展内生动力明显增强。三是开展“证照分离”改革。国务院印发《关于深化“证照分离”改革进一步激发市场主体发展活力的通知》，规定自 2021 年 7 月 1 日起，在全国范围内实施涉企经营许可事项全覆盖清单管理，按照直接取消审批、审批改为备案、实行告知承诺、优化审批服务等 4 种方式分类推进审批制度改革，同时在自由贸易试验区进一步加大改革试点力度。

3. 基本形成以信用为基础的新型监管和治理机制

一是政务服务“一网通办”能力显著提升。2023 年 2 月印发的《质量强国建设纲要》提出，优化质量监管效能。健全以“双随机、一公开”监管和“互联网+监管”为基本手段、以重点监管为补充、以信用监管为基础的新型监管机制。我国深入开展“互联网+政务服务”，基本建成全国一体化政务服务平台，推进政务服务“跨省通办”扩面增效，政务服务“一网通办”能力显著提升。国务院办公厅电子政务办公室授权发布的《省级政府和重点城市一体化政务服务能力评估报告（2023）》显示，河南、北京、上海、广东、浙江等 17 个省级政府一体化政务服务能力总体指数得分超过 90 分，位列“非常高”组别。二是加大相关行业的监管和处罚力度。2022 年《药品网络销售监督管理办法》《特种设备安全监督检查办法》等规章为保安全浇筑了更加厚实的

根基。2022 年，共查处医疗、药品、医疗器械、保健食品等虚假违法广告案件 7794 件，罚没 1.26 亿元。完成食品监督抽检 656 万批次，查处违法案件 51.7 万件。监督检查特种设备生产单位 129 家。网络市场监管专项行动查处涉网案件 1.95 万件。三是扎实推进市场监管综合行政执法改革。2022 年，国务院办公厅印发《市场监督管理综合行政执法事项指导目录》及《关于市场监督管理综合行政执法有关事项的通知》，统筹配置行政执法职能和执法资源，切实解决多头多层重复执法问题，严格规范公正文明执法。四是"打假治敲"专项行动持续深入推进。2022 年，依法依规惩治了一大批利用舆论监督、撤稿删帖、虚假新闻信息等进行敲诈勒索、强迫交易的犯罪团伙、违规机构和有关人员，处置了一大批非法从事新闻采编活动的商业网站、网络平台及其公众账号，取缔了一大批假冒新闻单位的"媒体""记者站"，对存在有偿新闻、采编经营不分、以新闻形式刊登广告等问题的新闻单位和新闻从业人员做出严肃处理，有力维护新闻传播秩序，积极维护人民群众合法权益，坚决守卫意识形态安全。

两年多来，我国坚定不移深化改革，更大地激发市场活力和发展内生动力，处理好政府和市场的关系，使市场在资源配置中起决定性作用，更好地发挥政府作用，构建高水平社会主义市场经济体制。党的十八大以来，我国打响改革攻坚战，加强改革顶层设计，敢于突进深水区，敢于啃硬骨头，敢于涉险滩，敢于面对新矛盾新挑战，冲破思想观念束缚，突破利益固化藩篱，坚决破除各方面体制机制弊端；实行更加积极主动的开放战略，构建面向全球的高标准自由贸易区网络，加快推进自由贸易试验区、海南自由贸易港建设，推动共建"一带一路"高质量发展。经过新时代 10 年全面深化改革开放，各领域基础性制度框架基本建立，许多领域实现历史性变革、系统性重塑、整体性重构，中国特色社会主义制度更加成熟更加定型，国家治理体系和治理能力现代化水平明显提高，我国成为 140 多个国家和地区的主要贸易伙伴，货物贸易总额居世界第一位，吸引外资和对外投资居世界前列，形成更大范围、更宽领域、更深层次对外开放格局。

二、加快构建高水平社会主义市场经济体制面临的问题

（一）我国市场主体生存发展面临的困难和挑战增多

受多种因素影响，当前我国市场主体生存发展面临的困难和挑战增多，仍需全力保护和激发市场主体活力。

一是国企改革仍需补短板强弱项。国有企业产权不清晰，在很大程度上也是因为所有者层次有问题。国有经济布局结构需进一步优化调整，部分企业前置事项清单在不同层级、不同类型企业的精准性有待提升，重大投资决策权和重大财务事项管理权仍未落实，集团管控内容方式调整优化与落实董事会职权有机衔接仍需推动。国有企业存在内部的经营机制问题，特别是企业内部的用人、薪酬与激励机制等一系列问题，仍是制约国有企业经营效率的重要因素。部分国有企业回报水平相对低下，企业创新

能力不强，创新活力相对不足，研发投入强度不高、投入产出效率偏低，与建设创新型国家的要求还有很大距离。

二是支持民营经济的政策措施落实仍不完全到位，体制机制改革、监管执法还存在一些短期波动。现阶段，因一些政策制定落实不到位，有些法律法规缺乏配套细则，实际执行中没有把实惠落到民营企业身上，民营企业市场准入、产权保护等问题仍然突出。民营企业在要素获取、市场准入、产权保护、公平竞争等方面仍面临诸多制约。从金融支持实体经济的现状看，民营企业特别是中小微企业融资难、融资贵问题仍然突出。此外，抑制民营企业发展的弱项和障碍日益凸显。不少民营企业未建立现代企业制度，缺乏转型的人才技术支撑，阻碍了民营企业高质量发展。

（二）高标准市场体系还不健全

对照构建高水平社会主义市场经济体制的目标要求，现阶段市场体系建设仍存在一些短板。

一是市场体系基础制度有待进一步完善。产权和知识产权保护力度有待增强，市场主体所需的准入、竞争、退出、监管等基础性制度有待完善，市场竞争需进一步公平有序，社会信用法律法规和标准体系需健全完善。其中，在市场准入上，基础设施和公用事业等重点领域仍然存在不合理准入门槛，对于医疗、养老、教育等民生领域，民营经济进入及运营仍面临诸多障碍。

二是要素市场发展相对滞后。科学严格保护和高效合理利用土地的界限需进一步厘清，要素配置效率和服务实体经济功能仍需提升，金融服务实体经济能力有待加强，数据产权、流通交易、收益分配、安全治理等领域的制度规则有待健全，要素流动存在体制机制障碍亟待消除。

三是市场环境和质量需进一步优化。行业壁垒、地方保护和区域分割、低水平恶性竞争仍不同程度存在，部分地方市场分割和地方保护政策阻碍商品和要素自由流动，市场基础设施“硬联通”和信息、标准等“软衔接”不够，影响市场流通效率。

四是监管效能仍需进一步提升。一些领域和地区仍然存在监管责任不落实、监管制度不健全、监管能力不足问题。

五是社会信用体系建设中还存在诸多操作层面具体制度缺失的问题。社会信用体系的协调机制不健全。政务领域、文化领域、生态领域等方面的社会征信体系建设处于缺位状态。信用信息共享水平还难以满足市场主体融资需要。我国信用修复机制建设尚处于起步阶段，还需要进一步探索建立有利于自我纠错的信用修复机制。信用管理专业技术人才供需缺口较大。

（三）相关的财税金融体制已经不能完全满足经济和社会发展的需求

现阶段，随着经济不断发展，市场经济体制不断深化改革，相关的财税金融体制已经不能够满足经济和社会发展的需求。

一是现代财政制度还存在一些问题。我国财政收支矛盾依然突出，财政收入增长的同时，重点支出刚性增加、民生短板保障需要继续加强。当前，预算绩效管理理念不够深入，预算体制透明度需进一步提高，我国预算绩效管理对高质量发展的支撑作用有待提升。权责清晰、财力协调、区域均衡的中央和地方财政关系有待进一步健全，财政转移支付体系有待进一步完善，政府间财政关系不顺畅导致转移支付结构不合理，转移支付制度体系设计不完善导致均等化效果不明显，多目标使得我国转移支付体系运转存在无序与低效，转移支付资金使用缺乏全面的监管和评价机制。

二是现行税收制度与构建高水平的有效市场和高水平的有为政府目标相比，还存在一定差距。我国畅通生产、分配、流通、消费各环节的流转税制度有待健全，直接税体系与当前经济发展阶段不相适应，再分配作用不够强，个人所得税制度不完善且收入占比低，财产税结构不够合理，税收优惠政策零散化、碎片化，与加快建设全国统一大市场的目标不相适应，政府间税收收入分配不够均衡，地方政府积极性受到限制。

三是我国金融业仍然面临一些不确定性、不稳定性因素。旧的风险没有断根，新的风险还在积累，国内很多经济金融风险或将进一步集聚，房地产风险、地方债风险、市场异常波动风险、外部冲击等都不容忽视，我国部分中小金融机构风险仍值得关注，金融体制改革需向纵深发展，在创新与规范中实现高质量发展。此外，资本市场基础制度和资本市场功能尚不完善，发行、上市、交易、并购重组、退市等基础制度仍需进一步完善。

（四）政府职能与经济社会发展需要和人民群众的期待相比仍有不小差距

现阶段，我国政府职能与经济社会发展需要和人民群众的期待相比，仍有不小差距。

一是经济治理效能仍需加强。在复杂严峻的国内外环境下，宏观经济治理的精准性、系统性、开放性需不断提升，需着力解决市场主体生产经营困难问题、重点群体的就业问题，稳定物价水平，扩大消费和投资，打通产业链供应链堵点等；强化宏观经济治理的系统性，努力提升我国经济韧性；需在平等互利、合作共赢的基础上，努力推动国际宏观经济政策的协调。

二是营商环境与市场主体期待还有差距。现阶段，虽然很多地方在注册公司的环节上简化了手续，但现实中还存在“准入不准营”的困境，仍有企业反映成本高、办事难、融资贵，市场化、法治化、国际化一流营商环境建设仍需加力。

三是监管能力现代化有待进一步提升。与市场主体数量快速壮大、建设现代化监管体系的要求相比，现阶段还存在监管机制有待进一步完善、配套制度尚不健全、监管能力还存在短板等情况。

三、新时代新征程加快构建高水平社会主义市场经济体制面临的新要求

（一）改革面临的新形势

党的二十大报告指出，我国发展进入战略机遇和风险挑战并存、不确定难预料因

素增多的时期，各种“黑天鹅”“灰犀牛”事件随时可能发生。当前，世界百年未有之大变局带来前所未有的不确定性和复杂性，新一轮科技革命和产业变革深入发展，内生增长动力不足导致跨越“中等收入”陷阱风险加大、安全发展形势更加紧迫，必须辩证认识、全面把握国内外发展大势，增强机遇意识和风险意识，坚定不移地抓机遇、促发展、增实力，同时做好应对各类风险挑战的充分准备。

1. 世界百年未有之大变局加速演进，我国发展的国际环境日趋严峻复杂

当今世界变乱交织，百年变局加速演进，全球政治经济形势依然动荡不安。一是全球政治经济形势依然动荡不安。乌克兰危机长期化，巴以冲突进一步加剧了地缘政治紧张局势。二是全球经济增长总体放缓。由于疫情冲击的“长尾效应”仍存在，全球经济内生增长动能明显减弱，全球经济的增长总体放缓。国际货币基金组织认为，2024 年全球经济增长率将从 2023 年的 3%小幅下滑至 2. 9%。三是全球金融风险不断加剧。以 2022 年 3 月美联储加息为标志启动的西方主要中央银行强力紧缩货币政策，导致西方国家金融业、房地产等资产市场风险频发，全球流动性收紧、利率中枢维持高位，国际金融市场动荡加剧。四是全球产业链面临的政策不确定性提升。大国间的竞争格局加剧，全球产业链面临的政策不确定性提升，新冠疫情和乌克兰危机等地缘政治因素进一步增加了人们对全球产业链稳定性的担忧。五是全球化逆潮的表现方式更加激烈。随着保护主义、逆全球化思潮明显上升，风起云涌的逆全球化运动进一步造成了各国民粹主义和极端政治倾向抬头。

2. 新一轮科技革命和产业变革深入发展，给统筹发展和安全带来新的挑战

当前，我们正处在以人工智能、区块链、大数据等新一代信息技术引领的第四次技术革命中，我国发展既迎来新的战略机遇，也面临不少现实制约。颠覆性技术和前沿技术不断取得新突破，统筹发展和安全成为新的科技和产业发展命题。科学、技术与产业联系更加紧密，场景创新、数据驱动在新一轮科技革命和产业变革中的作用日益凸显。全球前沿科技发展竞争激烈，主要发达国家纷纷强化重大前沿技术部署，极地和空天资源争夺加剧，国防技术研发应用受到青睐。

3. 内生增长动力不足，成功跨越“中等收入陷阱”需克服更多挑战

2022 年，我国人均 GDP 为 12741 美元，逼近世界银行划定的 1. 32 万美元的高收入经济体门槛，我国进入跨越“中等收入陷阱”的关键时期。受内外部冲击共振叠加“疫情疤痕”效应，我国经济内生增长动力不足，导致未来跨越“中等收入陷阱”难度加大。要平稳跨越“中等收入陷阱”与基本实现社会主义现代化，需要调整经济发展的模式和动能，大幅提升中国经济增长全要素生产率的贡献率。

4. 部分重点领域风险隐患仍然较多，安全发展形势愈加紧迫

在外部不确定因素日益增多的形势下，粮食、能源、产业链供应链、金融、文化等重点领域的风险仍不容小觑。粮食安全方面，随着我国粮食持续增产的难度越来越

大，国际粮食供应链风险加大，气候变化、极端天气频发，粮食安全面临的风险挑战明显增多。能源安全方面，全球气候变化形势日趋严峻，二氧化碳排放在波动中逐渐增长。世界能源供需版图深度调整，国际环境错综复杂，能源市场的不稳定性、不确定性明显增加。产业链供应链的配置方面，随着各国纷纷把产业链供应链安全置于更加优先的位置，实行“内顾”政策，产业链供应链出现了本土化、区域化趋势，叠加美西方推行的脱钩战略，产业链供应链的配置面临从效率到安全的转变。金融风险方面，我国经济正处于从高速增长转向高质量发展的阶段，很多在经济高速发展阶段积累的风险随着经济增速的降低逐渐水落石出，是风险易发高发期，房地产风险、金融风险、地方债务风险深度关联。此外，全球文化竞争日趋激烈，我国维护意识形态安全和文化安全面临新的挑战。新时代，我国国家安全面临的形势异常严峻，外部压力前所未有，统筹发展和安全的难度明显加大，必须提升风险意识和应对能力。

（二）改革的总方向：要坚持中国特色社会主义道路

改革开放40多年的历史一再证明，能不能始终高举社会主义旗帜、坚持社会主义道路，是决定中国改革开放前途命运的关键。习近平总书记在庆祝改革开放40周年大会上的重要讲话中特别强调，我们要坚持党的基本路线，把以经济建设为中心同坚持四项基本原则、坚持改革开放这两个基本点统一于新时代中国特色社会主义伟大实践，长期坚持，决不动摇。习近平总书记在党的二十大报告中强调，中国特色社会主义是实现中华民族伟大复兴的必由之路。习近平总书记多次强调，中国共产党为什么能，中国特色社会主义为什么好，归根到底是马克思主义行，是中国化时代化的马克思主义行。

新时代改革开放的伟大征程上，同样必须毫不动摇地走好中国特色社会主义道路。必须坚持马克思主义这个立党立国、兴党兴国之本不动摇，坚持植根本国、本民族历史文化沃土发展马克思主义不停步，坚定历史自信、文化自信，坚持古为今用、推陈出新，以马克思主义为指导对中华五千多年文明宝库进行全面挖掘，用马克思主义激活中华优秀传统文化中富有生命力的优秀因子并赋予其新的时代内涵，将中华民族的伟大精神和丰富智慧更深层次地注入马克思主义，把马克思主义思想精髓同中华优秀传统文化精华有效贯通起来，聚变为新的理论优势，不断攀登新的思想高峰。

党的二十大报告提出，从现在起，中国共产党的中心任务就是团结带领全国各族人民全面建成社会主义现代化强国、实现第二个百年奋斗目标，以中国式现代化全面推进中华民族伟大复兴。“坚持中国特色社会主义”是中国式现代化的本质要求之一。党的二十大报告明确概括了中国式现代化5个方面的中国特色，即人口规模巨大、全体人民共同富裕、物质文明和精神文明相协调、人与自然和谐共生、走和平发展道路。习近平总书记在主持召开二十届中央全面深化改革委员会第一次会议时强调，实现新时代新征程的目标任务，要把全面深化改革作为推进中国式现代化的根本动力，作为稳大局、应变局、开新局的重要抓手，把准方向、守正创新、真抓实干，在新征程上谱写改革开放新篇章。

（三）改革的基本原则：要遵循八个坚持

一是坚持和加强党的全面领导。党的二十大报告明确将“坚持中国共产党领导”作为中国式现代化的本质要求之一，强调“坚持党的全面领导是坚持和发展中国特色社会主义的必由之路”。新征程上，必须坚持党对改革的集中统一领导不能变，完善和发展中国特色社会主义制度、推进国家治理体系和治理能力现代化的总目标不能变，坚持以人民为中心的改革价值取向不能变，坚定拥护“两个确立”、坚决做到“两个维护”，不断提高政治判断力、政治领悟力、政治执行力，不折不扣把党的二十大决策部署落到实处。

二是坚持和发展中国特色社会主义。改革开放只有一个正确方向，那就是坚持和发展中国特色社会主义。中国式现代化是社会主义的现代化，社会主义决定了我国现代化的性质和方向。独特的历史境遇下，中国人民选择了走社会主义现代化道路。改什么、怎么改必须以是否符合完善和发展中国特色社会主义制度、推进国家治理体系和治理能力现代化的总目标为根本尺度。

三是坚持人民至上。全面深化改革必须以促进社会公平正义、增进人民福祉为出发点和落脚点。要坚持全心全意为人民服务的根本宗旨，坚持以人民为中心的发展思想，树牢群众观点，贯彻群众路线，尊重人民首创精神，坚持一切为了人民、一切依靠人民，从群众中来、到群众中去，始终保持同人民群众的血肉联系，始终接受人民批评和监督。中国式现代化以人的全面发展为目标，不仅要实现物质文明的发展，还要将发展成果惠及人民，最终促进人的全面发展。中国式现代化道路注重解放发展生产力，以经济建设为中心，同时坚持共同富裕，将现代化的成果惠及人民，注重人民的美好生活。人民的美好生活，不仅要有充足的物质基础，还要有丰富的精神世界、美好的生态环境，要求社会整体的发展和进步。

四是坚持新发展理念。以习近平同志为核心的党中央提出的创新、协调、绿色、开放、共享的新发展理念，是在深刻总结国内外发展经验教训基础上提出的，是对中国特色社会主义发展规律的新认识新概括，是致力于破解发展难题、增强发展动力、厚植发展优势的治本之策，是实现更高质量、更有效率、更加公平、更可持续发展的必由之路。新发展理念是一个系统的理论体系，回答了发展的目的、动力、方式、路径等一系列理论和实践问题，阐明了我们党关于发展的政治立场、价值导向、发展模式、发展道路等重大政治问题，推动经济发展必须坚持新发展理念。贯彻新发展理念是新时代我国发展壮大的必由之路。我们要实现新的发展目标，必须坚定不移地贯彻创新、协调、绿色、开放、共享的新发展理念。要根据新发展阶段的新要求，完整、准确、全面贯彻新发展理念，始终以创新、协调、绿色、开放、共享的内在统一把握发展、衡量发展、推动发展，坚持问题导向，更加精准地贯彻新发展理念，切实解决好发展不平衡不充分的问题，推动高质量发展。

五是坚持新发展格局。构建以国内大循环为主体、国内国际双循环相互促进的新发展格局，是以习近平同志为核心的党中央治国理政思想的又一次升华，是事关全局的系统性、深层次的变革，对实现更高质量、更有效率、更加公平、更可持续、更为安全的发展，具有提纲挈领、纲举目张的作用。要锚定加快构建新发展格局战略基点，更好地统筹扩大内需和深化供给侧结构性改革，增强国内大循环动力和可靠性，提升国际循环质量和水平。要坚决贯彻落实扩大内需战略规划纲要，深化要素市场化改革，建设高标准市场体系，加快构建全国统一大市场，尽快形成完整内需体系，着力扩大有收入支撑的消费需求、有合理回报的投资需求、有本金和债务约束的金融需求。必须坚持深化改革促进扩大开放，巩固拓展先行对外开放优势，持续发挥“多区叠加”政策优势，稳步推进制度型开放，加快建设开放强省。深化海上丝绸之路核心区建设，实施对接 RCEP 行动计划，提升拓展自贸试验区，深化首创性差别化探索，提高贸易和投资自由化便利化水平。

六是坚持高质量发展。我国仍处于并将长期处于社会主义初级阶段，我国社会主要矛盾是人民日益增长的美好生活需要和不平衡不充分的发展之间的矛盾，我国是世界上最大的发展中国家，这决定了我们必须坚持以经济建设为中心。坚持以经济建设为中心，必须坚持科学发展，加大结构性改革力度，坚持以提高发展质量和效益为中心，实现更高质量、更有效率、更加公平、更可持续的发展。要以供给侧结构性改革为主线，推动经济发展质量变革、效率变革、动力变革，实现比较充分的就业并不断提高劳动生产率、投资回报率、资源配置效率，实现永续发展。

七是坚持正确处理改革、发展与稳定的关系。改革是发展的动力，是实现长期稳定的基础；发展是改革的目的，是稳定最可靠的保证；稳定则是改革、发展的前提条件，也是发展的重要要求。改革、发展、稳定的关系是辩证统一的，必须坚持正确处理三者关系，要把扩大内需战略同深化供给侧结构性改革有机结合起来，供需两端同时发力、协调配合，形成需求牵引供给、供给创造需求的更高水平动态平衡，实现国民经济良性循环。

八是坚持守正创新。2023 年，习近平总书记在中国共产党与世界政党高层对话会上的主旨讲话中指出，“我们要树立守正创新意识，保持现代化进程的持续性。面对现代化进程中遇到的各种新问题新情况新挑战，政党要敢于担当、勇于作为，冲破思想观念束缚，破除体制机制弊端，探索优化方法路径，不断实现理论和实践上的创新突破，为现代化进程注入源源不断的强大活力”。坚持解放思想、实事求是、与时俱进、求真务实，坚持把马克思主义基本原理同中国具体实际相结合、同中华优秀传统文化相结合，坚持实践是检验真理的唯一标准，坚持一切从实际出发，着眼解决新时代改革开放和社会主义现代化建设的实际问题，不断回答中国之问、世界之问、人民之问、时代之问，做出符合中国实际和时代要求的正确回答，得出符合客观规律的科学认识，形成与时俱进的理论成果，更好地指导中国实践。

（四）改革的总目标：要完善和发展中国特色社会主义制度、推进国家治理体系和治理能力现代化

党的二十大报告提出，要构建高水平社会主义市场经济体制。未来五年是全面建设社会主义现代化国家开局起步的关键时期，主要目标任务之一是改革开放迈出新步伐，国家治理体系和治理能力现代化深入推进，社会主义市场经济体制更加完善，更高水平开放型经济新体制基本形成。

一是推动社会主义市场经济体制更加完善，是更好地服务推进中国式现代化、更好地服务推动高质量发展、更好地服务高水平对外开放的必然要求。我国进入高质量发展阶段，社会主要矛盾是人民日益增长的美好生活需要和不平衡不充分的发展之间的矛盾，经济发展更多关注质量和效益，经济体制改革所破解的关键问题从以往的“有没有”“有多少”向“好不好”“优不优”转变。我国正处于跨越“中等收入陷阱”并向高收入国家迈进的关键历史阶段，亟待改革调动各方面的生产积极性，共同推动经济发展在质的大幅提升中实现量的持续增长。需要进一步完善社会主义市场经济体制，推动有为政府和有效市场更好地结合，更好地实现效率与公平相兼顾、相促进、相统一。不断在关键性基础性重大改革上突破创新，要完整、准确、全面贯彻新发展理念，以创新、协调、绿色、开放、共享的内在统一把握发展、衡量发展、推动发展；要进一步处理好政府和市场的关系，发挥有效市场和有为政府这两只手的作用，按照各个地区、各个产业的特性，沿着比较优势的基本原则发展经济；要深化要素市场化配置改革，推进要素市场制度建设，清除要素自由流动的体制机制障碍，实现要素价格市场决定、流动自主有序、配置高效公平。

二是推进国家治理体系和治理能力现代化，是立足新时代党治国理政的新任务新特征新要求。它的提出，意味着我国改革从渐进性、局部性、探索性改革，迈入了系统性、整体性、协同性改革的新境界。国家治理现代化包含着两个基本义项，即国家治理体系现代化和治理能力现代化。国家治理体系包含制度体系与治理机制体系，国家治理能力则强调对治理体系变革的内在呼应，包含制度设计能力、制度执行能力和制度发展能力。立足国家治理的构成要素及其运行规律，建构治理主体、治理制度、治理策略的有效协同机制与实践规范，并将坚持党的全面领导贯穿国家治理现代化的全过程和各方面，是新发展阶段进一步把我国制度优势转化为国家治理效能的根本要求。

（五）改革的着力点：要聚焦全面建设社会主义现代化国家中的重大问题

全面深化改革需坚持问题导向，要抓好重大改革任务，攻坚克难、统筹全局、把握重点，聚焦全面建设社会主义现代化国家中的重大问题谋划推进改革，用好机构改

革创造的有利条件，努力在破除各方面体制机制弊端、调整深层次利益格局上再攻下一些难点。在改革中要学会瞄准最突出的短板、最紧迫的任务，在做强创新主体、集聚创新要素、优化创新机制上求突破、谋创新。

一是着力激发经营主体活力，持续提振市场信心。当前国有企业改革已进入攻坚阶段，需要“紧盯重点难点问题发力攻坚”，更加突出“人”的因素，更加务实推动布局优化和结构调整，更加注重跨国经营和全球发展，从服务构建新发展格局、推动高质量发展、促进共同富裕、维护国家安全的战略高度出发，完善国有经济安全责任、质量结构、资产和企业管理，深化国有企业改革，着力补短板、强弱项、固底板、扬优势，构建顶层统筹、权责明确、运行高效、监管有力的国有经济管理体系。民营经济已成为保障民生、推动高质量发展的生力军，要着力解决民营企业发展面临的突出问题，着力优化民营经济发展环境，破除制约民营企业公平参与市场竞争的制度障碍，引导民营企业在高质量发展中找准定位，通过企业自身改革发展、合规经营、转型升级，不断提升发展质量。

二是加快建设高标准市场体系，加快完善市场经济基础制度以促进市场充分发育，充分发挥市场在资源配置中的决定性作用。高标准市场体系是构建新发展格局、实现高质量发展的重要保障。在建设高标准的社会主义市场经济体制的过程中，面对着诸多焦点和难点问题，要以产权保护和要素市场化为核心，在重点领域和关键环节深化改革，打破行政性垄断、公平竞争、改革国资国企、优化产业政策转型、改革补贴制度、保护产权特别是知识产权、转变政府职能、维护劳动者权益、保护生态环境和绿色发展等。

三是加快财税体制改革，深化金融体制改革。着力解决预算编制不够细化、执法监督不到位、预算执行不严格、非议审计不够等问题，健全现代预算制度，服务构建高水平社会主义市场经济体制。克服税收收入增收空间受限、税制结构失衡导致公平不足、税种设置不完善造成效率损失、绿色税收体系尚未健全的问题，统筹协调经济高质量发展与社会公平正义。解决一般性转移支付存在的资金支出方向倾向显示性公共产品、省级政府干预影响资金配置效率等问题，专项转移支付存在的项目种类和数量繁多、项目的申请和审批程序复杂等问题，以及税收返还存在的问题，推动形成权责清晰、财力协调、区域均衡的政府间财政关系。金融体制改革要破解金融支持实体经济的力度在减弱、系统性风险在上升两大难点，金融机构需提质、扩面、增效，以服务实体经济为宗旨，更加注重稳健经营，努力满足企业和居民多样化金融需求。要加快自身供给侧结构性改革，以适配科技创新、制造业转型升级和经济数字化发展的需要；要将更多金融资源配置到薄弱环节，加强对“三农”、小微企业、公共服务等领域的支持，既重视支持生产领域又重视扩大消费，既重视全面服务企业又重视全面服务居民个人；要坚持市场导向配置资源，加大精准支持，强化综合服务，通过金融服务效率的提升，优化储蓄向投资转化机制，提高全社会资本效率。持续完善全面风险监测体系，有效提升防控金融风险能力。切实提升监管的前瞻性、准确性和有效性。以推动金融稳定法的出台为契机，明确各方责任的内涵和外延，充分发挥中央金融管理部门的专业优势、跨领域跨地域统筹协调能力和地方政府在落实属地维稳责任方面的作用，持续健全央地之间金融风险早期通报以及跨区域、跨市场、跨行业交叉性风险研判等工作机制。按照“稳定大局、统筹协调、分类施策、精准拆弹”的基本方针，稳妥推进存量风险化解处置工作，打好风险处置组合拳。

四是从制度维度锚定发展航向，紧紧围绕推进国家治理体系和治理能力现代化，突出基础性、根本性、全局性的重大改革举措。通过强化问题意识，发现、分析和解决理论与实践中的重要或突出问题，不断优化国家治理体系。要在经济社会发展过程中因地制宜、与时俱进地运用系统方法统筹安排各项工作。在决策与实践过程中，既要针对各种要素进行科学、系统的分析，也要在不同要素相互叠加的系统中进行全局性的思考。要辩证认识和把握国内外大势，统筹中华民族伟大复兴战略全局和世界百年未有之大变局。要注重强基固本，从城乡社区的第一道防线入手，践行群众路线，着力动员和组织广大人民群众积极参与到基层社会治理中。

（六）改革的方法：要不折不扣把改革任务落到实处

加强改革调查研究是有力举措，加大改革抓落实力度是有效途径，调动各方面改革积极性是强大动力。

调查研究有助于把握快速变动的实际，从根本上增强改革措施的科学性、针对性、实效性。全面深化改革要加强改革调查研究，多到矛盾问题集中的地方和部门去，深入基层、走进群众，体察实情、解剖麻雀，既深入研究具体问题，又善于综合各方面情况，在总体思路和全局工作上多动脑筋、多下功夫。

要加大改革抓落实力度，破解机制性问题、触碰深层次矛盾。完善上下协同、条块结合、精准高效的改革落实机制，明确改革的定位、内涵，把握逻辑、规律，层层递进、环环相扣，在工作开展时思路清晰、举措有力，推动每一个部署落地生根、每一项工作取得实效，从而建立起更加统筹协调、协同高效的体系，下更大气力抓好改革督察工作，推动改革举措落地见效。要完善科学有效的体制机制，确保改革决策和规划的战略性、科学性、整体性、协调性和有效性，切实推进各项改革决策部署和改革措施落到细处、落到实处。

要调动各方面改革积极性，健全改革创新激励机制。构建改革的内生激励机制，让各地区、各部门和经济主体大胆探索，打通改革“最后一公里”；加大改革典型经验交流推广，加强舆论引导，加强宣传营造氛围，积极展示改革成果，扩大改革影响力，及时回应各方关切。

四、“十四五”期间加快构建高水平社会主义市场经济体制的政策建议

《纲要》指出，改革开放迈出新步伐。社会主义市场经济体制更加完善，高标准市场体系基本建成，市场主体更加充满活力，产权制度改革和要素市场化配置改革取得重大进展，公平竞争制度更加健全，更高水平开放型经济新体制基本形成。党的二十大报告提出“构建高水平社会主义市场经济体制”的战略部署，明确新举措新要求。根据新的发展形势要求，着眼于推动更好地实施国家“十四五”规划，进入“十四五”后半期，建议做好以下工作：一是以提高国有企业核心竞争力和增强核心功能为重点，深化国资国企改革；二是促进民营经济发展壮大；三是加快建设全国统一大市场，建设高标准市场体系；四是深入推进现代财税金融体制改革；五是推进宏观经济治理体系和治理能力现代化。

（一）坚持“两个毫不动摇”，实施国有企业改革深化提升行动

《求是》杂志发表了习近平总书记 2022 年 12 月 15 日在中央经济工作会议上重要讲话的一部分《当前经济工作的几个重大问题》。文中指出，国企改革三年行动已见成效，要根据形势变化，以提高核心竞争力和增强核心功能为重点，谋划新一轮深化国有企业改革行动方案。下一步，一是加快推进国有经济布局优化和结构调整，增强服务国家战略的功能作用。坚持以市场化原则加快推进国有资本布局优化和结构调整，按照以管资本为主的要求完善国有资产管理体制，增强服务国家战略的功能作用，向提供公共服务、应急能力建设和公益性等关系国计民生的重要行业集中；更大力度布局前瞻性战略性新兴产业，推动传统产业数字化、智能化、绿色化转型升级，提升产业链供应链韧性和安全水平；大力发展实体经济，在基本民生领域的有效供给更加充足，不断提升国有资本配置效率和整体功能。二是加快完善中国特色国有企业现代公司治理，更大限度按市场化机制运营。把党的领导融入公司治理、加强董事会建设落实董事会职权、保障经理层依法行权履职等，进一步厘清党组织、董事会、经理层之间的权责边界，形成权责法定、权责透明、协调运转、有效制衡的治理机制；提升前置事项清单在不同层级、不同类型企业的精准性。以发挥董事会投资决策、防范风险作用为重点，分批分类落实职权。三是加快健全有利于国有企业科技创新的体制机制，加快打造创新型国有企业。着力解决制约企业科技创新的机制、投入、人才、转化等突出问题，进一步强化企业创新中国有企业主体地位，围绕促进高水平科技自立自强、加快提升企业自主创新能力，推动国有企业打造原创技术“策源地”，着力突破一批关键核心技术，融入国家基础研究创新体系，主动承担重大项目，进一步加大原创技术的研发投入，全方位推动国有企业转型升级创新发展。

（二）促进民营经济发展壮大

党的二十大报告提出毫不动摇鼓励、支持、引导非公有制经济发展，优化民营企

业发展环境，依法保护民营企业产权和企业家权益，促进民营经济发展壮大。下一步，一是着力优化民营经济发展环境，破除制约民营企业公平参与市场竞争的制度障碍。加快清理废止涉企不平等对待法律法规政策，破除市场准入壁垒，继续围绕优化民营企业发展环境出台系列配套政策和举措，从制度和法律上把对国企民企平等对待的要求落下来。推动“放管服”改革取得更大突破，实施公平开放的市场准入制度，推动降低市场主体准入成本，全面梳理修订涉企法律法规政策，持续破除影响平等准入的壁垒，完善公平竞争制度，反对地方保护和行政垄断，为民营企业开辟更多空间。二是充分考虑民营经济特点，完善政策执行方式，加强政策协调性，推动各项优惠政策精准直达，切实解决企业实际困难。聚焦为民营企业解难题、办实事，着力解决民营企业发展面临的突出问题，促进民营经济发展壮大。进一步精简优化审批制度。严格实行行政许可事项清单管理，清单之外不得违法或变相实施行政许可，并构建畅通的民营企业意见诉求表达渠道，完善市、区、街道领导挂点服务工作机制。三是完善拖欠账款常态化预防清理机制和融资支持政策。要引导银行保险机构加大对民营企业的支持力度，持续出台着力破解制约民间投资堵点问题的政策。加大对民营企业纾困帮扶力度，细化落实工业、服务业减税降费等纾困政策，切实减轻相关行业领域特别是小微民营企业负担；围绕市场主体需求施策，完善政策实施方式，聚焦民营企业的共性问题和普遍诉求，充实完善政策储备工具箱。四是健全平等保护的法治环境，进一步提高行政效率和公信力。健全政府与民营企业常态化沟通交流机制，进一步提高行政效率和公信力，加强制度建设，最大程度调动民营企业的积极性主动性，依法保护民营企业产权和企业家权益，加快推进涉政府产权纠纷专项行动，梳理重点案件推送地方挂牌督办。五是推动民营企业参与国家重大战略，引导民营企业在高质量发展中找准定位。实施重大科技创新体制机制改革，提升创新体系效能，着力激发创新活力，引导相关市场主体走专精特新发展之路。积极支持民营企业建设高水平创新平台和科技成果转化平台，继续支持引导民营企业参与“一带一路”建设，推出支持民营企业参与乡村振兴的政策举措。

（三）加快建设全国统一大市场，建设高标准市场体系

党的二十大报告指出，构建全国统一大市场，深化要素市场化改革，建设高标准市场体系。市场体系是市场经济体制的重要组成部分，构建高水平市场经济体制，必须建设高标准市场体系。下一步，一是推进市场制度统一、设施联通、监管一致。打破地方保护和市场分割，促进商品要素资源在更大范围畅通流动，加快建设高效规范、公平竞争、充分开放的全国统一大市场。实施高标准市场体系建设行动。完善市场体系基础制度。健全以公平为原则的产权保护制度，依法平等保护各类产权。完善市场准入负面清单制度，以服务业为重点进一步放宽准入限制。强化竞争政策基础地位，加强反垄断和反不正当竞争，为资本设置“红绿灯”，防止资本无序扩张，规范和引导

各类资本健康发展。建立健全数据市场基础制度，推进土地、劳动力、资本、技术、数据等要素市场化改革，完善要素市场化配置机制。深化重要能源资源价格机制改革。二是从制度建设着眼，坚持立破并举，强化市场基础制度规则统一。完善统一的产权保护制度。完善依法平等保护各种所有制经济产权的制度体系。严格落实“全国一张清单”管理模式，严禁各地区各部门自行发布具有市场准入性质的负面清单，维护市场准入负面清单制度的统一性、严肃性、权威性，实现统一的市场准入制度；坚持对各类市场主体一视同仁、平等对待，健全公平竞争制度框架和政策实施机制，建立公平竞争政策与产业政策协调保障机制。编制出台全国公共信用信息基础目录，完善信用信息标准，建立公共信用信息同金融信息共享整合机制，形成覆盖全部信用主体、所有信用信息类别、全国所有区域的信用信息网络。三是加快建设高效规范、公平竞争、充分开放的全国统一大市场。健全城乡统一的土地和劳动力市场。统筹增量建设用地与存量建设用地，实行统一规划，强化统一管理。加快发展统一的资本市场。统一动产和权利担保登记，依法发展动产融资。强化重要金融基础设施建设与统筹监管，统一监管标准，健全准入管理。推动债券市场基础设施互联互通，实现债券市场要素自由流动。发展供应链金融，提供直达各流通环节经营主体的金融产品。加快培育统一的技术和数据市场。建立健全全国性技术交易市场，完善知识产权评估与交易机制，推动各地技术交易市场互联互通。加快培育数据要素市场。建立健全数据安全、权利保护、跨境传输管理、交易流通、开放共享、安全认证等基础制度和标准规范，深入开展数据资源调查，推动数据资源开发利用。建设全国统一的能源市场。在有效保障能源安全供应的前提下，结合实现碳达峰碳中和目标任务，有序推进全国能源市场建设。在统筹规划、优化布局基础上，健全油气期货产品体系，规范油气交易中心建设，优化交易场所、交割库等重点基础设施布局。培育发展全国统一的生态环境市场。依托公共资源交易平台，建设全国统一的碳排放权、用水权交易市场，实行统一规范的行业标准、交易监管机制。推进排污权、用能权市场化交易，探索建立初始分配、有偿使用、市场交易、纠纷解决、配套服务等制度。

（四）深入推进现代财税金融体制改革

作为中国式现代化的重要方面和新发展阶段财税体制建设的目标，建立现代财税体制已成为当前和今后一个时期乃至整个新发展阶段中国财税体制建设的一条主线。下一步，一是健全与中国式现代化相适应的现代财政制度。完善现代预算制度。落实《关于进一步深化预算管理制度改革的意见》，推动预算管理水平再上新台阶。深入推进预算公开，促进预算透明度进一步提高。完善绩效管理制度体系，加快构建全方位、全过程、全覆盖的预算绩效管理体系，推动财政资源配置效率和使用效益进一步提高。健全财政收支、资产负债、净资产核算体系。政府财务报告编制扎实开展。深化预算管理一体化建设，加快推动预算管理一体化系统全面运行，健全完善全国统一的预算管理一体化规范和标准体系。按照与财政事权和支出责任划分相适的原则，规范中央与地方的财政事权和支出责任的划分。深入落实已出台的医疗卫生、交通运输、自然资源等领域中央与地方财政事权和支出责任划分改革方案，进一步理顺中央与地方以及省以下政府间财政关系，进一步明确中央与地方职责范围，进一步理顺省以下政府间财政关系。继续完善财政转移支付制度，充分发挥其在收入分配中的调节作用。完善中央对地方均衡性转移支付办法，规范中央对地方资源枯竭城市转移支付、重点生态功能区转移支付等转移支付管理，合理安排转移支付资金。规范转移支付分类设置，厘清边界和功能定位。完善财政转移支付体系，提升基层财政保障能力；提高专项转移支付效率，保证资金定向精准投放；加大对革命老区、民族地区、边疆地区、欠发达地区的财政支持力度。持续推进转移支付绩效自评“全覆盖”，加大绩效自评抽查复核力度，不断提升绩效自评质量。二是全面建立现代税收制度。健全以所得税和财产税为主体的直接税体系，适当提高直接税比重。进一步完善个人所得税制度。适当扩大综合所得征税范围，逐步完善专项附加扣除项目，公平合理地加强对高净值人群的税务监管。发挥税收对制造业的支持作用。围绕支持制造业转型升级、科技创新、做强做大、促进外贸、减负纾困和资源重组，通过发挥研发费用加计扣除、技术转让税收优惠等政策作用，逐渐拉平制造业与服务业、商品与服务、线上与线下的增值税税率差距。积极稳妥推进房地产税立法和改革。抓住有利时点窗口，稳妥推进房地产税立法与改革，整合相关税种，合理降低房地产建设交易环节税费负担，填补税收对房产保有环节调控的空白。适当扩大省级税收管理权限。按照中央与地方收入划分改革方案，在中央统一立法和税种开征权的前提下，通过立法授权，后移消费税征收环节并稳步下划地方，适当扩大省级税收管理权限。三是深化金融供给侧结构性改革。围绕建设金融强国目标，深化金融市场改革，坚持把金融服务实体经济作为根本宗旨，全面强化金融服务实体经济能力，坚决遏制脱实向虚。持续加大金融对国内需求和供给体系的支持力度。完善金融支持创新体系，加大对先进制造业、战略性新兴产业的中长期资金支持。健全普惠金融体系，改进小微企业和“三农”金融供给，提升新市民金融服务水平，巩固拓展金融扶贫成果。支持恢复和扩大消费、重点基础设施和重大项目建设。建设现代中央银行制度。充分发挥货币信贷政策效能，重点做好稳增长、稳就业、稳物价工作，推动金融支持实体经济实现质的有效提升和量的合理增长。优化融资结构，健全资本市场功能，推动股票发行注册制走深走实，发展多元化股权融资，大力提高上市公司质量，培育一流投资银行和投资机构。继续推进利率和汇率形成机制改革。坚持对各类所有制企业一视同仁，引导金融机构进一步解决好民营小微企业融资问题。进一步发挥国务院金融委办公室牵头抓总作用。健全金融稳定保障基金管理制度。持续完善宏观审慎管理体系。优化宏观审慎压力测试机制。强化系统重要性银行监管。继续完善金融基础设施统筹监管框架。进一步加快发展直接融资。健全资本市场功能，深入推进股票发行注册制改革，提高直接融资比重。督促中小银行深耕本地，严格规范跨区域经营。

（五）推进宏观经济治理体系和治理能力现代化

《中共中央关于全面深化改革若干重大问题的决定》指出，“宏观调控的主要任务是保持经济总量平衡，促进重大经济结构协调和生产力布局优化，减缓经济周期波动影响，防范区域性、系统性风险，稳定市场预期，实现经济持续健康发展”。习近平总书记在2017年12月召开的中央经济工作会议讲话中指出，坚持适应我国经济发展主要矛盾变化完善宏观调控，相机抉择，开准药方，把推进供给侧结构性改革作为经济工作的主线。下一步，一是进一步加强政府自身建设，持续转变政府职能。在前期改革基础上，进一步厘清政府和市场、政府和社会关系，推动有效市场和有为政府更好地结合。完善经济调节、市场监管、社会管理、公共服务、生态环境保护等职能。健全宏观经济治理体系，创新和完善宏观调控。完善共建共治共享的社会治理制度，夯实基层社会治理基础。健全基本公共服务保障制度，提高基本公共服务均等化水平。构建生态文明体系，推动经济社会发展全面绿色转型。二是健全宏观经济治理体系。加快建立体现新发展理念、与高质量发展要求相适应的宏观调控目标体系、规划体系、政策体系、决策协调体系、监督考评体系和保障体系。健全以国家发展规划为战略导向，以财政政策和货币政策为主要手段，就业、产业、投资、消费、环保、区域等政策紧密配合，目标优化、分工合理、高效协同的宏观经济治理体系。坚定实施扩大内需战略，增强消费对经济发展的基础性作用和投资对优化供给结构的关键作用。完善宏观经济政策制定和执行机制，强化社会预期管理，强化跨周期和逆周期调节，促进经济总量平衡、结构优化、内外均衡。健全宏观政策制定和执行机制，在区间调控基础上加强定向调控、相机调控和精准调控。充分运用互联网、大数据、人工智能等手段，提升宏观经济治理现代化水平。健全宏观经济政策评估评价制度和重大风险识别预警机制。三是深入优化市场化、法治化、国际化一流营商环境。深化“放管服”改革，全面实行政府权责清单制度，持续优化市场化、法治化、国际化营商环境。持续推进商事制度改革，坚决打破“玻璃门”“弹簧门”“旋转门”等隐性门槛，清理废除妨碍统一市场和公平竞争的规定和做法，不断提升政务服务质量和效率。鼓励和保护公平竞争，依法保护生产者和消费者权益，加强反垄断和反不正当竞争，坚决破除地方保护和行政性垄断。健全与现代化经济体系相适应的法律法规和技术管理标准，完善市场环境和信用评价体系，打造稳定公平透明可预期的营商环境，不断提高市场化、法治化、国际化水平。四是推进监管能力现代化。全面推进社会信用建设，健全相关法律法规和标准体系，完善市场主体信用承诺制度，构建以信用为基础的新型监管机制，以新型监管机制推进监管能力现代化。

第七章　坚持农业农村优先发展，全面推进乡村振兴

强国必先强农，农强方能国强。全面推进乡村振兴是全面建成社会主义现代化强国的基础支撑。《纲要》提出，要走中国特色社会主义乡村振兴道路，全面实施乡村振兴战略，强化以工补农、以城带乡，推动形成工农互促、城乡互补、协调发展、共同繁荣的新型工农城乡关系，加快农业农村现代化。《纲要》明确，到 2035 年，基本实现新型工业化、信息化、城镇化、农业现代化，建成现代化经济体系，农业基础更加稳固。两年多来，以习近平同志为核心的党中央坚持把解决好“三农”问题作为全党工作的重中之重，党中央、国务院及各级部门陆续出台《“十四五”推进农业农村现代化规划》《中华人民共和国乡村振兴促进法》《全国高标准农田建设规划（2021—2030年）》《中华人民共和国黑土地保护法》《“十四五”现代种业提升工程建设规划》《“十四五”全国农业机械化发展规划》《农村土地承包合同管理办法》《农村土地经营权流转管理办法》《关于推进以县城为重要载体的城镇化建设的意见》《应对新冠肺炎疫情影响持续巩固拓展脱贫攻坚成果的若干措施》等文件，全面实施乡村振兴战略，稳住农业基本盘，夯实“三农”压舱石。党的二十大首次提出加快建设农业强国，着眼全面建设社会主义现代化国家全局，为新时代新征程加快推进农业农村现代化指明了方向。2023 年中央一号文件作为 21 世纪以来中央连续出台的第 20 个指导“三农”工作的一号文件，围绕加快建设农业强国核心主线，进一步强调全方位夯实粮食安全根基、不发生规模性返贫“两条底线”任务。

从重大目标看，粮食综合生产能力首次成为五年规划的约束性指标。从实施情况看，粮食综合生产能力指标进展基本符合预期，安全保障基础进一步夯实。同时，坚决守住 18 亿亩耕地红线，高标准农田建设目标任务有望如期完成。农业科技支撑能力进一步增强，为增强我国农业综合生产能力、加快农业现代化奠定坚实基础。

从重大举措看，农业质量效益和竞争力稳步提升，全面夯实粮食生产能力基础，农业结构调整持续深化，农村新产业新业态加快发展。乡村建设行动扎实推进，着力强化规划和标准引领，乡村基础设施和公共服务水平逐步提升，农村人居环境不断改善。城乡融合发展体制机制逐步健全，农业农村重点改革任务稳步推进，农业农村发展要素保障能力进一步提升。进一步巩固拓展脱贫攻坚成果，持续推动脱贫地区发展和乡村全面振兴，持续提升脱贫地区整体发展水平。

从重大工程看，农业农村建设各项重大工程项目稳步推进，进展符合预期。高标准农田建设工程扎实推进，打好种业翻身仗、种业振兴行动加快落实落地，农业机械化全程全面转型升级加快推进，动物防疫和农作物病虫害防治成效显著，农业面源污染防治力度不断加大，农产品冷链物流设施持续完善，乡村基础设施更加完备，农村人居环境整治提升取得明显成效。重大工程项目有序推进，预计能如期完成。

展望“十四五”后半期，我国加快建设农业强国、推进农业农村现代化面临新形势：一是粮食安全重要性凸显，面临风险挑战明显增多；二是我国加快从农业大国向农业强国迈进，对优化农业要素供给与配置提出更高要求；三是人口老龄化叠加城镇化“下半程”，推进城乡基本公共服务均等化面临新形势新要求；四是国内外经济进入不稳定波动期，守牢不发生规模性返贫底线任务依然繁重。

根据新的发展形势要求，着眼于推动更好地实施规划，建议下一步做好以下工作：从增产和减损两端发力确保粮食安全，坚决守住不发生规模性返贫底线，强化农业科技和装备支撑，推动乡村产业高质量发展，有力有序推动农村生活环境提升，持续深化农村改革，加快推进县域城乡融合发展。

一、重大目标：粮食综合生产能力指标进展基本符合预期，农业现代化步伐不断加快

《纲要》在主要指标中首次设置粮食综合生产能力约束性指标，将2025年粮食综合生产能力目标值设定为不低于6.5亿吨。同时，设置集中连片高标准农田规模、农作物耕种收综合机械化率两项指标，明确2025年集中连片高标准农田达到10.75亿亩、农作物耕种收综合机械化率达75%的目标。从实施情况看，粮食综合生产能力稳中有升，基本能够达到“十四五”时期目标要求；集中连片高标准农田建设任务有望如期完成；农作物耕种收综合机械化率指标进展符合时序进度。

1. 粮食综合生产能力稳中有升，安全保障基础进一步夯实

一是贯彻“确保谷物基本自给、口粮绝对安全”的新粮食安全观，坚持不懈抓好粮食生产。2022年，我国粮食生产实现“十九连丰”，粮食总产量约6.9亿吨（6865.3亿公斤）（见图12），比上年增长0.5%，连续两年创新高。稻谷、小麦、玉米等3种粮食产量合计超过6.2亿吨，大豆产量迈上了2000万吨台阶，比2021年增产389万吨，创历史新高，加上其他粮食作物，基本能够达到“十四五”时期粮食综合生产能力需达到6.5亿吨以上的要求①。二是突出做好生猪稳产保供工作，统筹重要副食品生产供应。2022年底，全国能繁母猪存栏量略高于产能调控绿色合理区域上限②，

① 国家粮食和物资储备局，《“十四五”时期中国确保粮食产量稳定在6.5亿吨以上》，https：//baijiahao.baidu.com/s? id=1695914349596644587&wfr=spider&for=pc。

② 国务院新闻办举行发布会，《介绍2022年农业农村经济运行情况》，http：//www.gov.cn/xinwen/2023-01/18/content_5737816.htm。

全年猪肉产量 5541 万吨，比上年增长 4.6%。牛羊禽肉、牛奶、水产品全面增产，蔬菜水果供应量足价稳。

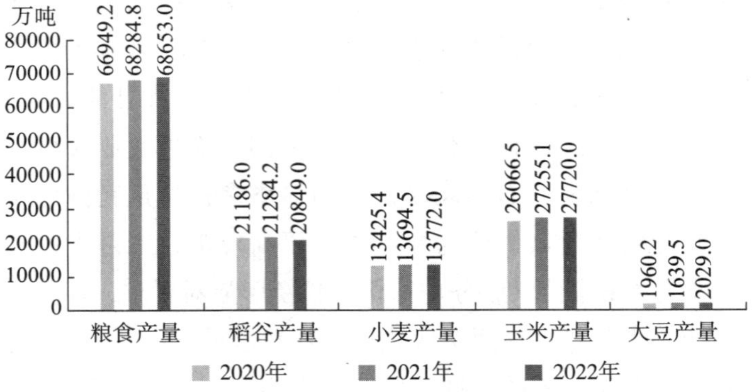

图 12　2020—2022 年粮食产量增长情况

资料来源：作者根据《中国统计年鉴》绘制。

2. 坚决守住 18 亿亩耕地红线，高标准农田建设目标任务有望如期完成

一是坚持最严格的耕地保护制度，耕地减少势头得到初步遏制。截至 2022 年底，全国耕地面积 19.14 亿亩（12760.1 万公顷），较 2021 年底净增约 130 万亩①，连续第二年实现耕地总量净增加。二是集中连片、规模开发、整体推进高标准农田建设。到 2022 年底，全国新增高标准农田 2.47 亿亩，累计建成 10 亿亩以上，与到 2025 年“建成 10.75 亿亩集中连片高标准农田”的目标相比，还差 0.75 亿亩左右，按照 2021 年、2022 年分别建成 1.0551 亿亩和 1 亿亩的进度，预计“十四五”目标任务有望如期完成。高标准农田占我国耕地的一半以上，占到 15.46 亿亩永久基本农田的2/3，其中，13 个粮食主产省份共建成高标准农田 7.07 亿亩，占全国建成面积的 70.7%②，稳定保障 5000 亿公斤以上粮食产能。高标准农田建设实现农田质量、产出能力、资源利用效率“三高”，通过平整土地、改良土壤等措施，农田平均耕地质量可提升 1~2 个等级，保土保肥保水能力显著增强；高标准农田实现地平整、土肥沃、田成方、林成网、路相通、渠相连，粮食产能平均增加 10%~20%，亩均粮食产量提高 100 公斤；调查显示，高标准农田建设项目区节肥 13.8%、节药 19.1%，节本增收效果明显。

3. 农业科技支撑能力进一步增强，为增强我国农业综合生产能力、加快农业现代化奠定坚实基础

一是加快推进农业科技自立自强。2022 年，我国农业科技进步贡献率由 2020 年的

① 《2022 年全国耕地净增加约 130 万亩》，https：//china.qianlong.com/2023/0417/8011013.shtml。

② 《2022 年底全国已累计建成 10 亿亩高标准农田》，http：//www.gov.cn/xinwen/2023-01/16/content_5737126.htm。

60.7%提高到62.4%①，我国农业科技创新整体水平已经迈入世界第一方阵。二是种业振兴深入推进。2022年，农作物自主选育品种面积占比超过95%，供种保障率提高到75%，农作物良种覆盖率超过96%，畜禽、水产种源自给率分别超过75%和85%②，总体农业用种安全有保障，风险可控。三是农业机械化水平稳步提高。如图13所示，2022年农作物耕种收综合机械化率达到73%，较2021年提升1个百分点，与“十四五”规划75%的目标相比，指标进展符合时序进度③。小麦、玉米、水稻三大粮食作物耕种收综合机械化率分别超过97%、90%和85%，农机装备对粮食丰产丰收贡献率显著提高。

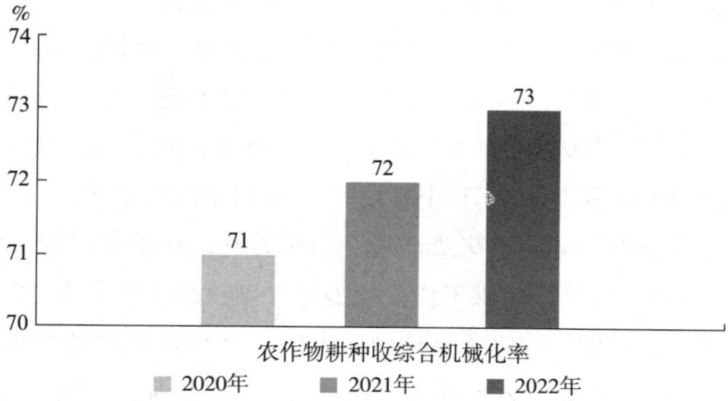

图13　2020—2022年农作物耕种收综合机械化率增长情况

资料来源：作者根据农业农村部公开信息绘制。

二、重大举措：围绕农业农村优先发展总方针，全面推进乡村振兴实现良好开局

《纲要》共提出了4项重大举措：持续强化农业基础地位，提高农业质量效益和竞争力；实施乡村建设行动，建设美丽宜居乡村；健全城乡融合发展体制机制，增强农业农村发展活力；实现巩固拓展脱贫攻坚成果同乡村振兴有效衔接。经过两年多发展，农业质量效益和竞争力稳步提升、乡村建设行动扎实推进、城乡融合发展体制机制逐步健全、巩固拓展脱贫攻坚成果同乡村振兴有效衔接。但也要看到，我国农业大而不强、多而不优，国际竞争力不强，与主要农业强国相比还存在较大差距，农村地区基础设施、公共服务、人居环境建设依然薄弱，城乡发展不平衡不充分问题依然存在，

① 《迈入世界第一方阵！2022年全国农业科技进步贡献率达62.4%》，https://tech.gmw.cn/2023-01/18/content_36311758.htm。

② 《农业农村部：我国农作物良种覆盖率超过96%》，https://baijiahao.baidu.com/s?id=1713286905316294058&wfr=spider&for=pc。

③ 《农业高质量发展成效显著　农业科技进步贡献率达62.4%》，https://baijiahao.baidu.com/s?id=1763691024574849830&wfr=spider&for=pc。

当前我国经济发展环境的复杂性、严峻性、不确定性上升，巩固拓展脱贫攻坚成果、坚决守住不发生规模性返贫底线的任务依然繁重。

（一）农业质量效益和竞争力不断提高

1. 全面夯实粮食生产能力基础

一是我国粮食产量实现“十九连丰”。2022 年，我国粮食总产量 6865.3 亿公斤，比上年增加 37 亿公斤，同比增长 0.5%，连续 8 年稳定在 0.65 万亿公斤以上；粮食播种面积 17.75 亿亩，比上年增加 1051.9 万亩，同比增长 0.6%。稻谷、小麦、玉米等三大主粮产量合计达到 6234.25 亿公斤，合计增产 10.8 亿公斤。人均粮食占有量达到 486 公斤，远高于国际公认的 400 公斤粮食安全线；小麦、水稻自给率超过 100%，玉米自给率达到 95%以上，实现“谷物基本自给、口粮绝对安全”。二是棉油糖、肉蛋奶等主要农产品供给充裕。2022 年，大豆产量迈上 2000 万吨台阶，比上年增产 389 万吨，大豆油料产能提升工程迎来“开门红”，大豆自给率提高了 3 个百分点，食用植物油自给率提高 1 个百分点。全国棉花总产量 597.7 万吨，比上年增加 24.6 万吨，同比增长 4.3%。突出做好生猪稳产保供工作，统筹重要副食品生产供应。2022 年底，全国能繁母猪存栏量略高于产能调控绿色合理区域上限，全年猪肉产量 5541 万吨，比上年增长 4.6%。牛羊禽肉、牛奶、水产品全面增产，全年牛肉、羊肉、禽肉、禽蛋、牛奶、水产品产量分别增长 3.0%、2.0%、2.6%、1.4%、6.8%、2.7%。蔬菜水果供应充足，2022 年蔬菜播种面积约为 2237.5 万公顷，同比增长 2.3%，蔬菜产量约为 78705.2 万吨，同比增长 2.6%；水果产量达到 3.01 亿吨，产量稳中有增。

2. 巩固提升耕地保障能力

一是坚决守住 18 亿亩耕地红线。坚持实行最严格的耕地保护制度，落实耕地保护党政同责，压紧压实地方各级党委和政府的主体责任，确保 18 亿亩耕地实至名归，全国耕地面积连续两年实现净增加。遏制耕地“非农化”、防止“非粮化”，规范耕地占补平衡，严禁占优补劣、占水田补旱地。二是高标准农田建设加快推进。截至 2022 年底，全国新增高标准农田 2.47 亿亩，累计建成 10 亿亩，稳定保障 5000 亿公斤以上粮食产能。耕地质量、产出能力等明显提高，建成后的高标准农田平均耕地质量可提高约 1 个等级，亩均粮食产能增加 10% ~ 20%。农田抗灾减灾能力大幅提升，据统计，2010 年至 2021 年，我国农作物年受灾面积年均递减 9%①。三是国家黑土地保护工程扎实推进。《中华人民共和国黑土地保护法》于 2022 年 8 月 1 日正式施行，东北三省及内蒙古自治区也先后出台《吉林省黑土地保护条例》《黑龙江省黑土地保护利用条例》《辽宁省 2023 年黑土地保护性耕作实施方案》《内蒙古自治区 2022 年黑土地保护性耕

① 《“要建好，更要管好、用好”——高标准农田建设观察》，http：//finance.people.com.cn/n1/2023/0117/c1004-32608130.html。

作推进行动实施方案》等地方法律法规和文件，东北保护性耕作显成效，已形成多种行之有效的保护性耕作模式。四是新建改造一批大型灌区。水利部数据显示，2022 年以来，全国新开工 8 处大型灌区，实施 505 处大中型灌区现代化改造，新增恢复和改善灌溉面积达 3370 万亩①。全面推进大中型灌区标准化规范化管理，以提高灌区“两费”（公益性人员基本支出和公益性工程维修养护经费财政补助）落实率为重点，深化管理体制改革。目前，已有 18 个省份出台了实施细则，220 个灌区开展了标准化规范化建设②。

3. 农业科技和装备支撑更加有力

一是种业振兴行动深入实施。农业种质资源普查保护不断加强，历时 3 年的全国农业种质资源普查即将收官，新收集农作物资源 13.9 万份、畜禽资源 27 万份、水产资源 12 万份，新发现帕米尔牦牛等畜禽品种资源 34 个，抢救性保护樟木牛等一批濒危珍稀资源，初步摸清了资源家底；国家农作物、海洋渔业种质资源新库建成运行，畜禽种质资源库加快建设，可满足今后 50 年资源战略保存需要。育种创新攻关加快推进，自主研发的两把基因编辑“剪刀”（CRISPR-Cas12i，CRISPR-Cas12j）加快研发应用；生猪、奶牛等专用育种芯片具备国产化替代能力；初步培育出一批耐盐碱小麦品种和短生育期冬油菜品种，首批 51 个玉米大豆转基因品种即将通过审定；3 个白羽肉鸡品种打破国外种源垄断，市场占有率超过 20%，并首次走出国门，出口坦桑尼亚，自主培育的肉牛品种华西牛、南美白对虾新品种加快应用③。国家种业振兴企业阵型加速构建，初步形成了由 69 家农作物、86 家畜禽、121 家水产等龙头企业组成的国家种业企业阵型；健全 216 个作物制种基地县、300 个种畜禽场站、91 个水产原良种场组成的良种繁育“国家队”，实现粮棉油糖、猪牛羊禽、鱼虾蟹贝基本覆盖，供种保障率由 70%提升到 75%以上。2022 年 3 月 1 日，最新修改的《中华人民共和国种子法》正式施行，我国植物新品种保护制度进一步健全。二是农机装备补短板工作取得重要阶段性成效。大型大马力农机装备实现国内无级变速拖拉机从无到有的突破，240 马力、320 马力无级变速拖拉机量产，填补市场空白；700 马力青饲料收获机、18 千克/秒喂入量谷物联合收获机完成样机试制；气力式电驱高速精量播种机、400 马力级青饲料收获机、大方捆打捆机实现产业化应用；六行打包采棉机、高速插秧机、12 千克/秒喂入量谷物联合收获机等国内品牌销量占比超过 50%，加快对国外同类产品的替代。丘陵山区部分小型机具加快研制并开始应用于生产一线，多款 6~15 度坡丘陵山地拖拉机、再生稻收获机、白萝卜收获机、根茎类中药材收获机实现产品定型；山地玉米播种机

---

① 《水利部：2022 年新增恢复和改善灌溉面积达 3370 万亩》，http：//www.rmzxb.com.cn/c/2023-01-03/3268461.shtml。

② 《大中型灌区实施现代化改造》，http：//www.ce.cn/xwzx/gnsz/gdxw/202211/03/t20221103_38207452.shtml。

③ 《农业农村部：种业振兴行动取得阶段性成效》，https：//www.gov.cn/lianbo/bumen/202312/content_6921412.htm。

实现突破，适用于西南山区；油菜移栽机、带状复合种植专用播种机、大豆专用割台等规模量产，有力支撑大豆油料产能提升；山地轨道运输机大量应用于湖北、重庆、浙江等省的果（茶）园，保有量接近5万套，显著减轻了劳动强度。农机装备信息化智能化显著提升，全国安装北斗终端农机已达220万台，自动驾驶播种行驶百米的直线误差在2.5厘米，作业效率和作业精度达到国际先进水平[①]。

4. 树立“大食物观”，构建多元化食物供给体系

一是全方位、多途径拓展食物来源。海洋水产品丰富食物供给来源。2022年，全国海洋水产品产量同比增长2.4%，远洋渔业产品运回国内销量占比不断提升，[②] 已建成海洋牧场300多个，国家级海洋牧场示范区增至153个，[③] 山东、福建、海南等地多个深远海养殖平台陆续投产。打造森林“粮库”让中国饭碗更丰盛。2021年，全国经济林种植面积继续保持在6亿亩以上，年产量超过2亿吨，[④] 核桃、油茶、板栗、枣、苹果、柑橘等主要经济林面积和产量均居世界首位。探索开发新型食品资源。2022年5月，国家发展改革委印发《“十四五”生物经济发展规划》，明确提出探索研发“人造蛋白”等新型食品，实现食品工业迭代升级，降低传统养殖业带来的环境资源压力。随着政策支持力度不断加大，基于植物提取、基因工程、干细胞培养、3D打印等新蛋白合成技术快速发展。二是积极推动食物全产业链减损节约。在生产和收获环节，着重从机收减损上挖潜，通过科技攻关、机收培训等指导各地有效实现机收减损。2021年，三大主粮机收损失率平均降低1个百分点，挽回50亿公斤损失。[⑤] 在储存和运输环节，自2022年起，将粮食烘干等技术作为产后减损的关键技术在主产区推广，中央财政加大对粮食烘干机具的购置补贴力度，农业农村部也大力推广烘干、霉变防控等实用技术，粮食在烘干储存环节的损耗进一步降低。在加工和包装环节，提倡全谷物食物消费，与此同时，通过技术创新，推广柔性碾磨等技术，减少加工环节的损耗。提升加工利用水平，建立粮食适度加工标准体系，优化加工技术装备和工艺，提高成品粮出品率和副产物综合利用率。在消费环节，引导节约理性消费，健全餐饮业服务规范、行业标准，常态化推进光盘行动，开展爱粮节粮系列宣传活动，推动厉行节约、反对浪费蔚然成风。

5. 农业适度规模经营有序推进

一是新型农业经营主体加快发展。初步构筑起以农户家庭经营为基础、合作与联

---

① 《农业农村部：农机装备补短板加力推进》，https：//www. gov. cn/lianbo/bumen/202312/content_6923161. htm。

② 《2022年全国海洋生产总值超9万亿元　比上年增长1.9%》，https：//news. youth. cn/gn/202304/t20230413_14451734. htm。

③ 《我国海洋经济加快绿色转型　持续彰显发展韧性》，https：//www. mnr. gov. cn/dt/mtsy/202304/t20230413_2781442. html。

④ 《2021年我国经济林产值超过2.2万亿元》，https：//news. cctv. com/2022/01/14/ARTI1mc8QPeKbwQqSTH7ljcz220114. shtml。

⑤ 《我国粮食全链条减损取得积极进展》，https：//finance. sina. com. cn/jjxw/2022-12-01/doc-imqqsmrp8171182. shtml。

合为纽带、社会化服务为支撑的立体式复合型现代农业经营体系，促进小农户和现代农业有机衔接。截至 2021 年底，全国家庭农场超过 390 万个，平均经营规模 134.3 亩；全国依法登记的农民合作社 223 万家，带动全国近一半农户；全国市级以上农业产业化龙头企业共吸纳近 1400 万农民稳定就业，农业产业化组织辐射带动 1.27 亿农户，户均年增收超过 3500 元。[①] 二是农业社会化服务蓬勃发展。2022 年，农业社会化服务覆盖小农户超过 9100 万户。农业农村部中国农业社会化服务平台注册主体超 80 万个，较上年同期增长 49.5%。其中，注册农业主管部门 0.6 万个、服务主体（含村集体）18.7 万个。2022 年春耕期间，中央继续加大投入，支持开展社会化服务，让小农户的承包地在不改变经营权的前提下，交给服务组织进行专业生产托管。据测算，平均降低成本 10%以上，提高效益 10%以上。[②]

6. 农村一二三产业融合发展步伐加快

一是农村特色产业发展成效显著。2022 年，我国支持各地新建 40 个、续建 100 个优势特色产业集群，全产业链产值超 100 亿元的产业集群已达到 118 个。[③] 支持各地通过发展“一村一品”“一镇一特”“一县一业”，把小产业、“土特产”培育成为当地农民的支柱产业。数据显示，到 2021 年底，全国杂粮杂豆、果蔬茶菌等特色种植基地 12.05 亿亩，年度生产特色农产品 13.85 亿吨，养殖特色牲畜 669.52 万头，生产特色水产品 2470 万吨，特色产业一产总产值达到 9.7 万亿元，有效带动农民增收，丰富了居民餐桌食物品种。二是农产品加工业稳步发展。2022 年，我国规模以上农产品加工企业营业收入超过 19.14 万亿元，同比增长 3.6%左右，农产品加工转化率达 72%，农产品加工业与农业产值比达 2.52∶1。[④] 2022 年，全国新认定 412 家农业产业化国家重点龙头企业，总量达到 1959 家；新认定企业多数从事农产品精深加工流通和新产业新业态，涵盖粮油、畜禽、果菜茶、水产、种业、中药材、乳品和小众特色等多种门类，且大多注重农业全产业链打造，综合实力强，年平均总资产规模超过 9 亿元，平均固定资产规模超过 2 亿元，平均销售收入 9 亿元，平均资产报酬率 9%。三是乡村新产业新业态加快发展。农产品网络零售增势良好。2022 年，全国各类涉农电商超过 3 万家，农产品网络零售额达 5313.8 亿元，同比增长 9.2%，较 2021 年提升 6.4 个百分点，直播电商、预制菜、社区团购等新业态为农产品提供销售新渠道。乡村休闲旅游业全面恢复性发展。携程集团《携程乡村旅游振兴白皮书（2023）》显示，2023 年前三季度，国内乡村旅游订单量已恢复至 2019 年同期的 264%，复苏势头强劲，乡村民宿行

---

① 《报告显示：带动小农户发展的现代农业经营体系初步形成》，https：//baijiahao.baidu.com/s? id = 1719759626380924155&wfr = spider&for = pc。

② 《2022 年全国农业社会化服务行业观察》，https：//www.thepaper.cn/newsDetail_forward_21560736。

③ 《特色产业拓宽农民增收路》，http：//www.ce.cn/cysc/newmain/yc/jsxw/202212/20/t20221220_38297005.shtml。

④ 《国务院新闻办就 2023 年前三季度农业农村经济运行情况举行发布会》，https：www.gov.cn/lianbo/fabu/2023/0/content_ 6911096.htm。

业不仅重启增长，还创造了过去 5 年来民宿数量最大增幅，达到历史高点[①]。各地不断探索乡村旅游与传统农事、非遗体验、民俗节庆、户外运动、康养度假、研学教育等结合新模式，露营、溯溪、亲子牧场、萌宠乐园、郊野游乐园等休闲娱乐产品不断涌现。四是农业绿色产品供给能力稳步提升。截至 2022 年底，全国绿色食品、有机农产品有效用标单位总数 27246 家，产品总数 60254 个，同比分别增长 10%、8.3%；建成绿色食品原料标准化生产基地 748 个，总面积超过 1.68 亿亩，带动近 2030 万农户发展，建成有机农产品基地 102 个，绿色食品（有机农业）一二三产业融合发展园区 41 个。

7. 农民增收渠道持续拓宽

一是农村居民增收内生动力不断增强。2022 年，我国农村居民人均可支配收入 20133 元，首次迈上 2 万元新台阶，名义增长 6.3%、实际增长 4.2%，分别快于城镇居民 2.4 个百分点、2.3 个百分点；城乡居民收入倍差为 2.45，比 2021 年缩小 0.05。二是农村就业创业势头良好。据统计，2012 年至 2022 年底，全国返乡入乡创业人员数量累计达到 1220 万人，农村就地就近就业率超过 90%。大学毕业生到乡、能人回乡、农民工返乡、企业家入乡，各类人才创业创新，乡村产业发展动能不断增强。农业农村部组织实施高素质农民培育计划，面向种养大户、家庭农场经营者、农民合作社带头人等重点群体开展全产业链培训，2022 年培育高素质农民 75.4 万人；高素质农民中获得农民技术人员职称、国家职业资格证书的比例分别比 2021 年提高了 6.64 个百分点、3.46 个百分点；启动实施乡村产业振兴带头人培育“头雁”项目，重点面向新型生产经营主体负责人进行系统培育和综合支持，2022 年共培育 1.78 万人[②]。

但也要看到，以农业高质量发展更高的标准来看，我国农业发展的质量效益和竞争力仍面临短板和瓶颈约束。一是耕地保护压力日益加大。2022 年度全国国土变更调查初步结果显示，全国耕地面积达到 19.14 亿亩，与 2009 年第二次全国国土调查的 20.3 亿亩相比，耕地面积减少 1.16 亿亩。[③] 耕地和永久基本农田“非农化”“非粮化”问题仍然突出。遥感监测数据显示，我国现有耕地中，真正种粮的面积约占 7 成，其余为经济作物、园地、林地、休耕等。粮食价格相对于其他经济作物价格低，持续较低的粮价和逐年增加的成本使得种植粮食的收益低，导致农户种粮积极性不断下降。二是农业科技装备水平仍然相对滞后。2022 年我国农业科技进步贡献率达到 62.4%[④]，但与世界农业强国 80%左右的水平相比还有一定差距。种业科技创新方面，种业原始

---

① 《携程乡村旅游振兴白皮书（2023）》，https：//www.traveldaily.cn/article/178626。

② 《农业农村部对魏巧代表提出的关于实施新农人计划支撑农业强国的建议的答复摘要》，https：//www.moa.gov.cn/govpublic/KJJYS/202309/t20230918_6436623.htm。

③ 《2022 年中国自然资源统计公报》，https：//m.mnr.gov.cn/gk/tzgg/202304/P020230412578100029650.pdf。

④ 《迈入世界第一方阵！2022 年全国农业科技进步贡献率达 62.4%》，https：//tech.gmw.cn/2023-01/18/content_36311758.htm。

创新能力不足问题依然存在，缺少具有重大突破性的理论和方法，在种业关键共性技术特别是转基因、基因编辑等生物育种技术方面，拥有的原创性技术专利和知识产权还比较少；种业创新体制机制也存在制约，高校、科研院所等机构存在研究与产业结合不紧密、研究内容同质化、科研创新效率不高等问题。农业机械化方面，丘陵山区耕地面积占全国耕地面积的1/3，南方地区特别是西南丘陵山区发展较慢，典型丘陵山区县农作物综合机械化率低于50%，低于全国平均水平20多个百分点。丘陵山区地形条件的复杂性和种植制度的多样性，导致农机品种多研发难度大、单型号机具市场规模偏小、研发制造成本高，农机企业研发收入不足，许多产业关键环节“无机可用”“无好机用”问题突出。三是农村一二三产业有机融合度仍然较低。农村三产融合发展总体层次仍然较低，产业链条延伸不足、附加值低。乡村产业融合过程中侧重经济功能，生态、文化等其他重要功能拓展不够。人才、资金和公共设施等关键要素供给缺乏，比如，农村优秀人才和青壮年劳动力的严重流失使三产融合项目难以获得必要的人才支撑。经营主体数量多但规模小、层次低，资源整合能力、创新能力、带动能力均较为薄弱。同时，经营主体间的利益联系仍然较为松散，合作形式也比较单一。四是农村基础设施仍有明显薄弱环节。比如，农田灌溉水利设施建设方面，抵御自然灾害能力不强。全国小型农田水利工程完好率平均不到50%，大型灌排泵站设备完好率不足60%，大中型灌区中有60%的工程设施不配套。① 许多灌区工程已达到或超出规定使用年限，淤积、塌方、损毁问题较为突出，农田水利工程建设和管理存在“责权利不明，建管用脱离”现象。五是资源环境要素约束加大。工业“三废”、城市生活垃圾等污染向农业农村扩散，耕地数量减少质量下降、地下水超采、投入品过量使用、农业面源污染问题加重，农产品质量安全风险增多，推动绿色发展和资源永续利用十分迫切。

（二）宜居宜业和美乡村建设成效显著

1. 着力强化规划和标准引领

2021年中央一号文件提出，加快推进村庄规划工作；2021年基本完成县级国土空间规划编制，明确村庄布局分类；积极有序推进“多规合一”实用性村庄规划编制，对有条件、有需求的村庄尽快实现村庄规划全覆盖。在国土空间规划体系构建背景下，自然资源部已单独或联合其他部门出台了3份用以指导村庄规划工作的政策文件，强调坚持有序推进、务实规划，防止一哄而上，片面追求村庄规划快速全覆盖，避免脱离实际追求村庄规划全覆盖。

2. 农村人居环境不断改善

一是深入开展农村“厕所革命”。2022年，全国农村卫生厕所普及率超过73%，

---

① 《农业现代辉煌五年系列宣传之二十三：大力推进农业节水保障国家粮食安全》，http://www.jhs.moa.gov.cm/ghgl/202107/t20210713_6371688.htm。

其中，东部地区、中西部城市近郊区等有基础、有条件的地区农村卫生厕所普及率超过 90%，农民群众环境卫生观念增强，生活质量普遍提高①。二是针对“垃圾围村”、农村黑臭水体等重大环境问题进行根治。两年多来，各地全面开展农村黑臭水体排查，实行“拉条挂账、逐一销号”，已经消除 2200 余个群众反映强烈、面积较大的农村黑臭水体。生活垃圾进行收运处理的自然村比例达 91%，垃圾处理设施投资显著增加，农村垃圾山、垃圾围村等现象明显改善。三是村庄清洁和绿化水平持续提升。持续发动群众开展“三清一改”（清理农村生活垃圾、清理村内沟塘、清理畜禽养殖粪污等农业生产废弃物，改变影响农村人居环境的不良习惯），着力解决村庄环境脏乱差问题。截至 2022 年，95%以上的村庄开展了清洁行动，14 万个村庄得到绿化美化，村容村貌焕然一新②。

3. 乡村基础设施和公共服务水平逐步提升

一是乡村基础设施持续完善。强化农村供水保障，2022 年，全国农村自来水普及率达到 87%，农村规模化供水工程覆盖农村人口比例达到 56%。农村公路网络进一步完善，新改建农村公路 36 万公里③，所有具备条件的建制村全部实现通硬化路。现有行政村已全面实现“村村通宽带”，农村光纤平均下载速率超过 100Mbps，农村和偏远地区通信基础设施水平显著提升，农村网民规模达 3. 09 亿人，农村地区互联网普及率为 55. 9%④。以实现农村低收入群体住房安全有保障为根本，建立农房定期体检制度，加强日常维修管护，推进农村危房改造和农房抗震改造，累计改造约 100 万户。二是加快补齐农村公共服务短板。截至 2021 年底，全国有县级医疗卫生机构 2. 3 万个、乡镇卫生院 3. 5 万个、村卫生室 59. 9 万个，实现县乡村医疗卫生机构全覆盖⑤。全国所有县区通过国家义务教育基本均衡发展督导评估认定，加快推进城乡师资配置均衡化，将到农村学校任教作为申报高级职称的必要条件和选任中小学校长的优先条件，对培养输送优秀骨干教师的学校给予奖励支持，2022 年，我国农村义务教育阶段本科以上

---

① 《坚持“大卫生、大健康”理念，奋力书写新时代爱国卫生运动新篇章》，https：//baijiahao. baidu. com/s? id=1758991476895443736&wfr=spider&for=pc；中国社科院调研组，《农村人居环境整治提升情况调查》，https：//baijiahao. baidu. com/s? id=1766828708337464603&wfr=spider&for=pc；《全国农村卫生厕所普及率超过 70%》，http://www. moa. gov. cn/ztzl/ymksn/xhsbd/202206/t20220628_6403534. htm。

② 《关于通报表扬 2022 年度全国村庄清洁行动先进县的通知》，http：//agri. jl. gov. cn/xdny/shsy/202303/t20230313_8677528. html。

③ 国家发展改革委，《〈中华人民共和国国民经济和社会发展第十四个五年规划和 2035 年远景目标纲要〉实施中期评估报告》，https：//mp. weixin. qq. com/s/tKt6zVDwFGXA8VdWhgQnIA。

④ 《国务院新闻办公室举行新闻发布会　介绍 2022 年农业农村经济运行情况》，https：//www. gov. cn/xinwen/2023-01/18/content_5737816. htm#：~：text=%E5%9B%BD%E5%8A%A1%E9%99%A2%E6%96%B0%E9%97%BB%E5%8A%9E%E5%85%AC%E5%AE%A4,%E5%86%B5%EF%BC%8C%E5%B9%B6%E7%AD%94%E8%AE%B0%E8%80%85%E9%97%AE%E3%80%82。

⑤ 《国家卫健委：我国实现县乡村医疗卫生机构全覆盖》，https：//baijiahao. baidu. com/s? id=1733676346994991048&wfr=spider&for=pc。

学历专任教师占比达 76.01%[①]。加强农村地区养老服务设施建设，截至目前，全国共有农村特困人员供养服务设施 1.7 万个，床位 179.4 万张，农村互助养老服务设施约 13.8 万个[②]。

需要指出的是，我国农村生活条件已得到了显著改善，但很多地区的农村生活条件仍相对较差，距离现代生活条件还有不小的差距。一是农村人居环境条件、公共服务设施建设还有很大改善空间。基础设施往村覆盖、往户延伸还存在明显薄弱环节，仍有超过 1/3 的自然村（组）未通硬化路，约 1/5 的行政村未通快递，约 15%的农户没用上自来水，超过四成农户没用上互联网，农村厕所、垃圾污水处理、村容村貌等人居环境条件还需持续改善。我国农村教育、医疗、养老、社保等公共服务体系逐步完善，“有没有”的问题已基本解决，但“好不好”的问题还比较突出，城乡差距仍较大，亟须提高农村居民享受公共服务的可及性、便利性。二是农村地区发展不均衡问题较为突出。近年来，随着农村劳动力大量转移和人口迁移，农民从土地的劳作中解放出来，大规模进城务工，农村劳动力流失现象严重，部分农村地区一定程度上出现“空心村”现象。未来需要适应农村人口结构和社会形态的变化，因地制宜优化村社规模，适时深化村级建制调整改革，合理划定管理单元，着力解决建制村分布密集化、村庄空心化等突出问题。推进城乡基本公共服务标准统一、制度并轨，提升乡村基础设施和公共服务供给质量，持续加强人居环境综合整治，逐步让农村基本具备现代生活条件。三是乡村治理机制须进一步完善。当前，我国农村社会结构正处于深刻变动的时期。从农村社会阶层结构看，农民分化为农业劳动者、农民工、个体工商户、私营企业主、乡村企业管理者等不同群体；农户也分化为纯农户、兼业农户、专业大户等不同主体。从农村社会组织结构看，农民合作社、涉农企业、家庭农场等新型组织加快发展、日趋多样，农业产业链条不断延长，农村土地等资产资源不断增值，农村各类主体之间的利益关系更加复杂。农村社会不再是原来主要靠宗法伦理、乡规民约、道德礼俗等进行调控的“熟人社会”，乡村治理面临原有制度失灵、农村社会失范问题。随着农村物质生活水平的提高，农民群众更多参与公共事务决策、依法主张和维护自身权益的要求也明显提升。同时也要看到，一些农民群众富裕之后精神空虚，相应带来了道德滑坡等问题。

（三）城乡融合发展体制机制逐步健全

1. 农业农村重点改革任务稳步推进

一是土地承包到期后延期 30 年试点范围再扩大。第二轮土地承包到期后再延长 30

---

① 《农村义务教育本科以上学历专任教师达 76.01%》，http：//wap.moe.gov.cn/jyb_xwfb/s5147/202304/t20230410_1055013.html。

② 《提高服务供给能力　各地因地制宜补齐农村基本养老服务短板》，https：//news.cctv.com/2023/05/22/ARTIcnV2VwPdl5b4N885ov99230522.shtml。

年试点，基本实现省级全覆盖。2022 年中央一号文件明确开展第二轮土地承包到期后再延长 30 年整县试点。从试点情况看，各地严格按照中央政策精神，精心部署、稳慎推进，通过试点摸清了承包关系，厘清了延包程序，理顺了工作机制，找到了困难问题，探索了解决路径，农民群众总体满意，为推动面上工作积累了有益经验。二是土地流转管理服务机制逐步健全。新修正的《土地管理法》、新制定的《乡村振兴促进法》等法律为农村土地制度改革提供了可靠的法律支撑，农村土地征收、集体经营性建设用地入市、宅基地制度改革等 3 项试点已取得重要成果，多地开展积极探索，安徽省部分地区探索承包地“小田并大田”改革，江苏省部分地区推进闲置宅基地盘活利用，广东省部分地区制定农村集体经营性建设用地入市实施办法。三是农村产权流转交易市场建设取得重要进展。全国农村产权流转交易市场数量达到 1100 余个，各地纷纷制定规范化交易制度，农村产权交易更加阳光透明，在提高交易效率的同时，发展壮大集体经济，增加农民财产性收入。其中，天津市农村产权交易所不断创新交易内容，在主营业务基础上上线农业科技成果转化平台；浙江省温州市农村产权服务中心积极对接外部资源，采取招募合作会员的方式，成功引进拍卖机构、融资担保公司、律师事务所等；湖北武汉农村综合产权交易所主动搭建区域市场，在城市圈内实现了系统联网对接、信息共享。四是农村集体产权改革完成阶段性任务。全国范围内基本完成了农村集体产权改革任务，通过清产核资、成员界定、经营性资产量化以及建立经济（股份经济）合作社等举措，农村资产资源被大大盘活。据农业农村部统计，到 2021 年全国已建立乡、村、组三级集体经济组织近 90 万个，清查核实集体账面资产 7.7 万亿元（不包括土地等资源性资产），其中经营性资产 3.5 万亿元。

2. 农业农村发展要素保障能力进一步提升

一是健全农业农村投入保障制度。2022 年，中央财政下达 864.98 亿元资金，支持全国新增建设高标准农田 8000 万亩（含高效节水灌溉面积 1500 万亩），占同期建设任务总量的 80%；支持东北地区实施黑土地保护性耕作超 8000 万亩；支持启动第三次全国土壤普查工作。2022 年底，提前下达 2023 年农业相关转移支付 2115 亿元，确保国家粮食安全和重要农产品稳产保供①。二是健全农业支持保护制度。2022 年，继续在部分主产区实行小麦和稻谷最低收购价政策，小麦、早籼稻、中晚籼稻、粳稻最低收购价格水平全面提高。针对农资价格上涨等影响，对实际种粮农民分 3 批发放补贴 400 亿元，比 2021 年翻了一番，增加产粮大县奖励和轮作资金，安排 70 多亿元支持夏粮促壮稳产、100 亿元支持秋粮抗旱②。三是深化供销合作社改革。2021 年 11 月，中华全国供销合作总社印发《关于开展供销合作社县域流通服务网络建设提升行动的实施意

---

① 《2022 年中国财政政策执行情况报告》，http：//www.gov.cn/xinwen/2023-03/21/content_5747677.htm。

② 《粮稳天下安 抢抓农时不负春》，https：//finance.sina.com.cn/jjxw/2023-02-14/doc-imyfrqxy9166668.shtml。

见》，进一步加强县域流通服务网络建设。2022 年，县域商业体系建设取得较大的进展，供销合作社发挥了重要作用。例如，支持中国邮政“快递进村”工程，与农民合作社、家庭农场、农业服务公司、其他经济成分进行网络合作，供销合作社体系建设得到了进一步完善，网点进一步增加，“多站合一”“一点多能”“物流共同配送”“互联网+”农产品出村进城工程均得到了较大的进展，农产品产地仓储保鲜冷链物流设施建设、县域集采集配中心建设得到了进一步完善。四是完善农村用地保障机制。2021 年，自然资源部、国家发展改革委、农业农村部联合印发《关于保障和规范农村一二三产业融合发展用地的通知》，在混合型产业用地范围、用地空间布局、农产品产地初加工、盘活存量用地和优先增量用地、优化用地手续 5 个方面有突破。尤其是在用地空间布局上，提出县域、乡镇和村庄一二三产业融合发展用地的主要类型。引导盘活存量用地和每年新增用地向乡村产业项目和乡村产业聚集区倾斜。2022 年，继续推动各省制定配套实施细则，确保农村一二三产业融合发展用地政策落实落细。五是行政村基础金融服务、乡镇保险服务基本实现全覆盖。全国银行业金融机构乡镇覆盖率达到 97. 92%，有效满足了农村居民现金存取、汇款、生活缴费等方面的金融需求，推动了乡村产业提质升级。涉农贷款投放稳步加大，国家金融监督管理总局最新数据显示，截至 2023 年 8 月末，全国涉农贷款余额 54. 98 万亿元，同比增长 15. 4%①。大病保险已覆盖 12. 2 亿城乡居民，保险机构聚焦重点群体，提供具有普惠性质的保险产品和服务，更好地满足了广大人民群众和企业的风险保障需求。农业保险为农户提供风险保障，2021 年，三大粮食作物完全成本保险和种植收入保险实施范围扩大到 13 个粮食主产省份的产粮大县，将近 60%的产粮大县（约 500 个）纳入补贴范围，2022 年实现实施地区产粮大县全覆盖②。六是强化乡村振兴人才培养。开展农村实用人才带头人和大学生村干部示范培训，重点遴选农村基层组织负责人、新型农业经营主体带头人、乡村能工巧匠、返乡入乡“双创”人员等作为培训对象，提升各类人才乡村治理能力和脱贫致富带动能力，截至 2021 年，累计举办示范培训班 1800 余期，培训 18 万余人③；启动实施乡村产业振兴带头人培育“头雁”项目，自 2022 年起，每年为每个县培育 10 名左右“头雁”。加快提升农民数字素养。目前，全国农民手机应用技能培训辐射超过 2. 2 亿人次，培育农民主播 1. 89 万人；利用全国农业科教云平台“云上智农”App，开设了主要农业产业门类在线培训课程 8400 多个④。

---

① 《全国银行业金融机构乡镇覆盖率为 97. 92%，推动乡村产业提质升级》，https：//finance. sina. com. cn/jjxw/2023-10-07/doc-imzqhfir7057481. shtml。

② 《三大粮食作物完全成本保险和种植收入保险将覆盖 13 个粮食主产省份的产粮大县》，https：//baijiahao. baidu. com/s？ id = 1704549582096391033&wfr = spider&for = pc。

③ 《教育部对十三届全国人大三次会议第 4878 号建议的答复》，http：//www. moe. gov. cn/jyb_xxgk/xxgk_jyta/jyta_zcs/202011/t20201110_499154. html。

④ 《近年来各级农业农村部门培育高素质农民近 800 万人次——汇聚乡村全面振兴的人才底气》，https：//www. gov. cn/yaowen/liebiao/202401/content_6924136. htm。

3. 城乡融合发展加快推进

一是稳步提升县城综合服务能力。2022 年 5 月，中共中央办公厅、国务院办公厅印发《关于推进以县城为重要载体的城镇化建设的意见》，明确了以县城为重要载体的城镇化建设的发展目标和具体任务，为大城市周边县城、专业功能县城、农产品主产区县城、重点生态功能区县城、人口流失县城 5 类县城的发展提供方向性引导。2022 年 3 月，国家发展改革委印发《2022 年新型城镇化和城乡融合发展重点任务》，积极倡导推进县城产业配套设施提质增效、市政公用设施提档升级、公共服务设施提标扩面、环境基础设施提级扩能，促进县乡村功能衔接互补。县城补短板强弱项“1+N+X”政策性文件体系落实落地，120 个县城建设示范工作稳步开展。二是农民工市民化质量不断提高。推动各地全面取消城区常住人口 300 万人以下的城市落户限制，全面放宽城区常住人口 300 万~500 万的Ⅰ型大城市落户条件，完善城区常住人口 500 万人以上的超大特大城市积分落户政策，确保社会保险缴纳年限和居住年限分数占主要比例，鼓励取消年度落户名额限制。截至 2022 年，1.4 亿农业转移人口落户城镇，常住人口城镇化率达到 65.22%，户籍人口城镇化率达到 47.7%[①]。城镇基本公共服务覆盖范围扩大，农民工参加城镇职工基本医疗和养老保险的比例提高，随迁子女在常住地接受义务教育的要求落实，2021 年 90.9%的义务教育阶段随迁子女在流入地公办学校就读或享受政府购买学位服务。

但也要看到，当前中国城乡发展不平衡不充分问题依然存在。一是县城承载力仍有待提升。我国现有的 5 亿农村人口大部分居住在县域内的乡村地区，随着我国新型城镇化进入下半场，县城成为新发展阶段城镇化建设的重要载体。近年来，农民工就地就业趋势明显，部分农村富余劳动力选择就地转移，一些已经外出的农民工也开始返乡创业，农民在县城购房安家、向县城集聚的现象在很多地方都很普遍。但县城在基础教育、公共卫生、市政设施、人居环境和产业配套等方面存在不少短板弱项，与地级及以上城市城区相比存在很大差距。二是城乡之间要素流动仍存在体制机制障碍。土地、人才、资金等要素仍然更多地呈现向城市的“单向”流动，城乡发展不平衡、乡村内在潜力难以充分发挥仍是现实问题。土地要素方面，进城农民工为给返乡留退路，承包地和宅基地的流转迟滞，不利于农业经营规模扩大和农业劳动生产率提高，宅基地和农房大量闲置。劳动力要素方面，当前我国有 2.8 亿农民工，其中 1.7 亿人跨乡镇进城打工，还有 1 亿多人在本乡镇就业。但在部分人口流入地区，由于落户限制，外来人口无法享受与当地居民同等的城市资源和公共服务。同时，由于外来人口缺乏在务工城市定居的预期，抑制了城市化的扩内需效应，降低了农民工本人和用工企业对职业技能进行长期投资的内在动力。资金要素方面，城乡金融要素资源配置失衡、

① 《公安部发布服务保障高质量发展若干措施　全面放宽大城市落户条件》，https://www.beijing.gov.cn/ywdt/zybwdt/202308/t20230804_3214236.html。

配置效率较低，长期以来形成的制度壁垒、文化壁垒和投资壁垒导致社会资本在向农村流动过程中需要承担更大的成本和风险，甚至部分地区的要素流动成本要远远高于跨国出境的成本。

（四）巩固拓展脱贫攻坚成果同乡村振兴有效衔接

1. 防止返贫动态监测和帮扶工作机制不断健全

一是建立健全巩固拓展脱贫攻坚成果长效机制。2022 年，中央农办、农业农村部、国家乡村振兴局重点聚焦部署防范化解巩固拓展脱贫攻坚成果领域风险，促进脱贫人口持续增收，守住了不发生规模性返贫底线，脱贫攻坚成果持续巩固。中央财政安排衔接推进乡村振兴补助资金 1650 亿元，同口径较上年增加 84.76 亿元，增长 5.4%。财政部印发《关于加强中央财政衔接推进乡村振兴补助资金使用管理的指导意见》，明确要求逐年稳步提高中央财政衔接资金用于产业的比重，优先支持联农带农富农产业发展，推动脱贫县落实好涉农资金统筹整合试点，进一步强化巩固衔接工作投入保障。二是防止返贫动态监测帮扶机制全面建立。我国已经出台实施 30 多项过渡期衔接政策。2022 年，全国 65.3%的防止返贫监测对象已消除返贫风险，其余均落实了帮扶措施；对脱贫地区控辍保学力度保持不减，脱贫人口和监测对象参加基本医疗保险总体实现全覆盖；全国脱贫劳动力就业规模达到 3278 万人，比 2021 年底增加 133 万人，脱贫人口人均纯收入达到 14342 元，较 2020 年增长 33.5%①，脱贫县农民人均可支配收入、脱贫人口人均纯收入增速均高于全国农民平均水平②。三是不断调整优化东西部协作结对帮扶关系和帮扶方式。2021 年，国家对东西部协作结对关系进行调整，东部地区的经济大省如江苏、浙江、上海、广东、山东等进一步展现担当，部分省如河北、吉林、湖南、湖北则由被帮扶转为省内帮扶。此次调整后，各省市之间的对口帮扶更显精准性，也更符合各地产业经济发展现况，相关资源调配的效率与互补性都有所加强。例如，截至 2022 年 6 月底，南京市共落实省统筹帮扶资金 9.57 亿元，帮助结对地区新增就业和培训人才近 9000 人次；助力产业动能培育，结合当地资源特色，帮助青海西宁新建西堡农牧业循环经济产业园等两个园区，继续支援江苏（南京）援疆产业园、西藏格桑花开产业园等载体建设，促成 13 家企业落户结对地区，帮助销售采购地区农特产品 1.36 亿元；突出民生就业帮扶，启动实施 10 类 80 个援藏民生微实事项目，推进 72 个对口支援新项目建设，持续打造商南技工等劳务协作品牌；深化人才智力支撑，完成新一批援藏干部轮换，选派支医、支农等技术人才 81 名到结对地区挂职，组

---

① 国家发展改革委，《〈中华人民共和国国民经济和社会发展第十四个五年规划和 2035 年远景目标纲要〉实施中期评估报告》，https：//mp. weixin. qq. com/s/tKt6zVDwFGXA8VdWhgQnIA。

② 新华网，《中国更大力度巩固拓展脱贫攻坚成果》，http：//www. ce. cn/xwzx/gnsz/gdxw/202302/15/t20230215_38393579. shtml#：~：text = 2022%E5%B9%B4%EF%BC%8C%E5%85%A8%E5%9B%BD,%E8%A7%84%E6%A8%A1%E6%80%A7%E8%BF%94%E8%B4%AB%E7%8E%B0%E8%B1%A1%E3%80%82。

织专家开展新技术项目16项，培训各类人才3323人次。四是推广以工代赈方式，带动低收入人口就地就近就业。2022年，全国有22个省份在45个国家重大工程项目中实施了以工代赈，涵盖水利、交通、林草、能源、生态环境等建设领域，吸纳当地民众务工就业20.7万人，人均增收1.4万元。23个省份以国家发展改革委等部门明确的2022年度适用以工代赈的国家重点工程投资专项为基础，积极挖掘适用以工代赈的建设任务和用工环节，已吸纳脱贫民众务工就业84.5万人，人均增收1.2万元①。

2. 持续推动提升脱贫地区整体发展水平

一是不断促进脱贫地区特色产业升级。2022年，国家通过深入实施脱贫地区特色种养业提升行动，将中央财政衔接资金用于产业发展比重提高到55%，支持脱贫地区建设标准化生产基地、农产品加工和仓储保鲜冷链物流设施；启动向国家乡村振兴重点帮扶县选派科技特派团工作，按照“一县一团”原则，围绕特色产业精准开展科技服务和人才培养帮带工作。全国每个脱贫县都培育了2~3个特色主导产业，近3/4的脱贫人口与新型经营主体建立紧密利益联结关系②。各地区各部门对脱贫地区精准开展科技服务、技术指导、人才培育等措施。其中，科技部按照“一县一课题”，精准支持160个重点帮扶县农业主导产业关键技术研发与集成示范，并选派160个科技特派团、1600多名专家，围绕78大类农业主导产业科技需求，开展技术指导、品种推广、技术攻关和人才培养帮带。农业农村部支持脱贫县新建标准化原料生产基地8个，遴选脱贫地区15个特色农产品开展现代农业全产业链标准化试点，推进有标采标、无标创标、全程贯标，有效提升脱贫地区特色产业发展标准化绿色化水平。粮食和物资储备局与高校、科研院所开展产学研合作，搭建阜南小麦科技小院、阜南健康食品产业技术研究院等平台，加强粮食产业科技支撑。2021年5月，国家发展改革委、中央农办、国家乡村振兴局等30个部门联合印发《关于继续大力实施消费帮扶巩固拓展脱贫攻坚成果的指导意见》，截至2022年底，累计直接采购和帮助销售脱贫地区农产品近4300亿元，有力促进了脱贫地区高质量发展。二是在西部地区脱贫县中集中支持一批乡村振兴重点帮扶县。例如，2022年前三季度，贵州省20个国家乡村振兴重点帮扶县完成农林牧渔业总产值925.75亿元，占全省比重26.0%，可比价增速4.4%，比全省平均水平高0.1个百分点，其中，11个县（区）的农林牧渔业总产值增速高于全省平均水平；持续优化农业产业结构，大力发展高效特色作物，分别种植蔬菜、中草药材、园林水果417.26万亩、97.04万亩、327.62万亩，占全省比重分别为24.5%、

---

① 《发改委：2022年以工代赈政策带动近280万农村低收入群众就业增收》，https：//baijiahao.baidu.com/s?id=1763779075049696755&wfr=spider&for=pc。

② 《挖掘产业优势 推进乡村振兴》，https：//baijiahao.baidu.com/s?id=1761490306728292491&wfr=spider&for=pc。

28.8%、28.2%[①]。

3. 做好易地扶贫搬迁后续帮扶工作

截至2022年底，全国易地扶贫搬迁民众中有劳动力503.91万人，其中475.98万人实现就业，就业率约94.46%，有劳动力的搬迁家庭全部实现至少1人就业目标。2022年，全国有搬迁后扶任务的县在安置区周边均配套了幼儿园、小学、初中等教育基础设施，其中幼儿园2.94万所、小学2.65万所、初中1.42万所。各安置区新配建卫生室（站）5.4万个、室内（外）活动场所96970个、农贸市场13285个、养老服务有关设施15953个[②]。

但也要看到，当前我国经济发展环境的复杂性、严峻性、不确定性上升，经济增长内生动力还不强，巩固拓展脱贫攻坚成果、坚决守住不发生规模性返贫底线的任务依然繁重。一是脱贫群众自身发展基础还不稳固。相当一部分脱贫户基本生活虽有了保障，但收入水平仍然不高；有的脱贫户政策性收入占比较高，自我发展能力不足，发展基础相对薄弱，一旦扶贫政策断档就可能返贫。经济发展不稳定不确定因素增多，也导致脱贫群众稳岗就业难度加大。一方面，脱贫户的就业大多集中于对劳动技能要求较低的行业，在经济波动时期会最先受到影响；另一方面，尽管就业门槛较低有助于解决脱贫户就业，但是也容易被其他劳动力所代替，就业稳定性较弱。二是部分地区脱贫产业实际可持续发展能力有待增强。审计署《关于2021年度中央预算执行和其他财政收支的审计工作报告》披露，在对相关政策和资金进行审计后，未发现规模性返贫风险，但也存在部分产业就业帮扶项目效果不佳以及部分扶贫项目闲置或废弃等问题，说明部分脱贫产业和项目在实际运行中持续性不强。3年疫情反映出了部分脱贫地区发展产业过程中的短板，比如，不少脱贫地区脱贫产业的形成是在疫情前3年左右的时间，部分产业并未充分得到市场检验，相关产品销售在一定程度上依赖脱贫政策资源，并未形成市场化的销售渠道；部分依托于旅游资源的脱贫项目还未形成持续吸引力，仍是依靠“大景区”带来的“一次性流量”，而非综合性的旅游服务能力吸引游客。受疫情灾情等因素影响，2022年部分地区一度出现了脱贫劳动力回流、帮扶项目停工、帮扶企业停产、农副产品滞销、住房和饮水设施损毁等问题。

三、重大工程：加快推进现代农业农村工程建设，牢牢夯实现代农业发展基础

《纲要》设置了“专栏10”现代农业农村建设工程，涉及高标准农田、现代种业、农业机械化、动物防疫和农作物病虫害防治、农业面源污染治理、农产品冷链物流设

---

① 《国家乡村振兴重点帮扶县2022年前三季度农业经济呈稳定增长态势》，http：//www.gzlgbgz.gov.cn/ywsd/gzyw/202212/t20221226_77724880.html。

② 《2022年中国易地扶贫搬迁民众475.98万人实现就业》，https：//baijiahao.baidu.com/s?id=1759060296949304118&wfr=spider&for=pc。

施、乡村基础设施、农村人居环境整治提升8个方面。经过两年多的努力，高标准农田建设工程扎实推进，打好种业翻身仗、种业振兴行动加快落实落地，农业机械化全程全面转型升级加快推进，动物防疫和农作物病虫害防治成效显著，农业面源污染防治力度不断加大，农产品冷链物流设施持续完善，乡村基础设施更加完备，农村人居环境整治提升取得明显成效，农业农村各项重大工程项目进展符合预期。

（一）高标准农田建设工程扎实推进

1. 高标准农田建设管护工作有序开展

一是高标准农田建设工作稳步推进。两年多来，我国新增高标准农田2.47亿亩；[①] 2021年和2022年新增高效节水灌溉面积0.28亿亩、0.24亿亩，累计达到0.52亿亩，“十四五”时期“新建高标准农田2.75亿亩，其中新增高效节水灌溉面积0.6亿亩”的任务有望如期完成。二是高标准农田建设投入持续增加。中央财政资金连年增长，2021年、2022年分别增长到1008亿元、1096亿元。同时，各地创新投融资模式。江西、四川等省通过发行高标准农田专项债等，将亩均投入标准提高到3000元。江苏省大力增加地方财政资金支持高标准农田建设，全省亩均投入达到3000元。河南省西平县采用“特许经营”方式引进省水投集团投资3.2亿元，探索融资新模式。三是日常管理维护工作持续加强。近年来，各地因地制宜制定出台了高标准农田建后管护制度办法，明确了管护责任和具体要求，保障了管护资金来源渠道，逐步建立健全了多方参与、责任明确、协调顺畅、保障有力的高标准农田管护机制，努力做到“建成一亩、管好一亩、见效一亩”。

2. 东北黑土地保护性耕作行动计划实施取得良好成效

2022年，东北4省区实施保护性耕作面积达到8300万亩，超额完成8000万亩任务面积。同期，共建设了56个整体推进县和712个县乡级高标准应用基地，25个县实施面积超过100万亩，4省区以点带面、梯次铺开的态势已经形成。4省区保护性耕作实施地块技术装备应用总体到位，高性能免耕播种机等关键装备保障能力明显提升，投入作业的免耕播种机达到7.7万台，针对不同地区、不同条件因地制宜推广应用了秸秆覆盖免耕、秸秆覆盖垄作、条带耕作等技术模式，有力促进了作物稳产增产与地力恢复提升，保护性耕作带来的农业经济、生态综合效应正逐步显现。

但也需要看到，高标准农田建设仍需进一步强化机制保障。一是高标准农田建设仍然存在一些困难。从后续建设任务看，我国已建成高标准农田10亿亩，剩余未建设耕地大部分分布在丘陵山区，建设难度增大。从建设投入看，高标准农田亩均建设成本超过3000元，其中中央财政的亩均投入不足1100元，差额资金由地方财政承担，发

① 《〈中华人民共和国国民经济和社会发展第十四个五年规划和2035年远景目标纲要〉实施中期评估报告》，https：//mp.weixin.qq.com/s/tKt6zVDwFGXA8VdWhgQnIA。

行专项债券成为各级政府筹措项目资金的主要方式。各级财政建设投入承受较大压力，而其他主体投资积极性仍显不足，亟须完善多元化投入建设机制。二是永久基本农田改造建设工作有待进一步完善细化。2023 年中央一号文件对高标准农田建设提出了新要求和新任务，首次将"制定逐步把永久基本农田全部建成高标准农田的实施方案"写入其中，中央保障粮食安全、保护耕地政策进一步拓展深化。我国将在 2030 年规划建成 12 亿亩的基础上，加快把 15.46 亿亩永久基本农田全部建成高标准农田。当前需要加快制定逐步把永久基本农田全部建成高标准农田的实施方案，分区域、分类型明确任务布局和时序安排，加大投入、持续建设。

（二）打好种业翻身仗、种业振兴行动加快落实落地

1. 抓普查、健体系，推进种质资源保护利用

一是国家农作物种质资源长期库、种质资源中期库（圃）取得积极成效。2022 年 9 月，国家农作物种质资源库建成并投入试运行，总容量达到 150 万份，保存能力居世界第一，可以满足今后 50 年全国农作物种质资源安全保存、鉴定挖掘和新品种培育等重大需求[①]。2022 年 9 月，农业农村部公告第一批 72 个国家农作物种质资源库（圃）和 19 个国家农业微生物种质资源库名单。我国已构建起以国家种质资源长期库及其复份库为核心、70 个中期库（圃）和 214 个原生境保护区为骨干、省级资源库（圃）为补充的农作物种质资源保护体系。二是种业专业化生产格局基本形成。我国已建成甘肃玉米、四川水稻、海南南繁、黑龙江大豆四大国家级育制种基地和 216 个基地县，保障了全国 75%的农作物用种需求。其中，甘肃已成为全国最大的玉米制种基地。2021 年，全省玉米制种面积 141.2 万亩，产种 5.79 亿公斤，分别占全国总面积和总产量的 56%和 60%，供种量占全国大田玉米用种量的 50%以上。四川初步建成了以川西平原为主的杂交水稻、杂交油菜制种优势区，以安宁河流域为主的杂交玉米制种优势区；建成了"西南作物基因资源发掘与利用"国家重点实验室、5 个生猪种业平台、6 个省重点实验室、22 个省工程技术研究中心，正在打造邛崃农作物、彭州蔬菜、三台生猪三大种业创新中心。海南重点打造国家南繁科研育种基地，划定了 26.8 万亩南繁科研育种核心区，建成乐东抱孔洋、陵水安马洋配套服务区，每年全国 29 个省份 800 多家科研生产单位、高等院校、科技企业的 8000 多名专家来海南从事南繁育种，科研育种面积 4 万多亩。黑龙江大豆等区域性育制种基地建设有序推进。2022 年 4 月，农业农村部印发《关于公布国家级制种大县和区域性良种繁育基地认定结果的通知》，认定黑龙江省庆安县等 96 个县（市、区、场）为国家级制种大县，认定辽宁省兴城市等 20 个县（市、区）为区域性良种繁育基地，加上此前认定的 100 个区域性良繁基地，我国国家级育制种基地达到 216 个。

---

① 《全国人民代表大会常务委员会执法检查组关于检查〈中华人民共和国种子法〉实施情况的报告》，http://www.npc.gov.cn/c2/c30834/202312/t20231227_433829.html。

2. 扎实开展国家畜禽和水产品种质资源保护工作

国家畜禽种质资源库已经正式批准立项，2022 年位于北京的中国农科院畜牧兽医研究所开工建设，保存容量可突破 2500 个品种，超低温保存精液、胚胎、细胞等遗传材料可以超过 3300 万份。国家海洋渔业生物种质资源库建设在青岛，2021 年 10 月 28 日已正式投入运行，是迄今为止国际上投资规模最大、种类最丰富、设施最先进的海洋渔业种质资源库，保存能力达到 35 万份，可以基本保存世界上所有的海洋渔业资源，已经保存资源 10 万份。2023 年 1 月，农业农村部印发公告，明确第二批 12 个国家级畜禽遗传资源保护单位。至此，159 个国家级保护品种保护覆盖率由 2021 年的 92%提高到 96%，为 2023 年实现应保尽保全覆盖的目标任务打下坚实基础。

种业安全是国家粮食安全的根本保障，种业已经上升为国家战略性、基础性核心产业。我国用种安全是有保障的，风险是可控的，但也要清醒地看到，对标新阶段高质量发展要求，现代种业发展仍存在一些短板弱项和隐患。一是实现种质资源应保尽保压力较大。随着城镇化进程的快速推进，受多种因素影响，种质资源种类和数量减少趋势明显，地方品种和主要作物野生近缘种消失风险加剧。精细特性鉴定和优异基因挖掘严重不足，难以为育种创新提供种质基础，“以保带用、以用促保”的保护利用机制尚未形成，种质资源优势尚未转化为品种和产业优势。二是资金项目投入力度仍显不足。多数农业种质资源保护单位缺乏稳定项目、资金和政策支持，存在基础设施年久失修、陈旧落后等问题。除海南、甘肃、四川、黑龙江四大国家级育制种基地外，大部分省市农作物育种基地数量少、规模小、供种能力不足。

（三）农业机械化全程全面转型升级加快推进

1. 加快推进农作物生产全程机械化示范县、设施农业和规模养殖全程机械化示范县建设

2022 年，农业农村部组织开展了第七批主要农作物生产全程机械化示范县申报评价活动，认定北京市延庆区等 114 个县（市、区）为全国第七批率先基本实现主要农作物生产全程机械化示范县（市、区）。此外，辽宁省锦州市，江苏省南京市、南通市、淮安市，安徽省滁州市，山东省济南市、淄博市、枣庄市、临沂市、聊城市，河南省南阳市、濮阳市、周口市，广西壮族自治区贵港市等 14 个设区市已于 2022 年整建制率先基本实现主要农作物生产全程机械化。

2. 农田宜机化改造已取得一定成效

2021 年 12 月，农业农村部印发《“十四五”全国农业机械化发展规划》，将推进农田宜机化改造作为“十四五”时期丘陵山区机械化发展重点工作和重要项目之一。相关省市农田宜机化改造加快推进，其中，重庆市率先在全国探索推进农田宜机化示范改造并取得明显成效，典型经验在全国丘陵山区大范围推广。重庆 2805 万亩耕地中约 90%位于丘陵山区，截至 2022 年底，重庆已对 110 万余亩农田进行了宜机化改造，

主要农作物耕种收综合机械化率由“十二五”初期的26%提高到52%。

但需要指出的是，我国现代农机装备制造能力和水平仍有待提升。一是农机装备技术、产品有效供给不够。国外发达国家的农机装备产品普遍具有大型为主、成套装备、智能舒适、高效等特点。而我国一直以小型农机和田间作业机械为主，技术含量和生产效率偏低，并且技术断档，尤其是在大型大马力智能农机和丘陵山区小型适用农机“一大一小”两个方面，国产农机装备还有不小差距。二是农机农艺融合不足。一些产业品种、农艺制度、种养方式及产后加工等与机械化生产不协调，农机农艺融合不够紧密，影响制约农机研发、推广应用效果及作业质量与效益，集成配套的机械化生产体系和系统解决方案还不够多，尚不能充分满足农业高质量发展需要。三是农机经营服务的质量效益有待提升。农业机械化公共服务能力仍有不足，管理服务信息化水平亟待提升，农机安全监管能力需要进一步提高。农业机械化人才总量不足、结构不优，管理人员专业技能亟须提升。农机维修难、维修贵等问题有待改善，不少高能耗老旧农机需要及时淘汰更新。

（四）动物防疫和农作物病虫害防治成效显著

1. 加强重大动植物疫情监测预警和应急防控

2022年，重点推进国家动物疫情监测中心、省级动物疫情监测中心、边境动物疫情监测站等的建设，加强基层动物疫苗冷藏设施和清洗消毒中心建设。动物疫病防控技术支撑能力稳步提升。2022年5—9月，中国动物疫病预防控制中心组织开展了全国省级兽医系统实验室检测能力比对活动，37个参加检测能力比对的兽医实验室的4个比对项目全部符合，样品符合率达到100%。

2. 农作物重大病虫害防控成效显著

一是防控技术体系不断优化。2022年，实行“一虫一策、一病一方”，因地制宜集成蝗虫、条锈病、赤霉病、水稻“两迁”害虫等重大病虫害防控技术体系，为“虫口夺粮”保丰收提供有力支撑。全年累计实施农作物重大病虫草害防治面积52.25亿亩次，其中小麦13.86亿亩次、水稻23.19亿亩次、玉米15.20亿亩次，经过全年有力预防控制，农作物病虫草害危害损失率为4%，比上年下降0.19个百分点，没有大面积暴发成灾。二是大力推进病虫害专业化统防统治、绿色防控。全国农作物病虫害专业化服务组织超过9.32万个，日作业能力达到1.36亿亩。2022年，三大粮食作物病虫害统防统治覆盖率达到43.6%，比上年提高1.2个百分点；主要农作物绿色防控面积11.84亿亩，同比增加0.74亿亩，病虫害绿色防控覆盖率达到52%，比上年提高6个百分点[①]。同时，植保无人机、操作无人机的“飞手”等智能化技术，为粮食生长

---

① 《去年全国农作物重大病虫害防控成效显著》，http：//www.zgfxnews.com/mp/fxb/wap/content/202301/03/content_26750.html。

提供了更加完备的防治服务。2022 年，全国植保无人机保有量达到 16 万架，作业面积达 14 亿亩次，每架无人机每天喷施 300~400 亩农田，是人工喷施的 20~30 倍。

但也要看到，当前动物防疫和农作物病虫害防治工作仍有待加强。一是基层动物防疫工作力量总体较为薄弱。基层单位普遍面临专业人才储备不足、队伍不稳定、基础设施投入和财政保障不足等发展痛点。二是病虫害治理的智能化水平有待提升。人工智能等技术不仅可以监测病虫害，而且可以做到精准施药、保护病虫害天敌，为绿色农业、精准农业、智慧农业提供服务。而我国防治病虫害智能化还有不少问题有待解决，如病虫害的雷达监测系统还没有成网，针对性强的传感器研发不足，病虫害数据的及时采集、更新、预报、预防等方面还存在短板。

（五）农业面源污染防治力度不断加大

1. 不断推动农业面源污染治理水平和治理能力现代化

一是分区分类实施“源头减量—循环利用—过程拦截—末端治理”措施。开展化肥农药减量增效、秸秆“五料化”利用、农膜回收等行动，促进畜禽粪污还田利用，推动种养循环，因地制宜建立农业面源污染防治技术库。二是不断完善多元共管共治体系。以建立“政府—市场—农户”多元共管共治体系为核心，完善农业面源污染防治相关法律法规、标准体系、经济政策、共治模式等方面的政策机制。三是加强农业面源污染治理监督管理。开展农业面源污染调查监测、负荷评估，建设农业生态环境野外观测超级站和农业面源污染监管平台，不断强化农业面源污染监管水平。四是强化示范引领。在广西、广东、湖南、湖北、河南、江苏、安徽、云南、江西、四川、山东、宁夏、河北、陕西、吉林、青海等省份的部分县市区开展试点，实施农业面源污染综合治理等项目，建设一批以污染防治、调查监测、绩效评估等为主要内容的试点示范工程，形成农业面源污染防治典型模式，完善农业面源污染调查监测体系，探索农业面源污染防治绩效评估。

2. 大力推进长江、黄河等重点流域环境敏感区农业面源污染综合治理示范县建设

2021 年以来，中央财政累计投入 15 亿元，在长江、黄河流域建设 65 个农业面源污染综合治理示范县，探索有效治理模式。2022 年，长江干流连续 3 年全线达到Ⅱ类水质，黄河干流首次全线达到Ⅱ类水质。

3. 继续推进畜禽养殖粪污资源化利用

2022 年 3 月，国务院办公厅印发《关于加强入河入海排污口监督管理工作的实施意见》，将畜禽养殖排污口、大中型灌区排口等农业排口纳入监管范围，鼓励有条件的地方先行先试，加强农业排口管理。

但需要看到，我国农业面源污染防治仍然面临严峻挑战，主要体现在三个方面。一是农业化学投入品减量增效的推行力量薄弱。化肥和农药零增长行动主要依托农业

部门通过测土配方施肥、耕地质量保护与提升、有机肥替代化肥、绿色植保防控等项目推进，缺乏社会组织、企业和农民等相关者的有力参与。农民对农业面源污染带来的负面影响缺乏充分认识，片面追求农产品产量和经济效益，不能有效执行农业面源污染防治措施。二是农药减量控害及包装废弃物回收政策乏力。对绿色防控、生物防治技术和生物农药使用的补贴支持力度不够。虽然对农用薄膜科学使用有一定的补助政策，但对废弃农用薄膜回收利用缺乏有效的奖补激励政策。因农用薄膜回收加工效益不显著，回收价格较低，农民自觉回收农用薄膜的积极性不高。三是农业面源污染防治的监管体系尚未健全。地方农业部门在职能设置和人员编制上，均没有形成对农业面源污染防治的监管体制，对农业不规范的生产和经营行为缺乏指导和监督。缺乏必要的资金保障，农业生态补偿标准普遍偏低，补偿方式以行政手段为主，经济手段不够完善，缺乏针对性的政策支持和科技投入。

（六）农产品冷链物流设施持续完善

1. 农产品产地冷藏保鲜设施建设取得阶段性成果

2021 年 12 月，国务院办公厅印发《“十四五”冷链物流发展规划》，对冷链物流网络作出全方位、全链条的规划布局。农业农村部编制印发《“十四五”全国农产品产地仓储保鲜冷链物流建设规划》，提出构建“一个网络、五大支撑”融合联动的产地冷链物流体系，布局 10 万个产地仓储保鲜设施、1000 个产地冷链集配中心和 100 个冷链物流基地。一是财政投入力度不断加大。截至 2022 年底，围绕农产品主产区、特色农产品优势区，中央财政以“先建后补”方式共支持 2.7 万个农民专业合作社、家庭农场和集体经济组织建设产地冷藏保鲜设施，并支持整县推进。截至 2021 年底，已支持建设约 5.2 万个设施，新增库容 1200 万吨以上，1800 个县（市、区）、7000 个乡镇、2.2 万个村参与其中。二是各地配套政策持续完善。已有 20 多个省份出台专门文件支持建设，推动各地落实支持冷链物流设施建设的用地用电优惠政策，推动出台金融配套政策，创新产品、优化流程，推动开发“仓储保鲜贷、仓储保鲜—新农保、仓储保鲜—浙里担财农贷”等专属金融产品，累计申贷金额 100 多亿元。

2. 全国性、区域性农产品骨干冷链物流基地建设加快推进

2022 年 10 月，国家发展改革委印发《关于做好 2022 年国家骨干冷链物流基地建设工作的通知》，发布 2022 年国家骨干冷链物流基地建设名单，明确 24 个国家骨干冷链物流基地。一是区域空间分布更加优化。24 个基地中，东部地区 8 个，中部地区 4 个，西部地区 9 个，东北地区 3 个，有力支撑“四横四纵”国家冷链物流骨干通道网络建设。相关基地具备良好存量冷链设施条件和较大冷链物流规模，仓储、加工、配送等冷链物流综合服务水平较高，有力保障京津冀、长三角、粤港澳等主要城市群以及有关地区大中城市冷链物流服务和生活物资需求。二是基地优势条件更加明显。有效加强冷链物流与现代农业、冷链产品加工、商贸流通等产业融合发展，扩大中高端

冷链物流服务供给，支撑带动相关产业做大做强做优。

但也要看到，我国农村地区物流体系建设短板仍然突出。一是“最初一公里”配送损耗成本过高。农村地区特别是中西部农村，大部分农业经营主要以农户为基本单位，生产规模小且生产地域不集中。农产品销售季节性强、保鲜期短、时效性强，对供应链配送的要求较高。同时，不同种类的农产品耐腐性不同，在冷链配送过程中所需分拣、包装等工序存在差异，农村地区技术水平和人才储备有限，在冷链配送上难以做到专业化的有效处理，导致“最初一公里”配送损耗成本过高。二是乡村物流“最后一公里”问题仍待破解。由于农村地区人口居住较分散，交通运输等基础设施不够完善，快递企业配送成本过高，因此许多物流企业的业务止步于乡镇网点。县级物流配送集散中心不足、乡镇物流站场覆盖率低、农村物流基础配套设施滞后，“下沉”配送服务标准化程度低，物流服务体系仍不健全。

（七）乡村基础设施更加完备

1. 加快补齐农村供水基础设施短板

农村自来水普及率已达到87%，“吃水难”问题历史性地得到解决。水利部数据显示，2022 年，各地共落实农村供水工程建设资金 1007 亿元，首次突破千亿元，创历史新高，完工 18169 处，提升 8791 万农村人口供水保障水平，其中，规模化供水工程完工 2286 处，建设改造村级以上管网 13.3 万公里，新增 6016 万农村人口与当地县城居民一样，实现了供水同管网、同质量、同管理、同服务①。

2. 不断完善农村交通、网络配套设施

有条件的建制村全部通硬化路、通客车、通邮路、通宽带。一是“四好农村路”建设取得了实实在在的成效。截至 2021 年底，超过 1000 个乡镇、10.5 万个建制村解决了通硬化路难题，农村公路总里程达到 446.6 万公里；2022 年，全国农村公路完成固定资产投资 4733 亿元，同比增长 15.6%，新建改建农村公路超过 18 万公里，改造农村危桥 10589 座，完成农村公路安全生命防护工程 13.5 万公里②。二是乡村数字基础设施建设加快推进。截至 2022 年底，5G 网络覆盖所有县城城区，实现“村村通宽带”“县县通 5G”。从 2022 年试行的数字乡村发展水平评价结果看，智慧农业建设快速起步，农业生产信息化率提升至 25.4%；乡村数字化治理效能持续提升，全国 6 类涉农政务服务事项综合在线办事率达 68.2%；数字惠民服务扎实推进，利用信息化手段开展服务的村级综合服务站点增至 48.3 万个，行政村覆盖率达到 86.0%③。

---

① 《去年各地共落实农村供水工程建设资金 1007 亿元，首次突破千亿元，为乡村振兴提供更好的供水支撑和保障》，http：//www.mwr.gov.cn/xw/mtzs/qtmt/202301/t20230117_1643163.html。

② 《我国“四好农村路”建设成效显著　助力乡村振兴步入“快车道”》，http：//finance.china.com.cn/news/20230506/5979358.shtml。

③ 《中国数字乡村发展报告（2022 年）》，http：//www.cac.gov.cn/2023-03/01/c_1679309718486615.htm。

3. 加快实施农村电网巩固提升工程

国家电网有限公司数据显示，2022 年，农村电力网平均供电可靠率 99.883%[①]。2022 年，南方电网公司完成农村电网投资 314.5 亿元。总投资 1870 亿元的广东、广西、云南、贵州、海南等南方 5 省份农村电网巩固提升工程已全面展开。

但也要看到，农业基础设施建设在投融资方面仍面临一些困难和挑战。一是投融资渠道仍较为狭窄，与社会资金匹配度仍然不高。农村基础设施建设仍然基本靠国家补助、地方财政资金，随着小城镇、农村各项事业的快速发展，建设资金短缺压力日益加大。同时，农村基础设施建设大部分是公益性事业，不产生直接的经济效益，难以得到信贷的支持。部分乡镇、村因历史原因负债重，无力筹措农村基础设施建设资金。农业农村基础设施建设项目具有周期长、成本高的特点，与社会资金的匹配度不高，建设项目运作的市场化程度不足，导致对商业资金、社会资金的吸引力不够。二是对资金使用过程缺乏有效监督。受行政体制改革滞后、信息不对称、预算不完整等因素影响，农村基础设施资金使用缺乏监督，资金管理混乱，挪用滥用现象层出不穷，暗箱操作突出。三是农村基础设施管护机制仍不健全。长期以来，在农村基础设施建设过程中存在重建设轻管理、管护机制不健全、资金使用过程缺乏有效监督等问题，农村基础设施长期运行和效益发挥缺乏足够保障，工程长期效益尚未得到很好发挥。

（八）农村人居环境整治提升取得明显成效

1. 地处偏远、经济欠发达等地区农村改厕工作有序推进

两年多来，我国在东北寒冷地区、西北干旱地区、西南喀斯特地区、中部一些经济欠发达且水资源相对短缺的地区，因地制宜，从农民实际需求出发推进农村改厕。例如，截至 2021 年 11 月底，四川全省有 1296 个行政村完成改厕工作，占年度目标任务村数的 99.7%，完成户厕新（改）建 60 万户，占年度目标任务户数的 100%；四川省按照“宜水则水、宜旱则旱、宜集中则集中、宜分散则分散”原则，技术上水旱结合，方式上集中分散结合，在平原、丘陵等有水地区推广三格式化粪池，在沼气使用率较高地区优选“沼改厕”模式，在高寒缺水地区试点防冻节水冬夏两用卫生厕所技术模式，城镇近郊区采取纳入污水管网或建设微动力集中处理设施措施。

2. 持续完善农村生活垃圾和污水处理设施

2022 年，90%以上的自然村生活垃圾得到收运处理，95%的村庄开展了清洁行动。农村地区污水处理率逐年上升，前瞻研究院结合住建部统计的各区域实际用水量及各区域污水处理率对农村总体污水处理率测算显示，2021 年，农村污水处理率达到 40%

---

① 《2022 年度电力可靠性指标发布会在京召开》，http：//www.nea.gov.cn/2023-09/18/c_1310741773.htm。

左右。

但也要看到，推进农村人居环境整治工作仍有一系列难题亟待破解。一是农村人居环境政策落地仍存在“最后一公里”问题。比如，生活垃圾处理方面，部分地区焚烧发电项目产生了重“集中”、轻“分类”的反向激励。在一些缺乏发电项目或不具备发电条件的地区，仍采用简单填埋或直接焚烧的方式，对城镇填埋场及垃圾渗滤液处理能力造成极大压力，二次污染严重。生活污水处理方面，地区差异仍然明显，中西部地区普遍缺乏处理设备，农民对污水处理的认知不足。二是工程建设中缺乏农民的实质性参与。相关调查发现，近三年来实际参与过村庄环境治理的农民仅占半数。受访的县、乡、村三级书记普遍反映，干部“一头热”的现象较为普遍。三是工程管护资金短缺问题突出。地方政府大多只负责村以外的资产维护，村内的资产则主要由村集体和群众共担，包括保洁员工资、污水处理站建设、污水管网运行、厕所粪污抽运等，缺乏长效运行维护机制。当前经济下行压力下，村务支出承压明显，有关调查发现，相关工程运维费用已成为村务支出的重头，有的村集体甚至入不敷出，出现了拖欠人员工资的情况。

四、新时代新征程我国加快建设农业强国、推进农业农村现代化面临的新形势

“十四五”时期，世界百年未有之大变局加速演进，我国发展进入战略机遇和风险挑战并存、不确定难预料因素增多的时期，尤其是乌克兰危机爆发以来，粮食、能源等初级产品的战略重要性日益凸显。当前和今后一个时期，随着我国粮食消费结构不断升级，粮食需求和资源禀赋相对不足的矛盾日益凸显，加上国际国内环境发生深刻复杂变化，确保国家粮食安全、守好“三农”基本盘至关重要、不容有失。党的二十大对农业农村工作进行了总体部署，首次提出加快建设农业强国，对全面深刻认识新时代农业发展定位、完善农业政策体系、推动农业现代化建设提出新要求。其中，农业生产方式现代化是农业强国的核心，其重要标志就是劳动力、科技、土地、资金等要素资源得到高效配置，农业生产效率、竞争力水平达到世界先进水平。同时，需要看到，有中国特色的农业强国建设必然不同于西方以资本为中心的逻辑，目标旨向是农民农村共同富裕，这也离不开农村生产力的充分发展。在农业强国、共同富裕战略导向下，我们需要坚持把解决好“三农”问题作为全党工作重中之重，聚焦薄弱环节、加快补齐“三农”发展短板，积极主动把握新形势、应对新挑战。

（一）粮食安全重要性凸显，面临风险挑战明显增多

一是我国粮食持续增产的难度越来越大。我国粮食产量已经连续 8 年保持在 0.65 万亿公斤以上，依靠自己的力量端牢饭碗，为保障农业强国建设提供了有力支撑，为应对国内外风险挑战夯实了粮食根基。但也要看到，未来我国粮食等基础农产品稳

定供给，在现有技术条件下越来越接近资源约束的极限。首先，耕地保护和质量提升仍面临挑战。我国仍处在城镇化快速发展期，而城乡建设外延扩张的态势尚未扭转，工业用地、交通用地、城市扩张用地等需求仍然强劲，多数地区仍是粗放型经济发展模式，土地利用效率偏低，城市化推进与耕地保护之间的矛盾依然突出。同时，我国人口基数庞大但耕地资源相对匮乏，在有限的耕地上增加粮食产出，耕地常年高强度利用。长期大量使用化肥、农药导致我国耕地板结化、土壤酸化、耕地退化加重。其次，粮食育种技术、农机研发存在短板。我国主要粮食作物良种基本全覆盖，但优质新品种培育缓慢，单产仍有较大提升潜力，尤其是大豆、玉米等进口占比较大的农产品单产水平和国外存在较大差距。发达国家已经基本上跨越了分子育种阶段，进入了生物技术、人工智能和大数据相结合的高级发展阶段，我国种业研发水平总体上落后于发达国家，在转基因技术、基因编辑技术、合成生物技术等新技术上，面临核心专利"卡脖子"问题。国产农机机具中低端产品产能过剩、同质化严重，可靠性、适应性亟待提升，部分关键核心技术、重要零部件、材料受制于人，制造工艺、重大装备等与发达国家还有较大差距，研发能力和产品性能还不能很好满足农业生产需要。

二是国际粮食供应链风险加大。我国是粮食进口大国。海关总署数据显示，2022 年我国粮食进口量 1.4687 亿吨，占全国粮食总产量 6.8653 亿吨的 21.4%，虽然与 2021 年相比，粮食进口量减少 10.7%，但仍处于历史第二高位。从粮食结构看，小麦、水稻作为口粮做到绝对安全没有悬念，但部分农产品对外依赖程度仍然较高。比如，大豆对外依存度高达 85%左右，食糖、菜籽油分别为 35%、37%左右，玉米也达到 10%左右。首先，我国需要警惕粮食进口供应渠道受阻风险。2022 年以来，新冠疫情、乌克兰危机、经济下行等因素对全球粮食市场冲击明显，国际粮食贸易秩序梗阻失调，世界饥饿人口显著增加，各国纷纷采取粮食安全措施；全球粮食贸易量持续萎缩，进入 3 年来最低点，同比降低 2.6%。据不完全统计，乌克兰危机爆发以来，已有 34 国针对粮食和肥料实行出口限制措施。我国外部粮源获取的不确定性大幅上升，需要积极采取措施，加快构建多元化进口格局，尽量避免形成对某一个进口来源过度依赖的局面，掌握进口的稳定性和主动权。同时也要清醒地认识到，世界粮食贸易量有限，我国依靠国际市场调剂的市场空间有限，仍需立足自身不断提高粮食自我保障能力。其次，我国面临粮食进口成本与种植成本上涨双重压力。联合国粮农组织（Food and Agriculture Organization of the United Nations，FAO）数据显示，2022 年世界谷物产量为 27.85 亿吨，同比下降 1.0%；全球粮食价格指数 143.7 点，同比涨幅 14.3%，创历史新高。2022 年，我国粮食进口成本在进口数量下降的情况下大幅走高，海关总署数据显示，2022 年我国粮食进口金额创同期历史新高，同比增长 10%；全年粮食进口均价 3744.7 元/吨，较 2021 年提高 27%。世界银行 2023 年 5 月发布的《大宗商品市场展望》报告指出，2023 年大宗商品价格总体呈现下行趋势，但各国仍需保持警惕，地缘政治紧张局势和不利的天气条件等因素都可能推高价格；粮食价格仍将处于 1975 年以来的第二高位，农产品通胀压力依然较高。同时，乌克兰危机导致全球油气、化肥等资源品供应紧张、价格上涨，这一影响传导至国内农业生产资料市场及农业生产环节。2022 年以来，受人工成本、农机作业费用、农资价格上涨等不利因素影响，种粮成本居高不下，严重挤压农民种粮收益空间。

三是气候变化、极端天气频发挑战突出。从全球气候变化影响看，近年来，全球极端天气日益频发。2023 年 5 月，WMO 发文指出，2023 年太平洋地区出现厄尔尼诺气候现象的可能性越来越大，预计将带来高温和极端天气。洪灾以及旱灾将进一步影响粮食安全。阿根廷、土耳其、美国等谷物出口国将遭遇降水过多的隐患；而澳大利亚、巴西、南非等主要谷物生产国和出口国将面临干旱风险。从国内天气状况看，2022 年，受夏季长江流域高温干旱、东北地区南部农田渍涝灾害偏重等因素影响，我国粮食单产有所下降，全国粮食作物单产每亩 386.8 公斤，比上年减少 0.2 公斤，下降 0.1%。国家气候中心判断，2023 年全国气候年景总体偏差，极端天气气候事件总体呈现多发强发态势。气候变化可能导致中国极端气象灾害的事件增多，灾害异常性和不可预见性越来越大，给农业生产带来的挑战也越来越大。

（二）我国加快从农业大国向农业强国迈进，对优化农业要素供给与配置提出更高要求

一是农业强国对优化乡村劳动力供给提出更高要求。从人才需求看，农业强国亟须加强乡村人才队伍建设。2023 年中央一号文件提出，要实施乡村振兴人才支持计划、高素质农民培育计划，大力开展面向乡村振兴的职业教育等人才队伍建设行动。随着新一代信息技术在农业领域的快速推广应用，植保无人机、北斗导航、免耕播种机、智慧农业物联网、电商直播等“新农具”成为农业生产的新式武器，“互联网+现代农业”、创意农业、休闲农业、乡村旅游、森林康养等新产业新业态加快发展，需要有组织、懂技术、会经营、善管理、勇创新的农业劳动者提供人才支撑与智力支持。从农业人才资源供给看，我国高素质农民、基层一线服务人才缺口明显。有机构预测，到 2025 年，我国农业在生产经营、专项技术操作、农业信息化机械化、高级农业经理人、大型农场技术负责人、植保营养技术等方面的人口总缺口超过千万人；中国农业大学《中国农村电商人才现状与发展报告》也指出，到 2025 年农产品上行电商人才缺口将达到 350 万人。同时，教育、卫生、科技、文化、社会工作、精神文明建设等基层一线服务人才紧缺，农村干部群体中在一定程度上缺乏具备新知识、新理念的人才，影响农村基层的农业技术推广、相关改革工作推进。

二是农业强国建设对实现高水平农业科技自立自强、提升农业科技资源配置效率提出更高要求。从世界农业科技发展趋势看，当前新的农业科技革命正在蓬勃兴起。以基因工程为核心的农业生物技术已成为全球发展最为迅速、应用最为广泛的生物技术，基因编辑、表观遗传修饰等新一代生物技术使动植物育种更加高效、精准，为应

对病虫害、环境退化、气候变化等挑战提供了新的替代方法。以数据为中心的“农业4.0”正在重塑农业产业，传感器、物联网、云计算、区块链、人工智能、机器人和大数据等数字技术和智能技术迅速向生产、生态各环节渗透，全面赋能农业转型升级。主要发达国家也正在掀起新一轮全球科技和产业竞赛，抢占下一轮经济增长的战略制高点。例如，美国视生物经济为关系到经济繁荣和国家安全的重要议题，将生物技术纳入出口管制清单并试图遏制我国生物技术快速崛起。这就要求我们必须通过农业科技自立自强，增强应对外部重大风险挑战能力，确保农业供给保障安全可靠。而国内农业科技投入强度、结构、资源配置等短板明显，还难以满足高水平农业科技自立自强的要求。我国农业科技投入占农业 GDP 的比重只有 0.71%左右，远低于发达国家2%~3%的投入水平。农业科技基础研究经费比例较低，不利于我国农业原创性科学研究和产业核心关键技术创新。农业科技成果转化方面，相关研究测算表明，我国农业科技成果转化率仅为40%左右，同发达国家相比存在较大差距。科研院所和高等院校受资助模式、评估体制和科技生态影响，转化科技成果的动力与意愿不强，研发活动与生产实际和市场需求脱节。农业企业习惯于依靠土地扩张、资本扩容、劳动力集聚来实现外延式发展，对新技术、新成果的依赖性和重视程度不高，企业总体研发能力不足，还远未成为技术创新和成果产出与转化的主体。同时，农业科研院所、大专院校、农业企业等创新主体职责不清、分工不明，同质化竞争严重，科技资源配置缺乏效率，科研经费分配碎片化、分散化，也不利于长周期、持续性科研任务的有效开展。

三是农业强国建设对进一步强化土地要素保障提出更高要求。首先，土地要素支撑保障压力加大。未来随着农村一二三产业的深度融合发展，农产品加工流通、农村休闲观光旅游、电子商务、物流仓储等产业用地需求将持续扩大。而农业土地配套资源要素还不能满足乡村产业发展的要求。从数量看，农村集体建设用地指标供给不足、指标落地难，用地标准、用地规划制定滞后，难以满足农业现代化日益增长的需求，土地出让成本高、审批手续复杂、用地成本攀升制约农业产业项目落地。从质量看，农业用地利用率偏低，土地可持续利用水平不高。随着工业化、城镇化的推进，农民进城务工造成土地撂荒；城镇工矿用地周边的一些土地遭到污染和破坏，加上传统、低效、粗放的用地方式，导致土地生态功能脆弱，优质土地资源较少。其次，市场环境变化、地区经营模式差异化发展对土地流转政策的精准性提出更高要求。2023 年中央一号文件提出引导土地经营权有序流转，发展农业适度规模经营；总结地方“小田并大田”等经验，探索在农民自愿前提下，结合农田建设、土地整治逐步解决细碎化问题。当前国际形势的不稳定性不确定性明显增加，国内经济内生动力不足，农业生产经营主体面临的市场波动、自然灾害等风险进一步加大。加上近年来粮食等农产品生产比较效益下降，微观经营主体生产经营困难较大，部分地区出现一些经营主体因亏损而毁约甚至“跑路”现象。同时，受地区经济发展水平、劳动力转移程度、农业生产条件等因素影响，地区间农业规模经营差异化发展趋势明显。比如，一些地区经济发展水平较高、农村劳动力缺乏，土地经营权流转比例较高，流入土地的农业经营主体具备较强实力；一些地区劳动力转移比例较高，但土地经营权流转比例不高，农民兼顾农业生产和外出务工，把承包地的生产作业环节转移出去，由农民合作社、专业化服务机构等主体承接；而东北地区农民通过生产托管的方式，将农业生产全部环节外包给专业的托管服务主体，实现农业服务型规模经营。这就要求今后政策制定和实施过程中，要结合各地发展阶段、资源禀赋、生产条件，因地制宜、规范有序地开展土地流转。

四是农业强国建设对持续完善金融资本供给提出更高要求。首先，农村金融供求缺口仍然明显。农业强国建设是一项长期性重大任务，需要巨量的资金投入，现有涉农资金以财政、政策性金融资金为主，资金规模仍相对有限。从总量看，农村金融无法满足农村经营主体日益增长的资金需求。中国社科院数据显示，我国“三农”金融的缺口达3.05万亿元。从结构看，随着现代农业产业园、特色种植基地、高标准农田、现代种业、农业机械化智能化、仓储保鲜冷链物流设施等重点领域加快发展，“三农”金融需求更加多层次、多样化。新型农业经营主体快速发展，要求农村信贷不仅要满足其农业生产性需求，也需要提供综合性金融服务。而农村金融产品较为单一，无法满足农村经营者日益差异化的需求。同时，金融机构信贷投放较为分散，不能形成合力，一些需要大量资金支持的农村基础设施建设、乡村产业融合发展项目资金缺口较大。其次，社会资本参与农业农村建设挑战很大。资本市场凭借融资、配置、风控等功能，能够带动社会资本“下乡”，可以成为助推农业强国建设的重要力量。当前乡村振兴票据、经营权资产抵质押等新型融资产品发展迅速，乡村绿色信贷、绿色基金等绿色金融服务也不断丰富，也有利于打通社会资本进入“三农”领域的通道。但总的来看，农业周期长、见效慢、风险高，社会资本参与农业农村建设仍存在一些现实困难，影响投资预期和信心。一方面，相对其他行业，农业投资收益整体较低，近年来国内农产品与食品价格总体稳定，而农业综合成本不断上升，导致农业项目投资收益率下降趋势明显。此外，相关配套农业金融服务发展滞后，社会资本进入、退出农业农村领域的相关政策与措施还不完善。另一方面，社会资本投资农业也具有盲目性、风险性，存在农民利益受损问题。今后社会资本投入农业农村领域的趋势还会持续，但提振社会资本投资信心、兼顾各方利益诉求，对有效发挥政策的引导规范作用、完善体制机制提出更高要求。

（三）人口老龄化叠加城镇化“下半程”，推进城乡基本公共服务均等化面临新形势新要求

一是农村地区公共服务面临“空心化、碎片化”挑战。我国农村地区老龄化程度和发展速度已超过城镇地区。根据第七次全国人口普查数据，2020年，我国农村60岁

及以上老年人口达1.21亿人，占农村总人口的比重为23.81%，比城镇地区高出7.99个百分点。同时，人口城乡流动进一步加剧农村人口老龄化问题。由于非农就业劳动力主要是青壮年，随着城镇化、工业化的推进，大量农村青壮劳动力迁徙至城镇；在农村从事农业生产的劳动力则以老年人为主，农村留守老人居多，空巢问题突出。无论是经济发展水平、养老基础设施，还是社会治理能力和公共服务水平，农村都严重滞后于城镇。而乡村地区日益“空心化、碎片化”，一些乡村地区人口数量持续减少、分布过于分散，以行政村为单位而非人口规模配置公共服务资源，将导致公共服务机构建设资金、人员投入、维护管理等成本过高，能获得的收益却很少，投入与回报不匹配，进一步加剧农村地区公共服务兜底保障的难度。

二是城镇化进入“下半程”，对推进农业转移人口市民化提出新要求。近年来，进城农民工及其随迁家属规模持续减少。其中，受新冠疫情影响，2021年人数达到1.69亿人左右，比2019年减少614万人，同比下降3.5%，未来这一趋势还将持续，这将导致常住人口城镇化率增幅逐步减缓。同时，随着生活水平的提高，城市农业转移人口的诉求已不仅是个体进城谋生，而是要求在工作收入稳定性、住房租赁、随迁子女上学、养老、医疗和休闲娱乐等方面公平地获得城镇基本公共服务和发展机会，这对有序推进农业转移人口市民化、加快完善相关配套政策提出更高要求。与此同时，近几年越来越多的农民选择离土不离乡，在县域内就近就地就业，随着产业在地域间有序转移，农民工返乡创业规模不断增长，中西部地区吸纳就业的农民工也在持续增加。选择在小城市或县城就业安家的农业人口，对县域资源环境承载能力、产业发展、配套基础设施和公共服务都提出新的要求。

（四）国内外经济进入不稳定波动期，守牢不发生规模性返贫底线任务依然繁重

当前守牢不发生规模性返贫底线面临多重考验。从国际环境看，2022年以来，中美博弈、地缘政治关系紧张等因素不断加大世界经济下行风险。IMF 2023年10月最新发布的《世界经济展望报告》预计，全球经济增速将从2022年的3.5%放缓至2023年的3.0%及2024年的2.9%。报告指出，“全球经济蹒跚向前，缺乏动力”，美欧等发达经济体高利率、高通胀和高风险并行，美联储不断收紧的货币政策负面影响外溢，部分国家疫情的“疤痕效应”犹在。其间，俄乌冲突尚未结束，巴以冲突烽烟再起，地缘冲突风险增加了世界经济发展的不稳定性。从国内经济看，当前国内经济面临需求不足和信心不足的突出矛盾和问题，在经济面临严峻挑战下，部分脱贫地区内生发展动力不足、发展能力薄弱的问题将进一步凸显。新冠疫情也对前期扶贫成果带来冲击考验。我国贫困人口主要集中在西部地区，大多地方自然条件恶劣、生态环境脆弱，交通便利度较低，受经济下行、市场需求不足影响，特色农产品销售乏力，休闲旅游业受创，巩固脱贫攻坚成果、确保不发生规模性返贫底线任务面临越来越复杂的风险

考验。新形势对建立健全扶贫长效机制提出新要求。其中，产业扶贫存在项目单一、同质化、低端化现象，有些地方产业扶贫在市场论证上做得不够充分，后续发展面临较大的市场风险，这对强化扶贫项目前期规划和中期评估、加强项目资产后续管理、加快培育新型经营主体、创新项目产销对接机制等都提出新要求。就业帮扶政策在脱贫群体技能培训、能力提升等方面应有更长远的打算。近几年，年轻一代农民工就业观念开始发生转变，对用工环境、综合素质培训、人力资源服务等都提出更高要求。此外，因病因灾致贫返贫等风险不容忽视。国内疫情防控进入常态化阶段，但局部地区仍会出现零星散发情况，农村地区尤其是脱贫地区医疗卫生基础相对薄弱、医疗卫生服务能力不强，仍然是疫情防控的重中之重。随着全球气候变暖，近年来极端自然灾害也呈现多发频发态势。脱贫人口因疫因灾致贫返贫、脱贫边缘户再次致贫等风险加大。

五、“十四五”时期进一步稳住农业基本盘、守好“三农”基础的政策建议

全面建设社会主义现代化国家，实现中华民族伟大复兴，最艰巨最繁重的任务依然在农村，最广泛最深厚的基础依然在农村。习近平总书记在党的二十大报告中强调，“全面推进乡村振兴”“坚持农业农村优先发展，坚持城乡融合发展，畅通城乡要素流动”，“扎实推动乡村产业、人才、文化、生态、组织振兴”。在全面建设社会主义现代化国家新征程中，要坚持加强党对加快建设农业强国的全面领导，找准新时代“三农”工作着力点，加快实现农业农村现代化新局面，全面促进农业高质高效、乡村宜居宜业、农民富裕富足，继续巩固脱贫攻坚成果，满足人民美好生活需要、实现高质量发展、夯实国家安全根基。

（一）从增产和减损两端发力确保粮食安全

1. 抓好粮食和重要农产品稳产保供

一是在目标上要重点稳住面积、主攻单产、力争多增产。实施新一轮千亿斤粮食产能提升行动，加强农田设施建设，推进农业科技创新，夯实国家粮食安全基础支撑。紧紧围绕确保全国粮食产量保持在 0.65 万亿公斤以上目标，千方百计稳住面积、主攻单产、力争多增产。压实责任稳面积。严格执行粮食安全党政同责考核，确保全国粮食面积稳定在 17.7 亿亩以上。进一步优化布局，稳口粮、稳玉米、扩大豆、扩油料。推动南方省份发展多熟制粮食生产，鼓励有条件的地方发展再生稻，稳定粮食播种面积。加快开展吨粮田创建，实施大豆玉米单产提升工程，支持开展小麦“一喷三防”，努力提高粮食单产。扎实推进大豆玉米带状复合种植，支持东北、黄淮海地区开展粮豆轮作等，继续扩大大豆油料种植面积。抓紧研究编制盐碱地综合利用总体规划，扎实推进盐碱地综合利用，充分挖掘盐碱地综合利用潜力，加强现有盐碱耕地改造提升，

有效遏制耕地盐碱化趋势，大力发展盐碱地特色农业，重视培育耐盐碱性好、土壤修复能力强的特色经济作物新品种。二是做好重要农产品保供稳价工作。继续完善生猪产能调控机制，落实生猪稳产保供省负总责，强化以能繁母猪为主的生猪产能调控，守好疫病防控关卡。压紧压实“菜篮子”市长负责制，推动加强“菜篮子”工程建设，引导各地统筹抓好产品生产、市场流通、质量监管、调控保障、应急保供等能力建设。统筹抓好肉蛋奶、果菜鱼等生产和质量安全监管，努力做到量足价稳质优。

2. 加快推进高标准农田建设

一是及时分解落实建设任务。优先在粮食生产功能区、重要农产品生产保护区建设高标准农田。明确各省级部门重点建设区域，及时将年度建设任务分解下达到县并落实到具体项目、地块，统筹安排年度实施计划。统筹新建高标准农田和已建项目改造提升，指导督促各地加快将建设任务落实到具体项目、地块，规范项目设计、施工，全力推动项目实施。加快制定逐步把永久基本农田全部建成高标准农田实施方案，筹划开展试点示范，筛选一批符合条件的区域，加快推进整灌区、整市、整县高标准农田建设试点。二是加快完善建后管护机制。制定和完善建后管护制度，指导各地落实管护资金，明确管护主体，压实管护责任。探索引入保险机制、购买第三方服务、委托专业化机构等市场化方式，因地制宜建立管用有效的管护机制。三是多措并举加大资金投入力度。把高标准农田建设作为优先保障领域，多渠道增加高标准农田建设投入，提高建设标准和质量。引导地方积极争取当地党委政府支持，协调相关部门落实好财政资金，持续稳定加大投入力度，提高投入水平。继续用好多元化融资手段，抓紧打通政策堵点，完善工作机制，鼓励创新建设模式，探索推进公司化、平台化、市场化建设，积极引导金融和社会资本投入高标准农田建设。

3. 充分调动农民种粮和政府抓粮积极性

一是健全种粮农民收益保障机制。继续提高小麦最低收购价，合理确定稻谷最低收购价，稳定稻谷补贴，完善玉米大豆生产者补贴，提高大豆补贴力度，推动扩大大豆政策性收储和市场化收购。完善价格、补贴、保险“三位一体”的政策体系，完善农资保供稳价应对机制，稳定农民预期、降低生产风险。要创新粮食生产经营方式，延伸产业链条，实现节本增效。二是健全主产区利益补偿机制。加大产粮大县奖励资金投入，保障产粮大县重农抓粮不吃亏、得实惠。加快探索建立粮食主销区对主产区的横向补偿机制，加快探索建立粮食产销区的利益联结机制，引导主销区企业参与主产区粮食生产基地、仓储设施、加工园区、营销网络的建设，助力提高主产区粮食就地加工转化能力。继续把经国务院同意的粮食生产目标任务下达各省（区、市），分品种压实种植面积。严格省级党委和政府耕地保护和粮食安全责任制考核，以责任落实推动政策落实和工作落实。

4. 进一步提高农业抵御自然灾害能力

一是加快推进现代化灌区建设。加快推进一批大中型灌区改造、新建项目，推动优先将大中型灌区建成高标准农田，指导各地统筹大中型灌区和高标准农田建设，形成从水源到田间的灌排工程体系，真正实现旱涝保收、高产稳产。根据各地自然禀赋、经济社会发展状况，按照灌区建设时间、取水方式、种植结构等，对灌区进行科学分类，逐类、分批选择具有典型性和代表性的灌区，作为全国现代化灌区建设试点，逐步建成现代化灌区。二是强化农业农村气象灾害监测预警。强化农业农村、水利、气象灾害监测预警体系建设，完善农业生产气象服务，加快智慧平台建设，增强极端天气应对能力。加强中长期气候变化对农业影响的研究，研究出台适应气候变化的农业经济政策，鼓励开展气候友好型低碳农产品认证，激励农民主动采取措施适应气候变化。

5. 践行“大食物观”，促进粮食提档升级、推进节粮减损

一是拓展食物来源。加快构建粮经饲统筹、农牧渔结合、植物动物微生物并举的多元化食物供给体系，实现各类食物供求平衡。通过设施农业、生物技术等手段，面向整个国土资源，全方位、多途径开发食物资源，提高食物产量，提升其质量和多样性。以绿色为前提，挖掘动物、植物、微生物等生物种质资源和森林、海洋食物资源潜力，实现食物资源开发和生产绿色高质量可持续发展。顺应人民群众对食物健康、丰富、安全等需求变化趋势，拓展传统的粮食边界，更好地满足人民美好生活需要。二是减少产后损失。从收获、仓储、运输、加工、分销、零售等全流程、全链条用力，减少各环节不合理损失，全面推广节粮减损新设施、新技术、新装备，合理控制加工精度，实现粮食生产储备运输体系精准化、高效化管理。三是引导健康消费、减少餐桌浪费。持续深化食物节约各项行动，推动全社会形成勤俭节约的良好风尚，让节约粮食在全社会蔚然成风。加强执法，强化监管，采取有效措施，建立长效机制，坚决制止餐饮浪费行为。进一步加强宣传教育，切实培养节约习惯，在全社会营造浪费可耻、节约光荣的氛围。

6. 继续实施好农产品进口多元化战略

坚定“以我为主、适当进口”战略，把握好粮食进口与国内粮食自给率之间的平衡点。进一步从战略上提升统筹国内国际两个市场、两种资源的能力，畅通国内国际农业食品循环，提高农业食品国际供应链的安全性、稳定性和可持续性。一是持续推动农产品进口来源多元化。在继续巩固和加强与巴西、东盟、美国、欧盟等传统农产品进口来源地的贸易合作的同时，充分利用高质量推动“一带一路”建设和全面落实《区域全面经济伙伴关系协定》的重要契机，主动与更多国家和地区发展全方位、多层次、宽领域的农产品贸易合作，推动构建更加多元的农产品进口来源渠道。二是加快推动优化农产品进出口结构。扩大优质种子种苗、先进技术装备、安全高效农药化肥

及高端农产品进口，更好地满足国内消费和农业产业升级需求。优化出口农产品品质、包装、储运等标准，提高产品出口附加值，助力提升我国农产品国际竞争力，推动农业向全球产业链价值链高端迈进。三是支持农业企业开拓海外市场。立足“控风险、可替代、有备手”原则，支持更多有实力有意愿的国内企业在互利共赢的基础上主动“走出去”，努力打造更多大型跨国粮商，参与到共建“一带一路”国家、拉美国家等重点国家的农产品生产、加工、物流、仓储以及农机装备制造等环节中，提高关键物流节点掌控能力，促进形成更加稳定、可靠的全球农产品供应链渠道。

（二）坚决守住不发生规模性返贫底线

1. 持续增强扶贫地区可持续发展能力

一是着力发展优势特色产业。依托地区资源优势和发展基础，做好乡村产业振兴规划布局，发展壮大脱贫地区特色优势产业。要以市场为导向，尊重市场规律，因地因人因时制宜，选准具有区域化、特色化、个性化和有市场前景、收益预期的产业项目。二是创新生产经营方式。强化龙头带动作用，大力培养龙头企业、农民合作社、家庭农场等新型农业经营主体。通过订单生产、代养托管、入股合作、土地流转等方式，推动贫困户更加深入地嵌入产业链，增强小农户抵御市场风险能力。建立健全脱贫地区农产品产销对接体系，充分发挥农产品批发市场、农业展会和产销对接活动等平台作用，加快发展农村电商、生鲜直供等新业态新模式。同时，注意加强产业运行风险监测预警，增强农产品储存、保鲜、运输和信息发布能力，及早预测可能面临的自然因素、市场波动、合作经营、生产技术、生态环境等风险，确保产业扶贫稳健推进。三是多措并举进一步夯实脱贫群众就业增收基本盘。通过深化劳务协作、促进就地就近就业、加强技能培训等措施方法，强化人力资源服务，建立专业化人员培训机制，适当扩展专业领域知识，发展多样化培训方式，提升工人综合素质。

2. 加快完善防止返贫监测帮扶措施

一是聚焦重点区域、重点领域，确保稳定消除返贫致贫风险。针对 160 个国家乡村振兴重点帮扶县、3.5 万个易地扶贫搬迁集中安置点等两个重点区域，加大财政、金融、人才、土地等政策倾斜支持力度，促进这些重点区域加快发展。二是坚持常态化监测。加大排查力度，采取干部分片包保、网格化排查的方式，以行政村为基本单元、以农村常住人口为对象，结合群众自主申报、干部日常走访等措施，逐户逐人研判返贫致贫风险，保障困难群众“应纳尽纳”。聚焦解决农村人口“两不愁三保障”问题，可以借助“一键申报”小程序、大数据监测平台等技术手段，实现困难群众“找政府”无障碍、线上即时申请即时得到办理，做到对有返贫致贫风险的农户早发现、早干预、早帮扶，将返贫致贫风险消除在萌芽状态。

（三）强化农业科技和装备支撑

1. 深入实施种业振兴行动

一是不断加大育种创新攻关力度。围绕稳产增产需求，聚焦粮油、畜禽水产等重点领域突破新品种新技术，提升质量、效益和竞争力。增加品种选育数量，丰富品种选育类型，加快推出一批高产稳产、优质绿色新品种。二是推进种业龙头企业扶优行动。引导资源、技术、人才、资本等要素向重点优势企业集聚，聚焦重点品种、重点领域和重点环节，培育一批具备集成创新能力、市场竞争力的种子行业“领头雁”，稳住制育供种基本盘。三是强化种业知识产权保护。加快完善和修改有关法律，进一步加快种子法和相关地方性法规的修改进程。加大种业执法力度，打击侵权违法行为，不断净化种业市场，切实保护育种者的合法权益，夯实种业资源和法治基础。

2. 加强农机装备研发应用

一是加快推进农机装备补短板。加强大中型、智能化、复合型农业机械和蔬菜、果品等专用机械、山地丘陵机械、大豆玉米带状复合种植机械的研发应用。聚焦农业机械化空白领域和关键零部件，开展空白领域和关键零部件识别、研发和制造推广，打通农业机械产学研推用各环节堵点，促进农机研发制造与推广应用协调发展。二是继续完善相关扶持政策。稳定实施农机购置与应用补贴政策，探索与作业量挂钩的补贴办法，不断加大对高端智能化农机装备的扶持力度，扩大农机报废更新补贴实施覆盖面，支持农机服务主体开展深松深耕、机播机收和生产托管服务。落实好东北黑土地保护性耕作行动计划免（少）耕播种作业补助政策，推动设施农业用地、新型农业经营主体建设用地、农业生产用电、税费减免等相关政策落实落地，推进地方政府债券和有关资金支持开展丘陵山区农田宜机化改造。

3. 加快推进农业基础研究和关键核心技术创新

紧盯世界农业科技前沿，加强原创性、引领性科技攻关，加快取得一批突破性成果。发挥新型举国体制优势，依托国家级科研院校和重大创新平台，整合各级各类优势科研资源，强化农业科技原始创新和核心关键技术攻关突破。以产业急需为导向，聚焦核心种源、关键农机装备、土壤保育与地力提升、水肥资源高效利用、耕地污染修复、农业生物安全等领域，加快关键核心技术攻关、成果转化和推广应用。持续加强现代农业产业技术体系和技术推广体系建设，强化重大技术推广、动植物疫病防控等公益性服务职能。

（四）推动乡村产业高质量发展

1. 加强农业全产业链建设

一是促进农村一二三产深度融合发展。围绕影响国计民生的粮食和重要农产品、满足居民多样化需求的特色农产品，推动规模化生产，加快形成各具特色、品类齐全的主导产业和支柱产业。拉长农业产业链，布局农产品精深加工业和农业生产性服务业，延伸农业价值链。进一步挖掘农村生态资源特色和文化旅游优势，推进农业与休闲、旅游、生态、文化、康养、教育等产业多元化业态深度融合，打造新型产品生态。通过碳排放交易、生态产品价值实现等机制推动生态资源“变现”，把更多收益留给农民，让农业成为有奔头的产业。二是持续推动产业增收赋能。建立多元主体利益联结机制，加强专业大户、家庭农场、农民合作社、龙头企业等新型农业经营主体培育。构建政府、企业、村集体、村民“四位一体”运营机制，强化各方利益联结。通过就业创业、自主经营、产权租赁、产权入股等方式，拓宽农民增收渠道，激发富民长效动能。三是持续完善资本“下乡”保障机制。加快推动财政投入方式创新，营造良好的政策环境，发挥财政引领作用，使财政投入取得最佳的政策撬动效果。发挥好组织平台沟通桥梁作用，鼓励农村生产组织加快公司化步伐，推动农村产权交易平台、投融资平台持续创新，加快推动乡村经营主体对接资本市场。运用互联网、大数据等科技手段，优化惠农金融产品供给，打造“互联网+”助力乡村振兴新格局。同时，积极构建多层次农村监管服务体系，明确不同类型监管机构的责任，完善多头监管机制。

2. 加快推进农产品现代流通体系建设

一是加大农村流通基础设施建设支持力度。提高对农村道路特别是农产品生产基地道路建设的资金投入，大力扶持农村地区物流配送中心、市场信息网络与电子商务平台、大型农产品流通设施等流通基础设施建设。支持各类批发市场设施升级，重点扶持电子结算系统、交易与冷藏设施、质量检验检测系统等基础设施建设，推动建设一批集集货、预冷、分级、包装、仓储和配送等功能于一体的产地综合性集配中心。支持新业态流通模式基础设施建设，支持开展“农超对接”的基地到终端的冷链储藏、冷链运输及终端冷链设施项目建设，构建新型零售网络。二是创新现代农产品流通模式。充分利用信息化技术，不断创新农产品流通模式。大力发展农产品电商、宅配、产地仓等新型流通业态，促进农产品流通上下游环节紧密衔接。加快培育“批发市场+种养”“批发市场+直销配送”“批发市场+新零售”等新产业。大力发展鲜活农产品直供直销体系，推广“生产基地+中央厨房+餐饮门店”“生产基地+加工企业+商超销售”等产销新模式，不断提高鲜活农产品流通效率。

3. 全力做好农业要素保障

一是持续推进人才返乡下乡兴乡。持续创新人才培养、引进、使用、激励扶持政策，不断优化提升农村地区创业就业环境，为乡村人才提供精准化的工作与生活条件支持。持续加强乡村人才培养工作，针对乡村人才类型多、涵盖广的特点，细分人才类别，分类施策，全面提升乡村人才队伍的综合素质和带动能力。健全农民教育培训体系，综合利用短期培训、职业教育、学历教育、持续提升等多种培养方式，造就一批服务农业强国建设的高素质新型职业农民。重点有序引导大学毕业生、农民工返乡创业，鼓励城市人才下乡服务，出台适应农村发展、农村特色的引才政策，提供符合规定的福利待遇以及良好的生活条件。二是不断完善农业科技创新体制机制。加大基础研究投入，加强基础研究设施建设，引导高校、科研院所加强对农业基础研究领域的前瞻性和引领性研究，实现更多的原始创新。聚焦产业链关键环节，发挥好农业龙头企业引领带动作用，引导和资助企业围绕产业需求开展重点攻关、持续研究，推进科企合作，构建以企业为主体的多层次的产学研协同创新体系。深化农业科技人才体制机制改革，强化以主体定位与核心使命为基础的绩效评价导向，扩大科研决策、选人用人、职称评聘、经费使用、成果收益分配等方面的自主权，全面激发农业科研机构创新创业创造活力。三是有效保障农村产业融合发展用地需要。科学编制国土空间规划，因地制宜合理安排建设用地规模、结构和布局。鼓励引导规模较大、工业化程度高、分散布局配套设施成本高的产业项目进入产业园区。推动具有一定规模的农产品加工向县城或有条件的乡镇城镇开发边界内集聚。支持直接服务种植养殖业的农产品加工、电子商务、仓储保鲜冷链、产地低温直销配送等产业，在行政村村庄建设边界内集中。鼓励引导在村庄建设边界外安排少量建设用地，利用农村本地资源开展农产品初加工、发展休闲观光旅游必需的配套设施建设，支持根据休闲观光等产业的业态特点和地方实际探索供地新方式。四是加快完善资本“下乡”保障机制。加快推动财政投入方式创新，营造良好的政策环境，发挥财政引领作用，使财政投入取得最佳的政策撬动效果。发挥好组织平台沟通桥梁作用，鼓励农村生产组织加快公司化步伐，推动农村产权交易平台、投融资平台持续创新，加快推动乡村经营主体对接资本市场。运用互联网、大数据等科技手段，优化惠农金融产品供给，打造“互联网+”助力乡村振兴新格局。同时，积极构建多层次农村监管服务体系，明确不同类型监管机构的责任，完善多头监管机制。

（五）有力有序推动农村生活环境提升

1. 持续推进乡村建设

一是统筹城乡基础设施和公共服务布局。综合考虑人口规模、服务半径、供给成本等因素，兼顾可及性和可行性，集中力量先抓好普惠性、基础性、兜底性民生建设，优先安排既方便生活又促进生产的建设项目。强化县城综合服务能力和乡镇服务农民功能，推动形成县乡村功能衔接互补的发展格局，从村、乡镇、县城等不同层面满足农民生活需要。二是不断完善政策机制保障。强化规划引领，适应城乡格局、乡村形态变化，构建“纵向到底、横向到边”的规划体系，推动“县—乡—村”三级联动，以生产、生活、生态、文化“三生一文”相互融合为理念，全盘考虑县域产业、基础设施、公共服务、“三区三线”、历史文化等空间布局。完善农民参与机制，尊重农民意愿，建什么、怎么建、怎么管，多听群众意见，引导农民全程参与乡村建设。

2. 健全党组织领导的乡村治理体系

一是进一步抓实农村基层党组织建设。不断健全党组织领导下自治、法治、德治相结合的乡村治理体系，提高乡村善治水平。完善网格化整理、精细化服务、信息化支撑的基层治理平台，把积分制、清单制等行之有效的抓手整合起来，把各部门的力量统筹起来，提升乡村治理效能。二是创新加强农村精神文明建设。从农民需要出发，从农民喜好着手，增加富有农耕农趣农味、体现和谐和顺和美的乡村文化产品和服务供给。持续推进农村移风易俗，通过制定规范、强化村规民约、党员干部带头示范等方式，狠刹不良风气，努力成风化俗。

3. 加快推进数字化赋能乡村振兴

一是重点完善农村信息技术基础设施建设。推动农村千兆光网、5G、移动物联网与城市同步规划建设，提升农村宽带网络水平，推动农业生产加工和农村基础设施数字化、智能化升级。二是推动数字化广泛应用。推动传统农业向智慧农业转型升级，使农业生产更精准、更高效，发展动力更加强劲。大力发展农村地区数字医疗，提升农村医疗质量和技术同质化水平。推动乡村治理数字化、便民服务智能化、社会治理精细化，让数据多跑路、群众少跑腿，全面提升乡村治理水平和治理效能。不断深化乡村数字普惠服务，大力培育农业农村方面的数字化员工，持续提升农民的数字意识和数字技能。

（六）持续深化农村改革

1. 继续深化农村土地制度改革

统筹推进农村承包地、宅基地、集体经营性建设用地“三块地”改革。稳步推进第二轮土地承包到期后再延长30年试点，逐步扩大试点范围，坚持大稳定小调整，确保大多数农户原有承包权保持稳定、顺利延包，有条件的地方可在农民自愿的前提下，结合农田集中连片整理探索解决细碎化的问题。稳慎推进农村宅基地制度改革试点，聚焦保障居住、管住乱建、盘活闲置，在确权登记颁证基础上加强规范管理，探索完善集体所有权、农户资格权、宅基地使用权等权利内容及其配置的实现形式。深化农村集体经营性建设用地入市试点，探索建立兼顾国家、农村集体经济组织和农民利益的土地增值收益有效调节机制。

2. 加快发展新型农村集体经济

继续做好农村集体产权制度改革工作，巩固拓展改革成果。抓好运行机制的完善，推动构建产权关系明晰、治理架构科学、经营方式稳健、收益分配合理的运行机制。探索多样化发展途径，推行资源发包、物业出租、居间服务、资产参股等多种模式，提高集体经济收入和服务带动能力。健全农村集体资产监管体系，充分保障集体成员的知情权、参与权、经营权。

（七）加快推进县域城乡融合发展

1. 加快推进以县城为重要载体的城镇化建设

一是完善县域城乡规划建设。适应农民工就地就近就业发展趋势，把县域作为城乡融合发展的重要切入点，尊重县城发展规律，统筹县城生产、生活、生态、安全需要，因地制宜补齐县城发展的短板弱项，提升县城发展质量。推进空间布局、产业发展、基础设施等县域统筹，梯度配置县乡村公共资源，深入推进县域农民工市民化，逐步在县域打破城乡界限，把县域打造成连接工农、融合城乡的重要纽带。二是全力提高县城综合承载能力。推动县城建设全面提档升级。补齐公共卫生短板，建立严格的农产品卫生监测体系，整治城市环境卫生死角，实施城乡统筹的污水收集处理和生活垃圾分类处理。提升县城公共服务配套设施质量，完善市政公用设施，完善养老院、幼儿园等公共服务设施，健全全民健康保障、全民健身、智慧广电公共服务工程。统筹城乡教育、医疗服务建设，加快城乡教育、医疗联合发展，以满足县城人口对就业、居住、教育、医疗等各类服务的需求。

2. 推动城乡要素流动顺畅化

一是完善城乡人才要素双向流动机制。一方面，推动进城农民转变为“新市民”，深化户籍制度改革，完善支持农业转移人口市民化的“人地钱”挂钩政策；另一方面，推动下乡人才发展为“新乡民”“新农人”“新乡贤”，激励专业人才服务乡村建设，支持各类人才返乡入乡创业，引导乡贤群体投资乡村发展。二是完善县域投融资机制。对公益性项目加强地方财政资金投入，对符合条件项目加强中央预算内投资和地方政府专项债券支持。提升县级政府在规划建设、资金使用等方面的管理水平，提高项目建设资金使用效率，强化项目建设监督约束机制。规范引导并加大社会资本投入，努力实现政府投资和社会资本共赢。

第八章　完善新型城镇化战略，提升城镇化发展质量

《纲要》强调，坚持走中国特色新型城镇化道路，深入推进以人为核心的新型城镇化战略，提出了加快农业转移人口市民化，完善城镇化空间布局，全面提升城市品质等3项重大举措，部署实施新型城镇化建设重大工程。两年多来，各地方、各部门深入学习贯彻落实国家《纲要》精神，积极推进新型城镇化建设，国务院和有关部门先后印发《国家新型城镇化规划（2021—2035年）》《关于推进以县城为重要载体的城镇化建设的意见》《“十四五”新型城镇化实施方案》等文件，各地方积极制定相关落实文件，实施重大工程项目。经过两年多努力，常住人口城镇化率目标提前完成，农业转移人口市民化取得重要突破，城镇化空间布局不断完善，城市品质实现提档升级。

我国城镇化快速发展的同时仍然存在一些问题和短板，户籍人口城镇化率长期低于常住人口城镇化率，大中小城市发展协调性不足，城市发展韧性和抗风险能力不强，城市治理能力亟待增强。展望“十四五”后半期，步入全面提升质量的新阶段，城镇化发展面临的新形势包括：一是以县城为重要载体的新型城镇化成为重要任务，二是新型城镇化仍然蕴含内需新潜力和发展新动能，三是数字经济赋能新型城镇化高质量发展，四是城镇化进入绿色低碳转型期。

根据新的发展形势要求，着眼于推动更好地实施规划，建议做好以下工作：一是加快提升农业转移人口市民化质量；二是“因地制宜”推进以县城为重要载体的城镇化建设；三是强化中心城市和城市群的引领带动作用；四是推进智慧城市建设和城市高质量发展；五是推进城市生产生活方式绿色低碳转型。

一、重大目标：常住人口城镇化率目标提前完成

我国常住人口城镇化率突破65%，步入城镇化快速发展的中后期，正在转向全面提升质量的新阶段。《纲要》提出，“十四五”时期要实现城乡区域发展协调性明显增强，2025年常住人口城镇化率提高到65%。从实施情况看，2021年末，我国常住人口城镇化率与户籍人口城镇化率分别比上年提高0.8个和1.3个百分点，两个城镇化率差

距自“十三五”以来首次缩小（见图 14）。2022 年末①，我国人口达 141175 万人，其中城镇常住人口 92071 万人，常住人口城镇化率为 65.2%，比上年末提高 0.5 个百分点，提前达到“十四五”目标线。城镇化“下半场”重在提质，我国常住人口和户籍人口两个城镇化率之间还存在近 18 个百分点的差距，要加快农业转移人口“市民化”。

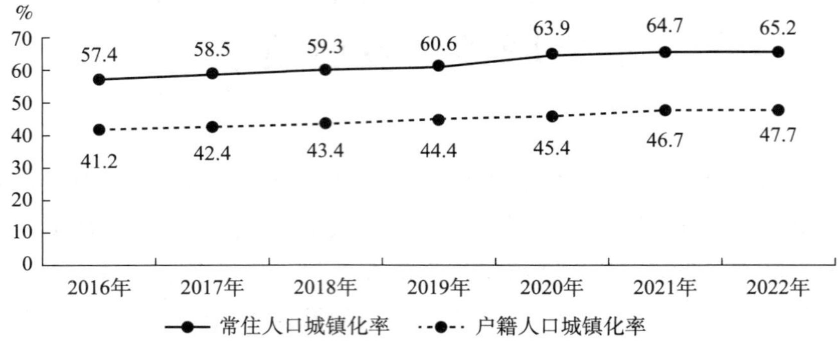

图 14　2016—2022 年我国城镇化率变动情况

资料来源：全国历年统计公报、公安部，作者绘制。

二、重大举措：深入推进以人为核心的新型城镇化

《纲要》共提出了 3 项重大举措：加快农业转移人口市民化，完善城镇化空间布局，全面提升城市品质。两年多来，户籍制度改革持续深化，农业转移人口市民化机制不断健全，城市群和都市圈承载能力提升，超大特大城市优化发展，县城补短板强弱项建设加快推进，城市品质实现提档升级。但也要看到，我国城镇化快速发展的同时仍然存在一些问题和短板，户籍制度改革及其配套政策尚未全面落实，城镇基本公共服务尚未覆盖全部常住人口，各地城镇化发展水平不均衡，县域城镇化水平和质量不高，宜居城市建设水平总体不高。

（一）农业转移人口市民化加快推进

1. 户籍制度改革持续深化

一是鼓励实施更加宽松的城市落户政策。城区常住人口 300 万人以下城市基本取消落户限制，城区常住人口 300 万人以上城市有序放宽落户条件，新增 2910 万农业转移人口在城镇落户。多地积极探索实施跨区域协同、居住和社保缴纳年限互认等更加宽松的落户政策，探索建立以居住证为载体的公共服务供给制度。二是积极探索试行以经常居住地登记户口制度。国务院办公厅印发《要素市场化配置综合改革试点总体方案》，提出在全国开展劳动力要素市场化配置改革试点，支持具备条件的试点地区在

① 国家统计局，《中华人民共和国 2022 年国民经济和社会发展统计公报》，http：//www. stats. gov. cn/sj/zxfb/202302/t20230228_1919011. html。

城市群和都市圈内开展户籍准入年限同城化累计互认、居住证互通互认，试行以经常居住地登记户口制度。2023年7月，浙江省（杭州市区除外）全面取消落户限制政策，试行以经常居住地登记户口制度，进一步完善杭州市区积分落户政策，在全国首创“省级共性+市县个性”积分指标体系，逐步取消年度落户名额限制。8月，浙江发布的《关于高质量推进户籍制度改革的通知》，是全国首个省级户籍制度改革文件，具有非常好的示范性和标杆性。

2. 农业转移人口市民化机制不断健全

一是完善财政转移支付与农业转移人口市民化挂钩相关政策。财政部修订印发《中央财政农业转移人口市民化奖励资金管理办法》，提出对农业转移人口落户规模大、新增落户多、基本公共服务成本高的地区加大支持力度，将随迁子女义务教育纳入奖励资金测算应考虑的客观因素，引导地方重视解决随迁子女就学问题，加大教育资源供给力度，提高随迁子女义务教育保障水平。二是健全农户“三权”市场化退出机制和配套政策。2021年中央一号文件强调，加强农村产权流转交易和管理信息网络平台建设，提供综合性交易服务。2022年中央一号文件明确要求，开展农村产权流转交易市场规范化建设试点。农业农村部修订出台《农村土地经营权流转管理办法》，对农村土地经营权流转的原则、当事人、方式以及合同等作出明确规定，引导各地健全农村土地经营权流转市场和产权交易市场。中国人民银行会同有关部门建立完善金融支持集体经济发展的政策体系，积极推广农村承包土地经营权、集体经营性建设用地使用权、集体资产收益权等抵质押贷款业务。

但是，我国户籍人口城镇化率长期低于常住人口城镇化率，农业转移人口市民化进程滞后，农民在市民化过程中仍面临诸多困难。一是进城农民就业难度大。一方面，农民工因无法满足城市用人单位的要求，大多从事技术要求较低的工作，时有发生同工不同酬现象。另一方面，劳动密集型产业正加快推进机械化、智能化升级，科技的发展快速替代了简单重复的劳动，导致农民难以在城市里找到合适的工作。二是城镇基本公共服务尚未覆盖全部常住人口。受户籍制度影响，农业转移人口在就业安居、子女教育、医疗卫生、社会保障等方面难以享受与城镇居民同等的待遇和权利。三是县域农业转移人口市民化成本分担机制不健全。农业转移人口市民化成本分担主体不清、支出责任不明等现象依然存在，尤其是省以下各级政府之间、输入地和输出地政府之间成本分担机制不够完善。县域经济发展水平不高，大部分县特别是产粮大县可支配财力不足，人口市民化带来的公共支出负担压力较大。

（二）城镇化空间格局持续优化

1. 城市群和都市圈承载能力持续提升

一是健全城市群一体化发展机制。国务院印发《成渝地区双城经济圈建设规划纲要》，指导当前和今后一个时期成渝地区双城经济圈建设。国家发展改革委制定了京津冀协同发展、粤港澳大湾区建设、长三角一体化发展、长江中游城市群发展、北部湾城市群建设、关中平原城市群建设“十四五”实施方案，明确不同城市群“十四五”时期战略任务和发展重点，统筹推进基础设施协调布局、产业分工协作、公共服务共享、生态共建环境共治。二是支持辐射带动能力较强的中心城市培育发展现代化都市圈。自2021年2月起，南京、福州、成都、长株潭、西安、重庆、武汉7个都市圈发展规划相继获得国家发展改革委批复，上升为国家层面规划，标志着我国都市圈建设进程迈入提速发展的新阶段。三是加快建设轨道上的城市群和都市圈。国家发展改革委印发《长江三角洲地区多层次轨道交通规划》《成渝地区双城经济圈多层次轨道交通规划》，提出干线铁路、城际铁路、市域（郊）铁路等项目规划，推进城市群多层次轨道交通建设。南京都市圈已启动建设“南京都市圈智慧市域快轨示范工程”，是我国第一个在国家发展改革委基础司指导下立项的示范工程，也是第一个都市圈示范工程、第一个市域快轨示范工程、第一个“四网融合”示范工程。湖南省发展改革委组织编制了长株潭干线铁路（高铁）、城际铁路、市（郊区）铁路、城市轨道交通四网融合的多层次轨道交通建设规划。

2. 超大特大城市加快优化发展，从规模扩张向内涵提升转变

一是疏解非核心功能，提升健康宜居安全水平。统筹兼顾经济、生活、生态、安全等多元需要，有序疏解中心城区一般性制造业、区域性物流基地、专业市场等功能和设施，以及过度集中的医疗和高等教育等公共服务资源。北京“疏解整治促提升”专项行动成效显著，截至2022年末[①]，北京累计疏解提质一般制造业2093家，区域性专业市场和物流中心640个，为高精尖产业释放广阔发展空间。二是做优做强郊区新城，提升城市发展活力。在中心城区周边科学发展郊区卫星城，促进多中心、组团式发展，提高中心城市综合承载能力。上海正全面推进嘉定、松江、青浦、奉贤、南汇等5个新城建设，打造“一城一中心”、塑造“一城一意象”，促进市域发展格局重塑、整体优化。

3. 县城补短板强弱项建设提速

一是加强顶层设计，系统部署重点任务。中共中央办公厅、国务院办公厅印发《关于推进以县城为重要载体的城镇化建设的意见》，全面系统提出县城建设的指导思想、工作要求、发展目标、建设任务、政策保障和组织实施方式。二是高质量推进试点示范工作，强化示范带动作用。120个县及县级市稳步推进县城新型城镇化建设示范工作，各地实施方案陆续出台，在产业培育设施、市政公用设施以及公共服务设施建设等方面已取得良好成效。三是增强县城产业支撑能力。河北正定、河南兰考等20个县城产业转型升级示范园区的“十四五”建设方案已先后印发实施，示范区城市协同

① 北京发改委，《市发改委主任穆鹏：优化提升首都功能，加快建设现代化首都都市圈》，http://fgw.beijing.gov.cn/gzdt/fgzs/mtbdx/bzwlxw/202301/t20230116_2900483.htm。

推进产业结构调整、城市更新改造、绿色低碳转型，持续增强内生发展动力。四是统筹加强资金支持。统筹运用中央预算内投资、地方政府专项债券、县城新型城镇化建设专项企业债券、开发性政策性及商业性金融机构信贷等资金，在不新增隐性债务前提下支持符合条件的县城建设项目。

但是，当前城镇化空间布局仍存在一些问题和不足。一是各地城镇化发展水平不均衡，城镇化率呈东高西低态势。《中国统计年鉴2023》显示，2022年，12个省份城镇化率高于全国水平，主要分布在东部沿海地区和东北地区；上海、北京、天津、广东、江苏、辽宁、浙江、重庆、福建等9个省份城镇化率超过70%，主要分布在东部沿海地区，其中上海、北京、天津城镇化率超过80%；8个省份城镇化率低于60%，分布在中西部地区，西藏最低，仅37.39%。二是一些城市规模偏大，城市空间分布和规模结构不合理问题较突出。产业和人口向优势区域集中是客观经济规律，但城市单体规模摊大饼式扩张，造成城市空间分布和规模结构不合理，与资源环境承载能力不匹配，加剧城市拥挤的同时会进一步加大城乡差距，不利于新型城镇化高质量发展。三是县域城镇化水平和质量不高，县域城镇化率不到40%①，还有较大的增量发展空间。大部分县域，特别是中西部传统农区，由于经济发展水平较低，产业基础薄弱，城乡融合支撑能力、人口承载能力不足等原因，县城人口规模普遍较小。县城建设面临公共设施短板弱项较多、发展用地需求难满足、建设资金供给不足、项目谋划设计不足等困难和问题。

（三）推动城市品质提档升级

1. 城市更新行动成效显著，居民居住条件持续改善

加快改造城镇老旧小区，推进水电路气信等配套设施建设及小区内建筑物屋面、外墙、楼梯等公共部位维修，有条件的加装电梯。2021年②，我国新开工改造城镇老旧小区5.6万个，40座城市新筹集保障性租赁住房近100万套，城市轨道交通运营里程超过7000公里，城市公共供水普及率和污水处理率均超过97%，生活垃圾无害化处理率超过99%。2022年③，我国实现新开工改造5.1万个城镇老旧小区，城市燃气管道等老化更新改造项目开工1.69万个，新建改造城市污水管网2.2万公里。

2. 开创城市现代化建设新局面

一是积极开展城市现代化示范建设。国家发展改革委、自然资源部、住房和城乡建设部联合印发《成都建设践行新发展理念的公园城市示范区总体方案》，支持成都建

---

① 中研网，《2023我国城市建设构建新发展格局》，https：//www.chinairn.com/hyzx/20230208/180128320.shtml。

② 人民日报海外版，《国家发展改革委印发〈2022年新型城镇化和城乡融合发展重点任务〉——提高新型城镇化建设质量》。

③ 新华社，《2023年我国将新开工改造城镇老旧小区5.3万个以上》，https：//www.gov.cn/xinwen/2023-01/17/content_5737631.htm。

设践行新发展理念的公园城市示范区，探索山水人城和谐相融新实践和超大特大城市转型发展新路径，打造城市践行绿水青山就是金山银山理念、城市人民宜居宜业、城市治理现代化的示范区。二是提升城市基础设施保障能力。国务院办公厅印发《关于加强城市内涝治理的实施意见》，针对消除全国新老城区内涝现象，提出2025年工作目标和2035年总体要求。住房和城乡建设部、国家发展改革委、水利部联合印发《“十四五”城市排水防涝体系建设行动计划》，指导各地加快实施排水管网等设施建设改造，新建排水管网原则上应尽可能达到国家建设标准的上限要求，改造易造成积水内涝问题和混错接的雨污水管网。

3. 城市治理现代化迈开新步伐

一是推进市域社会治理现代化试点建设。中央政法委印发《全国市域社会治理现代化试点工作指引》，从制度层面对在市域社会治理中发挥法治保障作用明确了具体任务目标。中央政法委创新开展试点分类指导工作，明确“创新体制机制”“防范五类风险”“发挥五治作用”的“1+5+5”11个试点项目，各地按照11个项目明确的任务全面推进试点，同时结合实际认领1~2个项目重点攻坚、创新经验。二是推进资源服务平台下沉，打通服务群众“最后一公里”。住房和城乡建设部、民政部印发《完整居住社区建设指南》《关于开展完整社区建设试点工作的通知》，部署开展完整社区建设试点，把更多资源、服务、管理放到社区，更好为社区居民提供精准化精细化服务。国务院印发《“十四五”城乡社区服务体系建设规划》，从完善服务格局、增强服务供给、提升服务效能、加快数字化建设、加强人才队伍建设等方面就现代社区建设作出安排部署，确定了社区固本强基等14项新时代新社区新生活服务质量提升行动。三是运用数字技术助力提升城市精细化治理水平。住房和城乡建设部印发《关于全面加快建设城市运行管理服务平台的通知》，部署各地在开展城市综合管理服务平台建设和联网工作的基础上，全面启动国家、省、市三级城市运行管理服务平台体系建设，构建互联互通、数据共享、业务协同“一张网”。为稳妥有序推进城市运管服平台建设，住房和城乡建设部同步发布《城市运行管理服务平台建设指南》《城市运行管理服务平台技术标准》《城市运行管理服务平台数据标准》，作为现阶段指导城市运管服平台建设和运行的基本依据。当前，多地因地制宜建设城市运行管理服务平台，探索形成了具有地方特色的城市治理模式，为城市转型升级奠定了基础。

4. 住房保障和住房市场“两个体系”不断完善

一是明确住房保障体系的顶层设计。国务院印发《关于加快发展保障性租赁住房的意见》，在国家层面首次明确加快完善以公租房、保障性租赁住房、共有产权住房为主体的住房保障体系，明确保障性租赁住房基础制度和支持政策。住房和城乡建设部会同有关部门建立了包括金融，财税，土地，保障性住房准入、使用、退出、运营管理等在内的较为完善的住房保障政策和管理制度。二是大力发展保障性租赁住房。住房和城乡建设部指导督促地方加快发展保障性租赁住房，多主体、多渠道发展保障性租赁住房的格局已初步形成。2021—2022 年，全国建设筹集保障性租赁住房约 360 万套（间），可解决 1000 多万新市民、新青年的住房困难①。保租房公募 REITs 落地，首批 3 只保租房公募 REITs 在沪深交易所上市，打通了“投融管退”闭环，有利于提高市场化企业的参与积极性，增加保障性租赁住房供给量。三是规范发展公共租赁住房，为城镇住房、收入困难家庭兜底保障。公租房运营管理不断加强，实物供给数量显著增加，货币补贴制度逐步完善。截至 2022 年底②，3800 多万困难群众住进公租房，累计 2700 多万困难群众领取租赁补贴，城镇低保低收入住房困难家庭基本实现应保尽保。四是坚持“住房不炒”定调，着力“保交楼、稳民生”。为化解房地产业风险，央行和银保监会发布“金融 16 条”，下调首套住房公积金贷款利率，下调贷款市场利率，相关部门分别在银行信贷、债券融资、股权融资等方面给予房地产业支持，政策端强势托底，助力房地产市场信心回暖。

但是，城市交通、住房、医疗、教育等公共服务与居民实际需求存在一定差距，宜居城市建设水平总体不高。一是老旧城区更新改造难度较大。老旧城区在发展和更新改造过程中，面临施工扰民、开放的施工环境、文物保护、产业功能布局不合理、房屋危旧程度高、与其他城区协调一致等技术问题，对老旧城区的更新、改造、建设与发展提出了更多、更高的施工要求。社会资本参与度不高，老旧城区街道更新改造面临“政府改不动”“市场进不来”的困境。二是超大特大城市“城市病”突出，城市治理难题待破解。随着城市人口规模越来越大，生态环境恶化、城市空间布局不合理、职住分离率高、公共交通拥堵、资源短缺、公共服务不完善、城市居民老龄化严重等问题越来越突出，城市管理难度大，面临重大公共突发事件时，城市的应对能力不强。三是住房租赁市场有待进一步完善。当前，各地对租赁的供给及管理不规范，政策执行效果还有待提高。租赁权益，特别是在子女教育、社区认同感等方面，与买房相比差距较大。长租公寓在资本运作上的乱象不止。

三、重大工程：着力提升城镇化发展质量

《纲要》设置了“专栏 11”新型城镇化建设工程，涉及都市圈建设、城市更新、城市防洪排涝、县城补短板、现代社区培育、城乡融合发展等领域。经过两年多的努力，都市圈交通设施同城化建设加快，老旧小区改造跑出“加速度”，海绵城市建设成效显著，社区公共服务能力和水平持续提升，国家城乡融合发展试验区建设取得积极成效。但也要看到，城市更新深入推进面临诸多难题，城市市政基础设施建设、县城

① 中指研究院，《2023 年中国住房租赁行业发展报告》，https：//finance. sina. com. cn/wm/2023-04-26/doc-imyrswtm4094612. shtml。

② 中国经济网，《持续推进保障性住房建设》，https：//baijiahao. baidu. com/s? id=1777523359590461537&wfr=spider&for=pc。

综合承载能力有待进一步增强。

（一）都市圈交通互联互通水平提升

都市圈1小时通勤圈加快形成。南京都市圈作为全国最早启动建设的“跨省都市圈”，轨道交通一体化发展已进入加速融合阶段，基本形成国铁干线、城际铁路、都市圈市域（郊）铁路和城市轨道交通四网融合发展的轨道交通体系。成都都市圈环线高速公路全线贯通，成德眉资迈入1小时生活圈。长株潭城际轨道交通西环线一期工程开通运营，长沙、湘潭两地进入“地铁同城”时代（见表11）。

表11 国家级都市圈获批时间及建设进展

都市圈名称	获批时间	建设进展
南京都市圈	2021年2月	2021年12月，宁句城际通车运营，宁扬城际（扬州段）、宁马城际铁路（南京段）开工；2022年9月，北沿江高铁江苏段开工；2022年12月，宁芜铁路扩能改造工程、宁滁城际铁路开工；2023年1月，宁淮城际铁路开工；2023年9月，沪宁沿江高铁通车运营
福州都市圈	2021年6月	2022年1月，道庆洲大桥主线通车；8月，福州地铁6号线开通；9月，福厦高铁通车运营；12月，京台高速公路复线先行段开工。福州机场二期扩建工程、机场综合交通枢纽配套工程、滨海快线（F1线）、机场第二高速公路加快建设，以机场为核心的立体综合交通体系加速形成
成都都市圈	2021年11月	2021年12月，成都都市圈环线高速公路全线贯通。2022年10月，成都铁路枢纽环线开通公交化运营，实现“环+射”路网，成都都市圈成为全国首个依托既有铁路枢纽环线开通又有公交化运营的都市圈。2022年12月，《成德眉资同城化综合交通发展专项规划（2022—2025年）》出台。首条市域（郊）铁路成资S3线计划2024年9月通车运营。2022年9月，开工建设成眉S5线；2023年3月，开工建设成德S11线
长株潭都市圈	2022年2月	多个轨道交通建设项目已获国家相关部委审核同意实施，潇湘大道—滨江路、新韶山路—昭山大道、昭云大道—云峰大道、湘潭大道—铜霞路等“四连线”项目建设加快推进。2023年6月，长株潭城际轨道交通西环线一期工程通车运营；8月，长沙星沙（先锋站）至株洲城际铁路项目全面启动工程可行性研究工作
西安都市圈	2022年3月	2022年11月，特大型铁路综合交通枢纽西安东站开工建设。西延、西康、西十、延榆等4条高铁正在加速建设，以西安为中心的“米”字形高铁路网主骨架已全面落地。西安北站、西安东站、西安站等主要铁路车站已接入或规划接入西安市政交通线路，西安铁路枢纽日益完善
重庆都市圈	2022年8月	“断头路”正加快打通，曾长期“断头”的南北大道、川渝路二期等骨干道路已建成通车或正加快建设，渝广铁路、渝广同城大道等项目已启动前期工作，广安正全面接轨重庆综合交通网络
武汉都市圈	2022年12月	2023年2月，《武汉都市圈发展三年行动方案（2023—2025年）》出台。2023年陆续开工或续建31条都市圈的断头路、瓶颈路。2023年6月，武汉硚口至孝感高速公路二期工程、武汉至大悟高速公路河口至鄂豫界段正式通车

资料来源：中经网整理。

（二）老旧小区改造跑出“加速度”

多地超额完成城镇老旧小区改造年度任务。根据住房和城乡建设部统计，2021—2022 年①，全国计划改造城镇老旧小区 105136 个，实际新开工改造城镇老旧小区 108099 个，共惠及居民 1841 万户。其中，四川改造城镇老旧小区数量最多，达 11667 个，占全国的 10.8%；河南、山东、湖南、河北、湖北、陕西改造城镇老旧小区数在 5000 个以上，合计占全国的 37.4%；青海、宁夏、北京、上海、天津、兵团、西藏改造城镇老旧小区数低于 1000 个。全国仅西藏实际改造城镇老旧小区数比计划任务数低 17 个。广东等 24 个省份实际改造城镇老旧小区数超过计划任务数（见表 12）。

表 12　全国城镇老旧小区改造情况

省份	2021 年		2022 年	
	计划任务数/个	实际开工数/个	计划任务数/个	实际开工数/个
北京	193	203	400	411
天津	145	154	177	177
河北	3057	3057	3698	3698
山西	1866	1891	1779	1894
内蒙古	1698	1791	1540	1571
辽宁	1246	1246	1203	1203
吉林	1623	1623	1142	1159
黑龙江	1439	1439	1705	1705
上海	200	220	200	200
江苏	1130	1402	1405	1578
浙江	807	814	607	616
安徽	1247	1341	1411	1418
福建	2564	2564	1533	1623
江西	1277	1277	1062	1062
山东	3485	3537	3889	3892
河南	3777	3853	3787	3831
湖北	2601	2601	3053	3248
湖南	3529	3600	3222	3300
广东	832	1471	1397	1802
广西	1572	1689	1322	1466
海南	450	450	608	631
重庆	831	841	1277	1304

① 住房和城乡建设部，《2021 年全国新开工改造城镇老旧小区 5.56 万个》，https://www.mohurd.gov.cn/xinwen/gzdt/202201/20220124_764270.html；住房和城乡建设部，《2022 年全国新开工改造城镇老旧小区 5.25 万个》，https://www.mohurd.gov.cn/xinwen/gzdt/202302/20230201_770158.html。

续表

省份	2021 年		2022 年	
	计划任务数/个	实际开工数/个	计划任务数/个	实际开工数/个
四川	6245	6254	5400	5413
贵州	761	766	1501	1508
云南	2963	3014	1923	1923
陕西	3622	3634	2200	2200
甘肃	2126	2126	1599	1599
青海	488	488	400	400
宁夏	390	393	333	333
新疆	1714	1714	1273	1273
兵团	74	79	71	79
西藏	36	23	31	27
合计	53988	55555	51148	52544

资料来源：住房和城乡建设部。

（三）海绵城市建设成效显著

财政部、住房和城乡建设部、水利部启动新一轮海绵城市建设示范工作，2021 年和 2022 年共遴选了 45 个示范城市，在城市范围内系统化全域推动海绵城市建设，取得了明显的社会效益、经济效益、环境效益，累计完成各类建设项目 365 个，总投资 198.6 亿元①。

1. 城市应对洪涝灾害的弹性和韧性明显提高

将海绵城市建设和城市滨江区域违建清退等工作相结合，采取“水退人进、水进人退”的弹性利用方式，恢复和保护沿江沿湖区域自然生态岸线，既保留了自然生态本底，又增强了区域防洪排涝能力，还为市民提供了游憩空间。安徽省马鞍山市在长江岸线治理中，清退了违章建筑、养殖场和小散乱码头等，恢复沿江自然生态岸线，保留本土植被和自然湿地，建设了汛期可淹没、汛后可迅速恢复的人行栈道，既改善了整体水生态环境，也给长江洪水留出了蓄滞空间，避免人水相争导致的洪涝灾害，践行了“人民保护长江、长江造福人民”的科学论断。

2. 生态环境得到改善、修复

按照生态措施和工程措施相结合的海绵城市建设理念，改变过去大范围硬化堤岸河道、填湖填河等破坏生态的开发模式，更多采用绿色自然的方式，改善城市生态环境。广东省珠海市摒弃了过去一味建防潮堤的工程设施，改为修建生态防洪工程，利

① 建筑杂志社，《我国海绵城市建设成效显著》，https：//mp. weixin. qq. com/s？_biz = MzA4NjI0Nzk0Mg = = &mid = 2650565607&idx = 4&sn = 056cb5bfd00059a1e3b001485671f7f5&chksm = 87c3548eb0b4dd982a71c30911f9238330a322a5f3e46a9088e4c27f2a1f828a9942d15737e5&scene = 27。

用河网河口、依山傍海的生态格局，修复红树林湿地、水松林湿地，既增强了防洪防潮能力，又修复了岸线景观，形成了海岸带红树林和防护林等安全屏障体系。

3. 绿色低碳产业链逐渐形成

海绵城市建设带动了新材料、新技术的广泛运用，海绵城市规划、设计、产品、材料等方面形成了新的产业链。浙江省昆山市成立海绵城市建设实验室，创建省级工程技术研究中心，孵化海绵城市设计、施工等相关企业 180 余家，自主研发的雨水花箱、截污井、生物滞留池填料等产品不仅服务昆山，还能销往省内外，海绵城市产业链初步形成，年产值达 6700 万元[①]。

4. 体制机制进一步完善

一方面，通过设立机构、完善机制、立法、修订现有法规规章等方式，进一步明确海绵城市建设的职责分工、工作要求，加快建立健全政府统筹、条块协作、各部门齐抓共管的海绵城市建设工作协调机制。另一方面，通过细则考核评分，明确了开展海绵城市绩效考核的考核对象、考核内容、考核方法和考核评比方式，强化绩效考核成果的互认互用，压实部门责任，奖优罚劣。

5. 多渠道资金筹措模式不断被开发

示范城市探索创新投融资方法，鼓励加大对社会资本的吸引力度，多渠道筹措海绵城市建设资金，促进政府职能转变，创新公共服务供给模式，灵活运用政府专项债券、PPP、EOD、REITs 等融资工具，合理采用 PPP 模式、特许经营、政府投资基金，以及各种投资模式的组合。广东省汕头市积极推动融资降门槛、减成本，建立重点支持企业名单制度和银企融资实时对接平台。湖北省孝感市创新海绵城市建设运营机制，区别海绵城市建设项目的经营性与非经营性属性，建立政府与社会资本风险分担、收益共享的合作机制，采取多种资金筹措形式，吸引社会资本参与海绵城市投资建设和运营管理。

（四）社区公共服务能力和水平持续提升

全国城市社区综合服务设施覆盖率已达 100%。截至 2022 年 9 月[②]，城市和农村社区综合服务设施覆盖率已分别达到 100%和 79.5%，社会工作专业人才队伍持续壮大，全国持证社会工作者达 73.7 万人。实施分类培养工程，为建设现代社区提供人才支撑。杭州高新区（滨江）围绕打造一支高素质、专业化专职社区工作者队伍目标，探索实施专职社区工作者分类培养工程，从强化政策支撑、创新教学体系、推动成效落

---

① 建筑杂志社，《我国海绵城市建设成效显著》，https：//mp. weixin. qq. com/s？_biz=MzA4NjI0Nzk0Mg==&mid=2650565607&idx=4&sn=056cb5bfd00059a1e3b001485671f7f5&chksm=87c3548eb0b4dd982a71c30911f9238330a322a5f3e46a9088e4c27f2a1f828a9942d15737e5&scene=27。

② 中共中央宣传部举行新时代民政工作新闻发布会，http：//www. scio. gov. cn/xwfbh/xwbfbh/wqfbh/47673/49080/index. htm。

地等方面抓好落实，遴选10名领军型、20名专业型、30名潜力型候选专职社区工作者，以小组式、项目化的培训方式开展分类培训，为建设现代社区、推动共同富裕提供人才支撑，取得了明显成效。建设中医药特色示范社区卫生服务站，满足居民高品质健康服务需求。2022年[①]，上海在全市16区内建成50家中医药特色示范社区卫生服务站（村卫生室），全面提升社区卫生服务站（村卫生室）中医药服务能级，打造申城“最后一公里”中医特色服务品牌。中医示范站点内设中医诊室、治疗区和中医药养生健康教育特色区等区域，均配备中医骨干医师坐诊，围绕居民常见病、多发病和慢性病提供中药饮片、针灸、推拿等中医特色服务，部分站点还邀请中医名家及其团队坐诊带教。

（五）国家城乡融合发展试验区建设取得积极成效

1. 打好生态品牌，推动生态产品价值多元转化

聚焦“生态经济化、经济生态化”，从顶层设计、制度供给等入手，以典型生态区域为突破口开展试点，打通“两山”转化通道。崇州市着重在生态产品价值核算方面，通过构建县域GEP核算报表体系、指标体系和数据采集获取机制，形成《成都平原县域GEP核算技术规范》等技术成果。依托川西平原优良的自然资源和深厚的文化底蕴，成都市引进社会投资建成南岸美村、稻香渔歌田园综合体等“生态+文旅”产业项目，较好地实现了生态资源的产业化和资本化。

2. 搭建协同平台，推动城乡产业差异化融合

着力发展与乡村特质相匹配、与城市功能相错位的多元业态，打造高质量发展的增长点。成都市积极优化特色优势产业布局，推动“三个做优做强”重点片区项目集群攻坚，使区域产业在差异发展、错位发展、协同发展中共促共进，解决招引“高端产业难”“成链发展难”等问题。其中，邛崃市建设天府现代种业园，搭建“一库一院五中心”重大功能平台，吸引13个行业领军企业落户，共筑产学研用高效协作通道，为擦亮“川种”金字招牌做出贡献。彭州市与什邡市共同发展川芎特色产业，川芎销量达到全国的3/4，产值近10亿元。成都试验区已创建国家现代农业产业园2个，省级农业科技园区6个[②]。

3. 深化农村宅基地制度改革，有效盘活闲置宅基地

陕西西咸接合片区创新形成了“零散盘活、内部盘活、合作建房、宅基地股份合作”4种盘活模式，全区共盘活闲置宅基地597宗，在全省首家推出“共享村落”，由

---

① 国家中医药报，《上海建成50家中医示范站点》，http：//www.natcm.gov.cn/hudongjiaoliu/guanfangweixin/2022-11-30/28366.html。

② 锦观新闻，《把成都试验区建设成为宜居宜业的和美乡村样板》，https：//baijiahao.baidu.com/s? id=1760867358987877874&wfr=spider&for=pc。

村集体统一对外出租运营，收益按照农户和村集体 9∶1 比例分配[①]。

但也要看到，新型城镇化工程推进中面临一些问题和挑战。一是老旧小区改造工程推进面临诸多难题。由于地下管网情况复杂、后期改造内容变更等因素，项目整体进度不理想。群众工作协调难度大，因违建拆除、停车位设置等改造内容未达成个人意愿，存在抵触情绪。建设资金来源单一，水、通信等经营单位普遍参与度低，大多依赖政府全额出资改造杆管线路，管线改造推进滞后。长效管理养护难，市政规划和旧改冲突进而影响居民生活。二是城市提升防洪排涝能力迫在眉睫。近年来，极端天气导致城市内涝灾害频繁发生，郑州市 2021 年 7 月发生特大暴雨灾害，进一步凸显防洪防涝已成为当前我国城市防汛工作的短板和薄弱环节。部分城市防洪排涝设施建设标准较低，洪涝蓄滞空间不足，随着地铁、隧道、下沉式立交等地下空间的增多，受洪涝灾害威胁越来越大。三是部分县城综合承载能力不强。部分县城仍存在产业配套设施、公共服务设施等环节薄弱的短板，中西部地区县城的市政公用、公共服务、环境卫生等基础设施短板尤为突出。四是人口的快速增长对县城城镇化发展造成的压力加剧。城镇人口承载能力、基础设施条件以及公共服务水平等与人口激增的需求存在一定的差距，城镇化发展的短板弱项逐渐凸显。

四、实施新型城镇化战略面临的新形势

“十四五”时期，我国城镇化进入快速发展的中后期，主要表现为“城镇化速度的持续放缓期、城镇化问题的集中爆发期、人口流动的多向叠加期、城镇格局的加速分化期、城镇化发展的机制转换期”，城镇化发展面临的问题挑战和机遇动力并存，要更加注重高质量发展推动城镇化行稳致远。

（一）以县城为重要载体的新型城镇化成为重要任务

城镇化进入“下半场”，要抓住县城这一着力点。县城承载着我国城乡融合发展的多项重要功能，是进一步提高我国城镇化水平的重中之重。党的二十大报告强调，推进以县城为重要载体的城镇化建设。《国家新型城镇化规划（2021—2035 年）》强调“大中小城市和小城镇协调发展”，特别补充“以县城为重要载体的城镇化建设：补短板强弱项、就地城镇化”。2023 年政府工作报告提出，完善城市特别是县城功能，增强综合承载能力。《关于推进以县城为重要载体的城镇化建设的意见》在顶层设计上明确了县城对于推进城镇化的重要作用，有望显著加强新型城镇化和乡村振兴的政策衔接。下一阶段城镇化工作的重点是大中小城市协调发展，既要发挥大城市集聚效应，也要重视中小城市，特别是县城在农业转移人口市民化方面的巨大潜力。要做好大城市和

---

① 陕西省发展改革委，《国家城乡融合发展试验区西咸接合片区建设取得积极进展》，http://sndrc.shaanxi.gov.cn/mobile/news/content.chtml?id=AFb2In。

县城之间的协同发展，积极构建大城市与县城互联互通的良性发展的都市圈城市群。但是，县城在公共卫生、人居环境、公共服务、市政设施、产业配套等方面仍存在不少短板弱项，综合承载能力和治理能力仍然较弱，对经济发展和农业转移人口就近城镇化的支撑作用不足，与满足人民美好生活需要还有较大差距。

（二）新型城镇化仍然蕴含内需新潜力和发展新动能

新型城镇化是提振内需的重要动力。《扩大内需战略规划纲要（2022—2035 年）》提出，城镇化是扩大内需的重要支撑，要把扩大内需战略和新型城镇化战略有序衔接起来，使之成为经济发展的重要推动力。城镇化对投资需求具有明显的带动效应，老旧小区改造、住宅建设、商业建设、县城医院的建设都有巨大资金需求。县域功能的完善与升级对解决农村人口进城后能够“留得住、过得好”至关重要，也是城乡统筹、拉动内需战略实施的关键。让更多农业转移人口融入城市，在拉动住房、教育、养老、医疗和休闲娱乐等消费需求的同时，能带动城市基础设施和公共服务设施的投资。城镇化还能促进消费结构升级。城镇居民在物质型消费基本饱和后，逐步成为引领教育、医疗、养老、文化、信息、旅游等服务型消费需求增长的主力军。现阶段，县城人均市政公用设施固定资产投资仅相当于地级及以上城市城区的 1/2 左右，县城居民人均消费支出仅相当于地级及以上城市城区居民的 2/3 左右①。加大投入推进县城建设，完善公共设施，吸引产业投资，有助于激活消费端和投资端，扩大有效需求。

（三）数字经济赋能新型城镇化高质量发展

智慧城市建设是我国新型城镇化的重要内容，也是推进我国新型城镇化建设的一项长期任务。党的二十大报告强调，加强城市基础设施建设，打造宜居、韧性、智慧城市。智慧城市承载着数据中心、工业互联网等新基建，平台经济、智能制造、供应链等数字产业化和产业数字化，治理能力与治理体系数字化等主体功能，是数字经济的主力军。《数字中国建设整体布局规划》是党的二十大后，党中央在我国数字化发展领域作出的全面擘画，为各地融入与推进数字中国建设指明了前进方向和方法路径。当前，我国数字经济发展正转向深化应用、规范发展、普惠共享的新阶段，将为进一步推进智慧城市建设提供强大助力，带动基础设施建设的数字化、智能化，加速城市数字化和产业数字化，提升城市治理的精准化。现阶段，我国智慧城市基础设施建设力度不够，场景开发不充分，数据开放程度不足，应用终端相对局限，一些关键数字技术领域尚未实现自主可控，面临数据及信息泄密等安全风险。

（四）城镇化进入绿色低碳转型期

随着城镇化快速推进和产业结构深度调整，城乡建设领域碳排放量及其占全社会

---

① 新华社，《以县城为重要载体新型城镇化勾勒协调发展新图景》，https：//baijiahao. baidu. com/s? id = 1732311563962113216&wfr = spider&for = pc。

碳排放总量的比例将进一步提高。推进形成绿色低碳循环的生产生活方式和城乡建设运营模式，是建设美丽中国、实现碳达峰碳中和的必然选择。党的二十大报告提出，推动绿色发展，促进人与自然和谐共生，协同推进降碳、减污、扩绿、增长，推进生态优先、节约集约、绿色低碳发展。《“十四五”新型城镇化实施方案》从加强生态修复和环境保护、推进生产生活低碳化等方面明确了绿色城市建设的重点要求。《城乡建设领域碳达峰实施方案》明确了绿色低碳城市建设路径，主要从优化城市结构和布局、开展绿色低碳社区建设、全面提高绿色低碳建筑水平、建设绿色低碳住宅、提高基础设施运行效率、优化城市建设用能结构、推进绿色低碳建造 7 个方面着力。现阶段，建筑领域碳减排需加快推进，我国建筑全过程能耗占到全国能源消费总量的 45%，碳排放量占到全国排放总量的 50.6%①。基础设施建设相关材料、装备及工程专业软件等领域的应用基础研究仍然不足，实现碳减排仍需更多绿色低碳技术支撑。

五、“十四五”期间进一步实施好新型城镇化战略的政策建议

《“十四五”新型城镇化实施方案》强调，坚持走以人为本、四化同步、优化布局、生态文明、文化传承的中国特色新型城镇化道路，要破解问题、应对挑战、紧抓机遇、释放动力，推进新型城镇化不断向纵深发展。根据新的发展形势要求，进入“十四五”后半期，一是要加快提升农业转移人口市民化质量，二是“因地制宜”推进以县城为重要载体的城镇化建设，三是强化中心城市和城市群的引领带动作用，四是推进智慧城市建设和城市高质量发展，五是推进城市生产生活方式绿色低碳转型。

（一）加快提升农业转移人口市民化质量

促进有能力在城镇稳定就业生活的常住人口有序实现市民化，是新型城镇化的首要任务。当前，常住人口和户籍人口两个城镇化率还存在大约 18 个百分点的差距，2 亿多农业转移人口尚未完全融入城市。要着力提高农业转移人口市民化质量，坚持存量优先、带动增量，深入推进以人为核心的新型城镇化战略。一是进一步深化户籍制度改革，完善城镇基本公共服务提供机制，让农业转移人口“进得来”“留得下”。继续畅通传统农业转移人口举家进城落户渠道，并将户籍制度改革与完善基本公共服务均等化提供机制结合起来，建立健全经常居住地提供基本公共服务制度，让新市民也能享有同城镇居民一样的公共服务。二是进一步健全配套政策体系，提高农业转移人口劳动技能素质，让转移人口“有发展”“能融入”。完善财政转移支付与农业转移人口市民化挂钩相关政策。大力加强对农业转移人口的劳动技能培训，强化人文关怀，不断提高他们的职业技能和社会参与水平。三是增加农业转移人口城市住房供给，分类、分步解决农业转移人口住房问题。加快推进保障性住房建设、城中村改造，提高

---

① 新华网，《建筑业加速向绿色智能转型》，http：//www.xinhuanet.com/tech/20221227/36c210a181f74534a6002ddaf094b5a0/c.html。

农业转移人口的居住品质，实现“住有所居、住有宜居”。

（二）“因地制宜”推进以县城为重要载体的城镇化建设

我国县级城市数量巨大、发展阶段不同、发展水平差异较大，推进以县城为重要载体的城镇化建设的部署计划及其实施举措，要根据县城的地理位置、人口数量及其产业发展等方面的现实情况，充分体现因地制宜，立足资源环境承载能力、区位条件、产业基础、功能定位，确定不同县城的功能定位，形成不同县域之间以及县乡（镇）合理分工与良性互动，避免“一刀切”和盲目重复建设。一是建立健全省以下财政转移支付和城镇建设用地规划与省域内城市、县城发展相配套的机制。二是建立多元可持续的投融资机制。加快实现由财政单一投入的传统融资模式向多元化融资模式转变，在县城“补短板强弱项”领域努力吸引更多社会资本投入。三是加快实施县城“补短板强弱项”行动。统一规划、科学合理布局县城公共设施的建设，县城公共设施要从最紧需、民生需求最迫切的项目入手，逐步完善推进。统筹配置公共资源，重点投向中西部地区县城建设，加快补齐公共服务设施、环境基础设施、市政公用设施、产业配套设施等短板弱项，强化县城综合服务能力。

（三）强化中心城市和城市群的引领带动作用

中心城市和城市群是我国人口和经济的主要承载地，是区域强劲发展的动力核，有效发挥其作用是新型城镇化战略推进并不断完善的关键所在。我国中心城市与城市群发展水平区域差异明显，要因地制宜，实行差异化城镇战略。一是东部地区要明确中心城市发展导向，加快推进现代化都市圈建设，促进大中小城市和城市群协调发展。通过功能疏解、产业扩散、人口居住的郊区化和区域化，适当控制中心城市主城区人口密度，推动中心城市外围郊区建设产城融合、职住平衡、生态宜居、交通便利，具有独立节点城市功能的郊区新城，促进城市群内部大中小城市和小城镇协调协同发展。二是中西部综合承载力相对较好、城市群正在兴起的一些区域，要做多做强中心城市，避免“一市独大”的弊端，加快中心城市间的互联互通与分工协同，加大力度推动城市群发展。依据中心城市规模和能级，充分发挥集聚效应或释放辐射带动能量，更好地带动周边中小城市和小城镇发展。三是推进超大特大城市“平急两用”公共基础设施建设，促进城市存量资源改造与再利用，加强城市区域的“保障区”功能。从规划与建筑设计、结构设计等入手，制定和完善相关法律法规和行业建设标准，为“平急两用”公共基础设施的建设提供标准引导和政策支持。

（四）推进智慧城市建设和城市高质量发展

智慧城市建设是解决城市发展中面临的问题、提升城市综合服务效能的重要抓手，要注重以人为本、便民利民，要注重城市经济产业、公共服务、社会管理、生态环境等多方面的提升。立足解决真问题、真痛点、真需求，把群众的重点关切摆在第一位，在解决问题中实现城市发展，增进民生福祉。一是加快突破关键技术，筑牢智慧城市安全底座。鼓励产业链上下游企业、政产学研用各方形成合力，整合资源加快技术攻关，优化智慧城市相关产品和服务供给，推进国产化软硬件产品替代。二是加快数字基础设施建设，夯实智慧城市根基。加快部署5G、千兆光网、数据中心等数字信息基础设施，推进城市全域感知体系建设，推进新技术赋能市政公用设施智慧化改造。三是加强数字技术赋能城市社会治理水平，建设数字孪生城市、智慧社区，丰富交通出行、设施管理与维护、安全监测、社区服务等智慧应用场景。四是加强风险评估和应对能力，提升网络安全运营水平。按照国家相关法律法规要求，进一步落实公共数据分类分级保护、信息安全等级保护和个人隐私保护制度，健全安全风险评估制度、安全责任落实机制和重大安全事件处置机制。

（五）推进城市生产生活方式绿色低碳转型

城市是现代化的重要载体，控制城市碳排放是我国实现“双碳”目标的关键。要把高质量发展和绿色低碳转型目标结合起来，以绿色发展理念推进城市生产生活方式转变。一是构建绿色低碳循环产业体系，激发绿色生产动力。注重设计、原料、包装、技术、管理、销售、物流等生产全过程的绿色化和低碳化，加快构建废弃物循环利用体系，转变资源能源的获取、利用和处置方式。二是围绕城市居民的衣食住行等方面，全面促进生活方式绿色转型。深化思想、消费、出行等方面的绿色意识，推进生活垃圾分类处理，鼓励和引导消费者淘汰高耗能产品，优先选择绿色节能型产品，主动使用再生材料产品，减少使用一次性产品。三是推进低碳城市和零碳社区建设。大力发展绿色能源、低碳交通、绿色建筑，推广使用太阳能发电、可再生能源路灯、共享汽车充电桩等设施。推动“公交+慢行”和枢纽地区的综合开发，建设集约、高效、循环水系统和海绵城市，提高社区固碳能力，建设生态零碳社区。

第九章　优化区域经济布局，促进区域协调发展

《纲要》指出，深入实施区域重大战略、区域协调发展战略、主体功能区战略，健全区域协调发展体制机制，构建高质量发展的区域经济布局和国土空间支撑体系。两年多来，各地方、各部门深入学习贯彻落实《纲要》精神，加快推进区域协调发展。国务院及有关部委先后印发《全国国土空间规划纲要（2021—2035年）》《“十四五”长江经济带发展实施方案》《黄河流域生态保护和高质量发展规划纲要》等文件，各地方政府积极响应落实区域协调发展重大工程。经过两年多努力，我国区域协调发展取得突出进展。从重大举措看，国土空间开发保护格局不断优化，区域重大战略深入实施，区域协调发展取得新成效，海洋经济向纵深发展。从重大工程看，我国边境地区发展取得阶段性成效，边境城镇功能不断完善，承载能力持续提升，边境村庄基础设施和公共服务设施不断完善，沿边抵边公路建设取得积极进展，边境地区机场建设稳步推进，边境口岸改造提升建设步伐加快。但在《纲要》实施过程中，也存在一些突出问题。例如，国土空间开发保护还存在难点，区域间协同互动有待加强，海洋资源开发利用规模和效率总体不高，边境地区总体发展水平不高，巩固脱贫攻坚成果任务艰巨等。展望“十四五”后半期，我国已迈上全面建设社会主义现代化国家新征程，区域经济进入新的发展阶段，也将面临新的形势和机遇。具体来看，一是推进全国统一大市场建设，形成要素效率更高、配置更加合理的区域经济布局；二是共同富裕导向下，区域协调发展更加注重公平性；三是“双碳”战略为东西部协调发展提供新引擎；四是更高水平的对外开放助力重塑区域开放格局；五是新安全格局对区域发展和国土空间安全提出新要求。根据新的发展形势要求，进入“十四五”后半期，一是健全主体功能区制度，优化国土空间发展格局；二是发挥重要增长极带动作用，构建优势互补、高质量发展的区域经济布局；三是着力推动重要功能区建设，保障国家粮食生态能源安全；四是破除区域要素流动壁垒，加快建设全国统一大市场；五是以共同富裕为导向，提高区域发展的平衡性、协调性、包容性；六是着眼“双碳”布局，推动减碳和东西部协调发展；七是以更大力度推动高水平对外开放，重塑区域发展新优势；八是构筑新安全屏障，确保区域经济平稳健康发展；九是打造竞争有力的现代海洋产业体系，提升海洋经济治理效能，着力推进区域协调发展，拓展高质量发展新空间。

一、重大举措：区域协调发展扎实推进，发展的平衡性协同性不断增强

实施区域协调发展战略，是新时代国家重大战略之一，也是贯彻新发展理念、建设现代化经济体系的重要组成部分。党中央始终把促进区域协调发展摆在重要位置，习近平总书记亲自谋划、亲自部署、亲自推动了京津冀协同发展、长江经济带发展、粤港澳大湾区建设、长三角一体化发展、黄河流域生态保护和高质量发展等一系列区域重大战略。两年多来，区域协调发展体制机制不断健全，优势互补、高质量发展的区域经济布局和国土空间支撑体系加快形成，国土空间开发保护格局不断优化，区域重大战略深入实施，区域协调发展取得新成效，海洋经济向纵深发展。但也要看到，我国国土空间开发保护还面临多种难题，区域间基础设施建设和公共服务均等化有待加强，海洋资源开发潜力尚待发掘。

（一）国土空间开发保护格局不断优化

两年多来，我国国土空间规划体系实现“多规合一”，主体功能区布局实现提档升级，城市群、都市圈、中心城市成为区域强劲发展的动力核，重要功能性区域建设步伐加快。但也要看到，推进国土空间开发保护面临多种难题，把握好开发与保护的平衡度，都市圈、城市群快速发展或对周边城市形成“虹吸效应”，重要功能性区域的安全保障任务日益艰巨。

1. 国土空间规划体系实现“多规合一”，主体功能区布局实现提档升级

两年多来，从中央到地方日益重视主体功能区建设，我国主体功能区战略和制度实现与时俱进。一是“多规合一”国土空间规划体系基本建立。2022 年 11 月，党中央、国务院批准印发《全国国土空间规划纲要（2021—2035 年）》，明确要求结合国土空间规划编制，因地制宜细化主体功能分区，制定差异化政策，分类精准施策。2023 年 1 月，《主体功能区优化完善技术指南》公开征求意见，作为省级和市级国土空间规划编制指南的补充，指导和规范省、市在国土空间规划编制实施中优化细化主体功能区。2023 年 3 月，自然资源部发布《关于加强国土空间详细规划工作的通知》，要求各地要在“三区三线”划定后全面开展详细规划的新编或修编工作。从地方层面看，全国省、市、县三级国土空间总体规划已经全部编制完成，已报请国务院批准长三角生态绿色一体化发展示范区国土空间总体规划，加紧编制全国海岸带及近岸海域、京津冀、成渝地区等区域的空间规划。2023 年以来，江苏、广东、宁夏、海南、江西等地的国土空间规划（2021—2035 年）陆续批复。[①] 二是“三区三线”全面划定并分类明确管控要求。按耕地和永久基本农田、生态保护红线、城镇开发边界的优先序，以

---

① 国新办举行“权威部门话开局”系列主题新闻发布会，介绍我国建设人与自然和谐共生的现代化有关情况，https：//www. gov. cn/lianbo/fabu/202307/content_6891127. htm。

“三调”及最新国土变更调查成果为统一底图，依照全国统一的划定规则，2022 年 9 月，自然资源部完成全国“三区三线”划定工作，通过将 3 条控制线落地落图，为优化国土空间布局奠定了空间基础。2022 年 10 月，自然资源部发文要求各地在“三区三线”划定成果基础上，进一步落实国家战略，优化区域和城乡功能布局、用地结构和要素配置，及时形成有效支撑高质量发展和新发展格局的规划成果。三是自然资源要素保障的政策力度加大，成为拉快重大项目建设“进度条”的“助推器”。自然资源部先后印发《关于积极做好用地用海要素保障的通知》《关于加强用地审批前期工作积极推进基础设施项目建设的通知》《关于用地要素保障接续政策的通知》等政策文件，针对工业、采矿、沿海等不同领域出台专项政策，做到工业、采矿用地需求应保尽保。从政策效果看，自然资源要素支撑保障稳增长的作用迅速彰显。自然资源部数据显示，2022 年，全国批准建设项目用地预审 344.43 万亩，其中自然资源部批准国家重大项目用地预审 501 个，同比增加 83%；全国批准农用地转用和土地征收 613.31 万亩，其中报请国务院批准农用地转用和土地征收项目 990 个，同比增加 259%；自然资源部批准国家重大项目先行用地 125 个，拟用地总面积 9.10 万亩；各省级林草主管部门已办理完成涉林重大项目 1122 个，使用林地 64.2 万亩，办结率 100%；报国务院批准用海用岛项目 49 个，涉及投资额约 5805.4 亿元，批准用海用岛总面积 21.19 万亩，同比增加 9.49%，自然资源要素为经济高质量发展筑牢了根基。①

2. 城市群、都市圈、中心城市成为区域强劲发展的动力核

两年多来，我国城市群、都市圈和中心城市集聚效应更加突出。一是五大核心增长极崛起，迈向世界级城市群。我国 19 个城市群集聚了全国 70%以上的人口和 80%以上的经济总量，已经成为参与国际竞争合作、支撑我国经济高质量发展的重要平台。其中，京津冀、长三角、粤港澳大湾区（内地 9 市）、成渝双城经济圈、长江中游城市群等五大城市群 GDP 总和达到 64.78 万亿元，占全国的比重为 57%左右。② 从全球范围来看，当前中国城市群经济占比优势显著，其中长三角城市群、粤港澳大湾区和京津冀城市群发展成熟，有望进一步发展成世界级城市群。二是都市圈成为城市群发展的“强核”。截至 2022 年，我国有上海、广州、深圳等 10 个 3000 万人以上的大都市圈，有合肥、成都、杭州等 11 个 2000 万~3000 万人大都市圈，有西安、宁波等 13 个 1000 万~2000 万人大都市圈。34 个大都市圈以全国 18.6%的土地集聚约 63%的常住人口，创造约 78%的 GDP，多数都市圈人口处于持续流入状态。具体来看，上海大都市圈 2021 年 GDP 达 12.6 万亿元，占长三角城市群的 54.5%，圈内已有 5 座 GDP 超万亿元的城市；深圳都市圈与广州都市圈在珠三角城市群形成“双足鼎立”发展格局；北

① 自然资源部，《2022 年自然资源工作系列述评之要素保障篇》，https://baijiahao.baidu.com/s?id=1754060419043295979。

② 国家发展改革委，《“十四五”新型城镇化实施方案》系列专家解读之三，https://baijiahao.baidu.com/s?id=1739707910116019818。

京都市圈市域内集聚以科技创新、现代服务业为代表的高精尖产业；通州区加快与北三县产业联动，优化区域产业布局。[①] 三是九大国家中心城市建设成效显著。2022 年，北京、天津、上海、广州、重庆、成都、武汉、郑州、西安等 9 个国家中心城市的经济总量超过 22.4 万亿元，约占全国经济总量的 18.56%。《国家中心城市建设报告（2021）》[②] 显示，9 个国家中心城市总人口达到 1.7 亿人，约占全国总人口的 11.8%。

3. 重要功能性区域关键作用更加明显，建设步伐加快

农产品主产区维护国家粮食安全的能力不断增强。黑龙江、河南、山东、安徽、吉林 5 个产粮大省 2021 年产量达到 2803.9 亿公斤，超过全国 40%，有效维护了国家粮食安全。[③] 此外，国家自 2020 年启动实施农产品仓储保鲜冷链物流设施建设工程。两年多来，围绕农产品主产区、特色农产品优势区，中央财政以“先建后补”的方式，共支持 2.7 万个农民专业合作社、家庭农场和集体经济组织建设产地冷藏保鲜设施，新增库容 1200 万吨以上。[④] 2022 年 1 月，国家发展改革委印发《“十四五”现代流通体系建设规划》，提出依托农产品主产地、主销区、集散地，重点加快中西部及东北地区农产品主产区市场建设。重点生态功能区生态环境质量进一步改善。我国生态保护红线的划定工作已全面完成，生态保护红线涵盖了约占国土面积 18% 的各类自然保护地，90% 的陆生生态系统类型和 85% 的重点野生动物种群，主要集中分布在青藏高原生态区、黄河重点生态区、长江重点生态区、东北森林带、北方防沙带、南方丘陵山地带、海岸带等区域。[⑤] 此外，重点生态功能区的产业准入负面清单制度不断推广。截至 2022 年 8 月，国家重点生态功能区覆盖的 676 个县域均已完成产业准入负面清单的编制。[⑥] 能源资源富集区的能源安全支撑作用加强。新一轮找矿突破战略行动取得阶段性成果。各地以促进形成大型能源资源基地为主线，聚焦重点地区、重点矿种，圈定一批找矿远景区、油气有利区和找矿靶区，巩固和新形成一批能源资源基地。例如，贵州新一轮找矿行动已完成重要成矿区带的比选、论证，下阶段的重点是寻找与新能源电池及电池材料相关的矿产。甘肃依托“1+2+2+2”矿产资源勘查开发政策体系，推动矿产资源勘查开发高质量发展。此外，重点领域能源安全保障不断巩固。在煤炭领域，自然资源部积极协调调度，400 多家保供煤矿和新增列保供煤矿取得采矿许可证，有效支撑了煤炭资源保供工作。在油气领域，自然资源部细化落实油气探采合一

---

① 泽平宏观，《中国都市圈发展潜力排名：2022》。

② 郑州师范学院国家中心城市研究院，《国家中心城市建设报告（2021）》。

③ 国家发展改革委专题新闻发布会介绍区域协调发展工作情况，http：//www. scio. gov. cn/xwfbh/gbwxwfbh/xwfbh/fzggw/Document/1730754/1730754. htm。

④ 农业农村部，《农产品产地冷藏保鲜设施建设进入“快车道”》，https：//baijiahao. baidu. com/s？id = 1738551812336831837。

⑤ 自然资源部，《我国全面完成生态保护红线划定工作》，https：//baijiahao. baidu. com/s？id = 1763844314555842506。

⑥ 生态环境部环境规划院研究人员牟雪洁，《国家重点生态功能区产业准入负面清单制度的现状、问题与优化建议》。

制度。2022 年，企业提交的探采合一报告 121 份。同时，通过约谈整改，督促企业已探明储量的区域加快转采，共办理采矿权登记 246 个，推动提高油气产量。在新能源矿产领域，通过找矿靶区评价、区划设置梳理、省级报送等，多渠道收集锂、钴区块信息，有序推进区块投放。2 个钴矿、锂矿区块已委托地方组织实施出让挂牌交易，8 个锂、钴区块正在开展出让前期准备工作。[①] 边境地区向高质量发展迈进。2021—2022 年，财政部共向 20 个省（区、市）下达边境地区转移支付预算 486.19 亿元，以加强边境事务管理、改善边境民生、促进边境贸易发展。从发展成效看，《边疆蓝皮书：中国边疆发展报告（2022）》显示，近年来边疆地区产业结构持续优化，第一产业占比逐年降低，第二、第三产业占比逐年提高。不同边疆地区坚持地域发展特色。例如，吉林省把发展的主要动力放在医药产业、高技术产业和服务业上。2021 年，全省医药产业、高技术产业增加值同比分别增长了 34.8%、34.7%，取得了较为突出的成就。[②] 国家对边境地区经济发展日益重视，2022 年 3 月，国家发展改革委印发《2022 年新型城镇化和城乡融合发展重点任务》，提出完善边境地区城镇功能。推动边境城市加快发展，支持丹东、黑河、防城港等东北地区和西南地区边境地级市吸引集聚人口。

但是，在推进国土空间开发保护的过程中还面临以下难题：一是地方难以把握好开发与保护的平衡度。在用地指标紧约束的状态下，行政力量对于资源配置的效用在增强，如何保障地方指标配置的合理性成为问题。绝大多数省份选择将有限的指标集中到中心城市，镇、县几乎没有增量空间，会造成发展的不公平性。部分省份采用了"省管县"方式来直接下达指标，但造成了地级市形同虚设，对于下辖县的规划失去话语权的问题。二是都市圈、城市群快速发展或对周边城市形成"虹吸效应"。与大城市相比，中小城市往往不具备比较优势。部分中小城市地处偏远地区，远离港口、交通枢纽，不具备区位优势，同时自身基础设施建设落后，交通不发达，基础设施建设水平低。此外，部分中小城市还存在资源禀赋贫乏、产业结构单一、产业基础薄弱，现有的产业结构难以支撑劳动力的就业需求。种种因素使得这些地州市的经济发展速度缓慢，人口和资本流失严重。三是重要功能性区域的安全保障任务日益艰巨。例如，粮食方面，粮食生产能力区域分化加剧，新型工业化、城镇化深入推进使耕地面积面临挤压挑战，水土流失、面源污染、土壤有机质减少和生态环境破坏等问题影响粮食品质的提高。边境城市发展水平较为有限，面临人口不断减少、先进要素缺乏、产业形态初级、承载能力较差等发展困境，人口流失问题尤为突出。

（二）区域重大战略深入实施

两年多来，我国聚焦实现战略目标和提升引领带动能力，促进区域间融合互动、

---

① 自然资源部，《2022 年自然资源工作系列述评之矿产资源篇》，https：//baijiahao.baidu.com/s? id = 1754585411075613696。

② 中国社会科学院中国历史研究院，《边疆蓝皮书：中国边疆发展报告（2022）》。

融通补充，区域重大战略取得突破性进展。具体来看，京津冀协同发展水平不断提升，长江经济带绿色高质量发展有力推进，粤港澳大湾区国际化水平持续提升，长三角一体化在科创、生态等领域深入推进，黄河流域生态保护和高质量发展取得阶段性重要进展。但也要看到，京津冀地区产业辐射带动能力依然不足，粤港澳大湾区城市间的互动协同力不强，长江经济带产业结构"偏重""偏化"，产业布局有待优化，长三角地区间产业协同分工特色不明晰，长江、黄河流域生态保护形势严峻，成为进一步推动区域重大战略的阻碍。

1. 京津冀协同发展水平不断提升

2022 年，京津冀地区生产总值突破 10 万亿元，是 2013 年的 1.8 倍。两年多来，京津冀协同发展取得多项突出成果，一是疏解北京非首都功能初见成效。截至 2022 年底，北京市累计退出一般制造和污染企业近 3000 家，疏解提升区域性专业市场和物流中心近 1000 个[①]。首批标志性疏解项目陆续在雄安新区落地建设，中国星网总部项目主体结构封顶，中国中化、中国华能总部项目加快建设，中国矿产资源集团在新区注册落地并完成总部选址。首批 4 所疏解高校、2 家疏解医院确定选址。北京市以"交钥匙"方式支持建设的幼儿园、小学、中学项目建成移交新区，中央企业在新区设立各类机构累计达 140 余家。[②] 二是雄安新区建设取得重大阶段性成果。容东片区基本建成，容西、雄东、昝岗等片区已进入稳定开发期，一批疏解、产业、公共服务及配套项目建设加快推进。雄安新区 R1 线、雄忻高铁、雄商高铁、雄忻高铁雄安新区地下段（东西轴线）等工程加快建设，"四纵两横"高铁交通网络正加速形成。截至 2022 年底，雄安新区重点项目累计完成投资 5100 多亿元，建设交付安置房 8.72 万套、802 万平方米，已基本完成自 2019 年征迁安置工作启动以来的全部既定任务[③]。三是北京城市副中心加快高质量发展。国务院印发《关于支持北京城市副中心高质量发展的意见》，系统化提出了创建"城市副中心质量"的任务目标。2021 年、2022 年完成投资规模均超千亿元，城市副中心站综合交通枢纽、东六环入地改造等重大基础设施建设积极推进，大运河京冀段全线 62 公里实现旅游通航。2022 年，副中心城市路网密度为 4.4 公里/平方公里，森林覆盖率达 34%左右，国市控考核断面水质全部达到Ⅳ类及以上[④]。四是基础设施一体化发展加快。"轨道上的京津冀"更加便捷，京唐城际铁路、京滨城际铁路开通运营，北京朝阳站、新北京丰台站投入使用。公路网通达能力提升，

---

① 北京市发展改革委，《京津冀协同发展 9 周年成绩单》，http：//fgw. beijing. gov. cn/gzdt/fgzs/mtbdx/bzwlxw/202302/t20230224_2923572. htm。

② 新华社，《推进京津冀协同发展 9 周年综述》，https：//baijiahao. baidu. com/s? id＝1758829407219107976&wfr＝spider&for＝pc。

③ 雄安新区官网，《截至 2022 年底雄安新区重点项目累计完成投资 5100 多亿元》，http：//www. xiongan. gov. cn/2023-01/24/c_1211721469. htm。

④ 北京通州区政府官网，《北京城市副中心产业高质量发展》，http：//www. bjtzh. gov. cn/bjtz/ztzl/202303/1642964. shtml。

津石高速全线贯通，京雄高速河北段和北京段六环至市界段建成通车。港口群基础设施不断完善，天津港北疆港区东突堤自动化集装箱码头完成升级改造，北京燃气天津南港 LNG 码头工程竣工验收。五是产业协同迈向更高水平。强化重大创新平台建设，深化拓展“北京研发—津冀转化”模式。京津合力发展人工智能、生物医药、高端装备制造等产业，一批北京龙头企业在天津布局。京冀围绕重点承接平台体系，推进产业链与创新链、价值链等融通发展。河北省科技成果展示交易中心与北京中国技术交易所、天津科技成果展示交易中心等 11 家技术转移机构合作，联建京津冀科技成果协同转化中心等五大平台。2022 年，北京流向津冀技术合同成交额 356.9 亿元，累计超 2100 亿元；天津引进北京投资新设机构 1406 家，新落地重大项目 318 个①；河北吸纳京津技术合同成交额 402.8 亿元，同比增长 13.7%②。2023 年 6 月 30 日，中共中央政治局会议审议《关于支持高标准高质量建设雄安新区若干政策措施的意见》，雄安新区有望实现更高质量建设、更高水平管理和更高质量疏解发展。

2. 长江经济带绿色高质量发展有力推进

一是编制实施“十四五”长江经济带发展“1+N”规划。长江经济带发展领导小组组织编制长江经济带“十四五”实施方案和重点领域、重点行业的专项规划和实施方案，形成了以《“十四五”长江经济带发展实施方案》为统领，以综合交通运输体系规划和环境污染治理“4+1”工程、湿地保护、塑料污染治理、重要支流系统保护修复等系列专项实施方案为支撑的“十四五”长江经济带发展“1+N”规划政策体系。二是生态环境保护成效明显。《深入打好长江保护修复攻坚战行动方案》《长江入河排污口整治行动方案》印发实施，自 2021 年 1 月 1 日起长江流域重点水域实行“十年禁渔”，长江经济带生态环境警示片披露的 623 个问题已完成整改 571 个③，污染治理“4+1”工程深入实施，赤水河、嘉陵江、乌江等支流保护修复深入推进，水生态系统治理和稳定性逐步提高。三是进一步筑牢长江生态屏障。施行《中华人民共和国长江保护法》，各有关方面认真贯彻落实长江保护法，建立国家长江流域协调机制、长江流域信息共享机制。印发《长江经济带发展负面清单指南（试行，2022 年版）》，从岸线、河段、区域、产业等方面划出 10 项负面清单，推动沿江省市结合自身实际制定详细具体的实施细则，进一步为长江经济带绿色发展强化制度保障。四是沿江综合交通运输体系加快构建。沿江高铁加速全线开工建设，14 个长江干线铁水联运项目已建成投运 5 个，武汉青山长江大桥、湖北棋盘洲长江公路大桥等跨江通道建成通车，国道瓶颈路段改造及未贯通路段建设加快。五是加快新旧动能转换，推进产业高质量绿色

---

① 新华社，《推进京津冀协同发展 9 周年综述》，https://baijiahao.baidu.com/s?id=1758829407219107976&wfr=spider&for=pc。

② 河北科学技术厅，《2022 年度法治政府建设情况报告》，https://kjt.hebei.gov.cn/www/xxgk2020/212791/212860/278774/index.html。

③ 生态环境部，2 月例行新闻发布会，https://www.mee.gov.cn/ywdt/zbft/202302/t20230223_1017158.shtml。

发展。财政部印发《关于全面推动长江经济带发展财税支持政策的方案》，支持积极稳妥化解钢铁、煤炭等领域落后产能，支持发展现代服务业，引导制造业企业延伸服务链条。沿江省市陆续出台推进产业“绿色发展”政策文件，着重优化产业结构，提高绿色技术创新能力，节能环保、清洁能源、生态环境等绿色产业发展成效显著，石化、钢铁等传统高耗能行业逐步实现转型升级。

3. 粤港澳大湾区设施联通和规则衔接不断深化

一是大湾区国际科技创新中心建设成效显著。大湾区综合性国家科学中心先行启动区建设全面提速，光明科学城、松山湖科学城集中度和竞争力显著提升。大湾区量子科学中心挂牌成立，全国一体化算力网络粤港澳大湾区国家枢纽节点、散裂中子源二期获批建设，粤港澳大湾区国家技术创新中心实质运行。二是基础设施“硬联通”不断加强。深江铁路、深汕铁路开工建设，深港跨界轨道基础设施建设的备忘录成功签署，港深西部铁路（洪水桥—前海）首阶段研究工作宣告完成。香港机场、深圳宝安国际机场、广州白云机场、珠海金湾机场的改扩建工程加快推进。三是规则机制“软联通”持续深化。对接港澳及国际的营商环境加速形成，深港首次联动发布风投创投 18 条措施，开创了深港两地联合发布政策的先河。金融互联互通有序推进，“跨境理财通”试点落地，ETF 互联互通和互换通等机制成功落地。截至 2023 年 2 月末，珠三角 9 市已有 31 家银行参与“跨境理财通”业务试点，为 4.36 万个人投资者提供相关服务，涉及跨境资金汇划 1.86 万笔，金额 26.66 亿元。专业服务领域合作持续深化，税务师、建筑师等 18 类港澳专业人士在前海仅需备案即可执业，8 家粤港澳联营律师事务所落户前海，粤港澳大湾区国际仲裁中心挂牌。① 四是横琴、前海、南沙、河套等重大合作平台建设深入推进。国务院先后印发《横琴粤澳深度合作区建设总体方案》《全面深化前海深港现代服务业合作区改革开放方案》《广州南沙深化面向世界的粤港澳全面合作总体方案》，对横琴、前海、南沙改革开放作出全面部署。横琴、前海、南沙开发建设已取得积极进展，方案明确的重点任务正在有序落实。

4. 长三角基础设施、生态环境、公共服务等重点领域一体化水平明显提升，科创与产业融合发展积极推进

一是长三角科技创新与产业融合不断深化。长三角科技创新共同体建设实体化项目化运作，共同建立长三角科技创新共同体联合攻关合作机制。G60 科创走廊、沿沪宁产业创新带协同发力的创新空间布局不断优化。苏州实验室成功创建国家实验室，紫金山实验室发布全球首个云原生算网操作系统。共建长三角国家技术创新中心，与行业龙头企业累计共建 232 家企业联合创新中心。二是重点领域一体化水平明显提升。基础设施互联互通水平持续提升，构建长三角世界级港口群形成一体化治理体系、共

---

① 中国新闻网，《大湾区内地九市已有 31 家银行参与“跨境理财通”试点》，https：//baijiahao.baidu.com/s? id=1762413452661576776。

建虹桥国际开放枢纽等重大任务有力推进。“轨道上的长三角”跑出加速度，通苏嘉甬铁路、沪苏嘉线、海太过江通道、淮河入海水道二期工程、吴淞江整治工程（江苏段）等项目开工建设，宁淮铁路先导段、宁宣杭高速公路江苏段等项目基本建成。长三角公共服务更加互联互通，长三角“一网通办”政务上线148项服务，实现37类高频电子证照共享互认，异地就医已实现“同城化”。① 三是长三角生态绿色一体化发展示范区建设成效显著。制度创新“边探索、边实践、边推广”，截至2022年底，示范区累计推出112项一体化制度创新成果，其中38项制度创新经验面向长三角和全国其他重点地区复制推广。重点项目建设激发高质量发展新动能，累计推进生态环保重点项目16个、互联互通重点项目20个、产业创新重点项目35个，生态环境进一步优化，多层次轨道交通体系建设不断提速，绿色创新发展要素更加集聚。②

5. 黄河流域生态保护和高质量发展取得阶段性重要进展

一是加强全域顶层设计。中共中央、国务院印发《黄河流域生态保护和高质量发展规划纲要》，对黄河流域生态保护和高质量发展作出顶层设计，明确了“1+N+X”规划政策体系框架。黄河流域生态环境保护、水安全保障、文化保护传承弘扬等专项规划出台实施。《中华人民共和国黄河保护法》正式施行，是全面推进国家“江河战略”法治化的又一标志性举措。二是黄河生态保护治理稳步推进。生态环境部等12部门联合印发《黄河生态保护治理攻坚战行动方案》，部署河湖生态保护治理、减污降碳协同增效、城镇环境治理设施补短板、农业农村环境治理和生态保护修复等五大攻坚行动。农业、工业、城镇生活和尾矿库污染“3+1”综合治理方案扎实推进，污染防治、生态保护修复、深度节水控水、水土保持等领域重大工程项目稳步实施。2022年，黄河流域地表水Ⅰ~Ⅲ类水质断面比例达到87.5%，同比提高5.6个百分点，黄河干流首次全线达到Ⅱ类水质。③ 三是推进黄河文化遗产的系统保护。《“十四五”文物保护和科技创新规划》《大遗址保护利用“十四五”专项规划》《黄河文化保护传承弘扬规划》《黄河文物保护利用规划》印发实施，强化顶层设计，部署黄河文物系统保护重大工程，全面推进黄河文物的系统保护，大力保护传承弘扬黄河文化。黄河国家文化公园青海、甘肃、内蒙古、河南、山东段建设正有序推进，郑州黄河国家博物馆等一批标志性工程建设加速推进。资源开发司举办黄河文化旅游带建设推进活动，发布10条黄河主题国家级旅游线路和《黄河文化旅游带精品线路路书》，山东省济高国际康养文化基地、甘肃省敦煌宿集等10个重点项目现场签约，总投资433.3亿元。④ 四是黄河流

① 澎湃新闻，《公共服务便利共享，长三角居民可享148项“一网通办”服务》，https：//baijiahao.baidu.com/s？id=1762379111015462088。

② 长三角一体化示范区举行三周年建设成果新闻发布会，http：//www.scio.gov.cn/xwfbh/gssxwfbh/xwfbh/shanghai/Document/1733392/1733392.htm。

③ 生态环境部，1月例行新闻发布会，https：//www.mee.gov.cn/ywdt/zbft/202301/t20230117_1013623.shtml。

④ 中国新闻网，《沿黄九省（区）共促黄河文化旅游带建设同奏“黄河大合唱”》，https：//baijiahao.baidu.com/s？id=1701536328830877686。

域生态保护和高质量发展先行区加快建设。国家发展改革委印发《支持宁夏建设黄河流域生态保护和高质量发展先行区实施方案》，通过政策先行先试为黄河流域其他地区积累可复制经验。宁夏统筹推进生态保护修复和环境治理，城镇污水处理厂均达到一级 A 排放标准，城市建成区黑臭水体全面消除，建成投运 48 个人工湿地。2022 年，黄河干流宁夏段水质继续保持“Ⅱ类进Ⅱ类出”，连续 6 年保持Ⅱ类优水质。用水权、土地权、排污权、山林权、用能权、碳排放权“六权”改革探索取得积极成效，截至 2022 年底累计交易水量 9098 万立方米，金额 3.37 亿元，处置批而未供和闲置土地 5.52 万亩，开展排污权交易 168 笔，山林权引入社会资本经营林地 139.3 万亩。①

但是，区域重大战略实施中仍面临一些问题和挑战。一是京津冀地区产业辐射带动能力不足。京津冀全产业链协同发展过程中缺乏优势主导产业，产业链协作关系完整性不足，未能发挥优势产业的对外辐射带动作用。例如，与长三角地区和珠三角地区相比，中关村科技园的产业创新水平在京津冀地区乃至全国范围内领先，但其市场化程度不高、体制机制缺乏灵活性，一定程度上制约了北京对津、冀两地产业的辐射带动作用。二是长江经济带产业结构“偏重”“偏化”，产业布局有待优化。长江沿线的资源型产业及高污染、高能耗产业所占比重较大，产业发展模式及岸线资源利用比较粗放；港口利用率较低，沿江综合交通体系有待完善，部分地区的产业布局与资源配置发生错位且存在同质化现象。三是粤港澳大湾区城市间的互动协同力不强。粤港澳大湾区城市间经济发展差距明显，表现为“东强西弱、内强外弱”，并且大湾区城市聚落嵌入程度不高，4 个天然聚落相对独立，协调互动不强，受地理因素限制较明显。龙头城市难以带动各个聚落融合发展，港澳对珠三角的经济带动作用和产业升级引领作用减弱，三地互补合作有所减少。粤港澳制度的不同制约着三地的跨境合作，需要中央进一步参与和推动三地政府构建合理的协调机制。四是长三角地区间产业协同分工特色不明晰。在各地发布的“十四五”规划纲要中，各地级市主打新材料、新能源、集成电路、生物医药、科技服务等，各县主打人工智能、生物医药、新材料、新能源汽车、高端装备、文化旅游等，各地发展的重点相似度非常高。同质化布局可能导致低水平重复和产能过剩，无法形成整体的产业竞争力和效率。五是长江、黄河流域生态保护形势严峻。长江大保护任务依然艰巨，沿江产业发展惯性较大，污染物排放需进一步遏制。长江流域矿产资源丰富，采矿冶炼产业历史悠久，尾矿库体量庞大，部分尾矿库治理任务十分艰巨。黄河流域生态破坏、环境污染、侵占或损毁文物古迹等问题突出。生态保护治理监督机制有待完善。

（三）区域协调发展取得新成效

两年多来，我国深入实施区域协调发展战略，西部大开发新格局加快形成，东北

① 全国人大代表李郁华，《以先行区建设为牵引奋力谱写新时代“黄河故事”宁夏篇章》，http://www.pfcx.cn/index/index/n_show/id/128556.html。

地区全面振兴取得新突破，中部地区高质量发展加快推进，东部地区现代化建设加快推进，特殊类型地区振兴发展支持力度加大，区域协调发展体制机制持续优化。值得注意的是，2022 年，东部、中部、西部、东北地区生产总值同比分别增长 2.5%、4%、3.2%、1.3%，东部与西部人均地区生产总值之比由 2020 年的 1.67 缩小至 2022 年的 1.64，东部与中部、东部与西部人均地区生产总值之比由 2012 年的 1.69、1.87 下降至 2022 年的 1.50、1.64（见图 15），① 中西部与东部的差距逐渐缩小，东部与中部、西部人均 GDP 之比分别充分展现区域协调发展成果。但是，我国区域发展仍存在诸多不协调的因素：一是南北方区域发展差距依然较大，二是区域间的基础设施共建共享水平有待提升，三是区域基本公共服务均等化难度较大。

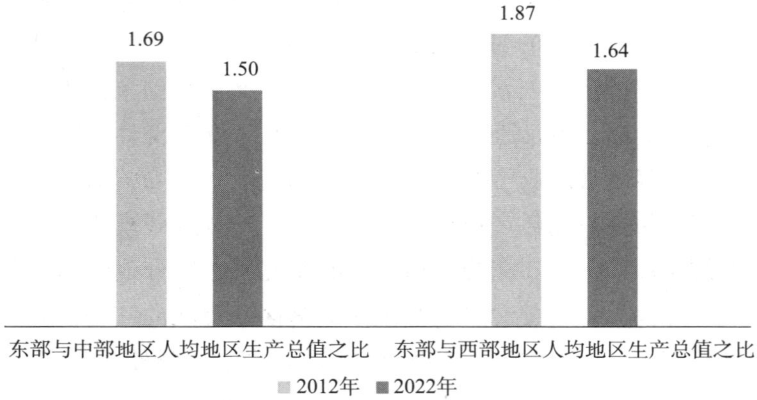

图 15　2012 年和 2022 年东部与中西部地区人均地区生产总值之比

资料来源：国家发展改革委地区司，作者绘制。

1. 西部地区发展协调性持续提升

一是推进西部地区加快高质量发展。国家发展改革委修订出台《西部地区鼓励类产业目录（2020 年本）》，优惠政策覆盖面进一步扩大，70%以上增加条目属制造业范畴。国务院印发《关于支持贵州在新时代西部大开发上闯新路的意见》，赋予贵州省“西部大开发综合改革示范区、巩固拓展脱贫攻坚成果样板区、内陆开放型经济新高地、数字经济发展创新区、生态文明建设先行区”战略定位。中共中央、国务院印发《成渝地区双城经济圈建设规划纲要》，《成都都市圈发展规划》获批发布，推进成渝地区打造带动全国高质量发展的重要增长极和新的动力源。二是基础设施加快补短板建设。国家发展改革委、交通运输部联合印发《国家公路网规划》，新增国家公路一半以上布设在西部地区，旨在改善出疆入藏交通运输条件、提升西部陆海新通道能力、强化成渝地区双城经济圈枢纽功能、增强沿边抵边等重点区域路网韧性、提高优质产

① 《国务院关于区域协调发展情况的报告》，http：//www.npc.gov.cn/npc/c30834/202306/c9d27241ef144485a825db62fb58086e.shtml。

业资源联通效率等。当前，西部地区发力布局基础设施建设，传统基建是发力重点。乌鲁木齐、西安、重庆机场改扩建工程加快建设，拉林铁路、酒泉至额济纳铁路酒泉至东风段、西藏湘河水利枢纽、拉洛水利枢纽及配套灌区工程，昭苏、阿拉尔、塔什库尔干机场主体工程完工。三是西部陆海新通道铁海联运效能进一步释放。国家发展改革委印发《“十四五”推进西部陆海新通道高质量建设实施方案》，明确了主通道畅通高效、港航能力显著增强和通道经济初具规模等方面的阶段性目标，并明确了各方面主要任务。2022 年，西部陆海新通道新开通线路 78 条，是 2021 年的 5 倍多，物流网络已覆盖 119 个国家和地区的 393 个港口；铁海联运、国际铁路联运、跨境公路班车等物流形态均已实现常态化运行，货物种类拓展至 940 余种。[①]

2. 东北地区全面振兴取得新突破

一是东北地区国资国企改革成效显著。东北三省国企改革三年行动主体任务基本完成，改革任务落地见效，改革成效日益显现，形成了更加成熟定型的中国特色现代企业制度和以管资本为主的国资监管体制，推进了国有经济布局优化和结构调整，提升了国有企业活力和效率。二是东北地区维护国家粮食安全“压舱石”地位持续巩固。中央财政安排专项资金支持东北地区开展基层农技推广体系改革与建设工作，遴选推介农业主推技术，促进先进适用技术快速进村入户到田。编制《农业生物育种重大项目实施方案》，支持东北地区农作物种业项目建设。国家发展改革委与农业农村部共同印发实施《关于支持东北地区筑牢国家粮食安全“压舱石”的实施方案》，支持东北地区进一步巩固提升粮食综合生产能力。2022 年，东北地区粮食总产量占全国的 20. 87%。其中，黑龙江粮食产量达 1552. 6 亿斤，连续 13 年居全国首位，吉林达 816. 2 亿斤，辽宁达 496. 9 亿斤。[②] 三是打造发展新动能，促进产业高质量发展。文化和旅游部、国家发展改革委联合印发《东北地区旅游业发展规划》，聚焦推动东北地区旅游业转型升级和高质量发展，提出世界级冰雪旅游度假地、全国绿色旅游发展引领地、边境旅游改革创新样板地、跨区域旅游一体化发展实践地 4 个发展定位。国家发展改革委批复同意设立吉西南承接产业转移示范区，以医药健康、装备制造、农产品和食品加工、绿色载能、现代化工、现代纺织、文化旅游等七大产业为承接方向，在承接中推进产业转型升级，打造东北地区特色制造基地、绿色低碳转型先行区、区域合作发展新高地和全国重要的农特产品加工基地，培育区域经济新增长点，更好地支撑东北地区振兴发展。四是深入推进东北地区开发开放。国家发展改革委印发《辽宁沿海经济带高质量发展规划》，标志着辽宁沿海经济带发展进入新阶段。截至 2023 年 9 月底，沿海 6 市共同签署《辽宁沿海经济带六城市协同推进优化营商环境框架协议》

---

① 中国日报网，《西部陆海新通道带来“西”引力跑出“加速度”》，https：//baijiahao. baidu. com/s？id=1756805372222232067。

② 光明网，《加快区域经济一体化推动东北全面振兴》，https：//baijiahao. baidu. com/s？id=1761575238220256644。

《辽宁沿海经济带六城市社会信用工作一体化共建框架协议》《辽宁沿海经济带六城市海洋环境保护、监测与治理合作框架协议》《辽宁沿海经济带六城市科技创新共享平台建设协议》，并与大连商品交易所、辽港集团分别签署了战略合作框架协议，有力地推动了辽宁沿海经济带走深走实。长吉图开发开放先导区对吉林省经济贡献度稳步提升，成为吉林全面振兴的主要支撑。2022 年，长吉图开发开放先导区实现地区生产总值 9101. 3 亿元，同比增长 6. 2%，占全省的 70%；实现进出口总额 1455. 3 亿元，占全省的 93. 4%。[①] 哈尔滨新区暨自贸试验区哈尔滨片区以打通对俄合作产业链、物流链、金融链和科创链为抓手，全面提升对外开放层级、质量、效益，2022 年对俄进出口总额同比增长 116. 8%，对俄合作成为哈尔滨新区最显著的“特色标识”。[②]

3. 中部地区高质量发展加快推进

一是绘就新阶段高质量发展蓝图。中共中央、国务院印发《关于新时代推动中部地区高质量发展的意见》，为中部地区“十四五”及中长期发展指明了方向与路径。二是战略性新兴产业集群快速发展。安徽铜陵市、江西赣州市、河南平顶山市、湖南娄底市入选国家发展改革委“2022 年度战略性新兴产业集群发展工作成效明显的督查激励推荐城市”名单。其中，娄底市将建设中部地区“材料谷”作为市“一号工程”，已聚集规上企业 429 家，1 亿元以上重点项目 48 个，总投资 652 亿元，湖南—长三角经贸合作洽谈周“材料谷”专题招商推介会签约项目 20 个，总投资 102 亿元，[③] 产业集群集聚效应明显。三是加快培育现代化都市圈。国家发展改革委批复同意《长株潭都市圈发展规划》《武汉都市圈发展规划》，加快打造全国重要增长极。湖南省统计局数据显示，2022 年，长株潭都市圈制造业增加值占地区生产总值的比重达 31. 1%，长株潭数字经济总量达 6570 亿元，同比增长近 20%，占全省总量的 43. 8%；[④] 武汉都市圈地区生产总值突破 3. 2 万亿元，比 2021 年增加 2000 亿元，占全省 59%以上，综合实力优势明显。[⑤] 四是加强大通道大枢纽建设。中共中央、国务院印发《国家综合立体交通网规划纲要》，武汉、郑州入选国际性综合交通枢纽城市、全球性国际邮政快递枢纽集群、国际性综合交通枢纽港站。交通运输部等四部门联合印发《新时代推动中部地区交通运输高质量发展的实施意见》，要求发挥中部地区承东启西、连南接北的区位优势，着力建设现代化交通基础设施体系，为中部地区加快崛起提供有力保障。截至

---

① 吉林省推进高水平开放发展系列新闻发布会，http：//www. jl. gov. cn/szfzt/xwfb/xwfbh/2023/jlsdzyjglbf_68854/wzzb/。

② 哈尔滨市政府，《哈尔滨新区对俄进出口总额 2022 年同比增长 116. 8%》，https：//www. hlj. gov. cn/hlj/c107858/202304/c00_31566870. shtml。

③ 《锚定“中部地区一流的先进材料产业高地”阔步迈进 娄底倾力打造全国材料名城》，https：//baijiahao. baidu. com/s？ id＝1751529075059510040。

④ 湖南日报，《长株潭阔步迈向全国重要增长极》，https：//baijiahao. baidu. com/s？ id＝1769269597968414226。

⑤ 长江日报，《2022 年地区生产总值突破 3. 2 万亿元，武汉都市圈经济亮点纷呈》，https：//baijiahao. baidu. com/s？ id＝1757037213369315407。

2023 年初，山西太原武宿机场三期改扩建工程、沿江高铁武汉至武昌段开工建设，平顶山经漯河至周口高铁、长赣高铁、昌景黄铁路江西段等工程加快建设。

4. 东部地区创新示范带动作用持续发挥

一是积极培育世界级先进制造业集群，大力发展新兴产业和现代服务业。东部地区持续发挥基础雄厚、创新要素集聚等优势，加快培育世界级先进制造业集群。头部工业城市积极规划发展一批优势产业集群，佛山提出高水平打造“十大创新引领型特色制造业园区”，青岛设立 22 个现代服务业产业集聚区，苏州设立 16 个功能性服务业集聚区，深圳提出打造“20+8”产业集群。集成电路、生物医药、人工智能三大先导产业“上海方案”102 项任务全部落地。2022 年，上海三大先导产业制造业产值同比增长 11.1%，战略性新兴产业增加值占上海生产总值的 23.8%。① 截至 2022 年底，45 个国家先进制造业集群中东部地区占 30 个，其中江苏独占 10 个，数量居全国第一位，广东、浙江、上海分别为 7 个、4 个、3 个。二是加快在创新引领上实现突破。上海在全国率先试点设立“基础研究特区”，旨在选择基础研究优势突出的高校和科研院所，面向重点领域和重点团队给予长期、稳定的支持，上海市科委赋予“基础研究特区”充分的科研自主权，支持机构自由选题、自行组织、自主使用经费。截至 2023 年 9 月，全市已有 6 个“基础研究特区”，复旦大学、上海交通大学、中国科学院上海分院每年各获得 2000 万元资助，同济大学、华东师范大学、华东理工大学每年各获得 1000 万元资助，持续 5 年，面向世界科技前沿或国家重大需求，力争产出一批重大原创成果。江苏加强全省乃至全国创新资源的优化配置和集成整合，初步形成了以实验室为引领、技术创新中心为骨干、重大科研设施为支撑的创新平台体系，每年组织实施 80 个左右重大科技成果转化项目，在先进材料、能源环保、电子信息、装备制造、生物医药等领域建设企业联合创新中心 243 家。三是发挥示范带动作用，提供更多可复制推广的经验。中共中央、国务院印发《深圳建设中国特色社会主义先行示范区综合改革试点实施方案（2020—2025 年）》《关于支持浦东新区高水平改革开放打造社会主义现代化建设引领区的意见》《关于支持浙江高质量发展建设共同富裕示范区的意见》，赋予东部地区特殊的使命。截至 2023 年 9 月，深圳综合改革试点首批 40 条授权事项落地见效，试点取得重要阶段性成果，一些改革事项填补了国际国内相关领域的立法空白，一些改革事项实现了与境外规则制度的衔接互认。浦东新区引领区建设 450 项任务中完成或基本完成的已达到 409 项，完成比例超过 90%，已形成了一批首创性改革、引领性开放、集成化创新成果，“商事登记确认”“市场主体准营承诺”等 15 部浦东新区法规、2 部地方性法规浦东专章以及“商事调解”“特色产业园区”等 13 项管理措施陆续出台，“一业一证”31 个试点行业累计发放 3200 余张行业综合许可证，

---

① 文汇报，《上海公布 2022 年国民经济运行情况：经济运行凸显韧性，功能动能持续增强》，https：//baijiahao. baidu. com/s? id＝1755540696555995764。

市场主体登记确认制已受理企业设立登记超过 1 万户次。[①] 浙江实行“一县一策”“一岛一功能”，结对帮扶、分类施策、拉升底板等措施，着力缩小区域差距；针对百姓的急难愁盼，持续推进公共服务均等化，加快实现“县县通高速、村村通公交”，打造城市医联体、县域医共体，着力缩小城乡差距；通过先富起来的村带动周边的村，先富带后富，出现了一批创业创新、村强民富的典型，助力薄弱村联合起来抱团发展，着力缩小收入差距。

5. 特殊类型地区振兴发展取得新进展

我国现行标准下近 1 亿农村贫困人口全部脱贫，832 个贫困县和 12.8 万个贫困村全部摘帽；20 个革命老区重点城市人均生产总值超过 6 万元；资源型城市资源产出率累计提高超过 36%。[②] 从政策支持看，一是统筹谋划新时代革命老区振兴发展。国务院印发《关于新时代支持革命老区振兴发展的意见》，聚焦解决革命老区高质量发展面临的共性问题，提出一系列目标任务和支持政策，对新时代做好革命老区振兴工作明确了任务和要求。国家发展改革委会同有关部门抓建立健全新发展阶段支持革命老区振兴发展的“1+N+X”政策体系，先后印发“十四五”支持革命老区巩固拓展脱贫攻坚成果衔接推进乡村振兴、红色旅游高质量发展、基础设施建设、生态环境保护修复等领域的实施方案以及对口支援、对口合作等若干个重点专项政策，为支持革命老区振兴发展提供强有力的政策支撑，有力地促进了革命老区基础设施改善和人民生活水平提高。二是资源型地区和老工业城市转型深入推进。国家发展改革委、财政部、自然资源部联合印发《推进资源型地区高质量发展“十四五”实施方案》，突出全面系统转型，强化资源能源安全，坚持低碳绿色发展，重视民生福祉提升，聚焦资源型地区经济社会发展的突出短板和薄弱环节，引导资源型地区从完整、准确、全面贯彻新发展理念出发，加快创新发展，为“十四五”时期推进资源型地区高质量发展确定了总体思路、设定了发展目标。《“十四五”支持老工业城市和资源型城市产业转型升级示范区高质量发展实施方案》《对老工业基地调整改造真抓实干成效明显地方进一步加大表扬激励支持力度的实施办法》出台，北京市石景山区、河北省唐山市、辽宁省沈阳市、黑龙江省大庆市、山东省淄博市、江苏省常州市、安徽省蚌埠市、河南省平顶山市、湖北省黄石市、贵州省六盘水市等 10 个城市被评为 2022 年度老工业基地调整改造和推进产业转型升级等工作成效明显的督查激励推荐城市。采煤沉陷区综合治理成效显著，山东济宁市已治理采煤沉陷区 45.52 万亩，利用煤矿闲置资源建设精密制造产业园，现已成为山东省新旧动能转换目标试点园区，可容纳科技研发、高端制造企业

---

① 人民日报，《上海浦东引领区建设取得重要进展》，https：//www.shwm.gov.cn/TrueCMS/shwmw/cjjxs/content/b276f6a9-106a-4ea6-a709-5e57b17f3adb.html。

② 国家发展改革委负责同志出席二十大新闻中心第一场记者招待会，https：//www.ndrc.gov.cn/fzggw/wld/zcx/lddt/202210/t20221017_1338703.html？state=123。

50余家，实现产值52亿元，利税10亿元，带动就业5000余人。[①] 三是加快提升边境地区经济发展水平。《“十四五”新型城镇化实施方案》提出，优化边境地区城镇布局，构建以边境地级市为带动、边境县城和口岸为依托、抵边村镇为支点的边境城镇体系。商务部等6部门印发《关于高质量实施〈区域全面经济伙伴关系协定〉（RCEP）的指导意见》提出，加强口岸基础设施建设，鼓励边境地区外贸综合服务企业发展，培育面向国内外的边境地区商品市场和商贸中心。2022年9月，文化和旅游部发布《边境旅游管理办法（修订征求意见稿）》，进一步扩大旅游业对外开放，促进边境地区经济繁荣和社会稳定。

6. 区域协调发展体制机制持续优化

一是区域间生态保护补偿的合作网络织密织牢。国家出台建立长江、黄河全流域横向补偿机制的实施方案，制定洞庭湖、鄱阳湖、太湖流域生态保护补偿的指导意见，推动区域间生态保护合作走深走实。地方积极探索建立流域横向生态补偿机制，浙江和安徽率先建立跨省流域横向补偿机制，广东分别和广西、福建、江西在九洲江流域、汀江—韩江流域、东江流域开展多层次跨省沟通协作，北京、天津分别与河北加快建立潮白河、引滦入津上下游流域生态补偿机制。到2021年底，全国共建立了13个跨省流域生态保护补偿机制。[②] 二是区域间对口帮扶机制进一步完善。2021年3月，国家对东西部协作结对关系进行调整，东部地区的经济大省如江苏、浙江、上海、广东、山东等进一步展现担当，部分省如河北、吉林、湖南、湖北则由被帮扶转为省内帮扶，更符合各地产业经济发展现况，相关资源调配的效率与互补性都有所加强。同年12月，国家发展改革委印发《沪苏浙城市结对合作帮扶皖北城市实施方案》，提出通过沪苏浙对安徽8市的一对一帮扶，缩小长三角区域内发展差距。

但是，我国区域发展中仍存在诸多不协调的因素。一是南北区域发展差距依然很大。近10年以来，受经济结构转型和供给侧结构性改革影响，偏重工业生产的北方经济份额不断收缩，而偏重服务业的南方经济份额快速增加，北方省份GDP比重从2012年的42.9%一路下滑至2021年的35.2%（见图16）。尽管2022年，受益于大宗商品价格攀升，山西、陕西、内蒙古等北方资源品大省名义GDP高增长，北方省份GDP比重逆势上升至35.4%，但南北方的差距依然不可忽视。[③] 二是区域间的基础设施共建共享水平有待提升。城市基础设施共建共享在区域、城乡之间实际上是按照行政区域相互分割的，尤其是在城市内部的市区与郊区县市之间、在地级市之间更是如

---

① 《“喜迎二十大转型再出发”资源型地区转型发展工作纪实之七：山东省济宁市采煤沉陷区》，https://baijiahao.baidu.com/s?id=1746900293652494707。

② 国家发展改革委新闻发布会介绍生态文明建设有关工作情况，https://www.ndrc.gov.cn/xwdt/wszb/stwmjsyggzqk/?code=&state=123。

③ 周民良、李俊杰、薛飞，《抑制南北差距扩大事关区域协调发展大局》，https://mp.weixin.qq.com/s/3rp_MN0adEeVTYxDnpelA。

此，互联互通的水平很低且基础设施运营网络往往互不相容和各自独立。三是区域基本公共服务均等化难度较大。即使中央有关部门已制定了基本公共服务标准体系，但各地区的教育、医疗、养老、社会保险等方面还存在较大的差距。同时，由于地区之间属地管理和行政分割，基本公共服务一体化遇到诸多体制障碍，很难实现“跨省通办”或“漫游享受”，这就给人口自由流动带来很大的障碍。

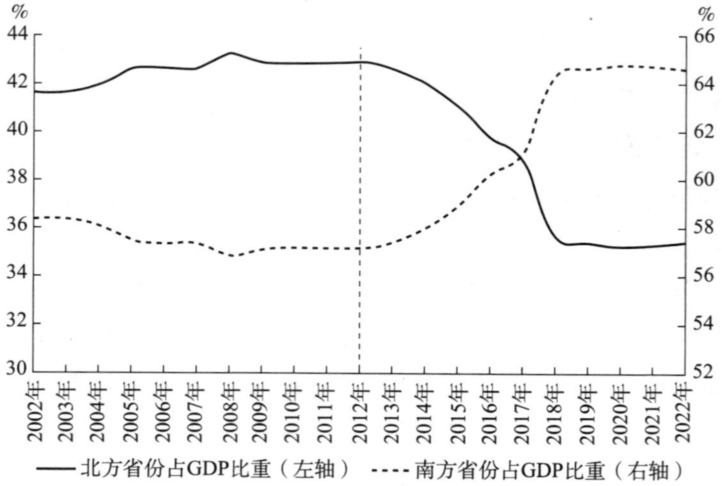

图 16　2002—2022 年北方省份与南方省份占全国 GDP 比重

资料来源：粤开证券。

（四）海洋经济向纵深发展

两年多来，我国坚持陆海统筹、人海和谐、合作共赢，协同推进海洋生态保护和海洋经济发展，现代海洋产业体系加快构建，海洋生态环境持续改善，在全球海洋治理中彰显“大国担当”。2022 年，我国海洋生产总值 94628 亿元，同比增长 1.9%，占国内生产总值的比重为 7.8%，发展潜力与韧性持续彰显。但是，我国海洋经济发展仍面临诸多问题，海洋资源开发利用规模和效率总体不高。具体来看，一是新兴海洋产业规模体量小、占比低；二是海洋关键技术创新不足，核心研发设计能力不强；三是海水淡化规模化利用亟待补齐政策短板；四是海洋生态保护力度有待加强；五是海洋专业人才短缺，诸多问题亟待解决。

1. 现代海洋产业体系加快构建

一是对海洋产业高质量发展作出系统部署。国务院批复同意《“十四五”海洋经济发展规划》，明确把海洋经济发展的着力点放在实体经济上，打造竞争有力的现代海洋产业体系，特别是要推动海洋新兴产业蓬勃发展。国家发展改革委联合自然资源部印发《海水淡化利用发展行动计划（2021—2025 年）》，从推动海水淡化规模化利用、提升科技创新和产业化水平、完善政策标准体系、保障措施等方面提出具体意见，促进海水淡化产业高质量发展。二是持续推进国家级海洋牧场示范区创建。农业农村部公布第六、第七、第八批国家级海洋牧场示范区创建名单。截至2023年初，国家级海洋牧场示范区已达169个。三是海洋新兴产业实现较快增长。2022年，我国海洋三产比重为4.6：36.5：58.9。海洋新兴产业保持较快增长势头，增加值达1926亿元，比上年增长7.9%，其中海上风电发电量比上年增长116.2%；海工装备制造业新承接订单金额比上年增长175.9%；一批海水淡化项目在浙江、山东、河北等地顺利投产，新增产能超50万吨/日。① 四是海洋科技创新平台建设持续推进。按照“北东南、浅海+深远海”的布局，自然资源部系统推进国家海洋综合试验场体系建设，规划了山东威海、浙江舟山、广东珠海和“深海”4个国家海洋综合试验场。沿海地区竞相打造海洋科技创新高地，组建创新研究院、工程实验室等创新平台，集聚创新要素，促进成果产业化和带动产业集群化发展。

2. 海洋生态环境持续改善

一是谋划重点海域综合治理，全面有序推进美丽海湾建设。生态环境部会同国家发展改革委、自然资源部等印发《“十四五”海洋生态环境保护规划》《重点海域综合治理攻坚战行动方案》，明确以美丽海湾建设作为工作主线，在全国划定283个海湾（湾区），“一湾一策”精准部署每个海湾的重点任务措施。沿海省份和城市已陆续发布相关规划措施，国家、省、市、海湾上下贯通、分级治理的工作格局逐步形成。二是海洋生态环境监管不断强化。修订《中华人民共和国海洋环境保护法》，主要修订内容集中在加强海洋生物多样性保护、强化排污口监管防治海洋垃圾污染、防治海岸工程和海洋工程建设项目污染、优化海洋环境监测调查体系等方面。自然资源部印发《全国海洋生态预警监测总体方案（2021—2025年）》，统筹推进“十四五”海洋生态预警监测体系建设和任务实施。生态环境部组织起草《入海排污口监督管理办法（试行）》，统筹推进相关技术标准编制，指导督促沿海地方稳步推进入海排污口排查整治等各项工作；与农业农村部联合印发实施《关于加强海水养殖生态环境监管的意见》，与自然资源部联合印发实施《全国海洋倾倒区规划（2021—2025年）》，进一步加强相关领域的海洋生态环境监管。三是海洋生态系统保护修复成效显著。自然资源部发布实施《海洋生态修复技术指南（试行）》，有效提升了我国海洋生态修复的科学化和规范化水平。截至2022年6月，我国累计实施了58个“蓝色海湾”整治项目、24个海岸带保护修复工程、61个渤海综合治理攻坚战生态修复项目等一系列重大项目，初步遏制了局部海域红树林、盐沼、海草床等典型生态系统退化趋势。②

3. 在全球海洋治理中彰显“大国担当”

一是养护国际公海渔业资源。2021年5月，我国核准了与8个国家及欧盟缔结的

---

① 自然资源部，《2022年中国海洋经济统计公报》，https：//www.sohu.com/a/681453566_121106832。

② 央视网新闻，《我国海洋生态系统保护修复取得显著成效》，https：//baijiahao.baidu.com/s?id=1735122969754458821。

《预防中北冰洋不管制公海渔业协定》；同年7月，我国正式实施公海自主休渔制度。此外，积极派遣舰艇前往北太平洋开展公海渔业执法，并形成常态化机制。二是保护全球海洋生态环境。我国在中日韩环境部长会议、中日韩领导人会议、东盟与中国领导人会议、G20峰会、亚太经合组织等机制框架下，积极与周边国家合作，通过联合科考、科技研发、技术援助、学术会议等途径，提升区域内应对海洋塑料垃圾的能力。2023年9月20日，我国签署《海洋生物多样性协定》。此外，我国还与联合国环境规划署等国际机构进行深度合作，打造示范项目、分享治理经验、推广实践经验。三是促进全球海洋可持续发展。我国提出构建海洋命运共同体的倡议，主张国际社会共享海洋发展机遇、共破海洋发展难题、共蓄海洋发展动能。比如，全球尚有很多发展中国家和小岛屿国家存在治理能力不足的困境，我国通过举办培训班、设立政府奖学金、组织联合科考、建立联合科研中心等方式为发展中国家培养和储备人才，提升其海洋治理能力。2021年，我国积极响应联合国“海洋科学促进可持续发展十年”计划，在海洋综合认知科技创新、海洋生态和生物多样性保护、海洋对碳中和目标的解决方案、深海特殊生境发现等科学前沿议题上深度参与，为实现海洋可持续发展助力。同年6月，中国常驻联合国副代表耿爽在《联合国海洋法公约》第31次缔约国会议上表示，中方坚定支持并全面参与相关涉海机制和进程。此外，在“双碳”战略的引领下，我国多次组织专项调查评估，摸清了红树林、盐沼、海草床三大蓝碳生态系统本底，并制定了海洋碳汇核算标准，完成第一笔海洋碳汇交易。

但是，我国海洋经济发展仍面临诸多问题，海洋资源开发利用规模和效率总体不高。一是新兴海洋产业规模体量小、占比低。海洋工程建筑业、海洋船舶业、海洋化工业等是我国的优势海洋新兴产业，但近年来发展低迷。海洋电力业、海洋生物医药业和海水利用业虽然增长态势明显、抵御外部冲击的韧性较强，但规模体量较小，2021年仅占海洋新兴产业的20.4%。[①] 二是海洋关键技术创新不足，核心研发设计能力不强。例如，海水淡化需要的膜组件以及膜过滤器等装置长期依赖国外进口，海洋生物医药业主要集中在技术含量较低的各种原材料生产和加工环节，海洋工程建筑业和海洋电力业的高端原材料和核心零部件很大程度依靠进口。三是海水淡化规模化利用亟待补齐政策短板。我国海水淡化总产能达186万吨/日[②]，但由于缺少相应的政策支持，产能利用不到一半，闲置现象突出。海水淡化规模化利用面临“入网难”、水价成本高、国产化水平低等问题。四是海洋生态保护力度有待加强。海洋生态治理成效不稳固，局部海域生态环境问题仍然比较突出，陆海统筹的生态环境治理体系和治理能力建设仍然需要加强。社会资本参与海洋生态修复机制尚未有效形成，存在信息披露不够充分、参与渠道不够畅通、支持政策不够明确、回报路径不够清晰等问题。五

① 山东财经大学，《海洋经济蓝皮书：中国海洋经济发展报告（2021—2022）》。

② 自然资源部，《2021年全国海水利用报告》。

是海洋专业人才短缺。我国海洋产业人才主要集中于海洋生物和海洋化工等基础性产业，尚未形成完善的新兴海洋产业高层次科研团队，技术成果转化水平比较低。

二、重大工程：边境地区发展取得阶段性成效

《纲要》设置了“专栏 12”促进边境地区发展工程，涉及边境城镇、抵边村庄、沿边抵边公路、边境机场、边境口岸等领域。经过两年的努力，边境城镇功能不断完善，承载能力持续提升，边境村庄基础设施和公共服务设施不断完善，沿边抵边公路建设取得积极进展，边境地区机场建设稳步推进，边境口岸改造提升建设步伐加快。其中，中老铁路、布伦口至红其拉甫公路、巴里坤至老爷庙公路、二连浩特至赛汉塔拉段改扩建公路等项目已开通运营；新疆塔什库尔干机场、西藏日喀则定日机场、西藏山南隆子机场已正式通航；边境城镇水电路气热网等设施持续改善，污水、垃圾处理设施基本普及。但也要看到，边境地区总体发展水平不高，巩固脱贫攻坚成果任务艰巨，交通基础设施建设有待进一步完善，边境口岸标准化规范化建设有待加强。

（一）边境城镇功能不断完善，承载能力持续提升

一是交通条件显著改善。以中老铁路为代表的一系列跨境通道建成，边境公路升级改造稳步推进。140 个边境县市（区）中，已有 49 个通高速公路、69 个通铁路、6 个通高铁、22 个有机场。二是设施功能日益完善。城市水电路气热网等设施持续改善，污水、垃圾处理设施基本普及，教育、医疗、文化设施不断完善，边贸、旅游、医药、民族手工业等快速发展，一批边陲小镇成长为现代化新型城镇。三是口岸和开放平台加快发展。报关报检大楼、快检实验室等口岸基础设施不断完善，新设一批高能级开放平台，通关效率、开放水平进一步提升。边境城市已拥有 9 个重点开发开放试验区、72 个国家级口岸、17 个边境经济合作区、3 个跨境经济合作区及 68 个省级以上园区，发展基础进一步夯实。① 四是边境地区改革迈出坚实步伐。林区、垦区改革让不少边境地区迈入了发展的快车道。边境城镇行政区划持续优化，其中黑龙江省伊春市将下辖 15 区 1 市 1 县调整为 4 区 1 市 5 县，减少了 7 个县区，一些市辖区合并或恢复县级设置，更贴合当地发展实际。

（二）现代化边境小康村建设稳步推进

边境村庄基础设施和公共服务设施不断完善。云南高标准高质量推进 48 个沿边自然村现代化边境小康村建设，全力打造富边样板、稳边示范、守边屏障。在推进元绿、勐绿高速公路建设的同时，陆续启动三骑公路、大骑公路、大半公路等重点县、乡、村道路改造工程，全面规划“一连二轴三环四对外两小时”路网空间布局，着力推动

---

① 《瞭望》新闻周刊，《高质量构建边境城镇体系》，https://baijiahao.baidu.com/s?id=1743912058730131294。

实现县城到所有乡镇两小时内通达。西藏对全区边境行政村实施小康村建设，主要围绕住房改善、基础设施、公共服务设施、产业建设、生态与人居环境建设等 10 个方面改善边民的生产生活条件。截至 2021 年底，西藏 628 个边境小康村全部建成。广西安排各级财政将补助资金 7716 万元，在边境 8 县（市、区）实施 2572 户农村老旧住房改造，按照村庄规划要求进行新建、修缮，基本完成现有农村老旧住房改造。[①] 截至 2022 年底，2572 户边境农村老旧住房改造全部完成，边民住房条件明显改善。[②]

（三）沿边抵边公路建设取得积极进展

多个边境公路项目顺利完工。《纲要》明确提出建设 8 条沿边抵边公路。其中，国道 314 线布伦口至红其拉甫公路于 2021 年 9 月全线建成通车，作为“丝绸之路经济带”南通道的重要组成部分，连接我国西部与巴基斯坦，对完善国家公路网络、提升国际运输通道能力、适应国际贸易发展需要、提高路网整体效益等具有重要意义。G575 老爷庙口岸至巴里坤公路于 2021 年 12 月建成通车，与 G7 京新高速、G575 线巴里坤至哈密公路相连，成为贯通天山南北大通道的重要组成部分。二连浩特至赛汉塔拉段改扩建公路于 2022 年 12 月建成通车，标志着二广高速公路全线建成全封闭高速公路。集安至桓仁高速公路项目已于 2023 年 9 月末建成通车，可加强集安市对外交通联系，改善区域内交通条件，带动集安市旅游业发展，促进吉林省南部地区城镇经济发展。国道 G219 线云南泸水至腾冲段改扩建工程正在积极推进中，部分路段已开工建设，部分路段还在进行前期的准备工作，该项目是云南省大滇西旅游环线的主要干线组成部分，有助于沿线旅游资源开发。

（四）边境地区机场建设稳步推进

边境地区机场布局进一步完善。国务院印发《“十四五”现代综合交通运输体系发展规划》，提出稳步推进边境地区机场建设，构建多层级航空网，扩大航空运输服务覆盖面，建设塔什库尔干、普兰、定日、隆子、绥芬河、昭苏、准东（奇台）等机场，迁建延吉机场，建设札达、叶城等 20 个左右边境通用机场。2023 年，新疆塔什库尔干机场、西藏日喀则定日机场、西藏山南隆子机场已正式通航。绥芬河机场例行校验和监视性校验飞行工作于 2022 年 5 月圆满完成。其中塔什库尔干机场是新疆第一座高原机场，终结了塔什库尔干塔吉克自治县不通航的历史，预计可满足年旅客吞吐量 16 万人次、货邮吞吐量 400 吨。[③]

---

① 中国西藏网，《我区着力推动创建国家固边兴边富民行动示范区工作日喀则调研行》，http：//www. tibet. cn/cn/fp/202307/t20230724_7454611. html。

② 中国新闻网，《广西农村人居环境品质持续提升 2022 年度农村危房改造全部提前完成》，https：//baijiahao. baidu. com/s？ id = 1761763104927979894。

③ 新华社，《新疆塔什库尔干机场正式通航 帕米尔高原喜迎“空中来客”》，https：//baijiahao. baidu. com/s？id = 1752972250176616433。

（五）边境口岸改造提升建设步伐加快

口岸运输通道进一步升级。作为我国最大的陆路边境口岸，满洲里已顺利完成满洲里站国际货场扩能改造工程，车站集装箱日换装量由420标准箱提升至840标准箱，换装能力提升一倍，返程中欧班列开行能力得到进一步释放。[①] 2023年上半年，满洲里站完成进出口运量1009.3万吨，同比增长46.1%，创历史新高。[②] 智慧口岸建设取得明显成效。云南围绕智慧赋能、设施现代、监管高效、服务一流、融合发展等重点，大力推进口岸数字化转型和配套基础设施建设，安排3.69亿元资金重点推进磨憨、河口、瑞丽3个智慧口岸项目建设，启动腾冲猴桥、孟定清水河2个智慧口岸项目。截至2023年第一季度，磨憨公路口岸货运车辆验放时间从原来的平均8～10分钟缩减至约4分钟以内，河口公路口岸货运车辆从国门到海关监管作业场所通行时间压缩一半以上。2022年，云南省进出口整体通关时间继续保持全国领先。[③]

但是，受自然条件、交通区位等影响，我国边境地区总体发展水平不高，与内地、沿海发展仍有不小差距，是区域协调发展中的短板地区。一是巩固脱贫攻坚成果任务艰巨。部分边境地区远离区域经济中心，长期封闭，社会发育滞后，处于经济链条末端。即使已经摆脱贫困，但由于致贫因素复杂顽固，返贫风险较高。巩固边境地区脱贫攻坚成果直接关系着当地群众是否能跟上全国人民的步伐，共享幸福小康生活。二是交通基础设施建设有待进一步完善。边境地区交通基础设施建设滞后，存在公路等级低，公路通行能力极弱，因山体滑坡、泥石流等自然灾害而中断等问题，边境省区间的交通互联互通水平低。比如，从云南怒江州泸水市到西藏林芝市察隅县，在怒江境内由丙吉公路和美丽公路（六丙公路）组成，是沿线县城与怒江州联通的唯一交通命脉。虽然云南泸水市至滇藏界的公路已建成通车，但是福贡、贡山两县仍是全国为数不多没有通高速公路的县城之一。交通出行单一及不便仍是制约地方经济社会发展的重要因素。三是边境口岸标准化规范化建设有待加强。我国口岸建设成效总体东强西弱、海空强公铁弱，陆路边境口岸还存在口岸基础设施薄弱、检验检疫实力不足、现代化建设偏弱等问题。

三、新时代区域协调发展面临的新形势新要求

2023年中央经济工作会议指出，深入实施区域重大战略和区域协调发展战略。我国已迈上全面建设社会主义现代化国家新征程，区域经济进入新的发展阶段，也将面

---

① 中国日报网，《满洲里站国际货场完成扩能改造　集装箱换装能力提升一倍》，https：//baijiahao. baidu. com/s？id=1737063632787338689。

② 吉林日报，《创新高！满洲里口岸上半年铁路货运进出口量突破1000万吨》，https：//baijiahao. baidu. com/s？id=1770509458612840629。

③ 云南网，《2023年一季度云南出口整体通关时效全国第一》，https：//baijiahao. baidu. com/s？id=1768122002310787967。

临新的形势和机遇。具体来看：一是推进全国统一大市场建设，形成要素效率更高、配置更加合理的区域经济布局；二是共同富裕导向下，区域协调发展更加注重公平性；三是“双碳”战略为东西部协调发展提供新引擎；四是更高水平的对外开放助力重塑区域开放格局；五是新安全格局对区域发展和国土空间安全提出新要求。

（一）推进全国统一大市场建设，形成要素效率更高、配置更加合理的区域经济布局

建设全国统一大市场是构建新发展格局的基础支撑和内在要求。中共中央、国务院印发的《关于加快建设全国统一大市场的意见》提出，打破地方保护和市场分割，打通制约经济循环的关键堵点，促进商品要素资源在更大范围内畅通流动。全国统一大市场并不是抹杀各个地区的区域优势，而是要求各个地区利用禀赋优势和特色产业发展经济，通过全国统一大市场互通有无、分工协作，实现区域一体化协调发展。具体来看，一是市场制度进一步完善，地方保护主义将加快破除。一方面，带有明显地方保护性质的各类扶持政策的清理力度将加大，避免形成“小而全”的小循环；另一方面，产权保护、市场准入、公平竞争和信用监管政策加快落实，规范地方竞争行为，从制度层面破除地方保护主义。二是现代流通体系将加快建设，推动基础设施高效联通。“内畅外联”的现代流通网络加速形成，交通、能源、信息等基础设施和市场交易平台建设不断加强，各地区将加快融入全国基础设施网络。三是要素市场化改革进一步深化，促进要素资源在更大范围畅通流动。通过参与要素市场化配置综合改革试点，各地区在增量和存量建设用地统筹、特定土地指标交易、人口迁移和落户财政配套、地方性技术交易市场互联互通、数据要素市场探索等方面的改革步伐将加快，带动本地区经济高质量发展。四是通过优质制度供给，助力各地区创新招商引资。各地区可通过持续优化招商引资规则与政策，从拼优惠政策转向拼营商环境，不断改进本地区政务服务和行政审批流程，提高服务和审批效率，降低本地区制度性交易成本，不断提高本地区先进要素吸引力，提升要素综合配置能力，以优质的制度供给和制度创新吸引更多优质企业投资。在此背景下，东部地区将更充分地发挥率先开放和创新要素集聚优势，引领全国产业经济发展，中西部地区、东北地区等欠发达地区的营商环境将进一步改善，招商引资、人才引进、技术合作的吸引力将进一步提高，主体功能区将根据自身的资源禀赋和产业特点，发挥各自的优势，真正实现因地制宜，形成要素效率更高、配置更加合理的区域经济布局。

（二）共同富裕导向下，区域协调发展更加注重公平性

如何兼顾要素区域间配置的效率和公平，一直是我国经济和社会发展面临的全局性问题。2021 年 8 月 17 日，习近平总书记在中央财经委员会第十次会议上指出，共同富裕是社会主义的本质要求，是中国式现代化的重要特征。共同富裕导向下，区域协调发展被赋予了新内涵、新特征。具体来看，一是通过更加公平的收入分配制度，缩

小区域间收入分配差距。分配制度是促进共同富裕的基础性制度。共同富裕要求不断完善分配制度，构建初次分配、再分配、第三次分配协调配套的制度体系，要增加低收入者收入，扩大中等收入群体，要更加努力缩小城乡、区域、行业收入分配差距，通过合理的制度安排让人民群众有更多获得感。二是通过提高基本公共服务的覆盖度和标准，让发展成果惠及更多群体。共同富裕是全体人民的共同富裕而不是少数人、少数群体和地区的富裕，是基本公共服务普及、普惠基础上的共同富裕，这就要求持续扩大基本公共服务的覆盖范围、统筹协调推进基本公共服务均等化，持续推动城乡教育资源、医疗卫生、社会保障、公共文化等基本公共服务的一体化建设，实现城乡基本公共服务普惠共享。三是通过完善先富带后富的机制，在区域协调发展中促进共同富裕。当前，在中央主导下开展东西部协作和定点帮扶，成为推动区域协调发展、促进共同富裕的重要举措。下阶段，区域间产业合作、消费帮扶和劳务协作，探索共建园区、飞地经济等利益共享模式将进一步推广，智力支援、产业支援、民生改善、文化教育支援力度将进一步加大，通过完善体制机制，优化区域间“先富带后富”的发展模式，最终实现共同富裕。

（三）“双碳”战略为东西部协调发展提供新引擎

我国地域辽阔，各地区资源禀赋、经济技术水平、产业结构存在很大不同。从经济发展水平看，东西部之间的发展差距依然存在。碳达峰碳中和作为我国高质量发展的重要目标和重要抓手，不仅可释放巨大的低碳发展潜能，还为东西部互补融合发展提供新的共享引擎。具体来看，一是通过“西能东输”将西部地区的清洁能源优势转变成经济优势。随着东中部能源需求增加，能源供给半径不断向西延伸，西部丰富的可再生能源资源，无论是为东中部负荷中心提供绿色电力，还是实现对化石能源的替代，都将发挥重大作用。预计2060年实现碳中和时，我国非化石能源发电量占比将大幅提高，西部地区的风、光、水电将在其中发挥重要作用，“绿电送出去、电费收进来”带来巨大的市场空间。二是充分挖掘中西部“固碳增汇”的潜力。西部的森林、草原、湖泊、湿地是我国重要的生态屏障，有一定的固碳潜力，广袤的沙漠戈壁更是重要的风光发电基地。通过扩大西部地区风光电发展的土地供给，将绿水青山转变为当地人民的金山银山，能帮助西部减碳贮碳固碳地区得到更多实惠。

（四）更高水平的对外开放助力重塑区域开放格局

对外开放是中国的基本国策，也是国家走向繁荣富强的必由之路。在对外开放政策引领下，我国充分发挥自贸区、综合保税区、口岸、内陆港等开放平台的优势，提高了东部地区的全球经济竞争力，增强了中西部地区发展的内生动力。党的二十大报告提出，“优化区域开放布局，巩固东部沿海地区开放先导地位，提高中西部和东北地区开放水平”。在新一轮对外开放格局下，区域发展将迎来新的机遇。一是“一带一路”和RCEP将有力促进内陆及沿海地区对外开放。具体来看，中欧班列开行规模的扩大为缺少地理优势的内陆地区经济发展带来开放机遇。随着中欧班列多站始发、多地运行、多点抵达的运输模式形成，开行量和货物发送量快速增长，回程集货能力日益增强，搭载在中欧班列上的货物品类不断丰富，内陆地区开放潜力有望进一步释放。“丝路海运”助力构建陆海物流闭环大通道。福建已借助“丝路海运”打造内陆省份出海运输通道。未来，“丝路海运”有望进一步推进与国内其他港口包括陆地港的政策联动，有力支持海铁联运、水水转运等通道建设，构建贯通东西、连接南北、辐射中外的陆海物流闭环大通道。RCEP 与“一带一路”能够“双轮”驱动更高水平对外开放。RCEP 成员国中多为“一带一路”共建国家，应当充分发挥 RCEP 经贸合作的外溢效应，使得更多的共建“一带一路”国家和地区受益。二是西部陆海新通道将有效促进区域间协同合作。陆海新通道是联通西部内陆腹地和东部沿海发达地区、联结我国与东盟地区的桥梁和纽带，为区域经济协同发展、西部融入全球产业格局拓展了新空间。随着陆海新通道跨区域综合运营平台建设不断推进，已有重庆、广西、贵州、甘肃、宁夏、新疆等多个省份参与共建，各省份可借此实现协同发展。例如，内蒙古、陕西的煤炭经陆海新通道运至重庆等地，青海的纯碱经通道运至广西支持玻璃产业，广西的玻璃经通道运至川渝支持汽车产业，类似的跨省合作协同将越来越多。三是更多开放平台以制度创新优势带动区域发展。随着自由贸易试验区、沿边重点开发开放试验区、跨境电商综合试验区、海南自贸港等开放平台正在成为带动区域发展的重要载体。2023 年 6 月 29 日，国务院印发《关于在有条件的自由贸易试验区和自由贸易港试点对接国际高标准推进制度型开放的若干措施》，稳步扩大制度型开放，为今后加入《全面与进步跨太平洋伙伴关系协定》（CPTPP）和 DEPA 等高标准经贸协定提供重要支撑，上海、广东、天津、福建、北京等具备条件的自由贸易试验区和海南自由贸易港也将为其他地区提供先行先试经验，引领新一轮区域对外开放。

（五）新安全格局对区域发展和国土空间安全提出新要求

党的二十大报告首次明确，要“以新安全格局保障新发展格局”。统筹发展和安全，意味着既要推动区域经济持续健康稳定发展，又要牢牢守住国土空间安全底线，通过强化国家粮食安全、能源安全、产业链供应链安全，促进民族团结融合，维护边境安全和边疆稳定，推动区域发展更具韧性、更加安全。新安全格局下，我国区域发展面临新任务、新要求。粮食安全方面，要在城镇化进程中守住耕地红线。党的二十大报告强调，要牢牢守住保障国家粮食安全底线。我国粮食增产的资源环境约束趋紧，耕地保护利用问题突出，尤其伴随城市建设用地的扩张，耕地保有量下降，这就要求在城镇化的过程中防止城镇无序蔓延，加强农用地向建设用地转化的管制措施，制止耕地“非农化”；加强农用地内部耕地向林地、园地、草地、农业设施建设用地等转换的管制措施，防止耕地“非粮化”，解决乱占滥用建设用地、遏制破坏占用耕地的问题。能源安全方面，要将提升能源生产供应保障能力作为重要任务。受地缘政治冲突，化石能源供应趋紧、价格高企，国际能源短缺问题日益突出，全球电力供应紧张，极端天气频繁出现，缺电程度不断加深等外部因素影响，我国能源安全面临重大挑战，凸显了加快提升能源安全韧性的重要性和紧迫性。下阶段，清洁能源大省要大力推进以沙漠、戈壁等地区为重点的大型风电光伏基地和分布式新能源建设；煤炭大省要有序释放煤炭先进产能，保持煤炭产量在合理水平；油气大省要大幅增加油气勘探开发投入，推动油气增储上产；水资源大省要大幅增加抽水蓄能等调峰电源，统筹增加各类发电有效出力。矿产资源大省要进一步推动找矿行动，为提升矿产资源接续能力、保障国家能源资源安全作出积极贡献。产业链安全方面，要进一步优化重大生产力布局以维护产业链安全。在大国竞争和俄乌冲突等背景下，将主要产业链过度集中于少数超大城市，具有不可持续性。对此，要进一步激发中西部和东北地区承接产业转移的潜力，加速推动中西部地区构建现代化产业体系，拓宽我国制造业产业链稳定、安全发展的战略纵深和回旋空间。此外，新发突发传染病、突发公共卫生事件对公共卫生安全威胁依然存在，自然灾害和安全生产等依然面临挑战，要合理规划公共卫生应急设施布局，加紧建设国家重大公共卫生事件医学中心，筑牢公共卫生防线更牢固。边疆安全方面，地缘政治影响下边疆地区要更充分地应对外部威胁。边疆地区远离国家中心区域又与多国毗邻，其社会经济发展与内地和沿海在发展程度上有相当的差距，民族宗教问题交织在一起，在近期俄乌冲突、台海局势影响下，边疆地区面临更多安全威胁。这就要求未来要进一步抓好边疆经济发展，推动边疆市场与全国市场的进一步融合，促进边疆市场人才、资源、交通、物流等各要素与内地市场的交流融合，促进边疆地区各族群众在全国市场就业创业，贸易交流中形成共同利益感，构建并筑牢利益共同体；要强化国家认同和文化认同，进一步铸牢中华民族共同体意识；要推动边疆教育事业发展，提升边疆地区国民素质。

四、“十四五”期间进一步促进区域协调发展的政策建议

党的二十大报告擘画了以中国式现代化全面推进中华民族伟大复兴的宏伟蓝图，提出“深入实施区域协调发展战略、区域重大战略、主体功能区战略、新型城镇化战略，优化重大生产力布局，构建优势互补、高质量发展的区域经济布局和国土空间体系”，对区域协调发展作出了更加长远、更加系统的战略部署和总体安排。根据新的发展形势要求，进入“十四五”后半期，一是健全主体功能区制度，优化国土空间发展格局；二是发挥重要增长极带动作用，构建优势互补、高质量发展的区域经济布局；三是着力推动重要功能区建设，保障国家粮食生态能源安全；四是破除区域要素流动壁垒，加快建设全国统一大市场；五是以共同富裕为导向，提高区域发展的平衡性、协调性、包容性；六是着眼“双碳”布局，推动减碳和东西部协调发展；七是以更大力度推动高水平对外开放，重塑区域发展新优势；八是构筑新安全屏障，确保区域经济平稳健康发展；九是打造竞争有力的现代海洋产业体系，提升海洋经济治理效能，

着力推进区域协调发展，拓展高质量发展新空间。

（一）健全主体功能区制度，优化国土空间发展格局

实施主体功能区战略，是适应我国国土空间特点的必然要求，也是规范区域开发秩序、促进区域协调发展的重大举措。下一步，一是健全主体功能区战略和制度，引导产业合理布局。基于自然地理格局、人口经济分布和城镇化阶段等特征，统筹落实区域协调发展战略、区域重大战略、主体功能区战略、新型城镇化战略实施，优化农产品主产区、重点生态功能区、城市化地区空间格局。依托城市群、都市圈和中心城市，整体考虑区域要素配置，形成承载多种功能、优势互补、区域协同的主体功能综合布局。对此，要重点结合国土空间规划编制实施，完善主体功能区战略传导落地有效机制。结合省级国土空间规划合理优化调整县级行政区主体功能定位，结合市县规划因地制宜细化乡镇主体功能定位，合理划定规划分区，探索在详细规划中传导落实主体功能战略的具体路径。二是严格落实“三区三线”空间管控要求，系统解决农业、生态、城镇功能空间的矛盾冲突，促进城乡融合发展。其中，要扎实推进全域土地综合整治，因地制宜推动“耕地下山、林地上山”，使农业生产空间布局更加符合自然规律；健全国土空间生态修复规划体系，持续推进山水林田湖草沙一体化保护和系统治理，着力优化生态空间；推动城镇建设向盘活存量、优化结构、提升质量转变，加快构建内涵式集约型绿色化城镇空间。三是推动陆海一体化发展，构建陆海协调、人海和谐的国土空间新格局。立足陆海生态系统的完整性和连通性，系统谋划陆海资源开发利用，统筹布局山水林田湖草沙一体化保护与系统治理工程。立足沿海地区陆海经济的发展特征，统筹近海、海岸线、海域和海岛空间综合管理，系统考虑陆海资源开发利用空间需求，合理有序和节约集约利用陆海空间各类资源。基于陆海统筹优化海洋空间格局，推动海洋经济深度融入区域重大战略，明确重点行业用海的空间准入、空间布局、集约用海要求，提升陆海协同的可持续发展能力。

（二）发挥重要增长极带动作用，构建优势互补、高质量发展的区域经济布局

党的二十大报告指出，高质量发展是全面建设社会主义现代化国家的首要任务。打造引领高质量发展的重要增长极和动力源，是推动中国区域高质量发展的必然要求，也是推进中国式现代化进程的重要方面。下阶段，一是继续促进四大板块协调发展，形成彰显优势、合理分工的区域经济布局。党的二十大报告指出，要推动西部大开发形成新格局，推动东北全面振兴取得新突破，促进中部地区加快崛起，鼓励东部地区加快推进现代化。支持革命老区、民族地区加快发展，加强边疆地区建设，推进兴边富民、稳边固边。下一步，各地区要在全国统一大市场中充分发挥各自比较优势，在整体发展和相互协作中努力实现差异竞争、错位发展，走合理分工、优化发展的路子。西部地区要把握向西开放的战略机遇，大力发展特色优势产业，抓重点、补短板、强弱项；东北地区是我国重要的工业和农业基地，需从维护国家国防安全、粮食安全、

生态安全、能源安全、产业安全的高度，全力破除体制机制障碍，推动全面振兴、全方位振兴；中部地区要积极融入国家战略，强化“一中心、四区”战略定位；东部地区要加快培育世界级先进制造业集群，不断提高创新能力和经济增长能级。同时，强化区域协调联动，持续缩小区域发展差距，努力实现基本公共服务均等化、基础设施通达程度比较均衡、人民基本生活保障水平大体相当。二是继续深入实施区域重大战略，增强高质量发展动力源。党的二十大报告指出，推进京津冀协同发展、长江经济带发展、长三角一体化发展，推动黄河流域生态保护和高质量发展。高标准、高质量建设雄安新区，推动成渝地区双城经济圈建设。下一步，要推动京津冀协同发展，要牵住疏解北京非首都功能这个“牛鼻子”，全力推动协同发展、一体化发展；推动长江经济带高质量发展，要坚持生态优先、绿色发展和共抓大保护、不搞大开发，努力建设成为我国生态优先绿色发展主战场、畅通国内国际双循环主动脉、引领经济高质量发展主力军；积极稳妥推进粤港澳大湾区建设，要着眼于促进香港、澳门更好地融入国家发展大局，打造富有活力和国际竞争力的一流湾区和世界级城市群；提升长三角一体化发展水平，要紧扣“一体化”和“高质量”，提高长三角地区配置全球资源要素能力和辐射带动全国发展能力；扎实推进黄河流域生态保护和高质量发展，要增强保护和治理的系统性、整体性、协同性，从根本上提升黄河流域生态环境质量。三是以都市圈、城市群为依托推动大中小城市协调发展。我国经济发展的空间结构正在发生深刻变化，中心城市和城市群正在成为承载发展要素的主要空间形式，需根据人口等要素空间集聚态势，因地制宜、分类推进城市群、都市圈建设，推动中心城市更好地辐射带动周边中小城市协调联动发展。既要着力解决“大城市病”问题，完善大中城市宜居宜业功能，又要支持培育中小城市，有序推进以县城为重要载体的城镇化建设。

（三）着力推动重要功能区建设，保障国家粮食生态能源安全

重要功能区是夯实我国粮食安全基础、筑牢生态安全屏障、加强能源安全保障的重要支撑。下一步，要夯实国家粮食安全基石，加快推进东北等优势地区农业现代化进程，大力保护黑土地等耕地资源。筑牢国家生态安全屏障，扎实推进青藏高原“中华水塔”保护工作，高质量建设三江源国家公园，实施大小兴安岭、长白山森林生态保育等重大工程。增强能源安全保障能力，提高大型煤炭、煤电、石油、天然气基地综合开发利用水平，大力推进煤炭清洁高效利用，建设大型风电光伏基地，拓展油气等资源多元化供给渠道。

（四）破除区域要素流动壁垒，加快建设全国统一大市场

党的二十大报告着眼全面建设社会主义现代化国家的历史任务，作出“构建高水平社会主义市场经济体制”的战略部署，明确了新举措新要求。下一步，一是改善激励约束机制，打破地方保护主义。全国统一大市场的建设，必须先破除地方保护主义

这一关键障碍，在宏观上将全国统一大市场建设的发展目标与地方政府微观的绩效考核体系相结合，促使地方政府找准自身定位。利用我国拥有的超大规模市场优势，充分实现商品、资本、技术等关键要素的自由流通，破除地方保护与交易壁垒，让供给和需求有效结合，保证各种资源得到充分有效的利用。二是完善统一市场监管规则，打击不正当竞争行为。统一市场规则的建立，是实现公平竞争和破除交易壁垒的重要举措。当前我国市场监管法律规章、市场监管标准比较齐全完备，市场监管立法不断完善。各种新兴业态蓬勃发展，如新能源、人工智能、线上教育等，这些新兴行业的涌现亟须制定标准化的市场监管规则，运用线上线下共同监管的方式，避免出现监管漏洞。同时，建立健全多部门联合监管的体制机制，在制定统一监管规则的基础上实现跨区域联动，实现部门信息数据共享与联合监管，灵活运用大数据、“互联网+”等新型监管方式，最终形成政府监管、行业自治、大众监督的多主体监管模式，提高监管效能。三是建立健全统一商品要素市场，促进区域均衡发展。建设全国统一大市场，关键在于商品市场和要素市场的自由流动，这就需要对商品以及劳动力、资本、技术与数据等要素进行制度改革，其中统一要素市场是关键。应制定统一的监管标准，规范资本市场准入管理，缓解资本市场条块分割问题，实现资本要素的顺利流动。针对科技成果转化困难与技术市场封锁等难题，尽快建立全国性的统一技术交易市场，制定激励机制，鼓励不同区域的技术成果交流互动与开放共享，畅通科技成果转化渠道。针对数据市场，当前数据作为一种新型生产要素，对于我国未来数字经济发展与互联网新业态具有重要作用，但同时数据安全、数据共享以及数据要素互通共享方面的基础制度和标准规范等也需要进一步完善，从而深度开发利用数据资源。四是完善社会信用体系，营造良好营商环境。在全社会建设统一的社会信用基础标准，充分发挥高质量社会信用体系对降低市场交易成本，打通信息壁垒的作用。同时，将社会信用体系的建设与市场信用监管相结合，创新市场监管机制，形成覆盖所有市场主体的高质量社会信用体系。将激励机制与惩罚机制有效结合，激励守信行为，惩罚失信行为，规范交易市场秩序，在全社会营造良好信用氛围，加快推进全国统一大市场建设。

（五）以共同富裕为导向，提高区域发展的平衡性、协调性、包容性

迈向新征程，实现共同富裕目标对区域协调发展提出了新要求。区域协调发展是共同富裕的经济基础，也是实现全体人民共享发展成果的必由之路。要让现代化建设成果更多更公平惠及全体人民，关键是提高发展的平衡性、协调性、包容性，以更高水平区域协调发展推动共同富裕。一是以优化重大生产力布局引领共同富裕。要实现共同富裕，就必须发挥区域重大战略的引领作用。这要求我们聚焦党的二十大确立的促进区域协调发展目标，推动区域重大战略取得新的突破性进展，促进京津冀协同发展、长江经济带发展、粤港澳大湾区建设、长三角一体化发展、黄河流域生态保护和高质量发展，为共同富裕提供示范。各地区应按照主体功能定位发展，相互分工协作，

以城市群、都市圈为依托构建大中小城市协调发展格局，推进以县城为重要载体的城镇化建设；加快构建现代乡村产业体系，发展新型农村集体经济，深入实施乡村建设行动，促进共同富裕。二是以区域优势互补推动高质量发展、助推共同富裕。一方面，应扩大消费市场。以高质量供给创造和引领需求，使生产、分配、流通、消费各环节更加畅通，巩固和扩展市场资源优势，使建设超大规模的国内市场成为可持续的历史过程。落实支持出口产品转内销的意见，扩大“同线同标同质”产品适用范围。另一方面，应畅通经济循环。提升畅通国内国际“双循环”的门户枢纽功能，进一步扩大东西双向开放，用“经济距离”刷新地理距离。完善贸易促进计划，让市场主体更好地融入“双循环”，扩大国内国际市场的相互影响，为更好地实现共同富裕目标作出积极贡献。三是以区域体制机制创新保障共同富裕。实现共同富裕要求破除城乡二元结构，建立健全城乡融合发展体制机制。这要求我们进一步加强要素市场化配置体制机制建设，增强城乡要素有序流动活力，促进要素在城乡间持续顺畅流动。建立健全现代农业技术服务市场化运行机制，切实提高农业从业人员科技素质和技能。以城乡融合发展需求为导向，加大乡村数据资源供给，更好地满足城乡数字消费需求。建立健全各级各类跨区域合作协调机制，着力形成区域间合作共赢发展新局面。健全和完善三次分配机制，正确处理好发展与分配、效率与公平、先富与后富的关系，扩大中等收入群体比重，增加低收入群体收入。由此在高质量发展中促进人的全面发展，使全体人民共同富裕目标取得更为明显的实质性进展。

（六）着眼“双碳”布局，推动减碳和东西部协调发展

坚持全国一盘棋，系统推进东西部协作是区域协调发展的必然要求。在此背景下，“双碳”目标可释放出巨大的低碳发展潜能，为区域间互补融合提供新的共享引擎。一是加大跨区域可再生能源配置建设，落实东中西部地方政府合理承担相应清洁电力发展责任。在国家层面，进一步加大“西电东送”通道建设，保障清洁能源的大规模开发和远距离输送。在地区层面，一方面稳步提升东部可再生能源消纳占比，形成西部稳定输电、东部稳定消纳的长效机制；另一方面发挥东部技术资金优势，支持西部重点发展特高压输电和储能技术，提升电网灵活性和调峰能力。二是以单位 GDP 碳排放考核带动换道领跑，让清洁能源产业在西部就近壮大。西部要逐步摆脱对化石能源的依赖，产业规划中既要免短痛更要避长痛，警惕能源禀赋可能带来的产业锁定，把单位 GDP 碳排放作为产业承接的新标尺，让风光电等产业就近布局，带动当地摊薄工业碳强度和扩大就业税收。此外，鼓励政府和社会资本在中西部共建零碳产业园，吸引东部优秀制造企业入驻，把零碳产业园绿色用电的碳排放和成本优势，转化为企业的竞争力和区域的经济优势。三是做实碳贡献的量化和补偿。扩大西部地区风光电发展的土地供给，让西部减碳贮碳固碳地区得到更多实惠。荒漠减碳、生态固碳，用之不觉，失之难存。过去由于价值核算分摊的困难，西部地区大都存在生态补偿不足问题。

建议引入基于自然的解决方案等标准，摸清生态碳汇家底，让西部的地区碳贡献可度量、可核算，形成合理生态补偿机制，用市场化手段做到添绿又生金，按“谁保护、谁受偿”原则，将西部生态碳汇项目优先纳入全国碳市场，从固碳和增汇潜力中得到更多实惠。

（七）以更大力度推动高水平对外开放，重塑区域发展新优势

党的二十大报告指出，必须完整、准确、全面贯彻新发展理念，坚持社会主义市场经济改革方向，坚持高水平对外开放，加快构建以国内大循环为主体、国内国际双循环相互促进的新发展格局。一是推进区域重大战略与共建“一带一路”衔接融合。新时代新征程，需要进一步在区域重大战略与共建“一带一路”深度衔接、充分融合上做文章，下好国内大循环“一盘棋”。一方面，以优化区域重大战略开放布局为重点深度衔接“一带一路”建设。推动区域重大战略围绕“一带一路”陆上六大经济走廊建设和海上重大战略通道及支点建设，梳理聚焦发展重点，聚力提升枢纽能级，优化对内对外开放布局，加速形成国内大循环关键节点。另一方面，以都市圈城市群为核心推动区域重大战略与共建“一带一路”充分融合。发挥区域重大战略中都市圈城市群的聚集和辐射效应，将其打造为国内大区域和“一带一路”共建国家的人才、产业、资本、技术、信息的要素聚集高地，以国内大循环带动国内国际双循环。二是打造畅通更加高效安全的海陆通道。新时代新征程，聚焦“畅通、高效、安全”三个关键词推进设施联通仍然重要。以标志性工程为抓手深化传统基础设施联通。推动公铁港深度联通，油气电管道拓展联通，航空、航天与网络通信等创新联通，着力推进陆、海、空、网“四位一体”的互联互通，把国内国际循环畅通做深做实。以示范性工程为引领加强新型基础设施合作。加强数字基础设施建设，在5G、物联网、人工智能、工业互联网等领域打造示范性项目，加深与共建国家在信息、科技、物流等产业升级方面的基础设施建设合作。以关键节点与枢纽为核心强化风险防控。加快建立全天候预警评估综合服务机制，协同沿线各国建立应对重大风险事件的安全保障机制，为基础设施建设和互联互通运营创造安全稳定的环境，把安全底线扎牢扎紧。三是全面对接RCEP，提升对外贸易的国际融合度。各地需着力打造RCEP合作示范区。以自贸区、内陆开放型经济试验区等为依托，在RCEP高水平贸易投资合作框架下，制定内陆地区参与RCEP的行动方案，构建与RCEP成员国合作示范区，积极争取贸易投资自由化便利化的政策试点，优化区域营商环境，加快打造内陆开放高地。加大内陆地区承接广东、浙江等沿海发达地区产业集群式转移，挖掘与广西、云南等东盟沿边省份的合作潜力，间接利用共享优势资源省市的协定红利。

（八）构筑新安全屏障，确保区域经济平稳健康发展

2023年5月30日，习近平总书记在二十届中央国家安全委员会第一次会议上指出，要以新安全格局保障新发展格局，主动塑造于我有利的外部安全环境，更好维护

开放安全，推动发展和安全深度融合。一是在区域发展和城镇化进程中保障粮食安全。严格按照粮食优势产区的区域分布，推动各地区优势粮食作物生产规模做大做强，粮食主产区、主销区和平衡区才能发挥各自的资源与区位比较优势。此外，针对不同粮食作物的生产特性和区域，应分别采用差异化的生产保障政策。全面审视城镇化与粮食生产的协调关系，限制城镇化无序扩张，科学合理规划城乡土地利用结构，提高粮食生产效率，确保城镇化与粮食生产活动的可持续性。二是科学规划产能保障能源的生产及供应。保持煤炭进口量、进口来源的基本稳定，重点满足东南沿海地区的用煤需要。加大海域、新疆、非常规石油勘探开发力度，实施“两深一非”（陆地深层、海洋深水，非常规）科技攻关，提升新区新领域探明储量；提高采收率，减缓老油田产能递减速度；加强页岩油开发技术储备和转化。实施多能互补，提升可再生能源消费比重。通过多能互补，稳步推进西部、北部风光资源的集约化开发，加强中东部、南方风光资源的就地开发；进一步提升光伏发电转换效率、风电单机容量，合理降低发电成本。三是推进区域间产业有序转移，增强产业链供应链韧性。从产业维度看，结合不同产业的特性和发展阶段，引导它们分别向满足其发展条件的地区转移。如劳动密集型产业重点向中西部劳动力丰富、区位交通便利地区转移；技术密集型产业向中西部和东北地区中心城市、省域副中心城市等创新要素丰富、产业基础雄厚地区转移。从区域维度看，引导各地统筹资源环境、要素禀赋、产业发展基础、能耗双控和碳达峰碳中和目标，差异化承接产业转移。例如，鼓励欠发达地区、革命老区、边境地区等特殊类型地区承接发展特色产业；推动中心城市和城市群因地制宜建设先进制造业基地、商贸物流中心和区域专业服务中心。四是统筹推进兴边富民稳边固边工作，确保边境安全稳定边疆繁荣发展。打破市场分割，推动边疆地区积极融入全国统一大市场。疏通边疆地区在生产、分配、流通、消费等环节以及各环节之间的“堵点”，推动边疆地区积极参与国内大循环。改善边疆地区的交通、能源和信息网络等基础设施条件，打通边疆地区与内陆地区的联系，实现资源要素的有序流动。推动边疆地区全方位开放，优化我国区域开放布局。充分发挥边疆地区连接周边国家、面向全球的区位优势，使其成为我国与周边国家经济合作的循环通道。通过加强边疆地区与周边国家的贸易、投资和人员流动，实现双方经贸合作的互利共赢。

（九）打造竞争有力的现代海洋产业体系，提升海洋经济治理效能

党的二十大报告指出，“发展海洋经济，保护海洋生态环境，加快建设海洋强国”，对建设海洋强国的新目标新要求，是新时代建设海洋强国的根本遵循，要进一步提高海洋资源配置效率、海洋生态系统质量和海洋科技创新能力，拓展海洋经济发展空间，实现海洋经济高质量发展。一是优化海洋科研力量布局，加快实现高水平海洋科技自立自强。强化海洋领域国家科技力量，着力突破海洋核心装备和关键技术瓶颈，加强海洋基础性、前沿性和战略性技术储备，提高海洋科技成果转移转化成效。二是积极

培育海洋新兴产业集群，壮大产业规模。提升海洋油气、海上风电、深远海养殖、海水淡化和海洋能开发等海洋装备制造自主化水平，推进产业高端化、智能化、绿色化。推动海水淡化与综合利用规模化发展，促进海洋清洁能源多元化开发与应用，加快海洋药物与生物制品产业化进程。三是重视海洋生态文明建设，科学合理地开发利用海洋资源。加强海域海岛精细化管理，规范无居民海岛的开发利用。强化对自然资源开发利用的全程监管。抓好海洋环境整治和风险防范。健全海洋生态预警监测体系，探索建立海洋生态保护补偿机制。

第十章　发展社会主义先进文化，提升国家文化软实力

文化兴国运兴，文化强民族强。《纲要》提出，到 2025 年，社会文明程度得到新提高，到 2035 年建成文化强国，国民素质和社会文明程度达到新高度，国家文化软实力显著增强。两年多来，各地方、各部门深入学习贯彻落实《纲要》精神，积极提升社会文明程度和国家文化软实力。国务院和有关部门先后印发实施了《"十四五"文化发展规划》《"十四五"旅游业发展规划》《"十四五"公共文化服务体系建设规划》《"十四五"非物质文化遗产保护规划》《"十四五"文物保护和科技创新规划》《国家"十四五"时期哲学社会科学发展规划》等文件，各地方政府积极制定本地区文化、旅游等重点领域的"十四五"规划文件并加以落实，同时推动重大工程建设。经过两年多努力，文化强国建设扎实推进。

从重大目标看，公民文明素养和社会文明程度持续提升。文化事业和文化产业繁荣发展，优质公共文化服务覆盖城乡基层，广播服务覆盖面进一步扩大，全民阅读基础设施持续增加。文化产业蓬勃发展，产业规模进一步提升，国家级文化产业示范园区布局日益完善，文旅融合发展走深走实。中华文化影响力加速提升，中国非物质文化遗产项目数量居世界第一位，中文和孔子学院在全球"开花"。重大工程实施进展良好，中国共产党历史展览馆、中国国家版本馆建成并对公众开放。

从重大举措看，理想信念教育常态化制度化建设取得成效，社会舆论主旋律更加强劲，中国特色哲学社会科学加快发展，文物保护利用和文化遗产保护传承全面加强，公民道德建设和文明创建工程深入开展。文化事业繁荣发展，优秀文化作品创作生产传播逐步加强，优秀文化作品创作繁荣发展；现代公共文化服务体系加速完善，六级公共文化服务网络加快构建；中华文化影响力显著提升，全方位、多层次、宽领域的对外文化和旅游交流合作格局逐步建立。优质文化产品供给水平持续提升，对外文化贸易实现大发展，文化产业繁荣发展，文化和旅游融合逐步深入，文化体制改革不断加码。

从重大工程看，中国特色社会主义理论出版传播稳步推进，文艺精品创作成果丰硕，全媒体传播和数字文化发展迅速，文化遗产保护传承工作进展顺利，中华典籍整理出版取得新进展，重大文化设施建设有序推进，旅游目的地建设迈出新步伐。

在《纲要》实施过程中，也存在一些问题。在提高社会文明程度方面，国家考古

遗址公园尚未构成完整体系，传统文化传承保护工作仍需加码；重要古籍散佚海外，保护工作仍需跟进；不文明事件仍时有发生，公民文明素质仍需提升；网络文明乱象仍然存在。在提升公共文化服务方面，区域、城乡、群体间的公共文化服务水平差距依然明显，公共文化服务数字化整体水平仍相对较低，我国文化软实力有待进一步提升。在健全现代文化产业体系方面，我国文化发展同经济、社会发展和人民日益增长的精神文化需求还不完全适应，文化资源尚未充分利用，文化体制改革过程中仍存在痛点，文旅服务供给能力尚需优化，文旅市场乱象仍存在。

展望“十四五”后半期，新一轮科技革命和产业变革深入发展，国际不稳定性不确定性因素明显增加，世界经济陷入低迷期。新时代新征程提升国家文化软实力面临着新形势：一是全球文化竞争日趋激烈，我国维护意识形态安全和文化安全面临新的挑战；二是新时代群众对公共文化工作提出更高要求，现代公共文化服务体系仍需完善；三是文化产业发展的新理念新趋势新挑战一一显现，更好地满足人民精神文化生活新期待是关键。

根据新的发展形势要求，着眼于推动更好地实施规划，建议做好以下工作：一是加强思想宣传和社会主义先进文化建设，维护意识形态安全和文化安全；二是加强社会主义精神文明建设，提高全社会文明程度；三是健全现代文化产业体系和市场体系，更好地满足人民精神文化生活新期待；四是健全现代公共文化服务体系，进一步改善人民生活品质；五是加强文化遗产系统性保护利用，推动中华优秀传统文化创造性转化、创新性发展；六是全面深化文化领域体制机制改革，进一步解放和发展文化生产力；七是加强人文交流、文明互鉴，增强中华文明传播力影响力。

一、重大目标：社会文明程度得到新提高，中华文化影响力进一步提升

围绕发展社会主义文化，《纲要》提出下列目标：社会文明程度得到新提高。社会主义核心价值观深入人心，人民思想道德素质、科学文化素质和身心健康素质明显提高，公共文化服务体系和文化产业体系更加健全，人民精神文化生活日益丰富，中华文化影响力进一步提升，中华民族凝聚力进一步增强。从实施情况看，上述目标内容进展良好，主要表现在社会文明程度进一步提高、公共文化服务体系和文化产业体系加快健全、人民精神文化生活日益丰富、中华文化影响力不断提升和重大工程实施进展良好方面。

1. 公民文明素养和社会文明程度持续提升

群众性精神文明创建活动在全社会营造了讲文明、树新风、促和谐的良好风尚。截至 2022 年 8 月①，评选表彰全国文明城市（区）256 个、文明村镇 4625 个、文明单

① 中共中央宣传部，新时代宣传文化工作举措与成效发布会。

位7444个、文明家庭799户、文明校园1135所。此外，典型地区市民文明指数快速提升。2022年①，北京市民公共行为文明指数实现17年连升，达到90.69，比上年提升0.63个分值。其中，网络文明程度提升较快，由上年的71.38升至90.77，提高了19.39个分值。2022年②，江苏省社会文明程度指数达到90.48，较上年提升了0.05。

2. 优质公共文化服务覆盖城乡基层

一是从国家到村（社区）的六级公共文化服务网络加快构建。截至2022年底③，全国共有公共图书馆3303个，较上年增加86个，总流通72375万人次；文化馆3503个，较上年增加186个。截至2022年6月④，全国94%的县（市、区）建成文化馆总分馆制、93%的县（市、区）建成图书馆总分馆制。全国所有公共图书馆、文化馆（站）、美术馆和91%的博物馆均实行免费开放。二是广播服务覆盖面进一步扩大。截至2022年底⑤，全国广播节目综合人口覆盖率为99.6%、电视节目综合人口覆盖率为99.8%，较上年均提升0.1%。三是全民阅读基础设施持续增加，国民阅读率逐年上升。截至2022年⑥，全国建成58.7万家农家书屋，推动12.4亿册图书进农村，全国公共图书馆实际持证读者数量超1.03亿人；14万多家职工书屋覆盖职工8000多万人。2022年，我国成年国民包括书报刊和数字出版物在内各种媒介的综合阅读率为81.8%，较2021年的81.6%提升0.2个百分点。

3. 文化产业蓬勃发展

一是文化产业规模进一步提升。2022年⑦，文化企业实现营业收入121805亿元，按可比口径计算，比上年增长0.9%。2023年前三季度⑧，文化企业实现营业收入91619亿元，按可比口径计算，比上年同期增长7.7%。其中，文化新业态特征较为明显的16个行业小类实现营业收入36870亿元，比上年同期增长15.2%，快于全部规模以上文化企业7.5个百分点。二是国家级文化产业示范园区布局日益完善。2023年3月，文化和旅游部决定命名天津市滨海新区智慧山文化创意产业园等15家园区为“国家级文化产业示范园区”。截至2023年3月底，全国已有国家级文化产业示范园区34家⑨。三是文旅融合发展走深走实。2022年露营经济核心市场规模达到1134.7亿

---

① 首都文明办，《2022年北京市民公共行为文明指数调查分析报告》。

② 2023年9月19日召开的“努力推动江苏在高质量发展上继续走在前列”系列主题新闻发布活动——加快推进文化强省建设专场新闻发布会。

③ 国家统计局，《中华人民共和国2022年国民经济和社会发展统计公报》。

④ 《人民日报》（2022年12月2日9版），《推进文化自信自强（人民要论）》。

⑤ 国家统计局，《中华人民共和国2022年国民经济和社会发展统计公报》。

⑥ 《人民日报》（2023年4月24日6版），《第二十次全国国民阅读调查结果显示，2022年我国成年国民综合阅读率为81.8%》。

⑦ 国家统计局，《2022年全国规模以上文化及相关产业企业营业收入增长0.9%》。

⑧ 国家统计局，《2023年前三季度全国规模以上文化及相关产业企业营业收入增长7.7%》。

⑨ 新华社客户端，《我国新增15家国家级文化产业示范园区》，https://baijiahao.baidu.com/s?id=1761621064930046130&wfr=spider&for=pc。

元，同比增长51.8%；带动市场规模为5816.1亿元，同比增长52.6%①。露营旅游还带动露营地及其附近区域文旅消费的发展，“露营+民俗”“露营+演艺”等产品直接或间接拉动消费的潜力巨大。

4. 人民精神文化生活日益丰富，文艺创作更加繁荣

2022年12月②，中共中央宣传部公布第十六届精神文明建设“五个一工程”获奖名单，有97部作品入选，较上届（73部）增加24部，涵盖电影、电视剧（片）、戏剧、广播剧、歌曲、图书等艺术门类，充分反映3年来精神文化产品创作的丰硕成果。

5. 中华文化影响力加速提升

一是中国非物质文化遗产项目数量居世界第一位。截至2022年底③，我国有42个非物质文化遗产项目被列入联合国教科文组织名录，居世界第一位。二是中文和孔子学院在全球“开花”④。中文成为世界旅游组织官方语言。截至2023年6月底，中国院校在132个共建国家办有313个孔子学院、315所孔子课堂；“汉语桥”夏令营项目累计邀请100余个共建国家近5万名青少年来华访学，支持143个共建国家10万名中文爱好者线上学习中文、体验中国文化⑤。三是与世界人民共享文化成果。截至2023年6月底，中国已与144个共建国家签署文化和旅游领域合作文件⑥。中国与共建国家共同创建合作平台，成立了丝绸之路国际剧院联盟、博物馆联盟、艺术节联盟、图书馆联盟和美术馆联盟，成员单位达562家，其中包括72个共建国家的326个文化机构。中国启动实施“文化丝路”计划，广泛开展“欢乐春节”“你好！中国”“艺汇丝路”等重点品牌活动。中国在44个国家设立46家海外中国文化中心，其中共建国家32家；在18个国家设立20家旅游办事处，其中共建国家8家。四是首提全球文明倡议，获多国赞赏。2023年3月15日，习近平总书记在中国共产党与世界政党高层对话会上首次提出全球文明倡议，为推动人类文明发展、推进人类现代化进程、构建人类命运共同体提供中国方案，南非、老挝、伊朗等多国领导人表示赞赏。

6. 重大工程实施进展良好

一是国家级文化生态保护区建设进度完成53.3%。截至2023年8月底，我国共设立国家级文化生态保护区16个⑦，完成了《纲要》规划目标（30个）的53.3%。二是七大国家考古遗址公园均有明显进展。江西汉代海昏侯国、河南仰韶村、陕西石峁等

---

① 艾媒咨询发布的《2022—2023年中国露营行业研究及标杆企业分析报告》。

② 工人日报社，《努力铸就新时代文艺高峰——第十六届精神文明建设“五个一工程”获奖作品综述》。

③ 《中华人民共和国文化和旅游部2022年文化和旅游发展统计公报》。

④ 《人民日报》（2023年4月3日1版），《用创新增添文明发展动力、激活文明进步的源头活水》。

⑤ 2023年10月10日，中国国务院新闻办公室发布的《共建“一带一路”：构建人类命运共同体的重大实践》白皮书。

⑥ 同上。

⑦ 2023年8月28日，文化和旅游部举办的媒体通气会。

3 个考古遗址公园入选 19 个国家考古遗址公园，三星堆公园新颁布了遗址保护条例，良渚公园在开展世界文化遗产监测工作的同时提升了公园整体监测水平，石峁、仰韶村、三星堆进入“考古中国”重大成果发布①。石峁国家考古遗址公园正式开馆，陶寺国家考古遗址公园（一期）工程服务节点、观象台考古天文馆主体工程等设施已完成建设，南昌汉代海昏侯国国家考古遗址公园“墎墩苑—海昏藏宝”全面开放。三是 5 个重大文化设施或竣工或开馆或建设。截至 2023 年 12 月底，《纲要》提及的 7 个重大文化设施中，中国共产党历史展览馆开馆，中国国家版本馆建成并对公众开放，中国第二历史档案馆新馆项目正式竣工，故宫北院和国家文化遗产科技创新中心正在加紧建设中②。

二、重大举措：公共文化服务水平不断提升，现代文化产业体系加快完善

《纲要》共提出 3 项重大举措：提高社会文明程度，加强社会主义精神文明建设；提升公共文化服务水平，加强公共文化服务体系建设和体制机制创新，强化中华文化传播推广和文明交流互鉴，更好保障人民文化权益；健全现代文化产业体系，坚持把社会效益放在首位、社会效益和经济效益相统一。经过两年多发展，我国社会文明程度显著提升，公共文化服务水平持续改善，现代文化产业体系加快完善。但也要看到，我国传统文化保护和传承弘扬工作仍存在不足，公民道德建设仍存短板，区域、城乡、群体间的公共文化服务水平差距依然明显，文化软实力有待进一步提升，文化发展同经济、社会发展和人民日益增长的精神文化需求还不完全适应。

（一）公民文明素养和社会文明程度持续提升

两年多来，理想信念教育常态化制度化建设取得成效，社会舆论主旋律更加强劲，中国特色哲学社会科学加快发展，文化遗产保护传承弘扬成效显著，公民道德建设和文明创建工程深入开展、全社会文明程度显著提升。但也要看到，国家考古遗址公园尚未构成完整体系、传统文化传承保护工作仍需加码，重要古籍散佚海外、保护工作仍需跟进，不文明事件仍时有发生，公民文明素质仍需提升。

1. 理想信念教育常态化制度化建设取得成效

一是习近平新时代中国特色社会主义思想学习教育深入开展。《习近平谈治国理政》第一至第四卷等权威读本、“面对面”系列通俗理论读物先后出版，引导干部群众更加坚定了沿着中国特色社会主义道路实现中华民族伟大复兴的信念信心。二是中国特色社会主义和中国梦宣传教育持续开展。庆祝中国共产党成立 100 周年、中华人民

① 国家文物局发布的《国家考古遗址公园发展报告（2018—2022）》。

② 中经网整理。

共和国成立70周年、改革开放40周年、全面建成小康社会、北京冬奥会和冬残奥会等重大主题宣传顺利展开，激发中国人民团结奋斗、实现伟大中国梦的精气神。“永远跟党走”“强国复兴有我”等群众性主题教育活动顺利开展，“核心价值观百场讲坛”举办，系列主题公益广告、微电影、微视频播出，实现“润物无声”“日用而不觉”。三是弘扬社会主义核心价值观的法律政策体系加快完善。《新时代爱国主义教育实施纲要》《关于新时代加强和改进思想政治工作的意见》等文件出台实施，《中华人民共和国国歌法》《中华人民共和国国旗法》《中华人民共和国国徽法》以及《中华人民共和国英雄烈士保护法》等完成制定和修订，为弘扬社会主义核心价值观提供有力制度保障和法治支撑。

2. 中国特色哲学社会科学加快发展

一是全国重点马克思主义学院建设取得进展。发挥马克思主义理论研究和建设工程的带动作用，加强全国重点马克思主义学院建设，建立习近平新时代中国特色社会主义思想专门研究机构，推出一大批有深度、有分量的研究成果。二是马克思主义理论一级学科建设持续加强，马克思主义在哲学社会科学领域的指导地位更加巩固。学科专业目录设置不断优化，形成了涵盖八大学科门类、28个一级学科的学科体系。三是习近平新时代中国特色社会主义思想的学理化阐释、学术化表达、系统化构建持续深化①。哲学社会科学创新工程、国家社科基金项目等重大项目深入实施，学术原创能力日益增强。国家社科基金从2012年的12亿元增长到2022年的28亿元，资助形成一大批价值厚重、影响广泛的研究成果。中国特色新型智库体系逐渐完善，初步建成29家国家高端智库和16家培育单位，为党和政府决策发挥了重要的“思想库”“智囊团”作用。四是话语体系建设阔步向前。政治话语学理化、学术话语大众化、中国话语国际化持续推进，提炼出许多具有中国特色、世界影响的标识性概念。加强国际学术交流合作，中国学术“走出去”的步伐明显加快，建设了一批对外话语创新研究基地和海外中国学术研究中心，凝聚培养了一批善于讲好中国故事的骨干人才，中国理论、中国学术的国际影响力明显提升。

3. 文物保护利用和文化遗产保护传承全面加强

一是文化遗产资源家底逐步摸清。截至2021年底②，全国共有国有可移动文物1.08亿件（套），不可移动文物76.7万处，全国重点文物保护单位5058处，备案博物馆6183家；国家珍贵古籍名录13026部，全国古籍重点保护单位203家。二是非物质文化遗产系统性保护取得突破。《关于进一步加强非物质文化遗产保护工作的意见》《“十四五”非物质文化遗产保护规划》《关于推动传统工艺高质量传承发展的通知》

① 中共中央宣传部，新时代宣传文化工作举措与成效发布会。
② 中共中央宣传部，推动新时代文化和旅游高质量发展新闻发布会。

先后印发实施。截至2022年底①，全国共有国家级非遗代表性项目1557项，在世国家级非遗代表性传承人2433名；被列入联合国教科文组织人类非物质文化遗产代表作名录（名册）项目42个，位居世界第一；全国共有非物质文化遗产保护机构2425个，从业人员17716人。2022年，全国各类非物质文化遗产保护机构举办演出57762场，比上年下降3.3%；举办民俗活动13664次，比上年增长4.2%；举办展览18107场，与上年基本持平。三是重大传统文化工程稳步实施。中华文明探源工程、文物保护工程、革命文物保护利用工程、“考古中国”重大项目和中华古籍保护计划、中国传统工艺振兴计划等深入实施。全国古籍普查登记工作基本完成②，3000万册（件）古籍有了“身份证”，与之配套的普查登记目录已累计出版201册，收录548家收藏单位的137万余条数据。海外藏古籍目录、书目书志出版与数字化回归不断取得新成效。四是国家文化公园建设高标准推进。截至2023年底③，长城、大运河、长征、黄河等国家文化公园建设保护规划先后出台，长江国家文化公园沿线省份正加紧编制各段建设保护规划，一批标志性项目相继实施，一批重点建设区示范先行，中央和地方投入力度不断加大，沿线文物和文化资源家底不断夯实，保护状况持续改善，综合效益有效发挥，人民群众的文化生活空间不断拓展④。五是流失海外文物追索返还工作成果丰硕。推动流失文物追索返还工作常态化，流失文物回归取得突破性成果。截至2023年2月⑤，我国先后与24个国家签订了防止盗窃、盗掘和非法进出境文物的政府间协定，共实现32批次、1800余件（套）流失文物艺术品回归祖国。六是文化遗产进一步“活起来”。“考古热”“博物馆热”“非遗热”“古籍热”蔚然成风，国潮国风成为年轻人的新时尚。

4. 公民道德建设和文明创建工程深入开展，全社会文明程度显著提升

一是先进典型模范评选工作稳步实施，营造崇德向善、见贤思齐的浓厚氛围。截至2022年8月，先后授予136个集体或个人“时代楷模”称号、299人全国道德模范称号，表彰300个“最美奋斗者”，发布736个“最美人物”，评选11585个“中国好人”，大力营造崇德向善、见贤思齐的浓厚氛围⑥。二是群众性精神文明创建活动逐步深化。截至2022年8月，评选表彰全国文明城市（区）256个、文明村镇4625个、文明单位7444个、文明家庭799户、文明校园1135所⑦。加强新时代文明实践中心建设，开展扶贫帮困、慈善捐助、支教助学等公益活动，推动学雷锋志愿服务制度化。开展道德领域突出问题专项治理，推进移风易俗，厉行节约制止餐饮浪费，倡导“光

---

① 《中华人民共和国文化和旅游部2022年文化和旅游发展统计公报》。

② 《光明日报》（2022年9月20日3版），《古籍出版让珍贵典籍化身千百》。

③ 中经网整理。

④ 《人民日报》（2023年12月28日17版），《运河之舟扬起古韵风帆（国家文化公园·大运河）》。

⑤ 最高人民法院，依法保护文物和文化遗产典型案例新闻发布会。

⑥ 中共中央宣传部，新时代宣传文化工作举措与成效发布会。

⑦ 同⑥。

盘行动”“文明餐桌”等，全社会文明程度显著提升。三是《文明行为促进条例》的实施提高了群众文明素质。2022年，全国各地扎实推进《文明行为促进条例》落地，以法律的形式促进文明行为，提高公民道德素养和社会文明程度。《文明行为促进条例》内容回应群众关切、解决实际问题、突出当地特色。全国各地统筹协调相关部门单位，利用媒体宣传、法律专家宣传解读、把《文明行为促进条例》写进课本教材、举办“文明行为促进月”、加大执法力度等举措，让法治的种子在人们心里落地生根，提高群众文明素质，推动精神文明建设提质增效。四是未成年人思想道德建设迈上新台阶。《义务教育课程方案和课程标准（2022年版）》印发，明确将劳动课列为中小学的一门独立课程，要求各学校组织学生动手实践、磨炼意志，培养学生树立正确的劳动价值观；2022年7月，全国关工委“青少年党史学习月”暨“青少年游基地、学党史”活动在嘉兴、北京等地开展，通过“五老”讲授思政课、“打卡”红色基地等，教育青少年从心底里认识党、热爱党、感恩党；2022年12月，32名“新时代好少年”的先进事迹发布，引导广大未成年人，引导青少年树立向上向善、爱党爱国、服务社会的高尚品德。

5. 网络文明建设取得新成效

一是顶层设计逐步完善。《关于加强网络文明建设的意见》《关于加强网络文明建设的实施方案》先后印发，明确了网络文明建设的目标、任务、举措、步骤、方法、要求。创办了中国网络文明大会，搭建交流展示的平台。二是网上宣传走深走实。推动党的创新理论入脑入心，精心做好网上重大主题宣传，深入实施中国正能量“五个一百”网络精品工程，推进“阳光跟帖”行动，提升全社会网络文明素养。三是网络文化不断繁荣。深化网上党史学习教育，丰富网络文学、网络影视剧、网络动漫等一些精品文化产品的供给，实施争做中国好网民工程，精心打造“网络中国节”，提升网络文化公共服务的质量。四是道德建设持续拓展。广泛开展劳动模范、时代楷模、道德模范等典型事迹的网上宣传，加快推进“互联网+公益”的新模式，推动形成崇德向善、见贤思齐的网络文明环境。五是网络生态明显优化。一系列管网治网的制度规范制定出台，网络综合治理体系加快完善。2022年，国家互联网信息办公室组织开展13项“清朗”专项行动，取得良好效果①，清理违法和不良信息5430余万条，处置账号680余万个，下架App、小程序2890余款，解散关闭群组、贴吧26万个，关闭网站7300多家，有力维护了网民合法权益。

但也要看到，我国传统文化保护和传承弘扬工作仍存在不足，公民道德建设仍存在短板：一是国家考古遗址公园尚未构成完整体系，传统文化传承保护工作仍需加码。55家国家考古遗址公园与我国源远流长的历史和丰富的文化遗产数量相比，还不足以构成完整体系，很多类型还存在缺项或稍显单薄。二是重要古籍散佚海外，保护工作

① 国务院新闻办公室，2023年“清朗”系列专项行动新闻发布会。

仍需跟进。比如，《永乐大典》散佚严重，仅存400余册，不足4%，包括嘉靖副本、仿抄本、传抄本和照片，其中嘉靖副本411册。《永乐大典》高清影像数据库显示，中国地区现存261册，仍有198册散佚海外，仍需进一步跟进回归和再造工作。三是不文明事件仍时有发生，公民文明素质仍需提升。不文明旅游、不文明停车、天价彩礼、婚丧大操大办等事件仍经常登上热点新闻，引发公众广泛关注。四是网络文明乱象仍然存在。网络水军仍然存在且猖獗，涉及操纵信息、刷量控评、恶意营销内容等活动。

（二）公共文化服务水平持续改善

两年多来，优秀文化作品创作生产传播逐步加强，优秀文化作品创作繁荣发展；现代公共文化服务体系加速完善，六级公共文化服务网络加快构建；中华文化影响力显著提升，全方位、多层次、宽领域的对外文化和旅游交流合作格局逐步建立。但也要看到，我国区域、城乡、群体间的公共文化服务水平差距依然明显，我国文化软实力有待进一步提升。

1. 优秀文化作品创作生产传播逐步加强

一是新时代艺术创作体系初步构建。以创作为核心任务、以演出为中心环节的工作机制不断健全，国家舞台艺术精品创作扶持工程、新时代系列艺术创作工程等深入开展，新时代艺术创作体系初步构建。二是优秀文化作品创作繁荣发展。《伟大征程》《奋斗吧中华儿女》《我们的四十年》等重大文艺演出成功举办，唱响时代主旋律，描绘新时代壮美篇章。国家艺术基金扶持力度不断加大，各类文艺评奖和展演展览活动引领作用持续增强，舞剧《永不消逝的电波》、舞蹈诗剧《只此青绿》、歌剧《沂蒙山》、话剧《谷文昌》等文艺作品广受好评，不断向“艺术高峰”迈进。三是文艺生态更加积极向上。文艺领域各类乱象和突出问题得到有效治理，文艺环境更加天朗气清，文艺生态更加积极向上、正气充盈。

2. 现代公共文化服务体系加速完善

一是从国家到村（社区）的六级公共文化服务网络加快构建。截至2022年底①，全国共有公共图书馆3303个，较上年增加86个，总流通72375万人次；文化馆3503个，较上年增加186个。截至2022年6月②，全国94%的县（市、区）建成文化馆总分馆制、93%的县（市、区）建成图书馆总分馆制。全国所有公共图书馆、文化馆（站）、美术馆和91%的博物馆均实行免费开放。二是文化惠民工程创新开展。“戏曲进乡村”等惠民项目深入实施，“村晚”等品牌文化活动广泛开展，群众文化生活更加丰富多彩。智慧图书馆体系和公共文化云建设加快推进，新型公共文化空间不断涌现，从“云端”到“指尖”，公共文化服务更加便捷、更加“对味”。三是智慧广电工

① 国家统计局，《中华人民共和国2022年国民经济和社会发展统计公报》。

② 《人民日报》（2022年12月2日9版），《推进文化自信自强（人民要论）》。

程进展迅速。加快推进有线电视网络和无线发射台站的数字化改造，大力拓展直播卫星在偏远农村地区的入户应用，着力补盲点、通盲户。截至 2022 年底，全国广播节目综合人口覆盖率为 99.6%，电视节目综合人口覆盖率为 99.8%①。2022 年，有线电视实际用户 1.99 亿户，其中有线数字电视实际用户 1.90 亿户。智慧广电网络平台、应急广播体系建设不断加快，在地方党委政府加强政策宣传、防灾救灾等方面发挥积极作用。四是“书香中国”建设全面开花。截至 2023 年底，两届全民阅读大会先后举办，习近平总书记致信祝贺首届大会②。多地举办地方性全民阅读大会，全国 400 多个城市常设读书节、读书月等活动，涌现出“北京阅读季”“上海读书周”“书香江苏”“长江读书节”“南国书香节”“深圳读书月”“广州读书月”“天府书展”等知名阅读活动品牌。中国新闻出版研究院发布的第二十次全国国民阅读调查结果显示③，2022 年，我国成年国民包括书报刊和数字出版物在内的各种媒介的综合阅读率为 81.8%，较 2021 年提升 0.2 个百分点。

3. 中华文化影响力显著提升

一是全方位、多层次、宽领域的对外文化和旅游交流合作格局逐步建立。配合元首外交和“一带一路”国际合作高峰论坛、亚洲文明对话大会等主场外交，一系列重大文化活动成功举办。海外中国文化中心建设加快推进。截至 2023 年 6 月底④，中国在 44 个国家设立 46 家海外中国文化中心，其中共建国家 32 家；在 18 个国家设立 20 家旅游办事处，其中共建国家 8 家。中国已与 144 个共建国家签署文化和旅游领域合作文件，积极参与国际规则制定。二是国际传播效能持续提升。2022 年，人民日报 39 个海外分社向国外主流媒体推送覆盖 13 个语种的 3000 余件优质新闻产品，在 1000 多家外媒落地 3.5 万次；与 24 个国家的媒体合作推出 169 块主题专版，覆盖读者超过 1 亿人次；与墨西哥、日本、埃及、韩国、尼日利亚的主流媒体合作开设专栏，持续更新中国新闻，年累计浏览量近 2000 万次⑤。中国出版集团重点抓好一批优秀主题出版物的翻译出版和对外宣介，推出更多海外读者能理解、看得懂、易接受的精品图书。深耕共建“一带一路”国家，增强出版合作和文化贸易的深度广度。进一步扩大北京国际图书博览会影响力，用好“中国出版集团好书全球云展销”等线上平台，用好中国图书进出口（集团）有限公司海外渠道资源。三是成功举办国际重大赛事。我国先后成功举办北京冬奥会、冬残奥会，成都大运会和杭州亚运会、亚残运会，以体育为场域构建人类命运共同体赋予了中华优秀传统文化新的时代内涵，生动展现了以文明交

① 国家统计局，《中华人民共和国 2022 年国民经济和社会发展统计公报》。

② 中经网整理。

③ 《人民日报》（2023 年 4 月 24 日 6 版），《第二十次全国国民阅读调查结果显示，2022 年我国成年国民综合阅读率为 81.8%》。

④ 2023 年 10 月 10 日，中国国务院新闻办公室发布的《共建“一带一路”：构建人类命运共同体的重大实践》白皮书。

⑤ 《人民日报》（2022 年 12 月 28 日 13 版），《全面提升国际传播效能》。

流超越文明隔阂、文明互鉴超越文明冲突、文明共存超越文明优越的巨大潜力。

在看到公共文化服务水平加速提升的同时，也要认识到下列问题：一是区域、城乡、群体间的公共文化服务水平差距依然明显。比如，广西等中西部省份公共文化基础设施建设、经费保障、人才队伍和服务水平等方面尚未达到全国平均水平。农村公共文化服务总量供给增加，但与城市相比仍有差距。不同地区不同收入群体间的公共文化服务差距较大。二是公共文化服务数字化整体水平仍相对较低。受资源和技术的影响，东部发达地区数字化公共服务发展较好，中西部欠发达地区则相对薄弱，上述地区在数字化基础设施、人才等领域均存在较大短板，直接影响了公共文化服务数字化整体水平。三是我国文化软实力仍有待进一步提升。近年来，我国“文化走出去”取得有目共睹的成绩，但也暴露出一些问题，如价值观差异带来的文化冲突愈加明显、辐射范围广的自主国家传播渠道有待拓宽等。当前，我国国际话语权与综合国力还不相匹配，维护国家文化安全和提升中华文化影响力的任务更加艰巨，建构富有中华文化底蕴的中国话语权、提升文化软实力势在必行。

（三）现代文化产业体系加快完善

两年多来，优质文化产品供给水平持续提升，对外文化贸易实现大发展，文化产业发展进一步提质升级，文化和旅游融合逐步深入，文化体制改革不断加码。但也要看到，我国文化发展同经济、社会发展和人民日益增长的精神文化需求还不完全适应，文化资源尚未充分利用，文化体制改革过程中仍存在痛点，旅游市场乱象冒头，旅游消费体验有待提升。

1. 优质文化产品供给水平持续提升

一是文化数字化战略加快推进，数字文化精品不断涌现。中共中央办公厅、国务院办公厅印发《关于推进实施国家文化数字化战略的意见》，提出“十四五”时期末基本完成文化产业数字化布局，形成线上线下融合互动、立体覆盖的文化服务供给体系等要求。5G、大数据、AR/VR、人工智能、超高清等数字技术在文化和旅游行业广泛应用。线上演播、数字艺术、沉浸式体验等新业态发展迅速，《大鱼海棠》《舞上春》等一批具有鲜明中华文化特色的数字文化精品不断涌现。国家京剧院的《龙凤呈祥》、中国歌剧舞剧院的《舞上春》、中国国家话剧院的舞台艺术数字产品《英雄时代》《抗战中的文艺》等线上演播广受好评，《数字游敦煌》《数字故宫》等数字旅游项目反响较好。二是高清超高清电视加快转化。国家广播电视总局发布《关于进一步加快推进高清超高清电视发展的意见》，提出到2025年底，全国地级及以上电视台和有条件的县级电视台全面完成从标清到高清转化，高清电视成为电视基本播出模式，超高清电视频道和节目供给形成规模。我国实现奥运会历史上首次赛事全程4K制播，以全球领先的8K技术制作开闭幕式、自由式滑雪、速度滑冰等项目公共信号。三是虚拟数字人提升电视制播效率。2022年2月，国家广电总局主办的第二届广播电视和网络视听人工智能应用创新大赛启动，大赛首次开设“虚拟数字人技术应用”赛道，AI虚拟主持人王冠、真人数字人“时间小妮”、数字人主持人“小漾”等18个相关项目获奖。虚拟数字人打破物理空间的限制，提供了更多沉浸感、参与感和互动感，为传统影视制作等产业提供了全新的视角和解决方案。2022年各大广电视听平台纷纷推出各具特色的虚拟数字人，创新节目形态，并提高了制播效率和智能化水平。四是网络文学提质升级。2022年网络文学市场规模389.3亿元，同比实现了8.8%的高速增长；2022年网络文学用户规模达4.92亿户；中国网络文学作家数量累计超2278万名，涵盖57个国民经济行业大类①。2022年，144部网文作品入藏国家图书馆永久典藏，10部网文的数字版本入藏中国国家版本馆。

2. 对外文化贸易实现大发展

《关于推进对外文化贸易高质量发展的意见》印发，提出大力发展数字文化贸易、鼓励优秀广播影视节目出口、加强国家文化出口基地建设等举措，政策实施成效明显。一是文化贸易规模再上新台阶。海关总署数据显示，2022年②，我国对外文化贸易额超过2200亿美元，同比增长约11%，其中文化产品进出口额1803亿美元，文化服务进出口额414亿美元，我国文化产品进出口规模多年居世界第一位。二是游戏、影视剧在国际市场异军突起。2022年，中国游戏在美德英等国市场占有率均超20%，《万国觉醒》、*PUBG Mobile*、《原神》等爆款频出③。影视剧出海呈现数量多、题材丰富的特点。例如，电影《长津湖》在全球收获57.75亿元票房，一度登顶全球票房年度冠军。三是网络文学国际影响力快速提升。2022年，16部中国网文被大英图书馆收录，网文出海遍及全球超200个国家和地区，海外网文访问用户规模达到9.01亿户，美国、印度、英国及“一带一路”沿线地区均深受影响④。

3. 文化产业发展进一步提质升级

一是文化产业已成为经济增长的新动能和新引擎。2022年⑤，文化企业实现营业收入121805亿元，按可比口径计算，比上年增长0.9%。2023年前三季度⑥，文化企业实现营业收入91619亿元，按可比口径计算，比上年同期增长7.7%。其中，文化新业态特征较为明显的16个行业小类实现营业收入36870亿元，比上年同期增长15.2%，快于全部规模以上文化企业7.5个百分点。分行业类别看，新闻信息服务实现营业收入12203亿元，比上年同期增长14.9%；内容创作生产19857亿元，比上年同期增长10.3%；创意设计服务14973亿元，比上年同期增长9.6%；文化传播渠道10712亿元，

---

① 中国社会科学院文学研究所发布的《2022中国网络文学发展研究报告》。

② 2023年5月23日，商务部主办的对外文化贸易“千帆出海”行动计划推进会。

③ 中国外文局所属当代中国与世界研究院发布的《中国数字文化出海年度研究报告（2022年）》。

④ 中国社会科学院文学研究所发布的《2022中国网络文学发展研究报告》。

⑤ 国家统计局，《2022年全国规模以上文化及相关产业企业营业收入增长0.9%》。

⑥ 国家统计局，《2023年前三季度全国规模以上文化及相关产业企业营业收入增长7.7%》。

比上年同期增长 12.4%；文化投资运营 473 亿元，比上年同期增长 27.7%；文化娱乐休闲服务 1289 亿元，比上年同期增长 67.2%；文化消费终端生产 16775 亿元，比上年同期增长 2.1%。二是国家文化产业园区布局逐步完善。文化和旅游部印发实施《文化和旅游部办公厅关于开展国家级文化产业示范园区创建验收工作的通知》，开展国家级文化产业示范园区创建验收工作。2023 年 3 月，文化和旅游部决定命名天津市滨海新区智慧山文化创意产业园等 15 家园区为“国家级文化产业示范园区”。截至 2023 年 3 月底，全国已有国家级文化产业示范园区 34 家①。

4. 文化和旅游融合逐步深入

《“十四五”文化发展规划》《“十四五”旅游业发展规划》《关于开展国家文化产业和旅游产业融合发展示范区建设工作的通知》等文件先后印发，均对推进文旅融合作出具体部署，推动文旅融合发展走深走实。一是“文旅+”新业态层出不穷。央地发力培育兼具文化特色、年轻化、沉浸感、互动强的文旅新业态，展览、艺术节、音乐节、创意市集、露营、探险、古装旅拍等业态深度融入生活场景之中，成为文旅消费新亮点。2022 年露营经济核心市场规模达到 1134.7 亿元，同比增长 51.8%；带动市场规模为 5816.1 亿元，同比增长 52.6%②。露营旅游还带动露营地及其附近区域文旅消费的发展，“露营+民俗”“露营+演艺”等产品直接或间接拉动消费的潜力巨大。二是文旅优质产品供给持续增加。2022 年③，新评定国家 5A 级旅游景区 12 家、国家级旅游度假区 15 家、旅游休闲街区 54 家、滑雪旅游度假地 12 家，推出全国红色旅游融合发展试点单位 10 家、首批国家工业旅游示范基地 53 家、国家旅游科技示范园区 12 家、第四批全国乡村旅游重点村镇 298 个。三是文化创意、非遗工坊、乡村旅游持续赋能乡村振兴。《关于持续推动非遗工坊建设助力乡村振兴的通知》印发，四川、贵州、甘肃等省相关部门印发本地区非遗工坊认定和管理文件，以非遗工坊建设为抓手，从资金、培训、场地等方面加大对本地非遗工坊的支持，持续开展助力乡村振兴工作。湖南等省开展非遗工坊省级示范点建设。截至 2022 年底④，各地共建设非遗工坊 2500 余家，覆盖 450 余个脱贫县和 85 个国家乡村振兴重点帮扶县。

5. 文化体制改革不断加码

一是文化和旅游政策法规进一步完善。2022 年 11 月，文化和旅游部召开全国文化和旅游政策法规工作电视电话会议并指出，政策法规协同调研格局逐步形成，全面深化改革持续推进，规划编制实施取得实效。《中华人民共和国电影产业促进法》《中华人民共和国著作权法》等制定修订并实施，中国特色社会主义文化法律体系日趋完善。

---

① 新华社客户端，《我国新增 15 家国家级文化产业示范园区》，https：//baijiahao.baidu.com/s? id=1761621064930046130&wfr=spider&for=pc。

② 艾媒咨询发布的《2022—2023 年中国露营行业研究及标杆企业分析报告》。

③ 文化和旅游部，《2023 年全国文化和旅游厅局长会议工作报告摘编》。

④ 《中华人民共和国文化和旅游部 2022 年文化和旅游发展统计公报》。

二是文化市场综合执法改革深入开展。文化和旅游部持续深化文化市场综合执法改革，整合组建综合执法队伍，按照中央部署统一行使文化、文物、出版、广播电视、电影、旅游等6个领域的行政执法职责，完善体制机制，加强队伍建设，执法规范化、专业化、信息化水平持续提高。在提升综合执法效能方面，落实严格规范公正文明执法要求，开展专项整治行动，严守疫情防控、安全生产和市场秩序底线，维护文化和旅游市场秩序安全稳定。三是国有文艺院团改革稳步推进。《关于深化国有文艺院团改革的意见》印发，提出实现国有文艺院团创演质量、管理水平、服务效能大幅提升，巩固和发挥国有文艺院团舞台艺术创作生产的主导地位和引领作用。随后多地印发文件并落实。四是未成年人网络保护法律法规加速完善。2023 年 10 月，国务院总理李强签署国务院令，公布的《未成年人网络保护条例》自 2024 年 1 月 1 日起施行。该法规是我国未成年人网络保护领域的第一部专门性行政法规。自此，未成年人网络保护的基本框架和基础体系基本形成，建立健全了家庭保护、学校保护、社会保护、政府保护等多方联动治理机制，深化了未成年人保护模式、网络信息内容治理、网络沉迷防治机制、大型平台主体责任等一系列具有中国特色的方案。

在看到现代文化产业体系加快完善的同时，也应该清醒地看到下列问题：一是我国文化发展同经济社会发展和人民日益增长的精神文化需求还不完全适应。突出地表现在文化创新创造能力还不够强，有影响力的精品力作仍比较有限，优秀文化产品和服务还不够多，一些文化作品不能够正确引领社会思想，一味借鉴西方文化和西方套路的作品较多。二是文化资源尚未充分利用，文化体制改革过程中仍存在痛点。文化资源的开发与利用还很不够，许多文化资源还处于闲置状态，文化事业对社会的积极促进作用还很有限，文化管理还不能适应经济社会发展。三是文旅服务供给尚需优化。一方面，一些旅游项目的承载能力和服务接待能力不高，面对集中释放的出游需求，难以保障游客体验，一些地方甚至出现景区爆满、管理混乱等问题。另一方面，部分地区文旅产品定位模糊，照搬照抄现象严重，未能突出地方文化特色与精神内涵，产业发展缺乏长期规划，文化泛娱乐化、牺牲生态环境换取短期利益等情况还时有发生。四是文旅市场乱象仍然存在，亟须加强治理。部分商家缺乏服务意识，虚假宣传、强制消费、违规执业等市场乱象频发，严重干扰正常市场秩序，严重影响旅游业整体形象。在旅游市场恢复发展的关键时期，亟须加强市场秩序综合治理，保障游客合法权益，有效增强市场预期。

三、重大工程：社会主义文化进一步繁荣发展，社会主义文化强国建设取得阶段性成效

《纲要》提出文化领域的重大工程：“专栏 13”社会主义文化繁荣发展工程，旨在推进社会主义文化强国建设，提高国家文化软实力。经过两年多的努力，中国特色社会主义理论出版传播稳步推进，文艺精品创作成果丰硕，全媒体传播和数字文化发展

迅速，文化遗产保护传承工作进展顺利，中华典籍整理出版取得新进展，重大文化设施建设有序推进，旅游目的地质量加速提升。

（一）中国特色社会主义理论出版传播稳步推进

中国特色社会主义理论出版传播进展良好。一是习近平新时代中国特色社会主义思想系列理论读物有序出版。截至 2023 年底，《习近平谈治国理政》第一至第四卷已完成中英文版发行工作①；《习近平谈治国理政》前三卷完成法、俄、阿、西、葡、德、日等多语种发行，《习近平谈治国理政》第一卷冰岛文版正式首发。习近平《论党的青年工作》《习近平关于社会主义精神文明建设论述摘编》等著作先后问世，《习近平新时代中国特色社会主义思想学习问答》《习近平新时代中国特色社会主义思想学习纲要》《习近平经济思想学习纲要》《习近平生态文明思想学习纲要》《习近平新时代中国特色社会主义思想专题摘编》《习近平新时代中国特色社会主义思想学习纲要（2023 年版）》《论党的自我革命》《习近平新时代中国特色社会主义思想的世界观和方法论专题摘编》《习近平关于调查研究论述摘编》《习近平关于“三农”工作的重要论述学习读本》《习近平新时代中国特色社会主义思想概论》《习近平新时代中国特色社会主义思想学习论丛》第一辑至第十辑等书籍出版。《习近平著作选读》第一卷、第二卷在全国发行，以习近平总书记在党的二十大的报告《高举中国特色社会主义伟大旗帜，为全面建设社会主义现代化国家而团结奋斗》为开卷篇，其他著作按时间顺序编排。第一卷收入的是习近平在 2012 年 11 月至 2017 年 10 月这段时间的重要著作，共有讲话、演讲、指示、批示、训令等 71 篇；第二卷收录的是习近平在 2017 年 10 月至 2022 年 10 月这段时间的重要著作，共有报告、讲话、谈话、演讲、指示等 75 篇。部分著作是第一次公开发表。二是党史通俗读物相继问世，推动教育常态化长效化。《百年大党面对面》聚焦“中国共产党是什么、要干什么”这一根本问题，语言通俗耐读，栏目设置多样，更加入了许多深度阅读的扫码链接；《中国共产党宣传工作简史》《百年初心成大道——党史学习教育案例选编》等书籍相继问世，为推进党史学习教育常态化长效化提供了丰富材料。

（二）文艺精品创作成果丰硕

精神文化产品创作异彩纷呈。第十六届精神文明建设“五个一工程”推选出 97 部优秀作品，涵盖电影、电视剧（片）、戏剧、广播剧、歌曲、图书等艺术门类，充分反映近三年来精神文化产品创作的丰硕成果。一是主题创作有声有色。歌曲《领航》《伟大征程——庆祝中国共产党成立 100 周年大型情景史诗》、电影《我和我的祖国》、歌剧《红船》等作品结合庆祝党的二十大、庆祝中国共产党成立 100 周年、庆祝新中国成立 70 周年等时间节点，生动展现文艺创作领域围绕中心、服务大局的积极成果。二

① 中经网整理。

是现实题材精品迭出。话剧《龙腾伶仃洋》生动体现港珠澳三地携手共建港珠澳大桥的同心协力与民族自信，纪录片《摆脱贫困》全景呈现全面建成小康社会的恢宏历史进程，电视剧《超越》为北京冬奥会营造了浓厚氛围，《诗在远方——“闽宁经验”纪事》《琵琶围》等图书生动书写我国打赢脱贫攻坚战的非凡历程，广播剧《中国北斗》《黑色沃土》《有事找彪哥》《守望黄河口》等分别讲述了航天科技、黑土地保护、基层社会治理、黄河口生态保护等方面的生动故事。三是文化产品艺术质量明显提升。电影《长津湖》剧本打磨5年，总工作人员数量高达1.2万人，最终打造成战争题材精品，成为我国影史票房冠军。电视剧《觉醒年代》《山海情》《功勋》《人世间》等优秀作品因制作精良扎实、人物塑造成功，打破了主旋律大剧收视圈层，收获了大批观众特别是青年群体的高度称赞，被称作具有集成式意义的美学突破。专题节目《典籍里的中国》以“文化访谈+戏剧+影视化”方式，让写在典籍里的文字“活”起来。京剧《燕翼堂》通过戏曲艺术的表达，展现了中华优秀传统文化与革命文化的交融整合、互补生辉。彩调剧《新刘三姐》既富有丰富浓郁的民族特色，也融入了许多时尚元素，具有清新、灵动、鲜活的审美意境。

（三）全媒体传播和数字文化发展迅速

1. 融媒体中心建设稳步推进

中宣部着力促进媒体融合发展，各级各类媒体传播的内容方式发生重大转变，中央主要媒体完成创新转型，2585个县级融媒体中心建成运行，新闻舆论传播力、引导力、影响力、公信力大大提升。2023年2月，第三届全国县级融媒体中心能力建设年会在山东举行，发布了《全国县级融媒体中心能力建设研究报告（2022—2023）》，对县级融媒体中心建设发展的基本情况、亮点特色、面临的挑战进行了总结和梳理，并提出县级融媒体中心进一步建设发展的建议与对策。2023年3月30日，全国首家省级“全媒体中心”在黑龙江揭牌成立。

2. “全国一网”整合和广电5G建设一体化工作取得进展

2020年3月，国家广播电视总局召开电视电话会议，贯彻落实中宣部等九部委联合印发的《全国有线电视网络整合发展实施方案》，加快推动全国有线电视网络整合和广电5G建设一体化发展，就“全国一网”整合工作进行动员部署、提出工作要求。2022年7月，中国广电5G网络服务启航，地面数字电视700兆赫频率迁移全面推进，全国有线电视网络整合和广电5G建设一体化发展取得新的突破性进展。截至2022年9月30日，广电5G所需700兆频段的频率迁移设备安装任务全部完成①；截至2022年底，北京、天津、江苏、上海、宁夏、广东、广西等25个省、市、自治区完成地面数字电视700兆赫频率迁移设备安装任务，中国广电与中国移动共建共享完成48万个

① 国家广播电视总局广播电视规划院，《2022年中国广电视听十大科技关键词》。

700MHz 基站建设，192 号段用户超过 500 万户，支持 700MHz 频段的 5G 手机超过 500 款①。

3. 国家文化大数据体系建设不断加速②

一是 33 项国家文化大数据团体标准正式发布。2021 年 10 月，国家文化大数据体系建设的 11 项标准正式发布。此后，这一工作持续推进。截至 2023 年 11 月，已发布 33 项国家文化大数据团体标准③，有效整合现有技术和产业资源，明确了产业生态构成，规划了市场空间，规范了文化大数据技术和服务。二是标识基地和采集基地工作稳步推进。2023 年 3 月，国家文化大数据标识基地建设试点工作启动。截至 2023 年 11 月，中国数字文化集团有限公司、中央新闻纪录电影制片厂（集团）、国家图书馆出版社、长春出版传媒集团有限责任公司、中国广电宁夏网络有限公司、苏州文化数字化运营管理有限公司、雅昌文化（集团）有限公司、北京世纪超星信息技术发展有限责任公司、重庆永川大数据产业园开发管理有限公司、深圳国夏文化数字科技有限公司、成都九天星空科技有限公司等 11 家机构已成为国家文化大数据标识基地，行业分布于文化、艺术、电影、出版、广电网络、文化投资等细分行业④。三是已建成国家文化大数据体系 11 个省域中心和 6 个区域中心。截至 2023 年 11 月，江苏、广西、贵州、云南、河北、辽宁、甘肃、四川、宁夏、湖南、湖北 11 个省级广电网络公司已完成文化数据服务中心技术系统部署工作，能够承担国家文化大数据体系省域中心职能⑤。此外，由江苏广电网络承建的华东区域中心、河北广电网络承建的华北区域中心、贵州广电网络承建的西南区域中心、湖北广电网络承建的华中区域中心、广西广电网络承建的东盟区域中心以及云南广电网络承建的南亚区域中心，也已完成技术系统部署，具备区域中心的服务能力。

4. 出版融合发展工程实施三年、成效明显

出版融合发展工程于 2021 年正式启动，首先实施了数字出版精品遴选推荐计划和出版融合发展示范单位遴选推荐计划，随后每年均开展此项工作。2021 年，数字出版精品遴选推荐计划入选项目 20 个、提名项目 20 个，出版融合发展示范单位遴选推荐计划入选出版融合旗舰单位 8 家、出版融合特色单位 12 家。2022 年，11 个项目入选数字出版优质平台遴选推荐计划，50 人入选出版融合发展优秀人才遴选培养计划。2023 年 3 月，2023 年度出版融合发展工程启动实施，着重深入实施数字出版精品遴选推荐计划和出版融合发展示范单位遴选推荐计划，同时对其他已入选出版融合发展工程的精

---

① 国家广播电视总局广播电视规划院，《2022 年中国广电视听十大科技关键词》。

② 2023 年 11 月，中国公共关系协会文化大数据产业委员会发布的《关于国家文化数字化战略实施情况的报告》。

③ 同上。

④ 同上。

⑤ 同上。

品、平台、单位和人才，持续开展培育建设和应用推广。2023 年 9 月 18 日，国家新闻出版署正式发布 2023 年度出版融合发展工程着重实施的数字出版精品遴选推荐计划和出版融合发展示范单位遴选推荐计划入选名单。《习近平新时代中国特色社会主义思想学生读本》配套教学资源平台等 41 个项目入选数字出版精品遴选推荐计划，人民交通出版社股份有限公司等 30 家单位入选出版融合发展示范单位遴选推荐计划。入选的数字出版精品项目反映了近年来我国出版融合发展的新进展，入选的出版融合发展示范单位通过加大投入等取得了融合发展业务的积极成效，具有较强的代表性、示范性。

（四）文化遗产保护传承工作进展顺利

1. 国家考古遗址公园不断扩容，《纲要》中重点提及的 7 个国家考古遗址公园均有明显进展

2022 年 12 月，国家文物局公布第四批 19 个国家考古遗址公园和 32 个立项名单。截至 2023 年 4 月①，国家考古遗址公园已建成 55 个，立项 80 个。《纲要》中重点提及的 7 个国家考古遗址公园中，南昌汉代海昏侯国国家考古遗址公园、仰韶村国家考古遗址公园、石峁国家考古遗址公园等 3 个公园入选 19 个国家考古遗址公园，三星堆国家考古遗址公园颁布了遗址保护条例，良渚国家考古遗址公园在开展世界文化遗产监测工作的同时提升了公园整体监测水平，石峁考古发掘项目获评“全国十大考古新发现”，石峁、仰韶村、三星堆进入“考古中国”重大成果发布。截至 2023 年 9 月，陶寺遗址博物馆已完成主体建设，正在进行馆内展陈设计和布展等工作；陶寺国家考古遗址公园（一期）工程服务节点、观象台考古天文馆主体工程等设施已完成建设；先后投入 3 亿多元，建成全长 21.32 公里的旅游公路；力争 2025 年实现陶寺国家考古遗址公园挂牌②。2023 年 11 月，石峁国家考古遗址公园暨石峁博物馆正式开馆。截至 2023 年 12 月，曲阜鲁国故城国家考古遗址公园共实施东北角、东南角、北中段、北西段等城墙遗址及南东门遗址、宫城遗址、望父台墓葬区等 7 个区域 30 余个子工程，望父台考古发掘区大棚展陈项目已完成，公园建设初见雏形③。2023 年 12 月 15 日，南昌汉代海昏侯国遗址管理局召开新闻发布会，宣布汉代海昏侯国国家考古遗址公园海昏侯刘贺主墓完成考古发掘，“墎墩苑—海昏藏宝”全面开放。

2. 国家级文化保护单位加快建设

一是加快推进国家重点区域考古标本库房建设。2022 年，23 个省市落实“先考古、后出让”制度，组织 27 项国家重点区域考古标本库房建设。2023 年 12 月，国家文物局办公室、国家发展改革委办公厅下发《关于加强国家重点地区考古标本库房建设管理的通知》，明确到 2025 年，我国将建设 20 个国家重点地区考古标本库房，初步

① 2023 年 4 月 18 日，国家考古遗址公园现场工作会议。
② 中经网整理。
③ 同上。

完成相关基础设施建设和设备配置；到2035年，考古标本库房的体系更加完备，全国考古标本保存保管条件显著改善。二是国家级文化生态保护区建设进度完成53.3%。《纲要》规划建设30个国家级文化生态保护区。截至2023年8月①，文化和旅游部组织开展了国家级文化生态保护实验区建设成果验收工作，两批正式确定黔东南民族文化生态保护实验区等10个文化生态保护实验区通过验收，国家级文化生态保护区总数达到16个。三是在国家级非物质文化遗产馆建设方面实现零的突破。2022年2月5日，中国工艺美术馆（中国非物质文化遗产馆）正式开馆，该馆的建成填补了中国工艺美术和非物质文化遗产国家级博物馆的空白，是《纲要》中首个落成的国家级非物质文化遗产馆。

（五）中华典籍整理出版取得新进展

重点古籍系统性保护整理出版。全国古籍整理出版规划领导小组会同有关部门编制了《2021—2035年国家古籍工作规划》，提出加强古籍工作全局性谋划、战略性布局和整体性推进，重点实施《永乐大典》、敦煌文献系统性保护整理出版工程，中华版本传世工程（古籍部分）和国家古籍数字化工程。一是重大古籍出版工程取得新进展。《永乐大典》、敦煌文献系统性保护整理出版工程、中华民族音乐传承出版工程有序推进。2022年，点校本“二十四史”及《清史稿》修订工程新推出《周书》。重大文化工程《复兴文库》出版发行，全五编包含60多卷、300多册、1.1亿多字，已出版三编共计37卷、195册、6190万字，时间跨度百余年。习近平总书记亲自为《复兴文库》作序，发出“坚定历史自信、把握时代大势、走好中国道路”的时代强音。新编中国通史纂修工程、中华民族交往交流交融史编纂工程正式启动。二是古籍数字化实现新突破。截至2023年2月，国家图书馆出版社累计仿真影印出版海内外《永乐大典》295册，约占现存总量的71%。2023年2月，《永乐大典》高清影像数据库及《国家珍贵古籍名录》知识库在国家图书馆正式发布。《永乐大典》高清影像数据库为第一辑，收录了国家图书馆藏《永乐大典》40册、75卷，共涉及14个韵部、17个韵字、1800部书②。2023年4月，敦煌“数字藏经洞”上线，综合运用高清数字照扫、游戏引擎的物理渲染和全局动态光照等尖端科技，在数字世界生动再现藏经洞及百年前室藏6万余卷珍贵文物的历史场景，未来还计划推出多语言版本，以推动中华文化更好地走向世界。

（六）重大文化设施建设有序推进

5个重大文化设施已有明显进展。《纲要》提及的7个重大文化设施建设进展情况如下：一是三大场馆或竣工或开馆。2021年6月18日，中国共产党历史展览馆开馆。

---

① 2023年8月28日，文化和旅游部举办的媒体通气会。

② 《长江日报》，《〈永乐大典〉是怎样上“热搜”的》，https：//www.sohu.com/a/640498740_162758。

2022年7月23日，中国国家版本馆举行落成典礼，随后对公众开放；2023年2月，中国第二历史档案馆新馆项目正式竣工。二是故宫北院和国家文化遗产科技创新中心正在加紧建设中。2022年12月，故宫博物院北院正式破土动工。到2025年，故宫博物院建院100周年时，北院区将全面建成。未来，建筑面积超过10万平方米的北院区将与故宫博物院本院形成优势互补，延伸和强化故宫博物院的文化传承和传播职能。国家文化遗产科技创新中心落户北京怀柔，正在加紧建设中。

（七）旅游目的地建设迈出新步伐

1. 两大知名旅游目的地建设亮点突出

一是海南国际旅游消费中心建设成效显现。近年来，海南持续升级、打磨多元化、特色化、国际化的旅游品牌，结合新需求、新样态、新赛道重塑产业，成效显著。2023年12月底[①]，海南已初步构建起交通旅游的海陆空发展格局，邮轮游艇游船、低空旅游和房车自驾车营地等新业态不断涌现。“香港—三亚—香港”邮轮旅游国际航线入选第三届“一带一路”国际合作高峰论坛务实合作项目清单，“名胜世界壹号”邮轮共执行该航线16个艘次，累计接待来自28个国家和地区的游客3.15万人次。海南省拥有13个游艇码头、2300余个游艇泊位、1400余艘游艇以及游艇配套服务。海口新海港客运综合枢纽站可直达全球最大单体免税店中免海口国际免税城。全长988公里环岛旅游公路已开通，环热带雨林国家公园旅游公路正在建设中，计划于2025年6月建成通车。二是桂林国际旅游胜地建设驶入快车道。桂林国际旅游胜地加快从传统分散的旅游景点向全域旅游升级、从观光点游览地向休闲度假区升级、从旅游城市向国际旅游胜地升级。2023年9月，《桂林世界级旅游城市建设发展规划》正式获国务院批复。广西按照“世界眼光、国际标准、中国风范、广西特色、桂林经典”总体思路和建设“一城一都一地一中心”主要目标，出台了31条专门支持政策措施。桂林组建了领导小组统筹下的“一办十组”专班专抓工作机制，成立桂林市打造世界级旅游城市工作推进中心。统筹实施总投资2700亿元的63个标志性引领性项目、总投资2200亿元的135个重大项目和43项重大事项，一批标志性成果加快形成。

2. 两大旅游目的地建设加快推进

一是长江国际黄金旅游带建设多点发力。2021年12月，国家文化公园建设工作领导小组印发《长江国家文化公园工作安排》，正式启动长江国家文化公园建设。湖北审议通过《长江国家文化公园湖北段建设推进方案》，并谋划长江国家博物馆建设。重庆在前期工作基础上，下一步将加快编制一批长江国家文化公园重点项目；推进长江流域文物资源调查；打造重庆三峡库区博物馆群，使之成为长江国家文化公园的重要展示窗口。四川颁布实施《四川省长江经济带发展实施规划》，积极推动长江国际黄金旅

① 2023年12月28日，2023（首届）交旅融合发展大会。

游带四川段建设。依托长江流域特色自然资源和人文资源，四川统筹培育一批高品质高水准文旅精品项目。2022 年长江流域在建文旅重点项目 411 个，年度计划投资 859. 23 亿元。二是巴蜀文化旅游走廊建设热潮涌动。2022 年 6 月，《巴蜀文化旅游走廊建设规划》发布，提出深化成渝地区区域协同发展，构建“双核、三带、七区、多线”的巴蜀文化旅游走廊。截至 2023 年 12 月底①，两地分工推进“川渝石窟寺国家遗址公园”规划建设，搭建川渝石窟保护研究中心等技术攻关平台，实施完成 17 项川渝石窟寺保护科研示范项目。两地申报共建川渝国家文化旅游创新改革试验区，指导编制《资阳大足文旅融合发展示范区建设规划》。成立跨区域 6 大文旅联盟，实施石刻文创园区、巴蜀非遗文化产业园等重大产业项目，协同打造嘉陵江旅游风景道。持续推进长征、长江、红军文化公园（川渝段）建设，发布“川陕苏区”首批革命文物主题游线路。共塑“川渝一家亲景区惠民游”等省级品牌活动，整合“百万职工游巴蜀”年票平台，发行年票覆盖 30 万职工，带动出游近 100 万人次，累计拉动消费超 10 亿元。

3. 三大旅游目的地政策支持体系加速完善

一是广东加大粤港澳大湾区世界级旅游目的地政策支持力度。2022 年 2 月，广东召开扎实推进文化强省建设大会，专门出台推进粤港澳大湾区世界级旅游目的地建设的文件；2022 年 5 月，广东省第十三次党代会报告明确提出深入推进大湾区文化圈和世界级旅游目的地建设。随后广东文旅厅制定推进大湾区世界级旅游目的地建设的 87 条措施。国家颁布《广州南沙深化面向世界的粤港澳全面合作总体方案》，为南沙文化旅游发展指明新方向、注入新动力。2023 年 12 月，在“一国两制”框架下，粤港澳三地首次合作建设的超大型跨海交通工程——港珠澳大桥正式运营，有力助推粤港澳大湾区世界级旅游目的地建设。二是央地密集发布黄河文化旅游带相关支持性文件。2022 年 6 月，文化和旅游部、国家文物局、国家发展改革委联合印发《黄河文化保护传承弘扬规划》，提出深入挖掘黄河文化时代价值，推进黄河文化遗产系统保护，创新黄河文化传承利用，打造具有国际影响力的黄河文化旅游带，讲好新时代黄河故事。地方层面，山东、山西、甘肃、四川也分别出台黄河文化保护传承弘扬规划的落地文件。2022 年 10 月，十三届全国人大常委会三十七次会议表决通过《中华人民共和国黄河保护法》，提出加强黄河文化保护传承弘扬，建设黄河文化旅游带，自 2023 年 4 月 1 日起施行。三是杭黄自然生态和文化旅游廊道指导文件先后落地。2021 年，杭黄两市联合印发《杭黄毗邻区块（淳安、歙县）生态文化旅游合作先行区建设方案》，明确了“两镇做强、湖城支撑、串珠成链”的山水大画廊格局。2022 年 5 月，国家发展改革委、文旅部联合印发《杭黄世界级自然生态和文化旅游廊道建设方案》，提出五大

① 文化和旅游部，《巴蜀文化旅游走廊建设不断走深走实》，https：//www. mct. gov. cn/preview/whzx/qgwhxxlb/sc/202312/t20231222_950456. htm。

重点任务、三大保障措施。安徽省印发《安徽省实施杭黄世界级自然生态和文化旅游廊道建设行动计划（2022—2025 年）》，聚焦绿水青山、保护传承、品质提升、互联互通、民生保障五大行动，明确 20 大项 74 小项具体任务。此后，杭黄两市共同推出世界遗产游，积极融入“山盟海誓”“万里茶道”等国际精品路线，推动新安江—千岛湖皖浙省际航线入选交通部国内水路旅游客运精品航线试点。

四、新时代新征程提升国家文化软实力面临的新形势

提升国家文化软实力，关系中华民族伟大复兴中国梦的实现、人类命运共同体的构建。当今世界正经历百年未有之大变局，新一轮科技革命和产业变革深入发展，国际力量对比深刻调整，世界进入动荡变革期。“十四五”时期，我国进入战略机遇和风险挑战并存、不确定难预料因素增多的时期。在上述背景下，习近平总书记强调，要贯彻总体国家安全观，健全国家安全体系，增强维护国家安全能力，提高公共安全治理水平，完善社会治理体系，以新安全格局保障新发展格局。其中，意识形态安全和文化安全是国家安全的重要组成部分，更是事关我国文化软实力的关键领域。当前，我国提升国家文化软实力面临新形势：全球文化竞争日趋激烈，维护意识形态安全和文化安全面临新的挑战；新时代群众对公共文化服务提出更高要求，现代公共文化服务体系仍需完善；文化产业发展的新理念新趋势新挑战——显现，更好地满足人民精神文化生活新期待是关键。

（一）全球文化竞争日趋激烈，我国维护意识形态安全和文化安全面临新的挑战

1. 文化竞争成国际竞争重要一环，我国理应成为全球文化与价值竞争中有分量的参与者

近年来，国际竞争已经从“武力竞争”转为“经济竞争”“文化竞争”，从某种意义上说，各国胜负将决定于文化领域。特别是百年变局与世纪疫情叠加，对社会治理、生产组织、利益分配、政治格局、创新方向乃至思想理论都产生了极为深远的影响。20 世纪末开始，美国的文化产业已超过航空、重工业成为其最大的出口产业，这是西方国家有意识推动文化外拓的典型案例。作为“世界工厂”，我国能让全世界享用中国制造的物质成果，但长期以来，我国有影响力的文化产品数量还不能匹配世界第二大经济体的地位。在这样一个被称作“文化热战”的时代，价值观、文化等软实力的展现，与经济发展硬实力的提升居于同等重要的地位。当前，我国在全球文化竞争中作用并不显著，理应成为全球文化与价值竞争中有分量的参与者。

2. 我国意识形态领域面临诸多挑战，筑牢主流意识形态安全屏障的任务艰巨繁重

国际国内形势的深刻变化使我国意识形态领域面临着空前复杂的情况，主要表现在：一是发展不平衡不充分与人们多元价值诉求之间存在突出矛盾。随着社会日益发

展、经济体制变革逐渐深化，原有社会关系、利益格局产生调整、变化，不同社会群体、不同收入阶层、不同发展区域的人民群众，更加注重关心和维护自己所属社会群体的利益和感受。利益主体多元化、矛盾成因多元化、利益诉求多元化和价值评判多元化，将在一定程度上对我国主流意识形态产生冲击。二是意识形态斗争日趋激烈。随着我国的崛起和走近世界舞台的中央，负责任大国形象不断彰显。但是一些西方国家将中国的崛起视为威胁。一些西方国家已悄然把原来军事领域的“认知域作战”应用于意识形态领域，开展对人心理和精神上的争夺。2022 年，美国国防部成立影响力与认知管理办公室。公开资料显示，该机构会通过数字化分析结果影响别国战略决策。三是网络已是当前意识形态斗争的最前沿。一些西方国家以公共外交为掩护，利用国内的互联网平台宣传本国的政策主张和意识形态，以争取我国舆论的理解、认同和支持，手段极其隐蔽。

3. 文化交流交融交锋无处不在，互联网带来全新挑战

当前，国内外形势正在发生深刻复杂变化，文化和思想领域的交流交融交锋无处不在，特别是互联网的快速迭代和普遍应用加大了文化治理的难度，同时也为维护国家文化安全带来了全新挑战。一是文化安全的国际国内环境较为严峻。从国际看，世界各国不同文化之间相互交流、渗透、融合及冲突，以美国为首的西方发达国家凭借其经济优势和高新技术对我国实施大规模的文化渗透和扩张。从国内看，我国经济社会正处于转型时期，民族传统文化和主流意识形态特别是在民族语言、传统节日、历史文化遗产等方面遭受严重冲击，中华优秀传统文化的发展与繁荣受到威胁。二是网络空间文化安全问题不容忽视。截至 2023 年 6 月①，我国整体网民规模达 10.79 亿人，较 2022 年 12 月增长 1109 万人，互联网普及率达 76.4%。值得注意的是，我国未成年网民规模不断扩大，2022 年未成年网民规模已突破 1.93 亿人②。2018—2022 年，未成年人互联网普及率从 93.7%增长到 97.2%，基本达到饱和状态。网络空间的文化安全问题隐蔽但非常突出。2023 年初以来，ChatGPT 成为史上用户增长速度最快的消费应用，我国用户纷纷“翻墙”尝鲜，由此带来的文化安全问题值得关注。尤其是青少年作为网络文化的参与者、推动者，在吸收网络正能量的同时，也受到各种各样负能量的干扰，网络正越来越深入影响着青少年的文化认同，影响着国家文化安全。三是文化“出海”难度或将增大。此前我国文化产业凭借微信、抖音等网站或软件积极走向世界，形成了“文化出海，技术护航”的积极效应。但在以美国为首的西方国家意识形态“铁幕”下，互联网的壁垒化日趋森严。其中，抖音海外版——TikTok 被迫出让美国市场份额，美国国会或将禁止该软件。美国蒙大拿州众议院 2023 年 4 月通过一项

① 2023 年 8 月，中国互联网络信息中心（CNNIC）发布的第 52 次《中国互联网络发展状况统计报告》。

② 2023 年 12 月 23 日，团中央维护青少年权益部联合中国互联网络信息中心、中国青少年新媒体协会发布的《第 5 次全国未成年人互联网使用情况调查报告》。

关于全面禁用短视频软件 TikTok 的法案，自 2024 年 1 月 1 日起生效。预计未来我国文化“出海”难度或将增大。

（二）新时代群众对公共文化服务提出更高要求，现代公共文化服务体系仍需完善

1. 新时代下人民群众的公共文化需求更大、要求更高

构建现代公共文化服务体系是保障人民基本文化权益、促进人民精神生活共同富裕的重要制度设计。进入新时代，人民群众对文化特别是对公共文化需求发生重大变化。一是人民群众的公共文化需求日益增长。随着我国经济的不断增长、综合国力的持续增强，人民群众对公共文化产品的需求持续增长，公共文化产品已成为日常生活的重要精神食粮。二是人民群众对数字文化消费的需求更强。近年来，数字技术的创新应用，不断丰富公共文化资源的转化路径和呈现形式。与此同时，人民群众对数字文化消费的需要也更加多样，对推进公共数字文化建设提出了新的更高要求。如何整合文化旅游、广播电视、新闻出版等领域的文化成果，拓展优质数字文化资源的供给渠道，发展公共数字文化消费新场景，成为未来亟待破解的命题。

2. 我国现代公共文化服务体系仍面临短板和不足

一是公共文化服务仍存在低质发展问题。公共文化服务“缺不缺、够不够”问题总体上得到解决，“优质化、均等化”问题凸显。主要表现在中低端和无效供给过剩、高端和有效供给不足。二是城乡公共文化服务体系一体化建设水平仍有待提高，群众获得感不强。部分地区、部分领域公共文化服务水平尚未达到基本公共文化服务标准，老年人、未成年人、残疾人、流动人口等群体公共文化服务需求未能得到有效满足。三是公共文化服务数字化建设仍需加码。公共数字文化服务覆盖面较小，城乡数字文化鸿沟仍存在，农村地区数字基础设施建设不足，难以为公共文化服务数字化建设提供有力支撑；中西部部分地区数字文化内容资源建设、公共文化服务网络平台建设相对落后，智慧公共文化服务应用有待拓展。

（三）文化产业发展的新理念新趋势新挑战一一显现，更好地满足人民精神文化生活新期待是关键

1. 新时代背景下推动文化产业高质量发展势在必行

近年来，我国文化产业步入快速发展的黄金时期，在国家政策和科技手段的加持之下，文化产业总量稳步提升、产业结构持续优化、市场主体不断扩大、文化产品及文化服务更加丰富，文化产业已然成为我国经济发展的新引擎，对于促进经济转型升级、满足人民精神文化需求、提振文化自信、实现中华民族伟大复兴均具有极为重要的作用。习近平总书记在党的二十大报告中强调“繁荣发展文化事业和文化产业”“增强中华文明传播力影响力”“建设社会主义文化强国”，为中国文化产业高质量发展指

明了方向。报告还明确指出，新时代新征程中国共产党的使命任务是“以中国式现代化全面推进中华民族伟大复兴”“高质量发展是全面建设社会主义现代化国家的首要任务”，这为我国文化产业的发展提供了价值遵循。在新时代背景下，必须加快落实党的二十大报告重要举措，发挥文化产业对我国社会经济发展的重要价值。

2. 新时代催生新理念，创新、协调、绿色、开放、共享五大理念将引领文化产业高质量发展

“创新”指的是文化产业应构建依靠技术、创意以及知识等新要素的发展模式。党的二十大报告提出要“培育创新文化，弘扬科学家精神”“加快实施创新驱动发展战略”。文化产业高质量发展的关键在于提升文化产品的生产力、保持文化创作的原创性，从而激活文化发展活力。“协调”是文化产业实现有序发展的必要条件，强调在发展文化产业过程中要注重区域、城乡统筹，构建文化产业各要素协调发展、共同繁荣的格局。党的二十大报告提出，要实现“物质文明和精神文明相协调”“夯实人民幸福生活的物质条件”“大力发展社会主义先进文化”“传承中华文明”。“绿色”是文化产业高质量发展的标配。文化产业本身就是绿色产业，文化产业高质量发展本身即是对“绿色”理念的深入贯彻。“开放”是文化产业高质量发展的路径。发展文化产业要具有全球化视野与世界眼光，应不断加强对外合作交流，持续推动文化输出，在文化产业领域以更为开放的姿态主动融入全球产业链、供给链和资本链。“共享”是文化产业高质量发展的价值归宿，通过对文化产业资源的充分整合，达到产业生态、文化产品、文化服务为社会大众所共享的目的。文化是人民群众共同的精神财富，因此文化产业高质量发展也应遵循共享原则，着眼于满足人民群众的精神文化期待，通过培育新型文化业态、壮大市场主体、推进文化产业转型、实现产业融合等一系列举措，达到“共享”的目的，促使人民群众共享文化发展成果。

3. 文化产业数字化融合化多元化发展趋势日益明显，新业态监管“盲区”尚待弥补

数字化发展方面，当前5G、云计算、大数据、区块链、物联网、虚拟现实、人工智能等新兴数字科技正高速发展，推动文化产业新业态新模式层出不穷。比如，利用云计算等技术手段打造云旅游、云展览、云游戏以及云演艺等数字应用场景等。融合化发展方面，文化产业正加速突破产业边界，与工业、农业、服务业等产业发生业务关联，从而实现彼此的有效融合，进而打造出新业态。比如，文化产业与工业融合能够为日常生活消费用品赋予文化创意性和新的品牌价值，催生出工业遗产和工业旅游等崭新业态。多元化发展方面，以剧本杀、密室逃脱、电子竞技为代表的沉浸式文旅新业态正快速聚拢人气。上述新业态在促进文化产业蓬勃发展的同时，也因为新业态载体和活动形式的丰富多元给监管带来了更大挑战，内容违规、盗版侵权、消费纠纷、安防隐患等问题依然存在，一些隐匿在居民楼、商务楼中的经营场所利用场所性质不明“钻空子”，文旅新业态的监管盲区成为社会共同关注的问题。

4. 群众对精神文化产品的需求日益高涨，高质量的文化供给体系有待建成

内容供给是文化产业可持续发展的灵魂，文化产业必须提供高质量的文化供给，以真正满足广大人民群众对精神文化的新追求、对品质生活的新需求，这是实现文化产业高质量发展的必要保证。多年来，我国文化产品供给主要集中在书籍、电影、电视、歌曲等领域，其他精神文化类产品开发不足，难以满足人民群众日益增长和多元化的文化需求。其中，数字娱乐、线上演播、元宇宙沉浸式体验等数字文化产品初现峥嵘，但体量较小、质量不高。文创领域以经典传统文化符号、影视场景、插画人物等为原型的 IP 迅速发展，掀起了“国潮热”，对于宣传优秀传统文化、提振文化自信起到重要作用，但在文化产品供给中仍属于小众领域。总体来看，我国文化供给体系仍有诸多不足，未来仍需进一步完善。

五、“十四五”期间提升国家文化软实力的政策建议

文化兴国运兴，文化强民族强。《纲要》指出，坚定文化自信，坚持以社会主义核心价值观引领文化建设，围绕举旗帜、聚民心、育新人、兴文化、展形象的使命任务，促进满足人民文化需求和增强人民精神力量相统一，推进社会主义文化强国建设。根据新的发展形势要求，进入“十四五”后半期，一是加强思想宣传和社会主义先进文化建设，维护意识形态安全和文化安全；二是加强社会主义精神文明建设，提高全社会文明程度；三是健全现代文化产业体系和市场体系，更好地满足人民精神文化生活新期待；四是健全现代公共文化服务体系，进一步改善人民生活品质；五是加强文化遗产系统性保护利用，推动中华优秀传统文化创造性转化、创新性发展；六是全面深化文化领域体制机制改革，进一步解放和发展文化生产力；七是加强人文交流、文明互鉴，增强中华文明传播力影响力，确保“十四五”各项目标和任务如期实现。

（一）加强思想宣传和社会主义先进文化建设，维护意识形态安全和文化安全

党的二十大报告指出，意识形态工作是为国家立心、为民族立魂的工作。必须坚定不移贯彻总体国家安全观，坚定维护意识形态安全。严厉打击敌对势力渗透、破坏、颠覆、分裂活动。文化安全关乎国家稳定、民族团结、精神传承，是国家总体安全的重要组成部分。维护国家文化安全是文化建设中不可忽略的一环，也是捍卫国家利益的必要举措。当前，我国意识形态和文化安全领域面临一系列新挑战。下一步，一是加强思想舆论引导，加快建设具有强大凝聚力和引领力的社会主义意识形态。巩固壮大奋进新时代的主流思想舆论，加强全媒体传播体系建设，塑造主流舆论新格局。要把维护网络意识形态安全作为守土尽责的重要使命，掌控网络意识形态主导权，坚持管用防并举，加强和改进网上正面宣传，坚决打赢网络意识形态斗争。二是广泛践行社会主义核心价值观，凝聚人心、汇聚民力。深入开展社会主义核心价值观宣传教育，深化爱国主义、集体主义、社会主义教育，着力培养担当民族复兴大任的时代新人。

推动理想信念教育常态化制度化，持续抓好党史、新中国史、改革开放史、社会主义发展史宣传教育，引导人民知史爱党、知史爱国，不断坚定中国特色社会主义共同理想。用社会主义核心价值观铸魂育人，完善思想政治工作体系，推进大中小学思想政治教育一体化建设。坚持依法治国和以德治国相结合，把社会主义核心价值观融入法治建设、融入社会发展、融入日常生活。三是发展社会主义先进文化，巩固共同思想基础和文化共识。在文化发展的全过程坚持底线思维、系统思维，增强全民国家文化安全意识。紧紧围绕举旗帜、聚民心、育新人、兴文化、展形象的使命任务，把社会主义核心价值观教育融入文化和旅游工作全过程，体现在文化产品创作、生产、传播的各个环节，实施好社会文明促进和提升工程，努力在全社会形成共同的价值追求。发展社会主义先进文化，弘扬革命文化，传承并推动中华优秀传统文化创造性转化、创新性发展，满足人民日益增长的精神文化需求，巩固全党全国各族人民团结奋斗的共同思想基础和文化共识。

（二）加强社会主义精神文明建设，提高全社会文明程度

文明是现代化国家的显著标志。习近平总书记指出，要把提高社会文明程度作为建设社会主义文化强国的重大任务，坚持重在建设、以立为本，坚持久久为功、持之以恒，努力推动形成适应新时代要求的思想观念、精神面貌、文明风尚、行为规范。下一步，一是推动群众性精神文明创建活动深入实施。深化文明城市、文明村镇、文明单位、文明家庭、文明校园创建工作。推进城乡精神文明建设融合发展，在全社会弘扬劳动精神、奋斗精神、奉献精神、创造精神、勤俭节约精神，培育时代新风新貌。二是深入推进公民道德建设、志愿服务建设、诚信社会建设、网络文明建设。实施公民道德建设工程，弘扬中华传统美德，加强家庭家教家风建设，加强和改进未成年人思想道德建设，推动明大德、守公德、严私德，提高人民道德水准和文明素养。完善志愿服务制度和工作体系。弘扬诚信文化，健全诚信建设长效机制。深入推进网络文明建设，营造综合治理新生态，培育网络文化新风尚。三是以道德模范引领示范全社会树立新风尚。发挥党和国家功勋荣誉表彰的精神引领、典型示范作用，讲好劳模故事、讲好劳动故事、讲好工匠故事，弘扬劳动最光荣、劳动最崇高、劳动最伟大、劳动最美丽的社会风尚。

（三）健全现代文化产业体系和市场体系，更好地满足人民精神文化生活新期待

现代文化产业体系和文化市场体系是社会主义市场经济重要组成部分，在促进国民经济发展、满足人民文化需求等方面发挥着重要作用。习近平总书记强调，要推动文化产业高质量发展，健全现代文化产业体系和市场体系，推动各类文化市场主体发展壮大，培育新型文化业态和文化消费模式，以高质量文化供给增强人们的文化获得感、幸福感。下一步，一是提升产业发展整体实力和竞争力。以创新为核心驱动力，以重大文化产业项目为抓手，优化产业结构布局，扩大城乡居民文化消费，提升产业发展整体实力和竞争力。二是积极推进文化产业数字化转型。顺应数字产业化和产业数字化发展趋势，推动5G、大数据、人工智能、虚拟现实、增强现实、超高清等技术在文化创作、生产、传播、消费等各环节应用。改造提升演艺、娱乐、工艺美术等传统业态，培育线上演播、数字艺术、沉浸式体验等新业态新模式。三是加快打造文化产业发展载体和标杆地区。加快培育一批品牌文化产业园区，提升国家级文化产业园区建设水平。推进国家文化和旅游消费试点城市、示范城市及国家级夜间文旅消费集聚区建设。四是健全市场管理和治理体系。建立健全科学有效的文化和旅游市场服务质量评价体系。完善以信用为基础的新型市场监管机制，推动形成统一开放、竞争有序的市场体系。五是促进文化和旅游深度融合发展。加快推进文化和旅游行业恢复发展，及时更新支持文化和旅游发展政策。坚持以旅彰文，用旅游带动文化传播、推动文化繁荣，发挥旅游覆盖面广、游客参与度高等优势，推动中华优秀传统文化“活起来”、革命文化和红色基因传下去、社会主义先进文化弘扬开。要找准契合处、联结点，通过“化学反应”，形成兼具文化和旅游特色的新产品、新服务、新业态，建设一批富有文化底蕴的世界级旅游景区和度假区，打造一批文化特色鲜明的国家级旅游休闲城市和街区，为文化和旅游发展提供新引擎。

（四）健全现代公共文化服务体系，进一步改善人民生活品质

习近平总书记多次强调加快构建现代公共文化服务体系，促进基本公共文化服务标准化均等化。下一步，一是统筹推进城乡公共文化服务体系一体建设。坚持政府主导、社会参与、重心下移、共建共享，统筹基础设施建设和服务效能提升，努力为人民群众提供更高质量、更有效率、更加公平、更可持续的公共文化服务。二是持续推动公共文化服务标准化、均等化。大力推进基本公共文化服务标准化均等化，建立健全城乡公共文化服务标准体系，优化基层公共文化设施布局，推进区域协调发展。三是进一步提升公共服务供给质量。把提升质量作为重中之重，建设高水平图书馆，明确新时代文化馆新定位，建好用好基层公共文化空间，精准开展分众式公共文化服务。四是创新实施文化惠民工程。丰富群众性文化活动，办好群众歌咏、广场舞、“村晚”等活动，打造更多文化惠民品牌。五是提升公共文化服务数字化水平。丰富数字文化资源，拓展智慧公共文化服务应用，建设全国智慧图书馆体系和公共文化云，扩大公共数字文化覆盖面，推动优质文化产品和服务下乡入户。

（五）加强文化遗产系统性保护利用，推动中华优秀传统文化创造性转化、创新性发展

习近平总书记高度重视文化遗产保护工作，就我国考古最新发现及其意义、深化中华文明探源工程等主题主持中央政治局集体学习，就文物工作、革命文物工作、非物质文化遗产保护工作作出重要指示。下一步，一是加大文物和文化遗产保护力度。

坚持保护第一、加强管理、挖掘价值、有效利用、让文物活起来的新时代文物工作方针，全面提升文物保护利用水平。做好考古挖掘、整理、研究、阐释等工作，深入实施中华文明探源工程、“考古中国”重大项目，建设中国特色、中国风格、中国气派的考古学。强化系统保护、整体保护，实施好石窟寺保护利用等重大工程项目，加强革命文物保护，做好低级别不可移动文物保护管理，筑牢文物安全底线。二是完善古籍工作体系，提升古籍工作质量。以重大工程为引领，加强古籍工作全局性谋划、战略性布局和整体性推进。加快实施《永乐大典》、敦煌文献系统性保护整理出版工程，中华版本传世工程（古籍部分）和国家古籍数字化工程。加快推进散佚海外的重要古籍的回归和再造工作。三是创新开展非物质文化遗产保护传承工作。以贯彻落实非物质文化遗产法为主线，以代表性项目和代表性传承人为抓手，坚持保护为先、合理利用相结合，聚焦保护、传承、发展、传播，完善保护制度体系，加强传承实践能力建设，推动非物质文化遗产保护传承工作呈现新气象。

（六）全面深化文化领域体制机制改革，进一步解放和发展文化生产力

深化文化体制机制改革，是解放和发展文化生产力、推进文化领域治理体系和治理能力现代化的重要途径。习近平总书记多次强调，要坚定不移将文化体制改革引向深入，不断激发文化创新创造活力。下一步，一是聚焦堵点和重点，持续深化体制机制改革。深入贯彻落实党中央关于全面深化改革部署要求，聚焦文化领域高质量发展的体制机制障碍、难点堵点问题，全面推进改革、持续深化改革。围绕建设社会主义文化强国等重大任务，明确文化领域全面深化改革的主攻方向、战略重点、任务举措。持续深化“放管服”改革，加强政策调节、市场监管、社会管理、公共服务职能，优化营商环境。二是深化国有文艺院团和企业改革。持续深化国有文艺院团改革，加快构建以创作为核心任务、以演出为中心环节的体制机制和政策体系，充分激发院团活力。推动国有文化企业深化改革、加快发展，进一步加强党的领导，完善公司治理。三是加快完善文化经济政策。推进文化领域供给侧结构性改革，完善以高质量发展为导向的文化经济政策，加强文化法治建设，为文化改革发展提供坚强保障。

（七）加强人文交流、文明互鉴，增强中华文明传播力影响力

以习近平同志为核心的党中央高度重视人文交流、文明互鉴，习近平总书记亲自推动、亲自部署相关工作。下一步，一是展示中华文明的精神标识和文化精髓。坚定走相互尊重、和衷共济、和合共生的人类文明发展正确道路，大力弘扬平等、互鉴、对话、包容的文明观。坚守中华文化立场，提炼展示中华文明的精神标识和文化精髓，加快构建中国话语和中国叙事体系，讲好中国故事、传播好中国声音，展现可信、可爱、可敬的中国形象。二是加强国际传播能力建设，形成同我国综合国力和国际地位相匹配的国际话语权。用好国际化传播平台，抓住先进信息技术发展带来的新机遇，加快布局新型传播平台，积极运用5G等信息技术开展新闻传播实践，持续提升媒体内容传播效率，形成多渠道、精准化的国际传播。加快移动端传播平台建设，创新短视频、微视频、云直播、语音播报等多元信息发布形式，吸引更多国际人士自觉开展讲述“我眼中的中国”相关内容，更好地向世界展示博大精深的中华文化。三是深化文明交流互鉴，推动中华文化更好地走向世界。统筹文化交流与产业合作，形成相互促进、双轮驱动工作格局。建好用好海外中国文化中心、驻外旅游办事处。办好中外文化和旅游年（节）、“欢乐春节”、“美丽中国”等品牌活动，向世界展现可信、可爱、可敬的中国形象。深耕厚植对港澳台文化交流合作，持续打造“艺海流金”“情系”等活动品牌，增强港澳台同胞对中华文化的认同感和自豪感。

第十一章　推动绿色发展，促进人与自然和谐共生

2023 年 4 月 4 日，习近平总书记在参加首都义务植树活动时强调，当前和今后一个时期，绿色发展是我国发展的重大战略。《纲要》明确，到 2025 年国土空间开发保护格局得到优化，生产生活方式绿色转型成效显著，能源资源配置更加合理、利用效率大幅提高，提出了提升生态系统质量和稳定性、持续改善环境质量、加快发展方式绿色转型三项重大举措，并推动实施重要生态系统保护和修复工程、环境保护和资源节约工程两项重大工程。

两年多来，我国绿色发展取得积极成效：从重大目标看，地表水达到或好于Ⅲ类水体比例提前实现预期目标，森林覆盖率指标好于《纲要》预期进展，但单位 GDP 能源消耗降低、单位 GDP 二氧化碳排放降低、地级及以上城市空气质量优良天数比率等约束性指标慢于《纲要》预期进展；随着碧水、净土保卫战的持续深入及国土绿化行动的持续开展，《纲要》中围绕绿色发展的森林覆盖率指标有望如期实现预期目标；随着有计划分步骤实施碳达峰行动，以及降碳、减污、扩绿、增长的协同推进，单位 GDP 能源消耗降低、单位 GDP 二氧化碳排放降低有望如期实现预期目标；随着蓝天保卫战的持续深入，一级主要污染物重点减排工程的加快实施，治污科学性精准性的提高，地级及以上城市空气质量优良天数比率有望如期实现预期目标。从重大举措看，生态系统质量和稳定性持续提升，生态环境质量持续改善，绿色转型发展迈出新步伐。从重大工程看，加大生态系统保护修复力度，有效扩大生态环境容量。在此过程中，也发现了一些突出短板，如我国生态环境持续改善的难度明显加大，生态保护压力依然较大，绿色低碳发展道路依然漫长且艰巨。

展望“十四五”后半期，我国生态环境保护工作中的基础性、结构性问题依然突出，生态环境保护工作将面临更大压力，部分领域存在较大风险。根据新的发展形势要求，着眼于推动更好地实施《纲要》，下一步建议做好以下工作：一是坚持降碳、减污、扩绿、增长协同推进，助力生态环境多目标治理；二是提升生态系统多样性、稳定性、持续性；三是加快构建现代环境治理体系，为实现经济社会发展与人口、资源、环境相协调提供坚强保障和坚实基础；四是统筹推进产业结构、能源结构、交通运输结构调整优化，加快发展方式绿色转型，切实增强高质量发展的绿色底色；五是加快补齐环境基础设施建设短板，全面提升环境基础设施水平；六是以更高标准打好蓝天、碧水、净土保卫战。

一、重大目标：生态环境质量持续改善，地表水达到或好于Ⅲ类水体比例指标提前实现

围绕绿色发展，《纲要》提出下列目标：到2025年，单位国内生产总值能源消耗和二氧化碳排放分别降低13.5%、18%，地级及以上城市空气质量优良天数比率由87%提高到87.5%，地表水达到或好于Ⅲ类水体比例由83.4%提高到85%，森林覆盖率由23.2%提高到24.1%。从实施情况看，相比“十四五”预期目标，地表水达到或好于Ⅲ类水体比例提前实现预期目标，森林覆盖率指标好于《纲要》预期进展，但单位GDP能源消耗降低、单位GDP二氧化碳排放降低、地级及以上城市空气质量优良天数比率等约束性指标慢于《纲要》预期进展。随着蓝天、碧水、净土保卫战的持续深入及国土绿化行动的持续开展，《纲要》中围绕绿色发展的森林覆盖率指标有望如期实现预期目标；随着有计划分步骤实施碳达峰行动，协同推进降碳、减污、扩绿、增长，进一步完善能耗及碳排放强度管控政策，坚决遏制高耗能、高排放、低水平项目盲目上马，严格合理控制煤炭消费总量，大力推动重点领域节能降碳改造，加快实施主要污染物重点减排工程，提高治污科学性精准性，单位GDP能源消耗降低、单位GDP二氧化碳排放降低、地级及以上城市空气质量优良天数比率有望如期实现预期目标。

1. 节能降耗减排工作稳步推进，但对比量化目标仍有不小差距

《中华人民共和国2022年国民经济和社会发展统计公报》指出，2022年，全国万元国内生产总值能耗比上年下降0.1%，全国万元国内生产总值二氧化碳排放下降0.8%；2021年，全国万元国内生产总值能耗比上年下降2.7%，全国万元国内生产总值二氧化碳排放下降3.8%。总体看，单位GDP能源消耗降低、单位GDP二氧化碳排放降低慢于《纲要》预期进展。其中，2022年两项指标降速放缓主因有二：一是经济增速降低，2022年我国经济增速为3%，不及2021年经济增速8.1%的一半。以单位生产总值能耗为例，其计算方式为能源消费总量（吨标准煤）除以国内生产总值（万元），因此也会受到国内经济增长放缓的直接影响。二是能源消费的增长，尤其是煤炭消费的增长。经国家统计局初步核算，2022年，全国能源消费总量54.1亿吨标准煤，比上年增长2.9%，其中煤炭消费量增长4.3%。综合来看，煤炭消费量占能源消费总量的56.2%，比上年上升0.3个百分点。

2. 空气质量稳中向好，但约束性指标滞后于时序进度要求

《国务院关于2022年度环境状况和环境保护目标完成情况的报告》中指出，2022年，全国地级及以上城市$PM_{2.5}$平均浓度为29微克/立方米，优良天数比例为86.5%，重度及以上污染天数比率为0.9%，同比下降0.4个百分点，首次降低到1%以内。《2021中国生态环境状况公报》显示，2021年，全国地级及以上城市空气质量优良天数比率为87.5%，同比上升0.5个百分点。2022年空气质量优良天数比率整体下降的主要原因在于，细颗粒物（$PM_{2.5}$）、可吸入颗粒物（PM_{10}）、臭氧（O_3）、二氧

化硫（SO_2）、二氧化氮（NO_2）和一氧化碳（CO）6项指标中，臭氧平均浓度2022年较2021年上升5.8%，臭氧导致的超标天数增加了2.1个百分点。

3. 地表水质量持续向好，水生态环境质量改善目标顺利完成

《中华人民共和国2022年国民经济和社会发展统计公报》指出，2022年底，3641个国家地表水考核断面中，全年水质优良（Ⅰ～Ⅲ类）断面比例为87.9%，同比上升3.0个百分点，已实现规划纲要提出的85%预期目标；Ⅳ类断面比例为9.7%，Ⅴ类断面比例为1.7%，劣Ⅴ类断面比例为0.7%。《中华人民共和国2021年国民经济和社会发展统计公报》指出，2021年水质优良（Ⅰ～Ⅲ类）断面比例为84.9%，Ⅳ类断面比例为11.8%，Ⅴ类断面比例为2.2%，劣Ⅴ类断面比例为1.2%。

4. 森林覆盖率持续提升，好于《纲要》预期进展

《2022年中国国土绿化状况公报》指出，2022年，我国森林面积为2.31亿公顷，森林覆盖率达到24.02%，完成五年目标值增幅（0.9%）的91.1%。《2021中国生态环境状况公报》显示，2021年，全国森林覆盖率为23.04%。

二、重大举措：生态系统质量和稳定性持续提升，美丽中国建设迈出重大步伐

《纲要》共提出了3项重大举措：提升生态系统质量和稳定性，促进自然生态系统质量整体改善；持续改善环境质量，协同推进减污降碳；加快发展方式绿色转型，推进资源总量管理、科学配置、全面节约、循环利用。两年多来，我国生态系统质量和稳定性持续提升，污染防治攻坚战向纵深推进，生态环境质量持续改善，碳达峰碳中和工作积极稳妥推进，绿色、循环、低碳发展迈出坚实步伐。

（一）生态系统质量和稳定性持续提升

两年多来，我国生态系统质量和稳定性持续提升，国土空间规划体系总体形成，国家“三区四带”生态安全屏障格局得到巩固，生态安全屏障进一步筑牢；初步建立新型自然保护地体系；我国重点领域生态保护补偿机制细化实化，区域间生态保护补偿的合作网络织密织牢，初步建成符合国情的生态保护补偿制度体系。

1. 生态安全屏障不断加固

一是国土空间规划体系总体形成。2022年，自然资源部牵头编制完成的《全国国土空间规划纲要（2021—2035年）》，是全国国土空间保护、开发、利用、修复的政策和总纲。全国省、市、县三级国土空间总体规划已经全部编制完成。全国计划编制的350个市级总体规划和2220个县级总体规划中超过90%已上报审批机关，且过半数已完成审查程序。截至2023年12月，已有青海、贵州、浙江、广西、内蒙古、吉林、河北、安徽、湖南、福建、山东、山西、江西、海南、宁夏、广东、江苏等省级国土

空间规划获得批复。二是全国生态保护红线全面划定。2023 年 4 月，自然资源部宣布全国生态保护红线划定工作全面完成。全国生态保护红线不低于 315 万平方公里，其中陆域生态保护红线不低于 300 万平方公里，海洋生态保护红线不低于 15 万平方公里。浙江、江西、上海、山东、安徽、四川、贵州等省份已出台生态保护红线管控细则文件，其他大部分省份也已在征求意见或即将出台。完成造林 11936 万亩、种草改良 9421 万亩、治理沙化土地 5699 万亩。其中，2022 年，山西、甘肃、内蒙古、湖南、广东、广西、江西等 7 个省份人工造林均超过 100 万亩；2021 年，首次实行造林任务直达到县并落地上图。草原超载状况逐步扭转。水土流失面积减少超过 3. 9 万平方公里。具体来看，《中国水土保持公报（2022 年）》显示，2022 年，全国共有水土流失面积 265. 34 万平方公里，与 2021 年相比，减少了 2. 08 万平方公里，降幅 0. 78%。全国水土保持率达到 72. 26%。《中国水土保持公报（2021 年）》显示，2021 年，全国水土流失面积 267. 42 万平方公里，较 2020 年减少 1. 85 万平方公里。荒漠化防治取得显著成效，在世界范围内率先实现了土地退化零增长，荒漠化土地和沙化土地面积连续 10 余年保持“双减少”。三是坚持山水林田湖草沙一体化保护和系统治理。将生态功能极重要、生态极脆弱以及具有潜在重要生态价值的区域划入生态保护红线，包括整合优化后的自然保护地，实现一条红线管控重要生态空间。通过划定生态保护红线和编制生态保护修复规划，巩固了以青藏高原生态屏障区、黄河重点生态区（含黄土高原生态屏障）、长江重点生态区（含川滇生态屏障）、东北森林带、北方防沙带、南方丘陵山地带、海岸带等为依托的“三区四带”生态安全格局。“十四五”期间，继续支持实施山水林田湖草沙一体化保护和修复工程（简称山水工程），截至 2023 年 10 月，择优选拔了 27 个项目纳入中央财政支持范围，正积极有序推进。2022 年底，山水工程入选首批世界十大生态修复旗舰项目。四是强化要素保障。2022 年 8 月 2 日，自然资源部印发《关于积极做好用地用海要素保障的通知》，推出 7 个方面 26 条举措，涉及国土空间规划、土地计划指标、用地用海审批、耕地和永久基本农田保护、节约集约用地和土地供应等多方面内容。

2. 初步建立新型自然保护地体系

2021 年，《国家公园等自然保护地建设和野生动植物保护重大工程建设规划（2021—2035 年）》正式印发，构建以国家公园为主体的自然保护地体系规划编制完成，海洋自然保护地、林草系统生物多样性保护“十四五”规划及中长期规划编制工作有序推进。2021 年 10 月，国家林业和草原局批准发布《自然保护地分类分级》《自然保护地生态旅游规范》等系列标准。2021 年 11 月，生态环境部发布了《自然保护区生态环境保护成效评估标准（试行）》。国家公园法被列入国务院 2023 年度立法工作计划。以国家公园为主体的自然保护地体系加快建立，生物多样性保护全面加强。2021 年 10 月 12 日，习近平总书记在《生物多样性公约》第十五次缔约方大会领导人峰会上宣布，我国正式设立三江源、大熊猫、东北虎豹、海南热带雨林、武夷山等第一批国家公园。

国务院批准 5 个国家公园设立方案，范围涉及青海、四川、吉林、海南、福建等 10 个省份，保护面积达 23 万平方公里，涵盖近 30% 的陆域国家重点保护野生动植物种类。国家林草局与中国科学院共建国家公园研究院，指导推动地方和高校建立了一批国家公园研究平台，设立了海南长臂猿、藏羚羊、东北虎豹、亚洲象、穿山甲等研究中心。随着自然生态系统最重要、自然景观最独特、自然遗产最精华、生物多样性最富集的具有国家代表性的自然生态系统区域被划建为国家公园，自然保护地体系初步建立。

3. 初步建成符合国情的生态保护补偿制度体系

一是我国重点领域生态保护补偿机制细化实化。创新和完善节水节能、污水垃圾处理、大气污染治理等重点领域的价格形成机制。科学合理控制总量的前提下，建立用水权、用能权、排污权、碳排放权初始分配和交易制度，开展全国碳排放权交易市场建设和绿色电力交易试点建设，进一步发挥市场在生态环境资源配置中的基础性作用。逐步扩大补偿范围，提高补偿标准，完善补偿政策。建立统一的自然资源确权登记制度，在森林、草原、湿地、荒漠、水流、耕地等领域建立生态保护补偿机制。率先探索生态公益林补偿、林业碳汇交易、林长制等。二是我国区域间生态保护补偿的合作网络织密织牢。国务院有关部门切实加大对区域间补偿机制建设的指导和支持，出台建立长江、黄河全流域横向补偿机制的实施方案，制定洞庭湖、鄱阳湖、太湖流域生态保护补偿的指导意见，推动区域间生态保护合作走深走实。地方积极探索建立流域横向生态补偿机制，浙江和安徽率先建立跨省流域横向补偿机制，广东分别和广西、福建、江西在九洲江流域、汀江—韩江流域、东江流域开展多层次跨省沟通协作，北京、天津分别与河北加快建立潮白河、引滦入津上下游流域生态补偿机制。2023 年 1 月，中国财政部和生态环境部联合召开全国流域横向生态保护补偿机制建设推进会，据财政部介绍，全国已在 19 个省份 15 个流域（河段）建立起跨省流域横向生态保护补偿机制。

但也要看到，我国生态环境持续改善的难度明显加大。一是局部地区生态系统质量功能问题突出。我国草原生态系统整体仍较脆弱，中度和重度退化面积占比仍然较高，部分河道、湿地、湖泊生态功能降低或丧失，部分流域水生态系统仍较脆弱，噪声扰民时有发生，生态环境质量由量变到质变的拐点仍未到来。二是生态补偿机制仍有多个痛点难点亟待解决。生态补偿涉及经济、生态、法学等多重领域，我国生态保护补偿机制在全面铺开过程中，仍面临着制度框架不完善、执行不到位等难点、痛点。

（二）环境质量改善成果不断巩固

两年多来，我国深入加强生态环境综合治理，深入打好污染防治攻坚战，蓝天、碧水、净土保卫战成效显著，污染防治攻坚迈上新台阶；持续提升城乡环境基础设施建设水平；不断加大生态保护监管力度，依法防范与化解生态环境领域风险隐患；做出一系列新部署新安排、采取更加强有力的措施，应对气候变化成效显著；持续完善环境治理体系。同时也要看到，我国环境基础设施提级扩能迫在眉睫，环境治理体系建设仍然任重道远。

1. 污染防治攻坚迈上新台阶

一是空气质量发生历史性的变化①。大气多污染物协同治理和区域联防联控深入推进，全国地级及以上城市细颗粒物（$PM_{2.5}$）2022 年平均浓度降低到 29 微克/立方米，氮氧化物排放总量、挥发性有机物 2022 年排放总量较 2020 年分别下降 8.5%、6.8%。具体来看，《国务院关于 2022 年度环境状况和环境保护目标完成情况的报告》显示，2022 年，全国地级及以上城市细颗粒物（$PM_{2.5}$）平均浓度为 29 微克/立方米，同比下降 3.3%，首次降低到 30 微克/立方米以内，实现近 10 年来连续下降；全国细颗粒物（$PM_{2.5}$）、可吸入颗粒物（PM_{10}）、二氧化氮（NO_2）、二氧化硫（SO_2）、一氧化碳（CO）、臭氧（O_3）6 项主要污染物平均浓度连续 3 年稳定达标；氮氧化物、挥发性有机物排放总量同比分别减少 5.5%、3.7%，均超额完成年度目标。《国务院关于 2021 年度环境状况和环境保护目标完成情况的报告》显示，2021 年，氮氧化物、挥发性有机物排放总量同比分别减少 3.2%、3.2%，均好于年度目标。二是水环境质量发生转折性的变化。重点流域水生态环境保护力度持续加大。化学需氧量和氨氮 2022 年排放总量较 2020 年分别降低 3.9%、9.7%。具体来看，《国务院关于 2022 年度环境状况和环境保护目标完成情况的报告》显示，2022 年，化学需氧量、氨氮排放总量同比分别减少 2.1%、6.8%，均超额完成年度目标；全国近岸海域海水水质总体保持改善趋势，优良（Ⅰ类、Ⅱ类）水质比例为 81.9%；重点流域水质进一步改善，长江流域、珠江流域、浙闽片河流、西南诸河和西北诸河水质持续为优，黄河流域、淮河流域和辽河流域水质良好，长江干流持续 3 年全线达到Ⅱ类水质，黄河干流首次全线达到Ⅱ类水质。《国务院关于 2021 年度环境状况和环境保护目标完成情况的报告》显示，2021 年，化学需氧量、氨氮排放总量同比分别减少 1.8%、3.1%，均好于年度目标。三是土壤环境质量发生基础性的变化。《国务院关于 2022 年度环境状况和环境保护目标完成情况的报告》显示，全国土壤环境风险得到基本管控，土壤污染加重趋势得到初步遏制。推动实施 124 个土壤污染源头管控项目，指导 132 个重点县开展耕地重金属污染成因排查整治，累计将 1744 个地块纳入建设用地土壤污染风险管控和修复名录。全国农村生活污水治理率达到 31%左右。全国农用地安全利用率保持在 90%以上，农用地土壤环境状况总体稳定，影响农用地土壤环境质量的主要污染物是重金属。重点建设用地安全利用得到有效保障。四是噪声污染防治行动启动实施。2023 年 1 月，生态环境部等 16 个部门和单位联合印发《“十四五”噪声污染防治行动计划》，系统谋划

① 2022 年 9 月，中国生态环境部部长黄润秋在中共中央宣传部举行的“中国这十年”系列主题新闻发布会上表示，党的十八大以来，污染防治攻坚战主要取得的成效可以用三大变化来概括：第一，空气质量发生了历史性的变化；第二，水环境质量发生了转折性的变化；第三，土壤环境质量发生了基础性的变化。

了“十四五”期间各部门拟主要开展的噪声污染防治工作。

2. 持续提升城乡环境基础设施建设水平

固体废物和新污染物治理继续加强，《关于深入打好污染防治攻坚战的意见》《关于加快推进城镇环境基础设施建设指导意见》《关于加快废旧物资循环利用体系建设的指导意见》《关于进一步加强农村生活垃圾收运处置体系建设管理的通知》《“十四五”全国城市基础设施建设规划》《污泥无害化处理和资源化利用实施方案》等文件相继出台，明确提出要实施环境基础设施补短板行动，全面提升环境基础设施水平，构建集污水、垃圾、固体废物、危险废物、医疗废物处理处置设施和监测监管能力于一体的环境基础设施体系，形成由城市向建制镇和乡村延伸覆盖的环境基础设施网络。两年多来，我国城乡环境基础设施建设取得积极进展。国家发展改革委相关负责人在2023年3月16日召开的专题新闻发布会上表示，截至2022年，全国新增污水处理设施超过1500座，污水管网约30万公里，垃圾焚烧处理厂超过500座，危险废物处置能力达到1.6亿吨/年。全国医疗废物集中处置能力约280万吨/年。全国开展收运处理的自然村比例稳定保持在90%以上。

3. 依法防范化解各类风险

一是不断加大生态保护监管力度。落实《自然保护区条例》，持续实施生物多样性保护重大工程。组织开展“绿盾2022”自然保护地强化监督，出台《关于国家级自然保护区生态环境问题整改销号的指导意见》。颁布《生态保护红线生态环境监督办法（试行）》，开展生态保护红线生态破坏问题监管试点。二是依法防范与化解生态环境领域风险隐患。全面排查生态环境领域各类风险隐患，分类施治。2022年调度处置各类突发环境事件43起。联合应急管理部建立突发生态环境事件应急联动工作机制。推进危险废物专项整治三年行动和废弃危险化学品等危险废物风险集中治理。完成全国1万余座尾矿库环境风险排查。积极推进治理重复信访、化解信访积案。三是严格核与辐射安全监管。贯彻《中华人民共和国核安全法》和《中华人民共和国放射性污染防治法》，完成核与辐射安全隐患排查三年行动。

4. 应对气候变化成效显著

一是做出一系列新部署新安排。2021年以来，我国积极落实《巴黎协定》，进一步提高国家自主贡献力度，围绕碳达峰碳中和目标，有力有序有效推进各项重点工作，取得显著成效。我国已建立起由2021年发布的《关于完整准确全面贯彻新发展理念做好碳达峰碳中和工作的意见》和《2030年前碳达峰行动方案》两个文件共同构成的碳达峰碳中和“1+N”政策体系。2021年10月，我国正式提交《中国落实国家自主贡献成效和新目标新举措》和《中国本世纪中叶长期温室气体低排放发展战略》。2022年6月，我国发布《国家适应气候变化战略2035》。推进全国碳排放权交易市场建设。二是采取更加强有力的措施。调整产业结构，大力发展绿色低碳产业，严控高耗能、高排放、低水平（“两高一低”）项目盲目发展。优化能源结构，大力发展非化石能源，提高化石能源清洁利用水平，落实能源消费总量和强度“双控”。促进节能提效，大力推进工业领域提质增效，加快提升建筑能效水平，积极构建绿色低碳综合交通运输体系。控制能源、农业、废弃物处理、工业等领域非二氧化碳温室气体排放。提升生态系统碳汇能力，推动减污降碳协同增效，开展试点示范。

5. 持续完善环境治理体系

配合立法机关出台《中华人民共和国黄河保护法》《中华人民共和国黑土地保护法》。配合全国人大环资委开展环境保护法实施情况执法检查。《中华人民共和国青藏高原生态保护法》正式施行，《中华人民共和国海洋环境保护法》自 2024 年 1 月 1 日起施行，《碳排放权交易管理暂行条例》自 2024 年 5 月 1 日起施行。配合司法机关修改关于环境犯罪的司法解释，发布《尾矿污染环境防治管理办法》等 3 部部门规章。2022 年，印发《“十四五”生态环境标准工作方案》，发布 80 项国家生态环境标准。印发《“十四五”环境健康工作规划》，实施行政许可事项清单管理。不断深化排污许可制改革，积极构建以排污许可制为核心的固定污染源监管制度体系，截至 2023 年 9 月，我国已将 352.5 万个固定污染源纳入排污许可管理范围。

但也要看到，我国生态保护压力依然较大。一是生态环境稳中向好的基础还不稳固。污染物和碳排放总量仍居高位，《国务院关于 2022 年度环境状况和环境保护目标完成情况的报告》显示，全国还有近 1/3 的城市空气质量不达标，水生态失衡问题较为严重，部分地区土壤污染持续累积，农村生活污水无序排放问题突出。二是生态环境保护结构性压力依然较大。我国还处于工业化、城镇化深入发展阶段，产业结构调整和能源转型发展任重道远，统筹发展与保护的难度不断加大，优化调整产业布局结构、构建新发展格局任重道远。三是我国环境基础设施提级扩能迫在眉睫。我国进入高质量发展阶段，更注重内涵提升式转变，而不少地区环境基础设施缺口较大，如污水收集管网覆盖不足，部分基础设施超期服役，垃圾处理设施缺乏，一些地方黑臭水体治理还存在覆盖范围不全、措施不够精准有效、长效机制不完善等问题，蓝绿生态空间有限。此外，我国环境治理体系建设仍然任重道远。面向 2035 年美丽中国建设目标，对照减污降碳协同增效、深入打好污染防治攻坚战的要求，我国环境治理体系建设仍然任重道远。

（三）绿色低碳转型步伐加快

两年多来，我国聚力促转型，紧紧围绕助力“双碳”目标，坚定不移走绿色低碳发展道路，在绿色转型发展上迈出新步伐，同时也要看到，我国资源节约集约利用水平还有巨大提升空间。

1. 资源节约集约利用持续推进

一是重点领域、行业和产品设备节能降碳更新改造加快推进。2021 年 11 月，国家发展改革委、国家能源局印发《全国煤电机组改造升级实施方案》，提出全面梳理煤电机组供电煤耗水平，结合不同煤耗水平煤电机组实际情况，探索多种技术改造方式，分类提出改造实施方案。2022 年 2 月，工业和信息化部、国家发展和改革委员会、生态环境部三部门印发《关于促进钢铁工业高质量发展的指导意见》提出，力争到 2025 年，80%以上钢铁产能完成超低排放改造。电力规划设计总院发布的《中国电力发展报告 2023》显示，我国电力系统灵活性持续改善，“十四五”前两年，煤电“三改联动”改造规模合计超过 4.85 亿千瓦，完成“十四五”目标约 81%，其中节能降碳改造 1.52 亿千瓦、灵活性改造 1.88 亿千瓦、供热改造 1.45 亿千瓦；钢铁全流程超低排放改造 1.34 亿吨。二是加强新型基础设施节能降碳。2021 年 7 月，开展新型数据中心发展三年行动计划，各省份进一步提高数据中心新建项目的节能指标要求。2021 年 12 月，执行推动数据中心和 5G 等新型基础设施绿色高质量发展实施方案，全力提升数据中心利用率和 5G 基站能效。2022 年 2 月，在 8 个重点地区启动建设国家算力枢纽节点的通知，规划了 10 个国家数据中心集群，“东数西算”工程正式全面启动。三是《国家节水行动方案》确定的 2022 年节点主要目标全面完成。全国单位 GDP 用水量下降 7.6%。全国节水办数据显示，2022 年，全国用水总量控制在 6100 亿立方米以内，与 2015 年相比，万元国内生产总值用水量、万元工业增加值用水量分别下降 33.4%、50.3%，农田灌溉水有效利用系数由 0.536 提高到 0.572，非常规水源利用量由 68.7 亿立方米扩大到 175 亿立方米，用水效率和效益显著提高，全社会节水意识明显增强。四是强化土地节约集约利用。落实最严格的节约用地制度，2023 年，全国自然资源工作会议指出，2022 年处置批而未供土地和闲置土地 461 万亩；党的十九大以来的 5 年，全国单位 GDP 建设用地使用面积（地耗）下降 21.51%。五是提高矿产资源节约集约利用水平。以全国矿产资源规划为纲，各省份矿产资源规划陆续出台。行业、地方、团体标准相互配合的绿色矿山标准体系基本形成。开展全国绿色矿山遴选工作，国务院新闻办公室发布的《新时代的中国绿色发展》白皮书显示，共建设 1100 多家国家级绿色矿山，创建 50 家绿色矿业发展示范区。六是全国首批自然资源节约集约示范县（市）公布。2023 年 2 月，自然资源部认定发布了全国首批 258 个自然资源节约集约示范县（市），其中土地资源类 183 个、矿产资源类 57 个、海洋资源类 18 个。

2. 循环经济不断发展

国家发展改革委会同商务部等部门联合印发《关于加快废旧物资循环利用体系建设的指导意见》；国家发展改革委、住房和城乡建设部等七部门联合印发通知，确定北京市等 60 个城市为废旧物资循环利用体系建设重点城市。国家发展改革委、科技部等十部门印发《关于“十四五”大宗固体废弃物综合利用的指导意见》，大宗固废综合利用深入推进；工业和信息化部等八部门联合印发《关于加快推动工业资源综合利用的实施方案》，提出工业固废综合利用提质增效、再生资源高效循环利用、工业资源综合利用能力提升三大工程，废弃物循环利用体系加快构建，再生资源已成为工业生产的重要原材料。国家统计局数据显示，2022 年，全国工业产能利用率为 75.6%，比上年下降 1.9 个百分点。废旧物资循环利用成效突出。

3. 绿色低碳循环发展的经济体系加快构建

一是提高化石能源清洁高效利用水平。国家发展改革委副主任杨荫凯于 2023 年 6 月表示，当前我国的非化石能源发电装机容量占比达到 50.9%，历史性超过化石能源发电装机容量。生态环境部发布的《中国应对气候变化的政策与行动 2023 年度报告》显示，截至 2022 年底，非化石能源消费比重达到 17.5%，可再生能源总装机容量 12.13 亿千瓦。《中华人民共和国 2022 年国民经济和社会发展统计公报》指出，初步核算，2022 年能源消费总量 54.1 亿吨标准煤，比上年增长 2.9%；煤炭消费量增长 4.3%，原油消费量下降 3.1%，天然气消费量下降 1.2%，电力消费量增长 3.6%；煤炭消费量占能源消费总量的 56.2%，比上年上升 0.3 个百分点；天然气、水电、核电、风电、太阳能发电等清洁能源消费量占能源消费总量的 25.9%，比上年上升 0.4 个百分点。重点耗能工业企业单位电石综合能耗下降 1.6%，单位合成氨综合能耗下降 0.8%，吨钢综合能耗上升 1.7%，单位电解铝综合能耗下降 0.4%，每千瓦时火力发电标准煤耗下降 0.2%。全国万元国内生产总值二氧化碳排放下降① 0.8%。二是构建绿色交通运输体系。加快推进铁路专用线建设，推动大宗货物“公转铁”“公转水”，深入开展多式联运。《中华人民共和国2022 年国民经济和社会发展统计公报》指出，2022 年货物运输总量 514.7 亿吨，其中铁路运输 49.3 亿吨，公路运输 371.2 亿吨，水路运输 85.5 亿吨。2022 年，铁路、水路货运量合计占比达到 26.64%，较 2020 年提高 0.57 个百分点。城市公交、出租、环卫、物流配送、民航、机场以及党政机关大力推广新能源汽车，公安部发布统计数字显示，2022 年，我国新能源汽车保有量达 1310 万辆，同比增长 67.13%，呈高速增长态势。三是持续完善重点领域绿色发展标准体系。累计制修订绿色发展有关标准 3000 余项，完善绿色工厂、绿色园区、绿色供应链、绿色产品评价标准，提升机动车污染物排放标准，形成覆盖节能、节水、环保、可再生能源等各领域的绿色技术装备制造体系，绿色技术装备和产品供给能力显著增强，绿色装备制造成本持续下降，能源设备、节水设备、污染治理、环境监测等多个领域技术已达到国际先进水平。

4. 依法推进绿色低碳高质量发展

一是重点做好环评领域服务保障。推动生态保护红线、环境质量底线、资源利用上线和生态环境准入清单（“三线一单”）生态环境分区管控落实落地，组织制定加强生态环境分区管控的指导意见。贯彻《中华人民共和国环境影响评价法》，印发新修订的《生态环境行政处罚办法》，加强监督执法，坚决遏制一批“两高一低”项目盲目建设。在严守生态环保底线的基础上，加快重大投资项目环评审批。指导全国加强

① 万元国内生产总值二氧化碳排放按 2020 年价格计算。

重大投资项目环评服务保障。二是着力探索减污降碳协同增效路径。生态环境部等七部门出台《减污降碳协同增效实施方案》。配合有关部门制定重点领域、重点行业碳达峰碳中和实施方案。全国碳排放权交易市场平稳运行。国家发展改革委联合有关部门印发《关于加快建立统一规范的碳排放统计核算体系实施方案》。国家发展改革委印发《国家适应气候变化战略 2035》，生态环境部印发《省级适应气候变化行动方案编制指南》，强化我国适应气候变化行动举措，提高气候风险防范和抵御能力。进一步完善绿色发展体制机制和政策体系，在明确行动方案、完善法律法规、完善经济政策、建设全国碳排放权交易市场、强化科技创新支撑、加强人才培养和能力建设、推进全民行动、深化生态环境领域国际合作等方面取得积极成效。三是绿色金融加快发展，绿色产业成为推动经济增长的新生力量。中国人民银行数据显示，2022 年末，我国本外币绿色贷款余额 22.03 万亿元，同比增长 38.5%，比上年末提高 5.5 个百分点，快于各项贷款增速 28.1 个百分点，全年增加 6.01 万亿元。《经济日报》头版发表国家统计局副局长盛来运署名文章《中国经济高质量发展大势没有变》，指出绿色转型加快推进，绿色产业展现出勃勃生机，成为推动经济增长的新生力量。2020—2022 年，新能源汽车、太阳能电池产量年均分别增长 78.0%、39.6%。2022 年，战略性新兴产业中的新能源汽车产业、新能源产业产值分别比上年增长 57.5%、24.0%，有力拉动了工业增长。

但也要看到，我国绿色低碳发展道路依然漫长且艰巨。一是我国资源节约集约利用水平还有巨大提升空间。我国人均资源量少、后备资源不足的国情没有改变，无论是土地、矿产，还是海洋资源，都难以承载高消耗、粗放型的发展，节约集约利用水平还有巨大提升空间。二是我国能源产出率与发达国家仍存在明显差距。与其他国家相比，我国经济增长的能源投入代价仍明显偏高。同时，我国地区之间能源产出率差距较大，最发达省份与最不发达省份之间相差 8 倍以上。未来一段时期，我国产业结构偏重、能源结构偏煤、资源利用效率不高的状况实现根本改变还需要一个过程，能源消费总量仍将保持刚性增长，煤炭在能源保供中还需发挥兜底作用，污染物和二氧化碳减排任重道远。三是我国迈向中等发达国家水平的过程中，人均 GDP 的提高仍将不可避免地带来能源的消耗和排放。叠加我国能源消费的人均水平还与发达国家相比有差距因素，我国能源消费在今后一个比较长的时期内，还将保持刚性增长，节能降耗面临新的考验。

三、重大工程：加大生态系统保护修复力度，有效扩大生态环境容量

《纲要》在生态系统和发展方式绿色转型方面提出两项重大工程，包括“专栏 14”重要生态系统保护和修复工程，旨在着力扩大环境容量生态空间；“专栏 15”环境保护和资源节约工程，致力于推进资源节约高效利用，培育绿色低碳新动能。两年多来，我国形成了“1+9”规划体系，明确了生态保护和修复的主要目标、重点任务和重大工

程，在“三区四带”积极开展生态保护修复，深耕蓝色国土，并初步建立新型自然保护地体系。截至2023年10月，“十四五”山水工程项目正有序推进。

（一）重要生态系统保护和修复工程取得阶段性成效

1. 系统谋划一体化保护和修复的总体思路

围绕2022年出台的《全国重要生态系统保护和修复重大工程总体规划（2021—2035年）》，编制青藏高原、黄河、长江等9个专项规划，形成了“1+9”规划体系，明确了生态保护和修复的主要目标、重点任务和重大工程。

2. 生态安全屏障更加优化

在青藏高原生态屏障区、黄河重点生态区、长江重点生态区，东北森林带、北方防沙带、南方丘陵山地带、海岸带的“三区四带”，44个山水林田湖草沙系统保护修复工程完成修复治理面积350多万公顷。在矿产资源集中分布区，特别是京津冀、长江经济带、黄河流域等国家区域重大战略地区，开展生态保护修复，“十三五”时期全国修复历史遗留废弃矿山400万亩。国家林业和草原局数据显示，2022年，林草部门完成沙化土地治理任务2251.5万亩，石漠化综合治理任务519.3万亩。《2022年中国国土绿化状况公报》显示，2022年完成造林383万公顷，种草改良321.4万公顷，治理沙化石漠化土地184.73万公顷。

3. 蓝色国土保护成效显著

实施“蓝色海湾”整治行动、海岸带保护修复、红树林保护修复、渤海综合治理攻坚战等海洋生态保护修复重点工程，自然资源部的数据显示，“十三五”以来（截至2022年9月），我国共整治修复海岸线1500公里、滨海湿地3万公顷。

4. 新型自然保护地体系初步建立

努力构建以国家公园为主体、自然保护区为基础、各类自然公园为补充的自然保护地体系，正式设立三江源、大熊猫、东北虎豹、海南热带雨林、武夷山首批5个国家公园，在北京设立了国家植物园，在广州设立了华南国家植物园。74%的重点保护野生动植物物种、65%的高等植物群落得到有效保护。

（二）环境保护和资源节约取得重要进展和成效

1. 钢铁超低排放改造进展顺利

生态环境部于2023年3月28日举行例行新闻发布会时指出，截至2022年底，全国共2.07亿吨粗钢产能完成全流程超低排放改造并公示，4.8亿吨粗钢产能已完成烧结球团脱硫脱硝、料场封闭等重点工程改造，上述产能占全国总产能的2/3。《中国散煤综合治理调研报告（2023）》显示，2022年，我国散煤治理稳中有进。在工业散煤治理方面，35蒸吨/小时及以下燃煤小锅炉的锅炉容量和煤耗量分别较2021年下降

21.8%和13.4%；建材行业小窑炉2022年散煤消费量较2021年下降14.4%。在民用散煤治理方面，我国北方地区清洁取暖率相比2021年提升了1.4%，可再生能源供热规模持续扩大。

2. 基本消除地级及以上城市建成区黑臭水体

生态环境部于2023年2月22日举行例行新闻发布会，相关负责人介绍，在城市黑臭水体治理方面，地级及以上城市建成区黑臭水体基本消除，累计新建污水管网9.9万公里，新增污水处理能力4088万吨/日。在长江、黄河生态保护修复治理方面，长江、渤海排污口溯源任务完成九成以上，推动解决2万多个污水直排、乱排问题。长江干流连续3年全线达到Ⅱ类水质，黄河干流首次全线达到Ⅱ类水质；复苏河湖生态环境取得重大成果，太湖和巢湖均为轻度污染、轻度富营养，主要污染指标为总磷；滇池为轻度污染、轻度富营养，主要污染指标为化学需氧量和总磷；洱海和丹江口水库水质均为优、中营养；白洋淀水质良好、中营养。

3. 城镇污水垃圾处理提质增效

国家发展改革委数据显示，截至2022年，全国新增污水处理设施超过1500座，污水管网约30万公里，垃圾焚烧处理厂超过500座，危险废物处置能力达到1.6亿吨/年，增长了4倍。生态环境部生活垃圾焚烧发电厂自动监测数据平台显示，2022年，我国共有1568台焚烧炉，其中炉排型焚烧炉数量约为流化床焚烧炉数量的9倍。

4. 以化工、有色金属行业企业为重点，实施100个土壤污染源头管控项目

《国务院关于2022年度环境状况和环境保护目标完成情况的报告》指出，推动实施124个土壤污染源头管控项目，指导132个重点县开展耕地重金属污染成因排查整治，累计将1744个地块纳入建设用地土壤污染风险管控和修复名录，26个地区开展农业面源污染与治理监督指导试点。

5. 医废危废处置和固废综合利用取得积极进展

推动建设国家和6个区域性危险废物风险防控技术中心、20个区域性特殊集中处置中心，建立健全危险废物环境风险防控技术支撑体系。建立危险废物产生量与处置能力匹配情况及设施运行情况评估机制。确定40个大宗固体废弃物综合利用示范基地和60家大宗固体废弃物综合利用骨干企业。危险废物利用处置能力大幅提升。生态环境部在答复《建议国家加大对固体废物处理技术和专项设备的研发投入增加专业处理机构的数量》中指出，截至2021年底，全国危险废物集中利用处置能力超1.6亿吨/年，危险废物经营许可证持有单位数量达到5800余家。推动各地加快医疗废物集中处置设施建设，大力提升医疗废物集中处置能力。截至2022年，全国医疗废物集中处置能力约280万吨/年，比新冠疫情前的2019年提高80%以上。稳步推进“十四五”时期“无废城市”建设，加快补齐固体废物治理体系和基础设施短板，持续提升固体废物综合治理能力。

6. 各类资源节约集约利用深入推进

在 113 个地级及以上城市和 8 个特殊地区全面启动“无废城市”建设工作。大力发展绿色低碳建筑，推进既有建筑改造，建筑节能水平持续提高。截至 2022 年底，全国累计建成节能建筑面积超过 303 亿平方米，节能建筑占城镇民用建筑面积比例超过 64%；全国累计建成绿色建筑面积超过 100 亿平方米，2022 年当年城镇新建绿色建筑占新建建筑的比例达到 90% 左右。碳捕获、利用与封存（Carbon Capture，Utilization and Storage，CCUS）重点工程加速推进。科技部中国 21 世纪议程管理中心联合国际能源署（International Energy Agency，IEA）发布的《中国耦合 CCUS 制氢机遇》报告指出，随着 CCUS 技术的发展，国内的 CCUS 示范项目已从 2021 年底的 49 个增长到了 2022 年底的 104 个。2022 年，国家发展改革委确定北京市等 60 个城市为废旧物资循环利用体系建设重点城市。

四、促进人与自然和谐共生面临的新形势

大自然是人类赖以生存发展的基本条件。尊重自然、顺应自然、保护自然，是全面建设社会主义现代化国家的内在要求。党的二十大报告指出，中国式现代化是人与自然和谐共生的现代化，要坚定不移走生产发展、生活富裕、生态良好的文明发展道路，实现中华民族永续发展。当前，党中央因时因势及时优化调整疫情防控措施，我国疫情防控进入新阶段，经济社会活动和生产生活秩序加快恢复，我国经济运行有望总体快速回升。在经济复苏过程中，一些地方为追求经济增速，可能盲目上马“两高一低”项目；一些企业为追求利润，可能铤而走险，违规生产、违法排污。这些都必将使污染物排放增加，环境风险增大，生态环境保护压力将持续加大。此外，国际上环境问题政治化趋势不断增强，气候变化、生物多样性保护等公约谈判斗争激烈，对我国承担生态环境国际责任的要求越来越高，对我国进一步提升履约质量和能力的压力越来越大，应对生态环境领域国际博弈任务艰巨。未来几年，生态环境保护工作中的基础性、结构性问题依然突出，生态环境保护工作将面临更大压力，部分领域存在较大风险。

（一）生态环境保护结构性压力依然较大

我国还处于工业化、城镇化深入发展阶段，产业结构调整和能源转型发展任重道远，统筹发展与保护的难度不断加大。当前，我国现代化建设仍呈现以重化工为主的产业结构、以煤炭为主的能源结构和以公路货运为主的交通运输结构。产业结构方面，因重工业设施生命周期长，以及仍然有不断的新建工厂出现，导致重工业排放占基础设施排放总量比重仍然较高。能源结构方面，一方面，与其他国家相比，我国经济增长的能源投入代价仍明显偏高。2018 年，我国能源产出率是世界平均水平的 74%，仅为发达国家平均水平的 48%。同时，我国地区之间能源产出率差距较大，最发达省份

与最不发达省份之间相差达8倍以上。另一方面，迈向中等发达国家水平的过程中，我国人均GDP的提高仍将不可避免地带来能源的消耗和排放，叠加我国能源消费的人均水平与发达国家相比还有差距因素，比如我们的人均用能水平和G7国家相比，是G7国家的53%左右，和经济合作与发展组织（Organization for Economic Co-operation and Development，OECD）国家相比，是OECD国家的63%左右。我国能源消费在今后一个比较长的时期内，还将保持刚性增长，节能降耗面临新的考验。交通运输结构方面，公路运输的"主力"柴油货车是运输领域碳排放的主要"贡献者"，统计显示，同样的货物运输量，铁路能耗比是公路的1/7，污染物排放为公路的1/13。

（二）生态环境改善基础还不稳固

1. 极端天气事件和自然灾害趋多趋强

空气质量总体受气象条件影响大，2022年夏秋季臭氧污染凸显，部分区域优良天数比例同比下降，渤海入海河流总氮浓度持续反弹，黑臭水体从根本上消除难度较大，蓝藻水华、水生态失衡问题依然存在，部分地区土壤污染持续累积，严重生态破坏问题屡有发生，农村生活污水无序排放依然突出，农业面源污染尚未得到有效治理。据国家气候中心2023年11月的监测数据，一次中等强度的厄尔尼诺事件已经形成并将持续到2024年春节。据气象预测，2023—2025年可能处于不利的气候形势场，易形成静稳天气，不利于污染扩散，将给环境质量持续改善带来不小压力。中国气象局气候变化中心发布的《中国气候变化蓝皮书2023》显示，全球变暖趋势仍在持续，而我国升温速率高于同期全球水平，极端高温事件频发趋强。

2. 生态环境稳中向好的基础还不稳固，重点区域、重点行业污染问题没有得到根本解决

以蓝天保卫战为代表的治污行动虽已见实效，但一些城市重污染天气频发，除$PM_{2.5}$外，臭氧污染问题仍较突出，O_3也成为主要超标因子。碧水保卫战仍有短板，不少地区污水散排、直排问题突出，个别城市治理完成的黑臭水体出现反弹。水生态系统失衡等问题亟待解决，水资源不合理利用和浪费现象突出，水生态环境治理水平仍待提升。土壤污染风险管控形势依然严峻，重点行业企业用地调查表明，我国有色金属矿采选、有色金属冶炼、石油开采、石油加工、化工、焦化、电镀、制革等重点行业企业用地土壤污染隐患不容忽视。部分企业地块土壤和地下水污染严重，叠加我国土壤污染防治工作起步晚、基础弱，土壤污染风险管控形势依然严峻。此外，噪声、油烟、恶臭等成为影响群众获得感的突出环境问题。

（三）生态环境治理能力有待提升

生态环境经济政策体系还不健全，生态环境基础设施仍是突出短板。面向2035年美丽中国建设目标，对照减污降碳协同增效、深入打好污染防治攻坚战的要求，环境

治理体系建设仍然任重道远。一方面，生态环境立法空白、重叠、碎片化等问题仍有待改进。由于我国环境立法采用分散式立法模式，不同的生态环境要素分属不同的部门管理，造成所起草的法律更多体现的是部门利益，同时也产生了相互重叠、冲突立法及立法空白现象，为环境遵法执法带来困难。另一方面，一些环境基准的研究仍是薄弱环节，需要不断加强。此外，面源治理的科技支撑与需求还不适应，做到精准、科学防控还有差距。基层生态环境部门发现问题、监管执法和应急能力严重不足，核与辐射安全监管能力与日益繁重的监管任务要求相比存在较大差距。

（四）我国生态环境质量与建设美丽中国的目标、全面建设社会主义现代化国家的要求相比尚存在一定差距

党的二十大报告提出，推动绿色发展，促进人与自然和谐共生。大自然是人类赖以生存发展的基本条件。尊重自然、顺应自然、保护自然，是全面建设社会主义现代化国家的内在要求。要推进美丽中国建设，坚持山水林田湖草沙一体化保护和系统治理，统筹产业结构调整、污染治理、生态保护、应对气候变化，协同推进降碳、减污、扩绿、增长，推进生态优先、节约集约、绿色低碳发展。现阶段，我国生态环境质量与建设美丽中国的目标、全面建设社会主义现代化国家的要求相比尚存不小差距，与人民群众对优美生态环境的需要相比还有一定差距，建设美丽中国需要付出更为艰苦的努力。

五、“十四五”期间更好地促进人与自然和谐共生的政策建议

习近平总书记强调，当前和今后一个时期，绿色发展是我国发展的重大战略。《纲要》指出，坚持绿水青山就是金山银山理念，坚持尊重自然、顺应自然、保护自然，坚持节约优先、保护优先、自然恢复为主，实施可持续发展战略，完善生态文明领域统筹协调机制，构建生态文明体系，推动经济社会发展全面绿色转型，建设美丽中国。

根据新的发展形势要求，着眼于推动更好地实施《纲要》，进入“十四五”后半期建议做好以下工作：一是要坚持降碳、减污、扩绿、增长协同推进，助力生态环境多目标治理；二是提升生态系统多样性、稳定性、持续性；三是加快构建现代环境治理体系，为实现经济社会发展与人口、资源、环境相协调提供坚强保障和坚实基础；四是统筹推进产业结构、能源结构、交通运输结构调整优化，加快发展方式绿色转型，切实增强高质量发展的绿色底色；五是加快补齐环境基础设施建设短板，全面提升环境基础设施水平；六是以更高标准打好蓝天、碧水、净土保卫战。

（一）坚持降碳、减污、扩绿、增长协同推进

习近平总书记在《当前经济工作的几个重大问题》文章中指出：要推动经济社会发展绿色转型，协同推进降碳、减污、扩绿、增长，创造条件加快能耗“双控”转向

碳排放“双控”制度，持续深入打好蓝天、碧水、净土保卫战，建设美丽中国。当前我国生态文明建设同时面临实现生态环境根本好转和碳达峰碳中和两大战略任务，生态环境多目标治理要求进一步凸显，协同推进减污降碳已成为我国新发展阶段经济社会发展全面绿色转型的必然选择。要坚定不移履行碳达峰碳中和承诺，坚持自主行动，科学调整优化政策举措，推动能耗双控逐步转向碳排放双控。一是强化源头防控协同。切实发挥好降碳行动对生态环境质量改善的源头牵引作用，紧盯环境污染物和碳排放主要源头，加快推动产业结构、能源结构、交通运输结构调整，突出主要领域、重点行业和关键环节，强化资源能源节约和高效利用，加快形成有利于减污降碳的产业结构、生产方式和生活方式。二是加强措施优化协同。基于生态环境质量改善需求优化全国降碳空间布局和措施路径，增强生态环境改善目标对能源和产业布局的引导约束，加大环境污染严重、生态环境敏感地区结构调整和布局优化力度，在降碳同时实现更大环境影响。三是加强环境治理协同。统筹水、气、土、固废、温室气体等领域减排要求，优化治理目标、治理工艺和技术路线，强化电力、工业、农业和土地利用、交通等领域多污染物与温室气体协同控制，并进一步控制氮氧化物和挥发性有机物排放，增强污染防治与碳排放治理的协调性。四是推进政策创新协同。依托现有生态环境制度体系，建立健全一体推进减污降碳的管理制度、基础能力和市场机制。完善降碳、减污、扩绿、增长“四位一体”的指标体系，促进降碳与减污，降碳与增绿，绿色技术创新与降碳、减污、增长等之间的协同效应。在标准体系建立、经济政策考核制度等方面实现一体推进的激励约束机制，完善财税价格激励机制及绿色金融激励机制，充分发挥市场在资源配置中的决定性作用，充分调动各类主体的积极性、主动性。

（二）提升生态系统多样性、稳定性、持续性

一是完善生态安全屏障体系。强化国土空间规划和用途管控，统筹划定永久基本农田、生态保护红线和城镇开发边界，严格执行 3 条控制线管理规定，严格落实自然保护地、生态保护红线监管制度，加强土地节约集约利用，巩固生态系统固碳作用。以国家重点生态功能区、生态保护红线、国家级自然保护地等为重点，实施重要生态系统保护和修复重大工程，突出对区域重大战略的生态支撑。统筹山水林田湖草沙一体化保护和系统治理，加强荒漠化综合防治和推进“三北”等重点生态工程建设，加快实施全国重要生态系统保护和修复重大工程。二是加快推进我国自然保护地体系现代化建设。不断规范以国家公园为主体的自然保护地体系建设，统筹谋划新一批国家公园创建工作，细化完善自然保护地整合优化方案，完善国家公园管理体制和运作机制，加快推进国家公园法的立法，制定国家公园总体布局及发展规划，推进以国家公园为主体的自然保护地体系建设，出台监测、生态保护监管、自然资源管理等制度和管理办法。推行草原森林河流湖泊湿地休养生息，加强国家重点保护和珍稀濒危野生动植物及其栖息地的保护修复。三是全面加强生态补偿机制建设。完善国家重点生态

功能区转移支付制度，加大重点生态功能区、重要水系源头地区、自然保护地转移支付力度。健全跨区域横向生态保护补偿，完善森林、草原和湿地生态补偿制度，推动长江、黄河等重要流域建立全流域生态补偿机制，深化流域跨省横向生态保护补偿。健全市场化、多元化生态保护补偿机制与长效机制，充分调动全社会参与生态保护的积极性。建立健全生态产品价值核算制度、供需对接机制、经营开发制度、价值实现奖惩机制和支撑机制。逐步健全生态系统碳汇技术、标准、市场和政策体系，初步建立与国际接轨的生态系统碳汇计量体系，持续巩固提升生态系统碳汇能力。

（三）加快构建现代环境治理体系

2018 年，习近平总书记在全国生态环境保护大会上提出，必须坚持党委领导、政府主导、企业主体、公众参与。《关于构建现代环境治理体系的指导意见》提出，要构建党委领导、政府主导、企业主体、社会组织和公众共同参与的现代环境治理体系，建立健全环境治理的领导责任体系、企业责任体系、全民行动体系、监管体系、市场体系、信用体系、法律法规政策体系。生态环境治理体系和治理能力现代化，是国家治理体系和治理能力现代化的重要组成部分。必须着力健全现代环境治理体系，为实现经济社会发展与人口、资源、环境相协调提供坚强保障和坚实基础。一是抓好生态环境保护政策体系建设。在国家层面，加快构建与美丽中国目标相适应的生态文明法律法规体系。推进生态环境法典编纂，加强重点领域立法，填补立法空白，将持续推动黄河保护、噪声污染防治、海洋环境保护、环境影响评价、气候变化应对、生态环境监测、生物多样性保护、电磁辐射污染防治等重点领域法律法规的制定修订。补足短板弱项，持续优化和完善国家环境标准体系，加快建立、完善碳排放核算和相关温室气体排放控制、生态保护修复监管以及新污染物治理等领域的标准规范。在地方层面，大力推动地方标准发展，进一步提升地方精准治污水平。对没有国家标准的地方特色产业或者特有污染物，可以补充制定地方标准；对产业密集、环境问题突出、执行国家标准不能满足当地环境质量改善需求的，可以制定更严格的地方标准。此外，进一步压实地方生态环境保护责任，完善省以下生态环境机构监测监察执法垂直管理制度。二是抓好生态环境保护市场机制建设。做好全国碳排放权交易市场第二个履约周期管理，扩大行业覆盖范围和交易主体范围。继续深化规范排污交易试点。完善市场化多元化生态补偿，鼓励各类社会资本参与生态保护修复。完善森林、草原和湿地生态补偿制度，推动长江、黄河等重要流域建立全流域生态补偿机制。持续完善绿色财税和绿色金融政策。三是进一步压实地方生态环境保护责任。依法实施排污许可管理制度，推进生产服务绿色化，提高治污能力和水平，公开环境治理信息。四是进一步增强全社会生态文明意识。强化社会监督，发挥各类社会团体作用，通过宣传教育，引导组织、公民增强环境意识，行使环境权利，自觉履行环保法律义务。

（四）统筹推进产业结构、能源结构、交通运输结构调整优化

一是加快推动产业结构调整优化。加快推进新旧动能转化，着力构建以战略性新

兴产业引领、绿色低碳新兴产业凸显、新能源装备制造和新能源工业互联网为核心的现代产业体系，提高经济质量效益和核心竞争力。要在坚决遏制“两高”项目盲目发展的基础上，围绕产业结构调整和资源能源利用效率提升，加快钢铁、有色、石化等传统高耗能行业改造步伐，逐步降低高污染、高能耗、高碳排放产业和高含碳产业占经济的比重；要大力发展新兴产业，培育壮大低碳、零碳和负碳产业，重点发展高质量制造业、绿色低碳制造业、现代服务业等，推动高碳产业和低碳产业动能转换。二是加快推动能源结构调整优化。要立足我国以煤为主的能源资源禀赋特征，坚持先立后破，加快规划建设新型能源体系，保证传统能源逐步退出建立在新能源安全可靠的替代基础上，有计划分步骤实施碳达峰行动。要加快发展非化石能源，加快实施可再生能源替代行动，积极推进以沙漠、戈壁、荒漠地区为重点的大型风电、光伏基地建设，加快发展东中部分布式能源，有序发展海上风电，加快西南水电基地建设，安全稳妥地推动沿海核电建设，建设一批多能互补的清洁能源基地，大幅降低化石能源生产和消费的比重。合理控制煤电建设规模和发展节奏，积极推进现有煤电项目改造升级，推进以电代煤。加快推进煤炭利用高效化、清洁化，引导企业有序开展煤炭清洁高效利用改造，加快应用煤炭清洁高效燃烧、资源化利用等技术，依法依规淘汰落后产能、落后工艺。三是加快推动交通运输结构调整优化。依托交通强国建设试点，以交通运输全面绿色低碳转型为引领，以提升交通运输装备能效利用水平为基础，以优化交通运输用能结构、提高交通运输组织效率为关键，加快形成绿色低碳交通运输方式，加快推进低碳交通运输体系建设。要加快推动大宗货物和中长距离货物运输公转铁、公转水建设，优化调整交通运输结构，抓好交通运输结构优化；要抓好节能低碳装备推广应用，加快推广应用新能源和清洁能源车船，推进绿色低碳出行，形成绿色低碳交通运输方式；要持续提升城市建成区平均道路网密度和道路面积率，稳步推进步行和自行车等慢行交通系统、无障碍设施建设，加快充电基础设施建设，探索建立居民低碳出行激励制度，提高城市绿色出行比例；要抓好绿色低碳基础设施建设，推进各类资源节约集约利用，将绿色低碳理念贯穿交通基础设施规划、建设、运营和维护全过程，降低交通基础设施全生命周期能耗和碳排放。

（五）加快补齐环境基础设施建设短板

党的二十大报告强调“提升环境基础设施建设水平”；2023 年，全国生态环境保护工作会议要求“着力推动生态环境基础设施建设等重大工程项目实施”；在第二轮中央生态环境保护督察整改落实中，也将解决环境基础设施建设短板问题作为重头戏。下一步，一是加大补齐环境基础设施短板的力度。在众多环境基础设施短板里，有十大类问题出现频率最高，分别是污水管网建设滞后、污水处理厂超负荷运行、污泥无害化处置能力不足、黑臭水体排查整治不到位、生活垃圾焚烧设施建设滞后、垃圾渗滤液积存、工业园区环保水平低、农村生活污水处理设施闲置、危险废物处置利用问题多发、垃圾分类推进力度不够。二是积极推进农业农村污染治理。健全污水收集处理及资源化利用设施，特别是乡镇和农村地区的污水治理问题，逐步提升生活垃圾分类和处理能力。三是加强固体废物利用处置能力建设。聚焦农业废弃物、建筑垃圾、餐厨废弃物等领域，推进建立与经济社会发展相适应的固体废物处置体系，统筹加强固体废物利用处置能力建设，强化提升危险废物、医疗废物处置能力。

（六）以更高标准打好蓝天、碧水、净土保卫战

党的二十大报告提出，坚持精准治污、科学治污、依法治污，持续深入打好蓝天、碧水、净土保卫战。下一步，一是扎实推进蓝天保卫战。着力推动天然气管网等环境基础设施建设；聚焦秋冬季细颗粒物污染，因地制宜有序推进北方地区清洁取暖，坚持宜电则电、宜气则气、宜煤则煤、宜热则热，积极推广太阳能光热利用和集中式生物质利用，有效推进清洁取暖，同步推动建筑节能改造；推进重点行业超低排放改造和综合治理，开展挥发性有机物深度治理，深化重点区域大气污染联防联控，加强大气多污染物协同控制和区域协同治理。二是扎实推进碧水保卫战。统筹水资源、水环境、水生态治理，全面排查新增黑臭水体及返黑返臭水体；强化工业企业污染控制，严格排污许可、排水许可管理，全面落实企业治污责任，加强证后监管和处罚；持续推进长江流域水生态考核试点，针对生态环境存在的问题，深入推进沿江城镇污水垃圾处理、化工污染治理、农业面源污染治理、船舶污染治理和尾矿库污染治理“4+1”工程；组织开展城市（含县城）黑臭水体整治行动，巩固提升饮用水安全保障水平。三是开展土壤污染源头防控行动。强化土壤污染源头管控重大工程项目实施成效，推动土壤环境质量巩固提升，加强在产企业和关闭搬迁企业地块土壤污染管控，开展地下水污染防治重点区划定；持续推进农村环境整治，集中解决一批影响土壤环境质量的突出污染问题，切断污染物进入农田的链条。四是加强固体废物和新污染物治理。深入推进“无废城市”高质量建设，强化危险废物监管和利用处置能力改革，实施新污染物治理试点工程，深入开展重点行业重金属污染防治；加强新化学物质环境管理登记监督，对重点管控新污染物实施禁止、限制、限排等环境风险管控措施，建立国家层面应对新污染物的跨部门治理体系，形成跨区域跨流域的污染物协调治理机制，将主要新污染物监管纳入流域或区域监管职责，推进协同治理。

第十二章　实行高水平对外开放，开拓合作共赢新局面

对外开放是我国的基本国策，是国家繁荣发展的必由之路，是中国式现代化的重要内容。《纲要》提出，坚持实施更大范围、更宽领域、更深层次对外开放，依托我国超大规模市场优势，促进国际合作，实现互利共赢，推动共建“一带一路”行稳致远，推动构建人类命运共同体。党的二十大报告也再次强调，要坚持高水平对外开放，加快构建以国内大循环为主体、国内国际双循环相互促进的新发展格局。两年来，党中央及各部委接连印发《扩大内需战略规划纲要（2022—2035 年）》《“十四五”对外贸易高质量发展规划》《“十四五”商务发展规划》《“十四五”利用外资发展规划》《“十四五”电子商务发展规划》等重磅文件。各地深入学习贯彻落实《纲要》精神，积极推进实行高水平对外开放工作。经过两年努力，我国实行高水平对外开放取得积极成效，体现在高水平对外开放持续扩大，高质量共建“一带一路”走深走实，参与全球治理体系改革和建设取得新成效。展望“十四五”后半期，逆全球化思潮抬头，局部冲突和动荡频发，全球性问题加剧，我国实现高水平对外开放面临新形势：一是中国方案与国际主流方案存在分歧，制度型开放难度加大；二是全球贸易增速下滑预期明显，稳外贸承压；三是产业链本土化、投资保护主义现象抬头，稳外资难度加大；四是“一带一路”高质量发展存在挑战；五是人民币国际化，提速面临新挑战。习近平总书记在亚太经合组织工商领导人峰会演讲时明确提出，坚持敞开大门搞建设，坚定不移推进高水平对外开放。根据新的发展形势要求，下一步，一是稳步扩大制度型开放，抢抓 RCEP 红利；二是畅通国内国际双循环，建设贸易强国；三是持续优化外资外企营商环境，进一步放宽外资准入限制；四是推动“一带一路”高质量发展；五是维护多元稳定的国际经济格局和经贸关系；六是有序推动人民币国际化，充分预估金融摩擦、货币摩擦风险。

一、更高水平开放型经济新体制建设初见成效，共建“一带一路”稳定高质量发展

《纲要》共提出了 3 项重大举措：建设更高水平开放型经济新体制；推动共建“一带一路”高质量发展；积极参与全球治理体系改革和建设。经过两年发展，高水平对外开放持续扩大，高质量共建“一带一路”走深走实，参与全球治理体系改革和建设

取得新成效。但也要看到，我国建设更高水平开放型经济新体制、推进“一带一路”持续高质量发展仍有不足，参与全球治理的深度、广度与世界第二大经济体的地位极不匹配。

（一）高水平对外开放持续扩大

1. 制度型开放进一步拓展

一是外商投资准入前国民待遇加负面清单管理制度不断健全。我国外商投资准入负面清单经过 7 次缩减，条目越来越少，由最初的 190 项缩减到现在的 27 项，制造业条目已经归零，服务业准入大幅放宽。二是全跨境服务贸易负面清单管理制度建立健全。商务部印发《海南自由贸易港跨境服务贸易特别管理措施（负面清单）（2021 年版）》，标志着我国在跨境服务贸易领域的第一张负面清单诞生。该负面清单仅包括 11 类 70 项特别管理措施。三是服务业开放持续扩大。国家服务业扩大开放综合试点示范拓展到 11 个省份；国务院印发《支持北京深化建设国家服务业扩大开放综合示范区工作方案》，推动北京持续推进创新探索服务业扩大开放，标志着服务业扩大开放进入新阶段。四是金融领域开放推进。我国取消了银行、证券、基金、期货、人身险等业务领域的外资股比限制，有序推进跨境、证券市场的互联互通，推动沪深港通、沪伦通、债券通不断完善合格投资者制度；国务院发布《关于进一步优化外商投资环境加大吸引外商投资力度的意见》，提出深入实施合格境外有限合伙人（Qualified Foreign Limited Partner，QFLP）境内投资试点，建立健全 QFLP 外汇管理便利化制度，支持以所募的境外人民币直接开展境内相关投资。五是人民币国际化程度提升。首先，跨境收付总额增长。外汇局数据显示，2022 年跨境人民币收付总额为 42 万亿元，同比增长 14.75%，人民币在本外币跨境收付总额中占了约 50%。其次，人民币在国际货币体系中地位提升。环球银行金融电信协会（Society for Worldwide Interbank Financial Telecommunication，SWIFT）数据显示，2022 年人民币保持全球第五大最活跃货币的位置，并于 2021 年 12 月、2022 年 1 月、2023 年 11 月上行至第四大活跃货币地位，在 SWIFT 支付体系中位置更为稳固。2022 年人民币在 SDR 货币篮子中的权重上调至 12.28%，居世界第三位。此外，莫斯科交易所数据显示，2023 年 2 月，人民币首次超过美元，成为该交易所月度交易量最大的货币。最后，多国陆续开展人民币贸易结算。2023 年这一进程明显加速，伊拉克、巴西、阿根廷等国家先后宣布开启人民币贸易结算。截至 2022 年末，人民币清算行已覆盖 25 个国家和地区，2022 年共处理支付业务 211.31 亿笔，清算金额 7889.26 万亿元。

2. 对外开放平台功能提升

一是统筹推进各类开放平台建设。中共中央、国务院印发《全面深化前海深港现代服务业合作区改革开放方案》《横琴粤澳深度合作区建设总体方案》，国务院发布《广州南沙深化面向世界的粤港澳全面合作总体方案》；中国人民银行、中国银行保险监督管理委员会、中国证券监督管理委员会、国家外汇管理局、广东省人民政府联合发布《关于金融支持前海深港现代服务业合作区全面深化改革开放的意见》《关于金融支持横琴粤澳深度合作区建设的意见》。二是自由贸易试验布局逐步完善。商务部数据显示，全国自贸试验区数量达到 21 个[①]，形成覆盖东西南北中的试点格局，在投资、贸易、金融、人员流动等方面实施一系列开放举措，引领带动中国对外开放度和透明度不断提升。三是海南自由贸易港建设稳步推进。海南自由贸易港推出第一张跨境服务贸易负面清单，实现服务贸易管理模式根本性变革；制定《海南落实 RCEP20 条行动方案》和《深化海南与 RCEP 成员国合作的方案（2023 年）》，加快落实 RCEP 经贸规则，对标 CPTPP 开展先行先试；提升新兴服务贸易比重和数字贸易活跃度，2023 年 1—7 月新增注册数字贸易企业超过 2022 年增量的 91%，截至 2023 年 7 月，海南省累计注册数字贸易企业已达 20561 家[②]；海南自贸港封关运作各项准备工作取得阶段性进展，海南省牵头负责的 25 个全岛封关运作第一批项目全部开工建设。四是多次成功举办中外贸易展会，举办规模、签约金额屡创新高。2023 年第 133 届广交会展览总面积 150 万平方米，展位数量 7 万个，线下参展企业 34933 家，线上参展企业 39281 家，各项指标均创历史新高；2023 年第三届中国国际消费品博览会吸引 3382 个消费精品品牌参展，参展品牌数较第二届增加 19%，开展 3 日成交金额超 400 亿元，远超上年同期；2023 年中国国际服务贸易交易会达成成果 1100 余项，线下参展企业 2400 余家，线上参展企业 6700 余家，累计入场近 28 万人；2023 年第 20 届中国—东盟博览会签约项目总投资额 4873 亿元，共组织签订投资合作项目 470 个，活动场次、项目数量、投资总额创历届新高；2023 年第六届中国国际进口博览会按一年计意向成交金额 784.1 亿美元，创历届新高。

3. 区域开放布局逐步优化

一是中西部地区开放水平不断提升。海关统计数据显示，2023 年 1—5 月，我国中西部地区合计进出口 3.06 万亿元，同比增长 7.6%，占我国进出口总值的比重为 18.2%，占比较上年同期提升 0.4 个百分点[③]。二是广西建设面向东盟的开放合作高地、云南建设面向南亚、东南亚和环印度洋地区开放的辐射中心取得进展。据广西南宁市官方介绍，2023 年南宁市将高质量推进中国—东盟信息港南宁核心基地建设，运营中国—东盟人工智能计算中心，建设中国—东盟卫星数据服务中心等，打造 10 个广西面向东盟的数字化示范性标杆项目和服务平台；云南省人民政府印发《中国（云南）自由贸易试验区深化改革开放方案》提出，加快推进高水平对外开放，推动形成面向南亚、东南亚和环印度洋地区的更大范围、更宽领域、更深层次对外开放格局，

---

① 21 个自贸区所在省份：上海、广东、天津、福建、辽宁、浙江、河南、湖北、重庆、四川、陕西、海南、山东、江苏、河北、云南、广西、黑龙江、北京、湖南、安徽。

② 海南省委宣传部，《海南自贸港加快打造国家最高水平对外开放平台》。

③ 海关总署，《今年前 5 个月我国进出口总值 16.77 万亿元　同比增 4.7%》。

引领全省新时代全面深化改革扩大开放，助推我国面向南亚、东南亚辐射中心建设不断取得新进展，推动共建“一带一路”高质量发展。

4. 开放安全保障体系逐步健全

一是首次使用“不可靠实体清单”制度进行制裁。商务部发布不可靠实体清单工作机制公告，决定将参与对我国台湾地区军售的洛克希德·马丁公司、雷神导弹与防务公司列入不可靠实体清单，对两家对台军售企业实施制裁。二是建立健全全口径外债监管体系。《企业中长期外债审核登记管理办法》正式施行，相较此前的“管理办法”做到了科学划定管理范围、强化外债募集资金用途管理、细化审核登记程序、创新和丰富事中事后监管、引导企业加强外债风险管理5点优化。

但也要看到，我国建设更高水平开放型经济新体制仍有不足。一是制度型开放程度不足。首先，以《中华人民共和国外商投资法》为基础的法律和配套制度还不完善。全国人大常委会执法检查组对《中华人民共和国外商投资法》落地情况进行调查后指出，法案执行仍然存在衔接协调不够影响执法司法、信息获取渠道不畅影响法律实施效果、高水平国际投资规则需要国内法律制度更好地衔接等问题。其次，自由贸易试验区的制度开放探索仍需深入。当前自贸试验区制度改革仍存在服务业开放水平较低、内外汇管制尚未有实质性的开放措施、自贸试验区改革创新自主权限不高等问题。最后，我国产品标准体系水平尚显不足。具体体现在部分产品标准与产业发展进程不匹配、标准体系的先进性不足与国际标准相比存在差距、我国企业在国际标准制定中的参与度有待继续提升3方面。二是服务业开放步伐相对缓慢。如对外资企业的股比限制仍有调整、替代、完善的空间，对大多数服务业外资企业的经营模式、牌照、业务范围等限制仍然较多。三是中、西部地区开放程度不够。由于历史、区位、政策等多种因素存在，我国中、西部地区的开放水平较低。商务部数据显示，2022年我国中、西部地区实际使用外资金额分别为137.8亿美元、109亿美元，全国占比分别为7.3%、5.8%，远低于东部地区86.9%的占比①。四是金融体系风险上升，对金融业扩大开放形成阻碍。近期以来，金融系统性风险上升的问题较为普遍，防范系统性金融风险爆发成为我国政府面临的重要挑战之一，而金融系统的相对稳定是扩大金融业对外开放的关键一环。五是粮食、资源、供应链安全保障能力不足。我国是世界上最大的农产品净进口国，是能源消费大国，当前粮食、能源对外依存度过高，资源掌控能力、大宗商品市场定价权、大宗商品运输能力均有所不足。此外，部分产业链受制于海外，组织海外工业链能力欠缺，供应链安全保障能力同样欠缺。如尽管中国拥有世界上门类最为齐全的工业部门和产业链条，但半导体芯片制造、操作系统、发动机等重大技术装备领域仍处于“卡脖子”阶段。六是人民币国际化程度不高。当前，人民币国际化仍受到国内资本项目自由流动和兑换受阻、汇率机制不完善等因素阻碍，一定程度

① 商务部，《中国外资统计公报2023》。

导致人民币国际化程度不足。一方面，在全球支付中占比较低。SWIFT 数据显示，2023 年 11 月，人民币在主要货币的支付金额中占比 4.6%，较美元、欧元的 47%、23%差距明显。另一方面，人民币价值波动较大。人民币价值容易受到一些政治事件或国际形势的影响，且国际化的程度并不如美元、欧元等货币高，人民币结算稳定性不足。

（二）高质量共建“一带一路”走深走实

1. 加强发展战略和政策对接

稳步推进战略、规划、机制对接，加强政策、规则、标准联通。商签共建“一带一路”合作文件持续推进，截至 2023 年 8 月底，已与 152 个国家、32 个国际组织签署 200 多份合作文件，覆盖我国 83%的建交国①；成功举办第三届“一带一路”国际合作高峰论坛。国家战略对接和政策协调持续深化。在区域和多边层面，共建“一带一路”同联合国 2030 年可持续发展议程、《东盟互联互通总体规划 2025》、东盟印太展望、非盟《2063 年议程》、欧盟欧亚互联互通战略等有效对接。在双边层面，共建“一带一路”与俄罗斯欧亚经济联盟建设、哈萨克斯坦“光明之路”新经济政策、土库曼斯坦“复兴丝绸之路”战略、蒙古国“草原之路”倡议、印度尼西亚“全球海洋支点”构想、菲律宾“多建好建”规划、越南“两廊一圈”、南非“经济重建和复苏计划”、埃及苏伊士运河走廊开发计划、沙特“2030 愿景”等多国战略实现对接；标准联通进一步深化，蒙内铁路成为国际上第一条完全采用中国标准进行设计和施工的现代化新型铁路，中国企业以设计、采购和施工总承包方式总体承建和参与铁路项目的运营管理，使得我国铁路装备、标准和管理“走出去”。

2. 推进基础设施互联互通

一是六大经济走廊建设取得明显成效。中蒙俄经济走廊建设加快推进，新亚欧大陆桥经济走廊依托中欧班列快速发展，中国—中亚—西亚经济走廊建设提速，中国—中南半岛经济走廊多个标志性项目落地，中巴经济走廊成为共建“一带一路”的旗舰项目，孟中印缅经济走廊建设成果丰硕。具体看，中欧班列“十四五”以来累计开行近 4 万列，通达欧洲 25 个国家的 217 个城市，西部陆海新通道铁海联运班列快速增长，雅万高铁、中老铁路全线开通运营。二是“丝路海运”持续扩容。国务院印发《“十四五”现代综合交通运输体系发展规划》提出，优化国际海运航线网络布局，提高陆海联运效率，推动中欧陆海快线健康发展，扩大“丝路海运”品牌影响。截至 2023 年 3 月 30 日，“丝路海运”命名航线总数达 100 条，通达全球 43 个国家的 117 座港口。截至 2023 年 6 月，中国企业在“海上丝绸之路”沿线的投资项目超过了 100 个；厦门海关统计显示，截至 6 月 10 日，国内首条“丝路海运”电商快线“厦门—马尼拉”开

① 新华社，《我国已与 152 个国家、32 个国际组织签署共建“一带一路”合作文件》。

通首年进出口破100亿元。三是“空中丝绸之路”进展较快。截至2023年6月，我国与“一带一路”沿线62个国家签订了双边政府间航空运输协定，与45个“一带一路”共建国家实现直航。四是“一带一路”空间信息走廊建设提速。数字基础设施建设持续完善。数字基础设施建设日益成为“一带一路”发展的重要环节，关键性的互联网基础设施相继落地。五是“一带一路”能源基础设施建设持续推进。“一带一路”能源和合作朋友圈持续扩大。10年间，我国先后与90多个国家和地区建立政府间能源合作机制，与30多个能源类国际组织和多边机制建立合作关系；能源基础设施建设持续推进。跨境油气管道大面积投产，电力互联互通持续扩容，重大标志性能源合作项目加速落地；绿色能源转型初见成效。绿色能源合作规模扩大，积极参与国际绿色标准制定，清洁能源产业发展迅速。

3. 深化经贸投资务实合作

一是经贸合作、投资持续深化。商务部数据显示，截至2022年底，中国企业在共建“一带一路”国家建设的境外经贸合作区累计投资达571.3亿美元，为当地创造了42.1万个就业岗位；在共建“一带一路”国家承包工程新签合同额、完成营业额累计分别超过1.2万亿美元和8000亿美元，占对外承包工程总额的比重超过了一半；2022年对“一带一路”共建国家投资占整体对外投资比重上升到18.9%。二是“丝路电商”朋友圈不断扩大。中国与新加坡、巴基斯坦、泰国、老挝等国签署关于电子商务合作的谅解备忘录；截至2022年底，已与28个国家建立双边电子商务合作机制。近5年来，我国跨境电商数量增长10倍，2022年跨境电商进出口额达到2.11万亿元，占我国外贸进出口额的比重达到5%。三是“一带一路”风险防控和安全保障体系完善。持续统筹完善重大境外项目建设和风险防范，指导企业防范化解境外投资风险，境外项目风险监测评估预警综合服务平台加快建设。四是多元化投融资体系持续健全。银行方面，形成了以各国国内金融机构为主导，亚洲基础设施投资银行、丝路基金为先锋，传统国际金融机构为重要补充的融资结构。截至2022年底，金砖国家新开发银行成员国扩容至8个，亚洲基础设施投资银行成员由开业时的57个增至106个，累计批准项目202个，融资额超过388亿美元；基金方面，加速搭建“基金贷款债券保险”四元闭合的融资体系；保险方面，“一带一路”再保险联盟为“一带一路”建设扎牢“安全网”；平台方面，基础设施互联互通合作新平台MCDF有效运作，协调和促进国际金融机构为共建“一带一路”国家基础设施项目提供支持。

4. 架设文明互学互鉴桥梁

一是公共卫生、数字经济、绿色发展、科技教育、文化艺术等领域人文合作深化。健康、绿色、数字、创新丝绸之路建设加快推进，已与16个国家签署数字丝绸之路建设合作谅解备忘录，与15个国家签署数字经济、绿色发展领域投资合作备忘录；建立公共卫生合作网络、热带医学联盟、包虫病防控联盟等平台，努力维护全球卫生安全；

建立医学人才培养联盟、医院合作联盟、卫生政策研究网络等，对接各方卫生发展战略；深化与相关国家科研机构在重大新药创制和疾病防治等领域联合研究和技术攻关，继续推动卫生创新合作。二是共建“一带一路”科技创新行动计划推进实施。科技部、国家发展改革委、教育部、工信部等多部门发布《关于进一步支持西部科学城加快建设的意见》提出，高水平建设“一带一路”科技创新合作区和国际技术转移中心，布局“一带一路”国际科技合作基地和国别合作园区，国际国内双向建立联合实验室、全球研发中心、国际科技园区等平台，高水平举办“一带一路”科技交流大会，打造国家级科技交流品牌；科技人文交流规模和质量大幅提高。“一带一路”科技创新行动计划已支持3500余人次的青年科学家来华开展为期半年以上的科研工作，培训超过1.5万名国外科技人员，资助专家近2000人次；共建联合实验室加速创新资源集聚。我国与40多个国家和地区的科研机构、大学和国际组织共同发起成立“一带一路”国际科学组织联盟，截至2021年末，中国与84个共建“一带一路”国家建立科技合作关系，支持联合研究项目1118项，累计投入29.9亿元，在农业、新能源、卫生健康等领域启动建设53家联合实验室；技术转移推动创新成果落地见效。我国面向东盟、南亚、阿拉伯国家、中亚、中东欧国家、非洲、上合组织、拉美建设了8个跨国技术转移平台，并在联合国南南框架下建立“技术转移南南合作中心”，基本形成了“一带一路”技术转移网络。我国主导发起的“一带一路”国际科学组织联盟，成员单位已经达到了67家①。

但也要看到，推进“一带一路”持续高质量发展仍然存在很多不足。一是促进产能合作的体制机制和支持服务体系不健全。长期以来，我国对企业进行海外投资采取比较谨慎的限制体制，行政审批体制过于复杂，缺乏效率和透明度，在投资审批、外汇管理等方面存在诸多制约。二是与国外制度环境和技术标准不兼容。境内外产能合作技术标准不对接也成为我国企业进入目的国的阻碍之一。主要是因为欧美工业技术标准大行其道，特别是在电力、石油炼化、交通运输及其他基础设施建设领域，我国企业提供的优质产品和服务难以进入市场。一些国家电力项目甚至明确规定不能使用中国标准，而是采用日韩或欧美标准。三是信息服务平台等服务体系欠缺。“一带一路”建设涉及的国家政府、行业组织、企业等项目参与方众多，各种资源未能有效整合。这一欠缺导致我国企业在进行国际合作时难以获得高质量、精准性强的服务和信息，对企业海外经营发展形成阻碍。四是企业国际化能力不足成为重要短板。跨国产能合作涉及各国法律、汇率、财会制度及各种复杂因素，这对企业的人才队伍建设提出更高要求。

---

① 科技部，2022中关村论坛新闻发布会。

（三）参与全球治理体系改革和建设取得新成效

1. 多双边经贸合作务实开展

一是积极推动加入高标准经贸协定取得进展。《全面与进步跨太平洋伙伴关系协定》（Comprehensive and Progressive Agreement for Trans-Pacific Partnership，CPTPP）方面已正式提出加入申请，就协定内容进行了充分、全面和深入的研究评估，并与成员国进行了不同层级的、广泛的接触和交流。DEPA 方面，DEPA 成员成立中国加入的工作组，DEPA 的 3 个成员方与中国举行四方部长级会议并召开首席谈判代表启动会。二是建设性参与 APEC、金砖国家等机制治理合作。在 APEC 框架内支持推动工作计划，推动亚太自贸区向前迈出更大步伐。深入推进全球发展倡议，加强与联合国、二十国集团（G20）、APEC、金砖国家、东盟与中日韩（10+3）领导人会议、上海合作组织等多边机制合作。

2. 构建高标准自由贸易区网络

一是面向全球的自贸协定网络初步构建。我国与柬埔寨自贸协定、新西兰自贸协定升级议定书生效；与尼加拉瓜签订了自贸协定早期收获安排，并与尼加拉瓜启动自由贸易协定谈判；和东盟的自由贸易区 3.0 版谈判启动；与海湾六国海合会的自贸协定谈判取得积极进展。二是自由贸易区布局优化。一方面，RCEP 对 15 个成员国全面生效。商务部等 17 部门联合印发《关于服务构建新发展格局推动边（跨）境经济合作区高质量发展若干措施的通知》，提出拓展国际合作，包括高质量实施 RCEP、支持地方参与国际经贸合作等。RCEP 实施有效促进了我国与成员国的贸易增长。2022 年，中国跟 14 个 RCEP 成员国的贸易达到 12.9 万亿元，同比增长 7.5%，占我国外贸总额的 30.8%。另一方面，中日韩自由贸易协定谈判加快推进。RCEP 将中日韩全面纳入区域自贸协定，中日和日韩首次形成相互开放市场、降低关税的制度安排。中、日、韩三国率先全面落实开放承诺和规则，合力推进 RCEP 进程，打开了新的合作空间。三是自由贸易区建设水平持续提升。APEC 第二十八届贸易部长会议上，中国商务部表示，中方坚定致力于实现全面、高水平的亚太自贸区，正在高质量实施 RCEP，与东盟成员国积极打造中国—东盟自贸区 3.0 版，持续推进加入《全面与进步跨太平洋伙伴关系协定》（CPTPP）和 DEPA，为全球和区域经济稳定增长提供推动力。

3. 积极营造良好外部环境

一是积极落实联合国 2030 年可持续发展议程。积极发挥负责任大国作用，带头落实联合国 2030 年可持续发展议程，为解决可持续发展问题贡献了中国智慧和中国方案；在实现联合国 2030 年可持续发展议程涉水目标方面取得了重大进展。二是深化对外援助体制机制改革。国家国际发展合作署、外交部、商务部发布《对外援助管理办法》，加强对外援助的战略谋划和统筹协调，规范对外援助管理，提升对外援助效果；

全球发展伙伴关系进一步巩固，向发展中国家特别是最不发达国家提供力所能及的帮助，全力支持全球抗疫事业。三是成功承办多次大型国际体育赛事。北京冬奥会、世界乒乓球团体锦标赛、亚运会等国际性重大赛事成功举办。其中，北京冬奥会吸引来自91个国家或地区奥委会的2897名运动员参赛，媒体转播方面全球观众通过奥林匹克持权转播商的频道观看了总计7130亿分钟的奥运报道，比平昌冬奥会增长18%。四是中国方案助力全球和平。以中国特色大国元首外交为引领，提出全球发展倡议、全球安全倡议、全球文明倡议，为维护世界和平与安宁、促进可持续发展、完善全球治理体系提供了中国方案、中国贡献。在中国斡旋下，沙特、伊朗同意恢复外交关系，开展各领域合作，三国联合发布《中华人民共和国、沙特阿拉伯王国、伊朗伊斯兰共和国三方联合声明》；2023年，全国两会闭幕后，西班牙、马来西亚、新加坡、法国、欧盟、巴西、加蓬等多国领导人及国际组织负责人纷纷访华，中国国际形象、外交关系步入新局面。

但也要看到，我国参与全球治理体系的改革和建设仍有不足，参与全球治理的深度、广度与世界第二大经济体的地位极不匹配。一是参与时间滞后。由于特定的历史因素，中国是全球治理体系的“后来者”。中国于1971年恢复联合国合法席位，1991年加入亚太经合组织，2001年加入世贸组织，加入重要国际组织的时间远晚于欧美经济体。二是参与数量有限，中国背景的国际性社会组织数量过少。联合国社会和经济事务部数据库统计数据显示，截至2022年底有6155家社会组织具有咨商地位，其中中国背景的有86家，占比仅为1.40%。与之相比，美国背景的有1214家，占比为19.72%，英国背景的有289家，占比为4.70%。三是参与程度不深，话语权有限。长期以来，中国在既定的治理体系框架内是“被动参与者”，缺少规则制定权和议程决定权。如中国在加入WTO后提升了全球化水平，但仍然连续23年成为反倾销调查的最大受害国（截至2017年），饱受双重标准、贸易保护主义的困扰。再如欧美发达国家享有行业、技术标准的制定和相关行业法规制定的先发优势，从而基于此形成了规则庇护下的贸易保护。尽管我国已经成为三大国际标准化组织（ISO、IEC、ITU）的常任成员，但由于历史原因，中国标准在国际上的影响力还很弱，认可度和应用程度还很低，中国人主导制定的ISO和IEC国际标准仅占标准总量的2%。

二、实现高水平对外开放面临的新形势

展望“十四五”后半期，世界百年未有之大变局加速演进，国际局势纷繁复杂，世纪疫情影响深远，逆全球化思潮抬头，单边主义、保护主义、霸权主义明显上升，世界经济复苏乏力，局部冲突和动荡频发，全球性问题加剧，我国实现高水平对外开放仍有挑战。

（一）中国方案与国际主流方案存在分歧，制度型开放难度加大

习近平总书记多次在发言中强调，中国将继续推进高水平对外开放，稳步推动规

则、规制、管理、标准等制度型开放，增强在国际大循环中的话语权。中国将更加积极参与双边、多边和区域合作，同各国实现更高水平的互利共赢。

推动制度型开放是我国适应对外开放新阶段的战略抉择，也是深化我国与世界合作的必然要求，但新形势下我国主张中国方案难度加大。我国经过多年快速发展，商品和要素流动型开放带来的发展红利已经得到较为充分的释放，必然要转向制度型开放。但与此同时，西方发达国家正试图通过制定高标准经贸规则提高贸易投资壁垒，推行逆全球化的单边主义、孤立主义和贸易保护主义，全球竞争逐步从经济竞争演变为规则之争。当前，世界仍处于美国等发达国家主导的国际经贸规则之下，且发达国家正抱团形成区域联盟，极大地挤压了发展中国家的国际发展空间，我国主张中国方案难度加大。

（二）全球贸易增速下滑预期明显，稳外贸承压

对外贸易是我国开放型经济的重要组成部分，是经济增长的"三驾马车"之一，稳外贸是实现高水平对外开放的重要内涵。党的二十大报告指出，推动货物贸易优化升级，创新服务贸易发展机制，发展数字贸易，加快建设贸易强国。

当前，我国外贸领域主要矛盾，从2022年的供应链受阻、履约能力不足，已经转变为当前的外需走弱、订单下降。多家国际组织预测，全球经济下行压力凸显。2023年11月29日，OECD发布的《经济展望》报告预计，2024年全球GDP同比增速将从2023年的2.9%降至2.7%；2023年10月10日，IMF发布最新一期《世界经济展望》，预计2024年全球经济增速为2.9%，较2023年的3%下行。

在全球贸易放缓的背景下，中国出口或受影响。一方面，海外滞胀局面仍将惯性延续，加之地缘冲突尚未出现转折，中国出口端压力仍在。另一方面，在制造业回流与贸易保护主义共同作用之下，出口管制或限制措施都会在一定程度上影响中国出口。

（三）产业链本土化、投资保护主义现象抬头，稳外资难度加大

外资对我国经济发展意义重大，可推动资源合理配置，促进市场化改革。习近平总书记高度重视吸收利用外资工作，多次强调"利用外资是我们的长期方针""让中国大市场成为世界大机遇""创造更有吸引力的投资环境"。党的二十大报告同样指出，要"稳步扩大规则、规制、管理、标准等制度型开放"，"合理缩减外资准入负面清单，依法保护外商投资权益，营造市场化、法治化、国际化一流营商环境"。但当前形势下，稳外资难度加大。一方面，全球产业链本土化收缩趋势明显。近年来，欧盟、美国等发达经济体力图重振本国制造业，纷纷鼓励本国制造业企业回流。2022年2月，欧盟委员会正式公布《欧洲芯片法案》，拟投资超过430亿欧元，提振欧洲芯片产业，提高欧盟制造半导体芯片的能力，希望到2030年将欧盟在全球先进芯片制造中的份额从10%提升至20%。2022年8月，美国总统拜登签署《2022芯片与科学法案》《通胀削减法案》，试图通过提供大量补贴吸引制造业尤其是芯片和汽车产业回迁，台积电等

企业已经加大在美国的投资规模。另一方面，全球投资保护主义不断抬头。联合国贸发会议（United Nations Conference on Trade and Development，UNCTD）发布的《2022年世界投资报告》显示，2021年，全球53个经济体总共推出了109项影响外国投资的政策措施，其中限制性措施占投资政策措施总额的比重达到历史最高，为36.7%，便利化措施的数量达到历史最低，而几乎全部发达国家都强化外资安全审查制度，这反映出全球对外国投资的限制越来越多，投资保护主义风险不断增加。

（四）“一带一路”高质量发展存在挑战

“一带一路”倡议提出以来，我国与共建国家贸易和投资规模稳步扩大，基础设施互联互通不断加强，产业链供应链合作水平持续提升。但高质量发展“一带一路”仍存在挑战。一是全球经济下行压力对共建“一带一路”造成挑战。一方面，全球经济下行压力将增加“一带一路”共建国家建设的经济风险和不确定性，阻碍设施联通建设。另一方面，经济下行压力往往与贸易收缩压力同时存在，对我国对外经贸合作造成不利影响，阻碍我国与共建国家的贸易畅通。二是复杂的博弈环境主体使“一带一路”建设面临严峻挑战。为制衡我国与“一带一路”共建国家的合作，西方国家先后推出类似倡议，拉拢发展中国家，试图削弱我国的影响力。相关基建计划与“一带一路”形成竞争关系，对我国与共建国家政策沟通、设施联通的发展形成挑战。同时，西方国家发动“债务陷阱”等政治谣言进行舆论攻击，造成共建国家的政治压力。此外，我国治理方案与全球固有治理方案的冲突持续存在，同样对高质量共建“一带一路”形成挑战。三是新兴领域规则重构，与共建国家合作面临不确定性。一方面，数字经济领域全球范围尚未形成统一的治理规则体系，“数字丝绸之路”建设面临较大挑战。另一方面，国际能源利益格局、合作体系不完善阻碍能源合作。四是共建国家复杂的政治环境对“一带一路”建设、发展形成挑战。一方面，地缘政治冲突对共建“一带一路”造成阻碍。另一方面，共建国家多存在经济、政治等多方面风险，对“一带一路”五通推进形成挑战。五是共建国家财政压力和债务风险导致“一带一路”发展受限。一方面，财政压力及债务问题导致共建国家投入资金规模受阻。据世界银行测算，2030年“一带一路”共建国家的基础设施投资需求将达到6499亿美元。“一带一路”基础设施建设和能源项目投资资金需求大、投资周期长、金融风险高，在财政压力及债务问题存在下，共建国家进行相关投资的能力及动能受到影响。另一方面，新冠疫情之后共建国家贫困问题凸显，民生援助力度亟待加大。新冠疫情以后，全球贫困问题越发凸显，吞噬“一带一路”共建国家发展和减贫成果。

（五）人民币国际化提速面临新挑战

近年来，我国政府积极与世界各国签订双边货币互换协定，推动人民币国际化。签约国家和地区数量接近40个，总金额超过3万亿元。人民币国际化取得初步进展，在国际市场的认可度和接受度不断上升。但展望后续，人民币国际化仍面临新形势新挑战。一是资本项目可兑换进程推进或带来多重风险，导致我国在金融摩擦中处于弱势地位。首先，资本逃避风险。资本项目可兑换是刺激国内居民出于安全动机、避税动机等原因将资本转移出境的“非正常资本流动”，成规模的资本逃避将对人民币汇率稳定、国际收支平衡稳定、政府基税规模造成负面影响。其次，资本流入风险。在资本项目可兑换进程中，大规模的资本流入可能会影响国内货币供应、引发过度借贷，影响货币政策独立性以及金融体系稳定性。最后，金融体系受冲击风险。当前国际形势下，中美之间的竞争延续至金融货币领域。但考虑到我国金融机构国际层面竞争力较弱、国内金融市场一定程度处于相对隔离状态，中国人民银行较为缺乏管理海外金融机构经验等因素，资本项目可兑换进程的推进会加剧资本的大量无序流动，对国内金融体系形成冲击，导致我国在金融摩擦中处于劣势地位。二是人民币在国际贸易和国际投资领域的影响力不足。具体体现在人民币在国际货币体系中的地位与我国贸易大国身份不匹配。截至 2023 年 11 月，人民币是全球第四大支付货币、第三大贸易融资货币、第五大国际储备货币，人民币外汇交易在全球市场份额占比为 7%，与我国连续 6 年保持世界第一货物贸易国地位并不相符。三是人民币国际化进一步加速，与美元霸权冲突日益明显，金融摩擦、货币摩擦一触即发。自俄乌冲突以来，美元霸权集中体现在“武器化”以及激进加息引动“美元潮汐”扰动全球金融安全两方面，致使全球范围内货币支付领域“去美元化”呈星火之势。与此同时，人民币国际化持续加速，与美元霸权冲突日益明显。2023 年 2 月以来，伊拉克、巴西、俄罗斯、阿根廷纷纷宣布或正式启动人民币贸易结算业务。其中，能源贸易领域的结算是人民币与美元霸权冲突的重要“战场”。石油美元是美元霸权的重要根基之一，第四次中东战争期间，以沙特为首的石油输出国组织一致同意以美元定价石油产品，并将石油收益投资于美国政府债券，以换取美国的军事安全保护，石油美元体系正式形成。但随着伊拉克宣布对华贸易以人民币结算，沙特宣布对以美元之外的货币进行贸易的讨论持开放态度，中国与俄罗斯等国进行本币能源贸易，美元霸权体系的根基正在被逐渐削弱，这势必引来美国在货币、贸易领域的更多反制，需要高度警惕，积极应对。随着人民币国际化与美元霸权冲突日益明显，中美之间金融摩擦、货币摩擦爆发风险显著上升，但我国对此准备明显不足，如尚未开展金融领域全行业的压力测试、对美金融制裁能力缺失等情况仍然存在。

三、“十四五”期间扩大高水平对外开放的政策建议

对外开放是我国的基本国策，是国家繁荣发展的必由之路，是中国式现代化的重要内容。习近平总书记在第十四届全国人民代表大会第一次会议上强调，要扎实推进高水平对外开放，既用好全球市场和资源发展自己，又推动世界共同发展。党的二十大报告也指出，推进高水平对外开放，稳步扩大规则、规制、管理、标准等制度型开放，加快建设贸易强国，推动共建“一带一路”高质量发展，维护多元稳定的国际经

济格局和经贸关系。根据新的发展形势要求，进入“十四五”后半期，一要稳步扩大制度型开放，抢抓 RCEP 红利；二要畅通国内国际双循环，建设贸易强国；三要持续优化外资外企营商环境，进一步放宽外资准入限制；四要推动“一带一路”高质量发展；五要维护多元稳定的国际经济格局和经贸关系；六要有序推动人民币国际化。

（一）稳步扩大制度型开放，抢抓 RCEP 红利

习近平总书记强调，要推进高水平对外开放，稳步推动规则、规制、管理、标准等制度型开放，增强在国际大循环中的话语权；要积极参与国际经贸规则谈判，推动形成开放、多元、稳定的世界经济秩序，为实现国内国际两个市场两种资源联动循环创造条件。

一是主动对标国际高标准经贸规则，构建与国际高标准规则相衔接的制度体系和监管模式。应通过推动 RCEP 实施，深度对接《全面与进步跨太平洋伙伴关系协定》（CPTPP）、DEPA 等高标准国际经贸规则，积极发挥自贸试验区和自由贸易港“压力测试实验室”的作用，为率先对标 CPTPP 和 DEPA 高水平经贸规则开展高水平压力测试。由此主动构建有利于我国的多边和双边规则体系，加快形成与国际高标准规则相衔接的制度体系和监管模式，不断增强制度性话语权和参与全球经济治理的影响力，从国际经贸规则的接受者、跟随者转变为制定者、引领者。

二是发挥各类开放平台的先行先试和引领作用，推动高水平制度型开放。高标准自由贸易试验区、高水平中国特色自由贸易港，是我国体制机制创新的“试验田”。要统筹推进自贸区、海南自贸港、沿边重点开发开放试验区、边境经济合作区、跨境经济合作区、内陆开放型经济试验区等各类开放平台建设，充分发挥其制度型开放先行先试和引领作用。

三是统筹好对外资开放和国家经济安全。要构建以健全对外资的国家安全审查制度为主体、以推动对外资的反垄断规范化和谨慎放宽特定行业的外资市场准入为两翼的“一体两翼”开放安全保障体系。

四是抢抓 RCEP 红利。RCEP 是全球最大制度型开放平台，人口、经济总量、贸易额均约占全球三成，市场潜力巨大。当前，全球产业链供应链正在加速重构，RCEP 使成员国之间的货物、服务、投资等领域的市场准入进一步放宽，原产地规则、海关程序、检验检疫、技术标准等逐步统一，将促进区域内经济要素自由流动，强化成员间的生态分工合作。应聚焦 RCEP 新开放领域，围绕服务贸易、投资、原产地规则等领域的开放承诺，加快推动与 RCEP 成员国构建相互促进、互利共赢的产业链供应链体系。

（二）畅通国内国际双循环，建设贸易强国

一是优化商品进口结构。要通过降低进口关税和制度性成本，扩大优质消费品、先进技术、重要设备、关键零部件进口，优化进口商品结构。

二是充分发掘新兴市场新动能，抢占新业态发展制高点。一方面，在全球经济增长动能减速的背景下，新兴市场有望成为重要增长点。IMF 在 2023 年 10 月发布的《世界经济展望》中预测 2024 年发达经济体增长 1.4%，新兴市场与发展中经济体增长 4.0%，新兴市场与发达市场 2.6%的经济增速差处于历史高位水平，指向新兴市场挖掘潜力巨大。另一方面，要积极发展跨境电商、海外仓等外贸新业态，抢占行业发展制高点。在当前严峻复杂的外贸发展环境下，外贸新业态成为外贸增长的重要动能。海关总署数据显示，2022 年，我国跨境电商进出口（含 B2B）2.11 万亿元，同比增长 9.8%，高于整体外贸增速 2.1 个百分点。要加强政府和企业的协同，充分发挥市场主体在外贸新业态发展中的能动作用；也要系统施策和精准施策，在产业、财税和金融方面予以支持，如继续优化跨境电商出口海外仓监管模式备案；继续保持税费优惠支持政策稳定；加大对跨境电商企业和交易平台给予资金扶持；对有市场销售凭证和商品供应渠道的跨境电商给予贷款支持，缓解其资金占用和财务压力等。

（三）持续优化外资外企营商环境，进一步放宽外资准入限制

一是持续优化营商环境。着力解决外资企业在华投资和经营过程面临的普遍性问题，加快完善国内配套制度体系，为外资企业在华经营提供市场化、法治化、国际化的营商环境。加快出台实施指南和实施意见，统一政策法规实施标准和程序，最大程度避免自由裁量式执法；进一步简化并优化审批程序，缩短审批时限，推动相关领域牌照或证照发放的公开透明；落实好外资企业国民待遇，保障外资企业平等参与招投标、政府采购、标准制定等，加大知识产权和外商投资合法权益的保护力度。

二是进一步放宽外资准入限制，完善外商投资准入负面清单管理制度。全面实行准入前国民待遇加负面清单管理制度，是扩大行业开放的重要手段，是构建开放型经济新体制的关键举措，更是制度型开放的主要标志。我国制造业对外开放程度较高，进一步开放的空间有限，服务业对外开放程度相对较低，是扩大对外开放的重点领域。以海南自由贸易港为例，尽管拥有国内最精简的外商投资准入负面清单和第一张跨境服务贸易负面清单，但离最高水平的开放形态仍存在差距。要借鉴国际最高水平的负面清单管理制度，创新完善外商投资准入负面清单和跨境服务贸易负面清单的内容与形式，探索实行两张清单一体化管理，着重提高服务业对外开放程度。

（四）推动“一带一路”高质量发展

高质量共建“一带一路”是扩大对外开放的有效举措。“一带一路”是我国对外开放、经济效应辐射的重要标志性项目之一。高质量共建“一带一路”是我国全力推进制度型开放的重要平台，有利于我国优先加强与共建“一带一路”国家在规则、制度和标准上的对接与协调，增加共建“一带一路”国家的认可与参与。

一是发挥经济带动作用，加大国际共商共建力度。充分增强国内、国际经济发展动能，发挥对全球经济的带动作用；为共建国家提供金融助力，缓解债务压力；加大

“一带一路”共商共建，加快经济走廊建设；推动地缘政治危机化解，为全球多边治理建设贡献力量。

二是统筹发展规划，加强与国内战略有效衔接。统筹推进“一带一路”建设与“双循环”新发展格局。实施更宽领域、更深层次的对外开放，加强“一带一路”建设与我国区域重大战略的有效衔接。协同推进以都市圈城市群为核心推动区域重大战略与共建“一带一路”充分融合，通过完善地区物流通道建设，深度融入共建“一带一路”大格局；统筹发展与安全，着力提升产业链供应链韧性和安全水平。

三是加强多边金融合作，完善多元化金融体系。加强多边金融合作，为“一带一路”筹集战略资金；完善结构合理、竞争力强的多元化金融机构体系。发挥政策性金融机构引领作用，引导商业性金融机构协同发展，构建多层次、互补型、功能齐备的金融市场。

四是稳步拓展国际合作新空间。在健康、绿色、数字、创新等领域打造新增长点，实施好科技创新行动计划，深化智慧农业、智能制造、智能服务、数字经济等前沿领域合作，加强知识产权保护国际合作，推动我国与共建“一带一路”国家共同技术进步。

五是加强文明交流，深化民心相通。深化文明交流互鉴，促进民心相通走深走实；围绕减贫、医疗、生态、人文等领域，助力建成“减贫之路”“增长之路”；拓展粮食安全和气候变化领域合作空间，持续高质量共建“一带一路”。

六是扎牢风险防控网络。一方面，要探索建立境外项目风险的全天候预警评估综合服务平台，及时预警、定期评估，防患于未然，预防潜在的经济风险。该平台应以国家为主导，发挥外交、商务、国家发展改革委、中国人民银行等主管部门的合力，调动社会各界作用，对共建“一带一路”国家安全形势、经济风险、项目风险等进行定期和紧急状况下的临时评估，及时发布预警信息。另一方面，要以国家力量为主体，同共建国家加强海外利益保护、国际反恐、安全保障等方面的机制化协作，压实共建国家在维护我国海外利益安全方面的责任。

（五）维护多元稳定的国际经济格局和经贸关系

党的二十大报告提出“维护多元稳定的国际经济格局和经贸关系”。“多元”是指针对近年来甚嚣尘上的单边主义和保护主义，以及一些发达国家用新冷战思维构建“小圈子”的逆全球化行为，中国将在维护多边体系、构建全球经贸规则中发挥建设性作用。“稳定”是指在大国竞争和地缘政治风险加剧，全球产业链供应链加速重构，数字经济领域国际竞争日益激烈的背景下，只有构建稳定的国际经济格局和经贸关系，才能尽可能避免世界经济分化，防止产业链和供应链断裂，防止“数字鸿沟”扩大，实现世界各国经济的合作共赢。

一是维护多元化的合作伙伴经贸关系稳定。积极扩大同各国利益的汇合点，深化同世界开放合作。如积极推动中俄经贸合作，推动中澳经贸机制重启、扩展合作等。

二是维护多领域经贸稳定持续合作。一方面，维持货物进口、出口多元化且稳定，维持产业链供应链合作稳定且持续发展。另一方面，推动相关贸易协定的平稳落地，开展更高水平、更深层次的区域合作。如全面落实好《中国与欧亚经济联盟经贸合作协定》等相关协定。

三是推进建设开放型世界经济。坚定维护和发展多边主义，推进高水平开放，为全球经济发展注入确定性，对冲单边主义、保护主义和“逆全球化”抬头态势；积极推动共建“一带一路”高质量发展，积极推进加入 CPTPP、DEPA 等高标准自由贸易区协定，稳步推进亚太自由贸易区建设，为经济全球化发展和建设开放型世界经济作出重要贡献，推动全球形成多元稳定的国际经济格局和经贸关系。

（六）有序推动人民币国际化，充分预估金融摩擦、货币摩擦风险

党的二十大报告指出，推进高水平开放，其中提到“有序推动人民币国际化”。2023 年的政府工作报告也提出，要坚定扩大对外开放，深化互利共赢的国际经贸合作。人民币国际化是高水平对外开放的重要一环，对保障我国的外循环畅通和经济安全有着重要意义。

一是谨慎稳健推进资本项目开放。虽然实现资本项目开放将有助于人民币国际化进程提速，但不应忽视资本项目开放可能带来的资本外逃、货币政策独立性受制等负面影响。要根据中国的实际情况，谨慎稳健地放开资本项目的自由兑换。应遵循先流入后流出；先直接投资后证券投资；先长期投资后短期投资；先机构后个人；先债权类工具后股权类工具和金融衍生产品；先发行市场后交易市场；先放开有真实背景的交易，后放开无真实背景的交易的基本原则，与其他改革相互配套、循序渐进。

二是推进汇率市场化改革，提升人民币计价功能。依据三元悖论，在实现资本项目开放的前提下，保证货币政策的独立性、适当放弃对汇率进行管制以实行灵活汇率制度或是值得考虑的可行路径。应加快人民币汇率形成机制改革，促使人民币汇率更大程度上由市场供求决定。此外，要大力发展人民币作为国际计价货币的功能，进一步发展人民币计价的国际性大宗商品市场，完善人民币定价机制，加强人民币汇率弹性，保持人民币汇率在合理均衡水平上的基本稳定。

三是构建更加友好的投融资环境，完善人民币国际化机制。一方面，抓住人民币融资成本优势的时间窗口，提升人民币融资货币功能。随着美联储大幅升息，当前美元融资成本显著上升、人民币利率相对较低。应抓住时间窗口，支持地方政府、金融机构、企业等在境外发行人民币计价债券，丰富境外人民币保值增值工具。同时，支持更多境外主权类机构、跨国企业等在境内发行熊猫债，多措并举提升人民币融资货币功能。另一方面，完善人民币国际化机制。支持推动离岸人民币市场的健康发展，完善离岸市场人民币流动性的供给机制，丰富离岸市场人民币产品体系，促进人民币在岸离岸市场的良性循环。

四是加快数字人民币推广进程，助推人民币国际化。利用数字人民币技术优势弱化美元使用惯性，推动人民币国际化进程。一方面，数字人民币有助于打造安全便利的跨境支付结算系统。数字人民币具有可追溯性、安全性、不可伪造性等特点，且拥有比传统跨境支付结算系统更快的结算速度、更高效的结算效率、更安全的支付环境，有助于打造更安全便利的跨境支付结算系统。另一方面，有助于拓宽人民币国际化发展场景。数字货币跨境支付方式不仅拥有效率高、成本低、不受时间和距离限制等优势，还能在一定程度上保护贸易双方不受经济监控，可为国际结算提供一条较为安全高效的通道，将之融入"一带一路"、RCEP 等经济发展场景中，有助于进一步扩大国际主体与我国的贸易投资需求，拓宽人民币国际化发展场景。

五是由贸易结算带动人民币国际化。要鼓励央企、国企等大型企业使用人民币进行跨境收付，充分发挥我国贸易大国优势地位。首先，强化部门间协同配合，提升央企国企使用人民币跨境支付的内生动力。其次，引导央企国企完善内部管理机制，主动融入人民币国际化大局。再次，支持央企国企利用其在产业链和经贸合作中的影响力，在结算币种选择上争取更多话语权。最后，健全完善人民币国际化的基础设施建设，提升国际市场对人民币的接受度。持续深化境内外金融市场互联互通，丰富离岸人民币产品，拓展人民币跨境流动渠道，畅通人民币跨境循环。继续优化人民币清算行全球布局，加强对清算行的政策支持。各商业银行应积极创新人民币交易、投资、避险产品，为涉外企业提供高效便捷的跨境人民币金融服务。

六是充分预计新时期中美金融摩擦、货币摩擦风险，并积极应对。一方面，提升压力测试水平，进而转向金融摩擦演习。当前，我国金融体系的压力测试各行业之间是分立的，使用的标准不统一，从风险种类来看各项分析相互孤立。因此，需要展开针对全行业的宏观审慎压力测试，提升压力测试水平。此外，应充分预估新时期外部金融风险冲击，及时将压力测试转为金融摩擦演习，模拟极端情况下（如被 SWIFT 支付体系排除等）中国金融体系的韧性及可靠性。另一方面，强化金融、货币领域的反制能力。以人民币国际化为最大抓手，积极推进贸易支付领域的本币化结算，推进各国支付体系的"去美元化"，在弱化美元霸权制裁能力的同时，提升货币金融领域的反制能力。此外，要持续强化国内金融机构的国际化水平以及应对国际金融风险冲击能力，将优质金融机构作为金融摩擦、货币摩擦反击的中坚力量，提升我国反制水平。

第十三章　提升国民素质，促进人的全面发展

人口发展是关系中华民族发展的大事情。《纲要》把提升国民素质放在突出重要位置，明确到2025年，全民受教育程度不断提升，卫生健康体系更加完善，到2035年人的全面发展取得更为明显的实质性进展，提出了建设高质量教育体系、全面推进健康中国建设、实施积极应对人口老龄化国家战略三项重大举措，并推动实施教育提质扩容工程、全面健康保障工程、“一老一小”服务项目三项重大工程。两年多来，党中央及各部委接连印发《“十四五”时期教育强国推进工程实施方案》《“十四五”国民健康规划》《“健康中国2030”规划纲要》《“十四五”健康老龄化规划》《国家积极应对人口老龄化中长期规划》等重要文件，各地深入学习贯彻落实《纲要》精神，积极推进国民素质提升及促进人的全面发展工作。经过两年努力，我国人口发展取得积极成效：从重大目标看，全民受教育水平及健康水平有所提升，有望如期实现预期目标；从重大举措看，教育医疗体系建设再上新台阶，养老托育取得多项成果；从重大工程看，教育医疗提质扩容显成效，“一老一小”服务更加优化。在此过程中，也发现了一些突出短板，例如优质教育资源供给不充分，公共卫生体系在医防融合和医疗质量等方面有待加强，“一老一小”保障制度仍有完善空间。展望“十四五”后半期，世界百年未有之大变局加速演进，世界进入新的动荡变革期，促进人的全面发展面临的新形势：一是“少子老龄化”成为我国人口发展首要威胁，二是建设高质量教育体系的内外环境发生深刻变化，三是国民疾病谱变迁加大医疗卫生保障难度，距离实现人的全面发展、实现人口规模巨大现代化的要求还有差距。2016年5月18日，习近平总书记在中国计划生育协会第八次全国会员代表大会上指出，人口问题始终是我国面临的全局性、长期性、战略性问题。根据新的发展形势要求，下一步，一是实施积极应对人口老龄化国家战略，推进基本养老服务体系建设；二是完善生育支持政策，降低生育、养育、教育成本，加快推动托育服务发展；三是更好更快地建设高质量教育体系，夯实“教育强国”根基；四是进一步深化医药卫生体制改革，构筑更加强大的医疗卫生体系；五是促进优质医疗资源扩容和区域均衡布局，提高基层防病治病和健康管理能力，确保“十四五”各项目标和任务如期实现。

一、重大目标：全民受教育水平及健康水平有所提升，有望如期实现预期目标

围绕提升国民素质，《纲要》提出下列目标：到 2025 年，全民受教育程度不断提升，劳动年龄人口平均受教育年限提高到 11.3 年，卫生健康体系更加完善，人均预期寿命提高 1 岁。从实施情况看，这两项指标水平均有所提升，基本符合预期进展。

1. 劳动人口平均受教育程度有所提高，基本符合预期进展

2022 年，我国 16~59 岁劳动年龄人口平均受教育年限达到 10.93 年[①]（见图 17），较 2020 年提升了 0.13 年，对劳动人口的教育工作取得一定成效。但也要看到，该指标距离“十四五”预期目标（11.3 年）还有 0.37 年的差距，但进展基本符合预期。我国持续落实教育优先发展战略，加大人力资本投入，坚持普通教育和职业教育并重、职前教育和职后教育并举，在“十四五”后半期有望实现预期目标。

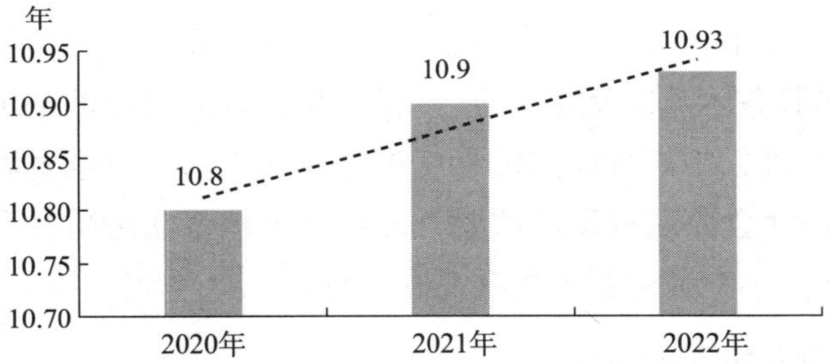

图 17 2020—2022 年劳动年龄人口平均受教育年限增长情况

资料来源：国家统计局，作者绘制。

2. 人均预期寿命进一步增长，疫情防控平稳转段后有望如期实现预期目标

我国人均预期寿命由 2020 年的 77.93 岁增长到 2021 年的 78.20 岁，提升了 0.27 岁（见图 18）。此外，孕产妇死亡率分别由 2020 年的 16.9/10 万下降至 2021 年的 16.1/10 万，婴儿死亡率由 2020 年的 5.4‰下降至 2021 年的 5.0‰[②]，主要健康指标居于中高收入国家前列，人民群众健康权益得到充分保障。尽管 3 年新冠疫情对我国医疗卫生体系影响显著，但随着疫情防控平稳转段，全民健康意识明显提升，“十四五”后半期依然有望实现预期目标。

---

① 《国家统计局：我国劳动力资源依然丰富 人才红利逐步显现》，https：//baijiahao. baidu. com/s? id = 1755326188084238084。

② 国家卫生健康委，《2021 年卫生健康事业发展统计公报》。

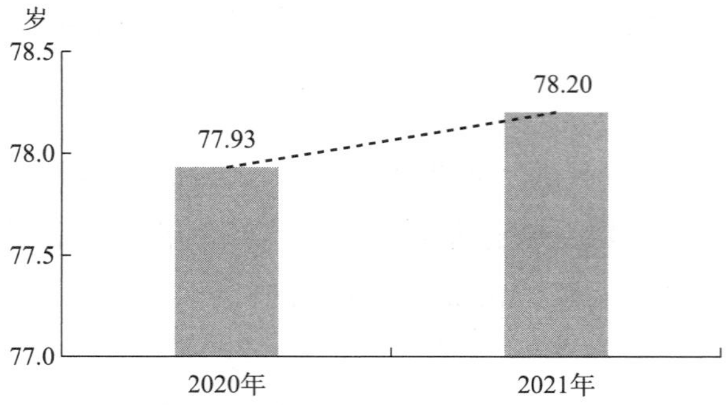

图 18　2020 年和 2021 年人均预期寿命增长情况

资料来源：国家卫生健康委，作者绘制。

二、重大举措：教育医疗体系建设再上新台阶，养老托育取得多项成果

《纲要》提出，要把提升国民素质放在突出重要位置。经过两年多的努力，我国高质量教育体系加快构建，健康中国建设取得实质性进展，积极应对人口老龄化国家战略深入推进。2023 年，国家先后印发《关于进一步完善医疗卫生服务体系的意见》《关于推进基本养老服务体系建设的意见》《关于构建优质均衡的基本公共教育服务体系的意见》等政策文件，为下阶段国民素质提升指明方向。但也要看到，我国优质教育资源仍不满足经济社会高质量发展需要，公共卫生体系在医防融合、医疗质量等方面短板明显，“一老一小”保障制度仍有完善空间。

（一）高质量教育体系加快构建

两年多来，从中央到地方全面贯彻党的教育方针，坚持优先发展教育事业，我国基本公共教育逐渐走向优质均衡，职业教育适应性持续增强，高等教育实现历史性跨越，教师队伍建设、教育改革取得多项成果。但也要看到，我国义务教育仍有提质增效空间，职业技能人才供给尚不能满足需求，高校原始创新潜能尚未得到充分释放，建成真正高质量教育体系依然任重道远。

1. 基本公共教育从基本均衡走向优质均衡

一是我国教育普及程度稳步提高。2022 年，学前教育毛入园率、九年义务教育巩固率、高中阶段教育毛入学率、高等教育毛入学率分别提高到 89.7%、95.5%、91.6%、59.6%。[①] 二是义务教育加快向优质均衡发展，135 个义务教育优质均衡先行创建县（市、区、旗）率先攻坚。实施县中发展提升行动计划，48 所部属高校认真做好县中托管帮扶工作。深入实施农村义务教育学生营养改善计划，受益学生达到

① 国家统计局，2022 年《中国儿童发展纲要（2021—2030 年）》统计监测报告。

3.5 亿人次。[①] 从各地实践看，江苏泰州推广集团化办学，让优质教育资源在不同校区流动，上海市启动“新优质学校”项目，力争“让每一所家门口的学校都优质”。

2. 职业教育适应性持续增强

我国职业教育专业紧跟市场需求，不断调整结构，截至 2022 年底，全国职业学校共开设 1300 多个专业，基本覆盖国民经济各领域；共认定 21 个国家产教融合试点城市，各地培育了 4600 多家产教融合型企业，初步形成了以城市为节点、行业为支点、企业为重点的产教融合推进机制。[②]

3. 高等教育整体水平进入世界第一方阵

2022 年，我国建成世界最大规模教育体系，高等教育实现了历史性跨越。我国高等教育在学总人数超过 4430 万人，一批大学和学科已跻身世界先进水平，中国高等教育整体水平进入世界第一方阵。[③] 具体来看，《关于加强基础学科人才培养的意见》审议通过，首次以中央文件形式对基础学科人才培养进行谋划和设计。新工科、新医科、新农科、新文科建设持续深化，引领重点领域创新发展，加速培育中国特色高校人才。

4. 教师队伍整体面貌发生新变化

一是教师队伍规模进一步扩大，素质进一步提高。2022 年底，全国各级各类专任教师比上年增加 35.98 万人，增长 1.95%。全国义务教育阶段本科以上学历专任教师比例为 81.02%，比上年增长 3.3 个百分点，其中，农村义务教育阶段本科以上学历专任教师比例为 76.01%，比上年增长 3.78 个百分点。二是中国特色教师教育体系形成新局面。启动实施国家优秀中小学教师培养计划（简称“国优计划”）。支持“双一流”建设高校为中小学培养研究生层次的优秀教师，首批试点支持包括北京大学、清华大学、复旦大学、上海交通大学以及 6 所部属师范大学等，一共 30 所“双一流”建设高校承担首批培养任务。推进师范生公费教育。2023 年部属师范大学计划招收公费师范生 8300 名。同时，计划招收“优师计划”师范生 12420 名，比 2021 年实施之初增加了 28%。推进实施师范教育协同提质计划，72 所师范院校互派干部教师超过 600 名，师范生访学交流、跨校培养近 900 人，培训教师 20.3 万人次，开放优质课程 862 门，共享图书馆资源及数据库近 800 个。三是推动高校教师专业发展。实施中西部高校青年教师专业能力发展数字化项目，培训中西部近 1 万名高校青年教师和近 2000 名新入职教师。遴选 500 名中西部地方高校青年骨干教师到北大、清华等 32 所高校进行为期一年的访学。推进教师队伍建设数字化转型。常态化开展了国家智慧教育平台教师寒暑假研修，2023 年暑期教师研修参与教师数量超过 1600 万人。持续推进 103 个

---

① 教育部，第十场“教育这十年”“1+1”系列新闻发布会，http：//www.moe.gov.cn/fbh/live/2022/54709/。

② 教育部新闻发布会，介绍党的十八大以来职业教育改革发展成效，https：//baijiahao.baidu.com/s？id=1733678264429688254。

③ 教育部，“教育这十年”系列第二场新闻发布会，回顾党的十八大以来我国高等教育改革发展成效，https：//baijiahao.baidu.com/s？id=1733047669268588882。

人工智能助推教师队伍建设试点单位的建设工作。发布《教师数字素养》标准，研制形成教师发展数字化行动方案。[①]

5. 教育改革涌现多项创新成果

我国重视教育经费投入。2022 年，我国学前教育、义务教育、高中阶段教育、高等教育总投入分别为 5137 亿元、26801 亿元、9556 亿元、16397 亿元，同比分别增长 3%、6.7%、8.5%、6.2%。2012—2021 年，国家财政性教育经费 10 年来累计支出 33.5 万亿元，年均增长 9.4%。国家财政性教育经费投入占 GDP 的比例连续 10 年保持在 4%以上，教育成为财政一般公共预算第一大支出。[②] 义务教育领域，新修订的《义务教育课程方案和课程标准（2022 年版）》发布实施，全面推进新一轮义务教育课程改革。“双减”改革取得显著成效，义务教育阶段线下学科类培训机构数量由原来的 12.4 万个压减至 4932 个，压减率为 96%，线上学科类培训机构由原来的 263 个压减至 34 个，压减率为 87.1%。[③] 职业教育领域，新修订的《中华人民共和国职业教育法》正式实施，《关于深化现代职业教育体系建设改革的意见》正式印发，持续推进现代职业教育体系建设，优化职业教育类型定位，职业教育与普通教育融通逐步推进。根据中国教育科学研究院发布的《2022 职业教育改革与发展报告》，覆盖中等教育、高等教育专科和高等教育本科的层次结构初步形成，职业教育体系建设基本实现了“纵向贯通”的目标。高等教育领域，新发布的《研究生教育学科专业目录（2022 年）》新增了 11 个一级学科。南京大学、兰州大学、中国人民大学等多所知名大学相继宣布退出国际大学排名，推进中国特色、中国风格、中国气派的学科体系、学术体系和话语体系构建。

但也要看到，我国优质教育资源仍不满足经济社会高质量发展需要，与人民群众对公平有质量教育的迫切需求之间的矛盾仍然突出：一是义务教育仍有提质增效空间。“双减”实施一年多来，学校教学质量与效能提升有限且不均衡，学校课后服务基本满足需要，但实施效果不够明显，“应教尽教”在农村级大范围薄弱学校尚未达到要求，“学足学好”难以得到学生和家长的认可。二是我国职业技能人才供给尚不能满足需求。技能人才总量仍然不足，特别是结构不优、素质不高问题比较突出，技能劳动者仅占就业人口总量的 26%左右，高技能人才仅占技能人才总量的 30%左右[④]，与德国、日本等制造强国相比，仍有较大差距。三是高校原始创新潜能尚未得到充分释放。我国高校已经聚集了一批科学研究领军人物，但在数量和质量上与国外一流大学相比仍有较大差距，尤其是世界级领军人物匮乏；基础科学研究短板依然突出，数学、物理、化学等基础学科仍是薄弱环节；高校科技成果转化的服务平台尚不健全。

---

① 教育部举行高素质教师队伍建设进展成效新闻发布会，http://www.scio.gov.cn/xwfb/bwxwfb/gbwfbh/jyb/202309/t20230901_767122.html。

② 教育部，《2022 年全国教育经费执行情况统计快报》。

③ 教育部部长怀进鹏，《国务院关于有效减轻过重作业负担和校外培训负担（以下称“双减”），促进义务教育阶段学生全面健康发展情况的报告》。

④ 国新办举行落实五中全会精神 壮大高技能人才队伍发布会，https://m.gmw.cn/baijia/2020-12/21/34480945.html。

（二）健康中国建设取得实质性进展

两年多来，我国深入实施健康中国行动，坚持人民至上、生命至上，取得新冠疫情防控重大决定性胜利，最大限度保护了人民生命安全和身体健康，做大做强公共卫生体系，医药卫生体制改革持续深化，全民医保制度进一步健全，中医药事业发展取得新成果，体育强国建设亮点纷呈，爱国卫生运动擦亮城乡生活“新底色”。但也要看到，我国公共卫生体系还有医防融合、医疗质量管理、“互联网+”医疗体系等短板亟待补齐，以织牢国家公共卫生防护网，为人民提供全方位全生命周期健康服务。

1. 公共卫生体系持续做大做强

一是基层防病治病和健康管理能力持续提高。基层医疗卫生网络基本实现全覆盖，服务的可及性进一步提升。截至2022年底，全国有基层医疗卫生机构98万个，其中乡镇卫生院3.4万个、社区卫生服务中心（站）3.6万个、门诊部（所）32.1万个、村卫生室58.8万个、专业公共卫生机构1.3万个。服务能力持续增强，居民认可度逐步提高。① 2021年，基层医疗卫生机构诊疗服务达42.5亿人次，占全国医疗卫生机构总诊疗量的50.2%。二是卫生应急管理不断加强改进。我国建成了全球最大的传染病疫情和突发公共卫生事件网络直报系统，突发公共卫生事件信息平均报告时间缩短到4小时以内，已经具备在72小时内检测300多种病原体的能力。建立了突发公共卫生事件风险评估制度。全国已建成4大类59支国家卫生应急队伍。②

2. 医药卫生体制改革持续深化

一是医疗卫生体系效率持续提升。全面推进公立医院综合改革，公立医院全部取消药品和耗材加成，破除以药补医机制，同步推进补偿机制和运行机制改革，建立健全现代医院管理制度。二是人民群众“看病难、看病贵”问题加速破解。针对群众异地就医流向和重点疾病，已经设置10个专业类别的国家医学中心，建设了50个国家区域医疗中心，推动相关优质医疗资源扩容和下沉。三是医联体建设全面推开。全国各类医联体超过1.5万个，已经建立900多家互联网医院，远程医疗协作网覆盖了所有的地级市，5500多家二级以上的医院可以提供线上服务。③ 四是常态化制度化开展集中采购。已开展的7批集采中选药品平均降价超过50%，两批耗材集采平均降价超过80%，累计节约费用约3000亿元。④ 地方层面看，河北省唐山市、上海市崇明区、浙江省台州市、安徽省池州市、福建省三明市、江西省赣州市、山东省济宁市、河南省周口

---

① 国家统计局，《中华人民共和国2022年国民经济和社会发展统计公报》。

② 国家疾病预防控制局，“中国这十年”系列主题新闻发布会，https：//baijiahao. baidu. com/s？id = 1743302554619115342。

③ 国家卫生健康委，“中国这十年”系列主题新闻发布会，https：//m. gmw. cn/baijia/2022 - 09/07/1303130737. html。

④ 国家卫生健康委，党的十八大以来深化医改工作进展成效发布会，https：//baijiahao. baidu. com/s？id = 1739019803269034900。

市、广东省深圳市、四川省成都市深化医药卫生体制改革成效明显，获国务院通报表扬。

3. 全民医保制度进一步健全

截至2022年底，全国基本医疗保险参保人数134592万人，参保率稳定在95%以上。全国基本医疗保险（含生育保险）基金当期结存6324.93亿元，累计结存42639.89亿元，其中，职工基本医疗保险个人账户累计结存13712.65亿元。[①] 具体来看，一是医保制度有效支撑疫情防控。新冠疫情3年，医保是新冠病毒疫苗接种的有力保障，医保部门预拨新冠病毒疫苗采购资金，及时结算疫苗费用1200多亿元。二是跨省异地就医直接结算取得新突破。2022年，普通门诊跨省直接结算实现县域全覆盖，全国所有统筹地区均已启动高血压、糖尿病、恶性肿瘤门诊放化疗、尿毒症透析、器官移植术后抗排异治疗等5种门诊慢特病相关治疗费用跨省直接结算工作。三是基金监管更加法制化、规范化。《违法违规使用医保基金举报奖励办法》《医疗保障基金智能审核和监控知识库、规则库管理办法（试行）》《2022年度医疗保障基金飞行检查工作方案》接连印发，旨在推广违法违规举报奖励，提升医保智能审核和监控工作成效，进一步统一和规范飞行检查机制。四是全国统一医保信息平台全面建成。医保信息平台在全国31个省（区、市）和新疆生产建设兵团全域上线，14个业务子系统陆续落地应用，有效覆盖约40万家定点医疗机构、约40万家定点零售药店，为13.6亿参保人提供优质医保服务。[②] 五是长期护理保险制度试点稳步推进。2022年，49个试点城市中参加长期护理保险人数共16990.2万人，享受待遇人数120.8万人，长期护理保险定点服务机构7679个，护理服务人员33.1万人，长期护理保险制度试点覆盖2亿多人。[③]

4. 中医药优势更加彰显

一是中医药在疫情防控中发挥突出作用，筛选出“三药三方”等有效方药，不断完善覆盖集预防、治疗、康复于一体的诊疗方案，中西医结合、中西药并用成为我国疫情防控的一大特色和亮点。二是中医药高质量发展迈出坚实步伐，扎实推进优质高效中医药服务体系建设，推进国家中医医学中心、国家区域中医医疗中心、国家中医药传承创新中心、中医特色重点医院建设。此外，上海、浙江、江西、山东、湖南、广东、四川等7个省份首批获准建设国家中医药综合改革示范区，鼓励在中医药服务模式、产业发展、质量监管等方面先行先试。[④]

5. 体育强国建设亮点纷呈

一是北京冬奥会成功举办。我国勇夺9金4银2铜共15枚奖牌，创造了我国参加

---

① 国家医保局，《2022年全国医疗保障事业发展统计公报》，https：//www.gov.cn/govweb/lianbo/bumen/202307/content_6891062.htm。

② 国家医保局，《2022年医疗保障事业发展统计快报》，https：//baijiahao.baidu.com/s？id=1759887839543980387。

③ 民政部、全国老龄办，《2022年度国家老龄事业发展公报》。

④ 国家卫生健康委，就党的十八大以来中医药政策体系完善和服务能力提升有关情况在京召开发布会，https：//m.thepaper.cn/baijiahao_19304883。

冬奥会历史最好成绩，充分体现了中国特色社会主义制度集中力量办大事的制度优势。北京冬奥精神极大地激发了亿万人民的体育热情，全国参与冰雪运动人数达到 3.46 亿人，实现了“带动三亿人参与冰雪运动”的目标。① 二是全民健身持续推进。截至 2021 年底，我国经常参与体育锻炼的人数已超过 4 亿人，城乡居民达到《国民体质测定标准》合格以上的人数比例为 90%以上。② 我国 7 岁及以上年龄人群中，每周至少参加 1 次体育锻炼的人数比例为 67.5%，较 2014 年增长 18.5%。③ 三是青少年体育不断加强。举办“奔跑吧·少年”、全国学生（青年）运动会、中国青少年足球联赛等多项活动，广泛开展儿童青少年科学健身普及和体质健康干预，实施新周期国家高水平体育后备人才基地认定，推进全国足球发展重点城市建设，夯实体育后备人才培养根基。四是体育产业生机盎然。2021 年，全国体育产业总规模为 31175 亿元，增加值为 12245 亿元，较 2020 年同比分别增长 13.9%、14.1%。从行业企业看，受疫情和“国潮风”影响，安踏、李宁、特步、361°四大国产体育用品品牌总营收达 878.48 亿元（见图 19）。分领域看，户外运动、露营、潮流体育掀起新一轮消费热潮。④

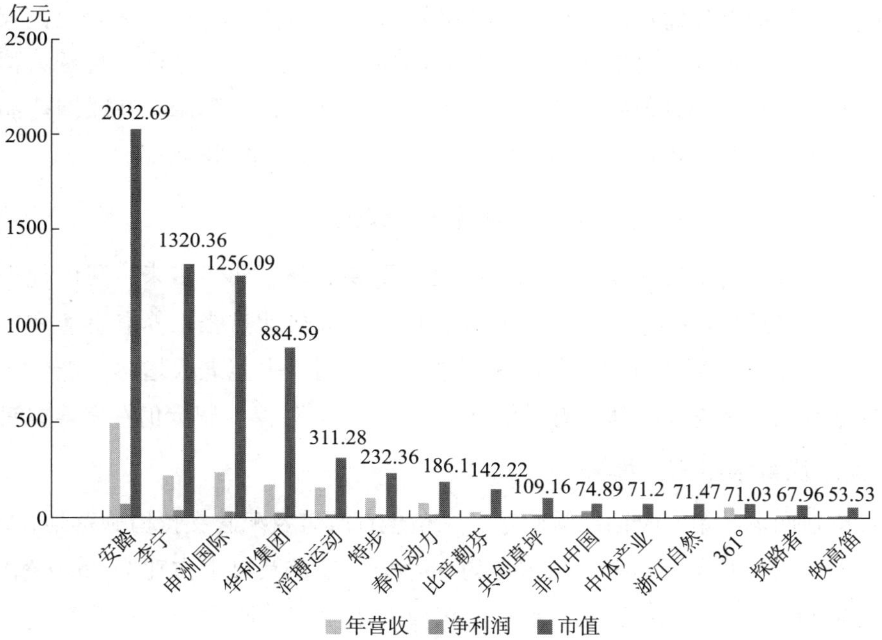

图 19　2021 年我国市值 50 亿元以上体育公司排行

资料来源：体银智库，《2022 中国体育产业发展报告》。

① 北京新闻中心，北京冬奥会“带动三亿人参与冰雪运动”专场新闻发布会，https：//m.thepaper.cn/baijiahao_16751383。

② 国家国民体质监测中心，《第五次国民体质监测公报》。

③ 人民网“人民爱健身”科学健身指导服务平台，《2022 国民健身趋势报告》。

④ 体银智库，《2022 中国体育产业发展报告》。

6. 爱国卫生运动有效提升城乡生活品质

一是城乡人居环境明显改善。截至2022年底，全国城市道路清扫保洁面积超过100亿平方米，城市公厕总量近34万座，城市生活垃圾分类工作全面开展。农村卫生厕所普及率超过73%，农村生活垃圾实行收运处理的自然村稳定在90%以上，农村生活污水治理率达到28%，95%以上的乡村都开展了村庄清洁行动。① 二是健康城市加快建设。2021年度，全国30座城市获得“全国健康城市建设样板市”称号。其中，江苏苏州总结出4个“主动健康”的建设经验，河北正定实现“厕所革命”三次升级，成为全国农村厕所改造的排头兵。

但也要看到，我国公共卫生体系短板明显：一是医防融合不够紧密。优质、高效的整合型卫生服务体系需要同时承担预防和治疗这两项最为重要且相辅相成的职能。然而长期以来，我国的卫生体系一直存在重医疗轻预防、重硬件投入轻人才保障等现象。二是医疗质量管理有待优化。医院部分科室落实医疗质量的制度不到位，导致质量缺陷重复出现。部分管理者管理方法简单，只重视对考评指标终末质量的检查评估，忽略对医疗质量的全程监控。三是“互联网+”医疗体系仍需健全。各地之间互联网购药医保支付未完全打通，对于老年人、身体不便者、慢病患者等重点特殊人群，购药时效性和药品安全性难以保障，且对药品种类仍有一些特定限制。互联网药品监管难度大，易出现处方真假难辨、药品质量不合格、骗保等一系列问题。

（三）积极应对人口老龄化国家战略深入实施

促进人口长期均衡发展是我国人口战略的重要一环。两年多来，我国优生优育水平不断提升，各地加快探索生育支持政策，托育行业快速扩张，养老事业和产业取得多项突破。但也要看到当前存在的问题：老龄化加剧及失能老人增多、老年人长期护理问题日益突出、生育支持体系有待健全、“一老一小”保障制度仍有完善空间。

1. 优生优育水平不断提升

随着单独两孩政策、全面两孩政策、三孩生育政策及配套支持措施落地，2022年，全国出生人口956万人，其中二孩占比为38.9%、三孩及以上占比为15.0%，出生人口性别比为111.1，逐步趋于正常水平。积极的生育支持政策环境持续完善。国家层面，《关于优化生育政策促进人口长期均衡发展的决定》《关于进一步完善和落实积极生育支持措施的指导意见》接连印发，涉及财政、税收、保险、教育、住房、就业等多个方面，为加快完善生育支持政策措施提供了有利的制度环境。地方层面，各地探索多种形式补贴，优化生育假期、住房、普惠托育等政策保障，以政策“组合拳”让适龄人群“生得起”“养得好”。其中，生育登记取消结婚限制已经在上海、陕西、广

① 农业农村部农村社会事业促进司副司长、一级巡视员何斌在2022年度全国爱国卫生运动大会上的发言，https：//baijiahao. baidu. com/s？ id＝1753617849101237520。

东、安徽、四川等地施行。

2. 托育服务行业发展迅猛

2022 年 7 月，国家卫生健康委、国家发展改革委等 17 部门联合印发《关于进一步完善和落实积极生育支持措施的指导意见》，明确提出提升托育服务质量。2023 年 3 月，国家卫生健康委、国家发展改革委遴选出第一批全国婴幼儿照护服务示范城市。同年 6 月，全国托育服务工作推进会上，国家卫生健康委副主任于学军表示，2020—2023 年共安排中央预算内投资约 36 亿元，新建 48 个地市级以上托育综合服务中心。2022 年，全国托育服务机构总数 7. 57 万家，每千人口托位数 2. 57 个。[①] 随着托育相关政策落地，托育相关企业注册数飞速增长。截至 2022 年 11 月，注册登记托育服务的企业已接近 9 万家，已经通过备案的企业达到 20678 家，较 2021 年实现了接近 2 倍的增幅。[②]

3. 养老事业和产业取得多项突破

一是社区居家养老服务体系建设多方位、立体化推动。截至 2022 年底，全国 20 余个地区出台家庭养老床位建设专项政策。中央专项彩票公益金支持全国 42 个地区实施居家和社区基本养老服务提升行动项目，为经济困难的失能、部分失能老年人建设 10 万张家庭养老床位，提供 20 万人次居家养老上门服务。[③] 二是养老机构专业照护服务能力得到提升。2022 年末，全国共有各类提供住宿的民政服务机构 4. 3 万个，其中养老机构 4. 0 万个；民政服务床位 849. 1 万张，其中养老服务床位 822. 3 万张。[④] 全国共有 24 个省（区、市）[⑤] 出台养老机构等级评定管理办法，在加强硬件保障的同时，提升养老机构医养融合、护理服务、心理支持服务、突发事件应急等软件服务效能，推动我国养老机构标准化建设迈进一大步。三是社会资本加速布局康养产业。2022 年，京沪等地大型国资康养集团相继成立，养老概念上市企业增多，养老产业形成政府引导、央企国企示范带头、大型社会资本加速拓展的局面。截至 2022 年底，养老概念上市公司共有 105 家，涉及居家社区机构养老、医养结合、养老药品、老年器材、老年用品等全链条细分领域。[⑥]

但也要看到，我国"一老一小"保障制度仍有完善空间。一是老龄化加剧及失能老人增多的背景下，老年人长期护理问题日益突出。根据全国老龄委公布的数据，2020 年，我国 60 岁以上失能老人超过 4200 万人，约占老年总人口比例的 16. 6%。《中国养老服务蓝皮书（2012—2021）》预计，到 2030 年我国失能老人总人口还将大幅上

---

① 国家卫生健康委，《2022 年我国卫生健康事业发展统计公报》。

② 华经产业研究院，《2022 年中国托育行业发展历程、上下游产业链分析及发展趋势》，https：//baijiahao. baidu. com/s？ id = 1754324517935015702。

③ 民政部，2022 年第四季度例行新闻发布会，https：//www. 116. com. cn/article/2X9HVF。

④ 《中华人民共和国 2022 年国民经济和社会发展统计公报》。

⑤ 包括北京、河北、内蒙古、吉林、黑龙江、辽宁、上海、江苏、浙江、安徽、福建、江西、湖北、湖南、广西、海南、重庆、四川、贵州、陕西、甘肃、青海、宁夏、新疆。

⑥ 民德咨询，《2022 年养老服务业十大进展与发展趋势》。

升。我国护理市场尚不成熟，社会养老保障体系、老年人护理医疗、资金储备等方面尚未做好应对。二是生育支持体系有待健全。现有职工生育保险制度难以有效保障女性生育经济和职业发展损失，婴幼儿照护服务投入难以有效解决“没人带”的难题，辅助生殖技术服务保障难以有效解决“生不出”的难题。

三、重大工程：教育医疗提质扩容显成效，“一老一小”服务更加优化

《纲要》分别在教育、医疗、养老托育领域提出三项重大工程：“专栏 16”教育提质扩容工程，旨在全面提升各类教育质量水平；“专栏 17”全民健康保障工程，以医疗中心、体育公园等为重要抓手夯实国民健康的根基；“专栏 18”“一老一小”服务项目，致力建成“老年友好型”和“儿童友好型”社会。经过两年多的努力，教育提质扩容取得阶段性成效，不同领域教育机构建设加快推进；全民健康保障工程全面推进，医疗及健身服务覆盖更多群众；“一老一小”服务更加优化，社会弘扬敬老爱幼风尚。但也要看到，教育、医疗资源不均衡矛盾依然突出，适老化改造面临多重瓶颈，幼托服务供给问题未得到很好解决。

（一）教育提质扩容取得阶段性成效

普惠学位不断增加。2022 年，全国普惠性幼儿园 24.57 万所，比 2021 年增加 1033 所；各地通过新建改扩建等方式新增城镇义务教育学位 500 余万个。基础教育聚焦教育基础薄弱县及中西部地区。教育部遴选确定了 135 个县区开展义务教育优质均衡发展先行创建工作，依托 48 所部属高校和相关专业机构托管帮扶 115 所县域高中，带动地方高校和区域内优质普通高中托管帮扶 1635 所县域高中。中央财政安排“十四五”国家基础教育重大项目计划资金共计 605 亿元，并向中西部地区倾斜。职业教育“双高计划”取得新成效。2023 年 1 月，教育部、财政部公布了 197 所“双高计划”① 建设单位中期绩效评价结果，160 所学校获得“优秀”，37 所学校获得“良好”。高等教育布局结构继续优化。2022 年新增 15 所部属和东部高水平大学对口支援 13 所西部高校，分中央和地方赛道建设 11761 个国家级一流本科专业点。产教融合基地加快建设。2021—2022 年，教育部通过教育强国推进工程安排中央预算内投资约 105 亿元支持约 200 个产教融合实训基地建设，投资使用进一步集中，支持规模进一步提升，建设成效进一步增强。②

（二）全民健康保障工程全面推进

疾病预防控制基地建设稳步加快。北京大学人民医院、河北医科大学第三医院、

---

① 即中国特色高水平高职学校和专业建设计划。

② 教育部新闻发布会，介绍 2022 年全国教育事业发展基本情况，http：//www. moe. gov. cn/fbh/live/2023/55167/? eqid = a6d3487a000264c600000005647d3387。

国家紧急医学救援基地（广西）、哈尔滨医科大学附属第二医院等项目接连获批。2023 年 3 月 1 日，中国疾病预防控制中心二期工程项目宣布开工建设。国家及区域医疗中心“多点开花”。截至 2023 年 1 月 12 日，我国已建成心脏病、呼吸、口腔、创伤等 13 个国家医学中心，建成 71 个国家区域医疗中心，范围涵盖东中西及东北地区。[①] 实施“千县工程”提升县级医院综合能力。2022 年 4 月 20 日，国家卫生健康委公布了力争升级为三级医院的 1233 家县医院名单，以推动县域医疗服务能力升级。中医药服务范围持续扩大。以县级中医医院为龙头，社区卫生服务中心、社区卫生服务站、乡镇卫生院、村卫生室为主体，县级综合医院、妇幼保健机构等非中医类医疗机构中医药科室为骨干，社会办中医院、中医门诊部、诊所为补充的基层中医药服务网络逐步完善。[②] 公共体育设施服务水平提升。2022 年末，全国共有体育场地 422.7 万个，体育场地面积 37.0 亿平方米，人均体育场地面积 2.62 平方米，分别较 2020 年增长 51.4 万个、6 亿平方米、0.42 平方米，实现较快增长。地方层面，截至 2022 年 6 月，各地建成并投入使用占地面积不低于 4 万平方米的体育公园近 1100 个。

（三）“一老一小”服务优化提升

社区居家养老服务设施进一步完善。截至 2022 年末，全国共有社区服务中心 2.9 万个，社区服务站 50.9 万个。2021 年，大约 1.2 亿 65 岁及以上的老年人在城乡社区接受了健康管理服务。[③] 医养结合取得积极成效。截至 2021 年底，全国共有两证齐全医养结合机构 6492 个，机构床位总数 175 万张，医养签约近 7.9 万对。有老年医学科的二级以上综合医院达到 4685 个，建成老年友善医疗卫生机构约 2.1 万个，设有安宁疗护科的医疗卫生机构超过 1000 个。[④] 普惠托育服务专项行动持续推进。近两年，国家下达中央预算内投资 20 亿元，带动地方政府和社会投资超过 50 亿元，累计新增托位 20 万个，推动增加普惠性托育服务有效供给。[⑤] 多地探索建设“儿童友好型城市”。《中国儿童发展纲要（2021—2030 年）》《关于推进儿童友好城市建设的指导意见》等文件接连发布，深圳、重庆、长沙、温州、威海、杭州、福州等城市已经开展积极探索。其中，深圳率先发布全国首个儿童友好城市建设地方标准《儿童友好公共服务体系建设指南》。

但也要看到目前存在的问题：一是教育发展不平衡不充分问题仍然存在。中西部高校占全国高校总数的半数以上，从办学经费投入看，全国普通高校生均教育事业费

---

① 《医学科学报》，2023-01-13 第 3 版封面。

② 国家卫生健康委，党的十八大以来中医药政策体系完善和服务能力提升有关情况发布会，http：//zyyj.gxzf.gov.cn/xwdt/zyzc/t12887409.shtml。

③ 国家统计局，《中华人民共和国 2022 年国民经济和社会发展统计公报》。

④ 国家卫生健康委，《近十年我国老龄工作取得显著成效》新闻稿，https：//www.gov.cn/xinwen/2022-09/21/content_5710849.htm。

⑤ 国家卫生健康委，2022 年 8 月 17 日新闻发布会，http：//wsjkw.hebei.gov.cn/xwfb/390296.jhtml。

支出为2.1万元，其中东部地区2.3万元，中西部地区1.6万元。从科技创新能力看，在校均专利出售金额方面，东部地区高校是中西部地区的约3倍；在校均技术转让实际收入方面，东部地区高校是中西部地区的约4倍。[①] 二是医疗卫生资源分布不均衡、结构不完善。从患者异地就医情况看，患者流出比例最高的5个地区为西藏、安徽、内蒙古、河北、甘肃，而患者流入比例居前5位的地区为上海、北京、江苏、浙江和广东。[②] 三级公立医院精细化管理能力仍需进一步提高，患者就医感受和医务人员获得感仍需进一步改善。基层医疗卫生服务距离群众的期盼还有比较大的差距。三是我国适老化改造仍处于起步阶段，推广面临诸多瓶颈。存在资金来源较为单一、建设标准不统一等问题，各地在推进过程中出现“一企一标、一地一策”现象，造成适老化产品和服务质量参差不齐。数字时代下老年人普遍存在生理障碍、数字经济思维滞后、入网心理障碍等。四是幼托服务体系存在结构失衡问题。0~3岁幼儿托育服务存在严重供给缺口的同时，随着未来出生人口下降，针对3~5岁儿童提供的幼儿园服务可能从“高覆盖率”演变到“供给过量”的尴尬局面。

四、促进人的全面发展面临的新形势

2016年5月18日，习近平总书记在中国计划生育协会第八次全国会员代表大会上指出，人口问题始终是我国面临的全局性、长期性、战略性问题。党的二十大报告指出，中国式现代化是人口规模巨大的现代化，促进人口长期均衡发展，必将有力支持全面建设社会主义现代化强国。“十四五”时期，世界百年未有之大变局加速演进，世纪疫情影响深远，逆全球化思潮抬头，局部冲突和动荡频发，全球性问题加剧，世界进入新的动荡变革期。我国发展进入战略机遇和风险挑战并存、不确定难预料因素增多的时期，“少子老龄化”成为人口发展首要威胁，建设教育强国的内外环境发生深刻变化，国民疾病谱变迁加大医疗卫生保障难度，实现人的全面发展、实现人口规模巨大的现代化依然任重道远。

（一）“少子老龄化”成为我国人口发展首要威胁

近年来，我国人口发展出现了一些显著变化，既面临人口众多的压力，又面临人口结构转变带来的挑战。一方面，2022年，我国人口自然增长率降到了“零点”以下，同比下降0.6%，新生儿人口减少了85万人。据测算，2022年，我国总和生育率已经下滑至1.09，比日本的1.29更低，仅略高于韩国的0.8。[③] 另一方面，我国60岁

① 全国人大代表双少敏，《建议推动中西部地区高等教育高质量发展》，https：//baijiahao.baidu.com/s？id=1760171338527080892。

② 国家卫生健康委，《我国医疗服务和医疗质量安全有关情况》，https：//www.gov.cn/xinwen/2020-10/17/content_5551942.htm。

③ 中国人口与发展研究中心研究人员李月、王茜和张许颖，《生育水平向何处去：回推估计及趋势预测》。

及以上人口达到28004万人，占全国人口的19.8%，其中65岁及以上人口20978万人，占全国人口的14.9%。[①] 生育断崖将使我国老龄化危机进一步加重，预计到2035年左右，我国将进入重度老龄化阶段，届时60岁及以上老年人口将突破4亿人，在总人口中的占比将超过30%。[②] 少子老龄化对经济社会发展的影响：一是劳动年龄人口减少加速。据测算，2022—2035年，我国劳动年龄人口减少的年均速度将提高到0.83%，将进一步造成劳动力短缺、新成长劳动力减少。二是居民消费将受到抑制。老年人的消费能力和消费意愿受到低就业率、低劳动收入和低保障水平制约，大龄就业者也由于承担缴纳养老保险、赡养家庭老人和预防性储蓄等负担，消费受到明显抑制。对一些城市的调查显示，居民在23~85岁的生命周期，年龄每提高一岁，平均消费支出降低1.8%。三是人口抚养比的提高将削弱基本养老和医疗保障体系的可持续性。老年人口抚养比年均提高速度预计从2010—2022年的3.8%，显著增加到2022—2035年的4.5%。[③] 由于中国基本养老保险和医疗保险具有"现收现付"性质，在缴费者和领取者人数日益不对称的条件下，基本养老和医疗保障体系的可持续性或将弱化。

但也要看到，新的人口形势下新的机遇正涌现，"人口红利"依然存在：一是我国劳动力数量仍然非常庞大。到2022年，我国16~59岁劳动年龄人口达8.76亿人，规模依然庞大。二是劳动力素质持续提高。我国正在从人力资源大国转向人力资本大国，劳动人口平均受教育年限增长至10.93年，绝大多数新增就业人口都是高教育素质人口。[④] 三是城镇化持续推进，农业剩余劳动力进一步转移到城镇，若劳动力供给和就业需求精准匹配，将实现更有效的人力资源配置。

（二）建设高质量教育体系的内外环境发生深刻变化

党的十八大以来，我国教育事业发生了格局性变化，为到2035年总体实现教育现代化奠定了坚实基础。但也要认识到，"十四五"时期教育内外部因素发生变化，面临着前所未有的挑战：一是日趋激烈的国际竞争，导致我国教育与西方教育面临着"脱钩"风险。教育对外开放存在迟滞受阻的可能性，以开放促改革的动力机制面临"失灵""失效"压力。二是高水平科技自立自强和国家安全发展环境对拔尖创新人才的需求前所未有。我国已建成世界上规模最大的高等教育体系，但对拔尖创新人才的培养，无论规模、结构还是质量方面，仍不适应新发展阶段的总体要求，在体系结构、评价

---

① 国务院新闻办就2022年国民经济运行情况举行发布会，https：//www.gov.cn/xinwen/2023-01/17/content_5737627.htm。

② 国家卫生健康委，党的十八大以来老龄工作进展与成效新闻发布会，https：//baijiahao.baidu.com/s？id=1744634670798320408。

③《蔡昉：人口负增长"提前五年"到来　如何应对》，https：//zhuanlan.zhihu.com/p/610378308。

④《中国如何找到新的人口机遇？人大副校长杜鹏解读》，https：//baijiahao.baidu.com/s？id=1757999113434692723。

机制和办学自主权等方面仍存在一些突出问题。三是共同富裕对教育高质量均衡发展提出更高要求。受多种因素的综合影响，省域、市域、县域、城乡、校际等不同层面存在教育硬件资源和内涵要素均衡发展的短板问题，在当前教育和经济社会发展环境下，解决难度总体还比较高。

（三）国民疾病谱变迁加大医疗卫生保障难度

一是传染病防控不可松懈。尽管我国取得了疫情防控重大决定性胜利，但在后疫情时代，艾滋病（HIV）、乙型肝炎（HBV）、结核（TB）等传统传染病给世人健康造成的严重威胁并未散去。以乙肝为例，根据《慢性乙型肝炎防治指南（2022 年版）》，我国一般人群乙肝流行率约为 6.1%，慢性乙肝病毒（HBV）感染者仍多达 8600 万例。二是我国疾病谱日益慢性病化。慢性病由于其发病率、死亡率高，知晓率、控制率低和疾病经济负担重等特点，已成为威胁我国人民群众生命健康的重要公共卫生问题，全国居民因慢性病导致的死亡人数占总死亡人数的比例超过 85%，导致的疾病负担占总疾病负担的 70%以上。[①] 三是精神疾病威胁到国民心理健康。到 2021 年底，全国数据库登记在册的重性精神障碍患者就有 660 万人。[②] 《中国国民心理健康发展报告（2021—2022）》显示，青少年群体有 14.8%存在不同程度的抑郁风险，高于成年群体，需要进行有效干预和及时调整。

但也要看到，后疫情时代医疗健康领域涌现新机遇：一是智慧医疗发展前景可期。可穿戴设备助力远程医疗、利用 AI 和机器学习分析医学数据、利用“数字孪生”进行药物模拟测试、个性化医疗、基因组学等是较为明显的技术趋势，AI、VR、MR、XR、IoT、云计算和大数据等技术被广泛应用于数据分析、预测干预、远程诊疗、健康管理等领域，医疗健康将逐步走向精准化、数字化、定制化。二是“大健康”产业正在兴起。群众医疗健康需求由“以治病为中心”向“以预防为中心”的全生命周期健康管理转变，中商产业研究院预测，2025 年大健康产业市场规模可达 13.4 万亿元。

五、“十四五”期间更好地促进人的全面发展的政策建议

人口发展是“国之大者”。《纲要》指出，要构建高质量的教育体系和全方位全周期的健康体系，优化人口结构，拓展人口质量红利，提升人力资本水平和人的全面发展能力。根据新的发展形势要求，进入“十四五”后半期，一是实施积极应对人口老龄化国家战略，推进基本养老服务体系建设；二是完善生育支持政策，降低生育、养育、教育成本，加快推动托育服务发展；三是更好更快地建设高质量教育体系，夯实

① 中国日报网，《国家医保局回应公众疑虑：旧有医保制度存在“三个不适应”问题》，https：//baijiahao.baidu.com/s？id=1758883759610698937。

② 国家卫生健康委，“一切为了人民健康——我们这十年”系列新闻发布会，http：//www.scio.gov.cn/xwfbh/gbwxwfbh/xwfbh/wsb/Document/1730851/1730851.htm。

“教育强国”根基；四是进一步深化医药卫生体制改革，构筑更加强大的医疗卫生体系；五是促进优质医疗资源扩容和区域均衡布局，提高基层防病治病和健康管理能力，确保“十四五”各项目标和任务如期实现。

（一）实施积极应对人口老龄化国家战略，推进基本养老服务体系建设

《国家积极应对人口老龄化中长期规划》明确了人口老龄化的战略目标，即积极应对人口老龄化的制度基础持续巩固，人力资本不断提升，科技支撑更加有力，产品和服务丰富优质，社会环境宜居友好，经济社会发展始终与人口老龄化进程相适应。下一步，一是更大力度推进新时期适老化改造工作，助力老年人“老有所安”。首先，对适老化改造提供更多的财政支持。如采购数字产品、提供数字教育服务、改善信息基础设施，可高效提升老年人数字素养；运用减税降费、贷款优惠等财政工具扶持研发适老产品的企业，可降低成本负担；各级政府奖励效果佳、转化快的适老设计，激发企业进行适老改造的积极性，从供给端显著拔高适老化水准。财政部门还应对具体投入进行核实与绩效评价，以切实保障数字适老的财政激励效益。其次，鼓励企业深入调研老年群体的衰老体验和具体需求，与老年人共同进入具象的生活场景，使产品设计从源头嵌入“老人思维”“老人视角”，从整体“忧老所忧”，如实现语音导引的覆盖、权威信源的筛选、智能交互的强化等，使产品的适老化具备深层次洞察和精细化的延展方向。最后，推进智慧社区的适老化建设，通过当面对话与演示指导的“技术反哺”，帮助老年人强化互联网的操作与实践技能；开设社区专门的科普教育活动，以引导老年人深度学习，构建多维度、深层次、严密有力的“附近”支持网络，使老年群体在数字时代“心有所安”。二是建立居家社区机构相协调、医养康养相结合的养老服务体系和健康支撑体系。立足各地区实际，明确养老服务供给目标，推动居家、社区和机构养老融合发展，构建定位精准、功能互补的社区居家养老服务网络体系。完善多元主体参与的养老服务模式，让社会化养老服务进入家庭并支持老年人居家社区养老。大力培养社区养老志愿者队伍，积极探索“时间银行”等社区互助养老模式，推动实施“互联网+养老”行动，建立老年人信息台账、开展定期巡访关爱活动，使老年人在家、在社区就能享受到完善多样的养老服务，有效降低老年人居家养老意外风险，改善其养老服务体验。三是实施积极就业政策，释放人口长寿红利。一方面，构建合理的弹性退休制度，在改革中优化法定退休年龄以及正常、提前、延迟退休的待遇等设计，在合理保障老年人生活质量、保护缺乏工作意愿和能力的劳动力市场弱势群体的同时，激励有能力的劳动者延长工作年限，实现公平和效率的平衡。另一方面，完善老年人就业政策，包括消除年龄歧视、促进灵活就业、提升老年人就业技能、为老年人提供就业援助等，鼓励老年群体参与工作，充分释放长寿时代的人口红利。

（二）完善生育支持政策，降低生育、养育、教育成本，加快推动托育服务发展

2020年10月，党的十九届五中全会提出，要优化生育政策，增强生育政策包容性。一是扩大家庭育儿的指导、支持等服务。将家庭育儿指导纳入公共服务内容，积极扩大公益性育儿指导资源，探索建立公益性育儿指导服务机构，开发育儿指导公益平台和课程资源，积极开展养育课程、父母课堂等公益性育儿指导和实践活动，提高家庭科学育儿素养和能力。二是统筹推进托育机构建设，扩大资源供给。充分考虑各地国土空间规划、服务人口和半径等情况，立足社区，通过新建、改扩建等多种方式，统筹托育服务设施数量、规模和布局，构建公办机构示范指导、普惠性机构基本保障、非普惠性机构多元补充的托育服务基本格局。要注重补齐设施建设短板，有效解决重点区域、重点人群的托育服务供需矛盾。三是落实产假、陪产假政策，完善育儿假以及弹性工作等制度安排。将产假和配偶陪护假合并为夫妻双方共享的家庭育儿假，为父亲育儿创造条件，创造家庭共同承担养育责任的良好氛围。探索更加灵活的工作模式，为有育儿需求的员工远程办公、居家办公等提供便利。四是扩大生育保险覆盖范围，完善生育津贴政策，加强税优、财政支持。加大公共支出对产假期间职工收入的保障力度，扩大制度覆盖范围，提高待遇保障水平，完善生育津贴功能。将个人所得税的纳税单位从个人调整为家庭，探索专项抵扣向据实扣除方式转变，对低收入人群则实行现金补贴、租房和购房补贴等措施。对雇佣生育二孩、三孩女性的企业探索税前工资加计扣除，财政承担产假期间社保缴费。五是推动生育友好型工作场所建设，鼓励有条件的用人单位提供更多育儿便利条件。鼓励用人单位为母乳喂养提供必要支持和配套设施，包括设立哺乳室、爱心母婴室等设施，配置电冰箱、电磁炉等设备；有条件的用人单位可通过自办、联办或者利用闲置厂房、场地等引入第三方专业机构在工作场所提供托育服务。健全工作福利制度，保障劳动者特别是女性合法就业权益，减轻生育对女性在就业、晋升等方面显性或隐性的歧视。六是培育性别平等的新型家庭文化，倡导多方责任共担的社会氛围。提倡男女共担家务的社会文化，改变家庭照顾责任的传统性别安排。加大对用人单位提供托育服务的政策和财政支持力度，为用人单位提供适当、有效的托育服务营造更加友好的“使能”环境，推动单位员工参与托育服务并形成良性循环的互助服务机制，解决职业女性面临的照料难题，帮助职业女性实现工作和家庭照料责任的平衡。

（三）更好更快地建设高质量教育体系，夯实“教育强国”根基

教育是国之大计、党之大计。党的二十大报告从“实施科教兴国战略，强化现代化建设人才支撑”的高度，对“办好人民满意的教育”作出专门部署，凸显了教育的基础性、先导性、全局性地位，彰显了以人民为中心发展教育的价值追求，为推动教育改革发展指明了方向。下一步，一是持续办好更加公平、更高质量的基础教育。学

前教育、特殊教育突出“普惠发展”，义务教育突出“优质均衡”，高中阶段学校突出“多样化”，继续把“双减”摆在突出位置来抓。二是加快构建融通融合融汇的现代职业教育体系。以深化产教融合为重点、推动职普融通为关键、促进科教融汇为新方向，构建“一体两翼”工作格局推动职业教育提质升级，通过服务学生全面发展、服务经济社会发展引领职业教育人才培养，为各类人才搭建发展成长的有效通道。三是着力发展支撑引领国家战略实施的高等教育。在全面提高人才自主培养质量、造就拔尖创新人才和服务区域经济社会发展、优化布局结构上先行先试，进一步加强高校分类管理的顶层设计，加快探索高校分类评价改革。四是统筹推进教育数字化和学习型社会、学习型大国建设。纵深推进教育数字化战略行动，重点做好大数据中心建设、数据充分赋能、有效公共服务、扩大国际合作 4 件事。主动服务学习型社会、学习型大国建设，树立“大教育”观，加快构建服务全民终身学习的教育体系。五是不断深化教育领域综合改革。以评价改革牵引教育领域综合改革，持续深化新时代教师队伍建设改革，全面推进依法治教，完善与教育强国建设相匹配的战略性投入机制，以高质量开放、高水平合作的大格局构筑发展新优势，不断增强教育改革的系统性、整体性、协同性，始终让教育成为改革开放的先行者。

（四）进一步深化医药卫生体制改革，构筑更加强大的医疗卫生体系

2016 年 8 月 19 日，习近平总书记在全国卫生与健康大会上指出，医药卫生体制改革已进入深水区，到了啃硬骨头的攻坚期。下一步，一是优化医疗服务模式，强化医防融合。依托国家基本公共卫生服务项目，以高血压和Ⅱ型糖尿病为切入点，加快实施城乡社区慢病医防融合能力提升工程。探索建立以基层医生团队为绩效考核单元、以健康结果和居民满意度为导向的考核体系。推动预防、治疗、护理、康复有机衔接，形成“病前主动防，病后科学管，跟踪服务不间断”的一体化健康管理服务。二是完善医疗质量管理与控制体系。强化医疗质量安全核心制度，健全国家、省、市三级质控组织体系，完善覆盖主要专业和重点病种的质控指标。完善诊疗规范和技术指南，全面实施临床路径管理。可以在有条件的医疗联合体内探索建立一体化临床路径，为患者提供顺畅转诊和连续诊疗服务。三是促进“互联网+”医疗规范健康发展。依托实体医疗机构建设互联网医院，为签约服务重点人群和重点随访患者提供远程监测和远程治疗，推动构建覆盖诊前、诊中、诊后的线上线下一体化医疗服务模式。同时，推动“互联网+慢性病（糖尿病、高血压）管理”，实现慢性病在线复诊、处方流转、医保结算和药品配送。推广应用人工智能、大数据、第五代移动通信（5G）、区块链、物联网等新兴信息技术，实现智能医疗服务、个人健康实时监测与评估、疾病预警、慢病筛查等。构建权威统一、互联互通的全民健康信息平台，完善全民健康信息核心数据库，推进各级各类医疗卫生机构统一接入和数据共享。

（五）促进优质医疗资源扩容和区域均衡布局，提高基层防病治病和健康管理能力

党的二十大报告提出促进优质医疗资源扩容和区域均衡布局，2023 年中央经济工作会议再次强调其重要性。下一步，一是继续推进医学医疗中心的建设工作。在国家层面，推进国家医学中心、国家区域医疗中心的设置和建设工作，减少跨区域就医。在省级层面，继续建设省级区域医疗中心，提高省域诊疗能力。在市县级层面，进一步发挥地市级医院的医疗救治主力军作用，提升县级医院能力，努力让患者在市县范围内就能得到比较优质的医疗服务。二是强化城乡基层医疗卫生服务网底。持续加强基层医疗卫生机构规范化建设。充分挖掘三级医院、综合性医院和专科医院的资源，加大基层全科医生培养培训的力度，壮大全科医生人才队伍。完善家庭医生签约服务，发挥好基层的“健康守门人”作用。推进“县乡一体”，提升乡镇卫生院的服务能力；推进“乡村一体”，不断完善和落实村医的待遇保障与激励政策。三是进一步发挥信息化在分级诊疗中的积极作用。建设远程医疗协作网，缩小区域间服务能力差距。推动医联体内信息互通、数据共享，搭建分级诊疗信息化平台，为家庭医生签约服务、双向转诊、预约诊疗等提供技术支撑。四是完善促进分级诊疗的体制机制。强化地方政府的主体责任，做好区域医疗卫生规划和医疗机构设置规划，落实医疗服务价格调整、人事薪酬制度创新、财政投入等方面的政策。构建多元复合式医保支付方式，充分发挥医保对供需双方的引导作用。加大政府对基层人才队伍建设的投入力度，发挥绩效考核的“指挥棒”作用，增加分级诊疗在各级医疗卫生机构绩效考核中的权重。

第十四章　增进民生福祉，提升共建共治共享水平

民生是人民幸福之基、社会和谐之本。《纲要》明确，到2025年我国民生福祉达到新水平，实现更加充分更高质量就业，居民人均可支配收入增长与国内生产总值增长基本同步的预期目标，健全国家公共服务制度体系，实施就业优先战略，优化收入分配结构，健全多层次社会保障体系，保障妇女、未成年人和残疾人基本权益，构建基层社会治理新格局等6项重大举措，并推动实施社会关爱服务行动。两年多来，各地区、各部门深入学习贯彻落实《纲要》精神，持续改善民生，增进人民福祉。国务院和有关部门先后印发实施了《人力资源和社会保障事业发展“十四五”规划》《“十四五”公共服务规划》《“十四五”就业促进规划》《中国妇女发展纲要（2021—2030年）》《中国儿童发展纲要（2021—2030年）》《“十四五”残疾人保障和发展规划》《中共中央　国务院关于加强基层治理体系和治理能力现代化建设的意见》，各地推出多项“民生清单”回应百姓民政期盼。经过两年多努力，我国民生事业发展取得积极成效：从重大目标看，我国就业形势总体保持平稳，城镇调查失业率基本控制在5.5%左右，居民人均可支配收入增长与国内生产总值增长基本同步。从重大举措看，基本公共服务的均等化水平不断提高，稳就业取得积极成效，收入分配格局更加优化，社会保障水平逐步提高，妇女、儿童、残疾人权益保障稳步提升。从重大工程看，我国无障碍环境建设水平持续提升，儿童福利机构持续向优转型，流浪乞讨人员救助服务信息化水平提高，精神卫生医疗服务扩容持续推进，殡葬服务水平进一步提高。在此过程中，也存在一些突出问题。例如，基本公共服务水平在城乡、区域、群体之间的差异依然显著，劳动力市场固有矛盾依然存在，促进居民收入增长和完善收入分配制度还面临多个痛点、堵点，距离建成多层次社会保障体系还有差距，对弱势群体的保障和关爱工作还存在短板弱项，基层治理效能尚未充分释放等。展望“十四五”后半期，我国经济恢复的基础尚不牢固，外部环境动荡不安，与此同时，人民对美好生活的向往更加强烈、需求日益广泛，推进新时代民生福祉面临新形势新挑战：一是新一轮科技革命将加剧结构性失业问题，二是推进共同富裕面临多项挑战，三是人口老龄化背景下社会保障体系可持续性面临威胁。党的二十大报告作出“增进民生福祉、提高人民生活品质”的重大部署。根据新的发展形势要求，下一步，一是着力推进公共服务扩面提质，二是落实落细就业优先政策，三是促进中等收入群体扩容提质，四是着力完善共同富裕导向的收入分配制度，五是进一步健全多层次社会保障体系，六是筑牢特殊困难群体的权益保障“关爱网”，七是加强基层治理体系和治理能力现代化建设，确保按时完成“十四五”预期目标。

一、重大目标：就业形势总体稳定，居民人均可支配收入增长与国内生产总值增长基本同步

《纲要》提出下列目标：到2025年，我国民生福祉达到新水平，实现更加充分更高质量就业，城镇调查失业率控制在5.5%以内，居民人均可支配收入增长与国内生产总值增长基本同步。从实施情况看，我国就业形势总体保持平稳，城镇调查失业率基本控制在5.5%左右，但稳就业工作依然不可松懈；两年多来居民人均可支配收入增长与国内生产总值增长基本同步，随着我国经济复苏，将进一步促进居民收入增长。

城镇调查失业率基本控制在5.5%左右，但稳就业工作依然不可松懈。国家统计局数据显示，从2021年初开始，受新冠疫情影响，城镇调查失业率有所波动，但就业形势总体保持稳定，基本控制在5.5%左右（见图20），仅在2022年3月、4月、5月、11月及2023年2月城镇调查失业率升至5.5%以上（见图21）。2022年上半年，疫情接连冲击上海、北京等大中城市，东部大城市的建筑业用工需求减少，导致外来农民工就业面临难题，而高校毕业生人数在2022年首次突破1000万人（达到1076万人）①，16~24岁城镇青年劳动力调查失业率持续高位运行，给稳就业工作带来不小压力。进入2023年，高校毕业生人数再创新高（达1158万人）②，尤其是6月青年失业率到达21.3%的高点，意味着下阶段我国稳就业工作依然不可松懈。

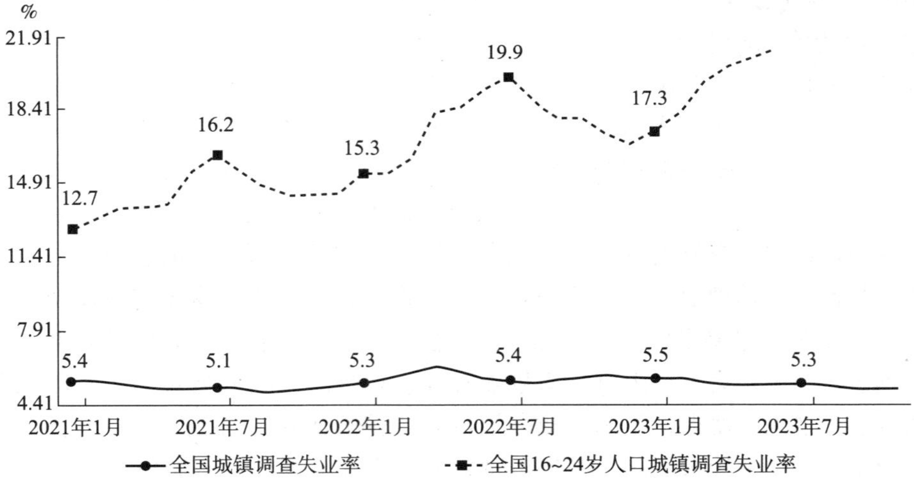

图20　2021年1月—2023年7月全国城镇调查失业率与16~24岁人口城镇调查失业率

资料来源：国家统计局，作者绘制。

居民人均可支配收入增长与国内生产总值增长基本同步，发展成果更多惠及全体人民。国家统计局数据显示，2021年，全国居民人均可支配收入35128元，比上年实

① 教育部新闻发布会，介绍高校毕业生就业工作情况，https：//baijiahao. baidu. com/s？id=1720398132676539482。

② 教育部、人力资源和社会保障部，2023届全国普通高校毕业生就业创业工作网络视频会议，https：//baijiahao. baidu. com/s？id=1749550505179779253。

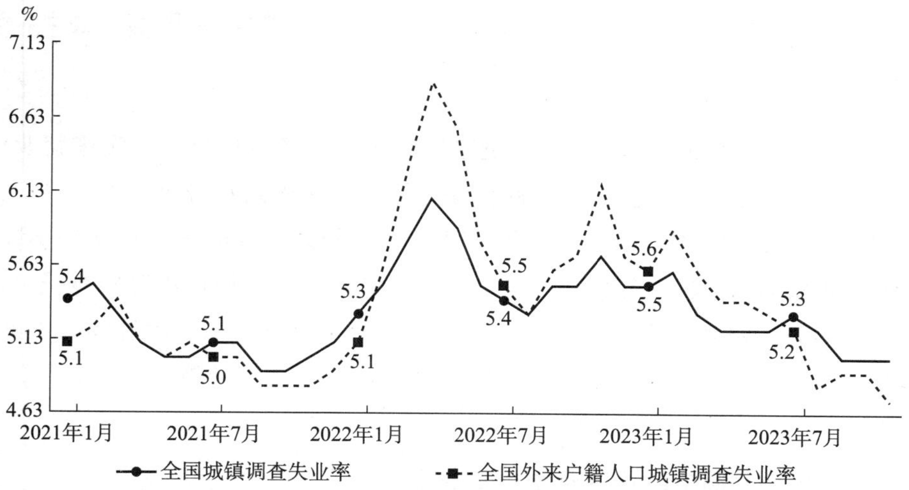

图 21　2021 年 1 月—2023 年 7 月全国城镇调查失业率与外来户籍人口城镇调查失业率

资料来源：国家统计局，作者绘制。

际增长 8.1%，与 GDP 增速持平。2022 年，全国居民人均可支配收入比上年实际增长 2.9%（见图 22），[①] 低于 GDP 增速 0.1 个百分点，基本保持同步，表明经济发展成果很好地惠及了全体人民，广大居民充分享受到了发展红利。2022 年，城镇和农村居民人均可支配收入较 2020 年分别提高 9.1%、14.3%。值得注意的是，2022 年农民人均可支配收入首次突破 2 万元，达到 20133 元，[②] 城乡居民收入比由 2020 年的 2.56 下降到 2022 年的 2.45，城乡收入差距在逐步缩小。进入 2023 年，随着疫情防控平稳转段，新一轮全面深化改革启动，我国经济有望加快复苏，进一步促进居民收入增长。

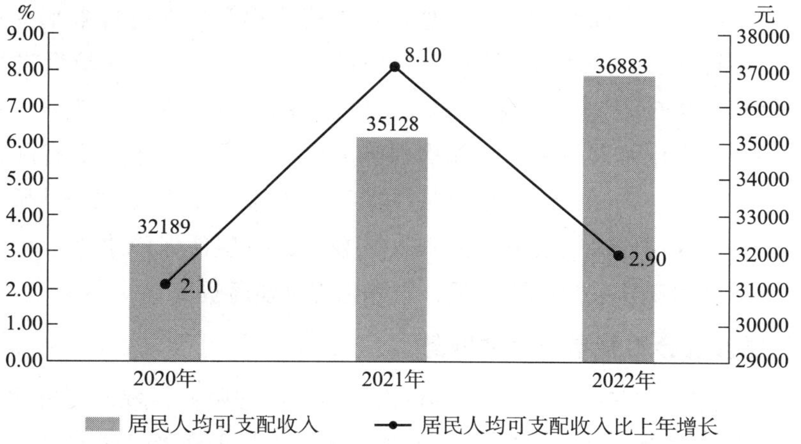

图 22　2020—2022 年全国居民人均可支配收入及增速

资料来源：国家统计局，作者绘制。

① 国家统计局，《2022 年国民经济和社会发展统计公报》。

② 国新办，“权威部门话开局”系列主题首场新闻发布会，http：//www.moa.gov.cn/ztzl/2023yhwj/xcbd_29328/202302/t20230215_6420617.htm。

二、重大举措：民生事业取得新进展，人民群众获得感、幸福感、安全感得到增强

《纲要》共提出了6项重大举措：健全国家公共服务制度体系、实施就业优先战略、优化收入分配结构、健全多层次社会保障体系、保障妇女未成年人和残疾人基本权益、构建基层社会治理新格局。两年多来，基本公共服务的均等化水平不断提高，稳就业取得积极成效，收入分配格局更加优化，促进共同富裕迈出坚实步伐，社会保障水平逐步提高，妇女、儿童、残疾人权益保障稳步提升，社会治理体系不断健全，基层社会治理体系呈现共建共治共享的新格局，人民群众获得感、幸福感、安全感不断增强。

（一）基本公共服务的均等化水平不断提高

两年多来，我国加快补齐基本公共服务短板，努力提升公共服务质量和水平。具体来看，城乡与区域间的基本公共服务均等化程度不断提高，鼓励更多社会力量参与公共服务，基本公共服务的财政保障力度不断加大。同时也要看到，尽管我国基本公共服务水平有所提升，但城乡、区域、群体之间的差异依然不可忽略，制度仍有改善空间。

1. 城乡、区域间的基本公共服务均等化水平不断提高

从城乡看，城乡统一的居民基本养老保险和医疗保险制度基本建立，绝大多数县实现县域义务教育基本均衡发展，建成一批城乡学校共同体。组建县域医共体超过4000个，县域内就诊率超过九成，乡、村两级医疗机构和人员“空白点”基本消除。城乡基础设施一体化步伐加快。县域信息化水平稳步提升，农村自来水普及率超过八成，村收集、镇转运、县处理的生活垃圾处理模式逐步推开，生活垃圾进行收运处理的行政村比例超过90%。[①] 从区域看，据中国财政科学研究院测算，教育、社会保障和就业、卫生健康、文化体育与传媒、住房保障五大类基本公共服务的省际人均财政投入变异系数[②]近10年下降了15个百分点，均等化程度提升；从基本公共服务实物产出来看，义务教育生师比、每千人卫生技术人员数、最低生活保障水平、每万人公共图书馆藏书量等指标的变异系数持续下降，均等化程度显著提高。

2. 鼓励更多社会力量参与公共服务

《纲要》明确指出，在育幼、养老等供需矛盾突出的服务领域，支持社会力量扩大普惠性规范性服务供给。此后，2022年1月，国家发展改革委正式印发《“十四五”公共服务规划》，要求加快构建公共服务多元供给格局，鼓励社会力量参与。5月，中

---

① 国家发展改革委有关负责人就《2022年新型城镇化和城乡融合发展重点任务》答记者问，https：//baijiahao. baidu. com/s? id=1727538124326635562。

② 衡量均等化的指标之一，变异系数越小，均等化程度越高。

办、国办印发的《关于推进以县城为重要载体的城镇化建设的意见》提出，强化县城公共服务供给，支持社会力量参与养老托育服务。从地方实践看，多元参与的基本养老服务保障机制进一步完善。例如，青海西宁由专业社会组织为全市约5.8万名特殊困难老年人提供助餐、助洁、助医等6大类36项服务。浙江杭州鼓励养老社会公益组织参与入户看护失能、失智人员工作，围绕老年人“周边、身边、床边”的基本养老服务日益丰富完善、便利可及、高效多元。①

3. 基本公共服务的财政保障力度不断加大

2022年，我国教育、社会保障和就业、卫生健康、文化体育与传媒、住房保障五大类基本公共服务支出占一般公共预算支出的比重分别为15.5%、14%、7.8%、6.4%和2.9%，合计占比达到46%以上，接近“半壁江山”。据中国财政科学研究院测算，2017—2022年的5年间，就业和社会保障、教育支出增速分别达到8.7%、6.6%，年均增速高于一般公共预算支出增速5.6%，财政保障力度不断加大。② 财政部在《2022年中国财政政策执行情况报告》中提出，2023年，要均衡区域间财力水平，促进基本公共服务均等化。推进基本公共服务保障标准体系建设，完善地区间支出成本差异体系，促进转移支付资金分配与公共服务成本相衔接，增强资金分配科学性合理性。

但也要看到，公共服务供给不平衡不充分问题仍然突出，公共服务供给不足和资源部分错配并存，资源配置机制不完全适应人口分布、流动趋势和社会结构变化。一是城乡间的基本公共服务水平差距仍然较大，乡村基本公共服务依然薄弱。尽管已经基本实现小学和幼儿园的乡镇全覆盖，但与城镇的教育质量差距较大，部分农村的义务教育质量甚至未能达标。此外，乡村医疗机构服务能力明显低于城市，2021年，城市每千人执业（助理）医师数量是乡村的2.1倍，城市每千人注册护士数量是乡村的2.6倍。③ 二是中西部地区基本公共服务能力相对不足。例如，义务教育阶段的生均教育经费，中西部地区多数省份低于全国平均水平，中西部地区在教育经费投入、学校标准化建设、教师队伍专业化水平等方面均相对不足。此外，中西部地区每千人执业（助理）医师数量明显低于东部地区。三是群体间基本公共服务差距过大。养老、育幼等普惠性公共服务供需矛盾比较突出，最低生活保障制度、特困人员救助、医疗救助、住房救助等部分基本公共服务项目须以户籍为基础，生育保障、养老金和医疗保障等项目的保障水平，工薪劳动者大大优于其他社会成员。随着社会成员自由平等的意识

---

① 《瞭望》新闻周刊，《普惠服务关照“一老一小”》，https://baijiahao.baidu.com/s?id=1760307293951522493。

② 中国财政科学研究院，《基本公共服务保障有力，均等化水平不断提升》，https://baijiahao.baidu.com/s?id=1726463682122918721。

③ 国家卫生健康委，《2021年我国卫生健康事业发展统计公报》，https://roll.sohu.com/a/575086258_121255935。

逐步增强，现行基本公共服务制度亟待深度改革。

（二）稳就业取得积极成效

两年多来，从中央到地方通过健全就业的促进机制，扩大就业容量，提升就业质量，缓解结构性就业矛盾，全国城镇两年半累计新增就业3153万人。从政策部署看，一是“就业优先”的政策导向更加鲜明，二是就业公共服务体系进一步完善，三是通过完善职业培训制度提升劳动者技能。但也要看到，我国劳动力市场固有矛盾依然存在，总量压力、结构性矛盾、重点群体就业难依然是稳就业工作面临的挑战。

1. “就业优先”的政策导向更加鲜明

《“十四五”就业促进规划》明确，落实就业优先战略，强化就业优先政策，推动形成高质量发展与就业扩容提质互促共进的良性循环。两年多来，我国就业优先政策不断强化，具体来看，一是坚定不移把高校毕业生等青年就业作为重中之重。稳定扩大公共部门岗位规模。搭建国家大学生就业服务平台、公共招聘网等青年就业服务平台，持续实施青年百万见习计划，深入开展高校毕业生“三支一扶”计划、教师特岗计划和西部计划等基层服务项目。自2012年以来，我国高校毕业生年底总体就业率保持在90%以上。[①] 二是全力稳定农村劳动力特别是脱贫劳动力务工规模。我国坚持有序外出和就地就近就业相结合，完善就业服务、职业培训、权益保障支持体系，推动劳务协作扩容提质，加快劳务品牌培育发展，搭建劳动者返乡入乡创业支持平台，推动在重点工程项目、农业农村基础设施建设领域大力实施以工代赈。国家乡村振兴局数据显示，2022年，脱贫劳动力务工就业规模达到3278万人，比2021年底增加133万人，超过年度目标任务259万人。三是不断健全困难人员就业援助制度。建立日常援助和集中援助相结合的工作格局，持续开展“就业援助月”“暖心活动”等专项行动，全力兜住困难人员底线。城乡残疾人每年新增就业超30万人，深化退役军人安置制度改革，加强对生育中断再就业妇女的帮扶。做好重大改革涉及人员安置工作，140万去产能职工得到妥善安置，截至2022年第三季度末，16万长江流域退捕渔民实现转产就业。值得注意的是，2023年4月，国务院办公厅印发《关于优化调整稳就业政策措施全力促发展惠民生的通知》，强调激发活力扩大就业容量，拓宽渠道促进高校毕业生等青年就业创业，强化帮扶兜牢民生底线。

2. 就业公共服务体系进一步完善

一是加大减负稳岗系列政策实施力度。打出社会保险“降免缓返补”政策组合拳。2022年，我国对部分特困行业和困难企业阶段性缓缴养老、失业、工伤3项社会保险费，对中小微企业阶段性缓缴职工医保单位缴费，截至2022年11月底，共缓缴

---

① 人力资源和社会保障部副部长俞家栋于2022年12月28日在第十三届全国人民代表大会常务委员会第三十八次会议上作的《国务院关于就业工作情况的报告》，http：//www. npc. gov. cn/npc/c30834/202212/65f17bdcafd4426db20b659c04510041. shtml。

2052 亿元；加大失业保险稳岗返还政策力度，截至 11 月底，累计返还 484 亿元，惠及 769 万户企业；创新推出一次性留工培训补助，截至 11 月底，已发放 259 亿元，惠及 472 万户企业；出台住房公积金阶段性支持政策，截至 11 月 25 日，全国共支持 2.92 万户企业缓缴住房公积金 103 亿元。[①] 二是充分发挥财政职能作用，扩岗激励举措丰富拓展。2021 年、2022 年，中央财政分别安排就业补助资金预算 567.6 亿元、617.58 亿元，支持地方实施社会保险补贴、职业培训补贴、就业见习补贴、吸纳就业补贴等就业扶持政策，并扩大实施范围，合理确定补贴标准。此外，通过税收减免、以工代训、留工培训补助等政策，鼓励企业扩大用工、吸纳就业。三是灵活就业、新就业形态服务和保障制度加快构建。2021 年 7 月，人力资源和社会保障部等 8 部门联合印发《关于维护新就业形态劳动者劳动保障权益的指导意见》，完善网约配送员、网约车驾驶员、网约货车司机等新就业形态劳动者权益保障制度，督促平台企业依法合规用工；放开灵活就业人员在就业地参加基本养老保险的户籍限制。多地启动新就业形态劳动者职业伤害保障试点，推进灵活就业人员参加住房公积金制度试点。2022 年 5 月，《关于加强零工市场建设完善求职招聘服务的意见》出台，鼓励市场机构开展零工服务，引导自发市场规范发展。《国务院关于就业工作情况的报告》显示，已推动建设零工市场超 3200 家，日均提供对接服务超 27 万人次。

3. 通过完善职业培训制度提升劳动者技能

《“十四五”职业技能培训规划》提出，到 2025 年要实现终身职业技能培训制度更加完善，共建共享职业技能培训体系更加健全，创新型、应用型、技能型人才队伍不断发展壮大，职业技能培训服务更加有效等目标。从进展来看，一是终身职业技能培训制度进一步健全。各地区、各部门完善职业技能培训政策体系，开展常态化大规模多层次职业技能培训，稳步实施重点群体专项培训计划，支持企业开展职工在岗培训，突出技能人才培训、急需紧缺人才培训、转岗转业培训、储备技能培训、通用职业素质培训，广泛开展高素质农民技能培训，完善职业技能竞赛体系。“职业技能提升三年行动计划”实施以来，共开展补贴性职业技能培训 8300 多万人次，劳动者稳定就业和转换岗位能力不断增强。[②] 二是职业技能培训质量稳步提升。健全职业技能培训工作协调机制，构建以行业企业为主体、以培训机构和职业学校（含技工院校）为基础、政府推动与社会支持相结合的职业技能培训组织实施体系，健全职业技能培训共建共享机制，引导培训资源向市场急需、企业生产必需等领域集中。规范开展订单式培训，健全培训监督评价考核机制，增强培训针对性和实效性。截至 2021 年，中央预算内投

---

① 人力资源和社会保障部副部长俞家栋于 2022 年 12 月 28 日在第十三届全国人民代表大会常务委员会第三十八次会议上作的《国务院关于就业工作情况的报告》，http://www.npc.gov.cn/npc/c30834/202212/65f17bdcafd4426db20b659c04510041.shtml。

② 国务院新闻办发布会，介绍就业和社会保障工作情况，https://www.gov.cn/xinwen/2023-03/02/content_5744174.htm。

资支持建设公共实训基地216家。三是完善技能人才培养、使用、评价和激励机制。推进职业资格制度改革，完善职业技能等级制度，推行社会化职业技能等级认定。《中华人民共和国职业分类大典（2022年版）》增加158个新职业，首次标注97个数字职业。畅通技能人才职业发展通道，完善技能人才薪酬、表彰等激励政策，启动特级技师评聘试点，健全完善新时代技能人才职业技能等级制度。截至2021年底，全国技能劳动者总量超过2亿人，占7.5亿就业人员的26%；高技能人才超过6000万人，占技能劳动者的30%。[①]

但也要看到，我国劳动力市场固有矛盾依然存在，就业工作仍面临不少风险挑战。一是就业总量压力依然不减。我国是人口和劳动力大国，“十四五”期间16~59岁劳动年龄人口仍将保持在8.5亿人以上，超过欧洲人口的总和。与此同时，经济发展不确定性依然较大，需求收缩、供给冲击、预期转弱三重压力仍然较大，稳定就业存量、扩大就业增量面临较大压力，保持充分就业始终是首要任务。二是结构性就业矛盾日益凸显。劳动力供给和需求存在错位，招工难与就业难并存的结构性就业矛盾成为就业领域的主要矛盾。一方面，企业招工难问题突出，服务员、操作工等一线普工常年短缺，技能人才供给不足；另一方面，产业转型升级过程中，低技能劳动者求职就业难度或将进一步加大。三是部分重点群体就业依然面临难题。“十四五”期间，16~24岁青年人口将达到1.4亿左右，其中每年高校毕业生人数总量超过千万，[②] 专业、区域、意愿等结构性矛盾短期难以缓解，青年失业率仍将高位运行。人口老龄化加深，大龄劳动者就业竞争力偏弱，市场求人倍率长期在1以下。年龄、性别、残疾等就业歧视依然存在，女性劳动者失业水平仍将高企，新就业形态劳动者权益维护任务依然艰巨。

（三）收入分配格局更加优化

两年多来，各地区、各部门持续提高低收入群体收入，扩大中等收入群体，更加积极有为地促进共同富裕。从成效看，一是居民收入来源多元化，工资性收入、经营净收入占比提高；二是“扩中”行动深入推进；三是健全再分配制度取得阶段性成就，税收、社保、转移支付制度进一步完善。但也要看到，促进居民收入增长和完善收入分配制度还面临多个痛点、堵点，居民收入增速呈现放缓迹象，中等收入群体抗风险能力减弱，再分配制度也存在改善空间。

1. 居民收入来源多元化，工资性收入、经营净收入占比提高

各地区、各部门多管齐下拓宽居民增收渠道，进一步健全各类生产要素参与分配

---

① 中华全国总工会，“党的十八大以来工会工作成就经验”新闻发布会，http：//acftu. people. com. cn/n1/2022/0801/c67502-32491261. html。

② 2022年12月28日，第十三届全国人民代表大会常务委员会第三十八次会议，《国务院关于就业工作情况的报告》。

机制。全国居民工资性收入、经营净收入快速增长，占比不断提高。2022 年，全国居民人均可支配收入中，人均工资性收入 20590 元，同比增长 4.9%，占可支配收入的比重为 55.8%，较 2020 年增长 0.1 个百分点；人均经营净收入 6175 元，增长 4.8%，占可支配收入的比重为 16.7%，较 2020 年增长 0.2 个百分点。①

2. “扩中”行动深入推进

我国中等收入群体的规模超过 4 亿多人，按联合国的标准，我国人民的生活已经进入相对殷实富足阶段。② 多地先行探路，不断提高中等收入群体比重。例如，作为我国高质量发展建设共同富裕示范区，浙江深入开展“扩中”“提低”行动，聚焦高校毕业生、技术工人、中小企业主和个体工商户、进城农民工等“扩中”重点群体，低收入农户、困难群体等“提低”重点群体，探索制定具有针对性增收激励政策，进一步激发增收积极性主动性。安徽加快推进中等收入群体倍增工程，山东实施中等收入群体倍增行动计划。

3. 健全再分配制度取得阶段性成就，税收、社保、转移支付制度进一步完善

政府的再分配政策分为三大类，即税收政策、社会保障政策和转移支付政策。两年多来，我国再分配制度已取得阶段性成就。从税收制度看，我国初步建立了税制合理、税负稳定、结构优化、管理规范的现代税制体系；税收法定进程加快，为收入分配调节奠定坚实制度基础；系列减税降费政策持续落地，利企惠民成效显著；综合与分类相结合的个人所得税改革，明显减轻了中低收入者税负，大幅度提升了人民群众的获得感。从社会保障制度看，我国已经建立了世界上规模最大的社会保障体系，基本养老保险和基本医疗保险的参保率持续多年分别稳定在 90%和 95%以上，③ 多层次保障体系初步形成，社保体系现代化水平不断提升。低保、托幼、助残等社会救助事业日渐完善，对弱势群体的支持力度持续增强。从转移支付制度看，转移支付规模不断扩大，2022 年中央对地方转移支付安排近 9.8 万亿元，比上年增加约 1.5 万亿元，增幅达 18%；转移支付结构进一步优化，一般性转移支付增长 8.7%，适度向中西部地区和基层倾斜。最大限度下沉财力，截至 2022 年 6 月底，中央对地方转移支付下达率达到 92.7%。④ 转移支付资金使用效率有所提升，不断完善转移支付的申请、审批、使用、监管、评估等程序设计，逐步形成管理闭环，确保转移支付资金规范合理使用。

但也要看到，促进居民收入增长和完善收入分配制度还面临多个痛点、堵点：一

---

① 国家统计局，《2022 年居民收入和消费支出情况》，https：//baijiahao. baidu. com/s？ id=1755234992667124968。

② 中共中央宣传部，“中国这十年”系列主题新闻发布会介绍经济和生态文明领域建设与改革情况。

③ 国家卫生健康委，党的十八大以来老龄工作进展与成效新闻发布会，https：//baijiahao. baidu. com/s？ id=1744634670798320408。

④ 财政部，《2022 年上半年中国财政政策执行情况报告》，https：//www. gov. cn/xinwen/2022-08/30/content_5707425. htm。

是居民收入增速呈现放缓迹象。国家统计局数据显示，2022 年，居民可支配收入实际增速 2.9%，低于 GDP 增速 0.1 个百分点，居民收入增速连续 5 年低于经济增速。从收入五等分数据看，2022 年，低收入户可支配收入增速仅为 3.2%，[①] 在收入五等分分组中连续两年保持最低增速，中等偏下收入户和中等收入户的收入增速也明显低于中等偏上和高收入户的收入增速。此外，经济增长转化为居民可支配收入的比例依然偏低。按照家庭调查口径，2022 年，我国人均可支配收入与人均 GDP 之比为 43%，不仅远低于发达国家，也较疫情前呈现明显下降趋势。[②] 二是中等收入群体抗风险能力减弱，存在收入阶层滑落的可能。近年来，我国居民部门杠杆率持续处于快速增长区间，从 2008 年的 17.9%，增长至 2021 年的 62.2%。其中，中等收入群体是居民负债增加的主要群体，住房、教育、医疗等刚性支出在中等收入群体负债结构中占比与日俱增。另外，中等收入群体中产业工人与个体经营户占比超过 50%，就业及收入相对不稳定，易受经济环境影响，存在收入阶层滑落的可能。[③] 三是再分配制度也存在改善空间。税收调节方面，税收结构和征管能力仍需优化，税制结构中间接税等比重偏高，直接税比重较低；个人所得税对居民收入分配的调节作用有待进一步加强；居民收入的积累环节缺少财产税设计；税收征管的数字化、专业化水平仍需提升。社会保障方面，社会保障制度整体设计还存在着较为明显的“逆向保障”问题，救助制度在对象确定、户籍身份、新救助群体等方面的设计有待完善等。

（四）社会保障水平逐步提高

两年多来，央地按照兜底线、织密网、建机制的要求，加快健全覆盖全民、统筹城乡、公平统一、可持续的多层次社会保障体系。从成效看，一是社会保险制度更加公平、更加健全，二是社会救助和慈善制度走上规范发展轨道，三是退役军人工作体系和保障制度加快健全。但也要看到，我国距离建成多层次社会保障体系还有差距，多层次、多支柱养老保险发展缓慢，农民工和灵活就业人员在享受社保待遇方面仍存在堵点。

1. 社会保险制度更加公平、更加健全

《人力资源和社会保障事业发展“十四五”规划》提出，到“十四五”时期，法定人员应保尽保，实现企业职工基本养老保险全国统筹、失业保险省级统筹，工伤保险省级统筹更加完善的目标。截至 2023 年 6 月底，全国基本养老、失业、工伤保险参

---

① 国家统计局，《2022 年居民收入和消费支出情况》，https：//baijiahao. baidu. com/s？ id＝1755234992667124968。

② 中国宏观经济研究院经济研究所副研究员姜雪，《以促进消费为着力点充分挖掘内需潜力》。

③ 北京理工大学人文与社会科学学院宋宪萍教授，《国家治理》周刊，《中等收入群体倍增的制约因素》，https：//baijiahao. baidu. com/s？ id＝1742439865829798360。

保人数分别达到10.57亿人、2.4亿人、2.94亿人。[1] 从各领域进展看，一是基本养老保险全国统筹持续推进，人民共享发展成果。两年多来，各省养老保险缴费比例和政策已逐步统一，改善地区间、城乡间、行业间收支不平衡问题，各地城镇职工和城乡居保基础养老金标准稳步提高。截至2022年底，我国基本养老保险参保人数为10.5亿人，其中，我国为2687万困难群体代缴城乡居民养老保险费，参保率超过99%。[2] 二是医疗覆盖面扩大，解决看病难、看病贵问题。截至2022年底，基本医疗保险参保人数134570万人，参保覆盖面稳定在95%以上，参保质量持续提升。城市和农村地区参保率差距缩小，贫困人口医保覆盖率逐年上升达到97.8%。在保障对象上，将低保边缘家庭重病重残人员纳入低保范围，困难群众帮扶救助得到保障，更多大病、慢性病和常见病等门诊费用被纳入医保报销范围，住院费用跨省直接结算率达到60%。大病医保新政策将大病医保报销范围逐步扩大，报销比例进一步提高，报销比例从60%提高到了65%。[3] 三是失业保险补贴应保尽保，增强特殊困难群体帮扶。2022年2月，国家针对就业困难人员参保制定社保补贴政策。用人单位招用就业困难人员，国家会给予不超过36个月的社保补贴。发布"4050社保补贴政策"，为大龄失业人员、特困失业人员、"零就业家庭"失业人员、享受城市居民最低生活保障待遇或低收入家庭成员中的失业人员提供就业困难人员灵活就业社保补贴。同时，帮扶六大特殊就业群体，扩大失业保险保障范围。高校毕业生和退役军人、农民工、低收入群体、失业人员、特殊群体的退休人员和城乡困难家庭提高保障待遇水平。深度贫困地区失业保险金标准上调至最低工资标准的90%，参保职工申领技能提升补贴条件由参保缴费累计满3年放宽至满1年。截至2022年底，全国基本失业保险参保人数达到2.4亿人，同比增加849万人。[4] 四是生育保险扩大受保人群覆盖面，保障内容增多。新增3类人群纳入保障范围，即新增灵活就业人员、职工医保退休延缴人员、工残退休人员，他们无须缴纳生育保险费，也可享受生育保险医疗待遇。完善生育休假制度，严格落实产假、护理假、哺乳假等制度，保障生育妇女休假的合法权益。女方在规定基础上延长产假60天，男方享受护理假15天。生育保险和职工基本医疗保险合并，生育医疗费用报销、生育津贴申请期限延长，设立3岁以下婴幼儿照护个人所得税专项附加扣除，作为优化生育政策的配套支持措施之一。五是完善工伤保险多方位体系，将灵活就业人员纳入社保体系。《工伤保险条例》新条例与现行工伤保险政策相比，首次纳入乡镇企

---

① 人社部举行2023年二季度新闻发布会：千方百计促进青年就业创业，https://www.thepaper.cn/newsDetail_forward_23965466。

② 人力资源和社会保障部，《全国基本养老保险参保人数达10.5亿人》，https://baijiahao.baidu.com/s?id=1755703439880273069。

③ 国家医保局，《2022年医疗保障事业发展统计快报》，https://baijiahao.baidu.com/s?id=1759887839543980387。

④ 人力资源社会保障部，2023年一季度新闻发布会，http://www.mohrss.gov.cn/xxgk2020/fdzdgknr/zcjd/xwfbh/lxxwfbh/202304/t20230428_499258.html。

业和个体户，强调工伤保险社会统筹的覆盖范围，涵盖了所有企业，特别是将乡镇企业和个体户纳入了统筹范围。认定范围延至上下班途中，从事与工作有关的预备性或收尾性工作受到事故伤害的情况都被纳入保障范围，最大限度地保护了劳动者的合法权益。对工伤保险保障待遇水平进行调整，包括住院伙食补助费、停薪留职期间的工资、医疗费、生活护理费、一次性伤残补助金等各项补贴。在保障对象上，为外卖骑手、网约车司机等新就业形态就业人员创设“新型工伤保险”提供了职业伤害保障。截至2022年底，全国基本工伤保险参保人数达到2.9亿人，同比增加825万人。① 值得注意的是，2023年7月21日，国务院第11次常务会议通过《社会保险经办条例》，作为社保经办领域首部行政法规，该条例标志着社保经办工作的法治化、规范化、精细化迈上新台阶。

2. 社会救助和慈善制度走上规范发展轨道

我国基本建成了中国特色社会救助体系，年均保障低保人员4000万人以上、特困人员近500万人、临时救助人员1000万人次左右、各类生活无着落流浪乞讨人员230万人次以上。与此同时，慈善事业蓬勃发展，2012—2021年，发行福利彩票18600亿元，总共筹集彩票公益金5408亿元。2023年，《中华人民共和国慈善法》在施行6年多后首修，进一步提高慈善事业在中国式现代化全局中的地位和作用，健全慈善监管新机制，充实慈善信托新制度，全面规范慈善信托运作。②

3. 退役军人工作体系和保障制度加快健全

我国第一部关于退役军人的专门法律《中华人民共和国退役军人保障法》已于2021年1月1日起正式施行。从保障成效看，一是退役军人安置就业成效明显。自2019年我国深化退役军人安置制度以来，截至2022年8月，退役军人事务部新接收安置退役军人185万余名，转业军官安置到党政机关和参公单位的比例超过80%。着眼促进退役军人更加充分、更高质量就业，退役军人事务部等部门出台《关于促进优秀退役军人到中小学任教的意见》等政策文件，已帮扶226万名退役军人实现就业创业。退役军人事务部在全国推行适应性培训，截至2022年，全国累计82万人次参加职业技能提升行动，提高就业技能水平。二是退役军人服务保障水平持续提升。退役军人事务部制定出台退役军人帮扶援助、兜底保障、司法救助等文件，开辟纾难解困“绿色通道”，截至2022年8月底，已为困难退役军人和军人军属发放司法救助金近4100万元。此外，指导20个省份成立退役军人关爱基金（会），筹集资金总额达90亿元，持

① 人力资源社会保障部，2023年一季度新闻发布会，http://www.mohrss.gov.cn/xxgk2020/fdzdgknr/zcjd/xwfbh/lxxwfbh/202304/t20230428_499258.html。

② 中共中央宣传部，“中国这十年”系列主题新闻发布会，介绍新时代民政工作有关情况，https://baijiahao.baidu.com/s?id=1743389803115074551。

续扩大社会参与，汇聚帮扶合力。[①]

但也要看到，我国距离建成多层次社会保障体系还有差距。一是多层次、多支柱养老保险发展缓慢。据中欧国际工商学院院长汪泓测算，第一支柱基本养老保险“一支独大”，覆盖范围超过 10 亿人，但支付压力逐渐增大。第二、第三支柱养老保险发展缓慢。截至 2020 年，企业年金只覆盖了 2700 多万人，企业覆盖率不到 0.5%，职工覆盖率不到 10%，在三支柱中占比 31.4%。第三支柱税延型商业养老保险试点刚刚起步，保费收入只有 4 亿元，相比美国第三支柱资产 10 万亿美元还存在差距。[②] 二是农民工和灵活就业人员等弱势群体的“应保尽保”有待加强。受参保户籍地、身份限制，以上弱势群体的可选参保项目少、保障不全，还面临转移接续困难、一人存在多个社保关系等难题，不利于其参保缴费，增加了农民工和灵活就业人员的经济负担。

（五）妇女、儿童、残疾人权益保障稳步提升

两年多来，我国稳步推进妇女、儿童、残疾人等弱势群体的权益保障工作，促进男女平等和妇女全面发展取得阶段性成效，未成年人福利与保护体系更加完善，新时代家庭建设展现出文明新风尚，残疾人事业取得多项成就。2023 年 7 月 30 日，国家发展改革委等部门印发《国家基本公共服务标准（2023 年版）》，明确了幼有所育、弱有所扶等的服务标准。但也要看到，女性就业环境和权益保障有待优化，儿童事业发展仍然不平衡不充分，残疾人数量众多、特性突出，仍需要社会特别关照。

1. 保障妇女权益的法治体系不断完善，促进男女平等和妇女全面发展取得阶段性成效

妇女权益是基本人权，我国在全面依法治国进程中，不断建立健全包括 100 多部法律法规在内的全面保障妇女权益的法律体系。2021 年，国务院印发《中国妇女发展纲要（2021—2030 年）》，从健康、教育、经济、参与决策和管理、社会保障、家庭建设、环境、法律 8 个发展领域提出了主要目标和策略措施。自 2023 年 1 月 1 日起施行新修订的《中华人民共和国妇女权益保障法》，使妇女在政治、经济、文化、社会和家庭各领域的平等权益得到进一步保障。修改《中华人民共和国宪法》《中华人民共和国刑法》《中华人民共和国就业促进法》《中华人民共和国母婴保健法》《中华人民共和国农村土地承包法》《中华人民共和国人口与计划生育法》，制定法律援助法等，对保障妇女合法权益给予充分重视。国家层面和 31 个省份均建立了法规政策性别平等评估机制，促进男女平等、家家幸福安康的法律体系更加完善。从成效看，一是两性平等取得新成效。2022 年全球性别平等指数，我国排名第 102 位，较 2021 年提高 5 位。

---

① 中共中央宣传部，“中国这十年”系列主题新闻发布会聚焦新时代退役军人工作高质量发展举措与成效，http://www.mva.gov.cn/xinwen/xwfb/202208/t20220827_64769.html。

② 中欧国际工商学院院长汪泓在 CMF 宏观经济热点问题研讨会（第 44 期）上的发言，https://www.163.com/dy/article/H58LP9F40552A9XP.html。

2021 年，婚姻生活中女性遭受过配偶身体暴力和精神暴力的比例为 8.6%，比 2010 年下降了 5.2 个百分点。① 基本消除义务教育阶段性别差距，高等教育女生占比超过一半。妇女实现基本养老、基本医疗、失业、工伤、生育保险的平等参保，平等享受待遇。二是在社会多领域推进妇女全面发展。2022 年，我国妇女实现了更高质量更加充分的就业，妇女劳动参与率超过 70%，全社会就业人员中女性比重保持在四成以上，女性科技工作者占科技工作者总数的 40%左右，互联网领域创业者中女性达 55%。妇女更加广泛地参与决策和管理，党的二十大妇女代表占比 27%，比上届提高 2.8 个百分点；十四届全国人大妇女代表占比 26.54%，与上届相比提高 1.64 个百分点；县、乡两级人大换届选举选出的妇女代表占比分别为 31.64%和 32.36%，比上届分别上升 3.23 个和 4.34 个百分点。女性平均预期寿命突破 80 岁，孕产妇死亡率下降至 16.1/10 万，婴儿死亡率下降至 5.0‰，我国妇幼健康核心指标水平位居全球中高收入国家前列，被世界卫生组织列为全球妇幼健康高绩效的 10 个国家之一。②

2. 未成年人福利与保护体系更加完善

一是顶层设计和法律体系更加完善。2021 年 9 月，国务院正式印发《中国儿童发展纲要（2021—2030）》，为儿童生存、发展、受保护和参与权利的实现提供了重要保障。2022 年 6 月，国务院未成年人保护工作领导小组印发《未成年人文身治理工作办法》，遏制文身低龄化现象。最高人民法院提出探索建立儿童救助协作制度，完善性侵害儿童犯罪人员信息公开制度，并要求各地普遍建立少年审判工作机制。我国少年法庭数量从 2021 年的 1800 个增加至 2022 年 6 月的 2181 个。二是儿童出生缺陷防治工作成效显著。2022 年，我国出生缺陷综合防治体系已初步建立，国家卫健委公布功能性出生缺陷救助项目省级项目管理单位和实施单位名单，指导中国出生缺陷干预救助基金会联合各地共同实施功能性出生缺陷救助项目。新生儿出生缺陷发病率有效降低，国家卫健委数据显示，全国唐氏综合征产前筛查率达到 81.1%，全国新生儿遗传代谢病筛查率达到 97.5%，听力障碍筛查率达到 94%。三是学前教育资金投入与幼儿园数量达历史新高。2022 年，全国幼儿园数量达到 29.5 万所，较上年增长 76.8%，创历史新高。幼儿园师资力量逐步壮大，幼儿园园长和专任教师总数超过 350 万人，基本达到了“两教一保”的配备标准，且学历结构有所优化，专科以上学历的园长及专任教师数量达到 308 万人。学前教育以普惠性、保基本、均等化、可及性、可持续为方向，逐步实现幼有善育，同时完善“三孩”配套政策，促进教育政策与生育政策配套衔接。③ 四是儿童友好城市建设加快推进。2021 年 10 月，国家发展改革委等部门印发

---

① 世界经济论坛，《全球性别差距报告 2022》。

② 《中国新闻发布》杂志，2023 年第 3 期，《持续推进男女平等和妇女全面发展为全球妇女事业发展贡献中国力量》。

③ 北京师范大学中国公益研究院，《2022 儿童福利与儿童保护十大进展》，https://roll.sohu.com/a/637833744_121478296。

《关于推进儿童友好城市建设的指导意见》。此后，浙江、四川、山东、陕西、甘肃等多地加快推进儿童友好城市建设，其中，广东省深圳市发布我国首个儿童友好城市建设地方标准。

3. 新时代家庭建设展现出文明新风尚

一是家庭教育步入法制化轨道。2021 年 1 月，正式施行的《中华人民共和国民法典》确立“家庭应当树立优良家风，弘扬家庭美德，重视家庭文明建设”的原则性规定，为新时代家庭家教家风建设提供制度保障；2022 年，家庭教育被全面纳入教育法治化轨道，《中华人民共和国家庭教育促进法》正式施行，明确父母或其他监护人是家庭教育的主体责任者，国家和社会为家庭教育提供指导、支持和服务。同年 2 月，中共中央办公厅印发《关于加强新时代廉洁文化建设的意见》，强调把家风建设作为领导干部作风建设的重要内容。同年 4 月，全国妇联、教育部等 11 部门印发《关于指导推进家庭教育的五年规划（2021—2025 年）》，将构建覆盖城乡的家庭教育指导服务体系、健全学校家庭社会协同育人机制、促进儿童健康成长确立为今后一个时期家庭教育发展的根本目标。[①] 二是创新家庭教育取得新成效。截至 2021 年底，全国家庭教育网络和新媒体服务平台有 4 万多个，社区家长学校和家庭教育指导服务站点共 41 万多所，“儿童之家”32.1 万多个，通过开设家长课堂、专家讲座，举办亲子活动等，培训家长 6960 余万人次，吸引 2.8 亿家长儿童参与亲子阅读活动。[②] 三是文明家庭创建活动深入推进。2022 年 5 月，全国妇联表彰 997 户全国五好家庭，揭晓 997 户全国最美家庭。2023 年 4 月，妇联发起“家庭教育幸福工程”，旨在通过家庭教育研究、线上线下培训、家教工作经验交流等活动，促进家庭和谐发展、构筑幸福家庭。[③]

4. 残疾人事业取得多项成就

一是促进残疾人康复任务有效落实。我国接连印发《“十四五”残疾人保障和发展规划》《国家残疾预防行动计划（2021—2025 年）》和《“十四五”残疾人康复服务实施方案》，推动“十四五”时期残疾预防和残疾人康复工作高质量发展。截至 2022 年底，全国共有残疾人康复机构 11661 个，康复机构在岗人员达 32.8 万人，其中，管理人员 3.4 万人、业务人员 23.9 万人、其他人员 5.5 万人。全年完成康复专业技术人员规范化培训 1.7 万人。二是残疾人教育和就业渠道持续拓展。中国残联积极落实《“十四五”特殊教育发展提升行动计划》，会同教育部印发《辅助器具进校园工程实施方案》，为义务教育阶段有需要的残疾学生提供适配服务，实施《第二期国家手

---

① 北京师范大学中国公益研究院，《2022 儿童福利与儿童保护十大进展》，https：//roll. sohu. com/a/637833744_121478296。

② 《中国妇女报》，《学有所教，让公平优质的教育惠及于民》，https：//baijiahao. baidu. com/s? id = 1746543825148801295。

③ 《光明日报》，《全国妇联表彰第十三届全国五好家庭并揭晓 2022 年全国最美家庭》，https：//baijiahao. baidu. com/s? id=1732880349437395021。

语和盲文规范化行动计划（2021—2025年）》，共同推动手语和盲文规范化、标准化工作，大力推广国家通用手语和国家通用盲文。截至2022年底，全国共有特殊教育普通高中（部、班）118个，在校生11431人，其中聋生6506人、盲生1736人、其他3189人。残疾人中等职业学校（班）184个，在校生19014人、毕业生5157人，毕业生中1473人获得职业资格证书。高等教育阶段，招收30035名残疾学生。另外，在就业领域，全国城乡新增残疾人就业59.2万人，其中，城镇新增就业14.3万人、农村新增就业44.9万人；全国城乡实名培训残疾人50.2万人。三是残疾人的社会保障网进一步织密。截至2022年底，参加城乡居民基本养老保险的残疾人数达2761.7万人，1209.3万残疾人领取养老金。60岁以下参保的残疾人中，692.3万重度残疾人和285.5万非重度残疾人得到参保缴费资助。残疾人托养服务工作稳步推进，开展残疾人托养服务的各级各类机构达8906个。15.5万残疾人通过寄宿制和日间照料服务机构接受托养服务，47.2万残疾人接受居家服务。四是冬残奥会为残疾人体育发展提供广阔平台。第13届冬残奥会于2022年3月4日至13日在北京和张家口举行，我国体育代表团夺得18枚金牌、20枚银牌、23枚铜牌，取得了参加冬残奥会的历史最好成绩。全国实施残疾人康复健身体育行动，开展健身周、特奥日、冰雪季活动，残疾人社区文体活动参与率由2021年的23.9%上升至2022年的26.3%。①

但也要看到，我国对弱势群体的保障和关爱工作还存在短板弱项：一是女性就业环境和权益保障有待优化。女性就业和再就业难度大，求职招聘中的性别歧视时有发生，就业歧视由显性转向隐性。社会托幼设施严重缺乏，社会化养老服务供给不足、费用高，很多女性因育幼和养老被迫退出职场。新业态女性从业者、超龄女性劳动者职业伤害保障不足。二是儿童事业发展仍然不平衡不充分。《国务院关于儿童健康促进工作情况的报告》显示，区域、城乡间儿童健康状况不平衡。2021年，农村婴儿死亡率是城市的1.8倍，西部地区是东部地区的2.2倍；农村5岁以下儿童死亡率是城市的2.1倍，西部地区是东部地区的2.2倍。我国儿童保健服务网络特别是基层儿童保健服务网络有待加强。② 三是残疾人数量众多、特性突出，仍需要社会特别关照。中国残联数据显示，截至2022年，中国各类残疾人总数已达8500万人，盲人数量约为830万人，每年新增盲人数量已经达到40万人以上，③ 主要面临的突出问题有：残疾人返贫致贫风险高，相当数量的低收入残疾人家庭生活还比较困难。残疾人社会保障水平和就业质量还不高，残疾人家庭人均收入与社会平均水平相比还存在不小差距。残疾人公共服务总量不足、分布不均衡、质量效益还不高，残疾人就学就医、康复照护、无

---

① 中国残疾人联合会，《2022年残疾人事业发展统计公报》，https：//www.cdpf.org.cn/zwgk/zccx/tjgb/4d0dbde4ece7414f95e5dfa4873f3cb9.htm。

② 《国务院关于儿童健康促进工作情况的报告》，http：//www.npc.gov.cn/npc/c30834/202206/3442472183a94b29a3edd6a1cf978aa1.shtml。

③ 同①。

障碍等多样化需求还没有得到满足。

（六）基层社会治理体系呈现共建共治共享的新格局

两年多来，我国基层社会治理基础进一步夯实，推动社会治理和服务重心下移工作进展顺利，多元共治开创基层治理新局面，加快建设人人有责、人人尽责、人人享有的社会治理共同体。但也要看到，我国基层治理效能还未充分释放，存在统筹协调有待加强、治理法治保障尚不健全、信息化技术应用滞后等问题。

1. 基层社会治理基础进一步夯实

一是党的领导更加坚强。2022 年，全国 3. 86 万个乡镇（街道）构建了党委领导、党政统筹、简约高效的管理体制，村（社区）党组织书记和村（居）委会主任“一肩挑”比例达到 95. 6%和 93. 7%，比换届前提高 29. 5 个和 30 个百分点，保障了基层治理正确的前进方向。二是基层群众自治制度更加成熟。基层民主进一步拓展，“四个民主”发展为“五个民主”，“有事好商量、众人的事情众人商量”成为城乡社区治理的鲜明时代特征。截至 2022 年 10 月底，超过 70%的县（市、区、旗）制定了城乡社区议事协商目录。三是制度体系更加完善。《中共中央　国务院关于加强基层治理体系和治理能力现代化建设的意见》正式印发，为基层治理现代化建设夯基垒台、确立规范，筑牢了新时代基层政权建设和城乡社区治理制度体系的“四梁八柱”。四是为民服务更加便捷。从“十三五”期末到 2021 年底，社区综合服务设施覆盖率城市由 82%发展为全覆盖，农村由 31. 8%上升到 79. 5%，分别增长 18. 0 个和 47. 7 个百分点，为民、便民、安民功能不断增强，解决了不少群众的“急难愁盼”问题，抽样调查满意度达到 87. 6%。五是地位作用更加突出。在全国 3. 5 万个易地扶贫搬迁安置社区加强治理服务能力建设，助力 960 多万搬迁贫困群众过上新生活。在新冠疫情防控中，全国 400 万城乡社区工作者在防控一线拼搏奉献，筑牢了社区疫情防控阵地。党的二十大代表中，村（居）民委员会成员共有 74 人，占比达到 3. 2%。六是队伍结构更加优化。围绕建立一支素质优良的专业化社区工作者队伍，选优配强村（社区）“两委”班子，建立健全职业体系。新一轮村（居）民委员会集中换届于 2022 年 2 月顺利完成，全国 49. 1 万个村、10. 9 万个社区换届产生村民委员会成员 197. 5 万人、居民委员会成员 62. 9 万人，挑选产生村民代表 1729. 7 万人、居民代表 592. 3 万人。村（居）委会主任大专以上学历占比分别达到 46. 4%和 82. 6%，一大批硕士、博士充实进来，年龄小、学历高、能力强成为新时代城乡社区工作者的特色。①

2. 推动社会治理和服务重心下移工作进展顺利

2021 年，《中共中央　国务院关于加强基层治理体系和治理能力现代化建设的意

---

① 《民生周刊》《民政部基层政权建设和社区治理司司长陈越良：筑牢城乡社区基础》，http：//www. cncv. org. cn/content/2022-10/1666055848174152. html。

见》从操作层面对治理重心下移作出了更细化的布局安排。此外，《关于推进基层整合审批服务执法力量的实施意见》《关于进一步推进省以下财政体制改革工作的指导意见》等多份文件均强调事权、财权需切实下沉基层，为基层治理提供坚实保障。自治理重心下移的改革实践推开以来，各地向基层赋权增能效果显著。在“放管服”推进之下，行政审批权限逐级下放，乡镇（街道）便民服务中心覆盖率达到95%以上，全国88%以上街道被赋予了应急处置权，全国99.8%的社区工作经费被纳入财政预算，向县区转移支付力度持续加大。[①] 从各地实践看，北京启动“街乡吹哨，部门报到”工作，放权街乡，让职能部门围着基层转；湖南开展“强镇扩权”改革试点，将百余项县级权限下沉试点乡镇；浙江温岭激发基层活力，将“民主恳谈会”机制纳入公共政策制定过程。

3. 多元共治开创基层治理新局面

近年来，我国基层治理在理念、主体、方式、载体等多个层面的“多元化”进程不断加快。治理理念方面，基层治理不只追求“稳定有序”单一目标，逐渐从侧重强调政府对社会全面施行管理的传统刚性模式，转向更加强调人民群众在基层社会治理中主体性地位的崭新思维。治理主体方面，多地政府以县级为单位，建立了基层矛盾纠纷调处化解中心，内部集成了人大代表、政协委员、人民调解组织、行业专家、律师学者、退休法律工作者、新乡贤等社会调解纠纷力量，形成优势互补、专群结合、融合发力的多元共治大格局。2021年，浙江全面建成县级社会矛盾纠纷调处化解中心。治理载体方面，基层民主的实现形式不再限于正式组织、正式制度。2021年12月，国务院新闻办公室发布的《中国的民主》白皮书中指出，民情恳谈会、小院议事厅、睦邻客厅、板凳民主、茶馆说理，与村委会、居委会等正式组织一起，构成丰富多样的基层民主实践。

但也要看到，我国基层治理效能尚未充分释放，仍存在多个制约因素：一是基层治理的统筹协调有待加强。基层治理涉及领域广、参与部门多，中央层面还没有建立健全基层治理领导协调机制，相关部门政策、资源统筹协调不到位。二是基层治理法治保障尚不健全。部分地方的乡镇（街道）、村（社区）组织在基层治理中的职责权限划分不清，有的部门随意向基层摊派任务，管理权下沉异化为转嫁责任。三是基层信息化技术应用相对滞后。基层信息系统建设多层多样，但统合规划尚有不足，功能交叉、重复建设、标准不一问题突出，“数据烟囱”“信息孤岛”导致数据不共享、难交换、不归集。有些智慧社区应用场景脱离基层和群众实际需要，存在“基层不想用、群众不愿用”的问题。

---

① 《半月谈》,《中国之治的基层支点（一）：重心下移，变“治理末梢”为“治理靶心”》。

三、重大工程：社会关爱服务行动全面展开，兜底保障向深向实

《纲要》在民生领域提出“专栏 19”社会关爱服务行动，聚焦困难与弱势群体，织密扎牢民生保障托底安全网。经过两年多的努力，我国无障碍环境建设水平持续提升，儿童福利机构持续向优转型，流浪乞讨人员救助服务的信息化水平提高，精神卫生医疗服务扩容持续推进，殡葬服务水平进一步提高，但也发现了社会关爱服务供给不足、供给质量不高等问题，成为下一步社会关爱工作的重点。

（一）无障碍环境建设水平持续提升

近年来，各部门积极推进无障碍设施建设，中国残联接连印发《无障碍环境建设“十四五”实施方案》《关于“十四五”推进困难重度残疾人家庭无障碍改造工作的指导意见》，旨在加快形成设施齐备、功能完善、信息通畅、体验舒适的无障碍环境。住房和城乡建设部发布强制性规范《建筑与市政工程无障碍通用规范》，首次对无障碍设施进行分类，包括无障碍通行设施、服务设施、信息交流设施，并在设计方面分别做出规定。从成效看，我国无障碍设施覆盖范围不断扩大，无障碍环境不断完善。截至 2022 年 6 月底，全国共有 31.66 万困难重度残疾人家庭得到改造，残疾人服务设施建设得到全面发展。截至 2022 年底，全国已竣工的各级残疾人综合服务设施 2263 个，总建设规模 611.1 万平方米，总投资 203.8 亿元；已竣工的各级残疾人康复设施 1200 个，总建设规模 606.9 万平方米，总投资 197.8 亿元；已竣工的各级残疾人托养服务设施 1076 个，总建设规模 318.0 万平方米，总投资 87.8 亿元。①

（二）儿童福利机构持续向优转型

近年来，从中央到地方积极推动儿童福利机构设施建设及转型升级，力争为困难儿童提供更优质、更贴心的服务。2021 年，民政部等 14 部门印发《关于进一步推进儿童福利机构优化提质和创新转型高质量发展的意见》，推动县级儿童福利机构转型，地市级儿童福利机构推进儿童养育、医疗等多职能一体化发展。截至 2022 年第四季度，全国儿童福利机构已由 2020 年底的 1217 家精简优化为 916 家，机构养育、医疗、康复、教育、社会工作一体化发展水平稳步提高。② 多地制定儿童福利机构提质转型方案。例如，江苏太仓将未成年人保护中心（儿童福利院）建设项目列入政府实事工程；江苏无锡启用全国首家由专业儿童福利机构成立的特殊教育学校；江西上饶、云南腾冲逐步将部分县级院养育儿童移交市儿童福利院。

---

① 中国残疾人联合会，《2022 年残疾人事业发展统计公报》。

② 民政部，2022 年第四季度例行新闻发布会，http://www.scio.gov.cn/m/xwfbh/gbwxwfbh/xwfbh/mzb/Document/1732433/1732433.htm。

（三）以信息化建设助力流浪乞讨人员救助服务

我国加速推进流浪乞讨人员救助工作的信息化建设，2021 年，金民工程全国流浪乞讨人员救助管理信息系统正式启用，集受助人员身份查询甄别、照料服务、寻亲管理、源头治理、统计分析等功能于一体，实现了救助管理工作从发现到救助再到安置、监管等多个环节的信息化管理。各地多措并举做好流浪乞讨人员救助服务，例如，广州建立了社会力量参与救助管理服务联动机制，为流浪乞讨人员提供个案帮扶、心理疏导、寻亲返乡、推荐就业、防护培训等专业服务；天津成功研发出我国首个“零碳·家”绿色智能流浪乞讨人员社会救助模块，可应用于流浪乞讨人员救助、急难社会救助等多个领域。《民政部 2022 年法治政府建设年度报告》显示，2022 年救助流浪乞讨人员 75.1 万人次，利用人脸识别、DNA 比对等技术帮助 1.6 万名受助人员寻亲成功，为近 2 万名长期滞留人员办理了落户安置手续。

（四）精神卫生医疗服务扩容持续推进

近年来，我国高度重视精神卫生福利机构建设，截至 2021 年底，全国共有民政部门管理的精神卫生福利机构床位 7.1 万张，较上年增加 0.4 万张，同比增长 5.97%。[①] 2023 年 1 月，民政部会同财政部、国家卫生健康委、中国残联印发了《关于开展“精康融合行动”的通知》，明确未来 3 年要全面推动精神障碍社区康复服务，提高对精神障碍社区康复服务的县（市、区、旗）覆盖率、登记康复服务对象接受规范服务率，为精神障碍患者提供更加公平可及、系统连续的基本康复服务。

（五）殡葬服务水平进一步提高

近年来，我国殡葬设施和设备进一步完善，殡葬服务水平进一步提高。从设施建设看，截至 2022 年底，全国共有殡葬服务机构 4474 个，其中殡仪馆 1778 个、殡葬管理机构 815 个、殡葬服务机构职工 9.1 万人。[②] 从支持体系看，殡葬法律法规体系已初步形成，惠民政策得到了广泛落实，殡葬服务水平不断提高，推行火化成效明显，土葬改革全面展开，绿色殡葬得到了不断的推进，建立起具有中国特色的现代殡葬服务体系。[③]

但也要看到，社会关爱服务的供给能力、供给方式还有提升空间。具体来看，一是无障碍环境建设仍存在薄弱环节。例如，法律法规政策标准体系还不完善；无障碍设施质量有待提高，部分无障碍设施设计不合理、建设不规范、管护不到位；信息交流无障碍建设比较薄弱等，解决了“有没有”的问题，还得追求“好不好”的体验。二是流浪乞讨人员救助存在“落户难”“管理难”“救助难”问题。首先，对于个别长

---

① 共研网，《2023—2029 年中国精神疾病服务机构市场全景调查与投资战略研究报告》。

② 民政部，《2022 年民政事业发展统计公报》。

③ 共研网，《2022—2028 年中国殡葬服务行业调查与发展前景预测报告》。

期丢失身份证件的无户籍人员，落户安置存在较大难度。其次，救助管理机构按照“自愿受助、无偿救助”原则提供救助服务，不得强制收容遣送，无法充分保障拒绝入站受助的流浪乞讨人员安全。此外，对疑似残疾流浪乞讨人员应当及时送医评残，但相关人员基本未购买医保，医疗经费支出远超临时救助标准。三是民政精神卫生福利机构总体上供给不足，能力较弱。根据《中国统计年鉴》，我国地级以上城市约有 330 多个，但远不能达到每个地级以上城市都拥有一所民政精神卫生福利机构的要求，难以满足精神障碍患者日益增长的生活、医疗、康复、护理等方面的基本需求，急需新建、改扩建机构和设施。

四、增进民生福祉面临的新形势新挑战

增进民生福祉是发展的根本目的。两年多来，我国在幼有所育、学有所教、劳有所得、病有所医、老有所养、住有所居、弱有所扶上持续用力，人民生活全方位改善。但与此同时，2023 年中央经济工作会议指出，我国经济恢复的基础尚不牢固，外部环境动荡不安，给经济社会发展带来的影响加深。此外，人民对美好生活的向往更加强烈、需要日益广泛，推进新时代民生福祉面临新形势新挑战：一是新一轮科技革命将加剧结构性失业问题，二是推进共同富裕面临多项挑战，三是人口老龄化背景下社会保障体系可持续性面临威胁。

（一）新一轮科技革命将加剧结构性失业问题

当前，新一轮科技革命和产业变革突飞猛进，科学技术和经济社会发展加速渗透融合，科技变革推动劳动力的人力资本和技能需求快速变化，尤其是以 ChatGPT、GPT-4 为代表的生成式人工智能深刻影响人类社会发展走向。2023 年 4 月，有媒体报道影视、游戏领域的原画师成为首批因 AI 失业的人，并登上热搜。据投资银行高盛（Goldman Sachs）发布报告，随着 AI 技术的突破，预计全球将有 3 亿个工作岗位被生成式 AI 取代，其中律师和行政人员所受影响最大，体力要求较高的职业或户外职业受影响较小。在我国结构性失业矛盾尚未缓解的前提下，比起生产效率的提升，更应关注技术升级对我国就业市场的影响。虽然我国劳动力素质有了很大提高，但总体上来说，与高质量发展和产业结构升级的要求相比，仍存在着较大的短板。我国劳动力仍是以中等教育程度者为主体。特别是数量近 3 亿的农民工，初高中受教育程度的比例超过了 70%，整体素质依然偏低。[①] 如果各行业盲目追求技术升级和结构转型，忽视劳动者人力资源禀赋的提升时间，更多低技能劳动者将被大量淘汰，而新产业中高技能劳动者依然稀缺，无法在短期内支撑起产业发展需要，也加剧了现有就业的结构性矛盾，与稳就业保民生促发展的目标背道而驰。

---

① 对外经济贸易大学北京对外开放研究院研究员、博士生导师李长安，《在高质量发展中实现高质量充分就业》，https://baijiahao.baidu.com/s?id=1762844919179204356。

（二）推进共同富裕面临多项挑战

一是增长率提前出现了趋势性下降，使共同富裕面临经济增长难题。根据国家统计局数据，自2010年以来，我国经济增速放缓，甚至近年出现趋势性下降。我国经济生产总值年均增长率从2010年的10.6%降至2019年的6.0%，到2022年降至3%。对比日本、韩国和中国台湾等东亚几个发达经济体，这些经济体都是在临近或进入高收入阶段之后，经济增长率才出现趋势性下降。我国经济增长速度最快时期出现在中低收入阶段，而在上中等收入阶段，经济增长速度却出现提前下降，这势必影响到居民收入增长和共同富裕进程。二是行业间、地区间工资水平差距较为明显。2022年，无论是在城镇非私营单位还是在私营单位中，就业人员年平均工资水平排在前三位的行业均为技术含量较高的信息传输、软件和信息技术服务业，金融业，科学研究和技术服务业。工资水平排在后三位的行业略有不同，在城镇非私营单位中为住宿和餐饮业，农林牧渔业，居民服务、修理和其他服务业；在私营单位中为农林牧渔业，水利、环境和公共设施管理业，住宿和餐饮业。与2021年相比，2022年平均工资水平排在前三位与后三位的行业保持不变。城镇非私营单位工资水平行业高低倍差达到4.08；城镇私营单位工资水平行业高低倍差为2.91。分地区看，无论是在城镇非私营单位还是私营单位中，工资水平都是东部地区最高，东北地区最低。从城镇非私营单位看，东部、中部、西部和东北地区年平均工资分别为13.3万元、9.0万元、10.1万元和9.0万元，分别增长7.1%、5.8%、6.1%和7.6%。以东部为1，2022年东部、中部、西部和东北地区平均工资之比为1∶0.68∶0.76∶0.68，2021年为1∶0.69∶0.77∶0.67，东部地区与东北地区差距缩小0.01，与中部、西部地区的差距有所扩大。从城镇私营单位来看，东部、中部、西部、东北地区年平均工资分别为7.3万元、5.3万元、5.6万元和5.0万元，增速分别为4.7%、1.5%、2.8%和3.7%。以东部为1，2022年东部、中部、西部和东北地区平均工资水平之比为1∶0.73∶0.76∶0.68，2021年为1∶0.76∶0.78∶0.69，东部地区与其他地区差距有所拉大。[①] 三是人口结构变化给共同富裕做大和切好蛋糕带来挑战。从供给侧看，生育率不断下降削减劳动力供给，提高社会老年抚养的比重，“未富先老”问题加剧，社会成员中做蛋糕的人口减少了，而分蛋糕的人口增加了；从需求侧看，“少子老龄化”也将对居民消费需求的规模增长、结构特征和质量提升产生重要的抑制性影响。

（三）人口老龄化背景下社会保障体系可持续性面临多重压力

今后及未来的一段时间，我国正式进入人口负增长时代，“少子老龄化”将成常态。在此背景下，社会保障体系的可持续性面临威胁，具体来看：一是社保基金面临

① 《国家统计局：行业间、地区间工资水平差距较为明显》，https：//export.shobserver.com/baijiahao/html/610740.html。

深层次压力。我国老年人口规模庞大，保险金领取年限长，支付标准具有刚性，保险基金节流难以实现，支付压力不断增加。2021年，城镇职工养老保险基金产生0.4万亿元收支盈余，基金收入中包含财政对企业职工养老保险的补助1.61万亿元。若扣除财政补助，养老保险缴费收入与基金支出从全国加总数上缺口为1.21万亿元。[①] 未来随着人口老龄化程度的进一步加深，社保收支压力必定与日俱增。二是我国抚养比近年来持续下降，在职人员抚养老龄人口压力越来越大。20世纪90年代，在职职工与退休人员的抚养比为5∶1，到2021年已下降到2.8∶1，[②] 平均供养一个老年人的职工人数越来越少，给社会保障制度可持续发展带来了挑战。

但也要看到，在人口结构改变的大趋势下，我国商业保险在养老和医疗领域面临巨大发展机遇。从养老领域看，老龄化并不是洪水猛兽，"银发经济"给养老保险产品与服务领域带来的拓展空间非常可观。例如，面对我国养老机构和养老床位供不应求的局面，许多保险机构纷纷吹响投建养老社区的"集结号"，以重资产、"轻重并举"或纯轻资产的差异化战略入局养老产业，这种长期性投资将有效填补我国养老产业的资金缺口。从医疗领域看，伴随老龄化程度不断加深，慢性病管理问题变得越发突出。结合我国"未富先老"的实际情况，社保远不能解决沉重的医疗压力，还需要商业健康险来缓解压力。然而，国内保险市场上，老年健康险产品存在专属产品种类少、承保人群要求高、理赔率极低等现象，[③] 约有2.6亿老龄慢性病人群难以得到商业保险保障，未来预估有万亿级市场等待开拓。

五、"十四五"期间更好地增进民生福祉的政策建议

党的二十大报告作出增进民生福祉、提高人民生活品质的重大部署。当前，我国改革发展稳定依然面临不少深层次矛盾，需求收缩、供给冲击、预期转弱三重压力仍然较大，经济恢复的基础尚不牢固，各种超预期因素随时可能发生。越是在这样的时候，越要兜牢民生底线，进一步做好惠民生、暖民心、强信心工作：一是着力推进公共服务扩面提质，二是落实落细就业优先政策，三是促进中等收入群体扩容提质，四是着力完善共同富裕导向的收入分配制度，五是进一步健全多层次社会保障体系，六是筑牢特殊困难群体的权益保障"关爱网"，七是加强基层治理体系和治理能力现代化建设，确保按时完成"十四五"预期目标。

（一）着力推进公共服务扩面提质

党的二十大报告强调，要健全基本公共服务体系，提高公共服务水平，增强均衡

---

① 人力资源和社会保障部，《2021年度人力资源和社会保障事业发展统计公报》，http://www.mohrss.gov.cn/xxgk2020/fdzdgknr/ghtj/tj/ndtj/202206/t20220607_452104.html。

② 中共人力资源和社会保障部党组，2022年第8期《求是》，《进一步织密社会保障安全网》，http://www.mohrss.gov.cn/SYrlzyhshbzb/dongtaixinwen/buneiyaowen/rsxw/202204/t20220416_443994.html。

③ 平安健康保险、上海财经大学，《2021老年健康保障需求白皮书》。

性和可及性。一是继续推进基本公共服务均等化。全面落实《国家基本公共服务标准（2023年版）》，加强重点领域基本公共服务标准化工程建设，建立城乡统一的社会保障制度。对社会保障事项进行统一决策、宏观调控，降低管理成本，提高管理效率，提升制度公平性。在制度安排方面，逐步拉近城乡居民基本养老、医疗保险与城镇职工的标准；进一步扩充其他如失业保险等的保障范围和相应保障措施。中长期，在完善城乡现有社会保障项目、扩大覆盖面的同时，提高社会保障水平，适时适度整合城乡各层次社会保障制度，最终实现社会保障制度城乡一体化。当然，城乡社会保障制度一体化发展不意味着一个水平发展，应允许存在适度差距。实施有效政策，对欠发达地区加以扶持，逐步缩小地区间的基本社会保障待遇差别。一方面，需要增加对欠发达地区社会保障的补助比例；另一方面，引导这类地区效益较好的企业建立养老保障的企业年金、职业年金和补充医疗保险制度，支持地区商业保险的发展，构建多层次社会保障体系。建立多维度指标评价模型，全面、动态衡量家庭经济情况，第一时间为困难家庭提供帮助，同时监测财政资金的使用绩效，针对性改进帮扶方式。创新财政补贴方式，改变对满足条件的贫困户给予定额补贴的传统方式，根据当地生活、教育、医疗等多维度指标划定最低生活标准，逐户核定家庭收入，通过补足最低生活标准的方式提供补贴。建立财政补贴的动态退出和奖惩机制，对于领取补贴后因为个人原因没有创造更多收入的家庭，逐步减少补贴；对于积极创业的贫困户，可以在财政补贴的基础上为其提供政策、贷款等方面的额外扶助。二是拓展组织多样化服务渠道，创新政府公共服务供给方式。随着市场经济发展，公共服务需求不断更新，社会主体的公共服务供给能力持续增强，应就城乡差距以“政策+经济”的综合手段，分类（营利性）、分级（服务程度）、分层（城乡）提供基本公共服务；充分发挥多党合作优势，简政放权，统筹协调，营造良好公共服务发展环境，促进多元化供给主体之间的协同发展，引导或建立相关民间社会组织自发提供部分公共服务，主动参与公共服务供给和区域设施建设的运营。创新基本公共服务动态管理模式。应广泛利用信息化、网络化手段创新政府管理体系，做到精简事前行政流程，强化事中监督管理，完善事后反馈维护，推进多方联动协作，提升领导干部统筹能力，提高城乡基本公共服务管理效率和质量。三是提升资金高效率支撑运作。完善财政资金转移支付制度。秉持以人为本、区域协同、提升效率原则，通过重新规划公共服务顶层设计，给予基层城乡公共服务组织按需制定财政预算需求权力，健全收入支出规划安排体制，按需按量、依法依制做到资金按实际需求及时到位，保证事权与财力相适应；优化资金使用方式。在现有财政资金批复政策上进行有序“放管服”改革，打通财政资金高速流动的血管，切实满足基层财政资金需求，分阶段促进城乡基本公共服务均等化。

（二）落实落细就业优先政策

习近平总书记在党的二十大报告中指出，强化就业优先政策，健全就业促进机制，促进高质量充分就业。面对“十四五”后半期严峻的就业形势，下一步，一是把稳就业提高到战略高度通盘考虑，稳住就业基本盘。继续实施就业优先导向的宏观调控，推动财政、货币政策支持稳就业，实现就业增长与经济运行同步恢复。调整优化即将到期的阶段性减负、稳岗、扩就业政策，突出对就业容量大的服务业、小微企业、个体工商户稳岗扩岗支持。健全促进就业长效机制，研究建立促进高质量充分就业政策体系，继续推进“十四五”就业促进规划中的重大项目落实。二是着力抓好青年特别是高校毕业生就业，稳定就业水平。2023 年高校毕业生规模再创新高，我们将加大力度推动服务向前延伸、政策加快落地。通过政策支持拓宽市场化就业渠道，通过调度督促稳定公共岗位规模，通过专项活动保持市场招聘热度，特别是对未就业毕业生实施服务攻坚，对困难毕业生开展结对帮扶，帮助他们尽快实现就业。同时，完善青年就业支持体系，深化百万就业见习岗位募集计划，促进失业青年尽快融入市场。三是着力促进农民工等重点群体就业，兜牢民生底线。健全统筹城乡的就业政策体系，坚持外出转移就业和就地就近就业并重，健全劳务协作机制，打造一批劳务品牌，巩固脱贫人口就业帮扶成果。加强困难人员就业援助，健全优先服务、分类帮扶、动态管理援助机制，实现零就业家庭至少一人就业。强化失业人员生活保障，及时兑现各项失业保险待遇，加强生活救助与就业促进协同。四是着力优化就业服务培训，促进供需对接。进一步提升就业公共服务质量，实施能力提升示范项目，总结推广就业驿站经验，开展“春风行动”等专项服务活动，提供劳动者身边的优质服务。支持人力资源服务业高质量发展，办好第二届人力资源服务业发展大会。落实新时代高技能人才队伍建设意见，全面推进“技能中国行动”，大规模开展重点群体、重点行业培训，努力缓解结构性就业矛盾。五是着力提高劳动者就业质量，扩大新就业形态劳动者、灵活就业人员、农民工等重点群体社会保险覆盖面。建立合理的、与经济发展和企业效益水平相适应的劳动者工资增长机制，不断提高劳动者工资水平。高度重视包括灵活就业人员在内的全体劳动者权益保护，构建和谐劳动关系。明确区分劳动关系的性质，根据实际情况厘清平台公司和灵活就业人员雇佣双方的责权利，这是保障灵活就业从业人员的前提和基础。纠正大数据和算法应用过程中的非人性化设置，适当提高劳动者的分成比例，努力实现灵活就业劳动者的体面就业。六是着力发展就业友好型经济，减少技术升级对就业的负面冲击。扶持就业友好型企业。在经济结构转型升级过程中，重视对技术替代岗位的评估和测算，努力减少摩擦性失业和结构性失业。重视环境政策与就业政策的相互协调，努力实现环境改善与就业扩大的双重目标。建立和完善失业预警机制，加强对企业特别是大型企业的就业监测，重视对产业行业风险的分析与预判。

（三）促进中等收入群体扩容提质

党的二十大报告中指出，“中国式现代化是全体人民共同富裕的现代化”，要“坚持多劳多得，鼓励勤劳致富，促进机会公平，增加低收入者收入，扩大中等收入群体”。这些重要论述，为新时代新征程扎实推进全体人民共同富裕、防止两极分化提供了科学指引。在新发展阶段，落实好党的二十大精神，缩小不同社会群体之间收入差距，谱写好共同富裕这篇大文章，需要着重从推进中等收入群体扩容提质入手。一是扩大中等收入群体增量。首先，应瞄准高校毕业生、技术工人、中小企业主和个体工商户、进城农民工、城乡居民、公务员特别是基层一线公务员及国有企事业单位基层职工等重点群体，分类设计扶持政策，持续培育新成长中的中等收入群体。其次，应深化户籍制度改革，破除制约人口、资本、技术等要素资源自由流动的体制机制障碍，畅通低收入群体向上流动通道，使人人都有通过勤奋劳动实现自身发展的机会。二是稳住中等收入群体存量。要防范刚刚越过中等收入门槛的中等收入群体或脆弱中等收入群体因受到失业、家庭变故、工作变动、自然灾害等不确定因素的冲击而滑落为低收入群体。一方面，降低中等收入群体的生活负担与生产经营风险，应优化政府财政支出结构，加大住房、教育、医疗和养老等民生领域改善力度。另一方面，提高中等收入群体就业质量。首先，应加强经济政策和就业政策协调，推动财政、金融、投资、消费及产业等政策聚力支持就业，增加中高收入就业岗位。最后，保障劳动者权益，特别是完善新就业形态劳动保障体系，加快推动相关劳动法律法规修订，加强监管，为灵活就业和新就业形态劳动者营造良好发展环境。三是提高中等收入群体质量。应以提升人力资本为着力点，推动中低收入群体整体能力提升与全面发展。首先，深化教育体制改革，优化教育结构，加大基础教育投入，以培养创造力和创新精神为导向提升高等教育办学质量，增加中等收入群体的创新型人力资本。其次，紧紧围绕经济社会发展需要，深化职普融通、产教融合、校企合作，健全终身职业技能培训制度，加快构建面向普通劳动者特别是新生代农业转移人口的现代职业教育体系，增加中等收入群体的技能型人力资本。要提高基本公共服务的均衡性和可及性，完善人才管理、人力资源配置等相关配套制度和措施，形成加快提升人力资本和促进人的全面发展的良好生态，推动更多普通劳动者通过勤奋劳动迈入中等收入群体行列。

（四）着力完善共同富裕导向的收入分配制度

党的二十大报告中指出，分配制度是促进共同富裕的基础性制度，坚持按劳分配为主体、多种分配方式并存，构建初次分配、再分配、第三次分配协调配套的制度体系。《“十四五”扩大内需战略实施方案》提出，要持续优化初次分配格局，逐步健全再分配机制，重视发挥第三次分配作用。下一步，一是完善初次分配制度，加大二次分配的调节力度，提高分配效率。初次分配改革的重点是让要素市场更加完善，包括劳动力市场、资本市场、土地市场能够进一步完善，一方面让要素市场在要素资源的配置上能够起到决定性的作用，达到要素资源的有效配置；另一方面，消除要素市场中的分割、垄断、扭曲等，使得要素报酬的分配更加公平合理。公共服务均等化是二次分配调节的重要组成部分，也是实现共同富裕的重要保障。通过加强教育、医疗、文化等领域社会性支出的均等性，减少人力资本积累和未来就业机会的不平等，从而进一步缩小收入分配差距。二是鼓励与扩充第三次分配。一方面培育乐善好施的社会风气，释放企业和中高收入人群参与慈善公益事业的需求，让慈善捐助成为个人自我价值实现、企业履行社会责任的重要组成部分；另一方面积极推动第三次分配与二次分配中的税收政策相互衔接与配合，通过制定合理累进的遗产税、房产税、所得税、利得税或者对捐赠财物给予税收减免，提高企业和中高收入人群的捐赠意愿。三是合理调节过高收入、增加低收入者收入，以防止两极分化。合理使用遗产税、房产税、资本利得税、个人所得税、公共支出等再分配政策工具，通过调整和完善再分配制度合理调节过高收入并增加低收入者收入。四是积极推广共同富裕实践经验。坚持和发展新时代“枫桥经验”“浦江经验”，深入推进浙江高质量发展建设共同富裕示范区。

（五）进一步健全多层次社会保障体系

党的二十大报告在阐述“健全社会保障体系”时指出，健全覆盖全面、统筹城乡、公平统一、安全规范、可持续的多层次社会保障体系。下一步，一是加快完善社会保险制度。加快发展多层次、多支柱养老保险体系，健全基本养老、基本医疗保险筹资和待遇调整机制，扩大年金制度覆盖范围，规范发展第三支柱养老保险，积极发展商业医疗保险，更好地满足人民群众多样化需求。推动基本医疗保险、失业保险、工伤保险省级统筹，进一步明确中央与地方事权和支出责任。健全农民工、灵活就业人员、新业态就业人员参加社会保险制度，健全退役军人保障制度，健全老年人关爱服务体系，完善帮扶残疾人、孤儿等社会福利制度。二是确保社保基金安全运行。进一步强化风险评估，着力提升基金监督的效能。充分发挥基金安全评估的监测、监管、预警、预防作用，把风险管理做到前端、做到事前，全面提升基金安全管控水平。进一步强化基金投资，有效促进基金的保值增值。社会保险基金的保值增值关系到社会保险事业的健康运行和可持续发展。省级应按时足额上解应筹集的投资资金，确保基金委托投资正常运营，有效促进基金的保值增值。三是稳步提高社会保障管理水平。打造优质政务服务品牌。推出更多“无证明”“免材料”“容缺受理”“帮办代办”服务，满足群众“一次办”“简便办”“就近办”需求。推进基金可持续发展。鼓励有条件的地区逐步将财政全额供款单位缴费做实，健全机关事业单位养老保险费和职业年金欠费清欠长效机制。

（六）筑牢特殊困难群体的权益保障“关爱网”

党的二十大报告指出，“要促进残疾人事业全面发展”“着力解决好人民群众急难愁盼问题，健全基本公共服务体系”“坚持男女平等基本国策，保障妇女儿童合法权益”。充分体现了党和国家对残疾人事业、对妇女儿童发展的高度重视。下一步，一是促进妇女就业创业，保障妇女平等就业。着力完善妇女就业支持政策。鼓励外出务工妇女返乡创业，支持有意愿的妇女下乡创业。着力加强妇女职业技能培训。完善终身职业技能培训制度，大力培育知识型、技能型、创业型女性劳动者。着力健全妇女就业服务体系。进一步加大招聘服务活动力度，进一步加大帮扶力度，多渠道帮助就业困难妇女实现就业，突出做好女性脱贫人口的就业帮扶工作，兜牢就业底线。着力维护女性劳动保障权益。要加强人力资源市场的监管和劳动监察执法，坚决纠正查处发布含有性别歧视内容的招聘信息的行为，切实保障妇女平等就业权益。二是营造适宜儿童成长的友好社会环境。大力发展普惠托育服务，引导社会力量举办托育机构，支持有条件的幼儿园开设托班并招收2～3岁的幼儿，多渠道多元化增加普惠托育服务供给。维护孤儿和事实无人抚养儿童的合法权益。强化残疾儿童康复服务，完善儿童残疾筛查、诊断、治疗、康复一体化工作机制，建立残疾报告和信息共享制度；加强对农村留守儿童的关爱保护，推动外出务工父母或其他监护人加强与留守子女亲情关爱和日常联络沟通。强化儿童友好街区、公园等公共空间建设管理，加强各类服务设施和场地适儿化改造；完善儿童安全出行环境；拓展儿童校外活动空间，支持少年儿童图书馆、青少年研学中心、校外教育基地的建设。三是进一步推进扶残助残文明实践活动，加强无障碍环境建设。在乡村建设行动、城市更新行动、城镇老旧小区改造和居住社区建设，以及城市道路、公共交通、公共服务设施建设中，统筹推进无障碍设施建设和改造。开展残疾人高校毕业生就业服务行动。充分发挥各类残疾人就业服务机构和社会组织以及其他公共就业服务机构、人力资源服务机构作用，为残疾人高校毕业生和用人单位提供专业化、精准化、全链条服务。四是进一步加强对困难群众和社会弱势群体救助帮扶举措。建立长效监督管理机制。积极探索建立第三方监督委员会或特邀监督员制度，对救助管理机构和托养机构的运行管理、人员照料情况进行监督。完善重大事项报备制度。救助管理机构要建立重大突发事件应急处置机制，完善信息和档案管理制度，依托救助管理信息系统及时、准确、全面录入受助人员信息资料，做到照料服务全程痕迹化管理。进一步健全精神卫生体系。打造"医防高度融合、资源优化统筹、能级合理有序、功能错位互补、市区联动协同、服务优质高效"的精神疾病综合防治服务网络，强化社区卫生服务中心将心理健康和精神医学服务融入社区健康服务管理的能力。

（七）加强基层治理体系和治理能力现代化建设

基层治理是国家治理的基石，统筹推进乡镇（街道）和城乡社区治理，是实现国家治理体系和治理能力现代化的基础工程。为进一步提高基层治理的社会化、法治化、智能化、专业化水平，下一步，一是健全党建引领机制。建立健全街道党工委牵头、驻区单位党组织负责人参加的社区党建工作联席会议制度，加强党对城乡社区服务体系建设的全面领导。全面健全村（社区）党组织引领，基层群众性自治组织主导，村（社区）居民作为主体，群团组织、社区社会组织、社会工作者和驻区单位共同参与，协同开展社区服务的体制机制。二是加快社区服务数字化和智慧社区建设。充分发挥全国一体化政务服务平台作用，推动“互联网+政务服务”向乡镇（街道）、村（社区）延伸覆盖。加快部署政务通用自助服务一体机，完善村（社区）政务自助便民服务网络布局。实施“互联网+基层治理”行动，完善乡镇（街道）、村（社区）地理信息等基础数据。集约建设智慧社区信息系统，开发智慧社区移动应用服务，加速线上线下融合。推进数字社区服务圈、智慧家庭建设，促进社区家庭联动智慧服务生活圈发展。大力发展社区电子商务，探索推动无人物流配送进社区。推动“互联网+”与社区服务的深度融合，逐步构建服务便捷、管理精细、设施智能、环境宜居、私密安全的智慧社区。三是加强基层人才队伍建设。加强社区服务人才培训管理，建立健全社区工作者能力指标体系，健全完善分级培训制度，用好现有培训基地和在线培训平台。依托各级各类干部网络培训平台开放共享社区服务精品课程，推动优质网络培训资源直达村（社区）。鼓励有条件的院校开展社区服务相关人才培养和社区工作者能力提升培训，强化社区服务人才供给。

第十五章　统筹发展和安全，建设更高水平的平安中国

《纲要》指出，坚持总体国家安全观，实施国家安全战略，维护和塑造国家安全，统筹传统安全和非传统安全，把安全发展贯穿国家发展各领域和全过程，防范和化解影响我国现代化进程的各种风险，筑牢国家安全屏障。《纲要》提出，要不断健全防范化解重大风险体制机制，显著增强突发公共事件应急处置能力，明显提升自然灾害防御水平，使发展安全保障更加有力等重大目标，并就加强国家安全体系和能力建设，强化国家经济安全保障，全面提高公共安全保障能力，维护社会稳定和安全四方面作出部署，设置“专栏 20”确定 6 个经济安全保障重大工程。中央政治局审议通过《国家安全战略（2021—2025 年）》，进一步明确各领域国家安全的战略方向。出台《“十四五”国家应急体系规划》《中华人民共和国数据安全法》《中华人民共和国国家安全生产法》等一系列规划、法律法规回应细化《纲要》内容。两年多来，安全发展贯穿国家发展各领域和全过程，粮食、能源资源、金融等领域安全保障工作取得积极成效，统筹发展和安全的基础更加坚实。重大目标方面，我国粮食、能源综合生产能力不断提高，基本满足《纲要》规划目标。重大举措方面，国家安全体系和能力建设不断完善，国家经济安全保障持续强化，公共安全保障能力全面提高，社会稳定和安全得到维护。重大工程方面，粮食储备设施、煤制油战略基地、电力安全保障体系，应急处理能力提升工程均已启动规划建设并产生一批建设成果，油气勘探开发取得新高度、新一轮找矿突破战略行动进入实施阶段。

但是，部分重点领域风险隐患仍然较多，当前非传统安全法律体系建设仍不充分，粮食安全保障能力仍然不足，能源安全风险依然存在，金融安全仍面临着多重挑战。同时，随着全球化逆潮加速，中美斗争日益严峻，西方势力在政治、文化方面加大渗透力度，在经济、科技领域加大封锁力度，不断挑战我国安全；新一轮科技革命和数字革命带来新的安全挑战，网络安全、数据安全、算力安全等问题已经成为国家安全的新挑战，同时科技创新成为大国博弈的主战场，我国需要避免再次与西方国家拉开差距，而 ChatGPT、生物医药等新技术带来科技伦理监管和科技治理体系的新挑战和新风险；经济发展进入跨越“中等收入陷阱”关键时期，社会治理也进入新阶段，经济转型期促使社会矛盾不断激化，公民自主意识也不断提高，对社会治理提出新的要求。必须落实好党的二十大报告要求，进一步健全国家安全体系资源，增强维护国家安全

能力，提高公共安全治理水平，完善社会治理体系。

一、重大目标：统筹发展和安全目标正在逐步实现

《纲要》提出，“十四五”期间，粮食综合生产能力要达到年产量6.5亿吨，能源综合生产能力中煤炭产量要达到年产量46亿吨。《纲要》实施以来，我国不断增强对粮食安全和能源安全的保障力度，积极增加产能，2022年粮食产量达到68653万吨，已达到规划目标；煤炭产量达到45.0亿吨，满足规划目标序时进度。

1. 巩固提升粮食安全保障能力，粮食综合生产能力持续维持在“十四五”末期目标之上

粮食安全党政同责全面落实。牢牢守住18亿亩耕地红线，连续两年实现耕地总量净增加，新建改造一批大型灌区，2021年粮食产量68285万吨，2022年粮食产量68653万吨[①]，粮食产量稳定在6.5亿吨以上，连续两年创历史新高，均满足《纲要》提出的粮食综合生产能力目标。其中，稻谷产量20849万吨，小麦产量13772万吨，玉米产量27720万吨，合计超过62341万吨，满足“谷物基本自给、口粮绝对安全”所要求的稻谷、小麦、玉米3种粮食产量需超过5.9亿吨标准。

2. 着力保障能源资源安全水平，能源综合生产能力满足规划目标序时进度

煤炭兜底保障能力不断提升，2022年煤炭产量达到45.6亿吨[②]，较2020年增加6亿吨；大力推进石油、天然气增储上产，原油产量2.05亿吨，天然气产量2201亿立方米，满足2022年全国能源生产总量达到44.1亿吨标准煤目标。

二、重大举措：强化国家安全治理能力举措不断出台和实施

《纲要》提出，要加强国家安全体系和能力建设；强化国家经济安全保障，实施粮食安全、能源资源安全、金融安全战略；全面提高公共安全保障能力，提高安全生产水平，严格食品药品安全监管，加强生物安全风险防控，完善国家应急管理体系；维护社会稳定和安全，健全社会矛盾综合治理机制，推进社会治安防控体系现代化。我国已经建立起集中统一、高效权威的国家安全领导体制，国家安全法治体系、战略体系、政策体系、人才体系和运行机制持续健全，国家安全宣传教育不断加强，全民国家安全意识持续增强，国家安全风险研判、防控协同、防范化解机制不断健全，网络安全保障体系和能力建设全面加强。国家经济安全保障持续强化，粮食安全战略得到有效实施，能源资源安全战略持续推进，金融安全战略得到强化。安全生产水平不断提升，食品药品安全得到严格监管，生物安全风险防控持续加强，国家应急管理体系进一步完善。人民调解、行政调解、司法调解联动工作体系持续健全，社会治安防控

---

① 国家统计局，《中华人民共和国2022年国民经济和社会发展统计公报》。

② 中国煤炭工业协会，《2022年煤炭行业发展年度报告》。

体系得到优化。但是，当前非传统安全法律体系建设仍不充分，粮食安全保障能力仍然不足，金融安全仍面临着多重挑战。

（一）国家安全体系和能力建设不断完善

1. 集中统一、高效权威的国家安全领导体制不断完善

党中央出台《中国共产党领导国家安全工作条例》，进一步从制度上强化了党对国家安全工作的绝对领导，系统回答了国家安全工作“谁来领导”“领导什么”“怎么领导”等重大问题，确保国家安全工作牢牢掌握在以习近平同志为核心的党中央手中。

2. 国家安全法治体系、战略体系、政策体系、人才体系和运行机制持续健全，重要领域国家安全立法、制度、政策不断完善

法治体系方面，出台《中华人民共和国数据安全法》《中华人民共和国国家安全生产法》《中华人民共和国反电信网络诈骗法》《中华人民共和国反有组织犯罪法》《关键信息基础设施安全保护条例》《铁路危险货物运输安全监督管理规定》等一系列安全保障法律法规，健全在数据安全、网络安全、生产安全等方面的法治体系；战略体系方面，中央政治局审议通过《国家安全战略（2021—2025 年）》，明确各领域国家安全的战略方向，筹划我国重点领域国家安全战略目标及措施，将国家安全战略与国家重大发展战略相结合进行统筹规划和战略谋划；政策体系方面，陆续出台《加快建设国家安全风险监测预警体系的意见》《关于全面加强国家安全教育的意见》《反间谍安全防范工作规定》《工业和信息化领域数据安全管理办法（试行）》《煤矿安全改造中央预算内投资专项管理办法》《电力安全生产监督管理办法》等；人才体系方面，“国家安全学”设置为独立的一级学科，全面加强国家安全学科学研究和人才培养；运行机制方面，通过健全国家安全工作协调机制、国家安全情报信息工作协调机制、国家安全风险评估机制、国家安全审查和监管制度等，不断分析国内外安全形势，制定国家安全战略的重点任务和具体安排，推动国家安全战略逐步落地实施，实现国家安全战略目标。

3. 国家安全宣传教育不断加强，全民国家安全意识持续增强

设立全民国家安全教育日，各地结合实际情况，广泛开展宣教活动，推动国家安全教育进社区、进校园，宣传普及国家安全知识，推动总体国家安全观深入人心，增强全民国家安全意识。设立反间谍法宣传日，国家安全机关披露群众反间谍案例，鼓励公民和组织支持、协助和配合国家安全工作，全社会共同构筑维护国家安全的人民防线。

4. 国家安全风险研判、防控协同、防范化解机制不断健全

一是信息化平台持续搭建完善。建设灾害综合监测预警平台，汇集相关数据，建立气象灾害预警和应急响应联动机制，做到实时监测、早期预警、精准处置。二是各

方面力量积极发动。畅通“12350”安全生产举报投诉机制，鼓励群众发现报告身边风险隐患。三是研判机制识别风险不断健全。加强常态化风险研判，及时研判生产安全形势，动态分析灾害天气趋势和安全生产苗头性问题，识别早期风险隐患，超前预测预警预防，有针对性部署和落实防范措施，从倾向性、苗头性问题中发现风险端倪。四是预警预报处置能力显著提高。全系统推广建立直达基层责任人的临灾预警“叫应”机制，直达乡镇、村等基层以及“最后一公里”群众。五是国家安全执法力度持续加强。应急管理部出台《关于加强安全生产执法工作的意见》，突出精准执法、严格执法、规范执法，提高执法质量、强化执法效能。

5. 网络安全保障体系和能力建设全面加强

一是党对网络意识形态工作的领导全面加强，制定实施《党委（党组）网络意识形态工作责任制实施细则》《党委（党组）网络安全工作责任制实施办法》，把党管互联网落到实处，全国重点互联网企业全部成立了党组织。二是网络生态治理水平明显提升。网信办出台《网络信息内容生态治理规定》，网信办等七部门发布了《关于加强网络直播规范管理工作的指导意见》，先后开展了整治饭圈、网络水军、直播短视频、网络暴力，未成年人网络环境整治等专项行动，仅 2021 年就清理违法信息 2200 多万条。2022 年开展 13 项“清朗”专项行动，清理违法和不良信息 5430 余万条，处置账号 680 余万个，下架 App、小程序 2890 余款，解散关闭群组、贴吧 26 万个，关闭网站 7300 多家[①]。公安部“净网 2021”专项工作，共打掉违法 App 制作团伙 96 个、签名团伙 20 个，整治分发平台 51 个，查获违法 App 7221 款[②]。三是网络法治体系不断完备。网信办先后出台《关键信息基础设施安全保护条例》《互联网信息服务算法推荐管理规定》《互联网用户公众账号信息服务管理规定》等法律法规。四是网站平台主体责任不断夯实。《关于进一步压实网站平台信息内容管理主体责任的意见》，推动将所有从事新闻信息服务、具有媒体属性和舆论动员功能的传播平台都纳入管理范围，所有新闻信息服务和相关业务从业人员都实行准入管理。强化互联网领域反垄断和防止资本无序扩张，加强非公有资本进入传媒领域管理，开展互联网新技术新应用安全评估。五是网络安全审查快速启动。落实《中华人民共和国数据安全法》《中华人民共和国网络安全审查办法》，对滴滴、知网、美光等企业开展审查。

但是，当前非传统安全法律体系建设仍不充分。已有的国家安全法治实施体系偏重传统安全领域，国家安全法治实施中的“善治”效力不足，国家安全执法与司法主体过于依赖传统国家安全机关，是当前国家安全体系建设和完善面临的重要现实问题。我国在文化安全、科技安全、能源安全、粮食安全、环境安全等常见的非传统安全领

---

① 2023 年 3 月 28 日国务院新闻办公室新闻发布会上，国家互联网信息办公室副主任牛一兵介绍，https：//www. gov. cn/xinwen/2023-03/28/content_5748890. htm。

② 2022 年 1 月 14 日公安部新闻发布会披露，https：//baijiahao. baidu. com/s? id=1722182487377489694&wfr=spider&for=pc。

域以及极地、深海、太空、海外利益保护、人工智能等新型国家安全领域均需要进一步加强立法。而且，现有的非传统安全法律体系存在效力低、内容少、约束力低的问题。

（二）国家经济安全保障持续强化

1. 粮食安全战略得到有效实施，更高层次、更高质量、更有效率、更可持续的国家粮食安全保障体系加快构建

一是粮食总产量稳中有增。2022 年，全国粮食总产量达 6865.5 亿公斤[①]，较 2020 年增加 170.5 亿公斤。二是重点作物自给率有所提升。2022 年大豆面积达到 1.54 亿亩，产量首次迈上 2000 万吨的台阶，大豆自给率提升至 18.5%。油菜籽面积达到了 1.09 亿亩，产量达到了 1553 万吨，食用植物油自给率提升至 31.5%。三是良种自主可控能力实现增强。制定《"十四五"现代种业提升工程建设规划》，指出农作物良种覆盖率在 96%以上，自主选育品种面积占比超过 95%，畜禽核心种源自给率超过 75%[②]。分子标记辅助选择、基因编辑技术等育种技术整体处于国际领先水平。四是耕地红线和永久基本农田控制线得到严守。2022 年末，全国耕地面积 19.14 亿亩[③]，连续第二年止减回增。粮食播种面积稳定在 17.75 亿亩左右，已建成 10 亿亩高标准农田。五是中央储备粮管理体制持续完善。《政府储备粮食仓储管理办法》《粮食等重要农产品仓储设施中央预算内投资专项管理办法》《优质粮食工程"六大提升行动"方案》出台，推动重要农产品仓储设施建设，加大高标准粮仓仓容。2022 年通过储备轮入收购新粮 2000 万吨以上，优质粮收购比例提高近 20%，中央储备粮油自储比例提升至 99%，质量达标率、品质宜存率、食品安全合格率均为 100%。六是粮食减损节约取得积极进展。《中华人民共和国反食品浪费法》《粮食节约行动方案》《2022 年主粮作物机收损失监测调查方案》出台，至 2022 年末已建设 5500 多个专业化的粮食产后服务中心，推广使用近 1000 万套农户科学储粮装具[④]。按照要求使用装具的农户储粮损失由平均 8%降到 2%以内。七是农业国际合作走向新高度。制定《"十四五"农业农村国际合作规划》，启动农业国际贸易高质量发展基地建设，已认定两批共 231 个国贸基地。2022 年，中国农产品进出口总额达 3343.2 亿美元，其中，农产品进口 2360.6 亿美元，较 2020 年增长 38.2%；出口 982.6 亿美元，较 2020 年增长 29.2%[⑤]。八是一批国际大

① 国家统计局公布数据。

② 中国政府网，《良种对粮食增产贡献率达到 45% 种业自主创新有力支撑粮食连年丰收》，https：//www.gov.cn/xinwen/2020-12/19/content_5571094.htm。

③ 中国政府网，《去年全国耕地净增加约 130 万亩》，https：//www.gov.cn/yaowen/2023-04/17/content_5751795.htm？eqid=988278120007d2e60000000364589129。

④ 国家粮食和物资储备局，《推动粮食物资储备高质量发展》，http：//www.lswz.gov.cn/html/zt/lswzcbkjhdz2023/2023-06/28/content_275238.shtml。

⑤ 农业农村部，《2022 年 1—12 月我国农产品进出口情况》，https：//www.moa.gov.cn/ztzl/nybrl/rlxx/202301/t20230128_6419275.htm？eqid=d2ce308a0004132200000006642c2384。

粮商和农业企业集团得到培育。中粮集团在全球持续布局，构建起集收储、加工、物流、销售贸易、分销于一体的全球产业链，供应链辐射全球 140 多个国家，在全球粮食贸易市场成为国际粮商第二名，打破四大粮商的垄断。北大荒、首农等国内大型粮油企业也在积极“走出去”，向国际大粮商的目标迈进。

2. 能源资源安全战略持续推进，能源产供储销体系不断完善，能源稳定供应和风险管控能力进一步加强

国内能源资源产量基础不断夯实，实施《加快油气勘探开发与新能源融合发展行动方案》。2022 年，我国原油产量 2.04 亿吨①，重回自 2016 年跌破的原油年产量 2 亿吨水平线，原油自给率从 2020 年的 24.1%提升至 28.7%；中国天然气产量 2178 亿立方米，较 2020 年增长 15.4%，快于天然气进口增速，天然气自给率从 2020 年的 15.6%提升至 16.6%；国家发展改革委、国家能源局出台《“十四五”现代能源体系规划》，研究推进内蒙古鄂尔多斯、陕西榆林、山西晋北、新疆准东、新疆哈密等煤制油气战略基地建设。一是煤炭储备能力有所增强。2022 年，全国煤炭企业存煤 6600 万吨，较 2020 年增长 1300 万吨；全国主要港口存煤 5530 万吨，较 2020 年增长 543 万吨；全国统调电厂存煤 1.75 亿吨，较 2020 年增长 0.45 亿吨，可用天数从 17 天增长至 22 天。二是能源风险应急管控体系持续完善。《纲要》实施以来，2022 年，全国 220 千伏及以上输电线路长度达到 880000 公里，较 2020 年增加 67797 公里；完成跨区输送电量 7654 亿千瓦时，较 2020 年提升 24.9%。抽水蓄能装机容量累计增长超过 45%。国家发展改革委、国家能源局联合印发《关于推进新型电力负荷管理系统建设的通知》。天津建成投运全国首个政府授权的省级负荷管理中心后，福建、海南、云南、山东、辽宁、甘肃、安徽、四川、河南、青海等多地积极推进电力负荷管理中心建设工作。全国首个全息数字电网在江苏建成，强化能源网络安全防护。电力系统灵活调节能力稳步提升，迎峰度夏、迎峰度冬等重点时段能源供应总体平稳。三是油气进口来源多元化更加稳固。2022 年，我国共从 48 个国家进口原油，加大了与沙特、俄罗斯、阿联酋、马来西亚、科威特等国的合作力度，中俄石油专列开通，“西伯利亚力量”管道已经全线贯通，沙特阿美在我国投资炼化工程。四是以我国为主的交易中心和定价机制逐渐形成。俄罗斯、伊朗、沙特原油交易开始采用人民币结算，法国同意天然气交易采用人民币结算。五是新一轮找矿突破战略行动取得成效。自然资源部门加大油气等矿产矿业权出让力度，开展“十四五”全国油气资源评价，摸清油气资源家底，渤海湾、塔里木盆地新发现亿吨级油气区。

3. 金融安全战略得到强化，稳妥有序防范化解金融风险

一是金融风险预防、预警、处置、问责制度体系不断健全。在银保监会的基础上

---

① 国家能源局，《2022 年全国油气勘探开发十大标志性成果》，https：//www.nea.gov.cn/2023-01/20/c_1310692197.htm? eqid=c139540d00061c9f00000006643deeff。

组建国家金融监督管理总局作为国务院直属机构，证监会调整为国务院直属机构，推进央行分支机构改革；深化地方金融监管体制改革；金融监管部门工作人员被纳入国家公务员统一规范管理。扎实推进城市商业银行、农村信用社改革化险，果断依法处置部分地方村镇银行风险。二是宏观审慎管理体系持续完善。中国人民银行出台《宏观审慎政策指引（试行）》，明确了建立健全我国宏观审慎政策框架的要素，《系统重要性银行附加监管规定（试行）》《全球系统重要性银行总损失吸收能力管理办法》《金融控股公司董事、监事、高级管理人员任职备案管理暂行规定》出台，加强系统重要性金融机构和金融控股公司监管。平稳处置一批大型企业债务风险事件，稳妥化解不法金融集团风险。三是影子银行风险持续收敛。“资管新规”过渡期结束，空转嵌套、资金池运作等问题得到解决，保本理财全部清零，预期收益型产品基本压降完毕，绝大多数存量资产已处置完毕。四是严厉打击非法金融活动。国务院发布《防范和处置非法集资条例》，P2P 网贷平台全部退出经营，存量风险持续化解。互联网资产管理、股权众筹等领域整治工作基本完成，已转入常态化监管。五是债券市场实现执法统一。国家发展改革委的企业债券发行审核功能被划入证监会。研究制定并实施一揽子化解地方债务风险方案。六是积极做好受困房企风险处置，加大保交楼力度。在全国列入“保交楼”项目涉及的 350 万套住房中，已实现交付超 268 万套，总体交付率超 76%。六是跨境资本流动管理不断完善。国家外汇管理局印发《境外机构投资者投资中国债券市场资金管理规定》《银行外汇业务合规与审慎经营评估内容》《银行跨境业务反洗钱和反恐怖融资工作指引（试行）》，健全外汇市场“宏观审慎+微观监管”两位一体管理框架。七是人民币跨境支付系统快速成长。2022 年人民币跨境支付系统处理业务 440.04 万笔，金额 96.70 万亿元，较 2020 年分别增长 99.57% 和 113.61%，实现了翻倍增长。八是金融业信息化核心技术正在实现国产替代。国产核心业务系统分布式数据库已在 3 家国有行、8 家股份制银行及深交所等开展核心业务数据库信创替代工作。国产云数据库 TDSQL 的性能成功打破世界纪录，每分钟交易量达到了 8.14 亿次，并已落地证券核心交易系统。

但是，粮食安全保障能力仍有不足。一是部分地区耕地存在“非农化”“非粮化”情况。遥感监测数据显示，我国现有耕地中，真正种粮的面积约占 7 成，其余为经济作物、园地、林地、休耕等，甚至在耕种不方便、种地经济效益较小的地块，或者边远山区有闲置、荒芜的情况。二是高标准农田建设仍有不足。我国已建成高标准农田 10 亿亩，剩余未建设耕地大部分分布在丘陵山区，后续建设难度增大，同时各级财政建设投入承受较大压力，在建设过程中对土壤肥力改善重视程度不高。三是农业科技水平，特别是种业科技水平仍然不强。部分作物种子仍需大量进口，种业研发在科研设备上也面临“卡脖子”风险。四是大豆等部分作物仍严重依赖进口。国内产能无法满足需求，特别是 2021 年大豆生产曾出现产量波动，锐减 320 万吨产量。

能源安全风险依然存在。一是我国能源对外依存度仍然较高。2022 年中国原油对外依存度为71.2%，中国天然气对外依存度为40.5%，虽然油气对外依存度首次同步下降，但对外依存仍然严重。二是进口通道集中度高，风险评估与安全保障力度不足。我国油气进口来源虽然多元化，但仍集中在中东等少数地缘政治不稳定区域。油气进口通道较为集中，石油有70%~80%进口量需要经过霍尔木兹海峡和马六甲海峡，一旦发生战事或被经济封锁，海峡容易受到控制，此外，海上运输风险也较大。三是替代能源发展不足。煤制油、煤制气等煤化工产业以大量耗煤为生产基础，同时需要水资源保障，但我国煤矿资源和水资源逆向分布，煤制油、煤制气工程发展缓慢。

金融安全仍面临着多重挑战。一是防范跨境金融风险传播的能力不足、认识不够、储备有限。我国金融机构尤其是中小金融机构在业务模式、管理水平上与国际先进水平仍有较大差距，对国际经济、金融、法律等规则了解不足，而大规模资金跨境流动也可能对现有金融、外汇体系构成冲击。二是在数字经济和金融科技快速发展的背景下，防范新型金融风险的能力不足。数字金融新业态、新模式在功能和法律界定上有其特殊性和复杂性，难以划拨到已有业务类型、纳入现有监管框架，防控风险难度较大。金融领域数据安全、隐私保护、跨境治理等方面的建设仍需完善，兼顾安全和发展。

（三）公共安全保障能力全面提高

1. 安全生产水平不断提升

一是安全生产责任制得到落实。组织全国安全生产专项整治3年行动，贯彻执行国务院安全生产15条硬措施，《地方党政领导干部安全生产责任制规定》得到进一步落实，重大事故指标被纳入对各地区高质量发展考核体系中，建立地方党政领导干部安全生产"职责清单"和年度"工作清单"，重新修订国务院安委会成员单位安全生产工作任务分工，安委会成员单位安全生产工作考核办法首次出台，"三个必须"监管职责得以进一步强化。二是重点领域安全得到整治。危险化学品方面，组织进行危险化学品安全法立法，开展危险化学品重大危险源企业安全专项检查督导；矿山方面，安全监察局修订《煤矿安全规程》，印发实施《"十四五"矿山安全生产规划》，出台《关于加强非煤矿山安全生产工作的指导意见》等16项规范性文件，细化矿山安全领域20条具体举措。矿山安全专项整治3年行动圆满收官，累计整治隐患90余万条，淘汰退出煤矿900余处、非煤矿山8604处，闭库销号尾矿库1066座。组织开展打击盗采矿产资源和违法违规生产建设专项行动，封闭封堵1.2万个矿坑井口；建筑施工方面，多地组织进行建筑施工安全生产专项整治行动工作；交通方面，组织实施交通运输安全生产强化年。三是持续企业安全生产标准化动态达标。二级以上标准化煤矿达标1947处、金属非金属矿山达标1411座、尾矿库达标511座。四是先进技术装备得到创新应用，持续推进机械化、自动化、信息化、智能化建设，31种机器人在矿山应用，逐步由"系统智能化"向"智能系统化"迈进。

2. 食品药品安全得到严格监管

一是食品药品安全监管制度、法律法规和标准体系得到改进和完善。国家卫健委制定《食品安全标准与监测评估“十四五”规划》，全国人大常委会修订《中华人民共和国食品安全法》，《企业落实食品安全主体责任监督管理规定》《食品生产经营监督检查管理办法》《食品生产许可审查通则（2022 版）》《食品相关产品质量安全监督管理暂行办法》《食品安全风险评估管理规定》等法规制度先后出台，《白酒质量安全追溯体系规范》《冷藏肉腐败变质实时监测装置》等 200 余项行业标准计划制定，《豆类罐头》《食品工业不锈钢管》等 100 余项行业标准批准发布，有效提升了食品的质量水平和市场竞争力，建立包括食品安全管理体系、HACCP 体系和有机产品等在内的 10 种国家推行的认证制度，覆盖了食品农产品生产、流通等所有环节。二是食品全链条质量安全监管得到加强，重点领域食品安全问题联合整治力度持续加大。《全面加强药品监管能力建设的实施意见》《关于深化改革加强食品安全工作的意见》《促进食品工业健康发展的指导意见》《餐饮质量安全提升行动方案》出台并实施，多地开展“食品安全专项整治 3 年行动”。三是药品安全风险管控力度显著加大。《药品网络销售监督管理办法》《疫苗生产流通管理规定》《药品年度报告管理规定》《细胞治疗产品生产质量管理指南（试行）》，国家食品药品监督管理局修改《药品召回管理办法》，GMP 附录《临床试验用药品（试行）》《细胞治疗产品 GMP 指南》实施，改版化药和生物制品说明书模板，构建药品和疫苗全生命周期管理机制。

3. 生物安全风险防控持续加强

一是生物安全风险防控和治理体系实现建立。《中华人民共和国生物安全法》出台，海关总署建立了国门生物安全基础数据信息资源平台，形成风险预警和应急处置机制，启动风险预警和快速反应机制，发布风险预警信息。二是动植物疫情和外来入侵物种口岸防控得到加强。采取严格检疫处理，限定入境口岸、限制入境、禁止进境等措施，有效防范有害生物和外来物种传入。海关密切关注境外重大动植物疫情，全面强化风险研判、风险布控，对进境动植物及其产品、运输工具、集装箱以及邮件、快件、旅客携带物品等实施严格检疫，加强 CT 机等先进设备配备，采用智能审图等先进技术，提升口岸查发能力。三是生物安全基础设施较为完善。截至 2022 年 8 月，我国已建立从事人间传染病原微生物实验室活动的 P3、P4 实验室 63 个，P2 实验室 4.6 万个①，形成比较完善的病原微生物实验室生物安全平台体系。四是国家生物数据中心体系初步建立。中国科学院微生物科学数据中心正式挂牌成立，广州实验室建成国家生物数据中心体系粤港澳大湾区节点。五是生物资源目录不断完善。中国科学院战略生物能源计划信息中心发布《中国科学院生物资源目录》汇集了中国科学院

---

① 2022 年 8 月 25 日，国家卫生健康委新闻发布会上，国家卫健委科教司监察专员刘登峰介绍，https：//baijiahao. baidu. com/s？ id = 1742103559193610157&wfr = spider&for = pc.

40个研究所72家生物资源库馆，超过743万份生物资源数据，形成了完整的数据生态系统。六是生物安全领域国际合作更加积极，发表了关于加强《禁止生物武器公约》的联合声明，提出《科学家生物安全行为准则天津指南》，组织实施中国—世卫组织新冠病毒溯源联合研究，召开“2025生物安全国际科技合作：计划与路径”研讨会。

4. 国家应急管理体系进一步完善

一是国家应急管理能力体系建设得到优化。应急管理部建立风险联合会商研判，防范救援救灾一体化、扁平化应急指挥等工作机制，提升了应急管理效能。二是跨区域、跨流域灾害事故应急协同联动不断强化。召开首届黄河流域九省区应急救援协同联动会，鄂湘赣三省签署应急联动合作协议。三是灾害事故风险隐患排查治理取得成果。我国实施了第一次全国自然灾害综合风险普查，摸清灾害风险的隐患和防灾设施的底数，形成灾害风险数据库，并根据调查数据针对极端情境下人口、房屋建筑、道路可能的灾害风险及其影响，开展了北京冬奥会和冬残奥会、杭州亚运会所在区域的自然灾害综合风险评估。四是国家综合性消防救援队伍建设得到加强。国家综合性消防救援队伍围绕全灾种、大应急加快转型升级，新组建了水域、山岳、地震等专业队伍3500余支，研发配备了一批先进技术装备，提升了现代化综合救援能力；基本建成国家应急指挥总部，全面建成部、省、市、县四级贯通的应急指挥信息网和自上而下的应急指挥平台体系；搭建应急资源管理平台，对危化品重大危险源、煤矿等进行全面联网监测，“大数据安全力”加速提升。五是航空应急救援体系与能力得到提升。航空应急救援体系建设被纳入《“十四五”国家应急体系规划》，AG600大型水陆两栖飞机、“翼龙”-2H气象型无人机、AC311A和AC313直升机等国产航空应急救援装备得到应用，多地组织航空应急救援队建设，中飞院开创消防救援直升机飞行与指挥人才培育体系。六是应急物资保障能力得到提升。应急管理部等部门印发《“十四五”应急物资保障规划》《中央应急抢险救灾物资储备管理暂行办法》，中央应急物资储备库实现31个省（区、市）全覆盖，6个国家区域应急救援中心开工建设，全国“一盘棋”就近快速调配的布局基本形成，完成了近30亿元中央应急物资增储任务。七是应急指挥信息和综合监测预警网络体系正在构建。应急管理部应急管理大数据工程及自然灾害监测预警信息化工程已经完成招投标工作。八是极端条件应急救援通信保障能力得到提升。“翼龙”-2无人机完成构建空中无人应急通信平台实战演练。九是巨灾保险制度基本形成。指导40多家保险公司组建中国城乡居民住宅地震巨灾保险共同体，各地方结合自身风险特点开展试点，推动巨灾保险在广东、四川等10多个省份落地。中再集团发布了我国第一个经中国地震学会认证、拥有自主知识产权、可商业应用的“中国地震巨灾模型2.0”，中再产险发起的巨灾债券在香港成功发行。

（四）社会稳定和安全得到维护

1. 社会矛盾综合治理机制不断健全

一是人民调解、行政调解、司法调解联动工作体系持续健全。最高人民法院发布《关于深化人民法院一站式多元解纷机制建设推动矛盾纠纷源头化解的实施意见》《关于审理涉执行司法赔偿案件适用法律若干问题的解释》，人力资源社会保障部等九部门联合印发《关于进一步加强劳动人事争议协商调解工作的意见》等发布，优化调解工作方法。二是信访制度得到进一步优化。国务院出台《信访工作条例》，各地区各部门对本系统涉及信访工作的有关制度和规定认真清理，推进配套制度立、改、废，省级完成率均超过70%，20个省份超过80%。全国省、市级信访工作联席会议机制覆盖率达到100%，县级达到近九成。27个省份的乡镇街道实现了信访工作联席会议机制全覆盖。2022年，20个省份的新发生重复信访量同比下降，16个省份的信访事项按期答复率在99.8%以上①。三是社会矛盾风险防控协同机制不断完善。广东、江西、天津等多地发布《平安建设条例》。四是社会心理服务体系和危机干预机制持续健全。国家卫健委发布《全国社会心理服务体系建设试点2021年重点工作任务》，城市和农村社区综合服务设施覆盖率已分别达到100%和79.5%②，成立国家精神疾病医学中心，组织和领导国内重大突发事件心理危机干预。

2. 社会治安防控体系得到优化

一是社会治安防控体系持续健全。公安部部署全国公安机关开展首批社会治安防控体系“示范城市”创建活动，全国共建成5026个公安检查站，建成2.1万个街面警务站，日均投入74万社会面巡防力量开展巡逻防控，最大限度提高街面见警率、管事率。全国已建成智能安防小区近30万个，社会治安环境明显改善。2022年，共有21.8万个小区实现了“零发案”。二是扫黑除恶进一步深化。22个部门联合印发《关于铲除非法社会组织滋生土壤净化社会组织生态空间的通知》。打击犯罪能力不断提升。组织建设禁毒实验大数据平台第三期工程，各地市公安大数据建设快速普及，公安交管部门大数据智能化建设应用取得成效，形成工作经验和优秀模型。推进夏季治安打击整治“百日行动”，依法严厉打击电信网络诈骗新型违法犯罪。三是执法司法权力运行监督和制约机制不断完善。公安机关大力推进“五项制度”，强化执法全流程的监督管理。国门安全防控体系不断加强。组织推进“国门利剑”联合行动、“国门勇士”、“使命”等专项行动，打击跨境电商走私、非法外来物种、武器弹药、毒品走私等犯罪。四是国际执法安全务实合作不断深化。公安部已与110余个国家建立了密切务实的双边执法合作机制关系和联络热线，签署政府间、部门间执法合作文件400余份。

---

① 国家信访局，《数说〈信访工作条例〉实施一周年》。

② 2022年9月8日，中共中央宣传部举行新时代民政工作新闻发布会披露。

三、重大工程：关键领域安全基础设施建设取得诸多进展

《纲要》设置“专栏 20”，提出了在粮食储备设施、油气勘探开发、煤制油气基地、电力安全保障、新一轮找矿突破战略行动、应急处置能力提升 6 项重大工程。“十四五”期间，我国加大粮食储备设施建设力度，在重点盆地油气勘探开发方面迈上新高度，启动规划建设煤制油战略基地，电力安全保障逐渐健全，新一轮找矿突破战略行动进入实施阶段，应急处理能力提升相关工程启动施工，关键领域安全基础设施逐步趋于完善。

（一）粮食储备设施加大建设力度

高标准粮仓加快实施建设。各省、直辖市及自治区分别制定自身《粮食和物资储备发展“十四五”规划》，计划“十四五”期间中国净增仓储容量约 3238 万吨，绿色、低温等改造仓储容量约 3793 万吨。2021 年在建和 2022 年新启动的仓储设施建仓项目 187 个，建仓规模 1730 万吨。截至 2022 年末，全国标准粮食仓房完好仓容达到近 7 亿吨，较 2020 年增加 5000 万吨[①]。粮食储备设施技术水平有效提升。成功研发无人智能扦检平台，稻谷低温储粮技术研究完成系统集成。气膜仓试点工程建设取得重大进展。“技防技控”改造升级取得成效，建成八达岭和顺义两家试点示范库，启动 100 家直属库中试。启动建设一批大型粮食物流枢纽和园区，武汉、泸州、盐城等一批国家粮食物流核心枢纽加速建设。

（二）重点盆地油气勘探开发取得新高度

油气勘探开发方面，四川盆地油气勘探达到 9026 米，创亚洲最深直井纪录，发现四川盆地页岩气规模增储新层系，建成我国首个千万吨级页岩气田。鄂尔多斯铝土岩气藏取得重大突破，日产天然气 353.4 万立方米。塔里木油田迈入 9000 米级油气勘探开发新阶段。老油区产量维持稳定。渤海油田 2022 年完成原油产量约 3175 万吨，全年油气当量超 3450 万吨，再创新高。松辽盆地加大页岩油开采力度，产量达到 3418 万吨，较 2020 年稳步增长。川渝天然气生产基地稳步推进，川渝两地签署《共同推动成渝地区双城经济圈能源一体化高质量发展合作协议》，共同推进川渝“气大庆”千亿立方米产能建设，“十四五”期间安排投资 2700 亿元；页岩气勘探开发持续加强，山西沁水盆地建成全国最大煤层气田，年抽采能力超 20 亿立方米，鄂西红星 500 亿立方米增储工程的 9 口井全部进入钻探、试气施工阶段；二叠系吴二段页岩气探明储量 598.27 亿立方米、茅口组四段页岩气预测储量 1182.64 亿立方米。截至目前，红星地区气井日产能力超过 30 万立方米，取得较好的开发效果。贵州织金 46 口生产井日稳定

---

① 2023 年 5 月 11 日，国务院新闻办公室新闻发布会上国家发展和改革委员会副主任、国家粮食和物资储备局局长丛亮讲话，https：//baijiahao. baidu. com/s？ id = 1765567261998484194&wfr = spider&for = pc。

产气4.9万立方米，年产气超1500万立方米。

（三）煤制油战略基地启动规划建设

内蒙古自治区政府办公厅印发《关于支持鄂尔多斯市建设现代煤化工产业示范区的指导意见》，陕西省榆林市发展改革委、山西省忻州市发展改革委分别组织进行榆林煤制油气战略基地、山西晋北忻州煤制油气基地的规划编制，新疆准东规划建设两个500万吨煤制油基地，启动新疆哈密煤化工基地建设。2022年，我国煤制油产能823万吨，产量732.8万吨[①]，同比上年增长7.8%。2022年中国煤制油产能利用率89.0%，较上年度提高6.4个百分点；全年有效产能744万吨/年，有效产能利用率98.5%。

（四）电力安全保障体系逐渐健全

完成坚强局部电网试点建设。组织召开广州、深圳坚强局部电网建设安全评估工作推进会议，深圳成为全国首个基本建成坚强局部电网城市。电力应急指挥系统逐步完善，辽宁、福建、山西等地建成电力应急指挥系统，河北电力等15家单位着手开展新一代电力应急指挥系统的建设工作。电力系统网络安全相关平台正在建设，国家能源局发布《电力行业网络安全管理办法》，中国电科院牵头承担的“电力系统网络安全仿真验证平台及攻防关键技术”项目通过中国电力企业联合会的科技成果鉴定。中国电子信息产业集团态势感知与安全运营平台已在数千家大中小政企机构落地实践。

（五）新一轮找矿突破战略行动进入实施阶段

联动构建新机制。自然资源部对全国矿产资源潜力评价圈定的最小预测区加强研究分析，分批提供区块出让建议，加大出让力度；进一步扩大锂、钴、镍等新能源矿产区块来源；探索建立紧缺矿产，已设采矿权深部和周边勘查机制，鼓励“就矿找矿”；多途径、差别化保障采矿用地合理需求。各省、市、区加快实施行动，新疆正以打造战略性矿产安全保障核心区为目标，划定了环准噶尔、环塔里木、阿尔泰、东天山、西昆仑等“两环八带”10个勘查开发区；辽宁将以煤层气、铁、金、硼、铜、钼、萤石等作为主攻矿种，划定30个重点勘查区，部署8个矿产资源勘查重大工程；贵州新一轮找矿行动已完成重要成矿区带的比选、论证，未来3年将重点实施寻找与新能源电池及电池材料相关矿产的找矿行动；青海将加大盐湖资源勘查开发力度，重点开展柴达木盆地西部深层卤水钾锂盐勘查，深层卤水资源可利用性研究，锂、铍、铜、镍、晶质石墨、萤石等国家战略性矿产勘查等。

（六）应急处理能力提升工程正在建设

区域应急救援中心已全部启动建设。应急管理部规划建设6个国家区域应急救援

---

① 石化联合会煤化工专委会统计。

中心，其中东北、华中、西南、东南、西北区域应急救援中心已于2022年陆续开工，华北区域应急救援中心于2023年启动建设。区域核与辐射应急监测物资储备库建设正在筹备中，生态环境部核与辐射安全中心启动区域核与辐射应急监测物资储备库监测设备，国家核安全局进行储备库调研选址工作。

四、新时期统筹发展和安全面临的新形势新要求

两年多来，围绕《纲要》明确的强化国家经济安全保障重点任务，粮食安全战略、能源资源安全战略、金融安全战略深入实施，但在外部不确定因素日益增多的形势下，这些重点领域的风险仍不容小觑。“十四五”期间，国际形势迅速变化，随着全球化逆潮加速，中美斗争日益严峻，境外势力也在政治、文化方面加大渗透力度，在经济、科技领域加大封锁力度，不断挑战我国安全，提升产业链供应链韧性和安全水平面临外部打压和产业外迁的双重压力，也使我国不断意识到自身安全短板。新一轮科技革命和数字革命带来新的安全挑战，既包括数字经济等一系列新技术发展带来新的非传统安全问题，也包括科技作为大国竞争和博弈的焦点，正成为关系国家安全的关键变量。同时，随着经济发展进入跨越“中等收入陷阱”关键时期，房地产风险、金融风险、地方债务风险深度关联，就业总量压力和结构性问题不容忽视，青年、农民工等重点群体就业压力较大。社会治理进入新阶段后国内安全形势也日益复杂化，经济转型促使社会矛盾激化，公民自主意识不断提高，对国内安全保障提出更高要求。中国式现代化建设和高质量发展也对统筹发展和安全提出新要求，以新安全格局保障新发展格局。未来一段时期，我国内外部环境更为复杂严峻，统筹发展和安全的难度明显加大，必须提升风险意识和应对能力。

（一）美西方国家对华围堵和打压进一步加剧

“十四五”期间，美国政府对华政策日趋强硬，正在加速推动“脱钩”战略。与此同时，以美国为首的西方国家也在政治、文化、经济、科技方面加大对我国国家安全的挑战。

1. 经贸摩擦、科技摩擦、金融摩擦影响与日俱增

“十四五”期间，美国进一步倡导西方国家在经济、科技等领域与我国脱钩。一是通过产业链供应链“去中国化”，削减中国的国际贸易规模；二是围绕芯片展开科技封锁，阻碍我国原始创新能力的提升；三是美国证券部门围绕中概股审计纠纷，破坏中国企业在美上市的合法权益，影响我国企业合法利用外资，甚至利用上市规则影响我国数据安全；四是利用SWIFT体系打击竞争对手，进行“长臂管辖”，极端情况下或将我国排除出SWIFT体系；五是试图利用美元潮汐收割我国发展成果，引导外资撤离我国。

2. 文化摩擦、认知摩擦、舆论摩擦威胁不容小觑

“十四五”期间，美国视我国为其面临的最大国家安全威胁，利用新冠疫情、俄乌冲突、台湾问题等一系列事件对我国开展攻势。具体体现在：一是输出美式价值观，削弱我国对青少年的核心价值观教育。美国通过其文化产业优势，将负载美国价值体系的文化产品、生活方式、消费形式植入我国，使国内精致利己主义盛行，内卷与躺平泛化，给青少年带来情感与理想旁落、精神与信仰悬空等思想问题；二是利用社会舆论，误导我国公民的政治立场和判断。不断在国际舆论和网络环境炒作中国话题，编造歪曲事实，借助突发事件和热点问题制造社会问题，唱衰我国经济。

因此，“十四五”期间，我国在政治安全、供应链安全、科技安全、数据安全、金融安全等多个领域受到来自西方国家的攻击，在给我国发展造成影响的同时，也促使我国不断健全国家安全体系，补足缺失领域。

（二）新一轮科技革命和数字革命带来新的安全挑战

1. 数字经济等一系列新技术发展带来新的非传统安全问题

“十四五”期间，随着我国数字经济的飞速发展，2022 年网民数量达到 10.67 亿人①，较 2012 年增长近一倍。公民普及上网率为 75.6%，特别是移动互联网普及后，人民群众与互联网已经深度绑定。一是网络安全方面。一方面，网络安全、数据安全、算力安全等问题已经成为国家安全的新挑战，2022 年西北工业大学、北京健康宝均遭受了境外网络攻击，国家计算机病毒应急处理中心研究报告显示我国有上百个重要信息系统被植入木马程序；另一方面，网络空间也成为舆论战新的战场，充斥着刻意捏造的虚假信息、负能量舆论。台湾当局从 2019 年开始以农委会名义编排 1450 万元新台币预算用于网络舆论战，加强对网络和新媒体的控制，豢养各式各样的网军攻击、诬蔑、造谣，捏造极端言论，影响公众视听。二是一批颠覆性技术即将突破，带来科技伦理监管和科技治理体系的新挑战和新风险。ChatGPT 的出现和快速发展预示着人工智能超越人类智力的“奇点”即将到来，一方面将带来生产力的巨大提升，另一方面也可能对就业、社会伦理和安全等问题带来重大影响和冲击。为此，欧盟出台《人工智能法案》，对人工智能技术应用实施风险分类监管，以平衡人工智能的创新发展与安全规范。另外，生物医药领域的前沿技术也被滥用于开发生物武器，国际医药企业“生命商业化”倾向严重，潜在的生物恐怖防御难度持续增大。

2. 科技作为大国竞争和博弈的焦点，正成为关系国家安全的关键变量

科学发展进入大科学时代，科技创新成为大国博弈的主战场。基础研究组织化程度越来越高，学科交叉融合不断发展，科学研究范式发生深刻变革，科学技术和经济社会发展加速渗透融合，基础研究转化周期明显缩短，国际科技竞争向基础前沿前移。

---

① 国家互联网信息办公室，《数字中国发展报告（2022 年）》。

世界主要国家都在前瞻部署未来科技与未来产业，试图抢占新领域新赛道发展先机。美国接连出台《创新和竞争法案》《芯片与科学法案》保障其在集成电路等领域的领先地位，欧洲也出台《欧洲创新议程》《芯片法案》加强欧洲的技术领先地位。

（三）经济发展进入跨越中等收入陷阱关键时期，社会治理进入新阶段

1. 经济转型期使社会矛盾进入容易被激化的敏感阶段

“十四五”期间，我国经济面临需求收缩、供给冲击、预期转弱三重压力，呈现经济增速放缓、失业率上升等问题，其中 2023 年青年失业率持续上升，并在 5 月达到 20. 8%。虽然当前我国疫情防控取得重大决定性胜利，经济社会全面恢复常态化运行，三重压力得到缓解，但我国经济仍面临内生动力还不强，需求仍然不足，经济转型升级面临新的阻力等问题。一是中等收入群体阶层跌落风险不断增大。当前经济环境下，中等收入群体收入不确定性上升，房地产、在线教育等行业冲击使一批中等收入群体收入下降甚至面临失业风险。而调查显示，中等收入群体资产 70%为房产，房价下跌也促使中等收入群体资产快速缩水。二是农村脱贫人口具有规模性返贫风险。脱贫的外部依赖特征决定了这一类脱贫工作有待夯实基础性、持续性、系统性和内生性发展支撑，一些地区脱贫整体质量不高，在当前经济下行及地方财政压力增大情况下，依靠政策“输血式”短期脱贫或将面临再次返贫。三是经济方面的压力使国内社会矛盾进入多发期，烂尾楼、金融暴雷、劳资纠纷都易引发恶性事件。各类恶性事件表明社会不稳定情绪的积蓄，增加膨胀式发泄事件。四是青年失业率增高存在安全隐患。年轻人面临经济困难和就业压力，可能转而从事非法活动来获取收入，甚至产生极端思想，增加社会安全问题，谨防成为网络犯罪的主力军。同时，群众负面情绪极易被别有用心的势力所利诱，成为危害国家安全的“帮凶”。

2. 公民自主意识不断提高对公民教育提出更高要求

随着移动互联网的普及和人均受教育水平的提高，人民群众的鉴别力、判断力不断提升，逐渐形成独立思考能力，不盲从，不随声附和。一方面对恶意舆论宣传具有一定识别和抵抗的能力，并在一些情况下会自觉开展舆论反击，维护网络意识形态环境；另一方面公民参政议政的诉求也不断加强，对社会主义核心价值体系教育也提出了更高的要求。

五、“十四五”期间进一步统筹发展和安全的政策建议

“十四五”期间进一步统筹发展和安全，必须全面落实二十大报告精神，坚定不移贯彻总体国家安全观，坚持以人民安全为宗旨、以政治安全为根本、以经济安全为基础、以军事科技文化社会安全为保障、以促进国际安全为依托，统筹外部安全和内部安全、国土安全和国民安全、传统安全和非传统安全、自身安全和共同安全，统筹维

护和塑造国家安全，夯实国家安全和社会稳定基层基础，完善参与全球安全治理机制，建设更高水平的平安中国，以新安全格局保障新发展格局。一是健全国家安全体系，坚持党的集中统一领导，强化国家安全工作协调机制，运用法治手段开展国际斗争，完善国家安全力量布局；二是增强维护国家安全能力，维护国家政权安全、制度安全、意识形态安全，确保粮食、能源资源、重要产业链供应链安全，加强海外安全保障能力建设，提高防范化解重大风险能力，严密防范系统性安全风险，全面加强国家安全教育；三是提高公共安全治理水平，完善公共安全体系，推进安全生产风险专项整治，提高突发公共事件处置保障能力，强化食品药品生物安全监管，加强个人信息保护；四是健全共建共治共享的社会治理制度，加强矛盾风险源头防范化解，推进市域社会治理现代化，强化社会治安整体防控，发展壮大群防群治力量。

（一）坚定不移贯彻总体国家安全观，着力推进国家安全体系现代化

一是坚持党中央对国家安全工作的集中统一领导，完善高效权威的国家安全领导体制。坚持党中央对国家安全工作的集中统一领导，坚定不移贯彻中央国家安全委员会主席负责制，完善高效权威的国家安全领导体制。以发挥制度的系统集成、协同高效为着力点，发挥党的全面领导制度优势。发挥中央国家安全委员会的“神经中枢”功能，研究制定、指导实施国家安全战略和重大方针政策，统筹协调国家安全重大事项和重要工作，增强国家安全事务决策和实施的主动性、及时性、协调性。全面落实国家安全工作责任制，不折不扣地把党中央关于国家安全工作的决策部署落到实处。强化各级党委维护国家安全的领导责任，形成维护国家安全协同推进的格局。

二是强化国家安全工作协调机制，强化安全保障体系建设。完善重要专项协调指挥体系，健全国家安全审查和监管制度、危机管控机制等制度机制。坚持以政治安全工作协调机制为牵引，依托各领域国家安全工作协调机制，建立健全涵盖风险研判、风险防控协同、风险防范化解等机制在内的风险防控机制体系，切实加强重大安全风险的排查预警和处置化解，确保国家政治安全和社会稳定。加强国家安全法治保障，围绕不断涌现出的新非传统安全领域立法，形成系统完备、科学规范、运行有效的中国特色国家安全法律制度体系，为维护国家安全提供坚实的法律制度保障。建构预警模型，通过相应指标进行科学预测和防范，因地制宜建立预警信息网络机制。深入实施《国家安全战略纲要》，强化经济、重大基础设施、金融、网络、数据、生物、资源、核、太空、海洋等安全保障体系建设。

三是运用法治手段开展国际斗争。坚持统筹推进国内法治和涉外法治，加强涉外领域立法，进一步完善反制裁、反干涉、反制“长臂管辖”法律法规，推动我国法域外适用的法律体系建设。

四是完善国家安全力量布局。构建全域联动、立体高效的国家安全防护体系，将各个方面、各个地区维护国家安全的力量统筹协调，既要发挥党委的主体责任，又要

发挥各个部门、全国人民共同的力量。

（二）增强维护国家安全能力，保障粮食、能源、金融、供应链安全

一是全方位夯实粮食安全根基。逐步将永久基本农田全部建成高标准农田，落实“藏粮于地”，严守18亿亩耕地红线，加强永久基本农田的保护和改造，持续抓好高标准农田建设，除了修路建渠以外，更应该注重土壤的肥力改造和适配作物、种植流程的优化；深入实施种业振兴行动，坚持“藏粮于技”，大力实施种业振兴行动，加强良种选育，提高种子自给率，提升农机装备研发和应用水平；优化农业生产结构和区域布局，严格耕地保护和粮食安全责任制考核，提高重点作物的自给率水平；加强收储调控，在更高水平上实现粮食供需动态平衡；开展节粮减损，促进粮食节约和营养健康；等等。实施新一轮千亿斤粮食产能提升行动和全国盐碱地综合利用总体规划，稳定小麦面积，稳定南方双季稻生产，因地制宜发展再生稻，挖掘北方农牧交错带、西南地区玉米面积潜力。严防“割青毁粮”。启动主要粮油作物单产提升工程，健全主产区利益补偿机制。深化资源调查评价，加快骨干水利工程建设，推广盐碱地改良技术及耐盐碱作物良种选育和种植技术。加快构建多元化食物供给体系。进一步开发草原森林海洋资源，挖掘微生物和生物工程技术潜力，加强对非常规农业生产空间的开发和利用，提高全产业链机械化、数字化、智能化水平，保障肉蛋奶蔬果油糖等非口粮重要农产品的供给安全。开展节粮减损，促进粮食节约和营养健康等。

二是更好地统筹能源安全与低碳转型。完善能源产供储销体系，充分发挥煤电油气运保障工作部际协调机制作用，做好煤炭、电力、天然气等供应保障。加强精细化用能管理，确保民生和公共用能需求，推动能效低于基准水平的重点行业企业有序实施改造升级，推动全社会加强节约用电用能。推进能源安全监测预警能力建设，建立健全煤炭、油气、电力供需等预警机制。加快规划建设新型能源体系，“先立后破”有序推进能源结构调整优化，统筹推进大型风电光伏基地、支撑性调节性电源和电力输送通道建设，积极安全有序发展核电，全面构建风、光、水、核等清洁能源供应体系。超前谋划编制油气中长期增储上产行动计划，推进油气进口多元化，大力提升油气勘探开发力度。优化调整五大煤炭供应保障基地规模，有序释放煤炭先进产能，充分发挥煤炭的“压舱石”作用和煤电的基础性调节作用。

三是全面加强金融监管。统筹化解房地产、地方债务、中小金融机构等风险，依法将所有金融活动全部纳入监管。加强国家金融监督管理总局建设，加强信息共享和跨部门协调，建立起有效的监管合作机制，加大对金融机构治理结构、内控制度和资本充足性等方面的监管力度。建立健全国有金融控股集团公司治理及国有资产运营管理制度，完善金融机构的法人治理结构，规范大股东行为，强化责任义务。加强对会计师事务所、律师事务所、证券公司等上市中介的行为监管能力，完善市场禁入规则。促进金融与房地产良性循环，健全房地产企业主体和资金监管制度，建立防范化解地方债务风险长效机制，牢牢守住不发生系统性金融风险的底线。

四是加快实施制造业核心竞争力提升五年行动计划，提升重点领域全产业链竞争优势，紧盯“卡脖子”薄弱环节，坚决打赢关键核心技术攻坚战等；务实推动国际合作，高质量共建“一带一路”，推动RCEP高质量实施，用好各类多边机制，构建互利共赢的产业链供应链国际合作体系等；加快构建与大国地位相符的国家储备体系，以储备的确定性应对经济社会发展面临的不确定性和不稳定性。

五是加强海外安全保障能力建设，维护我国公民、法人在海外的合法权益，维护海洋权益，坚定捍卫国家主权、安全、发展利益。加强海外安全风险评估和预警，强化应急响应能力。积极营造良好外部环境，坚持独立自主，在国家核心利益、民族尊严问题上决不退让；树立共同、综合、合作、可持续的全球安全观，加强安全领域合作，维护全球战略稳定。

（三）提高公共安全治理水平，推动公共安全治理模式向事前预防转型

一是坚持安全第一、预防为主，完善公共安全体系。以跨学科、综合性的研究思路应对未来公共安全治理的挑战。强化公共安全治理的信息化建设，应用人工智能等新技术，提高公共安全风险的预测、监测、预警和应急响应能力。以人民为中心健全多元主体参与治理体系，调动人民群众的积极性和主动性。加强预防性犯罪治理，创新社会管理机制，以公法一体化理论构建公共安全预防性法律制度。

二是推进安全生产风险专项整治，加强重点行业、重点领域安全监管。完善和落实安全生产责任，深入开展安全隐患排查整治，有效遏制重特大安全事故。坚持党政同责、一岗双责、失职追责，建立公共安全隐患排查和安全预防控制体系。

三是加强国家区域应急力量建设，提高防灾减灾救灾和重大突发公共事件处置保障能力。坚持以防为主、防抗救相结合，坚持常态减灾和非常态救灾相统一，建立高效科学的自然灾害防治体系。加强国家区域应急力量建设，提高防灾减灾救灾和重大突发公共事件处置保障能力。

四是强化食品药品安全监管，健全生物安全监管预警防控体系。坚持用最严谨的标准、最严格的监管、最严厉的处罚、最严肃的问责，强化食品药品安全监管，确保人民群众“舌尖上的安全”。加快建设国家生物安全审查制度，加强重大动植物疫病疫情和外来入侵物种防控，开展口岸病媒生物监测，形成区域病媒生物本底资料库。

五是加强个人信息保护，确保数据安全。执法、司法和检察部门形成合力，坚持全链条惩治，加大刑事处罚力度，形成有力震慑。引入第三方监督评估机制，督促涉案企业加强合规建设。

（四）构筑与更高水平开放相匹配的监管和风险防控体系

一是健全共建共治共享的社会治理制度，提升社会治理效能。坚持问题导向，把专项治理与系统治理、综合治理、源头治理结合起来，重视人民群众在社会治理中的

主体性地位，构建人人有责、人人尽责、人人享有的社会治理共同体。将数字技术广泛应用于政府管理服务，推动政府数字化、智能化运行。积极发展社会治理各类专业性、社会性力量，诸如培育社会工作专业人才、社会志愿者、人民调解员、驻村法律顾问等专业技术人才力量，积极构建合作型、共识性的主体参与模式。

二是加强矛盾风险源头防范化解。坚持和发展新时代“枫桥经验”，完善正确处理新形势下人民内部矛盾机制，加强和改进人民信访工作，畅通和规范群众诉求表达、利益协调、权益保障通道，完善网格化管理、精细化服务、信息化支撑的基层治理平台，健全城乡社区治理体系，及时把矛盾纠纷化解在基层、化解在萌芽。

三是推进市域社会治理现代化。充分发挥党的领导政治优势，统筹政府、社会、市场各方力量，完善市域社会治理的组织架构和组织方式，提高市域社会治理能力，努力把重大风险防范化解在市域。

四是强化社会治安整体防控。深入实施《中华人民共和国反有组织犯罪法》，推进扫黑除恶常态化。依法严惩群众反映强烈的黄赌毒、食药环、盗抢骗和电信网络诈骗等各类违法犯罪活动，推动全面落实打防管控措施和行业监管责任。积极推进立体化信息化社会治安防控体系建设，大力推广社会面“1、3、5 分钟”快速响应等机制，有效提升社会面掌控力。

五是发展壮大群防群治力量。进一步加强见义勇为工作，扬正气、鼓士气，营造见义勇为社会氛围。完善群众参与平安建设的组织形式和制度化渠道，创新互联网时代群众工作机制，更好地广纳民智、广聚民力，建设人人有责、人人尽责、人人享有的社会治理共同体。

第四篇

重大工程项目

第十六章 102 项重大工程实施进展

《纲要》确定了 102 项具有战略性、基础性、引领性的重大工程项目，是实现“十四五”规划目标任务的有力抓手。国家发展改革委会同有关方面明确了 102 项重大工程的牵头部门，细化分解任务，确定了部门和地方职责分工，建立了推动“十四五”规划 102 项重大工程实施部际联席会议制度，各地积极对接相关部门，推动项目落地实施。两年多来，102 项重大工程项目扎实推进，一批标志性的单体重大项目引领支撑作用显现，一批点多面广的打捆工程取得积极进展，一批战略性的重大工作推进任务取得突破进展①，对促进经济平稳健康发展发挥重要作用。尽管重大工程项目已经取得阶段性进展，但在实施过程中存在跨部门、跨地区统筹协调难度较大等全局性、深层次问题，面临地方政府出资能力下降、民间资本参与重点建设任务存在难点堵点、要素保障不到位、关键核心技术“卡脖子”形势严峻等问题。未来一段时间，重大工程项目仍是稳增长的重要抓手。要发挥重大工程项目对稳增长的持久拉动力，仍需适应新形势、克服新挑战：一是大国竞争日趋激烈，需依托重大工程加快实现产业链和科技的自立自强；二是地方债务风险依然较高，或对重大工程项目推进造成影响；三是民间投资持续低迷，通过重大工程项目提振市场信心成为关键；四是“双碳”战略提出新要求，重大工程项目建设要更加绿色化、低碳化。下一步，要进一步推动 102 项重大工程项目落地见效，确保完成“十四五”预期目标。一是强化资金要素保障，推动重大项目建设提速提质提效；二是继续加强基础研究，缓解关键核心技术“卡脖子”难题；三是以重大工程项目为牵引，推动创新链产业链人才链深度融合；四是优化提升投资环境，吸引更多民间资本参与重大工程项目建设；五是切实做好自然资源要素保障服务，促进重大工程项目迈向绿色化、低碳化。

---

① 驻国家发展改革委纪检监察组推动“十四五”102 项重大工程项目稳步实施，https：//baijiahao. baidu. com/s？ id＝1760532895978027149&wfr＝spider&for＝pc。

一、102 项重大工程整体进展顺利

102 项重大工程实施有力有序推进，工程整体进展顺利，重大工程引领支撑作用显现，对扩大有效投资、稳定经济增长发挥了重要作用。其中，以政府投资为主的科技创新、经济安全保障领域重大工程进展较快，与社会民生相关的重大工程进展较慢。

（一）关键领域自主可控能力提升，科技创新实力不断增强

1. 科技前沿领域重大创新成果加速涌现

OpenXLab、天枢 3.0 等人工智能开源算法平台上线，有力支撑了不同领域多样化的研发需求。DSP 芯片项目、动态存储芯片项目等多个集成电路项目打破国外垄断，实现自主可控和国产化替代。太阳探测卫星“羲和号”和“夸父一号”成功发射，开启了我国综合性太阳观测的新时代。“海斗一号”打破了多项无人潜水器的世界纪录，填补了我国全海深无人无缆潜水器技术与装备空白。

2. 多项重大科技基础设施投入使用

一是战略导向型、民生改善型建设进度较快。大型连续式跨声速风洞 FL-62 已投入使用，哈工大空间环境地面模拟装置已基本建成，多模态跨尺度生物医学成像设施项目工程在北京怀柔科学城竣工，模式动物表型与遗传研究设施“天蓬工程”在涿州竣工验收，中国“地球系统数值模拟装置”通过国家验收正式开放运行。海底科学观测网的标志性建筑物“同济·海一号”东海多圈层观测塔顺利完成主体结构海上安装。二是应用支撑型和前瞻引领型建设进度符合预期。高效低碳燃气轮机试验装置首套试验台位在江苏省连云港市顺利点火，未来网络实验设施 CENI 首次面向全国公开征集创新试验需求，高海拔宇宙线观测站“拉索”已在银河系内发现大量超高能宇宙加速器，并记录到能量达 1.4 拍电子伏的伽马光子，“综合极端条件实验装置”试运行，低温方面搭建的系统现已对外开放，精密重力测量国家重大科技基础设施 24 个装置及 11 个系统性能验收方案全部通过专家评审。

（二）四大领域制造业竞争优势凸显，基础设施支撑能力持续增强

1. 制造业核心竞争力得到有效提升

一是高端新材料研发应用取得突破。T300 级和 T700 级军用高性能碳纤维研制与应用系列关键技术基本满足国防安全需求，直径 200 毫米以下硅材料已具备产业规模。二是重大技术装备攻关工程稳步推进。第五代“长恒系列”17.4 万立方米 LNG 运输船启动实船建造，系列化中国标准地铁列车研制及试验项目通过验收，C919 大型客机开启常态化商业运行，ARJ21 支线客机进入批量化生产、规模化运营发展阶段。三是北斗系统应用推广加快。北斗系统已赋能船舶、铁路、公路、水库、农机等各行各业，推动北斗产业发展进入快车道。四是新能源汽车关键技术和智能驾驶相关领域逐步建

立起竞争优势。我国新能源汽车量产动力电池单体能量密度达到300瓦时/公斤，处于国际领先水平。智能网联汽车关键技术研发处于全球并跑阶段。

2. 交通强国建设重点工程加快落地

一是战略骨干通道建设加快。酒泉至额济纳铁路酒东段已完工，全线建成后将成为我国西南部重要的南北连接线。大理至瑞丽铁路的大理至保山段开通运营，中缅国际铁路通道建设取得重要进展。二是中欧班列运输服务加快迈上新台阶。霍尔果斯、阿拉山口、二连浩特等中欧班列通道口岸实施扩能改造，郑州、重庆、成都、西安、乌鲁木齐等中欧班列集结中心示范工程建设取得积极成效，国际联运能力大幅提升，有效满足日益增长的中欧班列运输需求。三是城市群交通基础设施互联互通水平持续增强。京唐、京滨城际铁路，京张高铁，京哈高铁京承段等建成通车，“轨道上的京津冀”主骨架基本成形。北沿江高铁江苏段、巢马城际铁路、杭温铁路建设加快推进，长三角区域内“半小时至3小时高铁交通圈”已形成。四是智慧港航建设成效显著。天津港北疆港区C段智能化集装箱码头投产运营，是全球首个“智慧零碳”码头，以全新模式为世界港口智能化升级和低碳发展提供了样本。

3. 重大低碳清洁能源项目建设稳步推进

一是大型清洁能源基地稳步推进。金沙江上游苏洼龙水电站4台机组、下游白鹤滩水电站16台机组、雅砻江两河口水电站6台机组全部投产发电，河西走廊持续推进特大型新能源基地建设，新疆重点推进3个千万千瓦级新能源基地及清洁能源供应保障区建设，冀北以张家口市可再生能源示范区建设为契机大力发展风光发电，松辽加快打造“陆上风光三峡”等多个新能源基地。二是海上风电基地加速建设。渤中A、B两个场址共90万千瓦海上风电场实现全容量并网发电，成为我国“十四五”时期重点建设五大海上风电基地最大规模全容量并网发电项目。三是核电项目加速落地。“华龙一号”示范工程全面建成投运，充分验证了我国自主三代核电技术的安全性和先进性，有力支撑了我国由核电大国向核电强国的跨越。石岛湾高温气冷堆核电站示范工程实现并网发电，标志着我国成为世界少数几个掌握第四代核能技术的国家之一。四是电力外送通道加快建设。闽粤联网工程正式投运，有助于提升闽、粤两省电力余缺互济，促进能源资源优化配置。油气储运能力持续提升，中俄东线天然气管道南段多段投产，大幅提升东北、华北及华东地区天然气保供能力。

4. 国家水网骨干工程扎实推进

一是三项重大引调水工程进展顺利。广东珠三角水资源配置工程顺利实现全线通水，引江济淮一期工程安徽段已开启试调水，陕西引汉济渭工程三河口水利枢纽已全面完工。二是供水灌溉工程建设跑出加速度。开展浙江朱溪等一批大型供水水库、内蒙古绰勒下游等大型灌区建设，实施已有灌区续建配套和现代化改造，全国农田有效灌溉面积增加1亿亩。三是河流治理不断加强。黄河下游“十四五”防洪工程、淮河入海水道二期工程、吴淞江整治工程开工建设，长江干流江西崩岸治理工程等有序推进，有助于解决防汛薄弱环节。

（三）农业基础不断夯实，农村人居环境大幅提升

1. 农业综合生产能力增强

一是高标准农田建设工作稳步推进。新增高标准农田 2.47 亿亩，累计建成 10 亿亩以上。2021—2022 年，我国累计认定 258 个县（市、区）为率先基本实现主要农作物生产全程机械化示范县。二是种质资源保护利用加快。国家农作物种质资源库新库建成试运行，可满足今后 50 年全国农作物种质资源安全保存、鉴定挖掘和新品种培育等重大需求。首批 72 个国家级农作物种质资源库（圃）和 19 个国家级农业微生物种质资源库（圃）名单公布，农业种质资源保护体系得到完善。三是农业宜机化改造取得积极成效。农作物生产全程机械化示范县、设施农业和规模养殖全程机械化示范县建设加快推进。重庆市农田宜机化示范改造典型经验在全国丘陵山区大范围推广。

2. 美丽宜居乡村建设深入实施

一是乡村基础设施更加完备。农村供水基础设施短板加快补齐，农村自来水普及率达到 87%[①]，“吃水难”问题历史性地得到解决。农村交通、网络配套设施不断完善，有条件的建制村全部通硬化路、通客车、通邮路、通宽带。农村电网加快升级改造，广东、广西、云南、贵州、海南等南方 5 省份农村电网巩固提升工程已全面展开。2021 年，全国农村地区供电可靠率达 99.86%。二是农村生活垃圾和污水处理设施持续完善。2022 年，90% 以上的自然村生活垃圾得到收运处理，95% 的村庄开展了清洁行动。

（四）补短板提升城市品质，城镇化向高质量发展转换

城镇综合承载能力进一步增强。一是都市圈“1 小时通勤圈”加快形成。南京、福州、成都、长株潭、西安、重庆、武汉都市圈交通一体化建设加快推进。宁句城际、宁滁城际（滁州段）通车运营，成都都市圈环线高速公路全线贯通，极大提升了都市圈同城化水平。二是城镇老旧小区改造年度任务超额完成。2021—2022 年，全国计划改造城镇老旧小区 105136 个，实际新开工改造城镇老旧小区 108099 个，24 个省份实际改造城镇老旧小区数超过计划任务数，形成了一批可复制可推广的典型案例和经验做法。三是海绵城市建设成效显著。2021 年和 2022 年共遴选 45 个城市开展系统化全域推动海绵城市建设，取得了明显的社会效益、经济效益、环境效益，城市应对洪涝灾害的弹性和韧性明显提高，生态环境得到改善修复，海绵城市规划、设计、产品、材料等方面形成了新的产业链，多渠道资金筹措模式不断被开发。四是社区公共服务

---

① 《水利部：中国农村自来水普及率达到 87%》，https://new.qq.com/rain/a/20221214A05DE300。

能力和水平持续提升。全国城市社区综合服务设施覆盖率已达100%。地方加快创新举措推进现代社区建设走深走实，浙江省开展7批共计1263个未来社区创建项目，已由未来社区及未来乡村试点创建向城乡现代社区整体提质扩面迈进。五是国家城乡融合发展试验区建设稳步推进。五大重点改革任务取得积极进展，一批可复制可推广的典型经验加快形成，一批城乡融合重大项目加速建设，部分领域形成了一定品牌效应。

（五）边境基础设施和公共服务体系建设取得新突破，边民生产生活条件持续改善

边境地区振兴发展步伐不断加快。一是边境城镇和抵边村庄建设水平逐步提高。水电路气热网等设施持续改善，污水、垃圾处理设施基本普及，教育、医疗、文化设施不断完善，边贸、旅游、医药、民族手工业等快速发展，一批边陲小镇成长为现代化新型城镇。二是交通基础设施短板加快补齐。布伦口至红其拉甫公路、老爷庙口岸至巴里坤公路、二连浩特至赛汉塔拉段改扩建公路等多个沿边抵边公路项目顺利完工，有助于改善区域内交通条件、带动周边旅游业发展。新疆塔什库尔干机场建成运营，结束了塔什库尔干塔吉克自治县不通航的历史。西藏日喀则定日机场、西藏山南隆子机场正式通航，有利于提升当地的经济发展速度和区域交通效率。绥芬河机场完成例行校验和监视性校验飞行工作，建成后将极大缩短黑龙江与俄远东及东北亚地区的时空距离。三是边境口岸改造提升建设步伐加快。满洲里站国际货场扩能改造工程完工，车站集装箱换装能力将提高1倍，中欧班列返程开行能力进一步释放。2023年上半年，满洲里口岸铁路进出口货运量首次突破1000万吨，同比增长46.1%，创历史新高。磨憨、河口、瑞丽、腾冲猴桥、孟定清水河等智慧口岸项目建设加快推进，持续提升通关便利化水平。

（六）文化产品和公共文化服务供给不断丰富，社会主义文化强国建设深入推进

社会主义文化进一步繁荣发展。一是中国特色社会主义理论出版传播进展良好。习近平新时代中国特色社会主义思想系列理论读物有序出版，法、俄、阿、西、葡、德、日等多语种陆续发行。《中国共产党的一百年》《中华人民共和国简史》《改革开放简史》《社会主义发展简史》等党史学习教育重要参考材料出版发行，为建立党史学习教育常态化、长效化制度机制提供了重要基础。二是文艺精品创作成果丰硕。第十六届精神文明建设“五个一工程”推选出97部优秀作品，充分反映近3年来精神文化产品创作的丰硕成果。三是全媒体传播和数字文化发展迅速。2585个县级融媒体中心建成运行，新闻舆论传播力、引导力、影响力、公信力大大提升。国家文化大数据体系建设的11项标准正式发布，国家文化大数据标识基地建设试点工作启动，文化事业发展的信息化基础进一步夯实。重点古籍整理出版工作有序推进，《永乐大典》高清影

像数据库及《国家珍贵古籍名录》知识库在国家图书馆发布。四是公共文化设施不断完善。南昌汉代海昏侯国、河南仰韶村、陕西石峁等3个考古遗址公园入选国家考古遗址公园，文化遗产保护传承工作进展顺利。中国共产党历史展览馆、中国工艺美术馆、中国非物质文化遗产馆开馆，中国第二历史档案馆新馆竣工，不断满足人民群众日益增长的精神文化需求。五是旅游目的地建设迈出新步伐。海南国际旅游消费中心建设成效初显，桂林国际旅游胜地建设驶入快车道，长江国际黄金旅游带建设多点发力，巴蜀文旅走廊加速崛起，旅游业态不断丰富，旅游品质进一步提升。

（七）山水林田湖草沙系统治理全面推进，生态环境质量持续改善

1. 生态系统保护修复力度不断加大

一是系统谋划一体化保护和修复的总体思路。国家发展改革委、自然资源部出台《全国重要生态系统保护和修复重大工程总体规划（2021—2035年）》，编制青藏高原、黄河、长江等9个专项规划，形成了“1+9”规划体系。2022年完成造林383万公顷、种草改良321.4万公顷、治理沙化石漠化土地184.73万公顷。二是蓝色国土保护成效显著。实施“蓝色海湾”整治行动、海岸带保护修复、红树林保护修复、渤海综合治理攻坚战等海洋生态保护修复重点工程，2022年近岸海域水质优良比例达到81.9%。三是新型自然保护地体系初步建立。陆续设立三江源、大熊猫、东北虎豹、海南热带雨林、武夷山5个国家公园，北京国家植物园，广州华南国家植物园，形成了以国家公园为主体、自然保护区为基础、各类自然公园为补充的自然保护地体系。

2. 环境保护和资源节约利用水平提升

一是大气、水、土壤污染防治成效显著。钢铁超低排放改造进展顺利，全国共2.07亿吨粗钢产能完成全流程超低排放改造并公示，4.8亿吨粗钢产能已完成烧结球团脱硫脱硝、料场封闭等重点工程改造。地级及以上城市建成区黑臭水体基本消除。长江干流连续3年全线达到Ⅱ类水质，黄河干流首次全线达到Ⅱ类水质。实施124个土壤污染源头管控项目，指导132个重点县开展耕地重金属污染成因排查整治，累计将1744块地块纳入建设用地土壤污染风险管控和修复名录，26个地区开展农业面源污染与治理监督指导试点。二是医废危废处置和固废综合利用取得积极进展。推动建设国家和6个区域性危险废物风险防控技术中心、20个区域性特殊集中处置中心，建立危险废物产生量与处置能力匹配情况及设施运行情况评估机制，确定40个大宗固体废弃物综合利用示范基地和60家大宗固体废弃物综合利用骨干企业，危险废物利用处置能力大幅提升。三是各类资源节约集约利用深入推进。113个地级及以上城市和8个特殊地区全面启动“无废城市”建设工作。碳捕集利用与封存技术快速发展，示范项目从2021年底的49个增长到2022年底的104个。北京等60个城市成为全国废旧物资循环利用体系建设重点城市，进一步加强对再生资源回收加工利用行业的体制改造和环境监管，推动行业集聚化发展。

（八）教育医疗养老托育提质扩容显成效，民生保障水平和质量持续提升

1. 民生保障更多更公平惠及人民群众

一是优质教育资源供给不断加强。中央财政安排“十四五”国家基础教育重大项目计划资金共计605亿元，支持引导各地增加普惠性学前教育资源和完善普惠保障机制，改善中小学办学条件，加大特殊教育学校建设，并向中西部地区倾斜。教育部遴选确定135个县区开展义务教育优质均衡发展先行创建工作，探索基础教育优质均衡实现路径与有效举措。二是优质医疗资源覆盖面更广更深。全国31个省份已实现紧急医学救援基地建设项目全覆盖，成为提升医疗应急能力的重要支撑。国家卫健委已按程序设置13个专业类别国家医学中心和儿童类别的国家区域医疗中心，在医疗资源薄弱的地区落地实施76个国家区域医疗中心项目，有效推动优质医疗资源向群众身边延伸，减少跨省份、跨区域就医。三是养老托育服务质量明显提升。社区居家养老服务设施进一步完善，截至2022年底，全国共有社区服务中心2.9万个，社区服务站50.9万个。普惠托育服务专项行动持续推进，近两年国家下达中央预算内投资20亿元，带动地方政府和社会投资超过50亿元，累计新增托位20万个，推动增加普惠性托育服务有效供给。儿童友好城市行动深入推进，54座城市被列入“国家儿童友好城市”试点名单，深圳率先发布全国首个儿童友好城市建设地方标准，填补了国内儿童需求视角下公共服务体系标准的空白。

2. 持续优化服务关爱特殊群体

一是无障碍设施覆盖范围不断扩大。强制性规范《建筑与市政工程无障碍通用规范》印发实施，首次对无障碍设施进行分类。无障碍环境不断完善，截至2022年底，全国已竣工的各级残疾人综合服务设施、康复设施、托养服务设施分别达到2263个、1200个、1076个。二是儿童福利机构持续向优转型。中央和地方积极推动儿童福利机构设施建设及转型升级，全国儿童福利机构由2020年的1217家精简优化为2022年9月底的916家，机构养育、医疗、康复、教育、社会工作一体化发展水平稳步提高。三是流浪乞讨人员救助服务扎实推进。金民工程全国流浪乞讨人员救助管理信息系统启用，实现了救助管理工作从发现、救助到安置、监管等多个环节的信息化管理。2022年救助流浪乞讨人员75.1万人次，利用人脸识别、DNA比对等技术帮助1.6万名受助人员寻亲成功，为近2万名长期滞留人员办理落户安置手续。四是精神卫生医疗服务扩容持续推进。组织开展“精康融合行动”，切实推进精神障碍社区康复服务发展，为精神障碍患者提供更加公平可及、系统连续的基本康复服务。地方加快完善精神卫生福利体系，其中西藏建成首家精神卫生社会福利机构，面向特困人员、流浪乞讨人员、城乡低保、低收入人员及复员退伍军人等特殊群体，定位为集医疗、休养、康护、监管及精神（司法）鉴定为一体的综合性福利院。

（九）粮食、能源安全发展能力加快提升，经济安全保障进一步强化

粮食、能源供应保障能力不断增强。一是粮食储备设施建设力度加大。高标准粮仓加快实施建设，截至2022年底，全国标准粮食仓房完好仓容达到近7亿吨，较2020年增加5000万吨。粮食储备设施技术水平有效提升，稻谷低温储粮技术研究完成系统集成，气膜仓试点工程建设取得重大进展。二是电力安全保障体系逐渐健全。辽宁、福建、山西等地建成电力应急指挥系统，河北电力等15家单位着手开展新一代电力应急指挥系统的建设工作，电力应急指挥系统逐步完善。广州坚强局部电网“黑启动”试验取得成功，全方位检验了广州电网应对极端故障的供电保障能力，填补了该领域国内的实践空白。三是重点盆地油气勘探开发取得新高度。四川盆地油气勘探达到9026米，创亚洲最深直井纪录。鄂尔多斯铝土岩气藏取得重大突破，日产天然气353.4万立方米。塔里木油田迈入9000米级油气勘探开发新阶段。四是新一轮找矿突破战略行动进入实施阶段。加强矿产基础地质调查，初步圈定找矿远景区124处、提交找矿靶区102个，为社会资金开展商业性勘查提供指引。2023年上半年，全国固体矿产、油气矿产勘查投入同比分别增长17.2%、7.5%；新设探矿权242个，同比增长25.4%，山东莱州金矿、云南昭通磷矿等陆续取得重大找矿突破。

二、项目推进中面临的困难和问题

尽管重大工程项目已经取得阶段性进展，但在实施过程中存在跨部门、跨地区统筹协调难度较大等全局性、深层次问题，面临地方政府出资能力下降、民间资本参与重点建设任务存在难点堵点、要素保障不到位、关键核心技术“卡脖子”形势严峻等问题。

（一）财政资金支撑能力不足，地方融资平台融资能力受限

地方财政压力加大，或威胁到重大工程项目的资金保障。受新冠疫情冲击、大规模留抵退税等因素影响，财政收支矛盾加剧，2022年近九成省份财政平衡率较上年回落。此外，由于房地产市场较为低迷，土地市场遇冷，政府性基金收入出现大幅下降。财政部数据显示，2023年1—11月，地方政府性基金预算本级收入48179亿元，同比下降14.4%，其中，国有土地使用权出让收入42031亿元，同比下降17.9%。由于2023年地方财政收入增幅下滑较多，各地普遍反映财政收支矛盾突出，落实配套资金困难。有些公共投资项目安排中地方配套资金比例过大，超出了地方财政的承受能力。农村基础设施建设基本靠国家补助以及地方财政资金，随着小城镇、农村各项事业的快速发展，建设资金短缺压力日益加大。

（二）民间资本参与重点建设任务存在难点堵点

一是国家重大工程和补短板项目参与难度较高。这些项目普遍具有较强的公益性，

投资回收周期相对较长、收益水平相对较低，对民间资本的吸引力有限。在基础设施领域，部分项目建设内容多、施工难度大、运营管理要求高，民营企业缺乏相关经验。二是民间资本参与便利度有待进一步提高。一些项目相关信息不够透明公开，民间资本对如何参与投资缺乏了解，对如何通过市场化机制退出顾虑较多，对能否获得长期稳定回报信心不足。一些民营企业反映，有些项目预期收益较好，也愿意积极参与，但在市场进入方面还存在一些有形或无形的壁垒。三是民间资本参与意愿和能力存在不足。受全球经济形势和新冠疫情影响，部分民营企业效益下降、现金流紧张、再投资能力不足，融资难融资贵，参与国家重大工程和补短板项目的意愿较低。

（三）要素保障不到位导致项目难以动工或进展缓慢

一是在坚守耕地红线目标下，用地需求与土地供给之间的矛盾进一步凸显。部分项目受用地影响进展缓慢，不能按建设工期顺利完工。部分项目受用地条件的限制，一直难以动工。例如，我国已建成高标准农田 10 亿亩，剩余未建设耕地大部分分布在丘陵山区，建设难度增大。二是区域政策标准不一，征地拆迁困难影响项目推进。例如，上白石水利枢纽工程建设征地移民涉及闽、浙两省 3 个县（市）6 个乡镇 21 个行政村，由于闽浙两省在移民安置工作中执行的政策标准有所区别，移民诉求各不相同，各种制约因素比较多，造成移民安置规划大纲编制协调难度大，报审工作迟迟未能完成。三是资金渠道单一、资金投入不足影响项目建设进度。例如，各地居家适老化改造和残疾人家庭无障碍设施改造任务完成进度不均衡，突出问题为资金保障不足。我国适老化改造和残疾人家庭无障碍设施改造的资金来源缺少具体实施细则，致使一些改造项目难以很好落实。

（四）关键核心技术“卡脖子”形势严峻，相关领域项目面临供应链断裂风险

外部环境日趋严峻，以美国为代表的西方国家在科技领域对我国实行立体式、全方位遏制封锁，科研工具、关键零部件及原材料的缺失导致部分重大工程项目无法取得预期进展。部分产业链存在严重的“卡脖子”短板，包括集成电路产业的光刻机、通信装备产业的高端芯片、轨道交通装备产业的轴承和运行控制系统、电力装备产业的燃气轮机热部件，以及飞机、汽车等行业的设计和仿真软件等，这些产业基础能力弱，部分领域核心关键技术受制于人，存在被“卡脖子”的隐患。自中美经贸摩擦以来，美国加速扩大对华出口管制清单，打压遏制我国具有核心竞争力的企业，截至 2023 年 6 月①，被列入“实体清单”和“未核实清单”的中国实体数量已达 800 家，集中在光电技术、机械制造、电子、激光、化学、计算机、生物技术检测等高新技术领域。2023 年 10 月，美国监管部门进一步加强针对人工智能芯片的出口管制规定，计

---

① 中国市场监管报，《积极应对未经核实清单和实体清单冲击——美国加强对华出口管制情况和应对建议》，http：//www. cmrnn. com. cn/content/2023-06/27/content_234724. html。

划阻止英伟达等公司向我国出口先进的 AI 芯片，“芯片禁令”持续升级。

三、推进“十四五”重大工程项目的新形势新挑战

近年来，在以习近平同志为核心的党中央坚强领导下，各地区、各部门更好地统筹国内国际两个大局，经济社会全面恢复常态化运行，宏观政策靠前协同发力，需求收缩、供给冲击、预期转弱三重压力得到缓解，经济运行总体回升向好。值得注意的是，重大工程引领支撑作用显现，对扩大国内需求、稳定经济增长发挥了重要作用。国家统计局数据显示，2023 年 1—11 月，计划总投资亿元及以上项目投资同比增长 9.6%，高于全部投资 6.7 个百分点，拉动全部投资增长 4.9 个百分点。但也要看到，当前我国经济运行好转主要是恢复性的，总需求不足仍是突出矛盾，要发挥重大工程项目对稳增长的持久拉动力，需适应新形势、克服新挑战：一是大国竞争日趋激烈，需依托重大工程加快实现产业链和科技的自立自强；二是地方债务风险依然较高，或对重大工程项目推进造成影响；三是民间投资持续低迷，通过重大工程项目提振市场信心成为关键；四是“双碳”战略提出新要求，重大工程项目建设要更加绿色化、低碳化。

（一）大国竞争日趋激烈，需依托重大工程加快实现产业链和科技的自立自强

国际经济政治格局正发生深刻复杂变化，大国竞争日趋激烈，地缘政治因素和新冠疫情冲击正在使全球产业分工加速向区域化、多元化方向调整，产业竞争已成为大国竞争的主战场。党的二十大报告提出，要加快建设制造强国、质量强国、航天强国、交通强国、网络强国、数字中国。我国要打造自主可控、安全可靠、竞争力强的现代化产业体系。在此背景下，一是以重大工程项目为重要载体，实现创新驱动发展。我国抓住了世界科技革命和产业变革的机遇，涌现了一大批具有世界先进水平的标志性重大科技工程，如载人航天、深海探测、特高压输变电、移动通信、蛟龙号载人潜水器、C919 大飞机等，彰显了我国工业的整体科技实力，也为我国制造业跻身世界一流创造了条件。二是依托重大工程项目攻克“卡脖子”技术，实现更高水平的科技自立自强。要强化国家战略科技力量，继续瞄准人工智能、量子信息、集成电路、生命健康、脑科学、生物育种等前沿领域，迅速动员专门力量，下达特殊任务，给予特殊支持，加快相关领域重大工程项目落地，攻克“卡脖子”关卡，将科技自立自强推向更高水平。

（二）地方债务风险依然较高，或对重大工程项目推进造成影响

我国部分地区地方债务负担重，偿债能力弱，风险较高。财政部表示，截至 2023 年 11 月末，全国地方政府债务余额 406386 亿元，控制在全国人大批准的限额之

内，[①] 地方政府债务仍存在分布不均匀、债务风险较高、还本付息压力较大等问题。若短期内债务风险扩大，必然会制约地方财政承载能力和信用扩张，使地方政府举债更加困难，项目建设投资难以为继，形成恶性循环，尤其是102项重大工程中交通、能源、水利等回报周期长的基础设施项目最易受到影响。对此，2023年7月24日，中共中央政治局会议提出，要有效防范化解地方债务风险，制定实施一揽子化债方案。8月30日，财政部发布《2023年上半年中国财政政策执行情况报告》，将化解地方债务风险作为下半年五大工作重点之一。下阶段，各地区、各部门应加快落实中央部署，避免影响到后续重大工程项目推进。

（三）民间投资持续低迷，通过重大工程项目提振市场信心成为关键

自2012年有民间投资统计口径以来，民间投资占整体投资比重始终保持在55%以上[②]，是投资的主力军，也是推动经济发展、扩大社会就业的重要力量。但2023年以来，民间投资增速持续下滑，情况不容乐观。2023年1—11月，民间固定资产投资235267亿元，同比下降0.5%，增速较1—2月下降了1.3个百分点。[③] 究其原因，一方面，在新冠疫情的冲击下，民营企业订单减少，收入下滑。在经济下行压力较大的年份，民营企业的融资会更加困难，收入在下降，同时还要背负较高的融资成本，许多民营企业“增收不增利”，投资能力在一定程度上受到制约。另一方面，受内外部因素影响，宏观经济虽总体平稳，但局部波动幅度较大，导致民营经济对未来前景缺乏信心，投资动力不足。从中长期来看，高质量发展离不开民间投资的支撑，也只有民间投资重返快车道，政府投资才不会是无源之水，经济发展才能实现良性循环。对此，2023年7月24日，国家发展改革委发布《关于进一步抓好抓实促进民间投资工作努力调动民间投资积极性的通知》，抓好抓实促进民间投资工作，并向民间资本推介4800余个项目，总投资约5.27万亿元，相关项目重点分布在城建、农业、旅游、公路、水路港口等领域。[④] 在此背景下，“十四五”规划102项重大工程肩负起提振市场信心、激发民间资本活力的重要责任，要鼓励民间资本积极参与国家相关创新中心、创新平台建设，推动民间投资在关键核心技术创新和重大原创技术突破中发挥作用。支持民间投资在新型基础设施、绿色发展、乡村振兴等领域加大投资力度，支持民间投资向战略性新兴产业、现代服务业、重要民生工程等领域投资，不断增强民间投资的增长后劲，实现稳预期、稳增长，为高质量发展提供支撑。

---

① 财政部，《2023年11月地方政府债券发行和债务余额情况》，http：//yss.mof.gov.cn/zhuantilanmu/dfzgl/sjtj/202312/t20231225_3923816.htm。

② 2022年6月16日，国家发展改革委6月份新闻发布会。

③ 《2023年1—11月全国固定资产投资增长2.9%》，https：//www.stats.gov.cn/sj/zxfb/202312/t20231215_1945573.html。

④ 《国家发展改革委：已向民间资本推介4800余个项目　总投资约5.27万亿元》，https：//baijiahao.baidu.com/s？id=1777533920447480981。

（四）“双碳”战略提出新要求，重大工程项目建设要更加绿色化、低碳化

我国力争2030年前实现碳达峰、2060年前实现碳中和。“双碳”涉及领域广，能源、工业、交通运输、城乡建设等重点领域的低碳转型工作成为重中之重，相关领域重大工程项目建设面临新要求：一是能源利用强调“节约优先”。《中共中央　国务院关于完整准确全面贯彻新发展理念做好碳达峰碳中和工作的意见》提出，把节约能源资源放在首位，实行全面节约战略，从源头和入口形成有效的碳排放控制阀门。要把节能贯穿重大工程项目建设的全过程和各领域，持续深化工业、建筑、交通运输、公共机构等重点领域节能，提升数据中心、新型通信等信息化基础设施能效水平。二是交通运输领域的重大项目要更加低碳环保。在我国，交通运输领域的碳排放量大约占我国碳排放总量的10%。国务院印发的《2030年前碳达峰行动方案》将“交通运输绿色低碳行动”作为“碳达峰十大行动”之一，提出要通过加快形成绿色低碳运输方式，确保交通运输领域碳排放增长保持在合理区间。对此，推进交通运输领域重大项目的同时，要加大清洁能源应用，建设以公共交通为导向的城市综合交通体系，要通过技术创新加速探索更清洁、更智慧、更高效的可持续交通解决方案。三是城乡建设要更加注重绿色低碳建筑的发展。2022年，我国城镇化率已经超过65%，随着我国城市化进程加快，城乡建设过程中面临更多减碳压力。建筑行业是碳排放的“大户”，2020年，全国建筑全过程碳排放总量为50.8亿吨CO_2，占全国碳排放的比重为50.9%。[①] 因此，未来推广节能低碳建筑、建筑用能低碳化成为亟待解决的问题。

四、推进“十四五”重大工程项目的政策建议

102项重大工程是《纲要》的重要内容，也是推动“十四五”规划实施的重要抓手。2023年6月16日，国家发展改革委表示，加快实施“十四五”规划102项重大工程，推动能源、水利、交通等重大基础设施以及新型基础设施建设。下一步，要坚持“项目跟着规划走，资金、要素跟着项目走”，进一步推动102项重大工程项目落地见效，确保完成“十四五”规划预期目标。一是强化资金要素保障，推动重大项目建设提速提质提效；二是继续加强基础研究，缓解关键技术“卡脖子”难题；三是以重大工程项目为牵引，推动创新链产业链人才链深度融合；四是优化提升投资环境，吸引更多民间资本参与重大工程项目建设；五是切实做好自然资源要素保障服务，促进重大工程项目迈向绿色化、低碳化。

（一）强化资金要素保障，推动重大项目建设提速提质提效

要持续巩固稳增长，还需要进一步发挥重大工程项目的关键作用，拓展投资空间、

① 中国建筑节能协会，《中国建筑能耗与碳排放研究报告（2022）》，https：//finance.sina.com.cn/tech/roll/2023-03-12/doc-imykpzhc2296343.shtml。

增强投资增长后劲、合理扩大有效投资。一是发挥政府投资引导带动作用。在中央预算内投资方面，加快计划执行进度，集中力量办大事难事急事。促进中央预算内投资管理制度化、规范化、科学化，充分发挥中央预算内投资效益，促进重大工程科学高效推进。二是用足用好用活专项债券。在确定资产、收益和风险边界基础上，积极发挥政府和市场的协同作用，对于收益良好的项目，鼓励地方政府专项债券与市场化融资、民间投资等有机结合模式的应用，充分发挥地方政府专项债券资金杠杆作用，撬动引流更多社会资金，助力各地重大工程项目建设。三是完善项目全流程监测机制，防范重大金融风险。在地方收支压力不减、隐债监管较严的背景下，各方在加大基建投资的同时，应完善重大工程项目全流程监测机制，提升风险识别、预警以及处置能力，可通过大数据分析、多维度监测等手段，有效识别项目建设中的潜在风险，对突发情况做好应急预案，避免在建项目断贷。

（二）继续加强基础研究，缓解关键核心技术“卡脖子”难题

一是集聚力量进行原创性引领性科技攻关，坚决打赢关键核心技术攻坚战。要充分发挥体制优势，综合运用多种手段，尊重科学规律、经济规律和市场规律，加大对重点领域的科研攻关力度，强化科研攻关规划，在基础科学和“卡脖子”技术、科技仪器设备、操作系统和基础软件、零部件及原材料等方面加大投入力度，集中力量，发挥优势，实现重点突破，确保未来关键工具、产品不断供，以尽快走出受制于人的困境。二是强化基础研究，鼓励自由探索。要优化国家科技计划基础研究支持体系，完善基础研究项目组织、申报、评审和决策机制，实施差异化分类管理和国际国内同行评议，组织开展面向重大科学问题的协同攻关，鼓励自由探索式研究和非共识创新研究。三是加速硬件软件国产化进程，支持相关重大工程项目推进。一方面，要瞄准传感器、量子信息等战略性前瞻性领域提前布局、取得突破；另一方面，要立足重大技术突破和重大发展需求，增强产业链关键环节竞争力，聚焦集成电路、通信设备、智能硬件等重点领域，加快锻造长板、补齐短板。

（三）以重大工程项目为牵引，推动创新链产业链人才链深度融合

一是集中力量突破重大科研瓶颈。发挥我国“集中力量办大事”的制度优势，采用“大兵团”作战方式在重大工程和关键领域实施重大科技工程，可以有效完善创新链，更好地实现创新链和产业链融合，显著提高我国解决关键领域和重大工程关键瓶颈技术的速度和效率。二是推进产业链、创新链的有效融合。做到基础研究、技术开发和工程应用等方面实现一体化布局、一体化设计和一体化推进。政府多部门共同配合；以基础研究为重点的重大科技工程要突出人才和装置并重，建议科技管理部门牵头；以解决瓶颈技术为重点的重大科技工程，则要突出创新链的完善和与产业链的有效融合，建议产业管理部门牵头。三是坚持引育并举，集聚重大工程项目人才。坚持以产聚才、以才兴产，准确把握区域特色和资源优势，确立率先发展的优势产业，扎

实推动人才链与产业链深度对接、人才发展与产业发展深度融合。实现产业和人才同向发力、同频共振。加强人才载体建设，充分发挥博士后科研工作站、企业技术中心、企业研发中心、科研实验室等高水平人才载体作用，对承担国家和省级重大科研项目的给予重点支持，建设以科研机构为重点的知识创新体系，增强对人才的吸纳、集聚能力。

（四）优化提升投资环境，吸引更多民间资本参与重大工程项目建设

一是建立鼓励民间资本参与重大项目建设机制，加强统筹谋划和系统部署，常态化推进重点项目。二是加强信息发布和引导。依托全国投资项目在线审批监管平台，及时汇总发布相关重大项目信息。同时，推动各地及时解决项目公开推介、引进民间资本过程中的问题。三是加强前期工作和要素保障，促进项目落地实施。对吸引到民间资本参与的国家重大工程和补短板项目，推动项目审核备案、规划选址、用地用海、环境影响评价、施工许可等前期工作手续办理，落实各项建设条件。四是推动盘活存量资产，形成投资良性循环。鼓励民间投资参与盘活国有存量资产，降低民间资本参与新建项目面临的前期工作复杂等困难。支持民间资本通过产权交易、并购重组、不良资产收购处置等方式盘活自身资产，推动符合条件的民间投资项目发行 REITs，健全市场化退出机制。五是贯彻落实相关政策措施，营造良好投资环境。针对各地在项目投资人招标过程中出现的问题，明确不得以所有制性质作为选择标准，不得以企业规模、注册地址、当地纳税贡献等因素作为主要评标条件。在安排各类政府性投资资金时，对民间资本一视同仁。加强与有关金融机构对接，推动金融机构按市场化原则，加大对民间投资项目的信贷支持。

（五）切实做好自然资源要素保障服务，促进重大工程项目迈向绿色化、低碳化

一是围绕扩大国内需求，着力做好自然资源要素保障。统筹优化“十四五”时期土地计划指标分配，在严格管控围填海、守住海洋生态安全底线的前提下，保障国家重大项目及行业、民生用海用岛需求。进一步深化用地审批权事项放管服政策试点，制定支持重大工程项目落地的用地用海政策。二是坚持最严格的节约用地制度。合理确定新增建设用地规模，科学划定城镇开发边界，将城镇建设严格限定在开发边界之内。推动城镇存量建设用地开发利用，积极盘活农村存量建设用地。强化土地使用标准和节约集约用地评价，加强项目生成阶段节约用地审查，全面开展各类开发区和园区的用地普查。大力推广节地技术，培育节地模式和节地典型。三是提高海洋资源、矿产资源开发保护水平。科学合理有序开发海洋资源，编制实施海岸带保护和开发规划。建立健全矿业节约集约技术规范标准体系，完善绿色勘查和绿色矿山建设强制性标准。四是促进重大工程项目的绿色化、低碳化。分步实施、有序推进重点行业节能降碳工作，首批聚焦能源消耗占比较高、改造条件相对成熟、示范带动作用明显的钢

铁、电解铝、水泥、平板玻璃、炼油、乙烯、合成氨、电石等重点行业和数据中心组织实施。推动重点行业存量项目开展节能降碳技术改造，合理设置政策实施过渡期，鼓励国有企业、骨干企业发挥引领作用，开展节能降碳示范性改造。改造过程中，在落实产能置换等要求前提下，鼓励企业实施兼并重组。积极发展绿色金融，设立碳减排支持工具，支持金融机构在风险可控、商业可持续的前提下，向碳减排效应显著的重点项目提供高质量的金融服务。